本书系教育部人文社会科学研究青年基金项目"景武之世儒学研究——河间儒学、中央儒学与民间儒学的构建与实践"（主持，批号：10YJC770013）的结项成果和获南京大学人文基金资助出版。

记忆的经典

封建郡县转型中的河间儒学与汉中央帝国儒学

成祖明 ◎ 著

人民出版社

序

颜世安[*]

　　祖明的专著《记忆的经典——封建郡县转型中的河间儒学与汉中央帝国儒学》，历经十多年寒暑，斟酌砥砺，今日终于付梓。此一研究，发端于他读研究生时，由河间儒学问题入手，考《周礼》《毛诗》《乐记》诸文献的成典，探究河间儒学思想特质，以及与中央王朝董仲舒春秋学的关系。博士毕业后，祖明在大学教书这十多年里，学术思考的中心始终围绕河间儒学引发的种种问题。思考和研究的线索，由《周礼》《毛诗》等古文经成典的考辨，扩大到秦火以后历史文献"断裂"情况下，儒生"集体记忆"如何"重构"古代经典；战国以下郡县制社会发展的内生矛盾，如何孕育汉代诸侯王以"封建"为背景的王国学术，又如何在复杂的思想演变和残酷的政治冲突中，过渡到中央王朝的大一统儒学。此一学术思想衍化发展的复杂过程，正当中国古代氏族王朝解体以后，由父家长制集权组织推进到帝制郡县王朝，并发展出相应学术思想体系的关键时期。祖明之著用力甚深，视野阔大，或可为这一重要时段思想史研究开一新局。

　　河间儒学的思想史意义，学界以往不是十分注意。学者言汉初思想，大抵黄老、申商之学，陆贾、贾谊之儒学，王国学术则淮南，然后进到董仲舒春秋公羊学，此为一般的理解线索。经学史研究有时注意河间古文，也不甚重视。

---

* 颜世安，男，1956年生，南京大学历史学院教授，博士生导师，哈佛燕京访问学者，研究领域为先秦史、秦汉思想史，代表著作有《庄子评传》等。

古文经学一般认为始于西汉末刘歆，河间为古文经典可能的来源之一而已，究竟怎样亦少有详说。河间学术的重要性遂长期隐伏不彰。徐复观先生《两汉思想史》曾说到，汉初淮南、河间以王国学术遭武帝之忌，发淮南大狱，河间献王被逼死，河间典籍或流散民间，或转入中秘，古文经为皇帝所忌，此后悬为厉禁，直至西汉末。此说颇能揭示古文经源自河间，传入中朝的重大线索，涉皇帝专制制度下中央王朝学术与地方学术之间的紧张。这一见解已触及河间学术历史地位的关键，惜未有展开的论述。

祖明新著的研究，深入地探究了河间儒学的来龙去脉。奠基的工作，是考订古代文献所记河间献王时出现的古文诸经，如《周礼》《左传》《毛诗》《礼古经》《乐记》等，尤其对《周礼》《乐记》《毛诗》进行了详细考辨和思想分析。《周礼》作于何时，自古至今学界聚讼不决，比较有影响的见解，是战国晚期说和西汉早期说。此事纷纭复杂，不易论定。祖明辨析前人研究，取其所长，以《周礼》特点入手提出辩证。认为该典籍内容繁博，非一人之力能完成，必是集体著述。集体著述能做得如此缜密而"盛水不漏"（朱熹语），应是官方性质的精心组织的集体编撰。考战国末至西汉初，具有这样大规模学术集结条件的，河间最为可能。此外，《周礼》内容若干方面，亦可见作于河间的证据。这项考证工作在《周礼》撰作问题的长期争论史上，无疑是一个重要推进。此外，本书承前人研究基础，进一步考定《乐记》非战国公孙尼子作，旧说东汉卫宏作《毛诗序》实为《毛诗序注》，由此确定《乐记》和《毛诗》作于河间。这两种考证也都细绎前人学术争辩，详析相关文献记载，有扎实细致的功夫。《周礼》《乐记》《毛诗》等古文经成于河间，此前并非没有战国以来先师旧说基础，关键是河间有一次重新组合的工作，不仅是学术结集，而且是思想重构。祖明认为，《周礼》等几部古文经典，思想上有一个贯穿的理念，重视礼制，以礼为大一统政治的基础。这一理念有深刻含义，在汉初大一统专制体制的形成过程中，尝试以礼规确立古代宪制意义的政治权威，制约王权。这个祖明称为"天礼之学"的理念，不仅表达了诸侯王的政治立场，而且在秦火文献断裂、汉初重建帝国体制的历史关头，体现了"封建"和郡县之争的严重历史议题。河间古文经思想系统中的"封建"意识，并非不要统一王权，《周礼》和《毛诗》都甚重王权，关键在于王权应该嵌在什么样的制度结构里面。河间儒学在景、武之际出现，在武帝朝强盛时遭压制，中央朝尊春秋公羊学，董仲舒提出"天人之学"表达中央集权的大一统王权政治观，这个由河间古文经"天礼之学"到中央朝"天人之学"的思想演进，展示了西汉前、中期思想发展的重要线索。祖明这一研究结论，发前人所未发，对汉代思想史和儒家经典成书过程的研究，有重要贡献。本书的研究，功力首在《周礼》《乐记》《毛诗》诸经的考定，我觉得几部文献的考辨工作都做得比较扎实，为全书论点的建立确定了基础。当然，其中一些具体问题或可再商，古文诸经是否全成于河间，学界可能会有质疑和讨论。这样千古聚讼的难题，指望一朝定谳也不实际。但无论如何，经本书研究，河间为一重要学术聚会，先秦儒学到汉代儒学转换之枢机，已无可疑。

河间儒学重礼，背景是汉初诸侯"封建"。实际上，"封建"内含的制度和思想问题，不仅在汉代经学中重要，也在先秦儒学有其渊源。今古文之争起自汉代，刘歆时公开，思想分野始于西汉前期，而思想线索则可追溯至儒学创始时。早期儒学文献如《论语》《春秋》《仪礼》等，原无经学时代的争议，但经学观点分歧的种子已经种下。廖平曾列"今、古学宗旨不同表"，其中有一条"今学近于王，古学师乎伯"，是从文献中总结的线索，非常重要，可惜后米谈经学的学者不大留意。"今学近于王"，在《春秋》公羊学一望可知，不用多说。"古学师乎伯"，明显见于《左传》。封建制起自西周，地方治权的发展，却造极于春秋时代。《左传》在汉为古文经，在先秦原为儒家记述春秋史事的典籍，《左传》不仅记"伯"制，而且记伯制之下诸侯、卿、大夫诸级贵族承担政治责任，建立政治秩序的努力。《左传》的资料，便是古文经学"封建"意识在先秦儒学的一个重要来源。此外，《论语》和《仪礼》也是。说《论语》政治观近于"伯"，学界或有人不同意。但《论语》记孔子论政，内容多是与弟子讨论地方小邦或邑的治理，如冉有所言"方六七十，如五六十"，曾子所言"寄百里之命"。而且重要的是，孔子从来不说天子或国君管控下的小邦治理，谈论的全是君子独立行政的小邦政治。孔子所愿，应是王制秩序之下，基层君子有主动权的政治，以小邦或邑的良好治理为"道"的基础。这正是"封建"理念的落实。后来《大学》说"修身、齐家、治国、平天下"，也是自下而上的政治理想。《大学》当在战国中期以前，所说"治国"即是地方性邦国而非秦汉以后统一帝国。这种地方治理为"天下"政治基础的思路，正是承孔门小邦政治的讨论而来。《仪礼》原名《士礼》，主要记述士、大夫礼，西汉时虽立今文经，内容却近于"伯"。廖平《今古学统宗表》谓《仪礼记》为今学"《仪礼经》为古学"，虽未必全是，但此见解是有道理的。《仪礼》主要篇籍撰成当在孔子以后一、二代人时间，篇章或有亡于秦火而不传，但以士礼为重心却无疑问。儒家早期礼学以"士"为政治秩序枢轴，正与孔门讨论"方五六十里"君子责任的政治观相通。《礼记》较晚出，其中一些礼学文献，如《礼运》《王制》等篇，论礼制明显近于"王"。由此看，西周春秋"封建"演变而来的君子责任意识，本就是早期儒学一个内在的政治理念。这个理念的意义可以理解为，在古代贵族政治崩溃，集权政治形成的历史转变时期，儒家思考文化之"道"落实于政治，该由何人承担责任，是顶层的王还是基层的士，如果二者应取合作，此合作的框架又当如何。这一理念就是早期儒学影响后来今、古文学分野的一个思想线索。祖明研究河间儒学与中央儒学的关系，所论古文经的"封建"意识，又揭示新的思想特点。《周礼》《毛诗》皆言王制，主一统，但此种王制一统，以礼为最高原则，以政府各机构部门分工合作为基础，对统一秩序有独特要求，希望中央权力与地方或部门权力有良性互动，祖明称之为"大一统封建制"。汉代今、古文学思想分歧，涉及不少问题，有没有居于中心地位的问题，如果有，是什么？学界未有定论。廖平所谓"今学近于王，古学师乎伯"，是其所列今、古学宗旨不同诸项中的一项。祖明的研究，深刻揭示了这一项所含的丰富内容，对将来经学思想史研究的深化，可能会有重要推动作用。

祖明治学，视野开阔，基础扎实。他本科就读于金陵神学院，以古代犹太文化和基督教圣经学为学术入门的起步。后入南京大学中文系读研究生，师从徐兴无教授学习中国古典文献学和两汉经学，在这段时间接受徐教授严格的文献学训练，为以后的学术研究工作打下了坚实基础。博士阶段转入南京大学历史系，随我研究中国古代思想史，进一步开拓视野，研读先秦儒家典籍和大量史学著作。博士毕业后到复旦大学哲学系师从张庆熊教授做两年博士后，研究方向是现象学及其后的西方现代哲学，重点关注现代西方《圣经》学的进展。在转益多师的求学过程中，祖明经受了不同学科的学术训练，使其学术思考有宽广的视野和深刻的问题意识。在大学任教期间，祖明读书研究十分勤奋，连续在历史、哲学、宗教等学科的权威刊物发表论文，内容涉及中国古代思想史和犹太《圣经》学，引起学界瞩目。在研究过程中，祖明对河间儒学在中国古代思想史中地位的认识日趋成熟。这部研究专著，就是他这一段时期研究工作的结集。本书的研究质量和思想深度，可由学术界同行品评检验。我个人看法，这部著作是汉代思想史研究近年所出的一部力作，会启发相关领域的研究同行，重新认识和思考汉初思想和政治发展中一些根本性的问题。

2019 年 7 月

目 录

序　　　　　　　　　　　　　　　　　　　　　　　　/ 1

绪　论　　　　　　　　　　　　　　　　　　　　　　/ 1

上　编　历 史 、 社 会 与 政 治

第一章　不绝如缕：儒学民间传承与汉初社会　　　　/ 23

　　一、从游团共同体到乡里共同体：儒学的民间流衍　/ 24

　　二、帝国土地制度与社会经济结构　　　　　　　　/ 36

　　三、郡县制与封建制的争论与实践　　　　　　　　/ 45

　　四、大一统郡县体制下的道德文化危机　　　　　　/ 55

　　五、匈奴与黄河水患给帝国的压力　　　　　　　　/ 59

第二章　儒学的摇篮：河间儒学的兴盛　　　　　　　/ 62

　　一、河间献王生平考述　　　　　　　　　　　　　/ 62

　　二、河间儒学中心的形成　　　　　　　　　　　　/ 73

三、河间古文经籍的整理与流传 / 88

四、修学好古，实事求是 / 106

五、河间儒学中心的分化与消散 / 114

第三章 儒学的转移：中央帝国儒学的繁荣 / 118

一、中央儒学的孕育与发展 / 118

二、汉武帝与中央朝学术的繁荣 / 133

三、政治斗争漩流中帝国内外战略展开 / 158

下 编 文献、思想与儒学建构

第四章 历史记忆的断裂、成长与重构——汉初成书复典运动 / 169

一、疑古、信古与释古 / 170

二、历史记忆断裂、成长与文献重建 / 188

第五章 《周官》与河间儒学的"天礼之学" / 199

一、《周官》研究回顾 / 199

二、论《周官》成书于河间的可能 / 203

三、《周官》制度与权力架构 / 225

四、《周官》与河间儒学"天礼之学" / 252

第六章 董仲舒与中央帝国儒学的"天人之学" / 257

一、董仲舒生卒年考 / 257

二、董仲舒"天人三策"时间考 / 261

三、董仲舒与"天人之学"的构建 / 280

四、董仲舒与河间儒学的关系 / 300

第七章　文化意识形态之争中的《乐记》与乐府　　　　　 / 304

　　一、《乐记》作者考辨　　　　　　　　　　　　　　 / 305

　　二、超越善恶：人生而静，天之性也

　　　　——《乐记》被遮蔽的人性论突破　　　　　　 / 319

　　三、乐府与中央新礼乐文化构建　　　　　　　　　 / 336

第八章　儒学分野下的《毛诗》与三家诗　　　　　　　 / 355

　　一、卫宏所作《毛诗序注》考　　　　　　　　　　 / 355

　　二、《毛诗》与河间儒学的构建　　　　　　　　　 / 370

　　三、三家诗说与中央帝国儒学　　　　　　　　　　 / 390

余论：帝国政治的转向与民间穀梁经学的兴起

　　——民间儒学与汉代中后期的社会政治　　　　　 / 411

　　一、巫蛊之祸与嗣君之争　　　　　　　　　　　　 / 412

　　二、民间《穀梁》经学的崛起——天伦之学的构建　 / 423

　　三、穀梁学与汉中后期政治社会变迁　　　　　　　 / 431

参考文献　　　　　　　　　　　　　　　　　　　　　 / 435

　　一、外文著作　　　　　　　　　　　　　　　　　 / 435

　　二、中文著作　　　　　　　　　　　　　　　　　 / 436

　　三、单篇论文　　　　　　　　　　　　　　　　　 / 446

绪　论

　　春秋战国至秦汉是我国社会历史深刻变革的时期。伴随着宗周势力的衰微，是霸政的迭兴。《左传》昭公三十二年，史墨对赵简子曰："天生季氏，以贰鲁侯，为日久矣。民之服焉，不亦宜乎。鲁君世从其失，季氏世修其勤，民忘君矣。虽死于外，其谁矜之？社稷无常奉，君臣无常位，自古以然。故诗曰：'高岸为谷，深谷为陵。'三后之姓，于今为庶。"可以说深刻地道出了霸政时期春秋政治、社会结构的深刻变迁。

　　政治上，霸政时期，各国卿大夫通过盟聘，相互结援，渐渐主导了诸侯国之间和诸侯国内部的政治，遂形成诸侯大权旁落之势，少数有力世族在春秋诸国中普遍崛起，终至三家分晋、田氏代齐而开战国之局。社会结构上，也随之发生了深刻变迁。霸政迭兴的过程，也是各大国集团势力相互斗争的过程。在此过程中，大国对小国诛求无时，使小国"不敢宁居，悉索敝赋，以来会时事"（《左传》襄公三十一年），诸国人民承受着向霸主和本国统治者交纳双重税赋的沉重负担。由于这些税赋主要来自有力世族采邑之外的平民，这就造成邑外邑内人民税赋的严重失衡。为了减轻负担，这些平民宁愿放弃其自由民身份而逃入世族采邑，成为有力世族的私属，而有力世族借助执政掌控政权之力通过加重和减免税赋，威逼利诱平民这种身份转换（所见于鲁最为典型）。在大国间，平民负担相对较小国为轻，但同样也存在邑内与邑外税赋的失衡，加之，国内有力世族间更为残酷的斗争，为扩大势力，有力世族不断壮大其采邑私属的人口和土地，以各种方式利诱、鲸吞或瓜分原本属于国君和斗争中失败的世族的土地人口（所见于晋、齐最为典型），不断将原属于诸侯的平民纳入到自己的采邑中，成为自己的私属。于是春秋中后期各诸侯国内部便形成了人口向世族采邑流动的不可逆转的趋势，这就形成了春秋中后期社会结构变迁的一普遍运动——由春秋贵族的氏族社会向以私臣属役为主体的家父长制社会转变，并随着有力世族篡政的完成而形成。

伴随着这一运动的是春秋诸国郡县化的进程。经济上，随着生产力的进步，社会经济基础一步步从一个个孤立的水域经济共同体发展到小的局地的专制支配机构，而"在这种小专制体的相互离合集散之间，逐步产生了大的专制国家"，并在新农地的大规模开垦和治水机构扩大、国家对新农地直营占有的基础上形成了一个个"初县"，成为专制郡县制统一帝国形成的基础条件。[①]在军事上，春秋中期以后，为避免小国的反复无常，楚晋等大国开始采取新的方式，不再借助于盟，而是杀戮其核心统治阶层，将小国夷为本国的县，以便统御控制。这种新方式给中原诸国带来极大的恐惧，为维持本国的存续，于是改变国体，充实军备，强化国力；与此同时，有力世族为强化对私邑的家父长制的统治，也纷纷改变对私邑的统治方式——直接派私臣管辖。几厢合力，这就形成了春秋中后期与家父长制相互交织的郡县化进程，各诸侯国普遍从封建邑制国家向家父长的郡县制国家转变——不再有世卿贵族，取而代之是豢养的私臣属役，"共同体之首长不再是公，而是统辖诸县的家父长制的君主，领有的邑成为县，全面实行所谓郡县制的专制统治"。[②]

可以说，上述社会结构的变革构成了中国古代郡县制家父长皇权最深刻的社会结构基础。然而，伴随着权臣篡国和整个社会家父长私臣化进程，另一个社会结构的变迁又相向而行。这就是家父长统治下的私臣属役集体地向具有平等身份的国家编户齐民转变。私属化的进程意味着除少数居家父长地位的有力世族外，社会整体性地沦降为私臣仆属，也意味着原社会等级在这个庞大群体中消失，一个低贱的，但又相对平等的社会主体逐渐形成。而随着家父长篡国

---

① ［日］永村正雄：《中国古代专制主义的基础条件》，《日本学者研究中国史论著选译》，第3卷，北京：中华书局，1993年，第699—707页。
② 关于春秋家父长制变迁和郡县化进程可参见［日］增渊龙夫：《春秋战国时代的社会与国家》，杜正胜：《中国上古史论文选集》，台北：华世出版社，1959年，第851—887页，引文见第884页；亦可参见许倬云：《春秋战国间的社会变动》，《许倬云自选集》，上海：上海教育出版社，2002年，第100—119页。

或统一国家的完成，这一相对平等的社会主体就集体转变为郡县制国家的编户齐民。① 由于作为私属的身份本质相同或平等，所以在家父长统治的县邑中，其管理职责理论上也向全体有能力的私属开放。到了郡县制国家，编户齐民只要具备才能理论上都有机会参与国家的治理。因此相对于封建世袭，对编户齐民而言，郡县制又展现其制度的公性。而这一制度公性又成为郡县制得以普遍推行的深刻动力和不可逆转的根本原因。虽然旧势力和观念试图阻止这一历史大势，并一度造成动荡，但最终还是被碾碎消散。清儒赵翼将这种剧变和曲折概括为"人情犹狃于故见，而天意已另换新局"②，极为准确。

　　两个相向而行的运动，也造成了中国古代郡县制帝国一个固有矛盾——即家父长的君主私天下与编户齐民公天下的矛盾。一如王夫之在评价秦之灭亡时所指出的："秦之所以获罪于万世者，私己而已矣。斥秦之私，而欲私其子孙以长存，又岂天下之大公哉！"③ 事实上，不仅秦，整个中国古代郡县制帝国都与生俱来存在着这一固有矛盾。从郡县制言，要求天下为公，选贤与能，然从家父长制的皇权而言却要求私其子孙以长存，视群僚万民为私臣仆属。且在郡县制下，相比封建，皇权孤悬在上，"内亡骨肉本根之辅，外亡尺土藩翼之卫"（《汉书·诸侯王表》），为确保其稳固，势必想方设法掏空郡县守令的权力，所以"君人者，尽四海之内为我郡县，犹不足也，人人而疑之，事事而制之，科条文簿日多于一日，而又设之监司"。④ 国家权力高度集于一人，皇帝贤愚、仁暴则决定了帝国与百姓的命运。如余英时所指出的："当皇帝不是基于理性的考虑而决心要采取某些非常的行动时，天下没有任何力量可以阻止得住他。……从历史上看，有很多非理性的因素足以激动皇帝：上至夸大狂、猜忌狂，下至求长生、好奇珍，都可以把全国人民卷入苦难之中。"⑤ 国家权力高度集于一人，无限膨胀的权力必致无限膨胀的欲望，"沉溺放恣之中，居势使然也"（《汉书·景十三王传赞》）。用英国学者阿克顿的话就是："绝对权力导

---

① 关于这一运动，可参见杜正胜：《编户齐民：传统政治社会结构之形成》，台北：联经出版事业公司，1990年。
② ［清］赵翼：《廿二史札记》卷二《汉初布衣将相之局》，北京：中华书局，1963年，第32页。
③ ［清］王夫之：《读通鉴论》，北京：中华书局，1975年，第1—2页。
④ ［清］顾炎武：《郡县论一》，《顾亭林诗文集》，北京：中华书局，1959年，第12页。
⑤ 余英时：《"君尊臣卑"下的君权与相权》，《中国思想传统的现代诠释》，南京：江苏人民出版社，1995年，第118页。

致绝对腐败。"① 所以骄淫无道，多成为历代皇权的宿命。在这种情况下，王夫之所谓"民于守令之贪残，有所藉于黜陟以苏其困"者，也只能是一厢情愿的空谈。所以顾炎武曰："封建之失，其专在下；郡县之失，其专在上。"② 可谓精要。因其本身乃是与家父长专制统治共生的产物，所以这一制度从其开始就存在着专制、残暴的一面。而秦统一过程的血腥和统治的残暴及迅速灭亡，更将这一制度的弱点淋漓尽致地展现出来。也正是因此，在基础民众和知识阶层中都或强或弱地存在着集体无意识的复古和"封建"情结，而这种情结所反映的正是对现行制度不安和怀疑，而发生在庙堂之上郡县、封建之争的背后，更是对这一制度合理性、正当性的考问，借着古典的制度来表达对理想德治的诉求。③ 亡秦之痛，殷鉴不远。延续秦之郡县、封建之争，从汉初到武帝时期一直未能停止，亦如钱穆所云："封建、郡县两政体之争论乃当时最要一大事。"④

秦帝国统一的完成，郡县制在全国范围内建立，既标志着家父长专制统治在帝国全境内完成，也标志着私臣仆属整体向编户齐民转变完成。一方面从春秋有力世族而来的家父长专制统治空前加强，以帝制君临天下，视天下臣民为私臣仆属，不惜民力任意役使；一方面则是普遍的平民意识的觉醒，其精英力量——士人集团的壮大，要求天下为公，选贤与能，君主与庶民共享权力，即"天下非一人之天下也，天下之天下也"。两方矛盾的激化，秦最高统治者不但不知时变，反而变本加厉，严刑峻法，更不惜以焚书坑儒来钳制思想，打击精英，最终葬送了这个新生的郡县制帝国。而秦的灭亡也标志着西周以来世族贵族统治的终结。春秋贵族的统治已如落日余晖，随着楚汉战争的结束而逝去最后一缕霞光。

汉帝国的建立是平民与士人的胜利，在建立的很长一段时间内不得不与平民共享权力。如李开元所指出的，汉初刘邦之皇权实质上是一种"相对性有限

① ［英］阿克顿：《自由与权力——阿克顿勋爵论说文集》，侯健、范亚峰译，北京：商务印书馆，2001年，第342页。
② ［清］顾炎武：《郡县论一》，《顾亭林诗文集》，北京：中华书局，1959年，第12页。
③ 争论先后发生在秦始皇二十六年和秦始皇三十三年，最后秦始皇采纳了李斯的意见，在全国范围推行郡县。汉吸取秦亡教训，推行郡县、封建并轨制，郡县、封建之争则演变为围绕"削藩"问题的激烈斗争，以致导致"七国之乱"的爆发。钱穆先生敏锐认识到当时这一核心问题，指出"封建、郡县两政体之争论乃当时最要一大事"。
④ 钱穆：《国史大纲》上册，北京：商务印书馆，1996年，第121页。

皇权"，是"刘邦集团基于共天下的理念和历史，根据个人的功劳公平分配天下权益的一部分而已"，平民出身的武力功臣集团占据公卿要职，在地方则以军吏卒为主体形成了一个"拥有强大的政治势力和经济基础的，具有高等社会身份的新的社会集团"。① 而与此同时，又以求贤诏的方式，将士人集团笼络在皇室左右，并有计划地让这些人出任地方长吏，逐步代替渐渐凋谢的军功集团。因此，相比秦的贵族家父长专制统治，汉初在一定程度上实现了与平民的权力共享。这种权力的共享，又为地方豪强、游侠集团和士人集团等民间势力的崛起提供了广阔的政治社会空间。他们与原军功集团一起构成了民间社会的中坚力量。这就使得汉初社会结构相比春秋以降发生了明显的变化。一个由编户齐民而来的上升的平民贵族阶层于焉形成，要求更高的社会身份和权力分享。

这一社会结构的变化，一方面舒缓了家父长制皇权与平民力量崛起之间的矛盾，一方面也为思想文化在民间社会的活跃和大胆突破创造了坚实的社会基础。至景、武之世，社会经济经过汉兴以来的休养生息，已基本从战争的残破中恢复了元气。各种学术力量也经过长期的孕育和准备从秦火的凋零中复苏、兴盛。大一统的辽阔疆域更加增了汉人"包括宇宙"② 的胸怀和气魄。但战国秦汉以来连年的战乱，"高岸为谷，深谷为陵"的震荡一直是汉人挥之不去的梦魇，秦又二世而亡，殷鉴不远，帝国内部各种不稳定因素，加剧了汉人对前途如"寝于积薪之上"的焦虑。汉初最高统治者即使出于其自身考虑——"欲私其子孙以长存"，也不得不思考久安之策；根据现实需要小心翼翼地进行政治的"试验"。如《剑桥中国秦汉史》所说，"帝国最初"是"在现实主义原则和试验的基础上建立起来"的，③ 可以说是对这一时期帝国政治特征的精辟概括。处于试验与建构中的帝国相对稳定的政治学术环境、宽松的文化政策，以及地理世界的扩大和统一帝国的视野也使得这一时期的知识分子，比之先秦诸子，更多了"成一家之言，厥协六经异传，整齐百家杂语"（《史记·太史公自

① 李开元：《汉帝国的建立与刘邦集团——军功受益阶层研究》，北京：生活·读书·新知三联书店，2000年，第143、54页。
② 司马相如语（《西京杂记》卷二），相如论赋曰"赋家之心，包括宇宙，总览人物，斯乃得之于内，不可得而传"云云，从中可见汉人之气质和胸怀。
③ ［英］崔瑞德、［英］鲁惟一编：《剑桥中国秦汉史》，杨品泉、张书生、陈高华等译，北京：中国社会科学出版社，1992年，第27页。

序》）的志愿和胸怀。这些都为学术文化的再度活跃与繁荣创造了条件。所以
"兴太平"伟业，成为时代包括最高统治者在内的各种政治势力、学术力量和
学者共同的追求和思考。围绕着帝国如何构建，各种学术力量和政治势力间展
开了积极的探索，他们分别从自己的集团利益和学术立场出发，对大汉太平伟
业提出了自己的构想。各种学术思想相碰撞、交融、发展，加上各种政治势力
的介入，促成了景、武之世这个学术重建的激动人心的时代。于是形成了中国
历史上继诸子之后思想文化一个新的活跃、繁荣与规模性突破时期。与先秦百
家争鸣洋溢着百花齐放的浪漫诗意相比，大一统的政治情势必然要求对学术作
最后一统的选择，学术争论的背后，是各种政治势力的介入和较量，这不免就
存在着"东风压倒西风"的惊心动魄和残酷血腥。

除上述社会政治等外部条件外，春秋以降社会变迁及秦火所造成的文献历
史的断裂。历史记忆的成长与重构，也是这一时期学术思想规模性突破的深刻
内因。自 20 世纪 70 年代以来，对"集体记忆"的讨论一直是国际学术界热点
问题，它运用的边界也在不断扩展，大有涵盖一切历史、社会领域之势。[①]但
亦如 Noa Gedi 和 Yigal Elam 指出的，哈布瓦赫本人并"没有给我们一个清晰
理论来阐释'集体记忆'形成的方式。他的论证更倾向于一个文学的描述一个
人如何总是在特定社会团体（如家庭、社会阶级、宗教等）的框架中记忆"。[②]
后来的学者具体运用亦多以描述性为主，一些关键概念一直缺乏一个清晰的界
定，特别是，集体记忆和历史记忆的关系，近年来国内相关的研究反映也比较
突出。事实上，哈布瓦赫在后来的《论集体记忆》一书中已对"集体记忆"和
"历史记忆"作了专章的讨论。"历史记忆"（historical memory）的概念也应是
他最早提出。在哈布瓦赫看来，"历史记忆"与"集体记忆"是相对立的，集
体记忆更多是一个团体连续的整体的鲜活记忆，它总是保持过去与目前的相似
性，因此，总是在目前的社会框架和认识中对过去进行重构；而历史记忆则与
过去、现在保持距离，客观概述，通过编年的方式将过去并不连续的事件整

---

① David Berliner, Social Thought & Commentary: The Abuses of Memory: Reflections on the Memory Boom in Anthropology, *Anthropological Quarterly*, Vol. 78, No. 1 (Winter, 2005), pp. 197-211.

② Noa Gedi and Yigal Elam, Collective Memory — What Is It?, *History and Memory*, Vol. 8, No. 1 (Spring - Summer, 1996), pp. 30-50.

合联系起来，赋予历史意义。[1] 哈布瓦赫显然对历史记忆过于理想化，认为历史就是对过去事件的真实客观的描述，甚至认为历史"只有一个"。[2] 这一观点也为后来"记忆"理论的学者所继承，如沈坚所指出的，在其发源地法国，"记忆史对记忆概念的借用是以强调记忆与历史的不同为出发点的"。[3]

　　然而如皮埃尔·诺拉已指出的，历史不过是社会主流文化所采用的官方记忆而已。[4] 历史学的文献也许比记忆者的回忆更可靠，但是历史学家，也像记忆者一样，其解释范式和对历史的理解严重地依赖于目前的思维对过去做投射性的重构。[5] 因此，集体记忆与历史记忆是一对有所不同但又关系密切的概念。集体记忆是指在集体意识［指在一个特定的社会框架内由心理固着（psychological or mental fixations）、遗传观念（inherited notions）和传统习俗（traditional or conventional stereotypes）等超人力因素所主导的意向性集体认同或共识[6]］或一定社会的框架内从目前的理解出发对过去进行重构和叙述，其表现则更多是意象性、碎片性和易变性；而历史记忆则是以历史理性为前提，以客观真实性或再现历史事实为目标，对过去历史进行考察、重构和描述，其表现为概括性、整体性和稳定性。[7] 一方面集体意识和集体记忆深刻地影响着历史记忆，一方面历史记忆也不断突破二者遮蔽，发现和重构历史，反过来对集体意识和集体记忆产生影响。虽然随着"集体记忆"运用领域越来越广，二者的边界被有意无意地模糊，但认真检索阅读相关研究，除去许多理论研究外，相关研究仍多集中于遗迹、电影、博物馆、大屠杀、法国革命等近现代以

---

① Halbwachs, *The Collective Memory*, translated by Francis J. Ditter, Jr. and Vida Yazdi Ditter, Harper & Row Publishers, 1980, pp. 78-87, 105-107.

② Halbwachs, *The Collective Memory*, translated by Francis J. Ditter, Jr. and Vida Yazdi Ditter, Harper & Row Publishers, 1980, p. 83.

③ 沈坚：《记忆与历史的博弈：法国记忆史的建构》，《中国社会科学》2010年第3期。

④ Pierre Nora, Between Memory and History: Les Lieux de Mémoire, *Representations*, No. 26, Special Issue: Memory and Counter-Memory. (Spring, 1989), pp. 7-24.

⑤ Patrick H. Hutton, Collective Memory and Collective Mentalities: The Halbwachs-Ariés Connection, *Historical Reflections / Réflexions Historiques*, Vol. 15, No. 2 (Summer, 1988), pp. 311-322.

⑥ Noa Gedi and Yigal Elam, Collective Memory — What Is It?, *History and Memory*, Vol. 8, No. 1 (Spring - Summer, 1996), pp. 30-50.

⑦ Also reference seeing: Amos Funkenstein, Collective Memory and Historical Consciousness, *History and Memory,* Vol. 1, No. 1 (Spring - Summer, 1989), pp. 5-26.

来的事件。① 近年来国内学界的研究也大致如此。即使内容涉及古代，也是多从人类学的田野考察入手。② 相对而言，将集体和历史记忆具体运用到古典经学思想史领域的研究却非常少见。本书拟在吸收这一理论科学成分的基础上，通过考察春秋以降封建、郡县之变中儒学的演进及其历史记忆的绵延、断裂与重构，在揭示思想与时代变迁深刻关系的同时，也重新审视中国学术史上旷日持久的今古文之争，并修正与此相关的近代疑古运动中"层累造成的中国古史"等重大理论问题。

对于这一时期学术思想的发展，美国学者沃格林称之为"帝国创生和精神的迸放平行"。③ 在沃格林看来，帝国创生与人类的精神活动存在着一致性，二者有着密切关联。而以色列学者艾森斯塔得也注意到了这一时期思想的活跃，继雅斯贝斯之后提出了"轴心文明"的"继发性突破"（Secondary breakthrough），弥补了雅斯贝斯将这一时期看作轴心文明衰败的末期之不足。④ 在雅斯贝斯看来，轴心文明末期出现的各世界性帝国的稳定和所奠定的基础，只是"表面的，尽管与轴心期的国家形成比起来，它们延续了很长的时间，但最终都式微衰败，分崩离析"。⑤ 后来的汤因比，也大致持与此相似的观点。⑥ 实质上，无论雅斯贝斯还是汤因比在论述这一时期的文明时，都存在双重标准和概念的混淆，一方面在论述轴心期文明时，将精神的突破与这一时期国家形式极度混乱撇清，甚至认为这种混乱促进了精神的突破，但另一方面在论述帝国时期时，却以帝国最后衰败作为衡量这一时期文明发展的尺度，而无视这一

---

① Wulf Kansteiner, Finding Meaning in Memory: A Methodological Critique of Collective Memory Studies, *History and Theory*, Vol. 41, No. 2 (May, 2002), pp. 179-180; Alon Confino, Collective Memory and Cultural History: Problems of Method, *The American Historical Review*, Vol. 102, No. 5 (Dec., 1997), pp. 1386-1403. 这也可从近些年来的其重要刊物 *History and Memory* 所刊载文章可见研究一般概况。

② 如王明珂：《华夏的边界：历史记忆与族群认同》，台北：允晨文化实业股份有限公司，1997年。

③ Eric Voegelin, World-Empire and the Unity of Mankind, *The Collected Works of Eric Voegelin*, Volume 11, *Published, Essays,* 1953-1965, edited by Ellis Sandoz, University of Missouri press, 2000, p. 137.

④ Shmuel N. Eisenstadt, ed., Preface, *The Origins and Diversity of Axial Age Civilizations*, State University of New York Press, Albany, 1986.

⑤ ［德］卡尔·雅斯贝斯：《历史的起源与目标》，魏楚雄、俞新天译，北京：华夏出版社，1989年，第12页。

⑥ ［英］汤因比：《历史研究》，曹未风译，上海：上海人民出版社，1986年。

时期在帝国创生与"型构"（configuration）中精神的活跃和突破。特别对一些具体的民族而言，如中国和犹太民族，与其说这两个地区的古代文明顶峰是在轴心文明中心时代，毋宁说是在其后期的"继发性突破"时代。对犹太民族而言，无论第一以赛亚还是第二以赛亚时期，其重要性都不能与后来的"摩西五经"正典的形成时期相提并论。在中国亦然，尽管存在很大争论，但中国"五经"正典最后形成于汉帝国之初，史籍和文献亦明明可证，甚至从严格的文献形成史而言，即使公认的先秦诸子，最后确定成书亦多由汉人整理完成，其中整合进多少汉人的东西已无法确知。梁漱溟先生说："百年前的中国社会，如一般所公认是沿着秦汉以来，两千年未曾大变过的。"[①] 这一时期供给后代的不仅是政治制度形式，更重要的是这一时期制度转型与重构中所迸发的丰富的精神和思想资源，需要我们加以重新认识。

　　而春秋以降两个相向而行的社会结构变迁运动也为我们研究这一时期思想文化的历史提供了社会学的依据和框架。换句话说，研究春秋以后思想文化的历史也只有在这两个运动中才能找到其深刻的社会根源。伴随着家父长制的私臣化运动，是社会结构的巨大变迁，贵族的礼乐文明不再有其存在的土壤。对于家父长而言，势力和财富才是他们最重要最直接的追求，对私臣而言，礼乐文明显然与之卑贱身份不相适应，也很难有更高的或超越的人生境界追求，即如孔子当时所观察的"天下无行，多为家臣"（《史记·仲尼弟子列传》）。因此，在这一社会结构下，礼崩乐坏，道德人伦等斯文扫地便成为结构性的问题，也正是因此德治主义成为早期儒家主导思想。而帮助世族权臣政治斗争和管理役使仆属的刑名法术之学则渐渐获得了强大的社会基础。春秋至战国间刑名法术几乎占居了统治地位，尽管时有孟子、荀子这样的巨儒出现，但儒学在上层统治集团中式微不可逆转。也正是与统治集团的这种疏离，使儒学不断向民间沉降，在那里找到了其深厚的土壤，不绝如缕，并在斗转时移的社会变迁中，不断地适应与建构，虽遭秦致命地打击，在汉初的宽松环境中终迎来了它的春天。

　　汉初各种学术力量的消长，最初表现为儒道之争。社会经济经过秦汉之交的战争已经残破不堪，需要恢复发展。秦过分使用民力，连年的战争、徭役，

---

① 梁漱溟：《中国文化要义》，（中国）香港：香港集成图书公司，1963年，第11页。

使百姓皆希望清静。加上公卿大臣多武力功臣，质而少文，黄老道家主张治道贵清静而无为，正好适应了他们的要求，补他们的不足。因此，一般武力功臣多好黄老之学，黄老之学也维护巩固了他们的统治地位。清代学者王鸣盛说："汉初，黄老之学极盛，君如文景，宫阃如窦太后，宗室如刘德（按：楚元王后，刘向之父，为宗正），将相如曹参、陈平，名臣如张良、汲黯、郑当时、直不疑、班嗣，处士如盖公、邓章、王生、黄子、杨王孙、安丘望之等皆宗之。"①从这一强大阵容看，汉初黄老思想一直在朝廷中占统治地位，在民间也较为活跃。而儒家在民间所代表的是不断发展壮大的士族阶层，因此儒道之争的背后则是新兴士人阶层与既得利益集团军功贵族势力间的斗争。另一方面，黄老贵清静无为，更适合女主制政，不出房闼而操控天下。《史记·外戚列传》记载"窦太后好《黄帝》《老子》言，帝及太子诸窦不得不读《黄帝》《老子》，尊其术"，这其中固然有兴趣所向，但从维护其权力需要的角度考虑可能是更深层的。儒家强调有为、礼制，反对女主干政，所以黄老之学与儒学之争背后又存在着皇权与外戚势力之间的斗争。

徐复观认为黄老思想是"将伪托的黄帝，附会到老子上面去，而黄老并称，即是把权谋术数乃至许多方技迷信掺进道家思想中去，这是原始道家的变形"。②这样概括虽然过于简单，但这一时期道家流派质而少文，重在数术，思想性不强，应符合历史事实。随着帝国社会经济的恢复和发展，社会对文化学术的需求和文治的呼声越来越高，这种质而少文的黄老之术已显然不能适应帝国政治的需要。于是在文、景之际，有志于阐明道家思想精微玄眇、进行文献大规模整理与造作的淮南学术中心便应运而生。这一学术中心是在淮南王刘安的倡导下形成的。史书称其："招致宾客方术之士数千人，作为《内书》二十一篇，《外书》甚众，又有《中篇》八卷，言神仙黄白之术，亦二十余万言。"（《汉书·淮南王安传》）可见其时学术活动的盛况。对此，徐复观称其"乃汇合儒道方术的一学术中心"③，不过，"道家思想究居于优势"④。钱穆则进一步指出这是分得了先秦诸子百家学术之大系，是先秦子学的汇集。⑤对于

---

① ［清］王鸣盛：《十七史商榷》，上海：上海书店出版社，2005年，第42—43页。
② 徐复观：《两汉思想史》第2卷，上海：华东师范大学出版社，2001年，第114页。
③ 徐复观：《两汉思想史》第1卷，上海：华东师范大学出版社，2001年，第109页。
④ 徐复观：《两汉思想史》第2卷，上海：华东师范大学出版社，2001年，第118页。
⑤ 钱穆：《国史大纲》上册，北京：商务印书馆，1996年，第142页。

淮南学术活动和文献造作的动机与目的，据《淮南子·要略篇》：

> 若刘氏之书，观天地之象，通古今之事，权事而立制，度形而施宜，原道之心，合三王之风，以儲与扈冶。玄眇之中，精摇靡览，弃其吵挈，斟其淑静，以统天下，理万物，应变化，通殊类，非循一迹之路，守一隅之指，拘系牵连之物，而不与世推移也。故置之寻常而不塞，布之天下而不窕。[①]

徐复观认为淮南是"欲为汉室的大一统政权提出包罗万象的政治宝典"，"想以研究充实汉家鸿业的内容"；对《淮南子》在道家思想上的阐发，则称其是对汉初思想作"一次大结集"，"可算思想史上的伟迹"。[②]淮南学术将道家学术推向了一个顶峰，对景、武之世学术升降及汉代学术思想的重要影响自不待言。然而笔者并不打算在淮南学术的问题上多花笔墨，一方面因为它一直是汉代思想史研究领域的热点，研究成果已相当多；一方面则是为能集中精力更深入地来研究景、武之世儒学思想的构建与演变，所以对淮南学术仅作上述简要的介绍，相关涉及的部分也只略有提及，以加深对景、武之世学术思想的整体了解。这里我们将更多的目光聚焦在帝国的北方另一个学术中心——河间。

进入景、武之世，随着武力功臣相继凋谢，新兴士族阶层崛起，皇权势力不断加强，以及社会各种矛盾的加剧，帝国的情势已渐渐向着不利于道家的方向转变。而就在淮南学术极盛的同时，北方另一个学术中心——河间儒学中心逐渐兴盛起来。它标举六艺，兴修礼乐，聘求幽隐，筑日华宫，建君子馆，以待天下学士，一时间天下雄俊硕儒纷至沓来，形成了儒学云集的盛况。这一学术中心是以河间献王刘德为中心展开的，钱穆认为其与淮南诸子之学相对，是承先秦王官六艺学术之大系，是先秦六艺王官之学的汇集。[③]它的形成，对景、武之世儒学兴盛及学术转变起到了重要的推动作用。其学术活动历景、武两朝共二十六年，是这一时期儒学思想构建的重要参与者，是我们研究中国学术从子学时代向经学时代转变的关键环节。

---

① 何宁：《淮南子集释》，北京：中华书局，1998年，第1462—1463页。
② 徐复观：《两汉思想史》第2卷，上海：华东师范大学出版社，2001年，第109页。
③ 钱穆：《国史大纲》上册，北京：商务印书馆，1996年，第142页。

这一中心的领导者河间献王刘德，是景帝第二子，于景帝前元二年立，武帝元光五年薨。有汉一代，乃至千古而下，宗藩之盛德者必称河间献王刘德。班固称之为"夫唯大雅，卓尔不群，河间献王近之矣"（《汉书·景十三王传》）。秦汉以下，历代对他的赞誉不胜枚举，在我国历史上几乎没有其他诸侯王能与他相媲美，被誉之为宗藩仪表。宋儒司马光有《河间献王赞》一文，其给予献王在中国历史上的地位也到了无以复加的高度：

> 噫！微献王，则六艺其遂暗乎！故其功烈至今赖之。且夫观其人之所好，足以知其心，王侯贵人不好侈靡而喜书者，固鲜矣。不喜浮辨之书而乐正道，知之明而信之笃，守之纯而行之勤者，百无一二焉。武帝虽好儒，好其名而不知其实，慕其华而废其质，是以好儒愈于文、景，而德业后之。景帝之子十有四人，栗太子废而献王最长。向若尊大义，属重器，用其德，施其志，无神仙祠祀之烦，宫室观游之费，穷兵黩武之劳，赋役转输之敝，宜其仁丰义洽，风移俗变，焕然帝王之治复还，其必贤于文、景远矣。嗟乎！天实不欲礼乐复兴邪！抑四海自不幸而已矣。①

由此可见，河间献王在学术上的丰功伟业。大抵有宋诸儒多感叹景帝未能选择献王，是历史的遗憾。朱熹说："胡氏说'使河间献王为君，董仲舒为相，汲黯为御史大夫，则汉之礼乐必兴'。这三个差除，岂不甚盛！"（《朱子语类》卷八十五）宋儒章樵结合董仲舒《士不遇赋》说："涑水司马氏曰：'汉景帝时栗太子废，其次河间献王最长，若属重器，帝王之治可以复还。'仲舒醇儒，道必遇合，景帝舍德立彻，盖天意也。武帝好名亡实，仲舒卒为公孙弘所嫉，摈弃而死，何足深怪。陶渊明作《感士不遇赋》，其序曰：'昔董仲舒作《士不遇赋》，司马子长又为之。余尝读其文，慨然惆怅。'"（《古文苑》卷三）也许如宋人所感叹的"天意从来高难问，况人情易老悲难诉"，献王出生伊始，作为太子的弟弟就注定了其悲剧性的命运。在后来的宫廷斗争中，栗姬之属败下阵来，献王的母亲、哥哥和其亲友在宫廷斗争中先后郁死、自杀或惨遭屠戮，

---

① ［宋］司马光：《温国文正公文集》卷第七十三《河间献王赞》，《四部丛刊》景宋本，第3叶a—b。

他虽幸免于难，其势也如危卵。由于其特殊遭遇，作为诸侯王更切身感受到日益膨胀的皇权对王国的压力和威胁，进而更深刻地认识到皇权的无限膨胀和权力斗争的破坏性对整个帝国前途的威胁。虽然河间与淮南在学术志趣取向上有着很大差别，但站在王国立场上，为大汉兴太平伟业，寻求经世之道，其学术视野和目标却出奇一致。淮南主张无为，其意主要在于中央不要过于插手地方王国事务，给王国较大的自治空间，在《淮南子》中更大胆明确地提出了"法籍礼义者，所以禁君使无擅断也"，"所谓亡国，非无君也，无法也"（《淮南子·主术训》）。河间则维护封建王国的地位，通过着手考订兴修传统礼制，在高举周代礼制的旗帜下为大汉构建制度文化，其核心也是在限制皇权，建立稳定的政治秩序。为此，河间聘求幽隐、整理典籍、兴修礼乐、发明绍述，经过二十六年间艰苦卓绝的工作，在文献整理和学术思想上取得了重大突破。

再套用宋儒张元幹一句诗词"目尽青天怀今古，肯儿曹恩怨相尔汝"，我们不能以成败和个人的情感来论英雄，政治上的失败虽然使他们命运有些凄惨和落寞，但掩盖不了他们在学术上的辉煌成就和对历史的推动作用。他们与同样杰出的对手一道汇成了这一时期生命洋溢的学术洪流，浩浩荡荡奔向未来。就在淮南、河间学术相继兴盛的时候，儒学一直在中央内朝郎官中活动，悄无声息地影响着最高统治者的思想和文教政策，中央政策已悄然向文治转变。在外朝，文帝时博士儒学甚至一度复兴，后虽遭遇顿挫，但其发展仍不绝如缕。至景帝后期，随着支持儒学的卫绾为太傅、儒者王臧为少傅，预示着帝国未来的文教政策将作出有利于儒学的调整。加上儒学长期在内朝郎官中的孕育，河间儒学在文献、人才、思想的准备，一个属于儒学的时代即将来临。非常之世必有非常之人，一代雄主汉武帝和一代儒学宗师董仲舒便应运而生。在中央朝，君臣风云际会，共同构建了帝国统治意识形态的大厦。与王国学术不同，他们站在中央朝的立场，其学术思想的核心是维护和强化大一统郡县制的中央集权，因而与作为王国学术的河间儒学在一系列问题上都产生了分野，如郡县与封建的分野，"天人之学"与"天礼之学"的分野，等等。这些分野在发展中便形成这一时期泾渭分明的两大儒学系统——中央帝国儒学系统与河间王国儒学系统。由于它们之间所尊奉的儒学经本文字的不同，遂启后世"今古文经学"，后世所谓的"今古文之争"正导源于这一时代两大儒学系统的分野。因此，只有从源头上对这两大儒学系统的发展与构建有深入把握，后世纷纭聚讼的许多学术问题才能有实质性的突破。

与此同时，在河间儒学与中央帝国儒学系统之外，既构成了二者的源头，又构成二者的背景，并与二者密切交织，还存在着另一儒学的形态，笔者将之称为"民间儒学"。如上文所述，这一儒学形态源远流长，从孔子创建儒学开始，一直沉潜在民间，在民间以乡里共同体的形式承传，尽管历经战国纷扰和秦政仄逼，但不绝如缕，而且在其乡里世界中也逐步发展出俨然属于自己的体系——"天伦之学"系统，有别于上述两大儒学系统。民间儒学与流衍、浸移民间的河间儒学、中央儒学的交互影响，构成了汉代儒学的民间运动，对后来的汉代社会历史政治产生了重要影响，是研究汉史不可忽视的一股势力和一条隐线。

以往学界对封建郡县转变之际——秦汉之交到景、武之世的儒学和社会历史的专门研究比较少，而相关的研究则比较多：一是秦汉史著作，如英美学者崔瑞德、鲁惟一等编《剑桥中国秦汉史》（1992 年中译）；国内港台学者钱穆、劳榦、林剑鸣、吕思勉、田昌五等先生也都著有《秦汉史》，此外一些大型通史类著中也都有专门的秦汉卷。这些著作都是由史界耆宿完成，不仅帮助我们全面深刻认识秦汉社会历史，对一些具体的社会或学术问题也往往独具睿见，如《剑桥中国秦汉史》对帝国最初是"在现实主义原则和试验的基础上建立起来的"，作出了准确的判断；而钱穆先生在《秦汉史》中更辟有"河间王国儒学"专节来讨论河间儒学中心兴衰原因。二是秦汉制度史研究，如英国学者 Michael Loewe（鲁惟一）*The government of the Qin and Han Empires: 221 BCE-220 CE*（2006 年）、Hans.Bie1enstein（毕汉斯）*The bureaucracy of Hantime*（1980 年），日本学者永田英正《居延汉简の研究》（2007 年中译）、西嶋定生《中国古代帝国の形成と と构造——二十等爵制の研究》（1992 年中译）、大庭脩《秦汉法制史の研究》（1991 年中译）、增渊龙夫《中国古代の社会と国家：秦汉帝国成立过程の社会史的研究》（1960 年），等等；中国学者阎步克《从爵本位到官本位——秦汉官僚品位结构研究》（2009 年），杨鸿年《汉魏制度丛考》（2005 年），曹旅宁《张家山汉律研究》（2005 年），陈仲安、王素《汉唐职官制度研究》（1993 年），安作璋、熊铁基《秦汉官制史稿》（1984 年），严耕望《秦汉地方行政制度》（1961 年），曾资生《两汉文官制度》（1942 年），等等。这些或是宏观的社会制度、结构研究，或是专门的法制、官爵研究，对深刻认识这一时期的社会制度结构很有帮助。三是秦汉思想史研究，如周桂钿《秦汉思想史》（2000 年）、金春峰《汉代思想史》（1987 年）等；而徐复观《两汉思想史》（1976 年）则专门考述了河间献王的死因，探讨了河间学术与中央朝的关系，给笔者很大启发。外国学者对秦汉思想史的论述多在一些思想史宏观论著中，如以色列学者艾森斯塔得编 *The Origins and diversity of axial age civilizations*（1986 年），继雅斯贝斯之后提出了轴心文明的二次突破，对秦汉时期在思想史上的地位给予了充分肯定，并从人类文化学的角度分析了这一时期儒学向心化价值取向的成因。四是秦汉经济史研究，如华裔学者许倬云《汉代农业：中国早期土地经济的形成》（1999 年）、日本学者宇都宫清吉《汉代社会经济史研究》（1960 年）；中国学者黄今言《秦汉经济史论考》（2000 年）、马大英《汉代财政史》（1980 年）、陈直《两汉经济史》（1978 年），等等。这些成果为笔者进一步认识汉代社会和展开具体的社会学分析提供了基础。

与本书直接相关的是汉代经学与政治研究，这方面有陈苏镇《汉代政治与〈春秋〉学》（2001 年）、汤志钧等《西汉经学与政治》（1994 年）、杨向奎《西汉经学与政治》（1945 年）、洪乾祐《汉代经学史》（1996 年）、章权才《两汉经学史》（1990 年）等。而一直以来经今古文的问题都是汉代经学与政治研究所关注的焦点。早在宋代胡安国、胡宏二人就指斥《周礼》等古文经被刘歆伪窜，降自清初方苞在其《望溪集》中更具指《周官》之文某节某句为刘歆所增窜，言之凿凿，如目笔削。而清末刘逢禄作《左氏春秋考证》摘取《左传》中五十几例，认为是刘歆伪窜《左传》的证据，是后廖平又作《辟刘篇》《今古学考》，而康有为在其《新学伪经考》中更将全部古文经归诸刘歆伪造，经今古文问题遂成近代学术争论的焦点。顾颉刚先生所代表的疑古学派则将之推向高潮，将疑古辨伪拓展到整个上古史文献领域。针对康有为等人的观点，钱穆从历史材料出发，先后作《刘向歆父子年谱》（1920 年）、《周官著作时代考》（1933 年）、《两汉博士家法考》（1944 年）等文，力驳刘歆伪造说。但争论于今仍未平息，今人黄彰健有《经今古文学问题新论》（1982 年）、王葆玹有《今古文经学新论》（1997 年）、邬积意有《刘歆与两汉今古文之争》（博士论文，2005 年）都试图对这一旷古争论提出新的事证和见解。

伴随真伪争论始终的是经典成书问题的争论。几乎每一个经典文本都会有众多不同的成书看法，难以尽举。这里特别要提到的是彭林的《〈周礼〉主体思想与成书年研究》（1991年），其从汉初视野考察《周官》的成书和内容，构成了本文从河间来考察《周官》的重要基础；此外，海外学者 Mark Edward Lewis, *Writing and authority in early China*（1999），Christopher Leigh Connery, *The empire of the text: writing and authority in early imperial China*（1998）等论著侧重经典文本与政治权威的理论探讨；而 John B.Henderson, *Scripture, Canon, and Commentary: A Comparison Confucian and Western Exegesis*（1991），从中西比较视野研究经典文本的形成，比较著名。本书则将在近代以来中外成果的基础上，从经典首次出现的确定事实出发，一方面吸收疑古学派和近年来学界的成果，将这一时期出现的经典下移至汉代来考察，另一方面吸收国外历史记忆理论，从历史记忆的角度将经今古文的问题从刘歆时期上移至景、武之世，帝国构建与试验时期，在理想国家构建的动力下，因秦火造成的文献灭失和幽暗记忆，在历史记忆的断裂、成长与重构中形成的"聚残、校实"或"书之竹帛"的"复典、成典运动"，从而既继承了疑古运动而来的现代怀疑理性，又克服了其贬斥经典的"刘歆伪造说"，科学地确立经典之所以成为经典的内在根据。

关于河间儒学的现代研究状况，如蔡仲德所说，研究者可谓少之又少。[1]古人对河间献王及河间儒学的关注主要在其六艺经典传播，主要是一些评论，见于各种相关经典的注本中，不胜枚举。本文论到相关章节中，尽量把它们分类条理出来，以考见其说之源流。另外还有一些评论散见于序跋及个人别集中，也多是只言片语。从目前笔者掌握的材料来看，专门对此进行研究的，有清儒戴震《河间献王传经考》一篇，收在《戴震全集》中，由于作者为清乾嘉考据学大师，所以文献价值和学术价值都非常重要。此后康有为亦有《汉书河间献王鲁共王传辨伪》一文，收在《新学伪经考》中，从辨伪的角度，指出河间献王传经一事为刘歆伪作，虽实不可据，但亦为一篇重要文献。此后对河间献王和河间儒学的研究多在相关历史著作中论及。就笔者所见，钱穆的《秦汉史》中有《王国学术》一节，该书是钱穆先在三十年代的讲义，后辗转于五十年代出版，该节将淮南与河间并列，指出它们从先秦而来的不同学术承传，以

---

① 蔡仲德：《河间献王评传》，《河北师范大学学报》1980年第4期。

及形成不同学术风气的原因，并指出了中央朝对它们的猜忌。徐复观在《两汉思想史》中的《汉代专制政治下的封建问题》一章，对有关河间献王之死和其学术失败的原因进行剖析，比之钱文则更有深度，该文从专制政治对学术的"窒息作用"大背景立论，指出河间献王系因"猜嫌忧患而死"，让我们对河间儒学所处的时代有一个较深刻的认识。

1949 年后，中国大陆对河间儒学的研究基本处于停滞状态。"文革"前陈留写了一篇《河间献王藏书与复制考》，附有《河间献王年表》，篇名著录在谢巍的《中国历代人物年谱考录》一书中。由于是未发表的稿本，在"文革"中已丢失，而陈留生卒也不得而知，故终不得见原稿，实为可惜。"文革"后，对河间献王的研究首推蔡仲德。他的主要成就是在对《乐记》的研究上。从七十年代以来，他投入到每一场关于《乐记》作者的争论中，以捍卫刘德对《乐记》的著作权。经过他的不懈努力，从目前学术界看来，支持刘德作《乐记》的人越来越多，相反持公孙尼子作《乐记》之说的渐至平息。1980 年蔡仲德在《河北师范大学学报》上发表了《河间献王刘德评传》一文，可以说是目前第一篇较为系统地研究献王的论文，但更多的是根据《史》《汉》材料对献王的介绍。之后，卢仁龙撰《河间献王与汉代儒学》一文发表在《河北学刊》1990 年第 3 期上，对河间献王生平与汉代儒学的关系进行了论述，但主要从文献方面来论及河间献王对汉代儒学的影响，仍多限于史料的复述介绍。陈开先撰《汉初帝国文化建构及思想专制景观下的河间学术》一文，发表在《孔子研究》1998 年第 1 期上，主要受到徐复观《汉代专制政治下的封建问题》一文的影响和启发，该文的突破在于对河间儒学的成就和学术史上地位给予了非常高的评价。但在徐复观的基础上已剑走偏锋，认为献王乃武帝秘密处死，其论据存在着明显的文献不审之误。近年来对河间儒学的研究有所进展。山东大学郑杰文于 2003 年在《孔子研究》第 6 期上发表了《河间儒学中心对汉武帝独尊儒术政策的影响》一文，指出"汉武帝独尊儒术，推行礼乐教化的政治思想，是受河间献王的推引，在河间儒学中心的影响下形成的"，比之陈文则将河间儒学的影响落到了实处，且对景、武之世儒学发展的脉络已有触及，考论相对也比较严谨。相对于河间儒学的研究，对河间古文诸经进行研究的著作和论文，又多得无法统计，但研究者多是孤立的经本研究，在本文涉及的相关部分都有专门的研究回顾，此不赘述。这些研究一个共同的特点就是很少与河间儒学的整体思想和背景结合起来，2004 年河北师范大学王长华、易卫华又在《河北大学学报》上发表了《汉代河间儒学与〈毛诗〉》一文，则是对传统上《毛诗》仅作孤立的文本研究的一次突破，将《毛诗》纳入到河间儒学的思想背景中来研究，代表了经学研究和河间儒学研究的一个新方向。但由于其对河间儒学的认识仍仅限于一般的了解，所以对《毛诗》思想研究亦没有实质性的突破。因此，总体而言，学界对河间儒学的研究，相比淮南学术来说还是比较弱。这些研究一是对河间儒学本身的学术活动和学术思想缺乏深入的探讨，二是对河间儒学作为一个相对于中央儒学的独立儒学系统认识不足，因而对其发展脉络和对汉代学术史的影响缺乏梳理。以至于使河间儒学，这一汉代学术从"子学时代"向"经学时代"过渡的关键节点，其流派活动贯穿影响了整个汉代学术、政治史的古文经学集团，缺席了汉代学术政治史以及一些诸如封建郡县、经今古文之争等重大问题的研究和讨论。

相比河间儒学，学界关注较多的则是这一时期中央儒学的研究，尤其是相关人物思想的研究，成果多得难以缕述。不过，这里不能不提到的是庄春波《汉武帝评传》（2001 年），这部研究景、武之世的学术力作，作者倾其所有心血于是书，未付梓而英年早逝，令人扼腕叹息；其他如王永祥《董仲舒评传》（1995 年）、周桂钿《董学探微》（1989 年）等都是笔者展开以董仲舒为中心的中央儒学集团研究的重要基础。但这些研究明显地存在着方法、切入点等方面的问题。一是专人研究的著作论文，对其整个时代学术构建与演变缺乏宏观性的掌握，所以对一些学术史的问题往往不能有实质性突破；而通史通论型的著作有宏观性的了解，但又缺乏对具体问题的深入，尤其是这些著作都普遍忽略了河间儒学及这一儒学向中央汇集的关键环节，所以在学术的宏观把握上也存在着很大的不足。

最后，几位前辈和同侪的研究成果在这里是必须要提的。近年来颜世安师对先秦儒学的研究，无论宏观上还是微观上都取得了很大的突破，将孔荀之间的明线和隐线说得比较透彻，给本书先秦儒学到汉代发展脉络及对汉代儒学理解奠定了坚实的基础，构成了本书对先秦儒学的基本理解。而民间儒学概念和脉络则直接受到其文《不言与言：早期儒墨之争的一个问题》（2003年）启发；徐兴无师《刘向评传》专注汉代经学的研究，与本书研究景、武之世儒学向宣、元之世转变密切相关，给本书很大的帮助和启发。就在笔者苦于对中央儒学的研究不能有所突破之际，徐师对郎官经学的论述，给了本书很大的启发。本文从内朝郎官儒学入手，梳理了儒学在郎官中的孕育发展，以及武帝以内朝驭外朝的学术格局，如果此说成立，应该说也是汉代学术研究中一个不小的收获。而黎嵩师弟致力于穀梁学，对民间儒学的意识也比较早，在交流中也很受启发，其文《战国秦汉间的文学之士——对早期儒者民间活动的一种历史考察》（2012年）则是对先秦儒学民间活动的一次考察，构成了本书民间儒学的前期基础。

本书在研究方法上吸收了西方史学一些前沿理论与方法，并努力做到本人所提出的"条源竟流、元思原构"理论高度，批判性地吸收创新相关理论方法，在经典形成理论上提出"历史的记忆、断裂与成长"理论以克服中西方经典形成理论上的不足，并由此提出"走进正典时代""庶人经学"概念，作为本书继发性成果，[①] 以突破目前困扰中国学术界的疑古与释古的争论，作为现代儒学与当代文化重建的适切路径。

据蔡仲德所记，现河北省献县城东十里八册屯有汉王丘，当地父老说，这是献书王的坟，坟前之庙已毁于战火。庙占地六十四亩，有古槐古柏若干株。大殿正中有刘德牌位，金字书"汉河间献王之神位"。两侧为毛公、贯公牌位。殿中柱子上有对联："万卷书收秦劫火，一抔土盖汉官仪。"殿前有明儒陈瓒（万历朝尚书）、清儒纪昀刻碑。庙墙有七绝一首："苍松翠柏碧烟萝，灵起晴空庙巍峨，汉代人文钟此地，老槐亦为壮山河。"[②] 深情地寄寓了后人对一代贤王的崇敬之情，也高度概括了河间对汉代学术的影响。然而一直以来学界都缺乏对这位一代贤王与鼎盛一时的河间儒学进行系统的研究与梳理，甚至久被忽视。元代诗人萨天锡过献王陵时，曾发感叹："西风老树昏鸦集，日落荒城暮雨崩。寂寞断碑秋草里，行人遥指献王陵。"[③] 河间儒学的丰功伟业，就如秋草枯树中献王陵一样，被人冷落和淡忘在荒凉偏僻的历史一隅。但愿笔者的研究，能开启学界尘封的记忆，重新认识这位曾为中国文化做出重大贡献的一代贤王和他所领导的河间儒学，这将是笔者最大的满足。

---

① 参见拙作：《走进正典时代——论蔡尔兹"正典的进路"对现代儒学的意义》，《江海学刊》2011年第3期；《走出疑古与释古时代的庶人经学》，《江海学刊》2016年第3期。

② 蔡仲德：《论中国音乐美学史及其他》，上海：上海音乐出版社，2003年，第221页。

③ ［元］萨天锡：《过献王陵》，引自［清］杜甲等纂修：《河间府志》卷之二十《艺文下》，清乾隆年间刻本，第94叶a。

上编

历史、社会与政治

第一章 不绝如缕：儒学民间传承与汉初社会

　　经过春秋战国诸侯间的长期战乱，周王朝所构建的封建宗法社会解体，代之而起的郡县制帝国——秦帝国又迅速崩溃。自孔子到战国秦汉之际，为诸子百家争鸣的时代。百家的理论，"究其原委，在于各个学派都在为一个新的社会（或理想社会）的出现寻找理论依据和提供实施的方法，所谓'夫阴阳、儒、墨、名、法、道德，此务为治者也'（《史记·太史公自序》引司马谈《论六家要旨》）"。[1] 经历秦汉之际血与火的战争震撼，在一片废墟之上，一切都要重新开始，帝国怎样构建，并无成功的模式供汉人选择，汉人只能沿着先人探索的道路继续探索。《剑桥中国秦汉史》说，"帝国最初"是"在现实主义原则和试验的基础上建立起来"[2] 的，可以说是对这一时代特征的精辟概括。有探索必定有论争，于是产生了中国历史上继诸子百家后又一个学术思想繁荣时期。相对稳定的政治学术环境也给汉人留下了对先秦学术进行整合的空间和时间。像司马迁一样，汉代学者多抱着"成一家之言，厥协六经异传，整齐百家杂语"（《史记·太史公自序》）的志愿和胸怀，虽屡经挫折仍矢志不渝，在他们的努力下，中国学术史由子学时代进入了经学时代。[3] 而在对这一重大的社会历史和学术转型进行阐述之前，我们必须要了解推动这一历史转型且对汉代

---

① 徐兴无：《谶纬文献与汉代文化构建》，北京：中华书局，2003年，第152页。

② ［英］崔瑞德、［英］鲁惟一编：《剑桥中国秦汉史》，杨品泉、张书生、陈高华等译，北京：中国社会科学出版社，1992年，第27页。

③ 关于子学时代与经学时代提出与划分，见冯友兰：《中国哲学史》，上海：商务印书馆，1934年。

社会历史产生重要影响的一股重要力量——民间儒学集团的形成与演构。

一、从游团共同体到乡里共同体：儒学的民间流衍

如《绪论》所述，春秋以降在封建向郡县巨变中，两个相向而行的社会变迁运动，为我们研究春秋以后思想文化的历史提供了社会学的依据和框架；换言之，研究春秋以后思想文化的历史，也只有在这两个运动中才能找到其深刻的社会根源。伴随着家父长制的私臣化运动，是社会结构的巨大变迁，贵族的礼乐文明不再有其存在的土壤。对于家父长而言，势力和财富才是他们最重要最直接的追求，对私臣而言，礼乐文明显然与之卑贱身份不相适应，很难有更高的或超越的人生境界追求，即如孔子当时所观察的"天下无行，多为家臣"（《史记·仲尼弟子列传》）；因此，在这一社会结构下，礼崩乐坏，道德人伦等斯文扫地便成为其结构性的问题，也正是在此背景下，德治主义成为早期儒家主导思想。

社会道德人伦的整体沉落，不断出现陪臣执国政的篡夺和弑戮，反过来威胁着家父长的自身安全和统治。社会需要一个专业的具有职业品性、操守和一定礼仪修养的家臣和官僚群体。这就为出身平民或没落贵族——从事专业管理和技艺的士人集团的兴起创造了条件。如其时子夏所云"百工居肆以成其事，君子学以致其道"（《论语·子张》），在六艺的专业训练和学习中达致了"道"的超越——儒学集团由是应运而生——一个以平民为主要对象，以"六艺"等专业知识和技能为基础的孔子私家学团首先在东方世界出现。更准确地说，儒学在其产生最初一段时间里，是作为一个游团，即作为一个游走于当时东方世界的学团共同体的形式出现的。

儒学何以最初以这种形式出现？据《史记》的描述是孔子在鲁国改革弊政，遇到了挫折，被迫离开鲁国，开始了在外流离的生活；而在司马迁，甚至孟子的观念中，孔子是怀着得君行道的心志周游东方世界的。当然不排除这方面的原因，但笔者更愿从"学以致其道"，对传播和拯救古典文化的自觉，来看孔子这次远游。这从其后来困于匡的言论中，"文王既没，文不在兹乎？天之将丧斯文也，后死者不得与于斯文也。天之未丧斯文也，匡人其如予何？"（《论语·子罕》）即可充分表明其传播文化的自觉和天命承担。从其一路曲折

向西向南的巡游路径也可见其南游的真实目的，使后来者"得与于斯文"，其目标很明确——向南方的楚国荆蛮之地传播古典文化。而其多次强调栖居于蛮夷之地或无意于出仕，亦可见此后其志在教授弟子，向边远地区传播古典文化。文化的自觉和使命的承担是孔子远游的最大动力，也是我们研究观察游团的最适切视角。对游团这一独特共同体的关注，也为我们在春秋中后期社会变迁运动中，研究儒学的思想和历史记忆的形成与建构提供一个有效的历史社会学的分析路径，这也是以往学者很少注意到的。

首先，游团是一个居无定所的师徒平等开放共同体。几乎所有的成员都离开其本乡、本土，甚至本国，投身于这样一个游走于东方世界的共同体中。游走意味着居无定所，生活没有稳定的物质保障，经常处于困顿中。游团的经济来源，除来自学员个人学资外，最初曾受到卫国礼遇和资助，但是当孔子拒绝了卫灵公问陈之后，便被迫离开卫国，生活遂陷入困顿。"在陈绝粮，从者病，莫能兴。子路愠见曰：'君子亦有穷乎？'子曰：'君子固穷，小人穷斯滥矣。'"（《论语·卫灵公》）除私人物品外，有迹象表明游团食物等主要生活资料实行共有制。[1] 生活的拮据削平了其原初社会地位和经济的差别。共同拥有物质资料也造成了一个平等的生活基础。"有朋自远方来，不亦乐乎"（《论语·学而》），如我们所知这里的"朋"是指弟子。因此，孔子作为传道授业的长者，除在知识和道德上具有一定权威外，师生之间在身份属性上更多的是朝夕相处的长辈亲情和朋友的平等关系。平等构成了成员间的基本关系。相对外部大的封建等级和日益家父长化的社会，游团形成了一个相对平等独立的生活世界。与此同时，游走不仅意味着地理世界的扩大，也意味着文化世界扩大，深入接触沿途的各国文化，从而使齐鲁地域儒学蜕变为兼容并包开放的"世界"儒学。[2] 而沿途弟子不断加入这一游团也增加了其开放性和兼容性，这就使儒学自创立之初就是一个开放的儒学，使之在后来的发展中能不断吸收各种

---

[1] 《论语·雍也》："子华使于齐，冉子为其母请粟。子曰：'与之釜。'请益。曰：'与之庾。'冉子与之粟五秉。子曰：'赤之适齐也，乘肥马，衣轻裘。吾闻之也，君子周急不继富。'原思为之宰，与之粟九百，辞。子曰：'毋！以与尔邻里乡党乎！'"以及从"颜渊死，颜路请子之车以为之椁"，均可见其主要生活资料公有的迹象。

[2] 学者的研究表明孔子南游楚国，深受了楚地文化影响，晚年喜《易》就发生在其南游的最后阶段（参见高华平：《孔子与楚国》，《经学与中国文献文化国际学术研讨会会议论文》下册，2013年，第667—681页），事实上各地文化都应有影响。

思想和文化。如对管仲的评价："管仲相桓公，霸诸侯，一匡天下，民到于今受其赐。微管仲，吾其被发左衽矣。岂若匹夫匹妇之为谅也，自经于沟渎，而莫之知也？"（《论语·宪问》）即从天下开放的视野突破了时人的狭隘观念。

平等的内部结构和开放的视野，也为儒家超越外部世界等级秩序和家父长制的藩篱，从人类公性的视野思考问题创造了基础。"有教无类"的平等教育理念首先被提了出来。这一理念成为游团成员的观念和传统，成为后世儒学社团一直秉承的尺度和观念，并随着儒学教育向民间教育的深入而传播扩散。于是"大道之行，天下为公，选贤与能"（《礼记·礼运》）遂在后来儒家中响亮提出。而随着郡县制的形成，社会基础结构整体地向编户齐民转变，这种人类平等公性的思考越来越得到社会的回应，渐至成为一股强劲的社会思潮。这在当时或后来的文献中清楚地反映："故立天子以为天下，非立天下以为天子也。立国君以为国，非立国以为君也。"（《慎子·威德》）"天下非一人之天下也，天下之天下也。"（《吕氏春秋·贵公》）这一思潮也成为推动郡县制建立的强劲动力，所以钱穆称秦之郡县为"有史以来之创局""此实当时一种极纯洁伟大之理想，所谓'平天下'是也"。[1]

可以说，早期儒学的所有超越都要从这个平等共同体的开放世界寻得基础，换言之，首先是有这样一种新型向世界敞开的平等共同体，然后才有儒学的创生和超越。后来诸子游团亦然，也多是在这样的一个平等身份的开放共同体中与家父长制社会结构保持一定的独立性和距离，尽管思想各不相同，但都出现不同程度的超越，由是便催生了战国诸子百家"精神开放"时代。但与此同时社会又整体不可逆转地向家父长制结构转变，社会道德人伦则整体地日益沉落。于是便出现了这样一种现象：一方面思想不断超越，诸子百家号呼奔走，从各个层面，为社会提供一幅幅理想历史图景，如司马谈所云"夫阴阳、儒、墨、名、法、道德，此务为治者也"（《史记·太史公自序》）；一方面社会日益混乱和沉落。两者之间持续形成张力，又反过来刺激诸子百家为寻求治世之道而更深入地思考。这种现象被西方学者称之为超越秩序与现世秩序间的张力，为轴心文明突破或精神开放时代的重要动力。[2]

---

[1] 钱穆：《国史大纲》上册，北京：商务印书馆，1996年，第121页。

[2] Shmuel N. Eisenstadt, ed., Preface, *The Origins and Diversity of Axial Age Civilizations*, State University of New York Press, Albany, 1986.

其次，游团作为一个礼仪文教的共同体，对早期儒学历史记忆形成起到了重要作用。霸政初期礼乐文化的复兴，是霸政得以形成的重要组织资源。[①]作为游团的儒学也正是在这一思潮的余波和社会背景下产生，以"郁郁乎文哉！吾从周"，复兴周代礼乐文明为己任。事实上，根据目前出土资料，西周早期礼制系统可能并不发达，[②]所谓"周公制礼"更可能是春秋时期形成的一个集体记忆。而游团承继了这一集体记忆，并赋予其历史性，对这一集体记忆的绵延和不断重构起到了至关重要作用。因为集体记忆事实上是"被广泛共享了的个体记忆"，除了社会集体仪式、节日和纪念物等，会话对集体记忆生成也起到了重要作用；集体记忆能否被广泛分享与传播，与讲述者的身份、权威又有很大关系，讲述者身份具有权威性，对集体记忆的生成与传播有重要作用；而听众也一定程度上影响集体记忆的形成。[③]子曰："夏礼，吾能言之，杞不足征也。殷礼，吾能言之，宋不足征也。文献不足故也。足，则吾能征之矣。"（《论语·八佾》）可见，其时孔子传授礼仪的方式主要是以会话言说为主，会话对记忆产生了重要影响。又，子贡曰：《诗》云'如切如磋！如琢如磨'，其斯之谓与？"子曰："赐也！始可与言《诗》已矣，告诸往而知来者。"（《论语·学而》）子曰："绘事后素。"曰："礼后乎？"子曰："起予者，商也！始可以与言《诗》已矣。"（《论语·八佾》）又"三人行，必有我师焉。择其善者而从之，其不善者而改之。"（《论语·述而》）可见成员间会话交流的重要作用，从某种意义上说，孔子的历史记忆建构是游团的共同建构，孔子的思想也是游团共同的思考和升华。而从孔子言必有征，及著名的"吾犹及史之阙文"（《论语·卫灵公》）等言论看，其时已出现了西方学者所认为的历史意识的自觉（尽管这种自觉或处于童年时期远没有达到现代

① 颜世安：《"诸夏"聚合与春秋思想史》，《南京大学学报》（哲学·人文科学·社会科学）2003年第5期。

② 参见北京大学历史系考古教研室商周组编著：《商周考古》，北京：文物出版社，1979年，第197—203页；印群：《论周代列鼎制度的嬗变——质疑"春秋礼制崩坏说"》，《辽宁大学学报》（哲学社会科学版）1999年第4期；杨菊华：《中国青铜文化的发展轨迹》，《华夏考古》1999年第1期。

③ William Hirst and Gerald Echterhoff, Creating Shared Memories in Conversation: Toward a Psychology of Collective Memory, *Social Research*, Vol. 75, No. 1, Collective Memory and Collective Identity (SPRING, 2008), pp. 183-216.

以来的成熟）。[1] 在孔子游团这里，根据时代的"文献"遗存，即文字和贤达口传资料，对殷周以来的礼乐做了一定的整理，已然赋予了其历史性。孔子是否将这些经过考证的礼仪付诸文字，史料难以为证，但从目前的礼乐文献的遗存多强调"七十子之徒所记"，其时更多是通过会话的形式将所征得的礼乐知识教授弟子，借助后来的弟子们的书写整理，不排除进一步的考证，在儒学团体中教习传播，成为后世儒学团体共同的历史记忆。随着游团的传播和后来团体影响的扩大及整理文献的流传，成为更广泛的社会集体记忆。而儒学文献的书写整理则成为社会记忆的核心，持守承传这些文献也成为儒学身份认同区分其他群体的重要标识。文献也在这种身份认同与周边世界的张力中越来越被重视，这就形成了文献经典化的过程，反过来影响了儒学在浊乱动荡的世界中对文献承传的坚守。虽经战国离乱，儒学的文化承传仍不绝如缕。

第三，作为一个有政治抱负的思想共同体。《论语·为政》篇有这样一段对话："或谓孔子曰：'子奚不为政？'子曰：'《书》云："孝乎惟孝，友于兄弟，施于有政。"是亦为政，奚其为为政？'"如前文所述，孔子更多地志在教授和传播古典文化。从多篇文献看，特别是后期的孔子无意从事现实政治，或者说，更多地将从政的理想寄寓于弟子身上。"学而优则仕"，多数弟子将来都有从政的打算，也走上了从政之路。因此，思考社会长治久安之道和改变日益沦丧的道德风气，便成为游团核心的思考。从社会现实出发，这些思考便于无形中影响了其历史记忆的构建。如前文所述，恢复西周王政时期的礼乐文明已是那个时代的社会思潮和集体记忆。因此，礼治主义也成为孔子及其学团的理想政治的出发点。然而，一方面礼乐的复兴也造成了贵族社会中礼仪越来越空心和虚文化，更多是贵族身份的一种标识，以至于孔子发出"礼云礼云，玉帛云乎哉？乐云乐云，钟鼓云乎哉？"（《论语·阳货》）的感叹；另一方面，在整个社会向家父长制编户齐民社会变迁运动中，社会道德日益沉沦，对西周的礼乐文明亦越来越失去兴趣，如何复兴礼乐，拯救社会日益沦丧的道德，便成为孔子游团的思考。于是相对"礼"，"仁"作为核心观念被提了出来。对于礼仁关系，自来学者就争论，学者讨论中往往重"仁"而轻"礼"。然如世安师

---

[1] 关于历史的童年，参见：Amos Funkenstein, Collective Memory and Historical Consciousness, *History and Memory*, Vol. 1, No. 1 (Spring - Summer, 1989), pp. 5-26。

所指出的，"学术界在对《论语》礼、仁两个概念的讨论中，往往对仁的主导意义作出过强的诠释，在这种诠释中，礼作为外部规范的独立意义很大程度上被消解，以致礼、仁不能构成一种'关系'"。事实上，在孔子那里礼与仁是一个统一的不可分割的整体。礼所代表的不仅是人的外在行为规范或社会秩序，更是人类文明赖以延续的文化遗产和古典教育，而"仁是遵礼而行的内在意愿，同时也是拒绝礼仪虚文和把握礼仪本质的实践态度。拒绝虚文和把握本质很大程度上是一个精神内在理解的过程，是发现伟大精神矿源而激动喜悦的过程，甚至可以说是发现真实自我的过程，但尽管如此，这个过程仍是由古典文化的独特气质所引领的"。①简言之，孔子的任务就是一方面继承有周以来以礼为核心的文化遗产，并通过对仁的内向性追求克服礼仪虚文化，赋予礼乐生命的活力，使礼乐真正起到修身成德的目的。如顾炎武所云："礼者，本于人心之节文，以为自治治人之具。"②礼有"自治"和"治人"两层意思，诚然在孔子那里含有这两层意思，但这种对礼的内向性精神本质把握更多地体现在个体礼仪文教的修养，因此，所强调是"自治"而"治人"，君子修身，以礼自律，"自治"然后能"治人"。这可说是孔子论礼的基本思路。因此，孔子的政治思想本质上属于一种德治主义。这种德治主义无疑期望君主成为以礼修身的有德之君而治理百姓。从中我们也可见，尽管早期儒学有超越成分，但这种德治主义仍然从某种程度上反映了春秋家父长制社会形成过程中，社会对君主或家父长个人德性和德治的需求，是大社会框架在思想中的结构性的反映。与此相适应，早期的礼仪文献更多地也是反映士君子修身治己的文献，反映了那个时代历史记忆的建构。

最后，作一个道德的日渐宗教倾向性的共同体。当游团游走于东方世界时，不仅因为其掌握着时代记忆的话语权，也因为其所标举的君子修身成德的标尺和世界形成分别，而受到世界的注意。这种注意又更加强化了这一游团的道德文化的自觉，自觉与日益沉沦的周边世界保持距离，如一个移动的公共道德标尺，与周边世界形成泾渭分明的边界。作为共同体道德权威的师长，孔子也因此日渐被理想化，特别是去世之后，逐渐成为理想道德的化身——圣人，

---

① 颜世安：《外部规范与内心自觉之间——析〈论语〉中礼与仁的关系》，《江苏社会科学》2007年第1期。
② ［清］顾炎武：《顾炎武全集》第21册，上海：上海古籍出版社，2011年，第81页。

成为一种具有宗教倾向性的持久不变的表征。为抵制多变日渐沉沦的世界侵蚀，与其他宗教采取的路径基本一样，以孔子为中心的圣人事迹与言论被载入文本成为各种儒学团体的共同记忆，并"整体上是以一种孤立的状态存在的，并且与其他的社会记忆更是互不相干，以至于它们形成的时代变得更加遥远，从而在它们所再现的生活方式、社会思想和当今人们的观念与行为模式之间，形成了格外鲜明的对照。"① 正是这种集体历史记忆的固化和隔绝，与周围世界的鲜明对照，使得儒学自孔子创建之初，在整体社会沉沦、动荡中，能保持本色，依然故我，绵延不息。但与其他宗教不同的是，它从一开始就是人文的，强调集体记忆的历史性，所以承载这些集体记忆的文献一旦经历史理性书写完成，就成为强大表征，儒学就进入了一个被其文献所界划的世界，如果这些文献的历史清晰完整的话，除了通过重新解释实现突破外，就很难有其他新的特别是规模性的突破了。但春秋以降文献的持续灭失和秦火造成的历史记忆的断裂为这种突破提供了可能。

孔子游团的成功使儒学声名显赫，如《史记·儒林传》所云："自孔子卒后，七十子之徒散游诸侯，大者为师傅卿相，小者友教士大夫，或隐而不见。"其弟子的仕途虽不能达道，但总休而言从平民向卿相的路是通达的。此后各种游团纷起。这些游团主张各异，但总体上与孔子游团一样也多是一个平等身份的共同体，与不断稳定的家父长制社会结构保持一定距离。在各自的生活世界中都出现不同程度的超越。由是便催生了战国诸子百家"精神开放"时代。于是便出现了这样一种现象：一方面则思想不断超越，诸子百家号呼奔走，从各个层面，为社会提供一幅幅理想历史图景，如前引司马谈所云"夫阴阳、儒、墨、名、法、道德，此务为治者也"；另一方面在社会整体不可逆转地向家父长制结构转变中，国家与家族命运瞬息变幻，道德人伦日益沉落。

就儒学而言，孔子对礼和仁的强调，则在两个方向上开辟了后世儒学的发展路径：一是德治主义内向路径，一是礼治主义外向路径。随着封建向郡县的社会结构的深刻变迁，这两种路径都得到了极大的发展和突破。内向化的路径以思孟学派为代表。下移至战国，贵族的氏族社会已经解体，郡县家父长制社会已基本形成，七雄争胜，礼乐文明在上层精英和统治者那里都已

① ［法］哈布瓦赫：《论集体记忆》，毕然、郭金华译，上海：上海人民出版社，2002年，第156—157页。

失去了最后的余光，国家强盛成为统治者唯一的追求。而当此之时，统治者内穷其欲，外争雄胜，兵患连年，"民之憔悴于虐政，未有甚于此时者也。饥者易为食，渴者易为饮"，而"万乘之国行仁政，民之悦之，犹解倒悬也"（《孟子·公孙丑上》），故"'夫国君好仁，天下无敌。'今也欲无敌于天下而不以仁，是犹执热而不以濯也"（《孟子·离娄上》）。因此，在这种社会框架下，儒学要保有孔子而来的传统，承担起社会和道德的拯救，一定程度上满足统治者对强盛国家的需求，弱化外部礼仪，更进一步地走内向的路径，以激活儒学道德主义的热情，强调国家德治的重要，便成为当时游走于列国间新儒学游团的最适切选择。孟子游团儒学正是在这一背景下产生。人的德性和统治者的德治被格外强调。在孟子这里，两个方面发展了孔子的仁学思想，一是更加精深了孔子的内向性路径，通过内省式的人性善论来寻找人的德性修养的内在动力和根据。人性的善恶之争亦成为战国诸子的一个重要话题。而孟子的性善论、心性学说亦成为后世儒家德性论的主流，尤其是宋明理学时期。二是将孔子"仁"的内在德性自我完善，扩展为更为具体的"仁政"实践。笔者认为这是先秦儒学的一个巨大转变，以自治为主的修身为人之"道学"向治人为主的国家政治学转变。这个转变是系统的，不仅提供了其理论的人性依据，也提供了具体的政治经济措施。如："五亩之宅，树之以桑，五十者可以衣帛矣；鸡豚狗彘之畜，无失其时，七十者可以食肉矣；百亩之田，勿夺其时，数口之家可以无饥矣；谨庠序之教，申之以孝悌之义，颁白者不负戴于道路矣。七十者衣帛食肉，黎民不饥不寒，然而不王者，未之有也。"（《孟子·梁惠王上》）这个转变对儒学的影响是深刻的。如世安师所指出的："他开创了'仁政'的政治学原则，但并未放弃'教化'政治内涵的理念，不仅没有放弃，而且有重要的创新，开创出儒家心性学的修身传统。教化之本为君子，君子之本在修身。君子修身之学是孔子学术的核心，孟子以'性善'论、'心性'说开拓了修身之学的新境界，并成为日后宋明理学的中心思想。"[1]孟子之后，儒学从修身立人为主的"道学"向以天下国家中心的"治学"转变，也为儒学的外向化的路径铺展奠定了坚实基础。

外向化的路径以荀子学派为代表，但此间则有一条民间儒学发展隐线为

---

[1] 颜世安：《不言与言：早期儒墨之争的一个问题》，《江海学刊》2003年第6期。

学界所未注意。这条存在民间的隐线对后世儒学稳定结构的形成起到至关重要的作用。对此，我们将在最后余论中讨论。孔子之后，在春秋向战国转换之际，各国纷纷崇尚气力，礼仪文教在统治者那里渐已无用武之地，诸侯对孔门弟子从最初的礼遇亦渐失去兴趣。据《史记·仲尼弟子列传》："孔子既没，子夏居西河教授，为魏文侯师。"又《史记·魏世家》："文侯受子夏经艺，客段干木，过其间，未尝不轼也。"但据《荀子·大略》称："子夏贫，衣若县鹑。人曰：'子何不仕。'曰：'诸侯之骄我者，吾不为臣；大夫之骄我者，吾不复见。'"两处文献相对照，史料所透露子夏经历的变化可能正反映了孔子之后一部分儒者在春秋战国社会急剧的变革中向民间乡里的退守，身份地位的急剧变化。而如史书所言，孟子晚年，知"天下方务于合从连衡，以攻伐为贤，而孟轲乃述唐、虞、三代之德，是以所如者不合。退而与万章之徒序《诗》《书》，述仲尼之意"（《史记·孟子荀卿列传》），亦表明孟子游团开始向民间退守，与守文之儒融合。而这种融合反过来又影响了民间"传学"之儒。

这些退守民间的儒者以乡里私塾为中心，形成乡里共同体传习礼仪文化，实践儒学礼仪文教。据《论语·先进》孔子弟子分为四科："德行：颜渊、闵子骞、冉伯牛、仲弓；言语：宰我、子贡；政事：冉有、季路；文学：子游、子夏。"又据《韩非子·显学篇》："自孔子之死也，有子张之儒，有子思之儒，有颜氏之儒，有孟氏之儒，有漆雕氏之儒，有仲良氏之儒，有孙氏之儒，有乐正氏之儒。"孔子之后儒分为八。然在荀子之前除了思孟等少数学派有迹可寻外大多淹没无存。这些儒学学派从数量上看很可能构成了儒学发展演变的重要脉络。武黎嵩将这一时期儒学概括为"用世之儒"与"传学之儒"加以区分，认为"传学之儒"如子夏学派对儒学在民间传播过程中起到了重要作用，所见非常深刻。①

然则对于这些退居民间的儒者活动，除史料给我们的蛛丝马迹外，我们知之甚少。世安师目光炯炯，在其《不言与言：早期儒墨之争的一个问题》一文中给予了揭示。据《墨子·公孟》：

---

① 武黎嵩：《战国秦汉间的文学之士——对早期儒者民间活动的一种历史考察》，《南京大学学报》2012年第2期。

公孟子谓子墨子曰："君子共己以待，问焉则言，不问焉则止。譬若钟然，扣则鸣，不扣则不鸣。"……

公孟子谓子墨子曰："实为善人，孰不知？譬若良玉，处而不出，有余糈。譬若美女，处而不出，人争求之；行而自衒，人莫之取也。今子遍从人而说之，何其劳也？"子墨子曰："今夫世乱，求美女者众，美女虽不出，人多求之；今求善者寡，不强说人，人莫之知也。"

又《墨子·鲁问》：

鲁之南鄙人有吴虑者，冬陶夏耕，自比于舜。子墨子闻而见之。吴虑谓子墨子："义耳义耳，焉用言之哉？"子墨子曰："……翟以为不若诵先王之道，而求其说，通圣人之言，而察其辞，上说王公大人，次匹夫徒步之士。王公大人用吾言，国必治；匹夫徒步之士用吾言，行必修。……天下匹夫徒步之士少知义，而教天下以义者，功亦多，何故弗言也？若得鼓而进于义，则吾义岂不益进哉？"

这里的公孟、吴虑为儒者应无多大问题。[1]两则材料虽然旨在批评墨子游说诸侯的行为，却反映了儒者在民间的活动和思想，是早期儒者活动的珍贵史料。从上述材料看，他们一方面融入乡里生活，"冬陶夏耕"，待问来学，坚守修身养德，不同于孔子南游楚地时遇到的长沮、桀溺以及后来的扬朱、庄子。"后者对救世已经不抱希望，避世以求自保，前者却怀抱着救世的理想与热情，只是他们的方式有别于积极游说王侯的人。他们主张救世，却不肯主动游说政治人物。他们坚信只要修养德性，就一定会产生影响。"[2]在《史记·游侠列传》中对季次、原宪的描述也可见这时期儒学活动的一斑："及若季次、原宪，闾巷人也。读书怀独行君子之德，义不苟合当世，当世亦笑之。故季次、原宪终

---

① ［清］孙诒让《墨子间诂》："惠栋云：'公孟子，即公明子，孔子之徒。'宋翔凤云：'《孟子》：公明仪、公明高，曾子弟子。公孟子与墨子问难，皆儒家之言。孟与明通，公孟子即公明子，其人非仪即高，正与墨翟同时。'诒让案：'……此公孟子疑即子高，盖七十子之弟子也。'"吴虑为鲁人，又自比舜，强调义，为儒门学者亦无问题。
② 颜世安：《不言与言：早期儒墨之争的一个问题》，《江海学刊》2003年第6期。

身空室蓬户，褐衣疏食不厌。死而已四百余年，而弟子志之不倦。"季次、原宪都是孔子弟子，两人都是退守民间，虽然具体活动、学术思想淹没无存，其一派弟子传习仍四百余年而不绝。公孟、吴虑、季次和原宪只是偶见于史料者，从这些人的身上，可见在孔子之后，抱着救世理想，退居民间，通过修养德性来影响周边世界和救世的有很大一批儒者。

这些儒者试图通过在乡里的身体力行来救世，但乡里世界的血缘和地缘结构，也深刻地影响了这一时期的儒学并对后世儒学产生重大影响。乡里结构中首先以家庭血缘结构为核心，"孝"道思想得到了充分发展。这可以从两戴记中清楚地反映，虽然我们不能确定这些论述究竟完成于何时，但从这些大量的文献遗存中可以看到，"孝"作为这一时期儒学的核心价值观念和理论得到了充分发展。学者认为其经历了"孝道派"向"孝治派"的转变。[①]笔者比较认同，从整体上看，先秦儒学孟子之后都经历了一个从修身为人之道学向以国家社会为中心的政治学转变。不过，这种转变，不是说儒学放弃或淡化了修身之学，相反作为系统理论和政治学说的基础，其更精深了。一如孟子在心性论上的发展，孝道思想也从孔子以前的人伦的基础，上升到"夫孝，天下之大经也。置之而塞于天地，衡之而衡于四海，施诸后世而无朝夕。推而放诸东海而准，……《诗》云：'自西自东，自南自北，无思不服。'此之谓也"（《孝经·感应章》），具有本体论的高度。在这一理论的逻辑下，随着儒学（至少部分儒学如是）向国家政治学说转变，由孝道修身为中心向孝治为中心的国家治理的转变也就成为这一派儒学的应有之义。

关于《孝经》的成书时间仍有争议，除去《吕氏春秋》征引《孝经》可能注疏窜入外，所有关于《孝经》成书先秦的论述都是根据其思想或文句与先秦文献的相近或类似以证其时代或作者。我们说这种方法本质上只能证其思想和文献源流，而不能断其作者和时代（对此在相关章节中还将论述）。文献可以确定的是，它至少成书在汉初，在汉代诸多经典"著之竹帛"运动中，它应是最早成书的一部，并被各派儒学所尊奉，成为儒学最早的共识经典之一。[②]也

---

① 黄开国：《论儒家的孝道学派——兼论儒家孝道派与孝治派的区别》，《哲学研究》2003年3期。

② 在董仲舒《春秋繁露·五行对》中记载了河间献王与董仲舒关于《孝经》"夫孝，天之经也，地之义也，民之行也"的一段对话，其时大约在景帝六年左右，表明《孝经》至少在其之前成书已有很长一段时间。

成为儒学最早被帝国统治者所采纳和践行的一部经书。

随着民间社会的编户齐民化，大的家族被五口之家的小家庭所取代，原来乡村血缘氏族渐渐解体，取而代之的是地缘乡里聚落。这就使得儒学在乡里实践中，不得不面对这一变化。在《庄子·渔父》篇有借渔父之口对孔子的批评："今子既上无君侯有司之势，而下无大臣职事之官，而擅饰礼乐，选人伦，以化齐民，不泰多事乎？"此当是战国间时人对儒家的批评，反映当时退居乡里的儒者在民间所做的礼仪秩序的试验。因此，在孝道、孝治思想发展同时，"擅饰礼乐，选人伦，以化齐民"，组织乡里礼仪文教秩序也是儒学从治身向治人的政治学转变过程中所面对的问题。《礼记·乡饮酒义》更借孔子之口说："吾观于乡，而知王道之易易。"它和《仪礼·乡饮酒礼》虽不能确定是否是这一时期的文献，但这种源于乡村社会的礼仪试验一定从这部分儒者而来。

这种礼治主义试验，上承孔子的礼治思想，下开荀子和西汉礼治主义发展道路。而至战国末年，经历一百多年的战乱，一个稳定的统一王朝的出现成为全社会和知识精英的期待。与此相适应，学术也开始为一个统一王朝的出现做积极准备。一直沉潜于民间的儒学礼治派开始兴起。集大成者则是战国晚期荀子学派的兴起，较为系统地论证了礼治主义。与思孟学派内向化寻求内在之善的把握和对情欲的戒慎恐惧不同，荀子更强调对外部礼制信赖，在人性论上则肯定情欲，并以此作为政治建构的出发点，强调礼"明分使群""度量分界"，对整齐天下秩序的意义。① 这个对汉代王国儒学礼治主义产生了重大影响。

总之，先秦儒学经历了从孔子游团共同体到民间乡里共同体，在春秋以降从封建到郡县社会历史的剧烈变迁中，虽然一直退守久抑民间，但由于其坚持救世理想，坚持儒学实践和礼义文教，在与民间社会的结合中孕育了强大的生命力。终于在汉初社会的和平、宽松及后来的提倡中迎来了它的春天。它的理论和实践亦构成了汉代儒学的理论源头，由于自历史境遇不同，汉代儒学分别发展出了河间王国儒学的"天礼之学"，中央帝国儒学的"天人之学"，以及部

---

① 关于孔子之后儒学的两个路径，以及荀子肯定情欲的人性与礼的关系，详见颜世安：《肯定情欲：荀子人性观在儒家思想史上的意义》，《南京大学学报》2015年第1期；另外传统上说，荀子主张人性恶，近年颜世安师也有驳正，参见颜世安：《荀子人性观非"性恶"说辨》，《历史研究》2013年第6期。

分在民间从《孝经》发展出以孝道人伦为本位的"天伦之学"，后吸收王国儒学，并与中央帝国儒学相结合形成了儒学稳定的结构和主要形态，深刻地影响了汉代及后世社会。

二、帝国土地制度与社会经济结构

《汉书·食货志》云："理民之道，地著为本。故必建步立亩，正其经界。"在农耕社会的中国古代，土地问题是社会根本问题，所有社会问题的根源几乎都可能与此相关。因此，我们要深入把握景、武之世河间儒学与帝国儒学对社会的思考与建构，就必须首先要了解汉兴以来的土地制度。

汉初统治者实行以"重农轻商""轻徭薄赋"为主要内容的"休养生息政策"。在这一政策下，人民通过辛勤劳动，使战争带来的残破经济得到逐步恢复和发展，并一度出现了古代史书所乐道的"文景之治"。至武帝初年，社会经济出现了繁荣景象：

> 人给家足，都鄙廪庾皆满，而府库余货财。京师之钱累巨万，贯朽而不可校。太仓之粟陈陈相因，充溢露积于外，至腐败不可食。众庶街巷有马，阡陌之间成群，而乘字牝者傧而不得聚会。（《史记·平准书》）

但是繁荣景象的背后，也隐藏着深刻的危机。司马迁在描绘了当时的繁荣景象之后，笔锋一转，随即指出：

> 当此之时，网疏而民富，役财骄溢，或至兼并豪党之徒，以武断于乡曲。宗室有土公卿大夫以下，争于奢侈，室庐舆服僭于上，无限度。物盛而衰，固其变也。（《史记·平准书》）

文帝时晁错云：

> 今农夫五口之家，其服役者不下二人，其能耕者不过百亩，百

亩之收不过百石。春耕、夏耘，秋获、冬藏，伐薪樵，治官府，给
徭役；春不得避风尘，夏不得避暑热，秋不得避阴雨，冬不得避寒
冻，四时之间亡日休息；又私自送往迎来，吊死问疾，养孤长幼在其
中。勤苦如此，尚复被水旱之灾，急政暴赋，赋敛不时，朝令而暮当
具。有者半贾而卖，亡者取倍称之息，于是有卖田宅、鬻子孙以偿责
者矣。而商贾大者积贮倍息，小者坐列贩卖，操其奇赢，日游都市，
乘上之急，所卖必倍。故其男不耕耘，女不蚕织，衣必文采，食必粱
肉；亡农夫之苦，有仟佰之得。因其富厚，交通王侯，力过吏势，以
利相倾；千里游遨，冠盖相望，乘坚策肥，履丝曳缟。此商人所以兼
并农人，农人所以流亡者也。(《汉书·食货志》)

武帝时，董仲舒亦云：

又富者田连阡陌，贫者无立锥之地，又颛川泽之利，管山林之
饶，荒淫越制，逾侈以相高，邑有人君之尊，里有公侯之富，小民安
得不困？(《汉书·食货志》)

这些材料都说明：真正富裕的只是少数人，贫富差距在不断扩大，绝大数
民众处境依旧十分悲惨。经济繁荣的表象背后存在着严重的社会经济问题。

这一问题根源于汉初所推行的土地制度。但对汉初具体的土地制度，史籍
语焉不详。《汉书》多次提到"名田"，学者认为汉代实行的是"名田制"。至
于何谓名田，颜师古云"名田，占田也"(《汉书·食货志》颜师古注)，应是
指政府以户籍授予土地，在户主名义下占有土地的制度。学者认为其"始于商
鞅变法"，"是军功爵制的经济基础"。[1]秦亡汉兴，刘邦称帝伊始就颁布了著
名的《复故爵田宅诏》，诏曰：

诸侯子在关中者，复之十二岁，其归者半之。民前或相聚保山
泽，不书名数，今天下已定，令各归其县，复故爵田宅，吏以文法教

---

① 朱绍侯：《论汉代的名田（受田）制及其破坏》，《河南大学学报》（社会科学版）
2004年第1期。

训辨告，勿笞辱。民以饥饿自卖为人奴婢者，皆免为庶人。军吏卒会赦，其亡罪而亡爵及不满大夫者，皆赐爵为大夫。故大夫以上，赐爵各一级；其七大夫以上，皆令食邑；非七大夫以下，皆复其身及户，勿事。

七大夫、公乘以上，皆高爵也。诸侯子及从军归者，甚多高爵，吾数诏吏先与田宅，及所当求于吏者，亟与。爵或人君，上所尊礼，久立吏前，曾不为决，甚亡谓也。异日秦民爵公大夫以上，令丞与亢礼。今吾于爵非轻也，吏独安取此！且法以有功劳行田宅，今小吏未尝从军者多满，而有功者顾不得，背公立私，守尉长吏教训甚不善。其令诸吏善遇高爵，称吾意。且廉问，有不如吾诏者，以重论之。（《汉书·高帝纪》）

这一诏令传达了这样几项内容：一是令逃亡山林的流民回归原籍，登记入籍；二是恢复士民在秦代原有的爵级并归还其田宅；三是把那些因饥饿沦为奴隶的人免为庶人；四是强调落实提高复员军吏卒的爵级及待遇，授予相应的田宅。至于具体爵的等级，据《汉书·百官公卿表》："爵：一级曰公士，二上造，三簪裹，四不更，五大夫，六官大夫，七公大夫，八公乘，九五大夫，十左庶长，十一右庶长，十二左更，十三中更，十四右更，十五少上造，十六大上造，十七驷车庶长，十八大庶长，十九关内侯，二十彻侯。皆秦制，以赏功劳。"共二十个等级，继承秦制。这些等级具体对应的土地田宅面积标准和具体内容，因着张家山汉简《二年律令》的面世而真相大白。[①]《二年律令·户律》详细记载了这种"以二十等爵占有田宅"及"名田宅"的内容。简文如下：

----

① 这批竹简于1983年底至1984年初在湖北江陵张家山247号汉墓出土，共1236枚。经过竹简工作者整理，2001年11月《张家山汉墓竹简〔二四七号墓〕》正式由文物出版社出版。该批汉简较详细记载汉代的相关法律和土地制度，引起了学术界的强烈兴趣。学术界争论已久的"名田制"自此真相大白。由于其《律令二十六种》中记载"吕宣王内孙、外孙、内耳孙、玄孙……"，据《汉书·外戚恩泽侯表》"临泗侯吕公，以汉王后父赐号，（高祖）元年封，四年薨，高后元年追尊曰吕宣王"，故律令成文应在吕后元年之后。又文帝五年连坐法废，但简文律令仍有大量记载"连坐法"，故简文整理者认为在文帝五年以前；又在简文律令中有一枚简的背面，明文载有"二年律令"，简文整理者认为，此律令当是吕后二年律令。此说法为学界多数学者所认同。

　　关内侯九十五顷，大庶长九十顷，驷车庶长八十八顷，大上造八十六顷，少上造八十四顷，右更八十二顷，中更八十顷，左更七十八顷，右庶长七十六顷，左庶长七十四顷，五大夫廿五顷，公乘廿顷，公大夫九顷，官大夫七顷，大夫五顷，不更四顷，簪裹三顷，上造二顷，公士一顷半顷，公卒、士五（伍）、庶人各一顷，司寇、隐官各五十亩。不幸死者，令其后先择田，乃行其余。他子男欲为户，以为其□田予之。其已前为户而毋田宅，田宅不盈，得以盈。宅不比，不得。

　　宅之大卅步。彻侯受百五宅，关内侯九十五宅，大庶长九十宅，驷车庶长八十八宅，大上造八十六宅，少上造八十四宅，右更八十二宅，中更八十宅，左更七十八宅，右庶长七十六宅，左庶长七十四宅，五大夫廿五宅，公乘廿宅，公大夫九宅，官大夫七宅，大夫五宅，不更四宅，簪裹三宅，上造三宅，公士一宅半宅，公卒、士五（伍）、庶人一宅，司寇、隐官①半宅。欲为户者，许之。②

上文详细地记载了汉初二丨等爵位及公士以下普通大觷百姓所受名田宅的情况。学者于振波据《张家山汉墓竹简〔二四七号墓〕》绘制了《张家山汉简中的名田制表》。③从这张表可以清晰地看出按爵级受名田宅的情况。见下表：

---

① 《二年律令·具律》："司寇、隶臣妾无城旦春、鬼薪白粲罪以上，而吏故为不直及失刑之，皆以为隐官。"这里的司寇、隐官都是刑徒名，地位在庶人以下，城旦和隶臣妾以上。

② 张家山二四七号汉墓竹简整理小组编著：《张家山汉墓竹简〔二四七号墓〕（释文修订本）》，北京：文物出版社，2006年，第52页。

③ 于振波：《从张家山汉简看汉名田制与唐均田制之异同》，《湖南城市学院学报》2005年第1期。

附1：张家山汉简中的名田制表

爵位			田	宅	爵位或身份的继承		
					后子	它子	
						2 人	其余
有爵者	侯	彻侯		105	彻侯		
		关内侯	95	95	关内侯	不更	簪裹
	卿	大庶长	90	90	公乘	不更	上造
		驷车庶长	88	88			
		大上造	86	86			
		少上造	84	84			
		右更	82	82			
		中更	80	80			
		左更	78	78			
		右庶长	76	76			
		左庶长	74	74			
	大夫	五大夫	25	25	公大夫	簪裹	上造
		公乘	20	20	官大夫	上造	公士
		公大夫	9	9	大夫		
		官大夫	7	7	不更	公士	
		大夫	5	5	簪裹		
	士	不更	4	4	上造	公卒	
		簪裹	3	3	公士		
		上造	2	2	公卒		
		公士	1.5	1.5			
无爵		公卒、士伍、庶人	1	1	士伍		
		司寇、隐官	0.5	0.5			

表注：根据《张家山汉墓竹简〔二四七号墓〕》绘制。其中，田宅标准根据第 175 ~ 176 页之《户律》，爵位的继承根据第 182 ~ 183 页之《傅律》和《置后律》。"田"的单位为顷（1 顷 =100 亩，1 亩 =240 平方步），"宅"的单位为宅（1 宅 =900 平方步）。

从这张表可以清楚看到每一等级田、宅数量的对应关系。这里授田没有提到彻侯，有学者认为是简有脱文，但也有学者认为，从律文来看明显的不是脱简，而是授田彻侯不包括在内，因为彻侯已经被授予封地（食邑），可以衣食租税，无需另外授田，所以这里只授予宅地 105 宅。笔者认为这种说法更为可信。彻侯以下关内侯田 95 顷，宅地面积 95 宅，大庶长田 90 顷，宅地面积 90 宅，依此类推，最低等级爵位的公士受田为 1.5 顷，宅地面积为 1.5 宅。普通庶人则分别为 1 顷、1 宅，轻罪的刑徒司寇、隐官则分别是 0.5 顷、0.5 宅。为了维持国家经常有土地授予新增的户民，《二年律》还详细地规定了土地田宅的继承情况。《二年律令·户律》规定：

> 不幸死者，令其后先择田，乃行其余。它子男欲为户，以为其□田予之。其已前为户而毋田宅，田宅不盈，得以盈。宅不比，不得。①

这段简文表明，死者的家属可以优先获得死者的土地。具体而言，就是"后子"，指死者的嫡长子可以优先选择应得的土地；如果还有剩余，死者其他儿子要想另立户，也可获得应得的授田；如果他们在此之前已经立户（别籍异财），但田宅数量尚未达到法定标准，现在也可以补足。"宅不比，不得"，是因为秦汉时期生活在里中的居民，都被按"伍"编制起来，同伍之人，住宅是相邻的。如果另立户的儿子并不住在邻近，就不可能与父亲属于同一伍，此时如果又来继承父亲的住宅，就意味着他同时在两个伍中都有住宅，这必然给管理带来一定难度，故为法律所不允许。另外，还有一点非常重要，即户主死亡，将导致部分田宅退还官府。从上表可见田宅数量是与爵位高低相对应的，二十等爵中，只有彻侯、关内侯这两个最高的爵位，其后子可以原封不动地继承，而卿以下的各级爵位，其后子只能降等继承。爵位的降等继承，将导致所继承的田宅数量的减少。其中受影响最大的莫过于卿。卿的后子只能以公乘的身份继承 20 顷田和 20 宅，降低的幅度非常大，其他大部分田宅只能由卿的其他儿子继承和归还政府。而且卿的后子（公乘）如果不能获得更高的爵位，其

① 张家山二四七号汉墓竹简整理小组编著：《张家山汉墓竹简〔二四七号墓〕（释文修订本）》，北京：文物出版社，2006年，第52页。

继承人（即卿的孙辈）只能以官大夫的身份继承 7 项田和 7 顷宅。这样，爵位为卿的户主，经过三代以后，其嫡系子孙的地位也将逐渐向普通平民靠拢。这就意味着，高爵者的后代如果想继续享有其祖、父辈的富贵与荣耀，就必须再立新功。但是，立功并非易事，而是需要冒险，甚至需要流血乃至付出生命的代价。因此，每当有较高爵位的户主死亡，其田宅的相当一部分就有可能被官府收回，重新进入授田程序。

具体授田的过程和细节，据《二年律令·户律》："未受田宅者，乡部以其为户先后次次编之，久为右。久等，以爵先后。有籍县官田宅，上其廷，令轵以次行之。……恒以八月令乡部啬夫、吏、令史相杂案户籍，副臧（藏）其廷。有移徙者，轵移户及年籍爵细徙所，并封。"每年八月，各乡统计本地户籍，统计结果除保存在乡外，还要抄录一份上报到县廷。如果某乡有移徙者，该乡还要将移徙者的户籍及其年龄、爵位等详细材料发送到移徙之地。下面这条规定更为具体。《二年律令·户律》："民宅园户籍、年细籍、田比地籍、田命籍、田租籍，谨副上县廷，皆以篋若匿匮盛，缄闭，以令若丞、官啬夫印封，独别为府，封府户。"上述各种簿籍的具体情况已难知其详，但总的说来，涉及民户的住宅、园圃、家庭人口及年龄、耕地数量乃至田租等，这些簿籍都由乡汇总保存，并抄录一份呈报到县廷。而县廷有专门的府库保存这些簿籍。①

关于土地买卖的问题，《二年律令》也作了特别的规定。《二年律令·户律》：

> 欲益买宅，不比其宅者，勿许。为吏及宦皇帝，得买舍室。受田宅，予人若卖宅，不得更受。代户、贸卖田宅，乡部、田啬夫、吏留弗为定籍，盈一日，罚金各二两。……孙为户，与大父母居，

---

① 《二年律令·置后律》："疾死置后者，彻侯后子为彻侯，其毋适（嫡）子，以孺子□□□子。关内侯后子为关内侯，卿后为公乘，【五大夫】后子为公大夫，公乘后子为官大夫，公大夫后子为大夫，官大夫后子为不更，大夫后子为簪裹，不更后子为上造，簪裹后子为公士，其毋适（嫡）子，以下妻子、偏妻子。"又《二年律令·傅律》："不为后而傅者，关内侯子二人为不更，它子为簪裹；卿子二人为不更，它子为上造；五大夫子二人为簪裹，它子为上造；公乘、公大夫子二人为上造，它子为公士；官大夫及大夫子为公士；不更至上造子为公卒。"

养之不善，令孙且外居，令大父母居其室，食其田，使其奴婢，毋
贸卖。孙死，其母而代为户。令毋敢遂（逐）夫父母及入赘，及道
外取其子财。

又《二年律令·置后律》：

> 寡为户后，予田宅，比子为后者爵。其不当为户后，而欲为户以
> 受杀田宅，许以庶人予田宅，毋子，其夫；夫毋子，其夫而代为户。
> 夫同产及子有与同居数者，令毋贸卖田宅及入赘。其出为人妻若死，
> 令以次代户。

通过以上材料可知：1）汉律准许土地田宅转让或出卖，土地田宅出卖或转让
后，将不能再次获得授田。2）除现任官吏外，购买住宅必须符合身份等级要
求，现有住宅没有达到等级标准的，可以买足，但不得超标。3）只有户主拥
有田宅的全部处置权，其他家庭成员只能享有土地使用权。如上举简文，孙为
户主，有赡养祖父母的义务，如没有尽到赡养的义务，祖父母有权让其出户居
住，但其祖父母对其土地财产只有使用权而不能"贸卖"。4）土地继承以男性
为主，但充分考虑妇女权益。子死，其母代为户主后，也不得驱逐其公婆，不
得招夫，不得以其他方式转移财产。《置后律》还规定，寡妇为后而无子，其
（后）夫代为户主；其夫兄弟姐妹及其子女虽然与其夫同居共财，都是同一家
庭成员，但无权买卖土地。由此可见汉律对土地买卖、转让及使用方面规定是
相当严格和详细的。[1]

对汉初的土地制度及土地政策有一个概括性了解后，让我们以此为基础来
对汉初的社会经济结构作进一步分析。这一制度是以耕战为基础的土地制度，
对汉初政权的稳定起到了重要的作用。正如学者所指出的，这一土地制度，
"标志着西汉全面继承了秦朝的土地制度和军功爵制度，不仅承认秦朝的故爵
田宅为合法，而且继续推行军功赐田制"。[2] 这种以军功紧密相联的土地制度，

---

[1] 以上参见于振波：《从张家山汉简看汉名田制与唐均田制之异同》，《湖南城市学院学
报》2005年第1期。
[2] 臧知非：《西汉授田制度与田税征收方式新论》，《江海学刊》2003年第3期。

对汉初政权的巩固主要表现在这样几个方面：1）稳定了人心，维护了社会公平。秦汉之际的大乱，几乎所有成年男子都卷入了这场旷日持久的战争，战争过后，复员安抚这些对帝国有过贡献的军人，恢复生产，是汉初统治者维护社会公平、稳定国家局势的首要考虑。这种以军功爵制授受分配土地的制度正满足了这些复员军人在身份和财产方面的要求，稳定了人心，巩固了统治基础。2）有利于战争动员，维持帝国安全。汉初，强大的诸侯国势力一直是汉中央政府巨大的威胁，战争随时都有可能爆发，这种以耕战为基础的土地分配制度为下层等级的人通向更高层社会开辟了通途，使帝国随时可以动员强大的底层民众为其效命，讨伐帝国境内外的叛乱或入侵，维护帝国的安全。3）构建了一个相对稳定的社会结构秩序。这种以爵制等级为根据的土地分配制度，使汉初统治借着这个制度层层渗透到社会最底层，从而构建了一个较为严密的社会结构和统治秩序。[①]

很显然，这种制度适合战乱年代，而不适合承平年代的帝国文治时期。当战争越来越少，规模越来越小时，问题就很快出现。一方面，卿以下的阶层通向上层的道路越来越不通畅，其后辈又面临着难以维系其既得利益的危机。这种不通畅势必造成新兴阶层的不满，而构成了对帝国稳定的威胁。另一方面，通过以上材料，我们清楚地看到这种爵级土地分配制度使土地过度集中在卿侯级的少数阶层中，造成了社会巨大不平等和贫富差距。这种不平等成为社会阶级对立与冲突的根源。虽然表面上汉初法律对土地兼并有严格的规定，但实际上这些法律本身就存在严重问题：一是在执行方面，执行这些法律的是出身社会底层的地位卑微的啬夫等民间小吏，面对的却是这些手中握有巨大特权的卿侯地主、贵族。对于他们的巧取豪夺，法律实际上是一纸空文，很难在地方上执行。二是由于土地界线漫灭，占有者土地分布混乱，不易辨知，这给管理上带来严重困难。三是过分依靠档案文书，这又给土地兼并带来方便。土地占有权完全依据官方的地契文书，而随着时间的推移，新增户籍的不断增多，这些文书管理本身就存在着严重的问题，难免丢失、漫灭，这就给地方豪强、地主、贵族兼并土地、假造文书等提供方便。四是法律允许土地买卖，给土地兼并提供了可乘之机。因此，汉初推行的这种土地制度必然提供土地兼并的严重

① 参见［日］西嶋定生：《中国古代帝国的形成与结构——二十等爵制研究》，武尚清译，北京：中华书局，2004年。

现象。到了武帝年间，土地兼并、贫富差距更为严重，以至于董仲舒说："富者田连阡陌，贫者无立锥之地。"

针对这一严重的问题，景、武之世的儒家知识分子展开了思考，围绕"名田"与"井田"之间展开的争论，成为这一时期儒学思考构建其社会经济理论的重要组成部分。

三、郡县制与封建制的争论与实践

伴随着春秋中后期社会变迁运动，郡县制以不可逆转的趋势在战国诸雄中推行开来。直到秦统一中国后，在全国范围内推行郡县制，分天下为三十六郡，后又征服百越，增设四郡。郡各管县若干。郡守县令由朝廷任命，随时可以调动，主要由有军功之人担任。[①]

但由于郡县制与生俱来的问题，围绕着郡县与"封建"的争论却一直没有停止。这个争论甚至延续到中国古代社会的终结。最初的争论发生在秦统一六国之后，秦始皇二十六年。《史记·秦始皇本纪》：

> 丞相绾等言："诸侯初破，燕、齐、荆地远，不为置王，毋以填之。请立诸子，唯上幸许。"始皇下其议于群臣，群臣皆以为便。廷尉李斯议曰："周文武所封子弟同姓甚众，然后属疏远，相攻击如仇雠，诸侯更相诛伐，周天子弗能禁止。今海内赖陛下神灵一统，皆为郡县，诸子功臣以公赋税重赏赐之，甚足易制。天下无异意，则安宁之术也。置诸侯不便。"始皇曰："天下共苦战斗不休，以有侯王。赖宗庙，天下初定，又复立国，是树兵也，而求其宁息，岂不难哉！廷尉议是。"

这是秦帝国刚刚统一后，关于帝国政体的一场关键争论。发起人是丞相王绾，他联合其他大臣进言要求："请立诸子，唯上幸许。"秦始皇下群臣议，"群臣皆以为便"。唯廷尉李斯力排众议，指出："周文武所封子弟同姓甚众，然后属

疏远，相攻击如仇雠，诸侯更相诛伐，周天子弗能禁止。"认为郡县"安宁之术"，力主推行郡县。秦始皇最后采纳了李斯的建议，决定维持推行郡县制。主张郡县制的学者多对始皇此举大加赞誉，钱穆称其是"有史以来之创局"，"此实当时一种极纯洁伟大之理想，所谓'平天下'是也"。[1]

但主张封建制的呼声并未衰息，仍有着强大的势力。秦始皇三十三年，博士淳于越又力谏封建，曰："臣闻殷周之王千余岁，封子弟功臣，自为枝辅。今陛下有海内，而子弟为匹夫，卒有田常、六卿之臣，无辅拂，何以相救哉？事不师古而能长久者，非所闻也。"（《史记·秦始皇本纪》）如果前次争论发生在部分官僚之间，还可能存在着因循守旧的对前朝体制的承袭，那么这一次则是来自学者从理论到实践一针见血地直指郡县制的痛处，对郡县制存在的合理性构成了直接威胁。为了从根本上消除这种威胁，推行郡县制，秦帝国采取了极端的压制政策，"史官非秦记皆烧之。非博士官所职，天下敢有藏《诗》《书》、百家语者，悉诣守、尉杂烧之。有敢偶语《诗》《书》者弃市。以古非今者族。吏见知不举者与同罪。令下三十日不烧，黥为城旦。所不去者，医药卜筮种树之书。若欲有学法令，以吏为师"（《史记·秦始皇本纪》）。然而这种严厉的措施并没有阻止人们对分封体制的怀念，并最终成为埋葬强大帝国的一个重要因素。司马迁认为，"乡秦之禁，适足以资贤者"（《史记·秦楚之际月表》）；班固认为，"因矜其所习，自任私知，姗笑三代，荡灭古法，窃自号为皇帝，而子弟为匹夫，内亡骨肉本根之辅，外亡尺土藩翼之卫。陈、吴奋其白挺，刘、项随而毙之。故曰，周过其历，秦不及期，国势然也"（《汉书·诸侯王表》）。

"汉承秦制"，这一制度被汉朝确立。但关于郡县与封建的争论仍然在继续。这些争论无疑从正反两个方面给汉世的理论建构提供了有力借鉴。争论中汉帝国加强了对帝国郡县政体的理论论述。李斯提出的"五帝不相复，三代不相袭，各以治，非其相反，时变异也"（《史记·秦始皇本纪》）的理论也为后来一些儒者所接受。

如赵翼所说："自古皆封建诸侯，各君其国，卿大夫亦世其官，成例相沿，视为固然。……数千年世侯、世卿之局，一进亦难遽变。"[2]汉初一方面吸取秦

---

① 钱穆：《国史大纲》上册，北京：商务印书馆，1996年，第121页。
② ［清］赵翼：《廿二史札记》卷二，北京：中华书局，1963年，第31页。

亡的教训，一方面也不得不顾及分封制的巨大潜能，部分恢复分封制，大封诸侯王，实行郡、国并行的双轨制。《汉书·诸侯王表》曰："汉兴之初，海内新定，同姓寡少，惩戒亡秦孤立之败，于是剖裂疆土，立二等之爵。"虽然这一定程度上达到了缓解矛盾、巩固统治的目的，但是这种急一时之需的政策，终不是长久之计，异姓诸侯王的蠢蠢欲动和叛乱不断，对新生帝国的稳定和长治久安构成了极大威胁，使汉朝寝食难安。经过多年斗争，刘邦逐渐削平了异姓诸侯王，继之而起的是大封同姓诸侯王。但随着时间的推移，帝位、诸侯王位经一再传袭，血亲关系的渐至疏远，汉初"矫枉过正"的弊端则日益显露。文帝三年，齐王刘肥之子济北王刘兴居发动叛乱，是同姓诸侯王开始沿袭异姓诸侯王叛乱的征兆。时贾谊已敏锐地看到帝国的潜在危机：

> 臣窃惟事势，可为痛哭者一，可为流涕者二，可为长太息者六，若其他背理而伤道者，难遍以疏举。进言者皆曰天下已安已治矣，臣独以为未也。曰安且治者，非愚则谀，皆非事实知治乱之体者也。夫抱火厝之积薪之下而寝其上，火未及燃，因谓之安，方今之势，何以异此！……然而天下少安，何也？大国之王幼弱未壮，汉之所置傅、相方握其事。数年之后，诸侯之王大抵皆冠，血气方刚，汉之傅、相称病而赐罢，彼自丞尉以上偏置私人，如此，有异淮南、济北之为邪！此时而欲为治安，虽尧舜不治。（《汉书·贾谊传》）

在贾谊看来，当时形势犹如"抱火厝之积薪之下而寝其上，火未及燃，因谓之安"。为此他向文帝建言应"众立诸侯，以少其力"。建议被采纳，文帝逐渐加强中央集权，对诸侯王权进行削夺。至景帝时，又采纳了御史大夫晁错的建议，采取了一些较为激进的削藩政策，结果直接导致了七国之乱。叛乱很快被平息。之后，景帝又"抑损诸侯，减黜其官"，至武帝时又"作左官之律，设附益之法，诸侯惟得衣食税租，不与政事"，对诸侯王势力大加削弱。但这些措施也加剧了中央和地方诸侯国间的信任危机与矛盾。至"武帝初即位，大臣惩吴楚七国行事，议者多冤晁错之策，皆以诸侯连城数十，泰强，欲稍侵削，数奏暴其过恶"。（《汉书·中山王胜传》）

　　对此，一些诸侯王或是从自己的利益出发，或是看到帝国新的危机出现，出于对帝国的忠诚，为维护封建王国进行了争辩。《汉书·中山王胜传》：

> 建元三年，代王登、长沙王发、中山王胜、济川王明来朝，天子置酒，胜闻乐声而泣。问其故，胜对曰：臣闻悲者不可为累欷，思者不可为叹息。……今臣心结日久，每闻幼眇之声，不知涕泣之横集也。……臣身远与寡，莫为之先，众口铄金，积毁销骨，丛轻折轴，羽翮飞肉，纷惊逢罗，潸然出涕。……今臣雍阏不得闻，谗言之徒蜂生，道辽路远，曾莫为臣闻，臣窃自悲也。臣闻社鼷不灌，屋鼠不熏。何则？所托者然也。臣虽薄也，得蒙肺附；位虽卑也，得为东藩，属又称兄。今群臣非有葭莩之亲，鸿毛之重，群居党议，朋友相为，使夫宗室摈却，骨肉冰释。斯伯奇所以流离，比干所以横分也。《诗》云"我心忧伤，愍焉如捣；假寐永叹，唯忧用老；心之忧矣，疢如疾首"，臣之谓也。

刘胜这番哭诉可谓动之以情，晓之以理，对封建王国的存在给予了有力辩护，对缓解中央对王国的压力起到了一定的作用，"于是上乃厚诸侯之礼，省有司所奏诸侯事，加亲亲之恩焉"（《汉书·中山王胜传》）。此后中央采取了较为柔和的削藩政策，"其后更用主父偃谋，令诸侯以私恩自裂地分其子弟，而汉为定制封号，辄别属汉郡。汉有厚恩，而诸侯地稍自分析弱小云"（《汉书·中山王胜传》）。这就是推恩令的实施。

与此同时，淮南王刘安、河间献王刘德等则从理论上为封建王国辩护。淮南王在淮南主张中央宜采用道家无为之学，其用心在于中央少干预王国政事。河间献王在河间积极主张《周官》之学，主张"分邦建制"，维护封建，强调约束限制皇权。

如这些王国所担忧的，推恩令虽彻底地削弱了诸侯王的势力，但从汉帝国的稳固长久方面来说则又产生了新的问题，并成为王莽篡汉的一个重要原因。《汉书·诸侯王表》：

> 至于哀、平之际，皆继体苗裔，亲属疏远，生于帷墙之中，不为士民所尊，势与富室亡异。而本朝短世，国统三绝，是故王莽知汉中

外殚微，本末俱弱，亡所忌惮，生其奸心；……汉诸侯王厥角稽首，奉上玺绂，惟恐在后，或乃称美颂德，以求容媚，岂不哀哉！是以究其终始强弱之变，明监戒焉。

可见，从帝国本身命运而言，主张分封的诸侯王不能不说是出于对帝国的忠诚，有一定的远见卓识。

总之，如钱穆所说："封建制逐步破坏，郡县制逐步推行，自春秋至战国已然。秦以下，虽封建遗形尚未全绝，然终不能再兴。且其势如危石转峻阪，不堕于地不止。汉初先则有异姓封王，继则封王惟限于同姓，又次则诸王惟得衣租食税，同于富人；此自景、武下逮东汉，封建名存实亡，尺土一民，皆统于中央，诸封王惟食邑而已。至魏则并邑入亦薄。晋矫魏孤立，大封同姓，并许自选官属，然刘颂言其'法同郡县，无成国之制'。盖亦徒享封土，不治吏民，乃西汉景、武以后法度耳。"①郡县制经景、武之世基本确立和巩固。

诚然这种确立并不代表争论的停止。唐代柳宗元目睹藩镇之祸，力主郡县而否定封建，认为"彼封建者，更古圣王尧、舜、禹、汤、文、武而莫能去之，盖非不欲去之也，势不可也。……封建非圣人之意也"。②实际上藩镇祸端，其起不在于封建与否，而本在于郡县君主专制使然。唐之败其本始于唐玄宗荒政而至安史之乱，藩镇之祸正是郡县弊政导致的结果。所以柳宗元此论实有本末倒置之嫌。朱熹说："要之天下制度，无全利而无害底道理，但看利害分数如何。封建则根本较固，国家可恃；郡县则截然易制，然来来去去，无长久之意，不可恃以为固也。"（《朱子全书》卷六十三）朱子所论比柳宗元客观得多。对于上述争论，顾炎武作出总结"封建之失，其专在下；郡县之失，其专在上"③，可谓精要。

---

① 钱穆：《国史大纲》上册，北京：商务印书馆，1996年，第117页。
② ［宋］韩醇云："唐之藩镇初非有取于封建之制，特自天宝之后，安史乱定，君臣幸安，瓜分河北地以授叛将，护养孽萌，以成祸根。乱人乘之，遂擅署吏，以赋税自私，不朝献于廷，其与春秋所谓诸侯强而王室弱之患等。至元和间，为朝廷扰无虚日，公目击其祸之至此也，推原商、周，封建出于势之不得已，而秦、汉郡县有公天下之端。"（［唐］柳宗元：《柳河东集》卷三，《封建论》韩醇注，北京：中华书局，1960年，第43页）盖藩镇初生取法于封建之制，柳宗元目睹其祸，遂力主郡县而全非封建。
③ ［清］顾炎武：《顾亭林诗文集》，北京：中华书局，1983年，第12页。

与封建郡县制国体相表里的是国家权力结构的设计。具有强烈危机意识、怀着为国家寻找长治久安之道的汉初学者，无论是主张封建，还是主张郡县，对君主专制的危害都有着比较清醒的认识。他们或从制度的设计中限制君权，或利用国家宗教中"天道"的权威来限制君权的膨胀。实质上，封建与郡县之争背后更多的是帝国权力之争，是中央与地方权力分配之争。站在诸侯立场，则要求中央的权力，特别是皇权能有自我约束。如淮南鼓吹道家的无为，实质上是要求中央不要过于干预王国的事务，在《淮南子》中更大胆明确地提出了"法籍礼义者，所以禁君，使无擅断也""所谓亡国非无君也，无法也"（《淮南子·主术训》），要求在法制礼义上限制君王权力。而河间则强调周礼、周制，希望君王的权力运作能纳入礼制的规范中，接受规范和约束。站在中央立场，诸侯的威胁使其寝食不安，于是想方设法通过各种方式来削弱诸侯势力，加强中央集权。而当来自诸侯王的压力消除之后，一方面皇权在"内亡骨肉本根之辅，外亡尺土藩翼之卫"的孤悬危机下，对异己势力的不信任感加剧，一方面作为君主专制的本性，皇权必然要求无限制地膨胀、僭越各种制度，这便产生了皇权与代表整个官僚系统权力的相权之间的紧张。皇权如何驾驭相权和中央整个官僚体制，既维系中央权力结构平衡，又强化皇权，使皇权的触角无所不在，便是汉代皇帝特别是强势皇帝所思考的问题。

汉承秦制，直接继承了秦统治下逐渐形成的中央行政制度——三公九卿的体制。三公，即丞相、太尉和御史大夫，主要的职责是议政与监督，负责全面的指导。位于其下的是九卿，它们分别是奉常（太常）、郎中令、卫尉、太仆、廷尉、典客、宗正、治粟内史、少府。它们的职务相当于政府今天所划分的部，分别负责所规定的行政范围的具体任务。具体情况可见下表：

表 3：汉初三公九卿权力结构表

皇帝	三公	丞相	掌丞天子助理万机，百官中地位最高，是皇帝的助手，帮助皇帝处理日常政务。
		太尉	掌武事，负责全国军事武装。武帝建元二年省罢。元狩四年置大司马以冠将军之号。
		御史大夫	掌副丞相，负责图籍秘书，外督部刺史，监察郡国百官，内领侍御史，受公卿奏事，举劾按章。
	九卿	奉常	掌宗庙礼仪、占卜、修撰国史、接收考核备选官员。
		郎中令	掌官殿掖门户、皇帝仪仗、侍从进谏、执行特殊任务等。
		卫尉	掌官门卫屯兵，为皇官提供保卫安全的禁卫。
		太仆	掌舆马，负责维护帝国需要的运输工具——车、马及其装备。
		廷尉	掌刑辟，负责法律程序及各地送来需要他判决的案件。
		典客	掌归义蛮夷，负责接待外宾，参与国家祭祀活动。
		宗正	掌皇室亲属，负责保存宗室的谱牒、记录，维护宗室礼仪。
		治粟内史	掌谷货，负责全国赋税，制定相关经济政策。
		少府	掌山海池泽之税，以给供养，维持皇室生活、提供娱乐等。

在三公与九卿的领导下还有许多其他的小型官署。此外还有一些独立的官属，其品级稍低于九卿，其中包括太子太傅，少傅，匠作大将，还有皇后、太子及皇太后的家庭管事即詹事和水衡都尉等。与九卿同样，这些官员都有助手和下属。如匠作大将下有七个官署，每个官署都有令、丞等。

从制度上讲，丞相既"掌丞天子助理万机"，拥有极大的权力，九卿应向丞相负责，丞相有权黜陟九卿。《史记·陈丞相世家》：

居顷之，孝文皇帝既益明习国家事，朝而问右丞相勃曰："天下一岁决狱几何？"勃谢曰："不知。"问："天下一岁钱谷出入几何？"勃又谢不知，汗出沾背，愧不能对。于是上亦问左丞相平。平曰："有主者。"上曰："主者谓谁？"平曰："陛下即问决狱，责廷尉；问钱谷，责治粟内史。"上曰："苟各有主者，而君所主者何事也？"平谢曰："主臣！陛下不知其驽下，使待罪宰相。宰相者，上佐天子理阴阳，顺四时，下育万物之宜，外镇抚四夷诸侯，内亲附百姓，使卿大夫各得任其职焉。"孝文帝乃称善。

又据《汉书·申屠嘉传》："嘉为丞相，……为人廉直，门不受私谒。"是时，太中大夫邓通很受文帝爱幸。一日"嘉入朝，而通居上旁，有怠慢之礼"。嘉回府后即以檄召通诣丞相府，"不来，且斩通"。通至后百般谢罪，嘉仍不理会执意要斩之。后文帝亲自出面表达谢意后方得不死。"孝景即位，……晁错为内史，贵幸用事。"错穿宗庙垣，嘉为奏请诛错。有人通风报信，在景帝的祖护下错得脱。罢朝后，"嘉谓长史曰：'吾悔不先斩错乃请之，为错所卖！'至舍，因欧血而死"。又《汉书·田蚡传》："当是时，丞相入奏事，语移日，所言皆听。荐人或起家至二千石，权移主上。上乃曰：'君除吏尽未？吾亦欲除吏。'"从这些记载可见，汉初丞相位高权重，对九卿拥有黜陟，甚至以法生杀的权力。但值得注意的是，《汉书》对其之间关系也语焉不详，更未明言它们之间有领属关系。这是因为相权在三公九卿的权力结构中的地位，决定于君王的信任程度和君权力量的消长。李俊说："有秦一代，凡为相者，其权均重；其唯一条件在得君上之信任。未有不得君上信任之时而犹能为相者，亦未有为相之时而其权不重者。太史公论穰侯魏冉之言曰：'穰侯，昭王亲舅也。而秦所以东益地，弱诸侯，尝称帝于天下，天下皆西乡稽首者，穰侯之功也。及其贵极富溢，一夫开说，身折势夺，而以忧死；况于羁旅之臣乎。'（《史记·穰侯传》）寥寥数语，实写尽有秦一代宰相权力之实际情况。……盖终秦之世，在外与六国、内与王族斗争之中，而宰相其官，适可用为统一海内之先锋，而为拥护王权的前卫。故人君遴相，不用则已，用则必重其权——此实有秦相权甚重之基本原因。汉兴，一仍秦制，相权亦重。然自景帝以后，情形浸变。"①盖景帝以后诸侯王势力已基本不构成中央的威胁，在中央权力内部则出现皇权对以相权为首的官僚系统的不信任，并试图通过各种方式来抑制或侵夺相权。因此，三公地位虽然在九卿之上，是整个官僚系统的领袖，并对九卿负有督察科考的权力，但在实际的权力运作中，九卿并不领属于三公，而是独立地行使其部门所属职能，直接向皇帝负责，由皇帝直接任免，并在实际运作中时常对相权进行侵夺。《剑桥中国秦汉史》说："各辅助机构之间有相当多的重叠交叉；比如丞相的官署负责挑选官职候选人，执行刑法，管理盐铁工业；这些事又都在九卿的管辖范围之内。"②实际上，这些并非职能的重复，而是分担和削弱相权或直接侵夺相权的相关职能。《汉书·公孙弘传》：

> 凡为丞相御史六岁，年八十，终丞相位。其后李蔡、严青翟、赵周、石庆、公孙贺、刘屈氂继踵为丞相。自蔡至庆，丞相府客馆丘虚而已，至贺、屈氂时坏以为马厩车库奴婢室矣。唯庆以醇谨，复终相位，其余尽伏诛云。

这在后来《汉书·石庆传》《汉书·公孙贺传》中亦有反映。由这些文字可见，相权在实际运作的过程中被不断虚化，皇权与相权之间关系紧张。"在丞相有效地管理行政工作时，大约有300多名辅助人员在各种机构为他服务，但后来减少到30人。"③丞相更多的权力向九卿下移，反映了皇权与相权的矛盾，皇权对整个权力系统的操弄。而这种操弄被视为皇帝必须掌握的技能之一，被称为术数。文帝时晁错向其建言云："人主所以尊显功名扬于万世之后者，以知术数也。故人主知所以临制臣下而治其众，则群臣畏服矣；知所以听言受事，则不欺蔽矣。"（《汉书·晁错传》）晁错并建议将此作为皇太子必习的功课之一，此建议被文帝所采纳。武帝时公孙弘亦说："擅杀生之柄，通壅塞之涂，权轻重之数，论得失之道，使远近情伪必见于上，谓之术。……不得其术，则主蔽于上，官乱于下。此事之情，属统垂业之本也。"（《汉书·公孙

① 李俊：《中国宰相制度》，上海：商务印书馆，1947年，第43页。
② ［英］崔瑞德、［英］鲁惟一编：《剑桥中国秦汉史》，杨品泉、张书生、陈高华等译，北京：中国社会科学出版社，1992年，第507页。
③ ［英］崔瑞德、［英］鲁惟一编：《剑桥中国秦汉史》，第507页。

弘传》) 这种皇权凌驾于整个官僚体制，以术数来操弄整个官僚系统，被视为"属统垂业之本"，代代相传下去，成为中国郡县制君主专制帝国的痼疾。高一涵说："中国的中枢之任，既不必一定要由法定机关执掌，也不必一定要由法定官吏执行，究竟谁秉国钧，可由君主随时决定。往往行使宰相实权的，不一定要居宰相的官位；居宰相官位的，又不一定能行使宰相的实权。"① 这段话可以说比较真实地概括了相权在整个中央权力运作中的实际地位，表明官制结构的不稳定性。

为加强皇权对整个三公九卿的控制，一方面虚化相权重用九卿，一方面则利用亲信来控制或担任三公之职，外戚、宦官势力便从皇权、相权这个权力结构中蘖生出来。对于外戚势力产生的缘由，钱穆有比较透彻的分析："历史进化以渐不以骤，古代贵族封建政体一变而为平民的统一政府，广土众民，孤危之势不足以持久，故外有封王，内有列侯，粗为等次，以相扶护。犹嫌王室单微，则援用外戚以为之辅。……吴、楚七国乱后，宗室地位日削，功臣传世渐久，亦不保其位，于是王室依仗乃惟有外戚。""外戚有客观之尊严，而无世袭，以随新天子为转移，其事最少弊。"② 与此同时，权力更进一步向皇帝身边的亲信转移，许多重要决策不是由三公九卿这些中央正规的官署机构来制定，而是由皇帝身边侍从、亲信制定。于是统治权便从正规的政府高级机关转移到一个私人性质的尚书手里。尚书并发展为尚书台逐渐掌握了国家权力枢机。尚书一般由宦官担任。③ 武帝以后内朝、外朝始分，内朝由外戚加号大司马、大将军为首，大司马、大将军领尚书事，权力凌驾于丞相权力之上。外朝则是以丞相为首的政府机构，在内朝处强势的时候已无多少实际的权力。④ 尽管这些外朝机构都是由职业文官组成，但到了武帝统治后期，重大决定都由内朝制定。这种皇帝私人控制的尚书机构代替正式官僚机构，无疑使皇权绕过了那些官方的程序和礼仪，更加容易独断国家事务，使皇权得到格外加强。但这种加

---

① 高一涵：《中国内阁制度的沿革》，上海：商务印书馆，1933年，第2页。
② 钱穆：《国史大纲》上册，北京：商务印书馆，1996年，第160、162页。
③ 《汉书·佞幸传》："尚书百官之本，国家枢机，宜以通明公正处之。武帝游宴后庭，故用宦者，非古制也。宜罢中书宦官，应古不近刑人。"
④ 关于内朝、外朝制度的问题，学术界讨论已比较多，但意见不一，我们将在后文中进一步讨论。但无论内朝构成如何，都是皇权试图用来架空以相权为中心的政府行政系统，维护其专制集权统治的工具。

强无疑使外戚势力和宦官势力侵蚀了整个中央权力结构，使整个中央权力结构朝向病态的方向发展。而这种病态的发展又是郡县制所体现的"天下为公"与君主专制所要求"天下一家"在制度上存在的先天矛盾的产物。

寻求解决这一矛盾也是景、武之世的学者们所思考的中心课题，在董仲舒的《春秋繁露》等这一时期的文献中多有反映。《周官》等文献，无论作于何时，在这一时期出现，所提出的一套系统严密的官制设计，无疑契合了时代的要求。但在君主专制权力本性下，当皇权处于非理性的时候，无限制地膨胀、僭越，所有制度都形同虚设，不可避免地孳生了外戚、宦官势力，它们犹如两个毒瘤埋葬了一代又一代的郡县制帝国。

诚如钱穆所说："封建、郡县两政体之争论，乃当时最要一大事。"[1] 经过秦亡汉兴，尤其秦的极权暴政给儒者造成的幽暗记忆，成为他们思考这两种政体和权力结构的深刻基点，也是在这一封建郡县的巨变中，无论以河间献王刘德为代表的王国儒学，还是以董仲舒为代表的帝国儒学，都围绕这一巨变取得体系性的突破。这种突破借着记忆重构深刻寄寓在这一时期著之竹帛和整理成书的经典中，构成了这些经典无穷的魅力，成为凝聚儒学文化与精神之魂，虽经后世观念沉埋遮蔽和各种劫难，但悠远绵长，经久不息。

四、大一统郡县体制下的道德文化危机

道德伦理、社会风俗在儒家看来是王道政治的根本。然而春秋以降，礼崩乐坏，战乱频仍，让大儒们扼腕痛惜的，除生灵涂炭外，就是社会道德日益的败坏。秦统治者重法治兵威，不重礼乐教化。在严刑苛政下，人民势必转相告发，滋长人性阴暗的一面，带来人与人之间信任等道德危机；军功授爵制也刺激了人的贪欲；同时统治者又不能加以礼乐方面的教化，这些都加速了社会道德的沉沦。经过汉兴以来的休养生息，社会道德得到了很大的改观。[2] 但这种自然醇厚的民风背后，依旧潜伏着严重的道德危机。《汉书·贾谊传》：

---

[1] 钱穆：《国史大纲》上册，北京：商务印书馆，1996年，第121页。
[2] 《汉书·景帝纪》："孔子称'斯民，三代之所以直道而行也'，信哉！周、秦之敝，罔密文峻，而奸轨不胜。汉兴，扫除烦苛，与民休息。至于孝文，加之以恭俭，孝景遵业，五六十载之间，至于移风易俗，黎民醇厚。周云成、康，汉言文、景，美矣！"

商君遗礼义，弃仁恩，并心于进取，行之二岁，秦俗日败。……襄之为秦者，今转而为汉矣。然其遗风余俗，犹尚未改。今世以侈靡相竞，而上亡制度，弃礼义，捐廉耻，日甚，可谓月异而岁不同矣。逐利不耳，虑非顾行也，今其甚者杀父兄矣。盗者剟寝户之帘，搴两庙之器，白昼大都之中剽吏而夺之金。矫伪者出几十万石粟，赋六百余万钱，乘传而行郡国，此其亡行义之尤至者也。而大臣特以簿书不报，期会之间，以为大故。至于俗流失，世坏败，因恬而不知怪，虑不动于耳目，以为是适然耳。夫移风易俗，使天下回心而乡道，类非俗吏之所能为也。俗吏之所务，在于刀笔筐箧，而不知大体。陛下又不自忧，窃为陛下惜之。

这些潜伏的问题在文景之时表面上看并不严重，但贾谊已敏锐地预见到，如不加以礼乐教化，此必成为社会风气发展的趋势，最终必酿成严重的道德危机，进而出现社会混乱不堪的局面。如贾谊所见，至武帝时，随着社会经济的发展，土地兼并、贫富分化加剧，富者骄奢淫逸，挥霍无度，贫者铤而走险，相互震荡，加重了社会的危机和不稳定。对此，董仲舒在对策中警告说：

自古以来，未尝有以乱济乱，大败天下之民如秦者也。其遗毒余烈，至今未灭，使习俗薄恶，人民嚚顽，抵冒殊扞，孰烂如此之甚者也。孔子曰："腐朽之木不可雕也，粪土之墙不可圬也。"今汉继秦之后，如朽木、粪墙矣，虽欲善治之，亡可奈何。法出而奸生，令下而诈起，如以汤止沸，抱薪救火，愈甚亡益也。（《汉书·董仲舒传》）

社会伦理的沦丧带来的混乱直接威胁到汉帝国的统治基础。帝国中央政府以儒术文饰其统治，同时对于社会不法行为和混乱则采取强力镇压的措施，诏狱所至，人民痛苦不堪。赵翼在《廿二史札记》中痛切地说：

《杜周传》："武帝时诏狱益多，二千石系廷尉者不下百余人，其他谳案一岁至千余章，大者连逮证案数百人，小者数十人，远者数千里，近者数百里。既到，狱吏责如章告，不服，则笞掠定之。于是皆亡匿。狱久者至更数赦，十余岁犹相告言，大抵诋以不道以上。廷尉及中都诏狱，逮至六七万人，吏所增加又十有余万。"是可见当日刑狱之滥也。民之生于是时，何不幸哉！①

正如孔子所说的"安上治民，莫善于礼；移风易俗，莫善于乐"，对于处理社会日益加深的道德危机，儒家立场是一致的，这就是推行礼乐教化政策，反对采用严刑峻法。贾谊指出："夫移风易俗，使天下回心而乡道，类非俗吏之所能为也。……宜定制度，兴礼乐，然后诸侯轨道，百姓素朴，狱讼衰息。"（《汉书·礼乐志》）董仲舒更从天道圣统的高度，论述了施行礼乐教化对汉家统治的重要意义。

> 王者欲有所为，宜求其端于天。天道大者，在于阴阳。阳为德，阴为刑。天使阳常居大夏而以生育长养为事，阴常居大冬而积于空虚不用之处，以此见天之任德不任刑也。阳出布施于上而主岁功，阴入伏藏于下而时出佐阳。阳不得阴之助，亦不能独成岁功。王者承天意以从事，故务德教而省刑罚。刑罚不可任以治世，犹阴之不可任以成岁也。今废先王之德教，独用执法之吏治民，而欲德化被四海，故难成也。是故古之王者，莫不以教化为大务，立大学以教于国，设庠序以化于邑。教化以明，习俗以成，天下尝无一人之狱矣。至周末世，大为无道，以失天下。秦继其后，又益甚之。自古以来，未尝以乱济乱，大败天下如秦者也。习俗薄恶，民人抵冒。今汉继秦之后，虽欲治之，无可奈何。法出而奸生，令下而诈起，一岁之狱以万千数，如以汤止沸，沸愈甚而无益。辟之琴瑟不调，甚者必解而更张之，乃可鼓也。为政而不行，甚者必变而更化之，乃可理也。故汉得天下以来，常欲善治，而至今不能胜残去杀者，失之当更化而不能更化也。古人有言："临渊羡鱼，不如归而结网。"今临政而愿治七十余岁矣，不如退而更化。更化则可善治，而灾害日去，福禄日来矣。（《汉书·礼乐志》）

---

① 王树民：《廿二史札记校证》，北京：中华书局，1984年，第58页。

然而贾谊、董仲舒的言论并未被汉廷所采纳。究其原因，史书或委过当时的武力功臣，或借故于当时的客观情势，以致"其议复寝"或"不暇留意"。其实更深层的原因是，儒家所倡礼乐方案与汉家制度不合。"汉承秦制"，继承了秦大一统的郡县政体，而儒家的礼乐方案，特别是这一时期河间儒家所主张的礼乐方案，主要是周代的礼乐文化，依托的是周制封建政体，其思想和内容是对周制封建的美化和论述。本来"人情犹狃于故见"，推行这些措施，势必与现行制度产生一系列的矛盾，在思想上引起复古思潮，更加动摇郡县制政体，这对尚不巩固的郡县制帝国来说无疑是巨大的威胁。因此，终汉一代统治者都未真正采纳儒家的这一建议，推行礼乐教化政策，以至于班固在《礼乐志》中感叹："今大汉继周，久旷大仪，未有立礼成乐，此贾谊、仲舒、王吉、刘向之徒所为发愤而增叹也。"

但帝国在道德文化上感受到的压力是明显的，出于统治需要必须正视日益加深的社会道德文化危机，这就需要建构与新生的郡县制帝国相适应的国家信仰和文化意识形态。在这样一种困境中，汉兴以来便开始了在新礼乐文化上的努力尝试，以期创建大汉新一代礼乐文化。这一努力从某种意义上取得了成功。从高祖开始，便由叔孙通制作礼仪，并开始在秦人基础上进行新礼祀系统的构建。而雄才大略的武帝更怀着"创业垂统，规矩万世"志向，要完成这一伟业，并随着乐府功能的转变与规模的扩大，而得到大规模的展开。同时既有"古诗之流"，又有"润色鸿业"（班固《两都赋·序》）、"体国经野，义尚光大"[1]作用的赋更受到了格外重视，从附庸而蔚为大国。[2]赋与乐府民歌结合，又谱以新声的新乐遂成为汉家特有诗乐。这一诗乐谱成与太一郊祀礼制系统的建立，标志着汉家新礼乐建构的基本完成。它与汉赋一起创造了一代汉文化的辉煌。

但这一文化努力由于和传统儒家礼乐不合，在道德伦理教化上也没有取得太大的成功，并且可能助长了汉世的奢华之风。《汉书·礼乐志》云："是时，

---

[1] 周振甫：《文心雕龙今译》，北京：中华书局，1986年，第77页。
[2] 许结："汉赋文学伴随汉代地域文化向统一文化转变之过程的定型完成，赋家一方面参与共建大文化创制出与帝国同呼吸、共命运的宏丽篇章，一方面因'献赋'的入仕途径使辞赋与利禄结合。"（许结：《中国赋学历史与批评》，南京：江苏教育出版社，2001年，第36页）这既反映了汉廷对赋的重视，也反映了赋在当时适应了大一统文化的需要。

郑声尤甚。黄门名倡丙强、景武之属富显于世，贵戚五侯定陵、富平外戚之家淫侈过度，至与人主争女乐。"主张推行传统礼乐文化的儒家对此进行了严厉的批评和抵制，"今汉郊庙诗歌，未有祖宗之事，八音调均，又不协于钟律，而内有掖庭材人，外有上林乐府，皆以郑声施于朝廷"（《汉书·礼乐志》）。这种争论至元、成以后，出现了传统礼乐文化的转变，与《周礼》相关的礼祀系统亦被提了出来。在儒者的鼓动下，至哀帝时，终于以其不利于风俗教化的理由，下诏罢了乐府，"惟世俗奢泰文巧，而郑、卫之声兴。夫奢泰则下不逊而国贫，文巧则趋末背本者众，郑、卫之声兴则淫辟之化流，而欲黎庶敦朴家给，犹浊其源而求其清流，岂不难哉！孔子不云乎？'放郑声，郑声淫。'其罢乐府官。郊祭乐及古兵法武乐，在经非郑、卫之乐者，条奏，别属他官"。（《汉书·礼乐志》）但礼乐的争论一直未有停止，帝国礼祀系统亦在传统礼祀与新礼祀系统之间摇摆。

五、匈奴与黄河水患给帝国的压力

要了解汉初时局和思想变迁的大势，我们还必须要了解当时的两个突出问题——匈奴和黄河的问题——给中央政府和汉民心理造成的压力。匈奴，他们原先居住在中国西北部边境地区，过着游牧生活，时常发动战争、掠夺和杀戮边境人民，长期以来对以农业为主的汉民族都构成了压力。西汉初期，在冒顿单于统治下，匈奴势力已经西到月氏，东至燕代，南达"汉关故河南塞"。不仅匈奴本身的强大严重威胁着帝国的安全，而且一些地方诸侯王与匈奴勾结，更增加了中央政府的困境。起初由于国力虚弱，中央政府无力对其采取强硬措施，不得不采取和亲的怀柔政策，结果不但没有换取边境的真正和平，而且使匈奴"愈益骄横"。帝国在不断遭到侵略的同时，在外交上也不断遭到凌辱。《汉书·匈奴传》："孝惠、高后时，冒顿浸骄，乃为书，使使遗高后曰：'孤偾之君，生于沮泽之中，长于平野牛马之域，数至边境，愿游中国。陛下独立，孤偾独居。两主不乐，无以自虞，愿以所有，易其所无。'"面对这样公然侮辱，汉廷也只能强颜作答："单于不忘弊邑，赐之以书，弊邑恐惧。退而自图，年老气衰，发齿堕落，行步失度，单于过听，不足以自污。弊邑无罪，宜在见赦。窃有御车二乘，马二驷，以奉常驾。"面对来自北方民族威胁和欺凌，随着帝国国力的强盛，必须要通过武力方式一劳永逸地予以解决。《资治通鉴》卷二十二记载武帝谓卫青曰："汉家庶事草创，加四夷侵陵中国，朕不变更制度，后世无法；不出师征伐，天下不安。为此者不得不劳民。"战争需要集中大量的物力和人力，需要有一个强有力的中央集权。

外民族的压力，也促使儒家，特别是中央儒家在文化取向上作出调整，加强文化的向心力，强调集体团结，抑制离心和个体的因素。对此，汉学家艾森斯塔得有精辟分析，诸如集体的强盛，被中国的统治者视为重要目标，"然而重要的是，它们总是在文化方面被表达出来，并且是作为文化价值与取向的从属物而形成的"，"他们也经常宣称其目的是帝国的团结，或文化统一体的维持"。①

再者，治理黄河也需要一个强有力的中央政府。在汉代黄河流域处于政治经济中心地带，而"河灾之羡溢，害中国也尤甚"（《汉书·沟洫志》）。武帝时，黄河决口二十多年不能治理，给黄河流域的人民带来了极大的痛苦。武帝甚至亲临黄河瓠子段决口处指挥，"令群臣从官自将军以下皆负薪寘决河"。站在决口上，望着"浩浩洋洋"泛滥的洪水发出兴叹："皇谓河公兮何不仁，泛滥不止兮愁吾人！"（《汉书·沟洫志》）黄河的经常泛滥，给流域的人民造成了极大的痛苦，而每次泛滥的流民问题，救灾所需的粮食等问题，又使汉廷不堪重负，并严重威胁着帝国的安全。这使得汉帝国不得不集中全国的人力、物力、财力对黄河各段进行不断地整治。这使得加强大一统的中央集权有了客观现实和深厚的社会心理基础。

亦如马克斯·韦伯所指出的："统一的帝国则来源于对在越来越广大的领域内统一治水的日益广泛的关注，对此的关注则与保护可耕地免受游牧民族之侵扰的政治需要相关联。"②在外族和黄河问题的压力下，一方面汉初无为政治与现实情势的矛盾越来越突出，一方面加强大一统的中央集权成为社会普遍的心理诉求，深刻地影响了中央集权合理性观念的形成和学术思想的取向。到汉武帝时，改革旧制度，采取一系列的新政策，强化大一统中央集权，便成了现

---

① ［以］艾森斯塔得：《帝国的政治体系》，阎步克译，贵阳：贵州人民出版社，1992年，第233、236页。
② ［德］马克斯·韦伯：《儒教与道教》，洪天富译，南京：江苏人民出版社，1995年，第64页。

实政治情势和社会心理的共同趋向，学术思潮也经历着深刻的变化。

由于秦二世而亡，殷鉴不远，上述一系列问题让汉代统治者真实地感受到统治危机和压力，他们一方面广纳言路，征召贤良深入分析汉兴秦亡的原因，一方面则大胆地集思广益，寻求解决和因应之道。司马相如说："且夫贤君之践位也，岂特委琐握蹜，拘文牵俗，循诵习传，当世取说云尔哉！必将崇论闳议，创业垂统，为万世规。故驰骛乎兼容并包，而勤思乎参天贰地。"（《汉书·司马相如传》）这段话可以说集中反映了那个时代从最高统治者到一般士人的精神气质。在封建郡县之变的洪流中，帝国所有的政治制度、经济文化体制都在摸索和试验中，但他们都抱着一个为帝国"兴太平"的神圣而远大的理想，勇于开拓，兼容并包，遂开创了一个激动人心的时代，一个在学术、文化、思想上都取得了伟大成就的时代。中国学术历史由此进入了新的开始，从子学时代迈向伟大的经学时代。

第二章　儒学的摇篮：河间儒学的兴盛

汉初儒学是在帝国北方的河间王国孕育发展起来的。在我国学术由"子学时代"向"经学时代"的过渡中，儒学在河间的孕育与发展是促成这一转变的关键环节。河间献王刘德是重要的参与者和推动者，在他的倡导与带领下，儒学在河间发展起来，从陵夷不堪走向景、武之世的兴盛。这对汉代儒学乃至后世儒学的发展起到了至关重要的作用。在研究河间学术活动之前，让我们先来了解河间献王其人。

一、河间献王生平考述

河间献王刘德，景帝子，《史记》《汉书》及注疏都未详其生年。据邓嗣禹考证"献王生于孝景前六七年，必无大误也"。[1] 然考其论证多有未安，一是认为文帝"生孝景之前，已有四男一女"，由此推其最初娶妻生子之年龄则早得"惊人"。事实上据《史记·孝景本纪》："孝景皇帝者，孝文之中子也。母窦太后。孝文在代时，前后有三男，及窦太后得幸，前后死，及三子更死，故孝景得立。"又《汉书·外戚传》："至代，代王独幸窦姬，生女嫖。孝惠七年，生景帝。代王王后生四男，先代王未入立为帝而王后卒，及代王为帝后，王后所生四男更病死。"我们已知，汉文帝生于公元前203年，景帝生于公元前

---

[1] 邓嗣禹：《河间献王生卒年代考及其与中国文化之关系》，《新民月刊》1936年第2卷第2期。

188 年，时文帝 15 岁，这是周岁，按当时计年虚岁应在 16 或 17 岁了。景帝前有同母长公主嫖，是文帝生嫖时不会迟于 14 周岁，是时文帝虚岁在 15—16 岁间。在当时也属正常。而《汉书》说代王妃有四男，但《史记》仅说"在代时，前后有三男"，《史记》更为合理，所以并不能就此认为文帝生人早得"惊人"。更为可能的是，文帝长子与嫖年龄同年，其他子或与景帝同年而序长，在汉人均属正常生理和婚育年龄。

二是在推定景帝生子年龄时也有同样问题。史书记载并不能反映景帝"后妃之立先后不同"，所以以此推定无据。盖其时除了太子妃，其他诸姬都是宫女，并无婚嫁秩序，都是随遇而有身，诸姬子除同母子外并不能做出年隔的推定。据《汉书·诸侯王年表》，孝景十四子下，颜师古注："此表列诸王次第与本传不同者，本传因母氏之次而尽言所生，表则叙其昆弟长幼。又临江闵王荣封时年月在后，故不同也。"据该表景帝十四子，因长子荣由太子废为临江王，是继其弟阏为临江王（阏为临江王，早卒），故位次降在阏后，而表列刘德位次第一，这说明在景帝十四子中，刘德年龄应列序第二。又《汉书·景十三王传》："江都易王非以孝景前二年立为汝南王。吴、楚反时，非年十五。"非有同母兄馀，又据《诸侯王年表》馀位次在刘德母弟阏后，由此推断，刘德此时至少十六岁。吴楚之乱在景帝前元三年，即公元前 154 年，史书以虚岁记，所以刘德最晚生于公元前 170 年。公元前 170 年，景帝十九岁，德有同母兄刘荣，据前文帝最早生子年龄应在虚岁十五岁左右，刘荣出生最早年也应相当，故生刘德则至少要在景帝十六岁左右，即公元前 173 年以后。综上所述，刘德生年当在公元前 173 年至前 170 年间。

关于献王生平事迹，《史记·五宗世家》记载很简单：

> 河间献王德，以孝景帝前二年用皇子为河间王。好儒学，被服造次必于儒者。山东诸儒多从之游。二十六年卒。

《汉书》则有许多重要的史料补充。《汉书·河间献王传》：

> 河间献王德，以孝景前二年立，修学好古，实事求是。从民得善书，必为好写与之，留其真，加金帛赐以招之。繇是四方道

术之人不远千里，或有先祖旧书，多奉以奏献王者，故得书多，与汉朝等。是时，淮南王安亦好书，所招致率多浮辩。献王所得书皆古文先秦旧书，《周官》《尚书》《礼》《礼记》《孟子》《老子》之属，皆经传说记，七十子之徒所论。其学举六艺，立《毛氏诗》《左氏春秋》博士。修礼乐，被服儒术，造次必于儒者。山东诸儒多从而游。武帝时，献王来朝，献雅乐，对三雍宫及诏策所问三十余事。其对推道术而言，得事之中，文约指明。立二十六年薨。中尉常丽以闻，曰："王身端行治，温仁恭俭，笃敬爱下，明知深察，惠于鳏寡。"大行令奏："谥法曰'聪明睿智曰献'，宜谥曰献王。"

又《汉书·礼乐志》：

> 是时，河间献王有雅材，亦以为治道非礼乐不成，因献所集雅乐。天子下大乐官，常存肄之，岁时以备数，然不常御，常御及郊庙皆非雅声。然诗乐施于后嗣，犹得有所祖述。

又：

> 河间献王采礼乐古事，稍稍增辑，至五百余篇。今学者不能昭见，但推士礼以及天子，说义又颇谬异，故君臣长幼交接之道浸以不章。

又：

> 至成帝时，谒者常山王禹世受河间乐，能说其义，其弟子宋晔等上书言之，下大夫博士平当等考试。当以为："汉承秦灭道之后，赖先帝圣德，博受兼听，修废官，立大学，河间献王聘求幽隐，修兴雅乐以助化。时，大儒公孙弘、董仲舒等皆以为音中正雅，立之大乐。春秋乡射，作于学官，希阔不讲。故自公卿大夫观听者，但闻铿

锵，不晓其意，而欲以风谕众庶，其道无由。是以行之百有余年，德
化至今未成。今晔等守习孤学，大指归于兴助教化。衰微之学，兴废
在人。宜领属雅乐，以继绝表微。孔子曰：'人能弘道，非道弘人。'
河间区区，小国藩臣，以好学修古，能有所存，民到于今称之，况于
圣主广被之资，修起旧文，放郑近雅，述而不作，信而好古，于以风
示海内，扬名后世，诚非小功小美也。"事下公卿，以为久远难分明，
当议复寝。

又《汉书·艺文志》：

> 武帝时，河间献王好儒，与毛生等共采《周官》及诸子言乐事
> 者，以作《乐记》，献八佾之舞，与制氏不相远。其内史丞王定传之，
> 以授常山王禹。禹，成帝时为谒者，数言其义，献二十四卷记。刘向
> 校书，得《乐记》二十三篇。与禹不同，其道浸以益微。

另外《史记》和《汉书》的注文以及其他文献也有零星记载。如裴骃《史
记集解》：

> 《汉名臣奏》："杜业奏曰'河间献王经术通明，积德累行，天下
> 俊雄众儒皆归之。孝武帝时，献王朝，被服造次必于仁义。问以五
> 策，献王辄对无穷。武帝艴然难之，谓献王曰：汤以七十里，文王百
> 里，王其勉之。王知其意，归即纵酒听乐，因以终'。"

又《汉书·食货志》颜师古注：

> 邓展曰："《乐语》,《乐元语》,河间献王所传，道五均事。"臣瓒
> 曰："其文云，天子取诸侯之土，以立五均，则市无二价，四民常均，
> 强者不得困弱，富者不得要贫，则公家有余，恩及小民矣。"

又《白虎通》：

> 《乐元语》曰："受命而六乐，乐先王之乐，明有法也。兴其所自作，明有制。兴四夷之乐，明德广及之也。故东夷之乐曰《朝离》，南夷之乐曰《南》，西夷之乐曰《味》，北夷之曰《禁》。合欢之乐舞于堂，四夷之乐陈于右，先王所以得之顺命始也。"《乐元语》曰："乐夷之乐持干舞，助生也。西南之乐持羽舞，助养也。西夷之乐持戟舞，助时煞也。北夷之曰持干舞，助时藏也。"①

又《西京杂记》卷四云：

> 河间王德，筑日华宫，置客馆二十余区，以待学士，自奉养不逾宾客。②

又《金楼子》卷三《说蕃》：

> 昔蕃屏之盛德者则刘德，字君道③，造次儒服，卓尔不群……

此外，《春秋繁露·五行对》载有刘德向董仲舒问《孝经》事，《说苑》载有其几条重要佚文。下文将引述，此不赘述。河间献王刘德的生平事迹，文献

---

① 陈立：《白虎通疏证》，北京：中华书局，1994年，第107—109页。
② ［汉］刘歆（一说［晋］葛洪）撰：《西京杂记》，上海：上海古籍出版社，1991年。《三辅黄图》记载同。陈直《汉书新证》云："《西京杂记卷》卷四云：'河间王德，筑日华宫，置客馆二十余区，以待学士，自奉养不逾宾客。'《三辅黄图》记载亦同。又按：翟云升《隶编》摹有河间献王君子馆砖，苗夔墓志铭亦云，得君子馆砖。余在西安白集武处，见旧拓君子馆，日华宫两砖，合拓本一幅。君子二字直书，日华二字横书，旁有大兴刘位坦题记。大意谓'河间献王宫馆遗址，时时发现君子二字砖，篆形各相侔，日华宫砖，尤为罕见'云云，西京杂记所记，与近出土砖甓，完全符合，可见杂记成书虽晚，所载西汉故事，可信者多。"（见陈直：《汉书新证》，天津：天津人民出版社，1979年，第310页）
③ 杨树达云："献王字唯见于此。"（杨树达：《汉书窥管》，上海：上海古籍出版社，1984年，第411页）另清《御定渊鉴类函》卷六十《帝戚部》又有这样的记载："又曰河间献王德，字文载，景帝子，修学好古……"云云。不知何据，可能是清人据献王功业意会，更可能是河间王颙字"文载"窜误。《金楼子》去古未远当更为可信。

可考者，大抵这些。

通过以上的文献材料，我们大致能考见献王一生的主要事迹。刘德，可能字君道，景帝前元二年立。他修学好古，实事求是，其学举六艺王官之学。六艺经典遭遇秦火之后已经残缺不完，佚失民间，他聘求幽隐，收拾余烬，以重金购求天下遗书，并且雇佣大量优秀抄手，抄写好的副本给原主，自己留下真本，"繇是四方道术之人不远千里，或有先祖旧书，多奉以奏献王者，故得书多与汉朝等"，仅言礼乐事就达五百余事。古文先秦旧书几乎都被献王网罗，如《周官》《尚书》《礼》《礼记》《孟子》《老子》之属尽在河间。为了更好表彰六艺之学，他特立毛公、贯公分别为《毛诗》和《春秋左氏传》博士；建君子馆、日华宫，以招募天下学士，并且自己的衣食奉养也与他们相同。于是天下俊雄众儒皆归之，一时"群贤必至，少长咸集"。与献王同时的淮南王也招揽了很多文士，他们主要着力诸子之学，被史家贬称为浮辩之士。河间学者则不同，他们主要用力在六艺王官之学，修学好古，实事求是。

献王不但自己好学，而且也经术通明，精通六艺。他认为治道非礼乐教化不成，为了使汉帝国能推行礼乐教化的政策，他和毛公等采《周官》、先秦诸子之书，作《乐记》，还可能自己撰述了《河间周制》。另据《经典释文序录》，后世传说他用《考工记》补《周礼》。他是礼乐制度方面的专家，除与毛生合作《乐记》外，还自以《乐元语》传授弟子。他身体力行，言行举止都符合儒家的礼仪法度。在王国之中推行儒家的仁义之政，以民为本，"温仁恭俭，笃敬爱下，明知深察，惠于鳏寡"。《说苑》中更载有他忧民、爱民、利民、好学的言论。可见刘德不但是汉代"夫唯大雅，卓尔不群"的诸侯王，也是一位学术集大成的一代儒宗。[①] 在他的领导下，河间王国形成了鼎盛一时的儒学中心。

元光五年，献王来朝。此时古雅乐和八佾之舞已制成，这些也是他二十六年心血之所在。他把它们带到中央，献给武帝。然而这些雅乐和舞蹈却没有被武帝所重视，以致"希阔不讲"渐至寝微。尽管如此，献王此行却使"诗乐施于后嗣，犹得有所祖述"，为后世诗乐的流传作出了重要贡献。献

---

① 四库馆臣《说苑》提要云："《汉志》'河间献王'八篇，《隋志》已不著录，而此书所载，四条尚足见其议论醇正，不愧儒宗。"

王回到自己的王国后，于是年正月辞世。他的死因是一个谜，以至于后人至今仍争论不休。

河间献王"立二十六年薨"，卒于元光五年（前130年），年约四十岁。关于河间献王之死，班史语焉不详。杜业认为献王来朝时，武帝"问五策，献王辄对无穷。武帝艴然难之，谓献王曰：汤七十里，文王百里，王其勉之。王知其意，归即纵酒听乐，因以终"。《金楼子》亦采信杜业之说。但何焯在《义门读书记》中对此说法提出了质疑："王身端行治，至宜谥曰献王。献王，策谥之辞，褒崇若此。《五宗世家》注中杜业之语，知其无稽。"① 日本学者泷川资言的《史记会注考证》引证何焯的话，表示认同。② 王先谦在《汉书补注》又进一步指出："史表，武帝元光五年献王来朝，即王之二十六年也，归后即薨，此自当时流传之误。"③

对于何焯的观点，徐复观在《两汉思想史》中进行了批评："何焯小儒，对政治全无了解，其言至鄙笑。"为论证杜业的说法可信，他特别对杜业家世作了较详细的考证：

> 据《汉书》卷六十《杜周传》：杜周乃武帝时的酷吏，官至御史大夫。杜业乃周之曾孙。周子延年，以助霍光诛上官桀等封为建平侯；又劝霍光立宣帝，以其功比朱虚侯刘章。延年子缓嗣侯位，官至太常。缓卒，子业嗣；成帝初，尚帝妹颍邑公主。以忧恐发病死于王莽秉政之时。我所以在这里略述杜业的家世，是想说明杜业是有资格知道汉廷的内幕，故其所言刘德的故事为可信。

在此基础之上，他指出："刘德非以罪死，系以猜嫌忧愤而死。既死则猜嫌消而猜嫌之迹可泯。死后赐谥，乃当时之常例。而政治上表里异致，实古今之所同；猜嫌者其里，死后褒崇者其表。此在今日犹随处可以举例。"④ 陈

---

① ［清］何焯：《义门读书记》，北京：中华书局，1987年，第286页。
② 按《史记会注考》引："何焯引《汉书》云：献王薨，中尉常丽以闻，曰：'王身端行治，温仁恭俭，笃敬爱下，明知深察，惠于鳏寡。'大行令奏：谥法曰'聪明睿智曰献，宜谥曰献王。'"与《义门读书记》原话稍有不同，可能版本不同所致，或为作者自加。
③ ［清］王先谦：《汉书补注》，北京：中华书局，1983年，《河间献王传》王先谦补注。
④ 徐复观：《两汉思想史》第1卷，上海：华东师范大学出版社，2001年，第110页。

开先在徐复观的基础上进一步认为，河间献王刘德"为武帝秘密处死"。其最主要的理由：一是司马迁《汉兴以来诸侯王年表》只记献王"来朝"而不记其"薨"，二是《汉书·武帝纪》"（元光）五年春正月，河间王德薨"。而太史公所记的河间献王"来朝"正是武帝元光五年，并且也只可能在正月。① 事实上，在汉武帝太初元年改历以前，汉用秦正朔以十月为岁首，史书纪年亦是。按照儒家礼制，诸侯来朝是在新年之时，且汉制亦有明文，《汉书·高祖纪》十一年二月《诏》云："欲省赋甚。今献未有程，吏或多赋以为献，而诸侯王尤多，民疾之。令诸侯王、通侯常以十月朝献，即郡各以其口数率，人岁六十三钱，以给献费。"所以《资治通鉴》云："五年（按：元光五年）冬（辛亥），十月，河间王德来朝，献雅乐，对三雍宫。……春正月薨。"② 献王来朝当在十月，距其死相差三个多月。

　　检索现存《史记》几个较早刻本，唯四库全书武英殿本有"薨"字。较早的百衲本及中华书局点校本《史记·汉兴以来诸侯王年表》，只记献王"来朝"而无"薨"字；又考校过日本所藏诸古本的《史记会注考证》亦只记献王"来朝"，无"薨"字。案武英殿本系据明北监本印刻，今考明北监本并无"薨"字。故此处应是清人增衍，没有领会太史公的微言大义，旨在暗示了献王不得其死。亦可能是受到何焯等早期清儒的说法影响，更可能是四库馆臣从自身对这段学术理解和现实政治需要窜入了这个"薨"字。乾嘉之儒以献王为宗，标举献王"实事求是"之学，可能不愿正视这段历史的阴暗面，以维护中央尊古右文的权威，而窜入了这一个"薨"字。

　　考之《汉书》，献王与武帝的矛盾可追溯到献王母栗姬与武帝母王夫人后位之争。据《汉书·外戚传》，献王母栗姬被幽死，其兄栗太子荣被废，王夫人后位身份和武帝太子地位的取得，都与王夫人和长公主导演的阴谋有关。又据《汉书·卫绾传》，在这场斗争中，"栗卿之属"并遭诛戮，甚至像周亚夫这样公卿名将也因之受到牵连，被残害或罢黜。而身为"栗卿之属"的献王幸免于难，作为受害者，当然最清楚其中阴私，其存在对武帝母子来说始终是道德

---

① 陈开先：《汉初帝国文化建构及思想专制景观下的河间学术》，《孔子研究》1998年第1期。
② ［宋］司马光：《资治通鉴》，北京：中华书局，1963年，第587页。

心理上的压力。且栗太子被废及死后，献王在景帝诸子中最长，对于帝位来之非正的武帝来说，这无疑更加深了对献王的猜忌。

明代杨慎也说："汉之待宗室其严乎！河间献王子礼，以恐猲取鸡失侯，罪亦微矣。献王汉之贤惟城也。二子亦以取鸡失侯，① 一以酎金失侯，曷不以其父之贤而原之乎？意者景帝先有意立献王而武帝憾之，乃发于其子欤？"（《升庵集》卷四十八）细按《汉书》，杨慎的说法是有一定道理的。景帝从小师从晁错，受法家术数思想影响，杀伐果断，用法刻深，强调以术驭臣下。从其做法来看，他就像当年的高祖一样，希望能有一个像自己一样作风硬朗、杀伐果断的人继承自己的皇位。所以起初可能就对怯懦柔仁的长子荣不满，而对其次子聪明好学的献王德较为喜爱和器重。文帝临终时告诉景帝可重用之臣有二：一为周亚夫，② 一为卫绾。《汉书·卫绾传》：卫绾"醇谨无它"，"文帝且崩时，属孝景曰：'绾长者，善遇之。'"景帝也"以为敦厚可相少主"。卫绾就首先作了河间献王的太傅，③ 后又成为武帝的太傅，并且后来成为景帝托付相少主的首辅重臣。班固评价说"自初宦以至相，终无可言"（先谦曰"无可言，谓无可訾议也"④）。细读这段历史，应该说景帝当初安排这位被文、景两朝器重的大臣，到河间作太傅是有一定指标意义的。但献王一方面受其母亲的缠累，一方面纯用儒术，亦不合景帝性格以及汉家从高祖而来的"王霸杂用"的传统，可能是景帝最终放弃他的重要原因。同

---

① 今查《汉书·王子侯年表》，当为"二子（广侯顺，盖胥侯让）以酎金失侯，一子（平城侯礼）以取鸡失侯"。按"恐猲取鸡"，颜师古注"恐猲取人鸡，当以买鸡偿"，意思似是恐吓后无偿地强取别人的鸡。汉律诸侯王不能强取百姓东西，《汉书·田叔传》："相初至官，民以王取其财物自言者百余人。叔取其渠率二十人笞，怒之曰：'王非汝主邪？何敢自言主！'鲁王闻之，大惭，发中府钱，使相偿之。相曰：'王自使人偿之，不尔，是王为恶而相为善也。'"

② 《汉书·周亚夫传》：文帝且崩时，戒太子曰："即有缓急，周亚夫真可任将兵。"文帝崩，亚夫为车骑将军。孝景帝三年，吴、楚反。亚夫以中尉为太尉，东击吴、楚。

③ 《汉书·卫绾传》："上（景帝）以为廉，忠实无它肠，乃拜绾为河间王太傅。"

④ ［清］王先谦：《汉书补注》"卫绾传"条，北京：中华书局，1983年，影印本，第1043页上栏。

时，武帝随着年龄的增长而显露出的杀伐果断的一面，深得景帝赏识，① 这是让景帝最终下定决心废太子荣，而立武帝母王夫人为皇后，继而立武帝为太子的最深层的原因。景帝废立太子，遭到了公卿大臣的反对，最甚者为丞相周亚夫和大将军窦婴。景帝为确保武帝的地位巩固，手段相当残忍，不仅逼死了亲生子栗太子荣，使整个"栗卿之属"并遭诛戮。② 反对废太子最甚的周亚夫亦遭迫害致死。窦婴在景帝朝一直不得重用，至武帝朝，在与田蚡争执中被武帝弃市，其深层原因亦当与争立太子结下的怨恨相关。③

属于栗卿之属的献王在这场宫廷斗争中得以幸免，当然与景帝的喜爱不无关系，他临终安排和献王关系密切的卫绾做丞相，与当年高祖安排周昌做赵相保护赵王有相类似之处。据《史记·诸侯王表》，刘德受封为河间王后，"来朝"者共四次。前此三次均在景帝年间，分别是公元前 154 年、前 148 年、前 143 年。而此后的十三年间，其他诸侯纷纷来朝，刘德一直未进京行朝觐之礼。对武帝的朝觐，仅武帝元光五年，即公元前 130 年一次，时武帝已继位十一年。作为造次必以儒者的献王，不可能违背六艺经典中所强调的朝聘大礼。且汉制诸侯王必须在规定的时间里来朝，除非因年老由皇帝赐几杖方可不朝，武帝继位，献王时年仅三十岁左右，所以其长达十三年不朝明显违背汉制。但对此《史》《汉》都讳莫如深，未有任何交代。分析其中原因，当是献

---

① 《汉武故事》曰："汉景皇帝后姙身，梦日入其怀。景帝又梦见高祖谓己曰：'王美人生子可名为彘。'及生男日因名之焉。武帝生于猗兰殿，年四岁立为胶东王。数岁，长主抱着其膝上问曰：'儿欲得妇不？'胶东王曰：'欲得妇。'长主指左右长御百余人，皆云不用。末指其女问曰：'阿娇好不。'于是乃笑对曰：'好，若得阿娇作妇，当作金屋贮之也。'长主大悦，乃苦要上，遂定婚焉。胶东王为皇太子时年七岁。上曰：'彘者，彻也。'因改曰彻。丞相周亚夫宴时，太子在侧。亚夫失意有怨色，太子视之不辍，亚夫于是起。帝曰：'尔何故视此人耶？'对曰：'此人可畏，必能作贼。'帝笑曰：'因此怏怏非少主之臣也。'廷尉上囚防年，继母陈杀父，因杀陈，依律年杀母大逆论。帝疑之，诏问太子，太子对曰：'夫继母如母，明其不及母也。缘父之爱故，比之于母耳。今继母无状，手杀其父，则下手之日母恩绝矣。宜与杀人者同，不宜大逆论。'帝从之，年弃市。议者称善。时太子年十四，帝益以奇之。"这些传说虽非正史，但口耳相传，从中可见少年武帝之性格，使景帝深觉其类己。

② 献王是儒家的忠实信奉者，其"被服造次必于儒者"。据《汉书·王子侯年表》，其众子的名字多与儒家的礼义有关。唯其长子名"不害"，可能就是在这一段时间而生。其名"不害"，意即遭陷害面得脱也。可见其时献王在王氏母子的网构中，处境很危险。

③ 此事非常蹊跷的是，窦婴的死，直接原因与景帝生前的一份遗诏有关，这份遗诏却在尚书那里查不到记录，由此窦婴被指控为伪造诏书，罪至腰斩。这很可能是景帝早已设下的一个阴谋，他在位时，碍于窦太后不好下手，故制造了一个陷阱，让其子除掉这个威胁少主的隐患。

王认识到自己处境的危险不敢来朝，但最可能的是与当年高祖保护赵王如意类似，景帝临终前当有遗诏特加恩准保护，否则单十三年不朝就已够治献王的罪了。武帝显然对曾为河间太傅的卫绾做丞相不甚满意，继位伊始在是年六月就罢免了卫绾。从中亦可见武帝对栗卿之属猜忌，对献王的猜忌自不待言。所以钱穆说："则献王之见忌于武帝，盖视淮南尤益甚矣。考景帝子十四人，惟献王与栗太子同母（案献王有母弟临江王阏，早卒）。栗太子废而献王于诸子年最长，又得贤名，武帝之忌献王，有以也。献王即以来朝之年正月薨（见《武纪》）。其时朝十月，盖归而即卒，杜业之奏，非无据矣。"①

此外，献王制礼作乐的举措，作为儒家礼制，乃天子、圣人周公所为。在景帝朝，有父子之亲，可以说为助教化，是藩辅帝国，得到了景帝的认可，甚至是有意识的支持。但到武帝朝，已为诸侯擅天子之事，当然为武帝不容。班固作史书，把献王比之于淮南，历来学者多认为此是褒誉献王，而贬淮南。实际上，史家之笔其意味至深，班固虽对献王有好感，但对其制礼作乐擅天子之事，已暗含批评，指其与淮南召浮辩之事，性质类同。

最后，政见的不同，以献王为首的河间众儒在意识形态方面给帝国的压力也是加速他悲剧性命运的重要原因。这一点我们将在下文进行论述，兹不赘述。

总之，献王和武帝之间的矛盾不仅仅是猜忌的问题，而是从皇位争夺到整个国家政制等一系列重大问题都发生了不可调和的冲突。因此，我们可得出这样的结论，献王的死与武帝有极大关系，是非正常性的死亡。不过，综合比较各家说法，笔者认为，杜业的说法更为准确。"因以终"，透露出献王之死，不仅是忧愤而死，乃是被逼无奈，以一种隐藏的方式自杀而死，正是儒家所强调的"不遗过于君"的方式。"汤七十里，文王百里，王其勉之"，武帝此言是相当重的，等于诬指献王所为是出于夺取帝位和谋反的野心，他的作为和存在是对朝廷的严重威胁，即将有诛灭的后果。"王其勉之"，言下之意，要献王要好好考虑后果。所以"王明其意"，选择了"纵酒听乐，因以终"。献王此举可谓用心良苦。《史记》《汉书》皆记载"山东诸儒多从其游"；《汉名臣奏》载杜业语"河间献王，经术通明，积德累行，天下俊雄众儒皆归之"。献王是天下士人之领袖，享有极高的声望，这样做既保住了武帝的名誉，使其免受"征讨手

---

① 钱穆：《秦汉史》，北京：生活・读书・新知三联书店，2005年，第83页。

足，残杀贤良”的舆论压力；也解除武帝的顾虑；又保住了献王的宗族和与之交游的儒者。这正合武帝心意，因而大悦，同意了“献”这样一个美谥。而所谓“聪明睿智”正是献王死因的一个最好注解。与此相对照，同为学术重镇的淮南就没有这样幸运了，他们之覆灭甚为惨烈。公元前 122 年，汉仅凭淮南王门客辩士伍被之供词，认定淮南王谋反，尽捕其宾客，涉及列侯、二千石长吏、豪杰数千人，淮南王被迫自杀，“坐死者数万人”。

如唐朝诗人张继诗中所说，“雅乐未兴人已逝，雄歌依旧大风传”。[①]献王最后来朝，也是完成了他的历史使命——对六艺经典进行收集整理完毕、制礼作乐成功后，用生命作最后的努力，希望在帝国的中心实现他一生的理想——以礼乐治天下。虽然没有成功，但是他兴废继绝，为六艺经典的保存与传播，起到了至关重要的作用。班固说：“诗乐施于后嗣，犹得有所祖述。”司马光所更赞叹：“噫！微献王六艺其遂殪乎！故其功烈至今赖之。”明儒程敏政更礼赞其：“斯文天有意，宗贤起王国。……后生已千载，私淑仰遗德。”（《篁墩文集》卷六十七）献王河间都城乐成，后人仰其“遗德”，为纪念他而改名为献县，一直保留到至今。

二、河间儒学中心的形成

（一）河间国的历史沿革

> 楼台丹碧照天涯，塞北江南未足夸。千里烟波方种树，万株桃李未开花。
> 文物河间信可嘉，风流江左亦堪夸。水南水北千竿过，山后山前二月花。

这是宋朝诗人曾肇父子唱和中赞美河间的诗句。河间由于水道纵横，有媲

---

① ［唐］张继：《河间献王墓》，《全唐诗》卷二百四十二。全诗内容是："汉家宗室独称贤，遗事闲中见旧编。偶过河间寻往迹，却怜荒冢带寒烟。频求千古书连帙，独对三雍策几篇。雅乐未兴人已逝，雄歌依旧大风传。"既表达了对献王崇敬之情，亦对这样一代贤王大儒的著作文献亡佚表达了不尽的惋惜之情。

美江南之称。唐朝诗人沈佺期亦有"晴光七郡满，春色两河遥"[1]的佳句。河间国都乐成，由原先赵国分出，位居今河北境内。河间这个地名的初见至少可以追溯到战国时期，《战国策·赵策》载："赵有常山，左河间，北有代。"河间郡的初设应在汉高帝时，具体年代不明，但不会迟过高帝九年。[2]是年初，张敖的异姓赵国被废，原属赵国的巨鹿郡应当在此时被分成巨鹿、清河与河间三郡，然后与其他郡一起封给自己的儿子刘如意，为同姓赵王。高帝十二年（前195年），又将河间郡的高阳、武垣、中水、饶阳、蠡吾、安平等县划入燕国的涿郡。

汉文帝二年（前178年）以赵国的河间郡别置河间国，封赵王刘遂之弟刘辟疆。文帝十五年，河间王辟疆薨无后，国除，分为河间、广川、勃海三郡，属汉。汉景帝二年（前155年）以缩小了的河间郡置国，立子刘德为河间献王。这时河间国的封域只有文帝时所置河间国的大约三分之一而已。大略相当于今天河北省任丘、河间、献县、泊头、南皮等县市与青县西南，沧县西半及武强、武邑与阜城三县交界处一带。其后，汉武帝又接受主父偃的建议，于元朔二年下推恩令，强迫诸侯王将自己的封域分封给他们的子弟，建立王子侯国，这些侯国又必须割属该王国周围的汉郡。刘德始封的河间国也不例外，从元光五年（前130年）起（此时推恩令尚未正式公布，但这种做法实际上恐已实行）到成帝河平二年（前27年）间，河间国共分封了十八个王子侯国，分属勃海、涿郡、平原、信都诸郡，同时在宣帝甘露年间（前53年—前50年），河间国又被中央削去两个县。这样一来，河间国就只剩下乐成、武隧、侯井、弓高四县之地，尚不及刘德初封河间国时的一半。[3]

《河间府志》云："河间四封广博，原野垲垎，齐鲁燕赵之会，为南北要枢，又当九河故道，西北众水所汇，亦天府之国已。"顾祖禹《读史方舆纪要》云："水陆要冲，响道所经，自古幽燕有事未有不先图河间者。"[4]从这些记载

---

[1] 出自［唐］沈佺期《望瀛洲南楼寄远》一诗。以上诗句均摘自［清］杜甲等纂修：《河间府志·文苑志》，乾隆年间本。
[2] 《史记·高祖功臣侯年表》记载，陈豨反，张相如"以河间守击陈豨，力战，功侯，千三百户"。陈豨之反在高帝十年（前197年），所以，河间郡的设置最晚不过高帝九年。
[3] 参见周振鹤：《西汉行政地理》，北京：人民出版社，1987年，第84—87页。
[4] ［清］顾祖禹：《读史方舆纪要》，上海：上海书店出版社，1998年，第105页。

看，在景帝削藩，七国之乱山雨欲来之际，封河间等六王，在战略上是重要的，河间作为齐鲁燕赵的枢纽，战略要冲，对监视和扼制这些诸侯国具有重要作用。而在后来的七国之乱的平定中，河间国的确起到了重要作用。[①]

（二）河间儒学中心的形成

献王刘德于景帝前元二年封王。通过上文征引的《汉书·河间献传》、《史记·五宗世家》、裴骃《集解》引杜业之语，以及《西京杂记》所记，可见当时"天下俊雄众儒皆归之"的学术盛况。在河间献王的领导下，河间成为声名远播的儒学中心。徐复观说，这是相对南方淮南王安的"另一学术中心，是以河间献王刘德为中心而展开的"。[②]钱穆则进一步指出，河间、淮南分得先秦王官之学，即六艺之学与诸子百家之学两大系。[③]这个学术中心人才云集的盛况及以献王为中心的学术活动，清人多时珍在《日华宫赋》中用文学的方式进行了描述：

> 汉有贤王，厥名曰德。胙土分茅，形胜之域。建国河间，屏藩帝室。力学好古，世莫之与四。求典籍于四方，盖金帛之弗恤。是以先秦旧书罗列于前，百无一失。较夫淮南之所好，则不啻彼虚而此实。既搜异书，复求君子。海内英流，闻风兴起。彼齐鲁之鸿儒，吴越之硕彦，莫不连袂于燕南赵北之间，而趋之如流水。
>
> ……相与谈经而论史。分封既久，来者日多，缤纷剑佩，笑语吟哦。慨旅馆之湫隘，碍君子之切磋。于是大启尔宇，新宫嵯峨，文石则采诸岩洞，大木则从自江河，经营缔造，宛若鸾坡，著日华之佳号，历千载而弗磨。繄宫之左，清斋相接，潇洒无尘，吟风弄月，架满缥缃，以翻以阅。可濡墨而亡忧，可呼茶而消渴。繄宫之右，间庭排列，一望疏棂，允称修洁。袅袅炉烟，晨夕弗

---

① 《汉书·卫绾传》："吴、楚反，诏绾为将，将河间兵击吴、楚有功，拜为中尉。三岁，以军功封绾为建侯。"
② 徐复观：《两汉思想史》第1卷，上海：华东师范大学出版社，2001年，第109页。
③ 钱穆：《国史大纲》上册，北京：商务印书馆，1996年，第142页。

绝。助博雅之高怀，殆幽人之窟穴。计其附宫之馆，盖廿有余区，专以迓君子之车辙。而且莳名葩，植异卉，弱柳垂青，乔松挺翠。循碧槛之蜿蜒，眺朱栏之迢递，既不浅陋以荒凉，亦不纤浓以靡丽。盖参酌于华朴之交，以听诸君子之朝游而暮憩。方其散处于馆也，或订古礼，或考古乐，各有所思，神情隐约。凭室内之几筵，挂阶前之帏幕。既莫往莫来，岂或惊而或愕。及其聚处于宫也，孰好附会，孰好穿凿，异曲同工，不须唯诺，殚尔我之精神，涤古人之糟粕，既各吐其胸襟，宜解衣而磅礴。

……宫崔嵬兮，瀛郡之南；贤王缔建兮，碧瓦如山。王则博雅兮，惟古是贪；优游于宫舍兮，俯仰无惭。旁列馆舍兮，潇洒幽间。中何所有兮，锦帙瑶函。文人考订兮，屡饫沉酣。古学昌炽兮，近搜远探。王每谦乐兮，掀髯而谈。宜世之历数贤王兮，必首屈以指曰汉之河间。①

这篇小赋，用优美的语言，以合乎当时情境的推理，艺术地"真实"再现了当年盛况。一方面使我们看到后人对献王及河间学术的景仰，向往之情溢于言表；另一方面让我们读后也有着身临其境，跻身于众贤之中的感受。虽然为文学之作，不足为史据，但让我们对河间儒学中心的盛况，有更切实的体会和认识。至于河间儒学兴盛的原因，大致有以下几方面：

首先，师友所渐，风云际会。司马光说："且夫观其人之所好，足以知其心，王公贵人不好侈靡而喜书者，固鲜矣。不好浮辩而乐正道，知之明，信之笃，守之纯而行之勤者，百无一二焉。"② 河间学术的兴盛，与河间献王本人的卓越见识和个人追求心志有直接关系。《汉书·礼乐志》说他主张"治道非礼乐不成"，以礼乐治天下，并且聘求幽隐，搜求整理遗典。

除了他卓越的见识外，献王好儒招宾客也应与早期的皇宫经历有关。据《西京杂记》卷三："文帝为太子立思贤苑，以招宾客苑中。有堂隍六所，客馆皆广庑高轩，屏风帏褥甚丽。"据前文考述景帝登位时，刘德至少已十五岁，

---

① ［清］多时珍：《日华宫赋》，引自［清］杜甲等纂修：《河间府志》卷之二十《艺文下》，清乾隆年间刻本，第70叶a—第72叶a。
② ［宋］司马光：《传家集·河间献王赞》，万有文库本，上海：商务印书馆，1936年。

身心成长的关键时期是在景帝为太子时期。在这样的一种环境中度过，皇家建高屋大堂，广招贤良，一定会对刘德产生较深的影响。后来献王在河间造君子馆、日华宫，从中亦可看到皇家建堂隍、客馆以招纳贤良的影子。而这些贤良必定担负了皇孙教育上的职责，他们中儒者的言论也定会对生性好学的刘德产生影响。

另外，献王喜儒也当与他的太傅卫绾的影响有关，太傅承担着对少年国王的调教责任，其学术倾向当影响这位少年国王。《汉书·武帝纪》："建元元年冬十月，诏丞相、御史、列侯、中二千石、二千石、诸侯相举贤良方正直言极谏之士。丞相绾奏：'所举贤良，或治申、商、韩非、苏秦、张仪之言，乱国政，请皆罢。'奏可。"此可见卫绾是一位儒学的积极倡导者。《汉书补注》周寿昌曰："武帝承文景尚黄老之后，独能尊儒向学，得董仲舒诸人，皆绾言导之，仅附见于纪，而传不载。"[①]何焯曰："《武帝纪》：'建元元年，丞相绾奏所举贤良'至'请皆罢'。自此乃一于儒术。士始尚经学。而扬于廷者有仲舒之对矣。不可谓非卫绾之功也。"（《义门读书记》卷一《前汉书》）之后，与献王思想和学术有着密切师承源渊的毛公与贯公对于他的心志学术和治道理想更是产生了极大的影响。加上其他硕学人儒的相互激荡，风云际会，这对河间高举六艺、倡兴儒学产生了重要影响。

又据《西京杂记》所云："河间王德，筑日华宫，置客馆二十余区，以待学士，自奉养不逾宾客。"献王建君子馆以待贤士，筑日华学宫，以兴学右古，这些对当时硕学鸿儒心里产生的影响无疑是巨大的。联系当时的学术背景，这是秦始皇焚书坑儒以来，儒学长期受到压抑，第一次带有官方背景的高举儒学。这无疑使河间成为当时儒者心目中的圣地，欣欣然而向往之。加上当时士人仍然盛行着稷下学宫以来的游学遗风，于是风云际会，纷至沓来，遂形成了河间学术鼎盛一时的盛况。

其次，地理条件和地域影响。关于地理条件和地域条件对学术的影响，刘师培在《南北学派不同论》中有较深入的论述。对东周后期我国学术因受地域影响而产生的南北差别，他的分析十分精辟：

---

① ［清］王先谦：《汉书补注》，北京：书目文献出版社，1995年，影印本，第1031页。

春秋以降，诸子并兴，然荀卿、吕不韦之书，最为平实刚志，决理轮断以为纪，其原出于古礼经，则秦、赵之文也。故河北关西无复纵横之士。韩、魏、陈、宋，地界南北之间，故苏、张之横放，韩非之跌宕，起于其间。惟荆楚之地，僻处南方，故老子之书，其说杳冥而深远，及庄、列之徒承之，其旨远，其义隐，其为文也纵而后反，寓实于虚，肆以荒唐谲怪之词，渊乎其有思，茫乎其不可测矣。屈平之文，音涉哀思，矢耿介，慕灵修，芳草美人，托词喻物，志洁行芳，符于二《南》之比兴；而叙事纪游，遗尘超物，荒唐谲怪，复与《庄》《列》相同。南方之文，此其选矣。①

刘师培此论虽非为汉世河间、淮南而发，但对河间、淮南学术所形成北南学术差异可谓深得。《汉书》在述及河间学术"修学好古，实事求是"时，亦与南方淮南王进行了对比，"是时，淮南王安亦好书，所招致率多浮辩"。二者学术风气的形成实与其地域不同有很大关系。钱穆更进一步地从先秦学术的谱系和地域源流来考察，"先秦学术可分为一古书之学，又一百家之学。"秦代焚书，最主要者为六国史记，其次为诗、书古文，而百家之学，非其所重。汉兴学统未尝中断。由于中央初尚黄老无为，继主申韩法律，学问文章非所重，学术得不到发展。王国的学术却得到了发展。"最先称盛者如吴王濞，有邹阳、严忌、枚乘诸人。……再下则有淮南王安，招致宾客方术士数千人，著淮南王书，已在武帝世。此为南方一系，大抵皆辞赋、纵横文辩之士也。……景、武之间，有河间献王德，盛招经术士，多得古文旧书。盖河间偏重古官书之学，而淮南则慕百家言，南北两王国，正分得先秦学统之两系。"②而在《秦汉史》中，他又进一步从地域背景的角度考察二国学术形成及学风不同之因由。他指出，在百家之学中，中央只重视黄老申商之学，致使其他学术，尤其是儒家和辞赋家，"流衍复盛于社会之下层"，而"辞赋一家，渊源自晚周，骤盛于汉代。其先盖由纵横策士递变而来。彼辈昧于时变，

① ［清］刘师培：《南北文学不同论》，《刘申叔遗书·南北学派不同论》，南京：江苏古籍出版社，1997年，影印本，第560页。
② 钱穆：《国史大纲》上册，北京：商务印书馆，1996年，第140—142页。

既不得志于中央，乃散走于列国，而尤盛于南方，吴楚梁淮南，导奢风而启叛志，皆此辈为之也。儒学则抱残守缺，尤盛于北方之农村。三时耕作，一时诵习，三年而习一艺，三十而通六经。称诗书，法先王，进可以淑世，退亦可以淑身。先秦百家言，惟儒最为源远而流长，亦其学术之本身，固已异于其他诸家矣。然汉廷虽有博士之官，儒术固掩抑不扬，而河间一国，独先尊崇之。此固献王之贤，亦缘儒术之在北方民间，固已先有根基，声光已露，故献王亦注意及之耳"。[①] 这里钱穆不仅条述了河间儒学发起之源流，更剖判了地域对其形成与风气的影响，可谓经典之论。又河间偏安一隅，又是齐鲁燕赵交汇之地，秦汉以来受战争的摧残较小，加上有良好的儒学基础，这对河间兴倡儒学也是十分重要的。

最后，可能来自景帝的支持。这也当是河间学术兴盛的一个很重要的原因。景帝出于对帝国未来的深谋远虑，有意识地放手让河间搜求六艺大典，制礼作乐，为帝国文治做准备。元儒傅若金一篇《拟汉景帝立河间王策》，颇值玩味：

> 帝若曰："呜呼！小子德，尔惟克修学好礼，敷求前闻人，朕稽古建国，庸王尔于东方为汉室辅。呜呼！靡不有初，鲜克有终，汝尚念兹，惟乃祖高皇帝奉若天命以有万邦，俾余后嗣厥惟艰哉。尔其受兹茅社，往乂于汝土，夙夜烝烝勿怠。率乃民，慎乃有德，俾予一人，以康尔亦有无疆之休。呜呼敬哉！惟子孙世世永保命。"（《傅与砺文集》卷一）

作者认为河间好儒，是秉承了景帝的意旨。笔者认为这有一定道理。虽然在汉兴以来，诸侯王聚集宾客，只要不违反汉法，干自己想干的事，中央并不多加干涉，但像河间这样有目的大规模地搜求整理文献，制礼作乐，没有中央心意相通的支持，显然会招致麻烦。而河间文献中，有一些则是文景朝时民间献于中央，而又被献王所获得的。据《汉书·艺文志》："六国之君魏文侯最为好古，孝文时得其乐人窦公，献其书，乃《周官·大宗伯》之《大司乐章》也。

---

① 钱穆：《秦汉史》，北京：生活·读书·新知三联书店，2005年，第84—85页。

武帝时，河间献王好儒，与毛生等共采《周官》及诸子言乐事者，以作《乐记》。"[1]从这段记载可见，河间作《乐记》，所采就是窦公所献《大司乐章》，而据刘向《别录》，《乐记》就专门有《窦公》一章。显然没有中央的支持，是很难得到这些书的。特别是其制礼作乐的活动，无论儒家还是法家，都认为只有天子才有此权力，河间所为显然已僭越。像八佾之舞、各种雅乐，天子礼制的制作需要一些大型礼器，也需耗费大量人力物力。然终景帝一朝，河间非但未受任何言责，反而都得以顺利进行，不能不说有景帝朝的默契和支持。联系当时情形，中央因窦太后喜黄老，辕固生因讲儒术就差点遭到杀害，幸得景帝暗中帮助，才免一死，从中也看到景帝对儒术的支持之意。景帝朝的文教政策已由黄老一家独大，悄悄地尝试着向儒道并用的方向转变。这种转变，需要一定条件，首先需要文献和礼乐制度上一定的准备，这种准备在中央进行是有难度和风险的。而河间有良好的儒学基础和地理条件，献王又儒雅好学，因而在河间兴儒学，为汉帝国积极发展文治做好充分准备，有得天独厚的条件。从安排卫绾作河间太傅一事上，也可见景帝的良苦用心。综上分析，可见景帝深谋远虑，对帝国未来无论政治和文治都有自己的整个规划和设计，整个汉帝国的文治基础已在这个时候奠定。

总之，各种原因相耦合，风云际会，时势所造。献王以高举六艺相号召，广纳天下学士，大兴儒术，可以说春秋战国以降，特别自秦以来，焚书坑儒，重刑名黄老，经历了血腥的摧残和长期的冷落与压抑后，首次以官方名义兴倡纯正的儒学。这对当时的山东众儒产生了震动性的效果，所以当时硕学大儒皆以献王为知己，纷沓而至，遂形成了在当时影响巨大的儒学中心。这一儒学中心对当时和后世的儒学发展产生了重要的影响。

---

[1] 《汉书·东平王宇传》："后年来朝，上疏求诸子及《太史公书》，上以问大将军王凤，对曰：'臣闻诸侯朝聘，考文章，正法度，非礼不言。今东平王幸得来朝，不思制节谨度，以防危失，而求诸书，非朝聘之义也。诸子书或反经术，非圣人；或明鬼神，信物怪；《太史公书》有战国纵横权谲之谋，汉兴之初谋臣奇策，天官灾异，地形厄塞，皆不宜在诸侯王。不可予。不许之辞宜曰《五经》圣人所制，万事靡不毕载。王审乐道，傅相皆儒者，旦夕讲诵，足以正身虞意。夫小辩破义，小道不通，致远恐泥，皆不足以留意。诸益于经术者，不爱于王。'对奏，天子如凤言，遂不与。"可见诸侯王求书若没有中央的支持是得不到的。

（三）游学河间学者考

河间学术盛况空前，"天下俊雄众儒皆归之"。那么究竟有哪些人和献王交游呢？《史记》和《汉书》所载除少数学者外，多讳莫如深。然而这些对了解汉代的学术源流却十分重要，此搜罗文献，一一考列于下：

1. 毛公。据《汉书·儒林传》，"毛公，赵人也。治《诗》，为河间王博士"。孔颖达《毛诗注疏》："《谱》云：'鲁人大毛公为《诂训传》于其家，河间献王得而献之，以小毛公为博士。'"（《毛诗注疏》卷一）因孔颖达征引《诗谱》多称郑玄，一般认为此处亦当指郑玄《诗谱》。但据孔氏所引《六艺论》云："河间献王好学，其博士毛公善说诗，献王号之曰《毛诗》。"（《毛诗注疏》卷一）郑玄时尚未分大、小毛公之说。据《隋书·经籍志》，除"《毛诗》郑氏笺本"中存今本郑玄《诗谱》，时并无别本。此处孔氏所征引之文，当为他书中《诗谱》佚文，或为后世假托郑氏亦未可知。又《隋书·经籍志》有"《毛诗谱》三卷，吴太常卿徐整撰。《毛诗谱》二卷，太叔求及刘炫注"，陆德明《经典释文·叙录》：吴太常卿徐整云："'子夏授高行子，高行子授薛仓子，薛仓子授帛妙了，帛妙了授河间人大毛公，毛公为诗故训传于家，以授赵人小毛公，小毛公为河间献王博士，以不在汉朝故不列于学。'"此处文字与前引《谱》云者非常接近，盖大、小毛公之说最早可能起于徐整。至吴晋之际陆玑作《毛诗草木虫鱼疏》，明确说毛亨作《诂训传》以授赵国毛苌，时人谓亨为大毛公，苌为小毛公。后关于毛亨、毛苌之争，纷如聚讼。《四库全书总目》提要云："参稽众说，定作传者为毛亨，以郑氏后汉人，陆氏三国吴人，并传授毛诗渊源有自，所言必不诬也。"（《四库全书总目》卷十五）然终是推说之辞，故还是以《汉书》所言"毛公"为确。

2. 贯公。《汉书·儒林传》："汉兴，北平侯张苍及梁大傅贾谊、京兆尹张敞、太中大夫刘公子皆修《春秋左氏传》。谊为《左氏传》训故，授赵人贯公，为河间献王博士。"

3. 贯长卿。贯公之子，治《左传》，"授清河张禹长子"，同时也治《毛诗》。《汉书·儒林传》："毛公，赵人也。治《诗》，为河间献王博士，授同国贯长卿。"

4. 王定。《汉书·艺文志》："武帝时河间献王好儒，与毛生等采《周官》

及诸子言乐事者，以作《乐记》，献八佾之舞，与制氏不相远。其内史丞王定传之，以授常山王禹。"《汉书·礼乐志》："至成帝时，谒者常山王禹世受河间乐，能说其义，其弟子宋晔等上书言之。"

以上是《汉书》明确提及的学者。而《汉书》未有明确提及，从其他文献能够考求者，有以下诸学者：

董仲舒。《史记》《汉书》都说："山东诸儒多从其游"，但除了上述明文可考的学者外，我们对于具体有哪些儒者曾到过河间，参与了河间的儒学活动知之甚少。不过，幸运的是《春秋繁露·五行对》像一把钥匙为我们解开了这个谜。《春秋繁露·五行对》：

> 河间献王问温城董君曰："《孝经》曰：'夫孝，天之经，地之义。'何谓也？"对曰："天有五行，木火土金水是也。木生火，火生土，土生金，金生水。水为冬，金为秋，土为季夏，火为夏，木为春。春主生，夏主长，季夏主养，秋主收，冬主藏，藏冬之所成也。是故父之所生，其子长之，父之所长，其子养之，父之所养，其子成之。诸父所为，其子皆奉承而继行之，不敢不致如父之意，尽为人之道也。故五行者，五行也。由此观之，父授之，子受之，乃天之道也。故曰：'夫孝者，天之经也。'此之谓也。"王曰："善哉。天经既闻得之矣，愿闻地之义。"对曰："地出云为雨，起气为风。风雨者，地之所为，地不敢有其功名，必上之于天。命若从天气者，故曰天风天雨也。莫曰地风地雨也。勤劳在地，名一归于天，非至有义，其孰能行此？故下事上如地事天也。可谓大忠矣。土者火之子也，五行莫贵于土。土之于四时无所命者，不与火分功名。木名春，火名夏，金名秋，水名冬。忠臣之义，孝子之行，取之土。土者，五行最贵者也，其义不可以加矣。五声莫贵于宫，五味莫美于甘，五色莫贵于黄，此谓孝者，地之义也。"王曰："善哉。""衣服容貌者，所以说目也。声言应对者，所以说耳也。好恶去就者，所以说心也。故君子衣服中而容貌恭，则目说矣。言理应对逊，则耳说矣。好仁厚而恶浅薄，就善人而远僻鄙，则心说矣。

故曰：'行意可乐，容止可观。'此之谓也。"①

关于这段对话，刘汝霖在《汉晋学术编年》中说："仲舒之见献王，当在献王来朝之时，然当武帝时，献王来朝，仲舒已为江都相，故知必在景帝时，考《史记》诸年表，献王当景帝时来朝者，凡三。始记于此俟考。"②周桂钿亦认为，"与河间献王讨论《孝经》的问题，似乎也应该在京都"。③刘汝霖判断此事发生在景帝时是正确的，但说地点是在献王来朝的京城则是疏失。桓谭《新论·本造篇》："董仲舒专精于述古，年至六十余，不窥园井菜。"很多学者据此认为，这是仲舒在武帝贤良对策以前的事。又《汉书·董仲舒传》："董仲舒，广川人也。少治《春秋》，孝景时为博士，下帷讲诵，弟子传以久次相授业，或莫见其面。盖三年不窥园，其精如此。"《汉书》将下帷讲学归在孝景时为博士以后，由于孝景不任儒，诸博士居官待问，未有进者，故仲舒为博士，闲居京城官邸家中。三年不窥园是在博士期间。二者结合起来，则仲舒为博士很晚，可能在景帝后期，约后元元年左右。又董仲舒入朝为博士比较晚还可从相关材料中得到佐证。据《汉书·儒林传》，黄生与辕固生争论"汉家受命"问题，时董仲舒不在场，但《春秋繁露》中保存的其《尧舜不擅移汤武不擅杀》一文，明显是就此事发表的言论。徐朔方认为，时董仲舒尚未入朝为博士，此文是董仲舒以书信的方式参与争论。④考景帝中元三年立清河王，后拜辕固生为太傅，时董仲舒可能尚未入朝。综上所述，董仲舒入朝为博士比较晚，很可能在孝景后元元年前后，在景帝朝大部分时间都不居朝为官。

又这里仲舒自称温城董君，与《春秋繁露·郊事对》中称故胶西相比较，也说明此时仲舒还是平民书生，尚未入朝为博士。而称温城董君，必不在其居所，当是客居游历时自称。又广川温城与河间治所乐成相距仅八十余里，时河间学者云集，仲舒来河间亦在情理之中。又献王筑君子馆以待学士，学士皆称君子，时仲舒不称董生而称董君，当是名列河间君子之中，故称君。综上所

---

① ［汉］董仲舒：《春秋繁露·五行对》。（按"衣服容貌……"下，［清］苏舆《春秋繁露义证》无，北京：中华书局，1992年，第315—317页。）

② 刘汝霖：《汉魏学术编年》，北京：中华书局，1987年，第76—77页。

③ 周桂钿：《董学探微》，北京：北京师范大学出版社，2008年，第489页。

④ 徐朔方：《董仲舒的贤良对策和他的政治思想》，《史汉论稿》，南京：江苏古籍出版社，1984年，第148页。

述，仲舒此对发生在河间献王处，应无疑问。又从对话内容看，献王所问主要是关于孝，仲舒所答则是忠君事父，此时君上当是景帝。联系这段话的背景时，献王可能心中极其苦闷，这段话当是发生在景帝诛"栗卿之属"的时期，母亲被幽死，哥哥刘荣已被害，亲属无一幸存，献王心中难免产生对景帝的怨望。所以造次必于儒者的献王对《孝经》"夫孝，天之经也，地之义也"，难免有些难以接受，故发生了以上的对话。而仲舒借着献王之问，讽劝献王，在这个危险时期，必须要绝对孝父忠君方能脱离危险。献王在景帝朝对其亲属大开杀戒之时，能化险为夷或许与仲舒的劝谏有关。据此，我们找到董仲舒游学河间儒学的足迹，这就给我们提供了一个重要的线索。景帝继位时，仲舒约四十岁，年与公孙弘相仿，而公孙弘，菑川人，年四十放猪海上。此海上当是在其北方滨海的渤海郡境内，亦与河间毗邻。又据宣统年间编《畿辅通志·古迹略》，河间、天津地区之盐山县古迹，有"汉公孙弘墓在今治城中西北隅。地名封墩，又名无影台"①。可见公孙弘家居离河间亦不远。而公孙弘四十从胡毋生处学公羊春秋，胡毋生又与董仲舒同业，这些错综复杂的学脉背后，似有一个学者云集的场所供学者习业。由董仲舒游学河间看，这一场所最为可能的就是附近已声名远播的河间。如果这一推测能够成立的话，所谓的齐学系统与河间就有了密切的关系。

韩婴及后学。《汉书·儒林传》："韩婴，燕人也。孝文时为博士，景帝时至常山太傅。婴推诗人之意，而作内、外《传》数万言，其语颇与齐、鲁间殊，然归一也。淮南贲生受之。燕、赵间言《诗》者由韩生。韩生亦以《易》授人，推《易》意而为之传。燕、赵间好《诗》，故其《易》微，唯韩氏自传之。"这段文字说明，韩婴入景帝朝时，似已罢官不为博士，回到家乡讲学于燕赵间。河间属赵地，《汉书》往往兼称，其所在正是燕、赵之会。据明嘉靖樊深等编纂的《河间府志》，距河间都城数十里的任丘县，有韩婴之墓。②也就是说韩婴其生长与终老之地，俱在河间附近。又《汉书·常山王传》"常山宪王舜以孝景中五年立"，此时献王已立十一年，婴为太傅又在其后。所以韩婴在景帝时期，讲学河间极有可能。又《儒林传》："孝宣时，涿郡韩生其后

---

① 《畿辅通志》卷一七〇，宣统年间编，上海：商务印书馆，1934年，第6325页。
② ［明］樊深等编纂：《河间府志》卷三《建置志》，天一阁藏明代方志选刊影印嘉靖刻本，第15叶a。

也。"涿郡紧邻河间，历史上河间多隶属于涿郡。由此可见韩学系统与河间密切的地缘关系。

辕固后学。《汉书·儒林传》："后上（景帝）以固廉直，拜为清河太傅，疾免。"清河亦与河间毗邻，后世清河县多隶属河间府郡。其后学亦当与河间发生联系。

颜芝。《经典释文·序录》："河间人颜芝为秦禁，藏之。汉氏尊学，芝子贞出之，是为今文。长孙氏、博士江翁、少府后苍、谏大夫翼奉、安昌侯张禹传之，各自名家。凡十八章。"《文献通考·经籍考》："陈氏曰：世传秦火之后，河间人颜芝得《孝经》，藏之，以献河间王，今十八章是也。"

《经典释文》虽然没有指出颜芝献书献王，但根据《汉书》所述，当时河间献书的盛况，作为河间人，颜芝献书献王，并从之游，是可以肯定的。所以《文献通考》引陈振孙之说，是有道理的。

以上我们从地缘上考察了这些学者可能与河间儒学发生联系。下面再从学术源流上考察《史》《汉》未交代清楚，但可能到过河间，与河间有着重要学术渊源的学者。

孔安国。据《汉书》，河间与孔安国同属于古义之学，其学术思想实同属一系。《隋书·经籍志》云："言五经者，皆凭谶为说。唯孔安国、毛公、王璜、贾逵之徒独非之。……故因汉鲁恭王、河间献王所得古文，参而考之，以成其义，谓之'古学'。"作为同时代的人，这种学术上的一致，恐怕不是互无交接的人所能有。至于一些古文在孔壁与河间同时出现，也非偶然，河间部分古文实系来自孔壁，对此我们将在下文详细讨论。而孔安国与河间的密切关系从其他史料中亦可得到佐证。《后汉书·儒林传》载："孔僖字仲和，鲁国鲁人也。自安国以下，世传《古文尚书》《毛诗》。"孔安国受《毛诗》，《汉书》未言，前人多认为此处"《毛诗》"为衍文。其实不然，此处正补汉史之缺，透露了一重要信息。"世传《毛诗》"，说明孔安国到过河间，与河间学术有着很深渊源。考孔安国生平，司马迁言其早卒，[①] 阎若璩认为其卒当在武帝元鼎年间

---

① 《史记·孔子世家》："安国为今皇帝博士，至临淮太守，蚤卒。"

临淮太守任上，①距河间儒学中心消散的元光五年仅十二三年，其习受《毛诗》应在河间。又《后汉书·儒林传》："孔安国所献《礼古经》五十六篇，及《周官经》六篇，前世传其书，未有名家。"此可为安国与河间密切关系又一证。《周官经》乃河间古文，非孔壁所出，史籍皆可得证，而安国得藏有此经而献之，更说明安国与河间关系非同一般。因此种种迹象表明，安国与河间的学术关系非同一般，其到过河间最为可能。安国又承鲁诗，据此，我们又建立了鲁诗乃至鲁学系统与河间的联系。

徐生、桓公等。《金楼子·说藩》言："河间王躬求幽隐，兴礼乐，盖有汉之所以兴也。"河间礼学对汉代礼学的发展起到了重要作用，但我们对河间礼学的传授源流一概不知。《汉书》对礼学系统传授也非常模糊。《汉书·儒林传》云：

> 汉兴，鲁高堂生传《士礼》十七篇，而鲁徐生善为颂。孝文时，徐生以颂为礼官大夫，传子至孙延、襄。襄，其资性善为颂，不能通经；延颇能，未善也。襄亦以颂为大夫，至广陵内史。延及徐氏弟子公户满意、桓生、单资皆为礼官大夫。而瑕丘萧奋以《礼》至淮阳太守。诸言《礼》为颂者由徐氏。
>
> 孟卿，东海人也。事萧奋，以授后仓、鲁闾丘卿。仓说《礼》数万言，号曰《后氏曲台记》，授沛闻人通汉子方、梁戴德延君、戴圣次君、沛庆普孝公。孝公为东平太傅。德号大戴，为信都太傅；圣号小戴，以博士论石渠，至九江太守。由是《礼》有大戴、小戴、庆氏之学。

据这段文字，礼学传授系统有两次可能与河间发生关系。一是徐生、桓生时，《汉书》载孝文时徐生为礼官大夫，孝景时记载空白，但其弟子桓生，也就是《刘歆让太常博士书》中所说的桓公，传《逸礼》，为河间古礼一脉。这

---

① ［清］阎若璩：《尚书古文疏证》卷二："按《百官公卿表》武帝元狩五年初置谏大夫，秩比八百石，《儒林传》安国为谏大夫，授都尉朝古文。盖初置此官而安国即为之，何者？元狩五年癸亥上距博士时乙卯，凡九年。后又几年，至临淮太守，遂卒。此安国生平之历宦也。向云安国为博士年二十余，则谏大夫时年三十外，卒于郡太守，应亦不满四十，与孔氏他子孙异，故曰蚤卒，此安国之寿命也。"

说明徐生、桓公在景帝时极可能在河间。二是瑕丘萧奋时。其亦当为徐氏弟子，但三传至大、小戴时，高堂生的《士礼》谱系中则出现了二戴之《礼记》。对此，清人钱大昕认为其内容实为河间《礼记》百三十一篇编删而成。他说"《记》七十子之徒所作，后之通儒各有损益，河间献王得之，大、小戴各传其学"，并认为大、小戴两《记》合起来正合百三十一篇之数。① 徐复观认为此说最合理，否则"《记》百三十一篇及大、小戴《记》，皆无由探索其下落"②。因为《汉书》所载传承谱系皆汉代先后立于博士的传承谱系，故对河间礼学进入了二戴系统未予记载。但《士礼》之外的礼学出自河间是无疑的，二戴之《记》来自河间亦无疑问。只是我们不知道此传承是何时开始，从《汉书》给我们的蛛丝马迹看，应该在徐生时。这里应引起学界注意的是，与这一时期儒学在中央发展相联系，文帝时儒学曾一度活跃，博士达七十人，但因新垣平案遭遇顿挫，在此后的文景朝一度沉寂，这些博士的去向在《史记》《汉书》中都为空白，而此处徐生、文帝时博士韩婴却在河间若隐若现露出了身影。这似乎透露了一重要信息，即他们很可能在窦太后打压儒学，在中央得不到伸展之时，跑到当时高举儒学的河间大展身手，为河间儒学的兴盛做出了重要贡献。此行为，如同这一时期在中央不得志的赋家司马相如跑到重赋的梁王处相类。这从《汉书》述河间贯公之学来自文帝时博士贾谊这一线索中似也可得到佐证。如此条线索成立，我们就能更完整勾勒出汉初儒学发展的轨迹了。

　　总之，以上是史书文献给我们提供的有迹可循的硕学大儒，而那些淹没无存，或无法考求的一定还有很多。但仅从这些儒者的踪迹，我们可以判断在景、武之世，特别是在景帝朝时，儒学的各派别与河间儒学的深厚渊源。如《史记》《汉书》所言"山东诸多从其游""天下雄俊众儒皆归之"，信矣。我们再从那个儒学久被压抑和摧残的时代以及众儒的心理考察，《汉书·儒林传》：

　　　　及至秦始皇兼天下，燔《诗》《书》，杀术士，六学从此缺矣。
　　陈涉之王也，鲁诸儒持孔氏礼器往归之，于是孔甲为涉博士，卒与
　　俱死。陈涉起匹夫，驱适戍以立号，不满岁而灭亡，其事至微浅，

---

① ［清］钱大昕：《嘉定钱大昕全集·廿二史考异》，南京：江苏古籍出版社，1997年，第175页。
② 徐复观：《徐复观论经学史二种》，上海：上海书店出版社，2005年，第116页。

然而缙绅先生负礼器往委质为臣者何也？以秦禁其业，积怨而发愤
于陈王也。

从儒宗孔甲归属陈胜的这件事上，我们可理解当时儒者们被压抑不得舒展
的心情，以及复兴儒学之渴望，也由此可见献王时儒者对其若鱼之归海的心情
了。因此，如史书和其他文献所言，在那个儒学不被重视遭到压抑的时代，刘
德高举六艺之学，搜求先王之典，招天下学士，在这样的状况下，除少数大儒
外，差不多天下雄俊硕儒皆云集河间了。

三、河间古文经籍的整理与流传

（一）河间古文的聚集与整理

献王与河间儒者的功业首先在搜求整理经典上，因着这些经典儒学得以重
新焕发光芒，学统和传统文化得以延续。历来关于河间献王所得经典的流传说
法虽然很多，但专门进行研究的，唯清儒戴震有《河间献士传经考》一文，作
为研究河间献王的重要文献，兹录全文如下：

汉初，六艺散而复集。文帝时，《诗》始萌芽，独有《鲁诗》。
景帝时，有《齐诗》《韩诗》，而毛公为《诗故训传》三十卷，郑
康成《六艺论》云："献王号之日《毛诗》。"《汉书·儒林传》赞：
"武帝立《五经》博士"，"《书》，欧阳；《礼》，后；《易》，杨；《春
秋》，公羊"。仅胪四经者，鲁、齐、韩三家之《诗》，已立文景间
矣。赵岐《孟子题辞》曰：文帝"欲广文学之路，《论语》《孝经》
《孟子》《尔雅》皆置博士"。此事史家阙略不载。又曰："后罢传
记博士，独立五经。"盖言罢于武帝也。宣帝更立大、小夏侯《尚
书》，大、小戴《礼》，施、孟、梁丘《易》，穀梁《春秋》。元帝立
京氏《易》。平帝时左氏《春秋》《毛诗》《逸礼》《古文尚书》。而
《周官经》，刘歆末年知周公致太平之迹（段玉裁案：此"迹"字，
《礼记正义》作"道"），迹具于斯，始有传者。凡群经传记之先后

表见于汉，大致可考如此。

今三家《诗》亡，而《毛诗》独存。昔儒论治《春秋》，可无公羊、穀梁，不可无左氏。当景帝、武帝之间，六艺初出，群言未定，献王乃立毛氏《诗》、左氏《春秋》博士，识固卓卓。《景十三王传》称："献王所得书皆古文先秦旧书：《周官》《礼》《礼记》《孟子》《老子》之属，皆经传说记，七十子之徒所论。"陆德明《经典释文序录》云："景帝时，河间献王好古，得古《礼》献之。或曰：河间献王开献书之路，时有李氏，上《周官》五篇，失《事官》一篇，乃购，千金不得，取《考工记》以补之。"陆引"或曰"者，无明据也。然本传列献王所得书，首《周官》，汉经师未闻以教授，马融《周官传》谓"入于秘府，五家之儒莫得见"是也，其得自献王无疑。郑康成《六艺论》云："河间献王《古文礼》五十六篇，其十七篇与高堂生所传同而字多异，《记》百三十一篇。"斯即本传所列《礼》《礼记》，谓《古文礼》与《记》矣。《周礼》六篇，郑亦系之献王，又为陆氏得一证。大、小戴传《仪礼》，又各传《礼记》，往往别有采获，出百三十一篇者殆居多。司马贞以《今文孝经》为献王所得颜芝本，是书本传不列。虽颜芝河间人，不必至献王始得也。

献王自著书，《艺文志》有《对上下三雍宫》三篇；又与毛生等共采《周官》及诸子言乐事者，作《乐记》。成帝时，王禹献二十四卷《记》者是，《汉志》题曰《王禹记》，以别《乐记》二十三篇也。史称献王学举六艺，王入朝，献雅乐及对诏策所问三十余事，悉不传。凡献王所得书，或亡或存，其可知者如此。[1]

按戴氏言，1）献王所传之经籍为：《毛诗》《左氏春秋》《周官》《礼》《礼记》《孟子》《老子》，而《仪礼》，大、小戴《礼记》，多采自献王之《古文礼》与《记》。2）献王自著之书：《对上下三雍宫》《乐记》。戴氏严格依班史考定，至于史书未言，或未予确定者，都未定为献王所传或所作。如《孝经》，后世学者多认为是颜芝或其子献予献王，或献王得颜芝本。"司马贞以《今文

---

[1] ［清］戴震：《戴震全集》第3册，北京：清华大学出版社，1994年，第1—2页。

孝经》为献王所得颜芝本"，《文献通考》则载："陈氏曰：世传秦火之后，河间人颜芝得孝经，藏之，以献河间献王，今十八章是也。"（《文献通考》卷一八五《经籍考第十二》）《六经奥论》："今之孝经是献王得颜芝本献之。"① 阎若璩《古文尚书疏证》云：《孝经》十八章，献王所得颜芝之本也。"（《古文尚书疏证》卷八）但戴氏以为"是书本传不列。虽颜芝河间人，不必至献王始得也"。又河间献王自著书，除《艺文志》儒家类下所录《对上下三雍宫》外，还录有《河间周制》十八篇，班固曰："似河间献王所述也。"此处戴氏不列，盖因班史未有定论。此书后来学者亦有以为献王所著。如《汉书艺文志注释汇编》曰："杨树达《汉书窥管》：'《金楼子·说蕃篇》云：献王又为《周制》二十篇，与《志》十八篇小异。'"②

另外，《汉书·礼乐志》言"通没之后，河间献王采礼乐古事，稍稍增辑，至五百余篇"。此戴氏未予回答。《隋书·经籍志》曾试着解决这一问题，但却未引起学者的重视：

> 汉初，有高堂生传十七篇，又有古经，出于淹中，而河间献王好古爱学，收集余烬，得而献之，合五十八篇，并威仪之事。而又得《司马穰苴兵法》一百五十五篇，及《明堂阴阳》之记，并无敢传之者。唯古经十七篇与高堂生所传不殊，而字多异。……《周官》盖周公所制官政之法，上于河间献王，独阙《冬官》一篇。献王购以千金不得，遂取《考工记》以补其处，合成六篇奏之。……河间献王又得仲尼弟子及后学者所记一百三十一篇献之，时亦无传之者。至刘向考校经籍，检得一百三十篇，向因第而叙之。而又得《明堂阴阳记》三十三篇、《孔子三朝记》七篇、《王史氏记》二十一篇、《乐记》二十三篇，凡五种，合二百十四篇。

此处《隋书·经籍志》非常肯定地认为《司马穰苴兵法》《明堂阴阳记》等在河间言礼乐事五百篇之列。戴震可能觉得其说没有明文根据，在《河间献王传经考》中未予理会。实际上，《隋书·经籍志》的作者并非无稽之谈，而

---

① 《六经奥论·总论》，世传为郑樵所作，后人多疑之，四库馆臣以为是南宋末年之书。
② 陈国庆：《汉书艺文志注释汇编》，北京：中华书局，1983年，第106页。

是对河间文献与《艺文志》著录文献之间关系进行研究后做出的判断。考之《汉书·礼乐志》："今叔孙通所撰礼仪，与律令同录，臧于理官，法家又复不传。汉典寝而不著，民臣莫有言者。又通没之后，河间献王采礼乐古事，稍稍增辑，至五百余篇。今学者不能昭见，但推士礼以及天子，说义又颇谬异，故君臣长幼交接之道浸以不章。"据此汉代关于"礼仪"的文献分三部分，一部分为叔孙通所撰，但寝而不著，民臣莫有言者；一部分是古礼文献，为河间所采辑；一部分士礼文献，为五家之儒所传，与古礼文献有着很大的不同。汉世的古礼文献为河间辑佚而得，《隋书·经籍志》信而有征，所据即《汉书·礼乐志》。

更进一步，我们说河间所聚文献远非这些。献王本传说其"得书多，与汉朝等"，这句话亦可理解为，这一时期河间网罗了汉朝所有先秦遗书。据《汉书·礼乐志》，对于雅乐，五家之儒是"但闻铿锵，不晓其意，而欲以风谕众庶，其道无由"。而"诗乐施于后嗣，犹得有所祖述"者，赖河间之功。可见雅乐文献系统亦为河间所传。又据《汉书·艺文志》："河间献王好儒，与毛生等采《周官》及诸子言乐事者，以作《乐记》。"先秦诸子文献亦在河间搜求之列，其存必为可观。特别是那些时学者习之较少的文献，更可能赖河间得以保存。由于河间儒学与中央学术存在着很大的分野，这些文献的正本大多被武帝禁秘于秘府之中，得以比较好地保存下来。一些"好写"的复本则流传民间，成为汉代学者进行学术思考和建构的重要资源和依据，对整个汉代学术的繁荣作出了极其重要的贡献。到刘向父子校书时，开秘府并参校各种流传的底本著录于《七略》，成为《汉书·艺文志》所著录先秦文献的主要部分。

同时，河间不但整理文献，还可能是最早注重版本的。《汉书》说他"从民间得善书，必为好写与之，留其真"。颜师古给这句话作注，说"真，正也。留其正本"。李致忠认为，这说明河间献王刘德不但是位"很重视文化遗产的人"，而且在版本学史上献王可能是最早注重底本的人。不但自己珍重"旧本、传本"的"善书"，且还与书主的抄本，也是"好写"。[1]如今天我们发现古籍简编一样，整理校勘是一个巨大精细的工程。河间学者在文献的

---

[1] 李致忠：《古书版本学概论》，北京：书目文献出版社，1990年，第2页。

整理上付出的劳动是艰苦的，成绩也是卓著的。秦火之后，典籍残灭，河间二十六年间，对古代典籍的搜求整理、聚残补缺、校实取正，其本身就是汉代学术的重要组成部分，对我国文献经典保存和学术文化传播起到了至关重要的作用。

河间丰富的文献资料，为儒者提供了绝好的学术研究条件，特别是在那个儒学长期遭到压抑，经籍泯灭的时代，更增添了对学者的吸引力。两者相互激荡，更促进了儒学在河间的繁荣。而我们在研究这段历史时，往往没有动态地来考察它，以给予其在学术史上足够的重视和地位。试想二十六年间，全国儒学精英会聚在一起，其主要活动就是学术研究，文献整理，在这么长时间内将会创造出何等的学术成就。《汉书·刘歆传》："至孝武皇帝，然后邹、鲁、梁、赵颇有《诗》《礼》《春秋》先师，皆起于建元之间。"中国学术史由此进入了经学时代。我们说在儒学经历秦火、战乱和汉兴以来受黄老之学长期压抑之后，在武帝建元年间，这么短时间内突然兴起这么多经学大儒，迎来儒学的繁荣绝非偶然的，是儒学在河间经过二十多年的培育发展起来的，河间起到决定性的作用。因此，当我们将《汉书》各卷联系起来，全方位地来考察河间儒学二十六年间在文献搜求、整理上功绩时，我们说其成就是巨大的。司马光在《传家集·河间献王赞》中说："噫！微献王，六艺其遂殪乎！故其功烈至今赖之。"明儒茅坤说："河间献王之好书，有功于六艺者，予尝谓六艺至秦一大厄，及河间献王则又一解也。"（明凌秩隆《汉书评林》卷之五十三引）明儒唐世隆在《修河间献王陵庙碑记》中说："天不丧斯文，乃有河间献王德者，修学好古，被服儒术，招集四方文学之士，购求遗书，献雅乐，补《周礼》，慨然以斯道为己任焉。"（杜甲《河间府志·文苑志》）而清人对河间整理典籍之功的认识则更为具体深刻："自暴秦烹灭坑焚之后，以迨炎汉创造草昧之初，六经之不绝仅如毛发。其后既除挟书之律，书虽稍稍出，然皆真赝杂揉，残缺失次。而老师宿儒都尽，无人捃摭掇拾，以辨其讹谬。独献王以景皇帝子，被服儒业，性好书。……所得皆《诗》《易》《周官》《左氏春秋》之属。至圣人之所删定，七十子之所撰述。其后马、郑、贾、王之徒乃得依据以为注疏笺释。绵延至宋，濂洛关闽诸大儒出，澄其渣滓，而漉其精液。于是二帝、三王，周孔之道乃得大明于天下。水源木本，溯厥由来，则献王之力多。由斯以谈《六经》之不亡，皆赖献王之力，而献邑之得名，实以王之封。故则献之为邑，固天下万世之经之所从出也。"① 这些评价对河间整理文献的功绩和学术地位的认知是有慧眼卓识的。

（二）河间经典传授考

河间诸经虽然或流落民间，或流入秘府，或经后来经师改造，以新的面貌出现，但其源流不断，最终成为后来封建王朝的六艺大典。下面我们就以现有文献记载来考察河间经典在汉代的传授。

1.《毛诗》。《经典释文叙录》："毛诗者，出自毛公。河间献王好之。徐整云：子夏授高行子，高行子授薛仓子，薛仓子授帛妙子，帛妙子授河间人大毛公，毛公为《诗故训传》于家，以授赵人小毛公，小毛公为河间献王博士，以不在汉朝，故不列于学官。一云：子夏传曾申，申传魏人李克，克传鲁人孟仲子，孟仲子传根牟子，根牟子传赵人孙卿子，孙卿子传鲁人大毛公。《汉书·儒林传》云：'毛公，赵人，治《诗》，为河间献王博士，授同国贯长卿，长卿授解延年，延年授虢徐敖，敖授九江陈侠。'或云：陈侠传谢曼卿。元始五年公车征说《诗》。后汉郑众、贾逵传《毛诗》。马融作《毛诗注》，郑玄作《毛诗笺》，申明毛义，难三家，于是三家遂废矣。魏太常王肃更述毛非郑，荆州刺史王基驳王肃申郑义。晋豫州刺史孙毓为《诗评》，评毛、郑、王肃三家同异，朋于王；徐州从事陈统难孙申郑。宋征士雁门周续之、豫章雷次宗、齐沛国刘瓛，并为《诗序义》。"以上是陆德明《经典释文序录》关于毛诗传授情况的说法。

案：对毛公以前的《毛诗》传授源流，徐整以前史无明文，故很难据信。而大、小毛公之说，亦可能出自徐整，前已详论。今据《汉书·儒林传》，毛诗传授自献王博士毛公始，毛公下据陆德明之说。

2.《春秋左氏传》。《经典释文叙录》："左丘明作《传》以授曾申。申传卫人吴起，起传其子期，期传楚人铎椒，椒传赵人虞卿，卿传同郡荀卿名况。况传武威张苍，苍传洛阳贾谊，谊传至其孙嘉，嘉传赵人贯公，贯公传其少子长卿，长卿传京兆尹张敞及侍御史张禹。禹数为御史大夫萧望之言

---

① ［清］边连宝：《边随园集》第3册，北京：中华书局，2007年，第842页。

《左氏》。望之善之，荐禹，征待诏，未及问，会病死。禹传尹更始，更始传其子咸及翟方进、胡常。常授黎阳贾护，护授苍梧陈钦。《汉书·儒林传》云：'汉兴，北平侯张苍及梁太傅贾谊、京兆尹张敞，太中大夫刘公子皆修《春秋左氏传》。'始刘歆从尹咸及翟方进受《左氏》。由是言《左氏》者本之贾护、刘歆。歆授扶风贾徽，徽传子逵。逵受诏列《公羊》《穀梁》不如《左氏》四十事，奏之，名曰《左氏长义》，章帝善之。逵又作《左氏训诂》。司空南阁祭酒陈元作《左氏同异》。大司农郑众作《左氏条例》《章句》。南郡太守马融为《三家同异》之说。京兆尹延笃受《左氏》于贾逵之孙伯升，因而注之。汝南彭汪记先师奇说及旧注。太中大夫许淑、九江太守服虔、侍中孔嘉、魏司徒王朗、荆州刺史王基、大司农董遇、征士燉煌周生烈并注解《左氏传》。梓潼李仲钦著《左氏指归》。陈郡颍容作《春秋条例》。又何休作《左氏膏肓》《公羊墨守》《穀梁废疾》。郑康成箴《膏肓》、发《墨守》、起《废疾》，自是《左氏》大兴。"

案：《春秋左氏传》先秦无闻，载籍最早见于《史记·十二诸侯年表》，先秦授受两汉史籍均未言，亦魏晋杂说，不可据信。又考《汉书·贾谊传》谊死时年三十三岁，其子当尚未冠，何来其孙传其学。故《经典释文叙录》说"谊传至其孙嘉，嘉传赵人贯公，贯公传其少子长卿"，实因《史》《汉》言"贾嘉最好学，世其家"而敷衍而成。而据《史记·贾生列传》"孝武皇帝立，举贾生之孙二人至郡守，而贾嘉最好学，世其家，与余通书。至孝昭时，列为九卿"，嘉为武、昭间人，与贯公不同时。故《汉书·儒林传》云："谊为《左氏传》训故，授赵人贯公，为河间献王博士，子长卿为荡阴令，授清河张禹长子。"贯公之学由贾谊所传更为近之。《汉书·儒林传》贯公以下传授为可信。

3.《周官》。此经传授最为难晓。载籍最早见于《史记·封禅书》，其后《汉书·河间献王传》河间诸经中，班固首列《周官》，其思想制度实反映河间儒学礼学建构的核心思想。我们将在下一章中专门论述。据《经典释文叙录》，此经传说为民间李氏所献，且"失《冬官》一篇，乃购千金不得取《考工记》，以补之"。以后文献多采此说。而清儒孙诒让《周礼正义》考证最为翔实："据《礼》序所述，则郑本从张恭祖受此经，而所见解说，则有二郑、卫、贾、马五家之学。盖此经自刘歆立博士，至东汉初，而其学大兴。《汉·艺文志》有《周官传》四篇，不著撰人，疑即歆所传也。歆传杜子春，子春传郑兴、贾逵，而兴传其子众，众又自学于子春。故《释文叙录》云：'杜子春受业于歆，还家以教门徒，好学之士郑兴父子等多往师之。'《后汉书·贾逵传》又云：'父徽，从刘歆兼习《周官》，逵于章帝建初元年，诏令作《周官解诂》。'是刘歆别授贾徽，徽子逵又传徽之学。然则逵虽受业杜君，亦自受其父学，与郑仲师同也。郑君此经之学虽受之张氏，然郑序不与二郑、卫、贾、马诸君并举，盖唯有传授，无训释之书。而《后汉书·董钧传》又云'郑众传《周官经》，马融作传，授郑玄'，则郑又别传马氏之学。群书援引马《传》佚文，与郑义往往符合，而今注内绝无楬著马说者，盖汉人最重家法，凡称师说，不嫌蹈袭，故不复别白也。郑所述旧说，惟杜子春、郑少赣、仲师三家最多，自序所谓'二郑存古字，发疑正读，亦信多善，今赞而辨之'者也。"①《周官》汉代的授受源流大致如此。

4.《礼古经》与《记》。《记》我们上文已述及。由于《汉书》没有交代献王所得《礼古经》《记》的下落和传授，所以《礼古经》和《记》的源流问题，一直以来成为治礼经者所争诉的问题。前文已述，据《汉书·礼乐志》，汉代关于"礼仪"的文献分三部分，一部分为叔孙通所撰，但寝而不著，民臣莫有言者；一部分是古礼文献，为河间所采辑；一部分是士礼文献，为五家之儒所传，与古礼文献有着很大不同。因此，将《汉书·河间献王传》"《礼》《礼记》……之属，皆经传说记，七十子之徒所论"与《汉书·艺文志》"《礼古经》五十六卷，……《记》百三十一篇。七十子后学者所记也"相比较，二者内容相合，当为同一批文献。据《汉书·艺文志》，《礼古经》基本上藏于中秘之中，民间仅有桓公后学在传授，刘向、歆以后其学益微，后来基本失传。朱熹云："河间献王收拾得五十六篇，后来藏在秘府，郑玄辈尚及见之，今注疏中有引援处，后来遂失不传，可惜可惜。"（宋黎靖德《朱子语类》卷八十五）而《礼记》传授始见于二戴，郑玄《六艺论》云："戴德传《记》八十五篇，则《大戴礼》是也，戴圣传《礼》四十九篇，则此《礼记》是也。"（唐孔颖达《礼记注疏·原目》）至于河间《礼记》如何传授至二戴，史无明文，不得确知。在上文"游学河间学者考"一节中，我们考证了汉代礼学系统与河间关系，通过对这一关

---

① ［清］孙诒让：《周礼正义》卷一，北京：中华书局，1987年，第7—8页。

系的考察，在或隐或现中，似可见汉代礼学传承在中央礼学的背后伴随着一条隐线，即礼经博士系统在职守官方礼学的同时，极可能私相授受着河间礼学。因为政治情势的发展，至宣、元时期的二戴，这条隐线才得以浮现出来，公开授受。钱大昕更认为大、小戴两《记》合起来正合百三十一篇之数。徐复观认为此说最为合理，否则"《记》百三十一篇及大、小戴《记》，皆无由探索其下落"①。虽然如姚振宗指出，大、小戴所取并不仅限于《记》百三十一篇，②但钱大昕所认为大、小戴所传乃河间之学，③二戴之学与河间的学术渊源恐难否认。

《汉书·儒林传》云："大戴授琅邪徐良斿卿，为博士、州牧、郡守，家世传业。小戴授梁人桥仁季卿、杨荣子孙。仁为大鸿胪，家世传业，荣琅邪太守。由是大戴有徐氏，小戴有桥、杨氏之学。"又《后汉书·桥玄传》云："七世祖仁，从同郡戴德学，著《礼记章句》四十九篇，号曰桥君学。"乔仁即班固所谓小戴授梁人桥仁季卿者。可见《礼记》之学在二戴后学中授受。又《经典释文叙录》引晋人陈邵《周礼论序》云："戴德删《古礼》二百四篇，为八十五篇，谓之《大戴礼》。戴圣删《大戴礼》为四十九篇，是为小戴礼。后汉马融、卢植考诸家同异，附戴圣篇章，去其繁重及所叙略，而行于世，即今之《礼记》是也。郑玄亦依卢马之本而注焉。"至东汉传《礼记》者有马融、卢植、郑玄。盖《礼记》传授大致与此。

在《礼记》传授的过程中有着小戴是传四十九还是四十六篇的争论，其源于《隋书·经籍志》一段话："汉初，河间献王又得仲尼弟子及后学者所记一百三十一篇献之。……戴德删其烦重，合而记之，为八十五篇，谓之《大戴记》。而戴圣又删大戴之书，为四十六篇，谓之《小戴记》。汉末马融，遂传小戴之学。融又定《月令》一篇、《明堂位》一篇、《乐记》一篇，合四十九篇；而郑玄受业于融，又为之注。"对此，四库馆臣加批驳，坚持认为"今四十九

---

① 徐复观：《徐复观论经学史二种》，上海：上海书店出版社，2005年，第116页。
② 杨树达：《汉书窥管》，上海：上海古籍出版社，1984年，第209页。
③ 清钱大昕曰："《记》七十子之徒所作，后之通儒各有损益，河间献王得之，大、小戴各传其学。"（［清］钱大昕：《嘉定钱大昕全集·廿二史考异》，南京：江苏古籍出版社，1997年，第175页）

篇实戴圣之原书"：

> 今考《后汉书·桥玄传》云：七世祖仁撰《礼记章句》四十九
> 篇，号曰桥君学。仁即班固所谓小戴授梁人桥季卿者。成帝时尝官
> 大鸿胪，其时已称四十九篇，无四十六篇之说。又孔疏称《别录》：
> "《礼记》四十九篇，《乐记》第十九。"四十九篇之首，疏皆引《郑目
> 录》，《郑目录》之末必云，此于刘向《别录》属某门。《月令》，《目
> 录》云，此于《别录》属《明堂阴阳记》。《明堂位》，《目录》云，此
> 于《别录》属《明堂阴阳》。《乐记》，《目录》云，此于《别录》属
> 《乐记》，盖十一篇今为一篇。则三篇皆刘向《别录》所有，安得以为
> 马融所增？《疏》又引玄《六艺论》曰：戴德传《记》八十五篇，则
> 《大戴礼》是也。戴圣传《礼》四十九篇，则此《礼记》是也。玄为
> 马融弟子使三篇果融所增，玄不容不知，岂有以四十九篇属于戴圣之
> 理。……知今四十九篇实戴圣之原书。（《四库全书总目》卷二十一）

四库馆臣所语，恐为不易之论。然大、小戴《礼记》，《艺文志》未载，洪
业认为所谓二戴之书实成书于后汉，只是以二戴名家而已。[①] 然据上文征引刘
向之《别录》，元、成时《礼记》四十九篇实已成书，郑玄《六艺论》更明系
之大、小戴，恐不容否定。观洪业之文，层层推衍，多有牵强者，尤以清儒今
文家假定汉儒严守师说来评《礼记》之今古文内容，不足为据。不审二戴虽为
宣、元时礼经博士，其所值虽为《士礼》博士，但其学与河间有密切渊源，所
以其记不可以今古来评判。况《礼记》中一些篇目如《缁衣》等已被考古发掘
出来，证明《礼记》很多篇目确系先秦之书，多为汉代辑录而成，非汉人虚
造，正合《汉书》所云，河间献王稍稍增辑至五百篇云云。

河间的《礼记》虽有一部分被收入了今本《礼记》中，得以流传。但其他

---

① 洪业：《礼记引得·序》，哈佛燕京学社编纂，上海：上海古籍出版社，1983年。童书
  业：《二戴礼记辑于东汉考》，《童书业史籍考证论集》上，北京：中华书局，2005
  年，第36—58页。

五百余篇言礼乐事者，大部分都已亡佚无存，其尤以《礼古经》之亡佚最为可惜，后世学者为之增叹不已。

5.《乐记》《古文尚书》等。据《汉书·艺文志》记载，《乐记》是献王和毛生等采《周官》和诸子之书而作。其内史臣王定传之，授常山王禹，成帝时献于朝廷。同时民间也有流传的别本，中秘中亦当有景、武时的底本存在。在流传的过程中，各底本已有所不同，我们将在《乐记与乐府》一章中进一步考述。至于《古文尚书》，《汉书》没有言其授受和去向。不过，当我们进一步考察，把河间古文、孔壁古文与中秘古文之间的关系脉络梳理出来后，对于包括《古文尚书》在内的所有河间古文诸经的流传去向就会有一个总体的认知了。

（三）河间古文、孔壁古文和中秘古文

1. 河间古文与孔壁古文。孔壁古文的发现，是汉代学术一件大事，《汉书》、王充《论衡》、荀悦《汉纪》、许慎《说文解字》、郑玄《六艺论》等汉世文献都有记载，绝非刘歆虚造。时间应在景帝末、武帝初的景、武之际。《汉书·鲁恭王传》："恭王初好治宫室，坏孔子旧宅以广其宫，闻钟磬琴瑟之声，遂不敢复坏，于其壁中得古文经传。"但《汉书·艺文志》又云："武帝末，鲁恭王坏孔子宅。"考《史记》所记，鲁恭王馀以孝景前元三年（前154年）徙为鲁王；二十六年薨，即元光六年（前129年），是年为武帝即位之十二年。武帝在位五十四年，恭王坏孔子宅，不可能是"武帝末"。此处的"武帝末"应是"武帝初"或"景帝末"之误。王充《论衡》之《佚文篇》《案书篇》均言及恭王坏孔子宅得书事，但一言景帝时，一言武帝，正佐证孔壁古文的发现在景、武之际。又陈直《汉书新证》曰"《文选》卷十一，有王延寿《鲁灵光殿赋》，即为鲁恭王时之建筑，遭王莽之乱，至东汉时独存者。在抗战期间，经日人盗掘，出现有北陛石题字，为鲁六年九月，当汉景帝十年，为鲁恭王馀

之物也。（原石现藏北京大学历史系）"，^①据此"景帝末"更接近恭王坏孔壁时间。又《刘歆让太常博士书》云："及鲁恭王坏孔子宅，欲以为宫，而得古文于坏壁之中，《逸礼》有三十九篇，《书》十六篇。天汉之后，孔安国献之，遭巫蛊仓卒之难，未及施行。"《汉书·艺文志》亦云："安国献之。遭巫蛊事，未列于学官。"然考孔安国生平，《史记·孔子世家》云："安国为今皇帝博士，至临淮太守，蚤卒。"若天汉以后和巫蛊祸时（征和元年、二年）安国仍在世间，其寿必高，不可谓早卒。^②显然二者必有一误。司马迁亲从安国问故，所记其生卒当不误。又荀悦《汉纪》云："武帝时，孔安国家献之，会巫蛊事，未列于学官。"（《汉纪》卷二十五）阎若璩、朱彝尊据此认为此处应为安国家人。如此，孔壁书之发现与献至中央是两件事，一为景帝末鲁恭王破孔壁，书由安国所得，一为武帝末由安国家所献。但这件事至《孔子家语·后序》则缝合成一事："天汉后鲁恭王坏夫子故宅，得壁中诗书，悉以归子国（即安国），子国乃考论古今文字，……既成，会值巫蛊事，寝不施行。"显见是魏晋人由刘歆《让太常博士书》和《艺文志》之文敷衍而成。但《家语》显然对唐人影响很大。陆德明《经典释文·叙录》、刘知几《史通》叙述孔壁古文时，都几乎直接抄录了《家语》原文。据《家语》，孔壁古文发现已是武帝末，与河间古文自然无任何关系。于是陆德明等遂将孔壁与河间相同的古文分成不同传本，如礼古经，陆德明认为是"景帝时，河间献王好古，得古礼"。《隋书·经籍志》更具指河间"古经出于淹中"，以别孔壁古经。但问题是：1）从汉代文

---

① 陈直：《汉书新证》，天津：天津人民出版社，1979年，第310—311页。
② 阎若璩说："《兒宽传》，宽以郡国选诣博士受业孔安国，补廷尉文学卒史，时张汤为廷尉。案：汤为廷尉在武帝元朔三年乙卯，《楚元王传》，天汉后孔安国献古文书，遭巫蛊之难，未施行。案巫蛊难在武帝征和元年己丑，二年庚寅，相距凡三十五六年。汉制择民年十八以上仪状端正者，补博士弟子。则为之师者年又长于弟子。安国为博士时，年最少如贾谊亦应二十余岁矣。以二十余岁之博士，越三十五六年始献书，即甫献书而即死，其年已五十七八且望六矣。安得为蚤卒乎？况孔氏子孙都无高寿者，不过四十五十耳！四十五十俱不谓之蚤卒，何独于安国而夭之乎？颇不可解。"又："按《百官公卿表》武帝元狩五年初置谏大夫，秩比八百石，《儒林传》安国为谏大夫，授都尉朝古文。盖初置此官而安国即为之，何者？元狩五年癸亥上距博士时乙卯，凡九年。后又几年，至临淮太守，遂卒。此安国生平之历宦也。向云安国为博士年二十余，则谏大夫时年三十外，卒于郡太守，应亦不满四十，与孔氏他子孙异，故曰蚤卒，此安国之寿命也。"（［清］阎若璩：《尚书古文疏证》卷二）

献来看，唯《艺文志》提及"鲁淹中"，其他文献皆认为《礼古经》出于孔壁。淹中，苏林注："里名也。"其极有可能是孔子宅里之名。既是孔子宅，其后人必不敢居其中。坏宅所得之书又悉归孔安国，故《艺文志》此处言"淹中及孔氏"，具指其发现之所和所得之家，非指其另有别本。所以郑樵（旧题）《六经奥论·总论》云："《礼古经》出鲁淹中即孔壁。"所言极是。2)《汉书·艺文志》言《尚书》，"济南伏生独壁藏之"。又："《古文尚书》者，出孔子壁中。"可见无论今文《尚书》还是《古文尚书》都无其他传本。因此，《隋书·经籍志》以不同传本说不能解决《古文尚书》问题。受《隋志》影响，近世学者洪业云："窃谓古经出处，为说有三：淹中、孔壁、河间。"[1]吴承仕、孙钦善等亦持此说。陈梦家把《古文尚书》分为壁中本、孔氏、河间献王、中秘本等七种底本，更加复杂化。[2]刘起釪则在其《尚书学史》中提出了"五次古文本"说，以《史记》《汉书》记载出现的次数为据，似更为谨慎，但终究未能辨明河间古文与孔壁古文的关系，且未能脱清代今文学家之陈说。[3]相对诸家来说，王国维转写本说显然更为合理。他在《汉时古文诸经有转写本说》说：

> 《河间献王传》言，献王从民间得善书，必为好写与之，留其真，此就真本可得者言之。若真本不可得，则必降而求写本矣。《传》记献王所得古文旧书，有《尚书》《礼》，此二书者，皆出孔壁，或出淹中，未必同时更有别本出。而献王与鲁恭王本系昆弟，献王之薨，仅前恭王二年，则恭王得书之时，献王尚存，不难求得副本。[4]

王氏虽仍将孔壁、淹中分为二，但其所言《尚书》《礼古经》"未必同时更有别本"，极是。二书既无别本，自当同出一源。王国维认为，献王从其昆弟恭王处所得副本。相比诸家机械地对待历史记载，王氏之说显然更为合乎历史情理。但其说仍有未安处，一是《汉书·艺文志》有明文"安国悉得其书"，

---

① 洪业：《洪业论学集》，北京：中华书局，1981年，第203页。

② 陈梦家：《尚书通论》，北京：中华书局，1985年，第35—47页。

③ 刘起釪：《尚书学史》，北京：中华书局，1989年，第105—120页。

④ 王国维：《观堂集林》第2册，北京：中华书局，1962年，第328页。

恭王并未得有其书。二是当时之竹简，虽不一定如今天发现的古籍简编一样，多残简断编，但这么多的竹简恐亦需整理，[①]况都是科斗文字，以恭王之学术恐无整理出正本的能力，河间又何能从其抄得副本？前文已指出河间好写的过程，实是对文献整理的过程。而科斗文字在抄录时必定要有考定的工作，况文字漫灭，河间若得好写的善本，就需有正本以校实取正，这样耗时耗力的工作很难想象在恭王宫中进行。《汉书》言"安国悉得其书"，以当时古文学术之能力，其书之抄写、整理不在孔门即在河间，孔壁之书出，在景、武之际，安国年龄尚少，学力恐有不及，而河间之学尤精古文，雄俊云集，最为可能。

河间的孔壁之书，若非从恭王处得，就必从孔安国处得，且很可能是安国到河间所献。安国与河间关系密切，史书也有迹可寻。上文已略及之。据《后汉书·儒林传》："孔僖字仲和，鲁国鲁人也。自安国以下，世传《古文尚书》《毛诗》。""自安国以下，世传《毛诗》"，说明孔安国到过河间，与河间学术有很深渊源。据阎若璩考证，安国卒年当在武帝元鼎年间临淮太守任上（《尚书古文疏证》卷二），距河间儒学中心消散元光五年仅十二三年，其习受《毛诗》应在河间。又《后汉书·儒林传》："孔安国所献《礼古经》五十六篇，及《周官经》六篇，前世传其书，未有名家。"此可为安国到过河间又一证。《周官经》非孔壁所出，史籍皆可得证。不仅如此，《周官》更为河间首部大典，代表着河间学术思想，纵使如传说中所言出崖壁，其整理必凝聚河间学者极大心血。而安国得藏有此经而献之，此更说明安国与河间关系非同一般。前文已指出，从《汉书·儒林传》载儒宗孔甲归属陈胜的这件事上，我们看到在那个儒学久被压抑和摧残的时代，儒者被压抑不得舒展的心情，以及复兴儒学之渴望，也由此可见献王时儒者对其若鱼之归海的心情了。在那个儒学久被压抑的时代，河间献王第一次以官方的名义，高举六艺儒学，兴修礼乐，求天下之书，召天下之儒，并且身体力行，礼遇学士，自奉养不逾宾客，山东诸儒、天下雄俊纷至沓来，云集河间，昌明学术，其时河间俨然成儒学的北方圣地。作为承传儒学统绪的孔门传人，对于复兴儒学具有强

---

① 如伏生壁藏之《尚书》，《汉书·艺文志》云："凡百篇……秦燔书禁学，济南伏生独壁藏之。汉兴亡失，求得二十九篇，以教齐鲁之间。"短短几十年已亡缺大半。又如中秘中所藏的古文诸经，至成、哀间已"经或脱简，传或间编"。此简纵保存较好，恐百余年间亦难脱简、散编、文字漫灭的现象。

烈渴望，又时值求学年龄的孔安国，没有理由不和山东诸儒一样游学于河间。因此，笔者认为，在河间儒学兴盛一时，孔安国不仅很有可能到了河间，其学术也与河间有着很深的渊源。实际上，安国所传《古文尚书》实属古文之学系统，以至后来安国的学术谱系中，河间《春秋左氏》学、《毛诗》学先后进入，不能说这仅是巧合。

孔安国既与河间关系密切，河间部分古文当从安国处所得，当然也可能如王国维所说的，是转抄本，但笔者更倾向为安国所献本，因为当天下余文残简皆汇聚河间之时，孔室之典献于河间也是情理之中，而这批典籍在河间整理，好写也更符合河间"实事求是"的精神。对河间部分古文来自孔壁，在《汉书》就已透露。让我们把《汉书·礼乐志》与《汉书·艺文志》两段话做一比较：

附表1：《汉书·礼乐志》与《汉书·艺文志》古礼记载对照表

礼乐志	艺文志
又通没之后，河间献王采礼乐古事，稍稍增辑，至五百余篇。今学者不能昭见，但推士礼以及天子，说义又颇谬异，故君臣长幼接之道浸以不章。	《礼古经》者，出于鲁淹中及孔氏，与十七篇文相似，多三十九篇。及《明堂阴阳》《王史氏记》所见，多天子、诸侯、卿、大夫之制，虽不能备，犹愈仓等推《士礼》而致于天子之说。

这里《汉书》两志讲的显然是同一批文献，可见《艺文志》中孔壁之书，在《礼乐志》中已被列入河间五百篇之列。朱熹曰："河间献王得《古礼》五十六篇，乃孔壁所藏之书，其中却有天子诸侯礼。"[①] 可能正据此而发。又元吴澄《仪礼逸经》卷二："鲁恭王坏孔子宅，得古文《礼经》于孔氏壁中，凡五十六篇，河间献王亦得而上之。"清秦蕙田《五礼通考》卷首第二："汉兴，河间献王得孔壁《礼经》五十六篇，自十七篇与高堂生所传同，余外三十九篇，在于秘府，谓之《逸礼》。"这些儒者读史可谓有得，可惜未被今之学者采信或重视。

2. 河间古文与中秘古文。既然河间部分古文得自孔壁古文，河间古文的

---

① 《文献通考》卷一百八十《经籍考》第七引《朱子语录》语；清盛世佐《仪礼集编》卷首亦引之。但今1986年中华书局标点本《朱子语类》（第2193页）无"乃孔壁所藏之书"之语，当是脱漏或点校者删。

去向又如何？又怎么看《汉书》中关于孔壁古文献于中央之说？这既是困扰学界，使得很多学术问题纠缠不清的问题，也是我们需要解决的问题。

河间古文的去向，传统都认为是河间献王献于中央。然细考此说，实为可疑。考之《汉书》，《艺文志》："武帝时，河间献王好儒，与毛生等共采《周官》及诸子言乐事者，以作《乐记》，献八佾之舞，与制氏不相远。"《河间献王传》："献王来朝，献雅乐。"《礼乐志》："是时，河间献王有雅材，亦以为治道非礼乐不成，因献所集雅乐。"据此，献王所献仅仅雅乐、八佾之舞（亦当包括记其义的《乐记》），后人遂由此敷衍出献王献所得之书说。此说最早见于孔颖达《毛诗注疏》："《谱》云：'鲁人大毛公为《诂训传》于其家，河间献王得而献之，以小毛公为博士。'"[1]前文已指出，郑玄时尚未分大、小毛公之说，大、小毛公之说起于徐整，此处孔氏所征引《诗谱》当为徐整《谱》说。又据陆德明《经典释文叙录》："徐整云：'……毛公为诗《故训传》于家，以授赵人小毛公，小毛公为河间献王博士，以不在汉朝故不列于学。'"而徐整此处尚未言"河间献王得而献之"。因此，我们可以推断此说当出自魏晋时徐整以下之儒者。

综上所述，河间献王献书一说，或自魏晋据《汉书》献雅乐事臆测，为无根之谈。然唐儒深信其说，陆德明《经典释文叙录》："景帝时，河间献王好古，得《古礼》献之。"其后《隋书·经籍志》、孔颖达附和之，于是献王献书之事，遂为后儒采为信史，以致今天学者言献王必言其献书，此乃不审之故。

既然河间之书未献于中央，河间古文到哪去了呢？有两种可能，一是后来武帝大收篇籍的时候，河间古文皆在这个时候达于中央。另外一种可能，这里有一条一直未能引起学界注意的线索，由于孔安国与河间儒学很深的渊源关系，在后来武帝对河间儒学进行镇压的时候，很可能献王死前一些重要的古籍真本又由孔安国所得，由安国秘藏之。这就出现了汉代文献中河间古文与孔壁（氏）古文几乎相同的情况。我们可从下表比照《汉书》等汉世文献关于河间古文与孔壁（氏）古文的记载：

---

[1] 《毛诗正义》卷一，［清］阮元校刻：《十三经注疏》，北京：中华书局，1980年，第1页。

附表 2：孔壁（氏）古文与河间古文对照表

	说家	古文书名
孔壁古文	《汉书·艺文志》	《古文尚书》《礼》《记》《论语》《孝经》凡数十篇。
	《汉书·刘歆传》	《逸礼》有三十九篇，《书》十六篇。
	王充《论衡》	《尚书》百篇，《左氏春秋》三十篇，《论语》二十一篇。
	许慎《说文解字序》	《礼》《记》《古文尚书》《春秋》《论语》《孝经》。
	郑玄《六艺论》	《礼》古经五十六篇、《周官经》六篇。
河间古文	《汉书·河间献王传》	《周官》《尚书》《礼》《礼记》《孟子》《老子》《毛氏诗》《左氏春秋》。
	《汉书·礼乐志》	礼乐古事，五百余篇
	王充《论衡》	古文《论语》三十篇。

从上表可见，孔壁（氏）古文与河间古文已基本相同，河间一些重要的经典都在孔壁（氏）书中出现。在郑玄《六艺论》中，甚至已将二者混同起来："后得孔氏壁中、河间献王古文《礼》五十六篇，《记》百三十一篇，《周礼》六篇，其十七篇，与高堂生所传同而字多异。"对此，有学者可能会认为这是流传的过程中，各种说法逐渐模糊遂混为一谈，当然不排除这种可能。但这种看法也不免会有机械对待历史的错误。河间既与孔氏有着很深的关系，安国又身为孔门传人，深明文献对儒学传承的重要，所以很可能在河间面临压力即将消散之际一些重要的文献被安国所得。而孔安国遂又秘藏在其家中，而王充《论衡·佚文篇》"惧，复封涂"，可能正是安国藏书之传闻，在流传过程中与恭王破壁事相混，又误为恭王。又《汉书·艺文志》云："汉兴，改秦之败，大收篇籍，广开献书之路。迄孝武世，书缺简脱，礼坏乐崩，圣上喟然而称曰：'朕甚闵焉！'于是建藏书之策，置写书之官，下及诸子传说，皆充秘府。"对此，《文选》卷三十八在任彦升《为范始兴作求立太宰碑表》李善注中存刘歆《七略》一条佚文又云："孝武皇帝敕丞相公孙弘广开献书之路，百年之间，书积如山，故外有太常、太史、博士之藏，故内则延阁、广内、秘书之府。"两者相对照，此事更可能发生在武帝末年，此处的"丞相公孙弘"很可能是"丞相公孙贺"所误。公孙贺为丞相在武帝太初二年（前 101 年）至征和二年（前 91 年），正值武帝末年。这正与《汉书》多次强调天汉以后和巫蛊

祸时，孔壁书达于中央事合。经历数十年后，原河间所整理的典籍和兴修的礼乐，至武帝末已残坏。此时武帝或为抢救文献，更可能是借此机会对民间学术进行一次大的整肃，"大收篇籍"，班固或在此透露玄机，而王充《论衡·佚文》篇所述武帝"遣吏发取"，可能正是对这次"大收篇籍"的史事描述。所谓"献"者，可能只是史家笔法，为尊者讳而已。可能就在这次大规模的征"献"中，孔安国家人将孔安国所藏的这批古文"献"于中央。这时这批古文因已包括部分河间古文，准确地说应是孔氏古文了，故《汉书·艺文志》说"出于鲁淹中及孔氏"是非常准确的。由于这次"献"书正值武帝末，这也可能是造成了后来的"武帝末"与"景帝末"之混淆，实一是恭王破壁，孔壁古文之发现，一是安国家献书，孔氏古文之发取这两个事件辨之不清，以致时间混淆。孔安国家所献这批古文，由于集孔壁古文和河间古文之精华，是中秘古文最重要的部分，遂作为其代表。大量的古文典籍被充入秘府，与其说是保存这些古文，不如说是禁抑这些古文和学术。对于武帝中秘藏书，钱穆读史可谓目光锐利，一语道破其中玄机，云："淮南献所著书，而武帝爱秘之。夫爱矣，云何而秘？宜乎河间书之尽藏秘府，伏而不发矣。"[1]

又据《河间献王传》："从民得善书，必为好写与之，留其真。"河间每书必留其真，其对正本之珍视，除上文的少部分珍贵古文正本流入孔门外，大部分原始正本可能仍保留在河间。这些保留在河间原始正本也很可能正是在武帝的这次"大收篇籍"中，被征"献"到中央，或藏入秘府，或收入其他馆阁。从上文考述河间古文的授受中，可以看到河间部分古文在民间流传的情况。在这个时候，大量河间"好写"的在民间流传的复本，自然也在征"献"之列，特别是河间儒学系统的经典文献，受到很大的整肃，不得不在民间非公开地进行私下传授，以至于河间一些重要的学术都成了孤学。如《乐记》，至成帝时仅宋晔等"守习孤学"。至刘歆时代，河间《古礼》学、《春秋左氏》学，以及孔氏《古文尚书》学，仅桓公、贯公和庸生等遗学传授，皆"抑而未施"。

综上所述，我们大致可考见汉代古文诸经流传线路：景帝初年，河间献王聘求幽隐，收拾余烬，遂在河间聚集了大量的古文经籍。景帝末，鲁恭王坏孔子宅，得到一批古文，河间从孔安国处得到这批古文。河间在最后十年文献数

---

① 钱穆：《秦汉史》，北京：生活·读书·新知三联书店，2005年，第83页。

量达到了最高峰，与"汉朝等"，其仅言礼乐事就达五百多篇。但进入武帝朝后，河间来自中央帝国的压力亦是巨大的，聪明睿智的河间王当然能深知道这一点，他一方面向中央献雅乐，一方面将大量的文献或以复本的方式在民间流传，而包括孔壁古文在内的部分珍贵古籍简编可能由孔安国所得秘藏之。至武帝天汉之后，大收篇籍，河间、民间和孔安国家古文皆达于朝廷，充入秘府，构成了中秘古文。我们可用这样图表来表示：

附表 3：汉代古文经典流传表

四、修学好古，实事求是

班固在献王本传中，将其学术概括为"修学好古，实事求是"，这既概括了以献王为首的河间儒者整理文献的态度，也精准地概括了他们的儒学思想。"修学好古"，是指对儒学传统的努力继承，"实事求是"则是指根据客观现实进行发展重构。

"实事求是"，颜师古注曰："务得事实，每求真是也。"（《汉书·景十三王传》颜师古注）这种务得事实、每求真是的精神首先表现在文献的整理上。前文已指出，献王等可能是最早注重底本的人。据《汉书·河间献王传》："修学好古，实事求是。从民间得善书，必为好写与之，留其真。"这里"留其真"即留其正本。这说明他在整理文献的时候，不但懂得选择"善"本为底本，且还珍视并收藏这些"善"本。且还与书主的抄本，也是经过认真整理的"好写"的抄本。周勋初先生曾说过，所有先秦文献都是汉人整理出来的。在西汉，大规模地整理古籍文献有两次，第一次是河间众儒，第二次则由刘向歆父子等完成。然现代学者往往注重刘向歆这次文献整理，却很少论及河间在文献整理上的功绩。实际上，对后世学术产生最重要影响的是这一次的文献整理。因为，刘向歆父子的工作主要是在大多数典籍都有完整底本的基础上的校雠工作。这从现存刘向《别录》的佚文上可清楚地看到这一点。而河间献王时代则不同，河间儒者所面对的是典籍残灭，文献几无完本的情况，故其工作更加艰巨。司马光说：

> 周室衰，道德坏，五帝三王之文，飘沦散失，弃置不省。重以暴秦，害圣典，疾格言，燔诗书，屠术士，称礼乐者谓之狂惑，术仁义者谓之妖妄，必薙灭先圣之道，响绝迹尽然后慊其志。虽有好古君子，心诵腹藏，壁扃岩镶，济秦之险，以通于汉者，万无一二。汉初，挟书之律尚存，久虽除之，亦未尊录，谓之余事而已。则我先王之道，焰焰其不息者，无几矣。
>
> 河间献王生为帝子，幼为人君。是时，列国诸侯苟不以宫室相高，狗马相尚，则衰奸聚狯，僭逆妄图。惟献王厉节治身，爱古博雅，专以圣人法度遗落为忧，聚残补缺，校实取正，得《周官》《左氏春秋》《毛氏诗》而立之。《周礼》者，周公之大典，毛氏言诗最密，左氏与《春秋》为表里，三者不出，六艺不明。噫！微献王则六艺其遂晴乎！故其功烈至今赖之。①

从这段文字中，我们看到的不仅是司马光对河间献王的高度赞誉，更注意到司马光对河间儒者们这一次文献整理之重要性的客观认识：在先秦典籍残灭，"通于汉者，万无一二"，"先王之道，焰焰其不息者无几"的情况下，河间献王率河间众儒"聚残补缺，校实取正，得《周官》《左氏春秋》《毛氏诗》而立之"。这里司马光用了"聚残补缺，校实取正"来形容河间儒者对文献的整理。如同今天我们整理古籍简编一样，整理大量的出自山崖屋壁的竹书简策，文漫编散，没有实事求是、精益求精的精神和校实取正的功夫，是不可能整理出好的善本来的。

另一方面，这也给我们提出了一个重要的问题。对于这些几于残灭的文献是完全复原了先秦文献的原貌，还是在"聚残补缺，校实取正"的过程中，或部分地按其对材料理解进行了重新组织整理呢？显然后者更为可能。这里司

---

① ［宋］司马光：《温国文正公文集》卷第七十三《河间献王赞》，《四部丛刊》景宋本，第2叶b—第3叶a。

马光提到了《周官》《左氏春秋》等文献，显然，司马光承认这批文献是经过了河间儒者整理了的，并且认为汉代《周官》《左氏春秋》所流传的本子是河间儒者所最终整理出来的本子。而《汉书》此前所说的私人授受的本子，若隐若现，恐终不为全本或善本。河间在整理这些文献的过程中，难免打上河间儒学思想的烙印。如与《春秋》公羊学、穀梁学相比，左氏之学明显更强调实事求是，陆德明称："其文缓，其旨远，将令学者原始要终，寻其枝叶，究其所穷"；"附于二百四十二年行事，王道之正，人伦之纪备矣"。（陆德明《春秋左氏经传集解序》）司马迁也指出，其不以空言说经，而以事实说话。献王重视《左传》，为其专立博士，正体现河间重视从事实寻求事物兴衰之理的"实事求是"的思想。而《左传·庄公三十二年》"国将兴，听于民；将亡，听于神"、《僖公十九年》"夫民，神之主也"等言论，掷地有声，指出人民才是兴衰之根本，更体现了河间儒学以民为本的"实事求是"思想。如果将这些经典放入河间儒学的背景下来考察，我们说这种影响可能是双向的，一方面这些经典重事实的思想影响了河间儒学，另一方面河间儒者在整理这些经典的过程中可能也留下其思想的烙印。这或许能够回答为什么河间这些古文经本在思想上都有着出奇的一致原因。但无论如何河间以实事求是的精神整理古籍文献，还是尽可能保存这些文献的原貌，使先王之道，"既晦而复明，既坠而复续"。唐世隆也说："万世而下得有所见闻，人心赖以私淑，风俗赖以维持，道统之在天下后世，殆犹木之有根，千枝万叶而延蔓者之可寻也。犹水之有源，千流万派而潆洄者之可宗也。"①

河间不但在搜求整理文献上有着兴废继绝之功，其在思想义理上的发明绍述，更构成景、武之世儒学思想构建的重要部分，在思想史上也有着极其重要的地位。对此，唐世隆就从道统的高度认为献王们发明绍述之功，视关闽濂洛诸儒，固不多让：

> 当是时，学士大夫咸知宗旨，而毛苌、贯长卿博士各相师授，亦有所据而发明之。卒使尧、舜、禹、汤、文、武、周、孔相传之道，载于《诗》《书》《礼》《乐》《周易》《春秋》者，既晦而复明，既坠

① ［明］唐世隆：《修河间献王陵庙碑》，［清］杜甲等纂修：《河间府志》卷之二十《艺文下》，乾隆年间刻本，第33叶b—34叶a。

而复续。……夫以世远言湮，经残教弛之后，犹能有功于道统如此，其视关闽濂洛诸儒，发明绍述之功，固不多让。[①]

应该说，唐世隆对河间献王的评价是比较客观的。河间围绕着他们"治道非礼乐不成"的政教理想，二十六年间，是对儒学进行了系统化的建构的。他们的建构是汉代儒学史上第一次系统化的建构，在儒学思想史上有着极重要的地位。可以说汉代儒学正是在这一次建构的基础上，再经历中央儒学的第二次建构，基本完成了大一统郡县体制下的重建。后来汉代儒学的发展实质一直是在这两大儒学体系中寻求平衡，这一工作直到郑玄才最后完成。在过去学者的研究中，提到河间往往只强调其搜求整理文献之功，而忽视了其在思想领域的发明绍述。由于在这方面的忽视，以致我们在研究这一时期的思想时，往往不将其纳入整个河间儒学的系统中来看待它，孤立地对河间某一文献进行研究，以致缺乏整体的认识，往往被成见所囿而不能有所突破。

如果仅将"修学好古，实事求是"看作河间的一种治学态度和治学方法，且主要指刘德在考定文献方面务求其真，显然是片面的。"修学好古，实事求是"确有考据文献、务求其真的含义，但次非其全部本意。《汉书》意思是献王虽"修学好古"，但并非是不知变通泥古不化，而是"实事求是"地从"修学好古"中，寻求有益现实教化的真正学问。在这方面，明儒张宁和清儒何焯的解释相当准确。张宁说："天下之事是非二者而已。世之为非者固不足论，其间为是而实非是，乃自以为是而不求者多矣。观'求是'一语此三代圣贤之学也。岂直秦汉间无人及此哉。班固称河间献王卓尔不群，信矣。"（明张宁《方洲集》卷二十九）何焯曰："河间献王'实事求是'四字是读书穷理之要。"（《义门读书记》卷三《前汉书》）因此，班氏所言"实事求是"，既是整个河间儒学对待学术的基本治学态度，也是其对待整个社会、人生、世界的基本指导思想，是指一代"儒宗"（馆臣语）的河间献王与集先秦学术之大成的河间儒学，从整理考据文献，到寻求物理，以及在治国经邦，体国经野等方面，都"务得事实，每求其真"。

在前文探讨河间儒学之形成时，就已指出河间儒学"修学好古，实事求

① ［明］唐世隆：《修河间献王陵庙碑》，［清］杜甲等纂修：《河间府志》卷之二十《艺文下》，乾隆年间刻本，第33叶b—34叶a。

是"的学术风气的形成，与其所处北方地域影响有关。另外，钱穆并将其放入到先秦两大学术统系中来考察："先秦学术可分为一古官书之学，又一百家之学"，"景、武之间，有河间献王德，盛招经术士，多得古文旧书。盖河间偏重于古官书之学，而淮南则慕百家言，南北两王国，正分得先秦学统之两系"。①钱穆将河间儒学的源流归入到古官书之学，识固卓卓。然考河间儒学之内容，则更多地是以"实事求是"的态度，根据现实社会政治的需要，集先秦诸子学术思想之大成，将其容括到儒学所提倡的六艺王官之学的体系中，形成新的儒学思想体系，建立汉家的新王官之学。所以班固称其"修学好古，实事求是""学举六艺"，正是对其学术最精确的概括。

以河间献王为首的河间儒学"修学好古，实事求是"，可以从刘向《说苑》中的几段佚文集中反映出来：

1）河间献王曰："尧存心于天下，加志于穷民，痛万姓之罹罪，忧众生之不遂也。有一民饥，则曰：'此我饥之也。'有一人寒，则曰：'此我寒之也。'一民有罪，则曰：'此我陷之也。'仁昭而义立，德博而化广，故不赏而民劝，不罚而民治。先恕而后教，是尧道也。"

2）河间献王曰："禹称民无食，则我不能使也。功成而不利于人，则我不能劝也。故疏河以导之，凿江通于九派，酾五湖而定东海，民亦劳矣。然而不怨苦者，利归于民也。"

3）河间献王曰："汤称学圣王之道，譬如日焉。静居独思，譬如火焉。夫舍学圣王之道，若舍日之光，何乃独思，若火之明也？可以见小耳，未可用大知，惟学问可以广明德慧也。"

4）河间献王曰："管子称：'仓廪实，知礼节；衣食足，知荣辱。'夫谷者，国家所以昌炽，士女所以姣好，礼义所以行，而人心所以安也。《尚书》五福，以富为始，子贡问为政，孔子曰：'富之。'既富，乃教之也，此治国之本也。"②

就以上佚文，四库馆臣在《说苑》提要中云："《汉志》'河间献王'八

① 钱穆：《国史大纲》上册，北京：商务印书馆，1996年，第140—142页。
② 向宗鲁：《说苑校证》，北京：中华书局，1987年，佚文分别见于第5、7、69、73页。

篇，《隋志》已不著录，而此书所载四条，尚足见其议论醇正，不愧儒宗。"（《四库全书总目》卷九十一）从这几处佚文可见，河间"修学好古，实事求是"思想。

首先，体现在以民为本的"圣王之道"的绍继上。前文已指出"修学好古，实事求是"，不是泥古不化，而是对古代优良传统很好地继承、吸收并发扬。这几处佚文正充分体现了出来，虽然是只言片语，但我们看到其对尧、禹的"圣王之道"，归结就是"加志于穷民""利归于民"，并称"汤称学圣王之道，譬如日焉。静居独思，譬如火焉。夫舍学圣王之道，若舍日之光，独思若火之明也。可以见小，未可用大，知惟学问可以广明德慧也"。这些传统儒学所共认的圣王们的所谓"圣王之道"，即他们代代相传的圣王统绪，也就是以民为本。后王要绍继前圣，进入这个统绪之中，就要像汤那样，学习圣王们以民为本的思想，"加志于穷民"，"利归于民"。这里值得我们注意的是，此处还将传统上代表"霸道"的管子思想"仓廪实，知礼节；衣食足，知荣辱"与尧舜禹汤的"圣王之道"并列，由此可见河间儒学对传统儒家所谓的"王霸之争"的整合。在河间儒者看来，王道的本质就是以民为本，利归于民。

这种以民为本、忧民和爱民的思想，也反映在他的实际行动中。《汉书·河间献王传》评价献王："被服儒术，造次必于儒者。"师古注："被服，常居其中也，造次，谓所向必行也。"由此可知他对自己的话是身体力行的。这从当时中尉常丽之言"王身端行治（师古注："端直治理也"）温仁恭俭笃敬爱下明知深察，惠于鳏寡"，和稍后的杜业之奏"河间献王经术通明积德累行""被服造次必于仁义"中，都能更进一步的印证。

其次，体现在发展经济、富民的思想。河间强调礼乐治国，与空谈礼乐不同的是，它吸收了管子的思想，发展了不被传统儒学所重视的富民、利民思想，强调经济是推行礼乐的基础，将礼乐教化与发展社会经济、人民的经济生活有机地结合起来。与孟子以后儒学很少言利不同的是，河间儒学将利民思想与儒家的义利观有机地结合起来。从这些思想中，我们都能看到河间儒者对先秦诸子思想的吸收和对儒学的发展。河间献王不但继承了传统以民为本、仁义爱民的思想，且将爱民落实到实处，让他们能过上富裕的生活，并在此基础上让他们过礼乐文明的生活，并认为"此治国之本也"，可谓切中治国经邦之根本。不但如此，他发展经济，利民、富民的思想，在具体现实中，还根据经济发展的规律，制定切实的政策让老百姓得到好处。《汉书·食货志》引《乐元语》文云"天子取诸侯之土，以立五均，则市不二价，四民常均"。晋代臣瓒注引邓展曰：《乐元语》河间献王所传，道五均事。"《金楼子·说藩》："《乐语·五均事》云：'天子取诸侯之土以立五均，则市无二价，四时常均，强者不得困弱，富者不得要贫，则公家有余，恩及于小民矣。'"从这些记载看，实事求是不但在于认识治道之本，还在于认识事物运行规律，并据此制定非常得力的措施，泽被河间一国。此可谓深得《大学》之"格物致知"的精髓。对于河间献王先富而教的言论，王应麟在《困学纪闻》引司马光的话再度感叹："用其德，施其志，帝王之治复还，其必贤于文景远矣。"（《困学纪闻》卷十）

又如献王以《考工记》补《周官》之事，后人颇有微词。俞廷椿先发之，而叶时从其后，曰："《周礼》之出自刘德，始累《周礼》者，亦自刘德。……司空一职，岂《考工记》之事邪？观其言曰'国有六职，百工与其一焉'，是以治教刑政之属，特与工匠器械等耳。即此一语可谓不识《周礼》矣。异时奏入秘府，《周礼》虽存，而汉君诋之以为末世渎乱之书，得非刘德一记累之邪。故曰累《周礼》者，刘德也。"（《礼经会元》卷一上）对此，四库馆臣云：《考工记》"虽不足以当冬官，然百工为九经之一，共工为九官之一，先王原以制器为大事，存之尚稍见古制，俞庭椿以下纷纷割裂五官，均无知妄作耳"。（《全库全书总目》卷十九）《考工记》补《周官》之学，正见献王不但重视先王分邦建制之道，而且也重视百姓日用、社会分工等家国社会不可或缺的细事，是河间献王实事求是的表现。武帝诋毁《周礼》的原因乃是其危及大一统郡县制之国体，叶时不明此，而生此论。

最后，体现在其治学上，主张"惟学问可以广明德慧"。"修学好古，实事求是"的本质就是绍继往圣之传统，构建现实之理论。这就需要对传统认真学习，客观研究和思考，在传统与现实之间成功架起桥梁。所以"学"在河间儒学的思想中占有极重要的地位。荀子"吾曾终日而思也，不如须臾之学也"的思想在河间儒者这里被发挥到了极致。宋儒周必大在读了《说苑》所载河间王"汤称学圣王之道"一节后说道：

某窃观仲虺诰成汤，曰："能自得师者王，谓人莫己若者亡。"又曰："好问则裕，自用则小。"夫能自得师而又好问，即所谓学帝王之道也。谓人莫己若，而又自用，即所谓静居独思也。成汤能学帝王之道，是以"德日新，日日新，又日新"。古今之理，无不通幅员之广，无不察如日丽天，容光必照，兹其所以为大欤？不然，以区区之思，虑穷万变之交错，耳目所及固可知矣。耳目不及者何自而知？譬诸火焉，虽燎于原，似若可畏，然百里之外光焰已熄，是故成汤之所不取也。且明于大者，或晦于小，明于近者，必晦于远，斯乃自然之理。故日能照天地而不照蔀室，夫既已照天地矣，蔀室不必察也。若乃灯烛之光，施诸一室之内，足照毫厘，一室之外复何见哉？夫惟以日喻圣王之学，则其为功也，大矣。以火喻独居之思，则其为明也，小矣。（《文忠集》卷一六一）

通过这段话，我们对《汉书》献王"修学好古"之语有了更进一步认识。献王之修学好古，是好古之圣王之道，在于"德日新，日日新，又日新古今之理，无不通幅员之广，无不察如日丽天容光"也。他是通过学以致用，从古人成功经验中，寻求"古今之理"，以指导现实，在现实的治国安邦中运用实践。

另外，河间儒学的"实事求是"思想，反映在其人性论上，则表现在"人生而静，天之性也"上。他将人性规定为"静"，而"静"的天性就是"知"，"静"能被外部客观世界所影响，从而影响对世界的客观认知。从这一人性论中，我们更可看到"实事求是"思想的形而上学的依据，及在此思想基础上整个学术思想体系的构建。[①]

献王整理文献的"实事求是"态度和精神，被清乾嘉儒者引以为宗，而其"务得事实，每求其真"的思想对宋儒影响同样很大。对此曾国藩说得最明："近世乾嘉之间，诸儒务为浩博。惠定宇、戴东原之流钩研诂训，本河间献王实事求是之旨，薄宋贤为空疏。夫所谓事者，非物乎？是者，非理乎？实事求

[①] 对于河间儒学的人性论，我们将在下编第七章"文化意识形态之争中的《乐记》与乐府"中详论。

是，非即朱子所称即物穷理者乎？名目自高，诋毁日月，亦变而蔽者也。"[1] 如曾氏所言，朱子的"即物穷理"正是这一思想的发展。

五、河间儒学中心的分化与消散

时过境迁，河间学术的转折点，是景帝死，武帝继位。在景帝朝，献王与景帝有父子之亲，可以说为助教化，是藩辅帝国，得到了景帝的认可，甚至是有意识的支持。但到武帝朝，河间制礼作乐等活动，已为诸侯擅天子之事，当然为武帝不容，声势极大的学术活动更构成了对中央的威胁。徐复观指出："景帝时代，朝廷猜防的重点在诸侯王的领土与职权。至武帝，则诸侯的领土与职权已不成问题；于是猜防的重点特转向到诸侯王的宾客上面，尤其是转向到有学术意义的宾客上面。"[2]《史记·卫将军骠骑列传》太史公说：

> 苏建语余曰："吾尝责大将军至尊重，而天下之贤大夫毋称焉，原将军观古名将所招选择贤者，勉之哉。大将军谢曰：'自魏其、武安之厚宾客，天子常切齿。彼亲附士大夫，招贤绌不肖者，人主之柄也。人臣奉法遵职而已，何与招士！'"

一般大臣尚是如此，声名远播的献王，硕学云集的河间，当然更为武帝所切齿。加上献王为栗姬之子，在皇位争夺上与武帝就有芥蒂，以及献王所宣扬《周礼》、礼乐之治道，对郡县制帝国和其文化政策构成了极大的学术和舆论压力，因此，对献王的猜忌便成了武帝心中难以解开的结。武帝要巩固其统治，必须要消除这个威胁，他即位伊始便把与献王有密切关系的、被景帝看重的丞相卫绾免职；又积极强化中央集权，对河间构成打压之势；还通过征召文学贤良的方式分化河间学者。在这样一种背景下，河间学者出现了明显的分化。

确切地说，儒家的分化并非始于武帝，叔孙通时代就已见端倪。叔孙通主张因时而异制作新的儒家礼仪，而遭到邹鲁诸生的拒绝。叔孙通讥他们为鄙

---

① ［清］曾国藩：《曾文正公文集》卷一《书学案小识后》，《足本曾文正公全集》，上海：东方书局，1935年，第18页。
② 徐复观：《两汉思想史》第1册，上海：华东师范大学出版社，2001年，第107页。

儒，而邹鲁诸生也视叔孙通为乱道。(《汉书·叔孙通传》) 这种区别，学界一般认为是齐学与鲁学的区别，对此研究已较多，特别是钱穆在《两汉经学今古文平议》已有详论，此不赘述。需要指出的是，无论齐学、鲁学以及燕地的韩学，它们的分化与区别更多的是治学方法、态度和风格上不同和差异。作为中央儒学，它们在思想上都有着内在的一致性，所以司马迁说"其归一也"。

河间儒者的分化则是在学术思想上出现了很大的分野。这在《春秋繁露·五行对》董仲舒与献王的对话中已有反映。时董仲舒对传统儒家经典的诠释已融入阴阳五行学说，以强调忠君事父、皇权至高无上，标志其思想向新儒学调整转型。进入武帝朝，董仲舒更站在中央的立场，对儒学进行了系统的重构，以适合大一统郡县制的需要。如班固所说："仲舒遭汉承秦灭学之后，《六经》离析，下帷发愤，潜心大业，令后学者有所统一，为群儒首。"董仲舒经过长期思考，准确把握了历史发展的趋势，对儒学作出了巨大的调整。随着董仲舒的转向，加上朝廷的诱导，儒学出现了一个大的转变和调整的思潮。大批儒者以董仲舒为宗，纷纷从主张封建的传统儒学中走出，建构了以春秋大一统、尊王和强干弱枝等思想为核心的新儒学系统，以适应大一统郡县制帝国的需要。这些儒学的经典，由于适合了中央需要，先后被立为学官。这样儒学渐分化为两大体系：一是以献王为宗的河间儒学系统，它主张封建，高举周代礼制，强调礼的神圣性，宣扬"天礼合一"的思想，本文称之为"天礼之学"，对此，我们将在后面相关章节详论。一是以董仲舒为宗的中央儒学系统，为适应大一统郡县制帝国的需要，它主张春秋大一统、强干弱枝，强调皇权的神圣性，宣扬"天人合一"的思想，而这里的"人"实质则是指君王，传统上都将这一儒学系统称之"天人之学"。由于河间儒学系统在一系列问题上都与中央儒学存在着分野，与大一统郡县制帝国统治意识形态不合，因而长期受到打压，其经典都未能得立学官。尤其是对郡县制帝国最具威胁的《周官》，被武帝视为"渎乱不经"(《周礼注疏·序》)，可能直接被禁。故马融说，五家之儒不得见，而未有传人，直到刘歆时代才重见光明。

由于中央儒学与河间儒学所持经典文字存在今古文的差别，遂被后世称为"今古文经学"，它们在刘歆时代发生的争论称为"今古文之争"。后世学者惑于当时学术变迁之大势及不明了它们之间学术分野的实质，遂认为其争论的焦点在于文字和经典真伪上。文字和真伪都不是争论的关键。博士之所以反对刘歆为古文经典争立学官，这里面原因是复杂的，其中既有政治利益之争，这些新立的经学损害到了他们切身政治利益；① 又有着外藩入主中朝的哀帝与先朝王氏外戚势力的权力斗争，想借此培养和建立自己的新兴势力，其一系列的更张目标皆旨在清洗旧势力，其不免急功冒进，因而遭到了旧朝权势集团的反对而失败，以至于刘歆看形势不妙吓得落荒而逃。但这些原因都是不能搬上台面作为反对理由的，要使反对意见能够立得住，必须找到其光明正大的理由。如果是伪经，当然是最好的理由，看来这些经典真实性是无可置疑的，所以没有人就这些经典的真实性提出质疑。"非毁先帝所立"，是博士和大臣们提出的最重要的指控。

因此，今人所说的"今古文"问题，非真伪的问题，而是学术思想上的分野问题。实际上，如钱穆指出的，今文和古文真伪的问题是清儒所造，当时并不存在这一问题。徐复观考证后也指出，"今文与古文的分别，其实不在字体的不同"，"汉初的今文皆来自古文，而古文以隶书改写后即为今文。凡流布中的字体是相同的，即同为隶书"。② 虽然河间搜求的底本为古文，但其后流通民间的本子当是用隶书写定，故当时流通的诸经可能都是今文。因此汉代后来的争论重点并不是今文与古文，也不是其真伪，其核心是学术思想的分野，是源于景、武之世河间儒学与中央儒学的分野。

不过需要指出的是，由于河间汇聚了齐、鲁、燕、赵的儒学道术之士，学术背景不同，所以思想的碰撞与交融是难免的。《金楼子》说："河间王躬求幽隐，兴礼乐，盖有汉之所以兴也。"礼学在一时期特别发达，无论是礼制文献

① 立五经博士后，家法、师法日益严密，特别昭、宣以后，朝廷官员多从之出，经学已成为利禄之途，围绕某一家之学，出现了一个非常有势力的官僚群体。为了巩固其派系势力，一方面诸家经师逐渐失去汉初大儒的古朴简约之风，为回应对手的辩难，章句之学大兴，动辄数万言；一方面坚决在政治上扼杀其学术对手，阻止另立其他学官。所以后来的学官之争，从根本上已不是学术之争，而是派系政治势力的较量，在这种较量中，即使汉宣帝要为《春秋穀梁传》立学官都遭到了来自博士和大臣们的激烈反对，以致为此准备十年，最后召开石渠阁大会，才使得《穀梁》学得立学官。因此，后来刘歆提出要为《左传》《毛诗》《逸礼》《古文尚书》立这么多学官，自然触及了博士诸生和公卿大臣们的切身利益，遭到他们的激烈反对。诸儒公卿给刘歆的罪名不是立"伪经"，而是"改乱旧章，非毁先帝所立"，即歆所立诸经与汉家制度不符，是武帝以来中央所禁止的学术，并非如刘歆所说，因巫蛊事未及立。诸博士一方面指出诸经不被立的真正原因，一方面又给刘歆扣上了反对汉家制度的罪名，幸亏汉哀帝为其遮护，不然刘歆将性命难保。（引文见《汉书·刘歆传》）
② 徐复观：《中国经学史的基础》，台北：台湾学生书局，1982年，第127页。

的整理、名物制度的考订、制作，还是礼学义理思想的阐发都取得相当大的成就。汉代礼学是在这一时期文献的搜求与整理的基础上发展起来的。河间重礼深深地影响了当时的学者，《汉书·礼乐志》"武帝即位，进用英隽，议立明堂，制礼服，以兴太平"，当是儒学在河间时风气所致。而董仲舒初上天人三策也反复强调的是礼乐教化，可见河间礼学在这一时期对学者的影响。而反对郑声和主张礼乐教化，认为应推行雅乐、古礼来匡正国家祀典大礼、来移风易俗，都是汉代经学家的共识。《汉书·礼乐志》云："今大汉继周，久旷大仪，未有立礼成乐，此贾谊、仲舒、王吉、刘向之徒所为发愤而增叹也。"这是汉代所有经学家的共同感慨。终汉一代，献王都得到了所有汉儒的尊重。献王薨后，封谥本不干中尉的事，但中尉常丽听说后挺身而出，称"王身端行治，温仁恭俭，笃敬爱下，明知深察，惠于鳏寡"，为献王争到了"献"的美谥。成帝时大夫博士平当，对献王功业更是称赞有加："孔子曰：'人能弘道，非道弘人。'河间区区，小国藩臣，以好学修古，能有所存，民到于今称之。"（《汉书·礼乐志》）

　　由于学术思想上与中央的巨大分野，与武帝之间又存在着源自太子之争的矛盾，在来自武帝的逼迫下，最后献王不得不采取了一种"聪明睿智"的方式自杀，"纵酒听乐，因以终"。既不遗过于君，又保护了河间学者和宗族，使其免遭屠戮。献王死后，云集河间的儒者也就相继分散，鼎盛一时的河间学术中心至此消散了。但献王和其所领导的河间儒学在我国学术史上产生的影响是巨大而深远的。云集河间的众儒相互切磋砥砺，经过二十多年的孕育和发展，终于迎来了汉武帝时代的经学学术的繁荣。如刘歆所说："至孝武皇帝，然后邹、鲁、梁、赵颇有《诗》《礼》《春秋》先师，皆起于建元之间。"（《汉书·刘歆传》）中国学术史由此进入了经学时代。

第三章　儒学的转移：中央帝国儒学的繁荣

就在献王在河间大兴儒学的时候，儒学在中央也在缓慢地发展。河间献王死后，河间儒学中心很快消散。一部分儒学因仍然持守其儒学信仰和政治理念，在民间继续发展。一部分儒学则根据时势的需要主动进行调整，向中央原有的儒学汇拢。两者相互激荡，共同构建了适应大一统郡县政体的中央帝国儒学。这些儒学的经典先后被立于学官，在中央朝的奖掖下，迅速繁荣起来，中国学术史由此进入了儒学主导的经学时代。

一、中央儒学的孕育与发展

（一）内朝外朝之分

钱穆将武帝一朝之学术分"外廷之博士""内朝之侍从"之学术而论之。[①]其实不仅武帝一朝，自汉兴以来学术已有内朝与外朝之分，中央儒学主要是在内朝郎官系统中孕育和发展。因此，我们在论及帝国中央学术和儒学发展时，必须要从内朝与外朝的学术入手，方能把握中央儒学的发展脉络。

但内朝与外朝的分界较为复杂。《汉书·刘辅传》："于是中朝左将军辛庆

---

① 钱穆：《秦汉史》，北京：生活·读书·新知三联书店，2005年，第87—99页。

忌、右将军廉褒、光禄勋师丹、太中大夫谷永俱上书。"曹魏时期孟康注："中朝，内朝也。大司马、左右前后将军、侍中、常侍、散骑、诸吏为中朝，丞相以下至六百石为外朝也。"这是内朝外朝之分的最早说法，但由于孟康此处语焉不详，至今学界还存在着很大争论。

《汉书·百官公卿表》："侍中、左右曹、诸吏、散骑、中常侍，皆加官，所加或列侯、将军、卿大夫、将、都尉、尚书、太医、太官令至郎中，亡员，多至数十人。侍中、中常侍得入禁中，诸曹受尚书事，诸吏得举法，散骑骑并乘舆车。给事中亦加官，所加或大夫、博士、议郎，掌顾问应对，位次中常侍。中黄门有给事黄门，位从将大夫。皆秦制。"侍中、左右曹、诸史、散骑、中常侍、给事中等皆为加官。考辛庆忌、廉褒、师丹、谷永四人，除廉褒《汉书》无载外，辛庆忌官拜"右将军、诸吏、散骑、给事中"，师丹"以光禄大夫给事中，由是为少府，光禄勋，侍中"，谷永"征永为太中大夫，迁光禄大夫给事中"。据此，陈仲安、王素认为："中朝指黄门之内的禁中。……中朝官指有权自由出入禁中，参预处理机要事务的官。……中朝官由加官和职官组合构成。加官有权自由出入禁中，职官可以听召参预处理机要事务。二者组合，才构成中朝官。加官的作用非常重要，因而我们说，所谓中朝官的制度，大致是通过'加官'来实现的。"[1]但谷永为太中大夫时，并未加官给事中，又《汉书·王嘉传》："事下将军中朝者，光禄大夫孔光、左将军公孙禄、右将军王安、光禄勋马宫、光禄大夫龚胜"十四人，孔光、龚胜传有明文有加官给事中，其他诸人皆未言及，所以以是否加官来判定是否为中朝官，进行内朝、外朝界分并不准确。

《汉书·元帝纪》初元五年春："令从官给事宫司马中者，得为大父母、父母兄弟通籍。"注引应劭曰："籍者，为二尺竹牒，记其年纪名字物色，县之宫门，案省相应，乃得入也。"又《通鉴》卷二三汉昭帝元凤元年："（上官）桀妻父所幸充国为医监，阑入殿中，下狱当死。"注曰："阑，妄也。汉制，诸入宫殿门皆著籍，无籍而妄入，谓之阑人。"杨鸿年据此认为："中朝、外朝之

---

[1] 陈仲安、王素：《汉唐职官制度研究》，北京：中华书局，1993年，第17页。

分，实以省内、省外为界。……即凡是省内有籍，居此官者当然可以自由出入省户，而在省内供职者，为中朝官。反之，省中无籍，非特召不得出入省户，而在省外供职者，为外朝官。这样，不仅中朝、外朝两类官员分得清清楚楚。……"[1] 他还将官员分省内禁中、宫内、宫外的官员，所谓内朝官员即指省内禁中有籍的官员，即使将军等职如在省内禁中，如无籍则亦不为内朝官。但据上述材料，有籍与否只是宫廷管理的一种方式，且并非限于省中，其进入宫廷亦当有籍，对象主要针对一般人员，还包括一些皇帝身边官员的亲属等，像将军等这样的中朝要员则不一定需要属籍，因为他们本身的官职就是最好的通籍。况且，一些外朝官员是通过加官而不是属籍得与内朝机枢的。因此，以有籍于否来划分内朝、外朝虽简单，亦不准确。

从源头上来考察内朝、外朝的界分时，或许问题就比较清楚了。《国语·鲁语》载敬姜与季康子所言："天子及诸侯，合民事于外朝，合神事于内朝。自卿以下，合官职于外朝，合家事于内朝。寝门之内妇人治其业焉。上下同之。夫外朝子将业君之官职焉。内朝子将庀季氏之政焉。皆非吾所敢言也。"这里的内朝、外朝是从位置上分，内朝是指"路门内"（《国语·鲁语》韦昭注），也就是国君起居生活的后宫，外朝则是指朝文武百官的正殿，也就是朝堂；从事务上说内朝主要处理国君的家政，由国君的家臣来处理，外朝处理国家政务，由文武百官来处理。汉初宰相得治王宫之政令，"其属官得统及皇帝内廷"，[2] 故申屠嘉能以檄召景帝内宠臣邓通"诣丞相府，不来，且斩通"（《汉书·申屠嘉传》）。也就是说，汉初虽存在内朝、外朝差别，但在政治格局上尚无界分，丞相权力尚统及于内。不过，虽然官署统于丞相，但由于职掌内容不同，内外朝的官员仍有一定区别，如郎官系统和少府系统主要作为侍卫和负责皇帝起居生活的部分，其皇帝私臣的性质更强一些。而在郎官系统中，有大夫系统及侍郎、中郎和中郎将以上在皇帝左右，顾问应对、参与机枢。他们对决策起到重要作用，但更多的是建议、咨询，最终作出决定的是皇帝和外朝大臣的廷议。至武帝时，削外朝之权而归之内廷，汉

---

[1] 杨鸿年：《汉魏制度丛考》，武汉：武汉大学出版社，2005年，第137页。
[2] 钱穆：《国史大纲》上册，北京：商务印书馆，1996年，第161页。

制为之大变，原郎官系统中顾问应对、参与机枢的职能被加强，并被分离独立出来，于是在内朝中形成了相对于外朝的议事制度，以决定国家重大事宜。内朝性质发生了变化，已不仅是处理国君家政，也包括议决国家重大事宜，甚至政事一决于内朝。这一议事制度的参与者主要是原内朝中的一些高级官员，一些外朝官员通过加官侍中、左右曹、诸吏、散骑、中常侍等方式也加入进来。这些官员统领属于大司马大将军，于是在内朝中便形成了一个独立于外朝的官僚系统。内朝治权也转入到大将军手中。相权虽名义上仍能统及内朝，但实质上已被削夺不得治及。由此内朝、外朝格局之分日渐分明，职能上内朝作为决策机构，而外朝更多地变成了一个执行机构。钱大昕说："中外朝之分，汉初盖未有之，武帝始以严助、主父偃辈入直承明殿、与参谋议，而其秩尚卑，卫青、霍去病虽贵幸，不干丞相、御史职事。至昭、宣之世，大将军权兼中外，又罢前后左右将军在内朝预政事；而由庶僚加侍中，给事中者，皆自托为腹心之臣矣。此西京朝局之变，史家未明言之，读者可推验而得也。"（《诸史拾遗》卷一《三史拾遗》）这种变局实际上武帝时已很明显。

（二）郎官与儒学在内朝中的孕育

1. 郎官系统的组成和作用。郎，严耕望先生认为，本古廊字，"以其近居殿阁廊庑，故蒙'郎'称"。[1] 最初职能可能仅是宿卫殿门，出充车骑、征伐，此后职能不断扩大，至秦汉间已演变为一支庞大的近侍官僚系统。据《汉书·百官公卿表》，郎中令是其最高长官，武帝太初元年更名光禄勋，是九卿之一，秩正二千石。其统属的郎官系统中有三个子系统：大夫、郎、谒者以及附属的期门、羽林两支皇家卫队。其官属结构及职能大致情况见下表：

---

① 严耕望：《秦汉郎吏制度考》，《严耕望史学论文选集》，台北：联经出版事业公司，1991年，第331页。

附表1：郎中令官署结构表

郎中令	大夫	太中大夫	三者所掌大致相同，为议论、谏争拾遗、顾问应对，代表朝廷或皇帝奉使出差。中大夫还有掌吊诸国之丧事。无定员，谏大夫秩比八百石、中大夫太初元年更名光禄大夫后秩比二千石、太中大夫秩比千石。	
		中大夫（光禄大夫）		
		谏大夫		
	郎	议郎	掌顾问应对、奉使出差。无定员，秩比六百石。	
		中郎	五官中郎将	宿卫殿门，出充车骑、征伐。由车、户、骑三将分掌车卫、步卫和骑卫。中郎比六百石，三署郎将秩比二千石。车、户、骑三将秩比千石。
			左中郎将	
			右中郎将	
		侍郎	侍奉皇帝起居生活，比四百石。	
	谒者	仆射	主上殿时威仪、宾赞受事、上章报问等。员七十人，秩比六百石。仆射秩比千石。	
	期门羽林	仆射	执兵送从。仆射秩比千石。	
		仆射	执兵送从。仆射秩比千石。	

根据上表，我们可以将郎官的职能概括为四个方面，一是向皇帝提供建议、参谋和诤谏；二是受皇帝特派出使吊问、布施皇恩、体察民情；三是拱卫皇帝安全、耀其威仪、助其征伐；四是侍奉皇帝起居左右。可见这一官僚系统对皇帝来说是多么重要，从某种意义上说，它就是机构化了的皇帝，是皇帝头脑、眼睛和爪牙。皇帝借着这一机构，一方面将自己的意志更加全备、清晰地表达，一方面也以此监候群臣天下。因此，郎中令（光禄勋）这一职位，虽为九卿，但其重要程度不亚于三公，历来都是由皇帝亲信心腹担任。皇帝是否控制郎中令，也是其能否执掌朝政和掌控公卿大臣的重要指标。所以新皇帝即位，往往首先更换的就是郎中令。郎中令与人主至为亲密，其学术取向和喜好往往反映人主的学术取向和喜好，更选之人的学术背景不同，往往表示帝国政教将发生重要的调整。武帝初立，欲行儒术，即用儒者王臧为郎中令，而至

昭、宣以后尚醇儒，郎中令多为儒者担任。

郎中令属下的诸郎官多作为未来的储备官僚，为国家训练储备官僚是郎官制度的重要方面。汉制，郎之优秀者可出任地方长吏，而地方长吏职缺也一般从郎官中选拔。因此，郎官被视为入仕的通阶。[1]而汉兴以来郎官多荫任、赀选，这既加强了皇权与官僚之间、中央与地方之间联系，同时也加强了皇权对官僚、地方势力的控制。[2]汉在武帝以前相沿不改，但长期的郎官荫任、赀选制度所带来的弊病也日益严重，官僚势力与地方豪强势力相勾结所造成的民怨，[3]以及随着民间学术的兴盛，士人文化群体的再度兴起，要求分享政治资源呼声高涨，使整个社会蠢蠢欲动。这些都使帝国感受到寝于积薪之上的危险。对郎官选拔制度做相应的调整已是形势所趋。但郎官选吏，作为入仕通阶的性质不但没有改变，反而因察举等制度施行得到了加强。

郎官选吏制度适应了大一统郡县制的发展，对巩固大一统郡县制帝国、维护中央集权有着深刻的意义和作用。这至少表现在以下几个方面：

（1）郎官储备和培训人才。这些郎官多为年轻人，在皇帝左右深习韬略、文采、机枢，在宫廷中确实能得到很好地锻炼，也更易为皇帝直接了解、亲

---

① 《汉书·董仲舒传》："夫长吏多出于郎中、中郎。"又《后汉书·明帝纪》："郎官上应列宿，出宰百里，有非其人，则民受其殃。"又《后汉书·虞诩传》："郎台显职，仕之通阶。"《后汉书·杨秉传》："先王建国，顺天制官，太微积星，名为郎位，入奉宿卫，出牧百姓。"又据日本学者大庭脩研究：秦汉官秩，"百石与二百石之间有一条难以逾越的界限，百石吏由其机构的长吏选任，他们通常不能晋升到二百石，要晋升到二百石以上，必须等待着选举或推荐。百石以下的是所谓'判任官'，二百石到四百石的是所谓的'奏任官'。"而"郎官的最低官秩是比三百石，在制度史上具有这个意义：由于被选举成为郎官，就越过了二百石的界限，从而取得了奏任官的资格"获得更多升迁的机会。（［日］大庭脩：《秦汉法制史研究》，林剑鸣、王子今、黄小芬等译，上海：上海人民出版社，1991年，第29页）

② 杨联陞认为，这些荫任、赀选的郎官们同时也是他们父兄留在君主身的人质，杨联陞认为"任子"与"质子"之间是有关联的。荫任制度中存有人质的意义，只是越来越隐晦，更多地转变为上层统治集团内部分享政治利益的特权。（杨联陞：《中国历史上的人质》，《中国制度史研究》，南京：江苏人民出版社，1998年，第46—47页）

③ 《汉书·贾谊传》："矫伪者出几十万石粟，赋六百余万钱，乘传而行郡国，此其亡行义之尤至者也。而大臣特以簿书不报，期会之间，以为大故。至于俗流失，世坏败，因恬而不知怪，虑不动于耳目，以为是适然耳。"由此可见当时吏治的腐败，上下勾结的情况。

信，使皇帝能准确掌握其才能品性，以减少任人方面的失误，有利于减少因君臣之间的不信任，对有才能郎官来说，则更容易得到擢升。因此，在没有制度化的选举之前，郎官选吏制度具有一定的科学性。故马端临云："为郎备宿卫者，朝夕左右，与闻公卿议论，执戟殿陛，中郎将以兵法部属之，而淳厚有行者光禄勋岁课第之。时出意上书疏，足以裨缺失，而天子亦因以习知其性，而识其才之能否。自郎选为县令，自大夫选为守相，或持节四方，天子时课其功，而召之入。盖上之以留意其选，而法制使之然也。"（《文献通考》卷三十四）据《后汉书·明帝纪》："馆陶公主为子求郎，不许，而赐钱千万。谓群臣曰：'郎官上应列宿，出宰百里，苟非其人，则民受其殃，是以难之。'"可见汉朝统治者对郎官选吏的重视，入选标准的严格。

（2）巩固加强中央集权。这些郎官与皇帝关系较近，对皇帝都有一种特殊的感情，所以派其出任公卿大臣或地方长吏，在中央巩固了以皇帝为核心的统治地位，增加了公卿大臣对皇帝的忠诚；在地方则增强了以皇帝为中心的帝国中央的向心力、凝聚力，加深中央与地方的关系，有利于进一步巩固中央集权和皇帝的权威。

（3）加强了中央对学术思想文化方面的控制。郎官不仅是利禄之途，也是成长受教之途，因此，如果把郎官选吏制度与秦人"以吏为师"的制度相结合，就会发现其更深层的制度考虑，那就是：郡县制国家为维护其制度思想上的统一，不仅希望整个官僚系统出自皇家的培训，也试图使整个帝国的文教、思想文化都通过这一制度纳入到其皇家思想体系中。因此，这一制度不仅从权力结构上加强了中央集权，还从思想文化上通过各级官僚把中央集权思想层层渗透到帝国的各个层面。

由此可见，郎官制度不仅涉及帝国权力结构的分配，而且关系到帝国更深层次的意识形态、政教文化。因此，无论帝国统治者学术取向如何，郎官都不仅作为一个单纯的近侍集团存在，也作为一个学术文化群体而存在。而这一文化群体的组成，恰恰反映了帝国文教的构成。所以如徐兴无师所指出的："郎官系统文化活动的时间和范围远比《五经》博士系统来得早，来得宽。"① 我们只有深入了解这一系统学术文化，才能对汉代学术发展，特别是景、武之世中

---

① 徐兴无：《刘向评传》，南京：南京大学出版社，2005年，第95页。

央儒学的发展演变有一个深刻的把握。

2. 郎官系统的归属。对郎官制度有进一步认识后，我们再来看郎官系统在武帝内外朝格局变迁中的归属。郎官系统是皇帝的近侍集团，其官属职能就是侍从皇帝左右顾问应对，向皇帝个人提出建议，从一开始就是皇帝私人的性质，属于内朝系统。而武帝内朝、外朝格局之分，不过是强化和扩大了过去内朝的部分职能，由皇帝私人性质变成了国家决策机制。这种职能的变化，更多的是原郎官系统在内朝顾问应对、参与机枢的职能被加强和提升，成为国家的议事和决策机制。实质上，外朝大臣进入内朝，参与决策和政务，所加之官侍中、左右曹、诸吏、散骑、中常侍等多属郎官序列，或由郎官中分离而出。因此，在武帝内朝、外朝的格局变化中，郎官属于内朝的性质不但没有改变，而且进一步加强了。郎中令虽仍位列九卿，实质上已完全受大将军领属，是内朝官中的重要一员，一些情况下更领将军职，主持内朝政务。如昭、宣时张安世光禄勋（即郎中令）并右将军，元帝时萧望之光禄勋并前将军在内朝用事。而郎官序列中的一些高级郎官如太中大夫、中大夫等也直接参与内朝决策，并不要加官。所以，《汉书·刘辅传》"中朝左将军辛庆忌、右将军廉褒、光禄勋师丹、太中大夫谷永俱上书"，《汉书·王嘉传》"事下将军中朝者，光禄大夫孔光、左将军公孙禄、右将军王安、光禄勋马宫、光禄大夫龚胜"，这里言及中朝官时，属郎官系统的光禄勋、太中大夫、光禄大夫前皆不言及其加官，而是将其直接归属于中朝系统。后人不明此，以为加官是区别内外朝的重要标志。实际上，关于加官的性质，《汉书》说得很清楚，"侍中、中常侍得入禁中，诸曹受尚书事，诸吏得举法，散骑骑并乘舆车。给事中亦加官，所加或大夫、博士、议郎，掌顾问应对，位次中常侍。中黄门有给事黄门，位从将大夫"。加官对于外朝官员来说，得以参与内朝的一些事务，并以内朝官员的身份参与内朝决策；对内朝郎官等来说则是增加了其职掌内容，提高了其地位。至于侍中、中常侍，其主要职责更多的仍是郎官性质，侍从皇帝左右，而非必为内朝议事制度所加。这也就是后来中常侍仍多由宦者担任的主要原因。

3. 儒学在内朝郎官中的孕育。当儒学在河间兴起的时候，儒学也在内朝郎官里孕育发展，并带有明显的内朝郎官学术的特质，这一特质成功地影响了外朝博士儒学系统的构建。然学界关注较多的是郎官制度，对这一群体的学术的研究则明显不足。①

早在刘邦争天下之时，身边郎吏虽多为"斩将搴旗之士"，但也不乏一些儒者在其左右，顾问应对、参谋军机，为其取得天下发挥了不可或缺的作用。汉二年，刘邦首战项羽于彭城即惨败，仅率几十骑逃脱，形势危急，谓谒者儒生随何云："公能说九江王布使举兵畔楚，项王必留击之。得留数月，吾取天下必矣。"（《汉书·高祖纪》）随何往说布，果使叛楚，扭转了战局。在几次事关全局的战略性决策上，儒者董公、郦食其、辕生、娄敬等都起到了关键的作用，以至于班固赞道："高祖以征伐定天下，而缙绅之徒骋其知辩，并成大业。语曰：'廊庙之材非一木之枝，帝王之功非一士之略'，信哉！"（《汉书·郦陆朱刘叔孙传》）这些人使本不喜儒的高祖对儒者的态度发生了重要转变。天下已定，叔孙通制礼仪，严肃了朝堂的秩序，使高祖感受到了为帝之尊，进一步认识到文治对维护帝国统治的重要。

但一方面经历秦亡汉兴间的连年战乱，人口锐减，百业凋敝，需要休养生息，百姓又病秦法酷疾，人心思静，最好政策就是少事无为，因此，在全国范围内推行文治尚不具备客观条件和空间。在萧、曹等的力主下，黄老无为之术成为政策的主导，取得了较大的成功。另一方面汉初政治基本上是皇帝与宗室、功臣共治的局面，"公卿皆武力功臣"，儒者在政治上没有多少可以发挥作用的平台。这一局面可从汉初的几个盟誓清晰可见。《封爵誓》曰："使黄河如带，泰山若砺，国以永存，爰及苗裔。"（《全汉文》卷一）又《丹书铁券》云："使黄河如带，泰山如砺，汉有宗庙，尔无绝世。"② 又《与群臣刑白马而盟》云："非刘氏不王，若有亡功非上所置而侯者，天下共诛之。"（《全汉文》卷一）这些材料都显示了汉王朝与这些武力功臣间的相互依赖。

---

① 兴无师在《刘向评传》中提出了"郎官经学"，并说："相对于日益壮大的博士经学，还存在着十分活跃的郎官经学。值得我们注意的是，郎官系统文化活动的时间和范围远比《五经》博士系统来得早，来得宽。郎官经学是相对于博士经学而言的，本文标举这个概念并非表示汉代有郎官经学这样一个经学流派，而是从制度史的角度再提供一个考察经学发展的视角，因为汉代官方的经学教育不仅存在于博士与其弟子之间，还存在于经师与郎官、帝王、皇子乃至后妃之间。"（徐兴无：《刘向评传》，南京：南京大学出版社，2005年，第95页）本文受此启发，从郎官制度史的角度来研究其尚未展开的景、武朝郎官学术问题，并将其放在景、武之世儒学学术建构的大背景下来研究，以期对学界有所裨益。

② 《困学纪闻》卷十二引陆贾《楚汉春秋》"高帝初封侯者，皆赐丹书铁券"云云。

所以钱穆说："汉鉴于秦亡之速，变更秦法，稍稍复古，故以宗室、外戚、功臣三系与王室相夹持而为治。外既大封同姓为王国，与郡县相杂，内则丞相、御史大夫诸要职，虽不世袭，而大例非列侯莫得当，则为一阶级所专有，体势近于世袭。"[①] 在这种形势下，儒者很难登用，一直到文、景时期形势才有所改变。

这种状况无疑阻碍了学术在中央的发展，但这并不代表皇帝和政府对学术的不重视。班固说："初顺民心，作三章之约。天下既定，命萧何次律令，韩信申军法，张苍定章程，叔孙通制礼仪，陆贾造《新语》。又与功臣剖符作誓，丹书铁契，金匮石室，藏之宗庙。虽日不暇给，规摹弘远矣。"（《汉书·高祖纪》）在公卿皆是武力功臣的情况下，汉统治者一直注意在郎官这一系统中使用士人，在帝左右顾问应对、参与机枢。儒学也在这些士人中缓慢的发育成长。据《汉书·叔孙通传》，"遂与所征三十人（儒生）西，及上左右为学者与其弟子百余人为绵蕞野外"，可见当时高祖身边已聚集了一批儒者。在制定肄习礼仪的过程中，谒者治礼、郎官司仪无疑也使他们习受了学术文化的熏陶。叔孙通弟子百余人，"高帝悉以为郎"，更进一步加强了其学术文化的群体性。《汉书·儒林传》曰："叔孙通作汉礼仪，因为奉常，诸弟子共定者，咸为选首，然后喟然兴于学。"这里的"选首"，即是指叔孙通弟子及三十多位山东儒者"悉以为郎"事，于是"喟然兴于学"之风首先便在郎官系统中形成。在公卿皆为武力功臣的情况下，郎官成为儒者群体唯一通向最高统治者的通阶，亦为儒者所"喜"。又《汉书·陆贾传》，陆贾使越，成功拜佗为南越王，令称臣奉汉约。归报，高帝大说，拜其为太中大夫。作为郎官近侍中的一员，贾时时前说称《诗》《书》。高帝骂之曰："乃公居马上得之，安事《诗》《书》！"贾曰："马上得之，宁可以马上治乎？且汤、武逆取而以顺守之，文武并用，长久之术也。昔者吴王夫差、智伯极武而亡；秦任刑法不变，卒灭赵氏。乡使秦以并天下，行仁义，法先圣，陛下安得而有之？"高帝不怿，有惭色，谓贾曰："试为我著秦所以失天下，吾所以得之者，及古成败之国。"贾凡著十二篇。每奏一篇，高帝未尝不称善，左右呼万岁，称其书曰《新语》。此可见陆

---

① 钱穆：《国史大纲》上册，北京：商务印书馆，1996年，第160页。

贾在太中大夫期间学术上的努力和对高祖及整个郎官群体的影响。① 高帝十一年二月发布了著名的《求贤诏》：

> 盖闻王者莫高于周文，伯者莫高于齐桓，皆待贤人而成名。今天下贤者智能岂特古之人乎？患在人主不交故也，士奚由进？今吾以天之灵，贤士大夫定有天下，以为一家，欲其长久世世奉宗庙亡绝也。贤人以与我共平之矣，而不与吾共安利之，可乎？贤士大夫有肯从我游者，吾能尊显之。布告天下，使明知朕意，御史大夫昌下相国，相国酂侯下诸侯王，御史中执法下郡守，其有意称明德者，必身劝为之驾，遣诣相国府，署行义年，有而弗言，觉，免。年老癃病勿遣。（《汉书·高祖纪》）

一时间帝国中央可谓贤者云集，多彬彬文学之士。但是对于这些贤士大夫最后使用的状况，《史记》《汉书》都无具文。不过，在《汉书·晁错传》所载文帝《策贤良文学诏》中隐约透露了踪迹。其文云："高皇帝亲除大害，去乱从，并建豪英，以为官师，为谏争，辅天子之阙，而翼戴汉宗也。"这里高帝"并建豪英"，当即指此求贤事。"以为官师，为谏争"，"为谏争"当指郎官系统中的大夫序列等，不存在疑问，而"以为官师"，存在着歧义，一是指这些人多选郎，出为地方长吏，如秦"以吏为师"，即所谓"官师"，一是意即"以为官吏的老师"，也就是这些贤士大夫被选来做预备官僚郎吏的老师。而从"唯错为高第，繇是迁中大夫"看，文帝亦似用高帝故事，将高第的晁错选

---

① 《全汉文》卷一录有高祖晚年作《手敕太子书》，字里行间可见陆贾对其的影响："吾遭乱世，当秦禁学，自喜，谓读书无益。洎践祚以来，时方省书，乃使人知作者之意，追思昔所行，多不是。尧舜不以天子与子而与他人，此非为不惜天下，但子不中立耳。人有好牛马尚惜，况天下耶？吾以尔是元子，早有立意。群臣咸称汝友四皓，吾所不能致，而为汝来，为可任大事也。今定汝为嗣。吾生不学书，但读书问字而遂知耳。以此故不大工，然亦足自辞解。今视汝书，犹不如吾。汝可勤学习。每上疏，宜自书，勿使人也。"如果这段文字不伪，从中可看到高祖对儒者态度转变的同时，亦可见其对儒者和儒业的重视。四皓，学者一般认为其所尚是黄老道家，但从其与高祖对答："陛下轻士善骂，臣等义不辱，故恐而亡匿。今闻太子仁孝，恭敬爱士，天下莫不延颈愿为太子死者，故臣等来"，言必称仁孝，更可能为儒家。时四人闻名天下，为天下士人领袖，太子得此四人即得天下士人之心，太子得立，天下士人归心焉。这可能才是高祖最后决定不废太子的深层原因。

入郎官系统中大夫序列，以为官师、为谏争。这些人在朝则谏争咨议，外出为吏则以为官师，虽位不至公卿，但在"辅天子之阙，而翼戴汉宗"中发挥了关键性的作用。如高帝最后一道具有典型儒学特征的诏令曰："秦皇帝、楚隐王、魏安釐王、齐愍王、赵悼襄王皆绝亡后。其与秦始皇帝守冢二十家，楚、魏、齐各十家，赵及魏公子亡忌各五家，令视其冢，复，亡与它事。"显见是出自这些人手笔或建议。而《艺文志》著录在儒家类的"《高祖传》文十三篇。高祖与大臣述古语及诏策也"，亦当多出于这些人的手笔。而高帝十二年十一月"行自淮南还。过鲁，以大牢祠孔子"，则更显示了对儒者的尊重和礼敬。

至孝文帝时，他又于十五年九月"诏诸侯王、公卿、郡守举贤良能直言极谏者"，对这次选诏的贤良极谏之士，贾山《至言》则透露了其被任用的情况：

> 今陛下念思祖考，术追厥功，图所以昭光洪业休德，使天下举贤良方正之士，天下皆诉诉焉，曰将兴尧、舜之道，三王之功矣。天下之士莫不精白以承休德。今方正之士皆在朝廷矣，又选其贤者使为常侍诸吏，与之驰驱射猎，一日再三出。(《汉书·贾山传》)

由此叮见其中贤者咸以为郎吏，侍帝左右。据《汉书·礼乐志》："《四时舞》者，孝文所作，以示天下之安和也。盖乐己所自作，明有制也；乐先王之乐，明有法也。"又云："文、景之间，礼官肄业而已。"可见此类大作，盖系这些贤良方正完成。景帝继位伊始，便颁布诏书，制定庙乐，显示大汉文治气象，[①]想必也是出自这些内朝贤良的建议或手笔。如贾山所言"置直谏之士者，恐不得闻其过也；学问至于刍荛者，求善无厌也"，这些人作为一个文化群体居帝的左右，对皇帝的学问、气质、治国方略影响是深远的。同时作为一个文化群体的聚集，他们来自不同学术背景和派别，难免有碰撞，"如切如磋，如

---

① 元年冬十月，诏曰："盖闻古者祖有功而宗有德，制礼乐各有由。歌者，所以发德也；舞者，所以明功也。高庙酎，奏《武德》《文始》《五行》之舞。孝惠庙酎，奏《文始》《五行》之舞。孝文皇帝临天下，通关梁，不异远方；除诽谤，去肉刑，赏赐长老，收恤孤独，以遂群生；减耆欲，不受献，罪人不帑，不诛亡罪，不私其利也；除宫刑，出美人，重绝人之世也。朕既不敏，弗能胜识。此皆上世之所不及，而孝文皇帝亲行之。德厚侔天地，利泽施四海，靡不获福。明象乎日月，而庙乐不称，朕甚惧焉。其为孝文皇帝庙为《昭德》这舞，以明休德。然后祖宗之功德，施于万世，永永无穷，朕甚嘉之。其与丞相、列侯、中二千石、礼官具礼仪奏。"此诏必系景帝身边儒臣所为。

琢如磨"，形成一定的学术研究探讨的气氛。为提升自己，使自己的意见更容易被皇帝采纳，他们势必要广采百家，相互吸收，于是形成了一种特有的郎官学术的风格，那就是"融合百家，知当世务"，这一风格深深地影响了中央儒学和汉代学术。

总之，相对外朝公卿皆武力功臣质而少文，汉兴以来在内朝皇帝左右，一直活跃着一个学术性较强的郎官文化群体，在内咨议谏争、辅天子之阙，外出为长吏，则安抚百姓、翼戴汉宗。因着他们使大汉文治虽日不暇给，规模已日渐宏远，儒学也在他们中间孕育成长。

（三）博士与儒学在外朝的萌兴

考汉初中央朝学术，钱穆云"学术之不绝如线"，[①]高祖诸臣，内有陆贾等儒者贤士大夫，外有叔孙通、张良、陈平、韩信、张苍，亦多通文学、习诗书。高祖为人，《史记》《汉书》咸称之"大圣"，其远见卓识自有过人之处。其有天下之初，就力排众议，抑曹参而力举萧何，委之以相国重任，乃在于其明律令图书，"具知天下阨塞，户口多少，强弱之处，民所疾苦者"（《史记·萧相国世家》），是时大汉文治已现端倪。待命"萧何次律令，韩信申军法，张苍定章程，叔孙通制礼仪"，虽日不暇给，规摹已见弘远。然毕竟公卿皆武力功臣，学术之在外朝，如钱穆所云："坠绪微茫，不绝如缕，盖仅足以当前世学术之残影耳。"[②]直至文帝时，才学者益出，外朝博士学术亦始萌兴。

博士战国始有，至秦统一后，有博士七十人，钱穆认为其源于战国时期稷下学宫，"不治而议论"。[③]高祖拜叔孙通为博士，号为稷嗣君，博士于汉始见。其居任期间主要活动是与山东诸儒三十余人，及弟子百余人为汉草具朝仪。礼成，七年，拜通为奉常，旋为太子太傅，终高祖世博士不复见。《史记·孔子世家》："鲋弟子襄为孝惠帝博士，迁为长沙太守。"则

---

① 钱穆：《秦汉史》，北京：生活·读书·新知三联书店，2005年，第76页。
② 钱穆：《秦汉史》，北京：生活·读书·新知三联书店，2005年，第77—78页。
③ 钱穆：《两汉博士家法考》，《两汉经学今古文平议》，北京：商务印书馆，2001年，第185页。

博士于惠帝时始见。吕后时无闻，至文帝时，博士的记载则日见增多。《汉书·楚元王传》："文帝时，闻申公为《诗》精，以为博士。"《贾谊传》："廷尉乃言谊年少，颇通诸家之书。文帝召以为博士。"《晁错传》："孝文时，……太常遣错受《尚书》伏生所，还，因上书称说。诏以为太子舍人，门大夫，迁博士。"《儒林传》又云："伏生教济南张生，张生为博士。"亦当在文景时。又《儒林传》曰："韩婴，文帝时博士。"又《郊祀志上》："明年，黄龙见成纪。文帝召公孙臣，拜为博士。"此孝文时为博士姓名可考者。而刘歆《移太常博士书》云："汉兴，至孝文皇帝，天下众书，往往颇出，皆诸子传说，犹广立学官，为置博士。"赵歧《〈孟子〉题辞》亦云："孝文欲广游学之路，《论语》《孝经》《孟子》《尔雅》皆置博士。"《汉旧仪》更云："文帝时，博士七十余人，朝服玄端，章甫冠，为待诏博士。"此可见至文帝时博士已基本恢复秦时规模。据《文帝纪》《郊祀志》，这些博士的学术活动较活跃的时期，主要在文帝十四年至后元元年这四年间。时灌、降之属相继去世，朝廷开国大功臣几近殆尽。十四年冬，匈奴寇边，"遣三将军军陇西、北地、上郡，中尉周舍为卫将军，郎中令张武为车骑将军，军渭北，车千乘，骑卒十万人"。借此之机，文帝用其心腹掌握了首都及全国的军事，从而掌控了全国军政大权。帝位巩固后，遂欣然在文治上欲有所作为。是年春下《增祀无祈诏》："诏有司增雍五畤路车各一乘，驾被具；西畤、畦畤寓车各一乘，寓马四匹，驾被具；河、湫、汉水，玉加各二；及诸祀皆广坛场，圭、币、俎豆以差加之。"十五年九月，"诏诸侯王、公卿、郡守举贤良能直言极谏者，上亲策之，傅纳以言"。(《汉书·文帝纪》)又按《郊祀志》：

　　(文帝十四年)鲁人公孙臣上书曰："始秦得水德，及汉受之，推终始传，则汉当土德，土德之应黄龙见。宜改正朔，服色上黄。"时丞相张苍好律历，以为汉乃水德之时，河决金堤，其符也。年始冬十月，色外黑内赤，与德相应。公孙臣言非是，罢之。

　　明年，黄龙见成纪。文帝召公孙臣，拜为博士，与诸生申明土德，草改历服色事。其夏，下诏曰："有异物之神见于成纪，毋害于民，岁以有年。朕几郊祀上帝诸神，礼官议，毋讳以朕劳。"有司皆曰："古者天子夏亲郊祀上帝于郊，故曰郊。"于是夏四月，文帝始幸雍郊见五畤，祠衣皆上赤。

赵人新垣平以望气见上，言"长安东北有神气，成五采，若人冠冕焉。或曰东北神明之舍，西方神明之墓也。天瑞下，宜立祠上帝，以合符应。"于是作渭阳五帝庙，同宇，帝一殿，面五门，各如其帝色。祠所用及仪亦如雍五畤。

文帝十五年夏四月，文帝亲拜霸渭之会，以郊见渭阳五帝。五帝庙临渭，其北穿蒲池沟水。权火举而祠，若光辉然属天焉。于是贵平至上大夫，累赐千金。而使博士诸生刺《六经》中作《王制》，谋议巡狩封禅事。整个郊祀、制礼、改历、更服色等活动都搞得红红火火。博士们不仅参与上述活动大展身手，并制定带有汉家宪法性质的《王制》，大有对帝国从头到脚进行彻底改造的态势。但好景不长，文治活动遭到了以张苍、申屠嘉等代表的功臣残余势力的反对，并伺机揭发了活动中重要人物新垣平的造假行为。文帝兴文失败。关于新垣平案，《汉书·文帝纪》曰："后元年冬十月，新垣平诈觉，谋反，夷三族。"《郊祀志》又云："人有上书告平所言皆诈也。下吏治，诛夷平。"两外记载有很大出入。所谓谋反，显见是狱吏欲重其罪而枉加，为凸显其整个活动的非法性。这使文帝颜面扫地，大为难堪，倍受来自公卿朝臣的压力，不得不于当年三月下《求言诏》，承认其决策的失误：

间者数年比不登，又有水旱疾疫之灾，朕甚忧之。愚而不明，未达其咎。意者朕之政有所失而行有过与？……夫度田非益寡，而计民未加益，以口量地，其于古犹有余，而食之甚不足者，其咎安在？无乃百姓之从事于末以害农者蕃，为酒醪以靡谷者多，六畜之食焉者众与？细大之义，吾未能得其中。其与丞相、列侯、吏二千石、博士议之，有可以佐百姓者，率意远思，无有所隐也。（《汉书·文帝纪》）

政策再次回到以农为本、重质少文上来。至此之后，正历、服色、礼制之事，"孝文帝废不复问"（《史记·封禅书》）。初欲用事文治即遭受重大打击，此事对文帝夫妇心理影响至深，此后窦太后好黄老不喜儒当与此事有极大的关系。进入景帝朝，博士之在中央似进入了一个低谷，不复有文帝时规模。文献可考者仅数人，见《儒林传》：辕固，齐人，以治诗为景帝博士。胡毋生，字子都，齐人，以治《公羊春秋》为景帝博士。又董仲舒亦孝景时博士。《史记·儒林列传》"及至孝景，不任儒者，而窦太后又好黄老之术，故诸博士具官待问，未有进者"，也正印证了这一现实。前文已指出，文帝时汇集中央的一些儒者，很可能在这一时期游学于河间，在那里大展身手，促进了河间儒学的兴盛。

虽然儒学在中央遭受了景帝朝的顿挫，博士学术也进入了一个低谷，但经过汉兴以来的孕育与发展，内外交映，儒学在中央已有一定基础，在顿挫与低谷中正蓄积着更大的力量。与此同时，在河间王国中儒学的发展正如火如荼。这些都预示着一个属于儒学的兴盛时代即将来临了。

二、汉武帝与中央朝学术的繁荣

如司马相如所说："盖世必有非常之人，然后有非常之事；有非常之事，然后有非常之功。"（《汉书·司马相如传》）非常时代呼唤着非常之人，汉武帝，作为一代雄主便应运而出。他继承和发扬了汉家传统，内宠郎官侍从之学，外立博士《五经》学官，罢黜百家，独尊儒术，学术归于一统。于是朝廷内外崇论宏议，兼宗载籍，穷微阐奥。儒学终于迎来了它兴盛繁荣的时代。

（一）汉武帝性格和学术思想的形成

研究武帝性格和学术思想的形成，综览《史记》《汉书》，有几个事件和人物是我们必须要注意的。这些事件和人物交织在一起，深刻地影响了武帝性格和学术思想。

一是嗣君之争与其母王氏的影响。《史记·外戚世家》较详细地记载了武帝母亲的身世和出生经过：

> 王太后，槐里人，母曰臧儿。臧儿者，故燕王臧荼孙也。臧儿嫁
> 为槐里王仲妻，生男曰信，与两女。而仲死，臧儿更嫁长陵田氏，生
> 男蚡、胜。臧儿长女嫁为金王孙妇，生一女矣，而臧儿卜筮之，曰两
> 女皆当贵。因欲奇两女，乃夺金氏。金氏怒，不肯予决，乃内之太子
> 宫。太子幸爱之，生三女一男。男方在身时，王美人梦日入其怀。以
> 告太子，太子曰："此贵征也。"未生而孝文帝崩，孝景帝即位，王夫
> 人生男。

王氏是扶风王仲之女，名娡。其母臧氏是楚汉时期燕王臧荼（故燕将，为燕旧贵族，高帝继位前即被诛①）的孙女。虽家道中衰，沦落民间，但毕竟出身显贵，见过世面，非一般民间女子。作为少年时曾亲历荣华与衰败的贵族后裔，难免有着重拾旧日光荣的渴望。因此，在术士的指点下，果断地将已嫁女儿王氏夺回，纳入太子宫中，进行她向贵族生活的一搏。②熟习宫廷生活的臧氏对王氏寄予厚望，精心教其处事应对，而相士姚翁既为谋首，亦必以惯用术数，教唆其如何利用汉家神话来为自己篡取人位。工于心计的王氏也不负所望，很快得到太子刘启的宠爱。"梦日入怀"的神话，与其说是事实，不如说王氏工于心计，改版了汉家神话，为将来的嗣君和后位之争做充分的准备。因为这一神话赋予了刘彘乃天命所归，这在将来太子争夺中，一方面弥补刘彘非长非嫡的劣势，一方面还可以用天命荣光来掩盖权力斗争的阴暗。

景帝前元四年立长子荣为太子，刘彘为胶东王。对此，怀着强烈争后、夺嫡愿望的王氏虽受到打击，但并不气馁。她深明调教好刘彘，使其"类其父"

---

① 据《异姓诸侯王年表》：荼被诛在四年九月，然《高帝纪》五年春正月，有楚王韩信、韩王信、淮南王英布、梁王彭越、故衡山王吴芮、赵王张敖、燕王臧荼昧死再拜上皇帝尊号，五年九月荼被诛。

② 据《汉武故事》与《汉武帝内传》相传此术士为姚翁，王氏家族的命运与他有密切关系。王氏家族的背后一直存在着其影子。王娡嫁于金王孙，姚翁说其"天下贵人也，当生天子"，实际上是点化见多识广的臧氏，女儿容貌绝殊，何不入宫争得大位。臧氏心领神会，立从金王孙处将女儿王娡夺回，纳入太子宫，遂得幸有娠。妊娠期间，姚翁又向景帝预言王氏所生将是"刘宗盛主也"。观武帝出生神话，系文帝母薄氏生文帝故事的另一版本，很可能王娡在姚翁的指点下，编造了刘彘降生的神话，为其争夺太子和后位捞取基础，以待后变。虽然这些都是传说不足为史据，但观《汉外·外戚外》所载王娡成长始末，亦隐见有术士操作之手。

是根本，于是一方面教其明于智术，一方面教其尽量讨其父景帝的欢心。刘彘的确不负其母所望，机警过人，深得景帝喜爱，遂有了更立太子的念头。史书称："景帝亦贤之，又有曩者所梦日符，计未有所定。"[①] 出生神话也日渐发酵。机会终于出现。由于栗姬两次重大失误，基本葬送了自己的登后之路。[②] 而王氏却抓住机会，联合长公主给予栗姬致命一击，如愿以偿地当上了皇后，将刘彘立为太子。此后，为斩草除根，又掀起了一场针对栗卿之属的屠杀。直至前太子荣、太尉周亚夫等都惨遭迫害致死。

一方面深受其母的影响，刘彻的思想性格中深刻地烙下了对权谋术数的嗜好；一方面得立为太子，取得大位，刘彻又心知其位来之不正，其出身的神话在为其得登大位找到神圣合理性解说的同时，也使所有的阴暗都被这神圣的光辉掩盖，从而被朝野所服，大位得固。这也许就是其"初即位，尤敬鬼神之祀"（《史记·武帝本纪》）的深层原因。然在这样一种怪圈中越陷越深，以致终因此道祸及妻子，酿成晚年皇后、太子、女儿、孙子被自己屠戮，难免思子的凄怆。班固称其"亦有天时，非人力所致焉"，将其归之于兵祸的报应，未免唯心。细考历史，当与其母子因鬼神事得大位有着很大关系。

二是七国之乱与其父景帝的影响。研究汉武帝性格思想，不可忽视其少年时代的一件大事——七国之乱，以及在一系列政治乱象中其父景帝处理危机的总揽朝纲的作风和杀伐果断性格对之的影响。七国之乱时刘彘四岁，当时天下摇动，梁地、下坯、城阳战事接连失利，京师震恐。汉高祖所创下的基业受

---

① 见《史记·外戚世家》。此外，《汉武帝内传》《汉武帝故事》中亦有两段传说可资参证：至三岁，景帝抱于膝上，抚念之，知其心藏洞彻。试问儿："乐为天子否？"对曰："由天不由儿，愿每日居宫垣，在陛下前戏弄。"亦不敢逸豫以失子道。景帝闻而愕然，加敬而训之。他日复抱之几前，试问儿："悦习何书，为朕言之。"乃诵伏羲以来群圣所录《阴阳诊候》及《龙图策》数万言，无一字遗落，至七岁圣彻过人，景帝令改名彻。（《汉武帝内传》）年四岁立为胶东王，少而聪明有智术。与宫人诸兄弟戏，善征其意而应之，大小皆得其欢心。及在上前恭敬应对，有若成人。太后下及侍卫咸异之。（《汉武帝故事》）

② 一是长公主欲将女儿嫁于太子做太子妃，遭到栗姬的拒绝，使之在宫廷斗争中失去了强有力的盟友，王娡母子则趁机抓住了这次机会，与长公主结成姻亲，在争后的道路上得到了强有力的盟友；二也是最关键的，景帝身体不好，欲将后事托之于栗姬，希望其善待宗子，遭到拒绝。此乃景帝事关未来政局的最重要安排，将其托付栗姬，等于意属其后位，但缺乏城府的栗姬不但未意识到这一问题是多么重要，而且怒而不肯应，又言不逊。对于汉家来说，最大的梦魇就是重蹈吕后专权，杀戮宗子旧辙，因此，栗姬的行为遂使景帝打消了立栗姬的念头。

到了严峻的挑战，此时景帝身心承受着极大的压力。危难之秋，景帝一度欲御驾亲征，后因晁错被杀而未能成行。将军周亚夫受命于危难之时，整个时局如赵涉遮说周亚夫所言："将军东诛吴、楚，胜则宗庙安，不胜则天下危。"（《汉书·周亚夫传》）成败决于一人，形势相当危急。身处后宫的刘彘身历当时后宫中的紧张，感受到诸侯国给帝国中央造成的压力。这给其童年时代留下了极大阴影，因此，一旦登位，势必对王国势力心存极大猜疑，想方设法地削弱其势力。

景帝的杀伐果断从其诛杀晁错事上可以充分地看出来。晁错与景帝的关系可谓深厚，一直为景帝所依重，在太子时就被称为太子的"智囊"，有老师之恩。司马迁和班固都认为其被杀是爰盎之谋，但这只说对了一部分，更重要的是景帝从整个战略考虑而做的决断，晁错不过是其战略布局中的一个牺牲品。当时七国之兵蜂拥而起，天下皆知此乃晁错的削藩政策所致，虽为汉家基业久远考虑，但这种急刻削藩政策，不免太为激进，从而缺少足够的正当性，这不能不说是决策者的失误。诛晁错以使其成为决策失误的替罪羊，这是其一。汉家生死存亡之秋，需要君臣上下同心同德，而晁错为人峭直深刻，又被倍加宠信，自丞相申屠嘉、大将军窦婴而下多与之有隙，爰盎与之的矛盾不过是公卿大臣的代表，爰盎之要求诛晁错也反映了众大臣的心声。所以丞相青翟、中尉嘉、廷尉欧等对晁错的指控云："吴王反逆亡道，欲危宗庙，天下所当共诛。今御史大夫错议曰：'兵数百万，独属群臣，不可信，陛下不如自出临兵，使错居守。徐、僮之旁吴所未下者可以予吴。'错不称陛下德信，欲疏群臣百姓，又欲以城邑予吴，亡臣子礼，大逆无道。错当要斩，父母妻子同产无少长皆弃市。臣请论如法。"（《汉书·晁错传》）这段话对朝廷的形势及晁错的问题把握的是非常准确的，大臣们并没有指控错在削藩上的错误，而是告诉景帝错不被诛，君臣上下难以同心同德共赴危机，此其二。景帝诛晁错一个更重要的考虑是，七国之反的口号是"清君侧，诛晁错"，这是七国之反唯一的正当性和发动、凝聚人心的力量所在，今诛晁错必从人心上使七国之乱失去了最后的合理性。所以基于以上原因，景帝经过思考果断地决定诛错以"谢天下"。

这种杀伐果断有时表现为残忍，这在对待其弟梁王刘武、功臣名将周亚夫和其长子荣的事更表现出来。在七国之乱中，对待自己的亲兄弟梁王武的问题上，王夫之有一段精辟的分析，他说：

> 周亚夫请以梁委吴，绝其食道，景帝许之。梁求救而亚夫不听，上诏亚夫救梁，而亚夫不奉诏。于是亚夫之情可见，景帝之情亦可见矣。委梁于吴以敝吴，而即以敝梁。梁之存亡，于汉无大损益；而今日之梁为他日之吴、楚，则敝梁于吴恃以永安。亚夫以是获景帝之心，不奉诏而不疑。景帝之使救也，亦聊以谢梁而缓太后之责也，故可弗奉诏而不疑也。呜呼！景帝之心忍矣。（《读通鉴论》卷三）

从这件事情上，王夫之见其忍，而在后来对待自己儿子和功臣周亚夫的事上更见其残忍。景帝为身后政局稳定，是秦汉以来第一个逼死自己亲生儿子的皇帝，秦始皇虽暴戾，尚仅贬太子扶苏于北边，可见其心之忍过于始皇。而为了刘彻的帝位稳定，后又不惜网罗"反于地下"的罪名将为刘氏天下立下赫赫战功的名将周亚夫迫害致死。因此，杀伐果断可以说是景帝的突出性格，这一性格无疑对刘彻产生了重要的影响。《资治通鉴》卷十九曰：

> 上招延士大夫常如不足，然性严峻，群臣虽素所爱信者，或小有犯法，或欺罔，辄按诛之，无所宽假。汲黯谏曰："陛下求贤甚劳，未尽其用，辄已杀之。以有限之士恣无已之诛，臣恐天下贤才将尽，陛下谁与共为治乎？"黯言之甚怒。上笑而谕之曰："何世无才，患人不能识之耳。苟能识之，何患无人？夫所谓才者，犹有用之器也。有才而不肯尽用，与无才同，不杀何施！"黯曰："臣虽不能以言屈陛下，而心犹以为非。愿陛下自今改之，无以臣为愚而不知理也。"上顾群臣曰："黯自言为便辟则不可；自言为愚，岂不信然乎！"（《汉纪十一》元狩三年）

从这段记载中，可见刘彻残忍嗜杀的一面。其在位期间，公卿大臣被杀者不可胜数，仅淮南一狱，殃及士大夫竟达数万余人。所以赵翼感叹这一时期刑杀之滥时说："民之生于是时，何不幸哉！"① 武帝的嗜杀，对学术产生了两个方面的作用。一是钳制统一了思想。徐复观在论及武帝对淮南学术数万人的大屠杀时指出："几万人的大屠杀，不仅摧毁了此一学术中心，并且也阻吓消灭了知识分子在思想上、在生活上一切带有一点选择自由的可能性。"② 对淮南学术大开杀戒，更意在告诫士人，其思想必须要与中央保持一致。武帝正通过这种残酷的方式强行统一全国的意识形态，同时也钳制摧残了士人的思想。像公孙弘那样"曲学以阿世"就是典型代表。二是从某种程度上给统治集团带来生气和活力。汉武帝对所提拔的官员，采取严厉政策，动辄就是处以极刑。在中央广开仕进的条件下，这无疑为后进提供了荣升的机会，在人本能欲望的刺激下，新的人才同时又源源不断地涌进。这样从统治运行机制来说，就可以不断吸收新鲜血液，再加上"进入仕途的士人总有部分来源于社会下层，对社会有较深切的了解和丰富的社会经验，他们作为新生力量进入政权，在某种程度上给统治集团带来生气和活力"。③ 这也是在整个武帝时期，既保持思想学术的高度统一，又使整个统治集团充满活力、人才辈出的重要原因。

三是儒道之争与师友所渐的影响。刘彻的少年时代，既是汉代社会剧变的时代，也是思想不断交锋斗争的时代，这种交锋尤其发生在儒道之间。汉初，社会经济经过秦汉之交的战争已经残破不堪，需要恢复发展。秦过分使用民力，连年的战争徭役，百姓皆希望清静。加上公卿大臣多为武力功臣，质而少文，而黄老道家主张治道贵清静而无为，正好适应了他们的要求，补他们的不足。因此，一般武力功臣多好黄老之学，黄老之学也维护巩固了他们的统治地位。如前文所述，汉初黄老之学一直在朝廷中占统治地位，在民间也极为兴盛，其中一个重要原因是适合女主制政；而儒家强调有为、礼制反对女主干政，所以黄老之学与儒学之争背后是皇权与外戚势力之间的斗争。黄老与儒家一次重要的争论发生在景帝时期，在儒家代表的辕固生与道家代表的黄生之间进行，争论的焦点是汤武是否受命。《史记·儒林列传》记载了这一事件：

① ［清］赵翼著，王树民校证：《廿二史札记校证》，北京：中华书局，1984年，第58页。
② 徐复观：《两汉思想史》第1册，上海：华东师范大学出版社，2001年，第109页。
③ 马亮宽：《汉代士人与社会结构》，《社会科学》1994年第2期。

清河王太傅辕固生者，齐人也。以治诗，孝景时为博士。与黄生争论景帝前。黄生曰："汤武非受命，乃弑也。"辕固生曰："不然。夫桀纣虐乱，天下之心皆归汤武，汤武与天下之心而诛桀纣，桀纣之民不为之使而归汤武，汤武不得已而立，非受命为何？"黄生曰："冠虽敝，必加于首；履虽新，必关于足。何者，上下之分也。今桀纣虽失道，然君上也；汤武虽圣，臣下也。夫主有失行，臣下不能正言匡过以尊天子，反因过而诛之，代立践南面，非弑而何也？"辕固生曰："必若所云，是高帝代秦即天子之位，非邪？"于是景帝曰："食肉不食马肝，不为不知味；言学者无言汤武受命，不为愚。"遂罢。是后学者莫敢明受命放杀者。

　　争论由黄生挑起，目的是要让儒家就范，迫使其承认儒家存在着以下犯上的潜在威胁。而辕固生反应可谓之快，立即以一个更大的问题，即汉家是否有天命所受的问题反诘黄生，遂在这场辩论中打成了平手。之后景帝不得不做出裁决，将这一问题搁置起来。这场争论可能涉及很多问题，但史家把最核心的问题记了下来，因为这一问题涉及在理论层面上，汉家有两个重要论述没有解决，一是汉家从天而来的合理性问题没有解决，二是君臣秩序在形而上的天人关系方面的论述没有解决。这两个问题一是立国之根本，一是国家政治秩序之根本，两个问题不能在理论上加以解决，帝国根基和秩序始终都难以得到真正巩固和建立。这两个对立的问题同时存在，虽成为学术的禁区，却困扰着帝国和儒道两家学者。武帝登基伊始，便发布了对贤良文学的策问，其核心就是要解决这一问题，使两者能被完整论述的同时，它们之间的对立、紧张也能被成功地消解。董仲舒应运而出，经过苦苦思考，最终为汉家成功地解决了这一问题。

　　虽然在这次争论中，景帝似乎有点偏向道家，使儒家所强调的汤武受命成为学术的禁区，后期却明显向儒家方向转变。这从其对太子师友的安排上可见一斑。前元七年以偏向儒家的卫绾为太子太傅，儒者兰陵王臧为少傅。儒家的思想显然对刘彻产生了影响，登基伊始，就采取一系统措施隆兴儒术，他试图建立明堂这一儒家祀天祭祖、奉天行道、布教班常、朝敬诸侯的地方，以期从实践上整合汉家受天之命与建立君臣神圣秩序的关系，从而达到理想的兴太平的目的。虽然这一系列举措在儒道的斗争中，遭到以窦太后为代表的黄老道家的镇压而失败，但儒学经汉兴来在中央朝孕育与发展已有一定的基础，且地方上经河间二十多年提倡和培育，经典文献的整理，各种思想的碰撞与整合，儒学之在民间复兴如火如荼，儒道势力的消长，从整体上已出现了有利于儒家的变化。以董仲舒为代表的儒家成功解决了汉家受命与帝国秩序的矛盾，为汉家建构了"天人之学"，遂使儒家的理论最终在帝国意识形态上取得了统治地位，也在儒道之争中取得了胜利。

（二）开人才仕进之路，兴学校选举之途

如司马谈在《论六家要旨》中所指出的："《易大传》曰："天下一致而百虑，同归而殊途。'夫阴阳、儒、墨、名、法、道德，此务为治者也，有省不省耳。"（《史记·太史公自序》）先秦诸子百家说到底，其思想理论最终关切的是社会政治与治道。因此，在其思想文化所熏陶出来的士人无论出自何家何派，都对政治有着极高的热情，希望其理论和本人能在政治上大显身手。春秋战国以降，士人一直是社会政治运作中的一支重要力量。尤其是战国群雄并起以后，他们或充当各诸侯的谋士和智囊，运筹帷幄，出谋划策；或直接出仕诸侯国，参与政治、军事活动。他们拥有知识和技能，故其作用表现得十分明显，他们的向背对一个诸侯国往往起着举足轻重的作用，正如王充所说，士人"入楚楚重，出齐齐轻，为赵赵完，畔魏魏伤"（《论衡·效力》）。士人的功能和作用受到各诸侯国的重视，正所谓"得地千里，不若得一圣人"（《吕氏春秋·赞能》）。同时，由于政治不统一，广大士人为追求其价值的最大实现，奔走各诸侯、显贵之间，"士无定主"，合则留，不合则去，为谁效力全凭个人意愿，甚至出现了"朝秦暮楚"的现象。秦统一全国，建立了大一统的郡县中央集权的君主专制政权后，不可能再允许这种现象的存在。秦始皇采纳了李斯的建议，对士人采取严厉的压制措施，严禁私学传授，士人游学，议论政治，并杂烧《诗》《书》，禁百家之学，定秦法于一尊，以吏师之。此举堵塞士人的所有仕进之途，引起了士人的激烈不满。对此秦始皇采取了残酷手段进行镇压："自除犯禁者四百六十余人，皆坑之咸阳，使天下知之，以惩后。"（《史记·秦

始皇本纪》）虽然一时间万马齐喑，事态得到平息，但士人的不满与愤怒如火山的熔岩，最终借着陈胜吴广起义一发而不可收，在推翻秦的暴政中起到了决定性的作用。

汉有天下之后，吸收了秦亡的教训，从高祖刘邦开始就注意到与士人合作。虽然这一时期公卿大臣多被武力功臣所把持，但高祖通过颁布求贤诏把文学儒生、贤士大夫招揽到身边以为郎吏，并出任地方长吏等，缓解了中央政府与士人的矛盾，使社会结构上下能够保持一定通畅，对社会稳定起到了重要的作用。这些士人也在汉家得有天下和治理天下的过程中起到了重要作用，一些关键性的决策多由他们制定。从高祖以下，汉家在人才仕进方面探索与实践是很成功的。这里要特别提及与各种人才仕进制度相配套的一个重要制度——列侯就国制度。笔者认为这一制度对帝国向文治的转型以及后来人才的勃兴起到了重要作用，也为察举制度创造了条件。学界对察举制度研究已多，但研究中多未与列侯就国制度联系起来而给予重视。据《汉书·贾谊传》："然诸法令所更定，及列侯就国，其说皆谊发之。"这一制度最早由贾谊提出，在汉文帝二年实行。《汉书·文帝纪》记载：

> 二年冬十月，丞相陈平薨。诏曰："朕闻古者诸侯建国千余，各守其地，以时入贡，民不劳苦，上下欢欣，靡有违德。今列侯多居长安，邑远，吏卒给输费苦，而列侯亦无由教训其民。其令列侯之国，为吏及诏所止者，遣太子。"

文帝接受了贾谊的建议，其在位第二年便推行了这一制度。但这道诏令贯彻并不顺利，一些居住在长安的列侯并不愿意回到自己的封地，仍滞留长安。三年十月、十一月接连发生日食，遂下诏令："前日诏遣列侯之国，辞未行。丞相朕之所重，其为朕率列侯之国"，借机免去了丞相周勃的职务，让其作表率就国。此后这一制度在景帝时代被重申，成为汉家定制。这一制度的重要意义在于，不仅拔除了这些功臣们盘根在中央的势力，消除了他们对朝政的影响，还使这些功臣被纳入地方政权的管辖和监控当中。周勃回到自己的封国后："岁余，每河东守尉行县至绛，绛侯勃自畏恐诛，常被甲令家人持兵以见之。"（《汉书·周勃传》）可见这些被遣之国的列侯们的忧恐心态。列侯功臣对中央朝政的影响减弱，为新兴的士族阶层进入中央扫清障碍，为察举制度的推行，为人才云集在中央充分发挥其作用和才能创造了条件。新兴的士族阶层一旦位登列侯，其退休或离职后同样也要归国。这就造成了一种良性循环，使中央政治一直保持着一种清新的空气，不断进入权力中心的士人就不会受到旧势力的掣肘，激发了士人保持一种勇往直前的开创精神。这是察举、征召、自荐各种仕进能够畅通，造成人才辈出，推动汉社会发展的重要原因，也是汉代学术文化能够创造出辉煌成就的重要原因。汉武帝正是在此基础之上，采取一系列的措施，使人才仕进政策更为完善，士人通向最高权力中心的路也更加广泛。

1. 确立察举制度。汉代察举起先并未形成一种制度，而是由皇帝下诏在全国范围内要求公卿列侯郡国推选人才。这种制度最早要追溯到汉兴二年二月刘邦命："举民年五十以上，有修行，能帅众为善，置以为三老，乡一人。择乡三老一人为县三老，与县令、丞、尉以事相教，复勿徭戍。以十月赐酒肉。"（《汉书·高祖纪》）这一政策对缓解地方士绅的政治要求起到了重要作用，使汉家得到基层士绅的支持。三月，新城三老董公就给刘邦提出了重要建议，为义帝发丧，以项羽杀义帝的罪名征讨之，取得了战争动员道义上的主动权，为汉最终取得胜利奠定了人心方面的基础。高祖十一年，又发布了著名的举荐贤士大夫的诏令。

据徐天麟《西汉会要》："孝惠四年正月，举民孝弟力田者复其身。高后元年二月，初置孝弟力田二千石者一人。"（《西汉会要》卷四十五）这是孝悌力田初定为察举科目。文帝二年诏曰："及举贤良、方正、能直言极谏者以匡朕之不逮"察举科目出现贤良、方正、能直言极谏者。又十二年诏："孝悌，天下之大顺也；力田，为生之本也；三老，众民之师也；廉吏，民之表也。朕甚嘉此二三大夫之行。今万家之县，云无应令，岂实人情？是吏举贤之道未备也。其遣谒者劳赐三老、孝者帛，人五匹；悌者、力田二匹；廉吏二百石以上率百石者三匹。及问民所不便安，而以户口率置三老、孝、悌、力田常员，令各率其意以道民焉。"廉吏亦为考察对象。又十五年九月诏："诸侯王、公卿、郡守举贤良能直言极谏者，上亲策之，傅纳以言。"（《汉书·文帝纪》）此时策问始入察举科目之中。这样到文帝时代，察举对象的范围在不断扩大，察举的名目也在不断增多，过程也趋于规范。不过，这一时期，察举还没有作为一种制度确立，察举的内容、时间都缺乏稳定性，特别是景帝在位十六年，《汉书》未见其一次施行此举措。至汉武帝时，这一举措被重新重视，在董仲舒的建议下被制度化。

据《汉书·武帝纪》记载，汉武帝即位伊始："建元元年冬十月，诏丞相、御史、列侯、中二千石、二千石、诸侯相举贤良方正直言极谏之士。丞相绾奏：'所举贤良，或治申、商、韩非、苏秦、张仪之言，乱国政，请皆罢。'奏可"。接着又采纳了董仲舒的建议："使诸列侯、郡守、二千石各择其吏民之贤者，岁贡各二人以给宿卫。"元光元年冬十一月，"初令郡国举孝廉各一人。"岁举孝廉遂成定制。唐杜佑《通典》更载武帝时具体的明细规定："郡国口二十万以上，岁察一人；四十万以上，二人；六十万，三人；八十万，四人；……限以四科：一曰德行高洁，志节清白；二曰学通行修，经中博士；三曰明习法令，足以决疑，能按章复问，文中御史；四曰刚毅多略，遭事不惑，明足决断，材任三辅县令。"(《通典》卷十三《选举一》)由此可见，武帝所进行的察举制度已相当完备和成熟。但这一制度在实施的过程中，一些官员或未给予足够重视，或担心举人不当而遭免职，对此并不热心，遂在执行上大打折扣。汉武帝于元朔元年十一月不得不又颁布了一道非常严厉的诏书：

> 公卿大夫，所使总方略，壹统类，广教化，美风俗也。夫本仁祖义，褒德禄贤，劝善刑暴，五帝、三王所由昌也。朕夙兴夜寐，嘉与宇内之士臻于斯路。故旅耆老，复孝敬，选豪俊，讲文学，稽参政事，祈进民心，深诏执事，兴廉举孝，庶几成风，绍休圣绪。夫十室之邑，必有忠信；三人并行，厥有我师。今或至阖郡而不荐一人，是化不下究，而积行之君子雍于上闻也。二千石官长纪纲人伦，将何以佐朕烛幽隐，劝元元，厉蒸庶，崇乡党之训哉？且进贤受上赏，蔽贤蒙显戮，古之道也。其与中二千石、礼官、博士议不举者罪。(《汉书·武帝纪》)

随后公卿大臣们根据这一诏书的精神，制定了"不举孝，不奉诏，当以不敬论。不察廉，不胜任也，当免"的严厉律令。以察举孝廉为主要内容，在天下郡国选拔人才的规定在全国范围内推行开来，成为汉家的定制，并在推行的过程中不断完善。这为汉代人才辈出提供了制度上的保证，为学术昌盛奠定了人才基础。

2. 征召特殊贤才。除每年定制的察举外，为满足特殊需要，或对非常特殊的优异人才，中央政府还通过特别征召的办法来引进人才。如安车蒲轮征聘鲁申公和枚乘就是典型的例子。有时也进行大规模的征召。如元光五年，"征吏民有明当时之务，习先圣之术者，县次续食，令与计偕"。这是对各地方吏民中有特殊才能的人较大规模的一次征召。又元朔五年夏六月，诏曰："盖闻导民以礼，风之以乐。今礼坏乐崩，朕甚闵焉。故详延天下方闻之士，咸荐诸朝。其令礼官劝学，讲议洽闻，举遗举礼，以为天下先。太常其议予博士弟子，崇乡党之化，以厉贤材焉。"这实际上也是在察举岁制之外对明礼之士的一次征召。联系当时河间儒学已消散七八年，儒者分散在民间，这次征召明显带有对河间儒学的招抚。又元狩六年六月诏曰："今遣博士大等六人分循行天下，存问鳏、寡、废、疾，无以自振业者贷与之。谕三老、孝弟以为民师，举独行之君子，征诣行在所。朕嘉贤者，乐知其人。广宣厥道，士有特招，使者之任也。"又元狩五年，名臣文武欲尽，诏曰："盖有非常之功，必待非常之人，故马或奔踶而致千里，士或有负俗之累而立功名。夫泛驾之马，跅弛之士，亦在御之而已。其令州、郡察吏、民有茂材、异等可为将、相及使绝国者。"（上引均见《汉书·武帝纪》）这些都是每岁察举制之外，因特殊需要所进行的特别的征召。

3. 上书、献赋、献技艺等方式自荐。汉自高祖起，为能及时掌握天下政情，令天下吏民皆可直接上书言事，宫廷专设公车来受理。吏民可举报反事、吏治等，也可向中央提具体建议。文帝时贾山著名的《至言》就是通过这种方式上达天听的。至汉武帝时，与上述人才仕进政策结合起来，鼓励上书言事，发现贤人即以其所长，授以官职。《史记·龟策列传》曰："今上即位，博开艺能之路，悉延百端之学，能一伎之士，咸得自效，绝伦、超奇者为右，无所阿私。"如主父偃上书，朝奏入，暮即召见。同时徐乐、严安亦上书，俱召见，并说："公等皆安在？何相见之晚也！"三人皆进为郎中。主父偃在一年里则接连超迁四职。终军上书，帝奇其文，即拜为谒者。《史记·滑稽列传》载东方朔"朔初入长安，至公车上书，凡用三千奏牍，公车令两人共持举其书，仅然能胜之。人主从上方读之，止辄乙其处，读之二月乃尽。"据此可见武帝对

所上之书的重视。与此同时，献赋也是一条重要的得官途径。武帝时期的言语
侍从之臣多是以献赋得进，如司马相如、王褒等，故周勋初先生认为，通经与
献赋是汉代文人踏入仕途的两条捷径。[①] 此外献方技等也皆可得官。总之，只
要国家需要，皇帝喜好，士人献之，主动自荐皆可仕进。由于汉武帝的高度
重视，这一途径又避免了地方上的请托、官吏的阻塞等陋病，并能直达天听，
所以为士人所喜好。史载武帝初即位，"四方士多上书言得失，自衒鬻者以千
数"。(《汉书·东方朔传》)

4. 设立太学、郡国学校来培养人才。在选拔人才的同时，汉武帝建立了
人才培养制度。他接受了董仲舒的建议："故养士之大者，莫大乎太学；太学
者，贤士之所关也，教化之本原也。今以一郡一国之众，对亡应书者，是王道
往往而绝也。臣愿陛下兴太学，置明师，以养天下之士，数考问以尽其材，则
英俊宜可得矣。"(《汉书·董仲舒传》) 在长安兴办太学，立博士，以儒家经典
教授诸生。公孙弘为丞相时，太学更加完备。《汉书·儒林传》丞相弘奏曰：
"为博士官置弟子五十人，复其身。太常择民年十八以上、仪状端正者，补
博士弟子。郡国县官有好文学、敬长上、肃政教、顺乡里、出入不悖，所闻，
令、相、长、丞上属所二千石。二千石谨察可者，常与计偕，诣太常，得受业
如弟子。一岁皆辄课，能通一艺以上，补文学掌故缺；其高第可以为郎中，太
常籍奏。即有秀才异等，辄以名闻。其不事学若下材，及不能通一艺，辄罢
之，而请诸能称者……"云云。该建议被武帝采纳，这对武帝一朝走向文治起
到了重要作用。《汉书》接着说："自此以来，公卿大夫士吏彬彬多文学之士
矣。"与此同时，武帝还"令天下郡国皆立学校官"。(《汉书·文翁传》) 初步
建立了中央和地方的教育体系，为人才的不断涌现奠定了基础。

(三) 内宠郎官学术外立博士五经

武帝广开人才仕进之路，中央学者云集，人才辈出。随着内朝与外朝制度
的出现，郎官学术与外廷博士之学的界分也更加明显。在权力结构上，武帝
"削外朝之权而归之内廷"，以内朝驭外廷，在学术思想上当然也不例外，以内

① 周勋初：《王充与两汉文风》，《周勋初文集》第3卷，南京：江苏古籍出版社，2000
年，第3页。

朝郎官学术驭外廷博士儒学。"中外相应以义理之文"（《汉书·严助传》），学术思想一统于内朝，从而强化了皇帝的集权统治。此为武帝一朝学术之重要变局，虽汉兴以来已见其端倪，至武帝朝则始成规制。这一学术布局对景、武之世中央儒学的建构与发展产生了深刻的影响。笔者认为，这是我们研究景、武之世中央儒学必须重视的问题。

1. 内宠郎官学术

经过汉兴以来的削藩措施，诸侯王势力已基本不构成对中央的威胁。然则宰相独揽朝纲，皇帝孤悬于内，使皇帝很快感受到了来自宰相的威胁，于是削宰相之权，扩大皇权，便是武帝登位后所面临的重要问题。钱穆云："汉武以大有为之君，处大有为之世。年少气锐，求欲一革文景以来恭俭苟简之风。其罢黜百家，表章六经，固已见其指意之所在。而武帝当时所以斡旋朝政，独转乾纲者，则在其以文学为侍中。削外朝之权而归之内廷，此又汉制当时一大变也。"[①]为强化皇权的地位，武帝强化内朝地位，事一决于内朝，外朝只是执行其决策而已。这样，在武帝时期基本形成了以内御外的政治格局。在这种格局中，内朝郎官近侍系统的学者便成为参议决策者，直接对国家的大政方针、战略决策产生影响。恩宠倍至，权倾一时。这些学者同时也身肩着帝国学术文化构建的任务，为帝国学术文化的繁荣作出了重要贡献。这主要表现在：

（1）参与机枢处理政务，中外相应以义理之文。郎官系统作为皇帝近侍官僚系统，其本身有顾问应对、参与机枢的职能。武帝强化了这一职能，使其不再仅是私人性质的顾问，而让其代表天子意志参与朝政论辩，借助其才识使自己的意志顺利地凌驾朝政之上。而这些人也在武帝一朝的重大决策和政治活动中起到了重要作用。如主父偃，数次上疏言事，迁谒事、中郎、中大夫，岁中四迁。在他的建议下，武帝下推恩令，结果不动干戈，而藩国自析；又"尊立卫皇后的事上及发燕王定国阴事，偃有功焉"。又如严助，会稽人，因贤良对策进，被武帝擢为中大夫。建元三年，闽越举兵围东瓯，东瓯告急于汉。武帝欲发兵救之，但太尉田蚡"以为越人相攻击，其常事，又数反复，不足烦中国往救也，自秦时弃不属"。助诘蚡曰："特患力不能救，德不能覆，诚能，何故弃之？且秦举咸阳而弃之，何但越也！今小国以穷困来告急，天子不振，尚安

---

① 钱穆：《秦汉史》，北京：生活·读书·新知三联书店，2005年，第96页。

所诉，又何以子万国乎？"田蚡由是理屈，武帝"乃遣助以节发兵会稽"。严助很果敢，"会稽守欲距法，不为发。助乃斩一司马，谕意指，遂发兵浮海救东瓯"，兵未至而闽越引兵罢，遂验证了这次决策的正确。又如建元五年，闽越又兴兵击南越。"南越守天子约，不敢擅发兵，而上书以闻"。武帝"多其义"，大为发兴，遣大行王恢将兵出豫章、大司农韩安国出会稽击之。这次中央朝廷不再有异议，但淮南王却上书表达了不同意见。武帝同样遣严助难屈淮南王。(《汉书·严助传》)结果兵未至，越人杀其王郢降。这次出兵又取得了胜利，再次验证了少年天子的远见卓识。两次与大臣与诸侯决策上的交锋，无疑树立了少年天子在公卿大臣与诸侯王中的权威，从而将中央的决策渐收至其手上，巩固了其统治地位。实际上，这些决策就是经过严助这些文学侍从的仔细谋划下制定的，并在遇到阻力时由这些人亲自去实施。又会稽人朱买臣，因严助得见武帝，拜为中大夫，"是时，方筑朔方，公孙弘谏，以为罢敝中国。"武帝使买臣难诎弘，弘理屈遂置朔方郡。(《汉书·朱买臣传》)又吾丘寿王，善格武待诏，后拜为光禄大夫。丞相公孙弘奏言："民不得挟弓弩。"武帝以吾丘寿王难弘，"弘诎服焉"。(《汉书·吾丘寿王传》)

以上是武帝借助内朝郎官与公卿大臣、诸侯王在政策制定方面的交锋。借着这些交锋，武帝基本掌控了国家的决策权，使权力揽于一身。下面终军与博士徐偃的论辩则代表着郎官系统与博士系统在理论上的一次重要交锋。这次交锋，标志着武帝在学术上也开始以内朝来整合外朝，使学术一统于内朝。元鼎中，博士徐偃使行风俗，途中矫制，使胶东、鲁国鼓铸盐铁。御史大夫张汤劾其矫制大害，依法当死。徐偃遂以"《春秋》之义，大夫出疆，有可以安社稷，存万民，颛之可也"为辞，使张汤不能诎其义。武帝遂诏军问状，军直中徐偃话语软肋："古者诸侯国异俗分，百里不通，时有聘会之事，安危之势，呼吸成变，故有不受辞造命颛己之宜；今天下为一，万里同风，故《春秋》'王者无外'。偃巡封域之中，称以出疆何也？且盐铁，郡有余藏，正二国废，国家不足以为利害，而以安社稷存万民为辞，何也？"(《汉书·终军传》)一席话令徐偃理屈词穷，遂伏法。这次争论胜利的重要意义在于表明内朝不仅取得了决策的主动权，也取得了学术上的优势，学术一统于内朝。此为武帝一朝学术之重要变局。这一学术格局对汉代儒学的发展产生了深刻的影响。对于这些中外论辩之文章义理，班固在《赞》中称其"究观淮南、捐之、主父、严安之义，深切著明，故备论其语"。这些论辩本身就构成了当时学术一道亮丽的风景，其文焕然可述。不仅如此，武帝还让这些侍从外出为吏，参与一些具体的行政事务，一方面是历练他们，另一方面则是将其触角延伸至外朝结构中。如严助、朱买臣先后都担任过会稽太守；吾丘寿王为东郡都尉，且以其故不置太守；主父偃亦出为齐相。

（2）讲论六艺兼综百家，整齐帝国意识形态。武帝内朝学术取向，需要我们深入研究。钱穆根据这些文学侍从皆有辞赋之作，认为"武帝外廷所立博士，虽独尊经术，而内朝所用侍从，则尽贵辞赋。大体言之，经术之与辞赋，亦当时学术界一分野也"，[①]遂以经学和辞赋作内外朝学术之分野。更有学者根据史书所言，武帝所宠幸的这些言语侍从之臣，多习百家长短之学，从而断言"汉武帝'罢黜百家，独尊儒术'子虚乌有"。[②]千百年来人们所信奉的成语，对这些言之凿凿的质疑，一时间竟没了有力的证据来反驳。持论学者甚至只能从方法论上进行回护，认为从主流上看儒家得到了尊重，而百家被抑黜。如周桂钿认为，"离开基本倾向，抓住细枝末节，自然得不出有说服力的结论"，"汉武帝用人不拘一格，从总体上看，比较重用儒家"。[③]显然这种解释在质疑声面前，是退了很大一步。学者之所以在质疑面前没有了底气，重要的原因，一是对"罢黜百家，独尊儒术"这句话没有很好地理解。董仲舒云："臣愚以为诸不在六艺之科孔子之术者，皆绝其道，勿使并进。"所谓"六艺之科，孔子之术"，即孔子所尊奉的六艺王官之学，而非儒家的家言子学。汉武帝建立的是儒家所尊奉的六艺王官之学，是要借此建立汉家的新王官之学。所以"罢黜百家，独尊儒术"不仅罢黜了刑商道法等，也罢黜了包括《孟子》《论语》等在内的儒家的家言子学。二是对武帝在学术思想上也采取以内御外的格局没有清楚认识。如司马相如所云："且夫贤君之践位也，岂特委琐握蹈，拘文牵俗，循诵习传，当世取说云尔哉！必将崇论宏议，创业垂统，为万世规。故驰骛乎兼容并包，而勤思乎参天贰地。"（《汉书·司马相如传》）武帝所要做的就是兼容并包，让诸子百家为我所用，皆为汉家统治服务，以建构其汉家一代之

---

① 钱穆：《秦汉史》，北京：生活·读书·新知三联书店，2005年，第98页。
② 孙景坛：《汉武帝"罢黜百家，独尊儒术"子虚乌有》，《南京社会科学》1993年第6期。
③ 周桂钿：《汉武帝是否独尊儒术？——兼论思想方法诸问题》，《中国社会科学院研究生院学报》2003年第2期。

学术和一个容纳百家的庞大帝国之意识形态体系。这个意识形态体系的基础和框架，则是董仲舒借着重新诠释六艺五经所建构的大一统的"天人之学"的体系。实质上董仲舒建构的这一体系，也融合了阴阳学和其他诸子思想的内容。董仲舒在景帝朝曾做过一段时间博士，但那时主要掌古今应对，且未有重用，至武帝朝，除时间都较短的两出为诸侯相外，长期担任内朝郎官系统中的太中大夫之职。《汉书》说其"中废为中大夫"，实际上这是班固以官位大小来看荣辱得失，而未从学术升降来看董仲舒的际遇。董仲舒担任这一职务时，是对汉代学术影响最重要的时期。武帝让其长期任太中大夫，这就使内朝占据了学术上的制高点。《汉书·儒林传》曰：

> 瑕丘江公，受《穀梁春秋》及《诗》于鲁申公，传子至孙为博士。武帝时，江公与董仲舒并。仲舒通《五经》，能持论，善属文。江公呐于口，上使与仲舒议，不如仲舒。而丞相公孙弘本为《公羊》学，比辑其议，卒用董生。于是上因尊《公羊》家，诏太子受《公羊春秋》，由是《公羊》大兴。

仲舒此时应为太中大夫，江公此时所任无载，他与"董仲舒并"，或亦为太中大夫。从这段记载中，一方面可见时在内朝郎官中讲论六艺情形，一方面亦可见博士所守经术之兴衰取决于皇帝的喜好。又《汉书·刘向传》"是时，宣帝循武帝故事，招选名儒俊材置左右"，《汉书·王褒传》："宣帝时修武帝故事，讲论六艺群书。"宣帝讲论六艺，是指宣帝在内朝郎官中讲论六艺，《汉书》说修武帝故事，亦证明武帝时郎官中讲论六艺群书之风兴盛。这里讲论六艺不仅是学者间论辩与思想的碰撞，还有迹象表明，武帝曾让担任太中大夫的董仲舒在内朝教授五经，作为内朝郎官之师，也是学术领袖。《汉书·吾丘寿王传》曰："吾丘寿王字子赣，赵人也。年少，以善格五召待诏。诏使从中大夫董仲舒受《春秋》，高才通明。"由"高才通明"一词看，从董仲舒受《春秋》的可能不止寿王一人。这一传统被处处遵循武帝故事的宣帝所继承，宣帝曾为立《穀梁春秋》：

> 以千秋为郎中户将，选郎十人从受。汝南尹更始翁君本自事千

秋，能说矣，会千秋病死，征江公孙为博士。刘向以故谏大夫通达待诏，受《穀梁》，欲令助之。江博士复死，乃征周庆、丁姓待诏保宫，使卒授十人。自元康中始讲，至甘露元年，积十余岁，皆明习。(《汉书·儒林传》)

宣帝处处循武帝故事，在郎官系统中教授六艺经典也当是效法武帝所为。应当看到，武帝让这些曾习诸子百家之学的言语侍从之臣从董仲舒受学，是有深层用意的。汉武帝采纳了董仲舒的建议后，立《五经》博士、兴太学，基本确立了董仲舒所建构的"天人之学"为汉家的统治意识形态。这一儒学系统是在重新诠释六艺经典的基础上建立起来的。这些文学侍从师从董仲舒学习这些经典，不仅学习了其思想体系，也学习了其诠释经典的方法，目的是将其所学的诸子百家之学成功地融会到这一体系之中，自觉参与建构和拓展这一体系，并将这一理论体系运用到具体的政治实践中，以便将政治生活与汉家统治意识形态统一起来，实现思想与实践的统一。武帝要严助"具以《春秋》对，毋以苏秦纵横对"(《汉书·严助传》)，就是让其所学的能自觉为汉家统治意识形态服务。《汉书·艺文志》儒家类有《终军》八篇、《吾丘寿王》六篇、《庄助》四篇。这些言语侍从之臣的言论多收入到儒家类，而不是其原本所学的纵横短长之类，说明其论所归为儒家，六艺经典是其最后根据，其思想乃是包容在汉家大一统"天人之学"思想体系之中。因此，虽然曾习诸子百家的学者照样亦能被武帝所重用，但其所学必须要纳入帝国的意识形态体系之中。在政治与学术实践中，虽允许其发展创造，但必须符合意识形态的基本原则，不能逾越帝国意识形态所容忍的范围。正是在这个意义上，班固所说的"罢黜百家，独尊儒术"并非子虚乌有，而是历史事实。这些曾习百家之学的郎官们正是参与了整齐帝国意识形态的工作。

（3）造作辞赋博尽奇异，构建帝国新礼乐文化。班固《两都赋序》云："故言语侍从之臣，若司马相如、吾丘寿王、东方朔、枚皋、王褒、刘向之属朝夕论思，日月献纳，而公卿大臣御史大夫倪宽、太常孔臧、太中大夫董仲舒、宗正刘德、太子太傅萧望之等时时间作。"汉武帝内朝言语侍从之臣多有辞赋，据《汉书·艺文志》记载，司马相如赋二十九篇，吾丘寿王赋十五篇，蔡甲赋一篇，上所自造赋二篇，严助赋三十五篇，朱买臣赋三篇，司马迁赋八篇，郎中臣婴齐赋十篇，臣说赋九篇，臣吾赋十八篇。又《艺文志》有淮南王赋八十二篇，淮南王群臣赋四十四篇。钱穆据此认为："武帝外廷所立博士，虽独尊经术，而内朝所用侍从，则尽贵辞赋。大体言之，经术之与辞赋，亦当时学术界一分野也。经术为北学，集于河间，辞赋为南学，萃于淮南。武帝并驾兼收，欲跨河间、淮南而上之。"①

钱穆对武帝兴赋"欲跨河间、淮南之上"认识是比较深刻的，但将赋与经术视为内外朝学术分野，则有些问题。作赋并非仅是内朝之言语侍从之臣，公卿大臣也时时间作，并从汉初就有这个传统，如陆贾、贾谊皆有赋。一些地方长吏也曾作赋，《艺文志》就有辽东太守苏季赋一篇，河内太守徐明赋三篇。而好为赋也并非仅淮南，广川惠王越有赋五篇，长沙王群臣亦有赋三篇。总之，赋为有汉一代之文学，非常发达，《汉书·艺文志》共收录汉赋73家，1120篇，可见其创作之繁荣。从整个作者群体来看，虽然辞赋的作者和作品数量都以郎官出身为多，但所包括的面非常广泛，几乎包括了所有士大夫阶层，所以我们不能以辞赋作为与经艺的分野，因为经学家也同样作赋。

汉武帝率领言语侍从之臣大作辞赋，我们当从更深的层面来理解。汉武帝作为大有为之君，他既要有一代之学术思想，必然要求有一代之礼乐文化。而这一新礼乐文化必然要承载和光大其统治意识形态，为大一统帝国教化和社会政治秩序服务。所以汉赋与诸子百家一样，虽被武帝所重视和提倡，武帝并亲自作赋，②但它归根结底是为中央意识形态服务，使中央意识形态更能深入人心。这是我们把握内朝学术的实质。刘勰《文心雕龙·诠赋第八》：

> 秦世不文，颇有杂赋，汉初词人顺流而作。陆贾扣其端，贾谊振其绪，枚马同其风，王扬骋其势。皋朔已下，品物毕图，繁积于宣时，校阅于成世，进御之赋千有余首。讨其源流，信兴楚而盛汉矣。夫京殿苑猎，述行序志，并体国经野，义尚光大。

此处刘勰缕述了汉赋兴盛之源流，非常准确地指出了赋的作用是"体国经野，义尚大光"。班固在《两都赋序》也指出："以兴废继绝，润色鸿业"，"或

---

① 钱穆：《秦汉史》，北京：生活·读书·新知三联书店，2005年，第98页。
② 《汉书·外戚传》载其作《李夫人赋》，《文选》又选其《秋风辞》。

以抒下情而通讽谕，或以宣上德而尽忠孝，雍容揄扬著于后嗣，抑亦雅颂之亚也"。赋被汉人普遍认为是古诗之流，雅颂之亚，能够起到传统上雅颂在礼乐文化中的作用。武帝正利用这一点，试图为汉家造作新一代礼乐文化，以适应大一统郡县制的需要，来代替儒家所强调的周代封建制度下的礼乐文化。班固说："大汉初定，日不暇给。至于武、宣之世，乃崇礼官考文章，内设金马石渠之署，外兴乐府协律之事。以兴废继绝，润色鸿业。"（《全后汉文》卷二十四）武帝重视辞赋创作，正是出于构建帝国新礼乐文化的目的。

2. 外立《五经》博士

关于《五经》博士的研究已比较多，其中以王国维的《汉魏博士考》、钱穆的《两汉博士家法考》考论详博，最为著名。然综诸家所论，由于对武帝朝以内御外学术架构及《五经》博士在帝国学术中的定位认识不足，遂使一些问题聚讼不已，尚需辨明廓清。

（1）《五经》博士的定位。汉武帝接受了董仲舒的建议，建元五年立《五经》博士。这一举措对学术的影响，《汉书·儒林传赞》云：

> 自武帝立《五经》博士，开弟子员，设科射策，劝以官禄，讫于元始，百有余年，传业者浸盛，支叶蕃滋，一经说至百余万言，大师众至千余人，盖禄利之路然也。初，《书》唯有欧阳，《礼》后，《易》杨，《春秋》公羊而已。至孝宣世，复立大、小夏侯《尚书》，大、小戴《礼》，施、孟、梁丘《易》，穀梁《春秋》。至元帝世，复立《京氏易》，平帝时，又立《左氏春秋》、《毛诗》、逸《礼》、古文《尚书》，所以网罗遗失，兼而存之，是在其中矣。

《五经》博士的设立对儒学的兴盛起到了重要作用。特别是元朔五年，丞相公孙弘请为博士置弟子员后，儒学更是"传业者浸盛，支叶蕃滋"，甚至出现了"大师众至千余人"的繁荣景象。正因如此，学者在研究汉代儒学发展时，多放在对《五经》博士之学的考察上，甚至将儒学的发展等同于《五经》博士的传授源流。钱穆虽注意到武帝朝内朝与外廷学术的分别，但由于只注意到内外朝学术活动的不同，甚至视其为不同的学术分野，所以在论及儒学的发展时也主要在《五经》博士上，对《五经》博士与郎官学术之关系亦言之甚少。

在武帝的整个政治设计中，内朝驾驭外廷，内朝作为决策机构，外廷作为执行机构，执行内朝的决策。在学术思想上，武帝也同样试图以内朝学术来驾驭外朝学术。《汉书·五行志上》曰："景、武之世董仲舒治《公羊春秋》，始推阴阳为儒者宗。"又《汉书·儒林传》："仲舒遭汉承秦灭学之后，《六经》离析，下帷发愤，潜心大业，令后学者有所统一，为群儒首。"据此可知，中央儒学系统的学者，虽然大师辈出，然都统一于董仲舒为汉家建构起来的大一统"天人之学"的体系，以董仲舒为宗师。董仲舒在武帝朝所职却不是博士，而是长期担任内朝之太中大夫一职，在内朝中讲论六艺，教授吾丘寿王等郎官侍从，为内朝学术领袖。至少在董仲舒时代，内朝一直占据着学术的制高点。武帝和身边的这些郎官侍从们通过从其所学，基本上掌握了大一统"天人之学"的体系，并在此基础上进一步构建和拓展了其思想体系，使其更加兼容并包、囊括百家。学术思想上统合外朝学术，尤其是对博士《五经》系统学术的统合。这种统合也通过几方面的硬性措施来实现：其一，博士所讲之经，必须要按照皇帝所规定的经本，而这些经本，经过经师的努力，其思想体系已成为汉家大一统思想体系的一部分，为汉家新王官之学的依据；其二，讲经的博士是由皇帝亲自聘任，其思想也必须与中央保持一致；其三，所有博士弟子在擢升之前必须要接受中央的考试，即所谓的射策，而策问则由皇帝亲自制定，常常亲自审阅，评定其优劣。因此，其思想必须要符合皇帝的要求，而这一要求最基本的就是接受汉家既定的统治意识形态。且博士弟子优异者补为郎吏，接受内朝学术系统的再教育，然后才能出为长史、掾史，逐步走上公卿之路。因此，武帝朝博士《五经》学官，作为帝国新王官之学，在整个帝国学术系统中的地位，实质上，就如同其他外朝机构执行内朝决策一样，在思想意识形态方面基本执行着内朝，也即皇家的思想路线，通过教学授受，将内朝所建构起的汉家意识形态传承和普及。当然在传承与普及中，博士也会有所发明和拓展，也会与之有争论和调整，但这种发明和拓展、争论与调整都必须在帝国意识形态所能容忍的范围内，且能更好地为传播和深入人心服务。因此，《五经》博士的学术虽"支叶蕃滋"，对儒学的发展起到了重要的作用，但他们的任务更多的是传承和普及汉家的意识形态，在这一意识形态的主导下为汉家培养人才。

在处理内朝郎官学术与外廷《五经》博士的关系上，宣帝可谓深得武帝心法。《汉书》多次说宣帝遵循武帝故事，这从其立《穀梁春秋》博士过程可见。其以内朝驾驭外朝，最终规制外朝《五经》博士。宣帝学习武帝故事，首先在内朝中教授、讲习《穀梁》，精心培养郎官高材生如刘向、尹更始等十余人，耗时达十余年，最终使这些郎官们不但精通了《穀梁》，而且个个都是精通五经的通儒，从而使内朝再次占据了学术的制高点。至于宣帝何以立《穀梁》，《汉书》言是宣帝为缅怀祖父卫太子之意，承其所志。实际上这只是表面现象，宣帝兴于民间，出身微贱，又志于一揽朝纲，其尊《穀梁》有深刻用意：一者可确立从卫太子而来的统绪，从学统上强化其皇权的正统性；二者授受《穀梁》的经师儒生，皆故卫太子所部亲信，尽管学脉残落，但皆与故卫太子有很深感情，宣帝借此可培养一批忠于自己的政治势力，好驾驭朝纲。后来藩王入主的哀帝欲立古文诸经亦当是循此故事；三者也是最重要的，宣帝效法武帝故事，为独断朝纲，必须要在学术思想上驾驭外朝，从而确立和强化其极权地位。从其召开石渠阁大会，"诸儒讲《五经》同异，太子太傅萧望之等平奏其议"，亲自"称制临决"（《汉书·宣帝纪》）的做法上看，宣帝控制驾驭外朝博士学术的方法，比之武帝更是有过之而无不及。《后汉书·杨终传》曰："终又言宣帝博征群儒，论定五经于石渠阁，方今天下少事，学者得成其业，而章句之徒破坏大体，宜如石渠故事，永为后世则。"通过石渠阁会议，不但内朝郎官学术完全战胜了外朝《五经》博士，使内朝重新树立了学术上的权威，且宣帝平议五经，称制临决，[①] 五经经义一决于宣帝，"永为后世则"，使博士学术完全处在皇帝的掌控中。蒙文通说："岂以称制临决之后，博士遂莫敢持异义耶！他若文字之殊，意义之别，朝廷未之决者，其异仍自若也。"[②] 在内朝的主导下，博士所能做的恐后只能多是"文字之殊，意义之别"了。石渠阁会议后，"立梁丘《易》、大小夏侯《尚书》、穀梁《春秋》博士"，这些从内朝发展起来的学术成为中央朝的新宠，一方面实现了中央意识形态进一步扩张和调整，一方面则强化了内朝对博士经学的主导。

---

① 宣帝的这一做法被后汉所效法，召开白虎观会议亦意在立为"国宪"（参见侯外庐等：《中国思想通史》第2卷，北京：人民出版社，1957年，第223—225页）。

② 蒙文通：《经学抉原·今学第四》，《中国现代学术经典·廖平　蒙文通卷》，石家庄：河北教育出版社，1996年，第474页。

（2）师法、家法的问题。清楚了博士经学的定位，再来看博士们的师法、家法的问题就比较容易了。皮锡瑞云："汉人最重师法。师之所传，弟之所受，一字毋敢出入；背师说即不用。师法之严如此。"①又云："前汉重师法，后汉重家法。先有师法，而后能成一家之言。师法者，溯其源；家法者，衍其流也。师法、家法所以分者：如《易》有施、孟、梁丘之学，是师法；施家有张、彭之学，孟有翟、孟、白之学，梁丘有士孙、邓、衡之学，是家法。家法从师法分出，而施、孟、梁丘之师法又从田王孙一师分出者也。"②钱穆认为，"汉博士经学，分经分家而言'师法'，其事实起于昭、宣之后"，"'家法'之所以为家法者，直捷言之，则'家法'即章句也"，"有'章句'则有'师法'，凡当时所谓遵师法者，其实即守某家章句也"。③沈文倬则认为："师法、家法既都是某人的解说，它被立于学官，即是师法；未立之时，即是家法。施、孟、梁丘三家《易》说未立时为家法，故喜以'改师法'被黜；甘露三年立于学官，都是师法了。"④观诸家对师法、家法的解说，已至纷纭。笔者认为，其说虽有可取，但均不着要领。皮氏所谓汉人重师法，只道出了问题表象，并未看到问题的本质，他所言"师之所传，弟之所受，一字毋敢出入"，更是臆断。然其云"师法者，溯其源；家法者，衍其流也"，最为近之。沈氏欲袭官师、家言之辨为说，虽立意新颖，但终不为实。钱穆云章句之学起于昭、宣之后，是为事实，但他认为师法、家法起于昭、宣之后，有章句则有师法，恐亦不妥。考儒学师道承传，尊师重教传统其来已久，"师法"之说，《荀子》早已发之。虽然章句之于师法、家法关系密切，但在形成原因与时间上，当有本末和先后之别。盖武帝一朝学术一统于内朝，《五经》之学既为皇家王官之学，旨在教授皇家内朝业已建立起来的思想体系，通过其经传说记、训诂章句润色鸿业，维护和巩固大一统的意识形态。这就需要建立一定的授受规范，确保博士传授五经能按照中央意识形态的范式和框架讲授。儒家所尚师法，对皇室来讲，则使其正好能有效地掌握经师在传道授业中不越离这一法度，由是得到皇帝的重视和支持，所以孟喜改师法，遂不被宣帝任用。在汉室的支持和鼓

---

① ［清］皮锡瑞：《经学历史》，北京：中华书局，1959年，第77页。
② ［清］皮锡瑞：《经学历史》，北京：中华书局，1959年，第136页。
③ 钱穆：《两汉经学今古文平议》，北京：商务印书馆，2001年，第211、223、237页。
④ 沈文倬：《宗周礼乐文明考论》，杭州：浙江大学出版社，1999年，第466页。

励下，在实践中重师法、家法成为博士经学共同遵循的规范。这也是汉人重师法、家法的深层原因。正在这一背景下，师法、家法越来越密，遂使章句之学兴起，儒者说经动辄百万余言。《汉书·儒林传赞》云："百有余年，传业者浸盛，支叶蕃滋，一经说至百余万言，大师众至千余人，盖禄利之路然也。"又《汉书·夏侯建传》："胜从父子建，字长卿，自师事胜及欧阳高，左右采获，又从《五经》诸儒问与《尚书》相出入者，牵引以次章句，具文饰说。胜非之曰：'建所谓章句小儒，破碎大道。'建亦非胜为学疏略，难以应敌。建卒自颛门名经，为议郎、博士，至太子少傅。"又王充《论衡·程材》："世俗学问者，不肯竟明经学，深知古今，急欲成一家之学。"又应劭《风俗通义·序》云："儒者竞复比谊会意，为之章句，家有五、六，皆析文便辞，弥以驰远缀文之士，杂袭龙麟，训注说难，转相陵高，积如丘山，可谓繁富矣。"章句之学固然有论难与派别竞争的需要，但这些论难和派别竞争，都不过是为了更精密地编织汉家业已确定和建立的大一统的理论体系，为大汉统治意识形态服务。因此，师法、家法的重视，章句之学的兴起，不仅是经师对利禄的追求使然，更重要的是博士经学在帝国学术的定位就决定了其必然要形成这样一种便于帝国学控的学术发展模式。

（3）不断拓展的新王官体系。师法、家法要求博士经学严守学术尺度，但作为汉家建构理论体系的内朝学术，一直追求将所有学术都囊括在其新王官之学体系中，消解其内在的异己思想，将其新王官之学拓展为无所不包的思想理论体系。因此，在其学术的发展中，必然要进行两个方面的整合；一是在其经学内部，吸收其他学术有利拓展其思想理论体系的成分；一是直接对异己学术进行改造，消解其不利于汉家统治意识形态的成分，将其尽可能统合在思想理论体系之内，并使其思想理论充分拓展和扩张。这就要求《五经》博士必须在其师承的基础上，不断地融通其他学术，进行思想理论的拓展、重构。由于在整合异己的过程中，更多地融进了新的创见，这难免出现一些分歧，但殊途同归，都在汉家大一统的理论框架之下，并开拓和丰富了这一理论体系，因此，为帝国所鼓励，这就产生了别立为家的现象。清儒囿于门户之见，不明大汉帝国追求无所不包的理论体系的气魄，产生了不小的困惑。皮锡瑞云：

> 汉人最重师法，师之所传，弟之所受，一字毋敢出入；背师说即不用。师法之严如此。而考其分立博士，则有不可解者。汉初，《书》惟有欧阳，《礼》后，《易》杨，《春秋》公羊，独守遗经，不参异说，法至善也。《书》传于伏生，伏生传欧阳，立欧阳已足矣。二夏侯出张生，而同原伏生；使其学同，不必别立；其学不同，是背师说，尤不应别立也。[①]

　　他的困惑可以说代表了清代绝大多囿于门户之见的学者的困惑。汉代新王官之学体系拓展的另一途径，就是另立新经，对其思想进行统构，将其纳入并借助其扩张大一统的意识形态。从增立新经的先后过程中，亦可见汉家统治意识形态与之差异的程度和对之进行消解所需历史时程。五经之中，礼经博士立之最晚，立于何时尚有争议。王国维认为大、小戴礼之立尚在东汉。[②]钱穆更认为《汉书·儒林传赞》谓"礼后"，而后苍实"以齐诗为博士""孝武时虽云立《五经》博士，而礼经顾缺"。[③]兴无师在《刘向评传》中提出了质疑，力主大、小戴宣帝时已立。[④]但《礼经》之立，比之他经较晚恐是不争的事实。考其原因，盖礼学兴于河间，为河间聘求幽隐，校残补缺所成，其总体上统构于河间"天礼之学"，因而与中央儒学最难融入。故其所立也只是《士礼》部分，而对河间《礼古经》包括君王礼部分及《周官》《毛诗》制度之学，则讳莫如深，直至刘歆时代才试图将其融括于新王官体系中，但又旋即被废，从中可见河间之学与中央儒学在骨子眼里的差异和统合的难度。后世之儒不明于此，将礼学分为今文礼、古文礼，实际上，这些礼文都是河间所增积的五百篇的内容。由于这些礼文多是先秦遗文残编，保留了先秦礼学的分歧，但本质上都属于河间制度之学范畴，与中央儒学存在着很深的分歧，所以迟迟不能被立于学官。

　　综上所述，《五经》博士的增立过程，既是汉家新王官体系不断拓展和扩张的过程，也是大一统意识形态不断拓展和扩张的过程，又是汉代两大儒学系

①　[清]皮锡瑞：《经学历史》，北京：中华书局，1959年，第77页。
②　王国维：《汉魏博士考》，《观堂集林》，北京：中华书局，1959年，第186页。
③　钱穆：《两汉经学今古文平议》，北京：商务印书馆，2001年，第210页。
④　徐兴无：《刘向评传》，南京：南京大学出版社，2005年，第82—92页。

统——中央"天人之学"系统与河间"天礼之学"的系统间不断整合的过程，也可以说是中央儒学对河间儒学不断统合的过程，这一过程经刘歆和后汉诸儒到郑玄时代最终完成。

三、政治斗争漩流中帝国内外战略展开

儒学之兴并非一帆风顺，从一开始就伴随着惊心动魄的政治斗争和学术势力的冲突，也与内外形势的变化有关，又深刻地影响了汉帝国内外战略的展开。汉初以来黄老道家一直为统治意识形态，在军功集团中有深厚的基础。文帝曾一度兴儒，在黄老军功集团的反对下旋遭失败。至武帝即位之初，中央朝功卿要职仍主要被黄老权贵武力功臣所把持，但经景帝朝的打击已受到极大削弱，其势力已无法与文、景朝相比。而经高祖、文帝朝的数次招贤和六十多年民间发展，新兴士人集团作为一股强劲的政治力量，已势不可挡。也正是在这一背景下，武帝即位伊始"建元元年冬十月，诏丞相、御史、列侯、中二千石、二千石、诸侯相举贤良方正直言极谏之士"。与此同时，则是一系列人事的调整，大批士人前所未有地执掌了功卿要职。于是士人集团与黄老权贵、军功集团继文帝之后再次爆发冲突。与文帝时新垣平之变如出一辙，黄老、军功权贵们揪出这次运动核心关键人物的罪状，给予武帝和士人集团沉重一击。处于要职的郎中令王臧、御史大夫赵绾相继因罪自杀。包括丞相、太尉在内的太常、大理（廷尉）、大行令、内史等公卿要职纷纷易人。《史记·淮南衡山列传》："建元二年，淮南王入朝。素善武安侯，武安侯时为太尉，乃逆王霸上，与王语曰：'方今上无太子，大王亲高皇帝孙，行仁义，天下莫不闻。即宫车一日晏驾，非大王当谁立者！'""入朝"一词表明淮南王此次并非正常礼聘来朝，而是衔命入京。田蚡言论表明当时局势已非常危险，不仅武帝的皇位，甚至人身安全一度都受到威胁。

自高祖以来的传统，当公卿为武力功臣和皇老权贵把持的时候，皇帝主要从郎官侍从之臣中招徕士人培养自己的亲信。其时则相继出现了董仲舒、严助、主父偃、徐乐、终军、吾丘寿王等著名的近侍名臣。而与高祖以来形势不同的是，其时军功集团的势力借助窦氏集团虽可一时遮云蔽日，但总体上大势已去，非可同日而语。在严助等内朝近侍之臣的帮助下，不仅一举扭转被动局

面，在与其参议和谋划中，汉家对内对外政策的重大战略也逐次展开。如前述，这些由高祖而来具有私人性质的近侍顾问机构，一变而为皇权所依重的帝国决策机构。由是汉家内朝外朝始分，渐次形成以内驭外的朝政格局。

建元初，风云突变后，政局表面上归于平静，[①] 新的变局却在武帝和其身边的侍从中酝酿。契机终于出现，建元三年七月，闽越趁汉政局不稳之机，欲扩展自己的势力，北进以围东瓯，欲复春秋吴越霸业，进而与汉分庭抗礼。东瓯告急于汉。时朝臣上下皆欲袖手旁观听之任之。在严助等内侍之臣的谋议下，武帝力排众议做出兵援东瓯的决策。在武帝尚无法征发郡国兵的情况下，严助又孤身持节赴会稽，"会稽守欲距法，不为发。助乃斩一司马，谕意指，遂发兵浮海救东瓯。未至，闽越引兵罢"；（《汉书·严助传》）是年"东瓯王广武侯望率其众四万余人来降，处庐江郡"（《史记·汉兴以来将相名臣年表》），汉廷这种"义存危国"之举，不仅取得了军事上的胜利，更在外交和政治上取得了重大胜利。这一事件非常重要。不仅一举扭转了武帝此前内政上的被动，也深刻影响了汉帝国整个外交和对外战略。从某种意义上说，汉帝国整个对外战略转变就是从这次对外战争的胜利开始的。

对于汉武帝元光二年至太初三年（前133年—前102年）三十二年间征伐，田余庆认为，"汉武帝的全部事业，几乎都是在这三十二年中完成的"。[②]事实上，这些事业大多是在建元年间武帝和这些侍从们规划谋定的。《史记·大宛列传》：建元中"天子问匈奴降者，皆言匈奴破月氏王，以其头为饮器，月氏遁逃而常怨仇匈奴，无与共击之。汉方欲事灭胡，闻此言，因欲通使"。可见，元光二年开始汉武帝所发动对北方匈奴一系列的大规模的征伐并非偶然，因为北征匈奴的战略早在建元年间就已谋划、制定。

征北必先安南，可以说建元年间一系列向南动作都是为对北的大战做准

---

① 窦氏集团和黄老权贵最终没有废帝，主要应有几方面的原因：一是毕竟窦氏已经年迈，武帝为其亲孙，废帝之举不到万不得已是不会做出的；二是质而少文的窦氏黄老军功集团，与文多浮辩的淮南道家并非同路，刘安也决非其所意中的对象；三是当与武帝、王夫人自身的迅速转向，以及石奋等公谨廉直的景帝旧臣的努力有关，其后石氏家族被委以重任，从中可见在这次变局中的砥柱作用；最后恐怕也是最重要的原因，武帝招举天下贤良，赢得天下士人之心，其时形势黄老权贵已日暮西山，而儒学士人集团力量的崛起正如日中天，任何一股政治势力也不敢小觑这股力量，表面上政局逆转有利于黄老军功权贵，但实质上，接踵而至的天下汹汹舆情，使得黄老权贵们也不敢轻易做出过激之举。

② 田余庆：《论轮台诏》，《历史研究》1984年第2期。

备。如班固所指出的："孝武之世，图制匈奴，患其兼从西国，结党南羌……通西域，以断匈奴右臂，隔绝南羌、月氏。单于失援，由是远遁，而幕南无王庭。"（《汉书·西域传下》）对匈奴整个战略，都是围绕着征北安南、通使西域，断其右臂战略，持续而清晰地层层展开的。而这一战略基本上是在建元年间制定的。

从元光年间的战略进展来看，汉家的战略意图非常清晰：主要分为四个阶段展开。第一阶段：准备阶段。主要为即将来到的汉匈大战作准备。我们可将之概括为征北安南，通使西域，断其右臂的战略。如前文所述，重点以南越为目标。南越据山川之险，其力量绝不可小觑。据《淮南子·主术训》记载，秦始皇二十六年南征百越，"使尉屠雎发卒五十五万为五军"才略定南越，可见其时越人的势力。而在秦末之乱中，这批秦兵精锐大多滞留在南越，亦构成了南越的重要力量。高后时，南越曾发兵攻长沙边界，败数县。《史记·南越列传》："高后遣将军隆虑侯灶往击之。会暑湿，士卒大疫，兵不能逾领。岁余，高后崩，即罢兵。佗因此以兵威边财物赂遗闽粤、西瓯、骆，役属焉。东西万余里。乃乘黄屋左纛，称制，与中国侔。"这次战争使汉家损失惨重，不得不从攻势转为防守，直到文帝时仍有重兵在长沙边界守护，长沙南部仍处于战后破败的景象。[1] 可见南越对汉的威胁一直存在。对于主要目标放在征讨匈奴的汉武帝来说，此时不可能集中大规模力量，也无胜算的把握来对付南越。最好的策略，就是震慑与安抚同时进行，稳住其力量，让其不愿也不敢从后方袭扰汉边，以免汉军陷入两面作战困境和危险中。建元六年征讨东部闽越，并以兵威风晓南越，元光年间经略西南夷，欲设置郡县加以控制，从而对南越构成威慑和钳制，正是这一战略清晰实施。后因道路开通代价太大，引发巴蜀骚乱，为"专力事匈奴"，遂"罢西夷，独置南夷两县一都尉，稍令犍为自保就"。（《汉书·西南夷传》）然其时武力向东南、西南延伸，威服东越、西南夷、震慑钳制南越，以稳定南方的战略目标已经实现。

而在北方则主要针对匈奴，通使西域寻求盟友，以绝其"兼从西国"之患，至少能让其作壁上观，以断其后援。也有迹象表明，在派遣张骞出使西域的同时，汉家在东北方向也有活动，而且更加巧妙和顺利。元朔元年，东夷薉

---

[1] 参见熊传薪：《关于〈驻军图〉中的有关问题及其绘制年代》，见湖南省博物馆编：《马王堆汉墓研究文集》，长沙：湖南出版社，1994年，第154—160页。

君降，为苍海郡。对此，《史记·平准书》云"彭吴贾灭朝鲜，置沧海之郡"，《汉书·食货志》则曰"彭吴穿秽貊、朝鲜，置沧海郡"，可见彭吴并非普通的商人，和张骞一样肩负着帝国北征匈奴的战略任务，从两翼阻断匈奴后援，并形成对匈奴作战的钳夹之势，同时防止在进攻匈奴时，汉军侧翼受到威胁。第一阶段的战略准备和目标总体进展顺利，在元光年间可以说基本实现。

接下来即进入了战略的第二个阶段，即与匈奴的正面交锋。从《汉书·武帝纪》的记载看，对匈奴的作战主要在元朔至元鼎年间。这一阶段又可分为战略守势和战略进攻阶段。守势主要在元朔年间，这一阶段用兵相对比较谨慎，多数情况下是被动迎击或报复性的出击，兵行有明显的节制，轻易不敢深入到匈奴腹地，克获也比较小。而在元朔末，情况发生了变化，经过几次交锋，汉家将士得到了历练，整体战力无疑得到提升，特别卫青、霍去病的军事才能得以展露。战争因此由试探性的交锋转向了战役性对决。元朔末年卫青帅六将军深入匈奴的腹地"大克获"，取得了军事上重大胜利。此后，对匈奴的战争，由卫青、霍去病主导，分别在元狩二年、四年取得对匈奴战争的决定性的胜利，获敌首虏达十一二万级，迫使敌昆邪王率众四万余人来降。匈奴自此元气大伤。而汉家的第二阶段的战略目标也基本实现。

当匈奴的力量受到沉重打击，征北目标阶段性完成，便进入了战略目标的第三阶段，那就是通过和平或武力的方式一劳永逸地解决两越问题。两越一旦不复存在，西南夷自然顺势纳入汉家的版图。实际上在对北征伐越来越顺的情况下，南向战役也一直在精心准备。为了熟悉水战，汉廷不惜耗费巨大人力物力于元狩三年凿昆明池造楼船以练习水战。在后来征服两越的过程中，楼船将军杨仆、横海将军韩说所率水军起到了决定性的作用。与此同时，通过通使礼聘往来，军事和民间力量渗透，汉家已把两越的军事地形地貌，气候特征了然于胸。这从后来选择战役的时间和进军的路线都清晰可见汉军对两越地理和气候的谙熟。这就使得吕后时期因气候问题而出现的人员严重损耗不复再现。战事进展也异常的顺利，以摧枯拉朽之势平定了两越和西南夷，自此将南方大片土地自此纳入大汉版图，终结了帝国来自南方的威胁。

由是帝国对外战略就进入了最后阶段，经略西北的阶段。如《汉书·武帝纪》，元封元年封禅大典前夕诏书所云："南越、东瓯咸服其辜，西蛮、北夷颇未辑。"这一阶段重点向西北推进。因为这里有匈奴广袤的腹地，而且分布着西域各国的势力，"本三十六国，其后稍分至五十余，皆在匈奴之西，乌孙之南。南北有大山，中央有河，东西六千余里，南北千余里"（《汉书·西域传上》）。其中有数国胜兵达十万以上。匈奴一旦"兼从西国"仍构成汉家巨大威胁。而汉家军事力量如能进入威服这一地区，"隔绝南羌，断其右臂"的战略目的就得以彻底实现。在适当的时候更可发动西域盟友，给予匈奴右部腹地致命地打击。① 并且"既连乌孙，自其西大夏之属皆可招来而为外臣"（《汉书·张骞传》）。对此田余庆先生有很好的分析：

> 由于其时西域境内不存在足以对抗匈奴的汉朝军事力量，乌孙不愿在匈奴和汉朝这两大势力之间偏向汉朝，所以张骞于元鼎二年（前115年）无功而返。这种情况使汉朝明了，要使乌孙接受和亲，还需要在河西走廊之西，即西域的东部，有一个足以支持西域诸国抗拒匈奴的据点。于是而有元封三年的楼兰之役。②

楼兰之役后，"因暴兵威以动乌孙、大宛之属……于是汉列亭障至玉门矣"（《汉书·西域传上》）。汉兵威西渐，乌孙乃于元封六年接受和亲。然则汉朝招徕大夏之属以为外臣的目的并没有达到。《张骞传》谓："任大宛以西皆自恃远，尚骄恣，未可诎以礼，羁縻而使也。"因此，军事上出现了向西再进一步的需要，而处于北连乌孙西接大月氏战略要冲的大宛便被选定为进攻的目标，大宛之战就如箭在弦了。对于汉武帝的西进战略，田余庆先生概括为：

> 汉朝向西域推进，大体的程序是，先是军队向西占领据点，然后是在据点的后方修筑亭障，在据点的前方向更西的区域扩大声威。元封三年征服楼兰、姑师，然后有：一、元封四年自酒泉"列亭障

---

① 在宣帝本始三年，"汉兵大发十五万骑，五将军分道并出"，"遣校尉常惠使持节护乌孙兵。昆弥自将翎侯以下五万骑，从西方入，至右谷蠡王庭，获单于父行及嫂、居次、名王、犁汙都尉、千长、骑将以下四万级，马牛羊驴橐驼七十余万头"。（［汉］班固：《汉书》卷九十六《西域传下》，北京：中华书局，1962年，第3905页）给匈奴以重大打击。
② 田余庆：《论轮台诏》，《历史研究》1984年第2期。

至玉门"；二、"因暴兵威以动乌孙、大宛之属"。太初三年降大宛，然后有：一、天汉元年"西至盐水往往有亭"；二、"风谕〔宛西诸国〕以伐宛之威"。汉朝势力向西发展经历了两个阶段，即元封和太初；两个步骤，即楼兰之役和大宛之役。这是战略形势使然。第一步骤指向楼兰、姑师，决定于地理条件。至于第二步骤，可以指向大宛，也可以指向大夏，还可以指向近旁它国。汉武帝终于选定大宛为目标，……①

而准备西进的一系列战役前则是要先解决另一翼从后方可能的袭扰，即已经营了多年的东北朝鲜问题。这其实与西进战略异曲同工，即对可能再度崛起的匈奴防其兼从东国，断其左臂，同时对其构成来自两翼的压力。于是元封二年秋发动了对朝鲜卫氏政权的攻势。战争虽然一波三折，由于最初的挫折和战将不和而拖延，但第二年夏，朝鲜人杀其王右渠以降，最终结束了战斗。②是后，便发动了楼兰、姑师之役。而西进的战略也由此全面展开，是有大宛之役，第四阶段的战略目标基本完成。

而与"师行三十余年"对外战略相表里则是内部秩序的展开。这里也可清晰看到帝国内政逻辑的演进。这一过程中也看到这些侍从之臣对决策的参与，其结构变化直接影响了帝国政策的变化。从元光元年至太初四年（前134年—前101年）的三十余年间，我们可清晰地看到，与对外战略相表里，汉武帝和他的侍从们在很长的一段时间里都坚持贯彻着一张一弛的文武之道。无论整体的战略布局，还是阶段性的战略步骤的实施，抑或是具体的大的战役前，都做足了内政方面的准备。通过梳理武帝年表的事功，我们也可清晰地看到汉武帝对外事业的巅峰是在元封三年，其内政的拐点则是出现在元封元年。以这一年为界，在此之前帝国文治基本上沿着文教、人才仕进和社会经济三大方面有序地展开。在文教方面，按班固的总结，"孝武初立，卓然罢黜百家，表章六经。遂畴咨海内，举其俊茂，与之立功。兴太学，修郊祀，

---

① 田余庆：《论轮台诏》，《历史研究》1984年第2期。
② 起先是楼船将军杨仆所率齐卒，"入海已多败亡"，最后登陆仅七千人又寡不敌众败散；而左将军荀彘所率燕代卒也在最初的攻势遭遇挫折。之后又是二将不和拖延了战事，直到第二年夏，才结束了战事。

改正朔，定历数，协音律，作诗乐，建封禅，礼百神，绍周后，号令文章，焕焉可述。后嗣得遵洪业，而有三代之风"（《汉书·武帝纪》）。可以说这些举措基本都是在元封元年以前完成：罢黜百家，立《五经》博士，在建元五年；畴咨海内，举其俊茂，自武帝即位以来几未停止，然制度性举孝廉则在元光元年，在元朔元年加以重申并制定相应奖惩措施；兴太学，则是在元朔五年；修郊礼，在元鼎五年；协音律，作诗乐，则在元狩年间以后渐次展开；最终将其文治推向顶峰的则是元封元年的封禅大典。而这些文教措施中，尤为重要者还是立太学等学校之官，州县举茂才、孝廉的察举制度之设，其影响不仅为帝国源源不断地提供了官僚队伍，其意义更在于使帝国中央与民间社会在文化教育、阶级流动和道德教化上建立了直接联系，在中央政治风气与民间社会道德之风间建立了良性互动。

在文治上的成功不仅促成儒学的勃兴，也为战争巨大耗费所导致一系列严重的社会经济问题的解决延缓了空间，使社会在尖锐的矛盾中不至像秦一样迅速崩解。而面对严重的经济困难和社会矛盾，政府的财税收入绝大多数用在了对外战争和救济灾民方面，甚至"贫者畜积无有，皆仰县官"（《汉书·食货志下》）。从元光元年到元封元年经历几次大自然灾害，一次是元光二年黄河迁流与决濮阳，泛十六郡所导致的水灾；二次是元狩四年，山东被水灾，民多饥乏；三次是元鼎二年春夏雨雪灾，关东饿死者以千数。面对这样的自然灾害，汉武帝每次都会遣使巡行"无令重困"，存问鳏寡废疾，"虚郡国仓廪以振贫"。元狩四年更徙关东贫民至陇西、北地、西河、上郡、会稽等地凡七十二万五千口，而这些人都"县官衣食振业，用度不足，请收银锡造白金及皮币以足用"。（《汉书·武帝纪》）元鼎二年则令下巴蜀之粟救之。而在治理黄河水患时，武帝甚至亲临黄河决堤处，命将军以下皆负薪塞河堤。面对帝国巨大的财政困难，救灾压力，武帝更表现了与黎庶共克时艰的精神，"县官不给，天子乃损膳，解乘舆驷，出御府禁藏以澹之"。（《汉书·食货志下》）也正是因为这些得当的措施，文治与武功一张一弛双管齐下，使得帝国承受巨大压力下得以度过重重危机，其既定的战略目标得以一一实现。而元封元年桑弘羊"为治粟都尉，领大农，尽代仅管天下盐铁。……置平准于京师，都受天下委输。……如此，富商大贾无所牟大利，则反本，而万物不得腾踊。故抑天下物，名曰'平准'"。"弘羊又请令吏得入粟补官，及罪人赎罪。令民能入粟甘泉各有差，以复终身，不告缗。他郡国各输急处，而诸农各致粟，山东漕益岁六百万石。一岁之中，太仓、甘泉仓满。边余谷诸物均输帛五百万匹，民不益赋而天下用饶。"（《汉书·食货志下》）经过桑弘羊的改革后，汉家的财政问题终于解决。

但财政问题的解决，使武帝再无顾忌，从此走上了奢华浪费，沉迷求仙问道的下坡之途。"于是天子北至朔方，东到太山，巡海上，并北边以归。所过赏赐，用帛百余万匹，钱金以巨万计，皆取足大农。"（《汉书·食货志下》）而由"好鬼神"所引发的一场巨大政治危机——巫蛊之祸已悄然而至，几乎动摇了帝国的根本。而在这场内外危机所导致的社会剧烈动荡与深刻变迁中儒学悄然发生了变化。

下 编

文献、思想与儒学建构

第四章 历史记忆的断裂、成长与重构
——汉初成书复典运动

讨论封建郡县转型中儒学的文献与建构的问题，实质上所面对的是中国学术史上旷日持久的经今古文之争的问题。河间儒学古文经学为主，中央帝国儒学则是今文经学，这个毫无疑问。但问题是，在现代科学思潮影响下，疑古运动以摧枯拉朽之势掀起了中国史学、经学的革命，无论古文经学还是今文经学都在其冲击下轰然倒塌，儒学因之成为无处归栖的"游魂"。[①] 面对如此大的冲击，传统信古一派则竭力辩护和拒斥，然终究有违于现代科学不获于当世。而释古一派则通过"二重证据法"的方式，根据出土与传世材料的相互解释以重建古史和确认经典的价值，于当代影响最大并渐至主流。然则考古材料的有限性和解释的趋同性注定了这一方法的先天缺陷。而这一方法在西方世界早在 20 世纪七八十年代已为考古学界所摒弃，我们仍旧裹足不前，末流更假借

① 对此，余英时说："现代儒学的困境则远非以往的情况可比。自19世纪以来，中国社会在西方势力冲击之下开始了一个长期而全面的解体过程；这个过程事实上到今天还没有走到终点。由于社会解体的长期性和全面性，儒学所面临的困境也是空前的。"余英时并将现代儒学的境遇比作"游魂"，"让我们用一个不太恭维但毫无恶意的比喻，儒学死亡之后已成为一个游魂了"。针对近些年来海内外出现的儒学热的问题，余英时说："眼前的趋势则是很清楚的：一方面儒学已越来越成为知识分子的一种论说（discourse），另一方面，儒家的价值却和现代的'人伦日用'越来越疏远了。这是我用'游魂'来描述儒学现况的主要根据。"（分别见余英时：《现代儒学的困境》，《现代儒学的回顾与展望》，北京：生活·读书·新知三联书店，2004年，第53—54、56页；余英时：《现代儒学论·序》，上海：上海人民出版社，1998年，第6页）

科学名义急速地向信古时代滑退，不能不令人担忧。本章则拟在吸收"集体记忆"这一现代理论的科学成分的基础上，通过对春秋以降封建、郡县社会结构变迁运动中儒学的创生和不同历史记忆的建构，以及今古文经学文本经历历史记忆的断裂、成长与重构的考察，科学地面对旷日持久的今古文之争、近代疑古运动中"层累造成的中国古史"等重大理论问题，并提出"层累成长的中国古史"这一新的理论，以期为现代经学与儒学立定坚实基础。

一、疑古、信古与释古

（一）近代疑古运动

关于疑古运动的兴起，童书业先生曾将其概括为三个来源："第一个便是胡适的实验主义的'考据学'，第二个是康有为一派的今文经学，第三个是乾嘉考据学派的支流崔东壁的'疑古'史学。"[①] 陈其泰先生则又将这三个来源概括为两个：一是传统学术中疑古风气的发展；二是"五四"时期中西学术交融出现高潮的产物。[②] 事实上，无论是传统学术影响还是西方学术冲击，二者都有一个共同的特点，就是指承载古史的经典的合法性和正当性。其主要途径一是考证经典成书的晚近，进而否认和质疑其所承载古史的真实性，从而否定经典的真实性；二是由经典成书晚近否认经典非传统所指称的圣人之作，从而否认经典的权威和价值。中西方概莫如此。早在启蒙运动时期，霍布斯、斯宾诺莎等人就对基督教最重要的经典之一《摩西五经》成书于摩西之手提出了质疑，从而开启了西方经学领域的疑古运动，至威尔豪森（Julius Wellhausen，1844 年—1918 年）而达至高潮，通过历史考证的方法，系统地论证了《摩西五经》乃是成书于比希伯来其他各卷更为晚近的流放后这一事实，并由是推动了一个专门学科——圣经批评学（Biblical Criticism）在西方的确立。不过，与中国不同的是，西方疑古运动从一开始就与启蒙和理性主义相伴随，是启蒙运动向西方传统文化和学术核心领域深化，虽然有反宗教政治权威的成分，但

---

① 童书业：《批判胡适的实验主义考据学》，《胡适思想批判》第3辑，北京：生活·读书·新知三联书店，1955年，第249页。
② 陈其泰：《"古史辨派"的兴起及其评价问题》，《中国文化研究》1999年第1期。

总体上学术理性大于政治，特别是进入专业的圣经批评学时期，学术更占据了绝对主导地位。在中国这一运动则导源于不同政治派系的斗争，尽管其中也不免有怀疑精神，但与启蒙无涉。渊源可追自宋代，一些儒者对部分古文经典（尤以《周官》为甚）开始发难，质疑指斥其为刘歆助王莽篡汉而伪造，借此打击拥趸这些经典的政治对手，给其贴上不齿的政治道德标签，以全盘否定经典的价值。这一路数一直延续至晚清，至康有为集大成，整个古经系统都被贴上了"新学伪经"，即"刘歆助王莽篡汉建立新朝之学"的政治道德的恶名。

然而康氏指证的最重要证据就是《汉书》所载的古文经典《史记》多未予以记载，从而否定这些经典的可靠性，进而将之打上新学伪书的恶名。然则对于史公何以缺文的问题，尽管钱穆等学者也给予回护，[①] 陈苏镇更从档案文献的角度予以辩说，[②] 但一直以来仍缺乏更深一层的解释。因此，有必要先厘清这一困扰近代学术史的大问题。

这就涉及史、汉历史编纂学分野的大问题。以前学者虽有论及，但都未能对此说透，因此对《史》《汉》的差异的论述也就显得简单无力。事实上，康氏在强调这一差异之前，就涉及历史编纂学的问题。在《新学伪经考》中，康氏首先强调了司马迁编者身份：

> 司马迁《史记》，统《六艺》，述《儒林》，渊源具举，条理毕备，尤可信据也。察迁之学，得于《六艺》至深：父谈既受《易》于杨何，迁又问《书故》于孔安国，闻《春秋》于董生，讲业于齐、鲁之都，观孔子之遗风，乡射邹峄，其于孔门渊源至近。孔子一布衣耳，而于《周本纪》《十二国世家》，迁皆书"孔子卒"，因尊孔子为世家。《太史公自序》曰："周室既衰，诸侯恣行，仲尼悼礼废乐崩，追修经术以达王道，匡乱世反之于正，见其文辞，为天下制仪法，垂《六艺》之统纪于后世。"《孔子世家》赞曰："言《六艺》者皆出于夫子，可谓至圣矣。"《自序》曰："孔子卒后，至于今五百岁，有能绍明世，正《易传》，继《春秋》，本《诗》《书》《礼》《乐》之际，意在斯乎，

---

① 钱穆：《秦汉史》，北京：生活·读书·新知三联书店，2005年，第83页。
② 陈苏镇：《董仲舒对策年代考》，北京师范大学史学研究所编：《历史科学与理论建设》，北京：北京师范大学出版社，1999年，第175—178页。

意在斯乎，小子何敢让焉！"其预闻《六艺》，至足信矣。①

康氏对司马迁这一尊儒崇经身份的论证，就是要确定司马迁历史编纂学的儒学立场，以说明其对儒学经典不可能漏记，进而指控和坐实《史记》之所缺记的所谓古文经典本来就子虚乌有，全系后来的歆、莽伪造。在《史记经说足证伪经考第二》一文中康氏继续说："古文诸伪经，皆托于河间献王、鲁共王。以史迁考之，寥寥仅尔。若有搜遗经之功，立博士之典，史迁尊信《六艺》，岂容遗忽！若谓其未见，则《左氏》乃其精熟援引者，'天下遗文古事靡不毕集太史公'，不容不见矣。此为无古文之存案。并《儒林传》考之，古文经之出于伪撰，'铁案如山摇不动，万牛回首丘山重'矣。"②在确立史公尊儒崇经身份的基础上，康氏指控：如果古文诸经真的存在，史公不可能不见，也不可能遗忽漏记。这一观点几被后来疑古学派完全接收，成为这一运动最重要的理论来源之一。如顾颉刚先生所说："我深信一个人的真理即是大家的真理。《伪经考》这书，议论或错误，但是这个中心思想及其考证的方法是不错的。他虽没有完工，但已指示我们一条继续工作的路。"③从某种程度上甚至可以说，整个疑古运动乃是建基于康氏这一《史》《汉》不同的理论基础之上展开的。因此厘清这一问题将助于我们重新审视近代以来整个疑古运动的根基和出发点。

事实上，康氏对司马迁尊儒崇经这一身份的确认是存在着严重问题的。早在汉代班固就业已指出其"是非颇缪于圣人，论大道则先黄老而后六经，序游侠则退处士而进奸雄，述货殖则崇势利而羞贱贫，此其所蔽也"（《汉书·司马迁传》）。这里班固的批评就涉及司马迁历史编纂学的问题，即司马迁何以要如此处理史料，司马迁对儒学究或是一个什么立场，质言之，在司马迁究竟居于一个什么样的历史编纂学立场来进行其《史记》编纂的？

在讨论这些问题之前，我们不能不考虑，遭受"李陵之祸"对司马迁整个身心及人生观、世界观的深刻影响。这是我们把握其历史编纂学的关键。李陵之祸，对司马迁的打击之深是难以想象的。之前的司马迁"少负不羁之

---

① 康有为：《史记经说足证伪经考第二》，《新学伪经考》，北京：古籍出版社，1956年，第16页。
② 康有为：《史记经说足证伪经考第二》，《新学伪经考》，北京：古籍出版社，1956年，第19页。
③ 顾颉刚：《五德终始说下的政治和历史》，《清华学报》1930年第1期，第191页。

才"，雄图壮志，是一心要作周公、孔子般的圣人的。如在《史记·太史公自序》中所言："先人有言：'自周公卒五百岁而有孔子。孔子卒后至于今五百岁，有能绍明世，正《易传》，继《春秋》，本诗书礼乐之际？'意在斯乎！意在斯乎！小子何敢让焉。"其时之踌躇满志，壮志昂扬，跃然于纸上。但遭遇李陵之祸，身下蚕室之后，从一个当世俊杰变成了为士人所不齿的宦竖，这对司马迁的打击是难以承受之重的，身心和观念发生了巨大的变化。"自以为身残处秽，动而见尤，欲益反损，是以抑郁而无谁语"，"仆以口语遇遭此祸，重为乡党戮笑，污辱先人，亦何面目复上父母之丘墓乎？虽累百世，垢弥甚耳！是以肠一日而九回，居则忽忽若有所亡，出则不知所如往。每念斯耻，汗未尝不发背沾衣也"。(《汉书·司马迁传》)在这种愤懑、羞辱与自卑交叠中，"所以隐忍苟活，函粪土之中而不辞者，恨私心有所不尽，鄙没世而文采不表于后也"(《汉书·司马迁传》)，支撑其活下来的勇气就是完成他的《太史公书》。也正是这种愤懑交叠的心态，使其历史观发生了深刻的转变，这一转变深刻地影响了《史记》的编纂。由之前的"废明圣盛德不载，灭功臣世家贤大夫之业不述，堕先人所言，罪莫大焉"，转变为"夫《诗》《书》隐约者，欲遂其志之思也。……《诗三百篇》，大抵贤圣发愤之所为作也。此人皆意有所郁结，不得通其道也，故述往事，思来者"。(《史记·太史公自序》)而这种变化集中反映在其通贯全书的"欲以究天人之际，通古今之变，成一家之言"(《汉书·司马迁传》)这一历史编纂学的理论中。

　　这一理论深刻地影响了《史记》的历史观念、认识和材料的取舍。那么我们又如何解释这句话呢？据《说文解字》："际，壁会也"，即如"两壁相合之缝也"，徐复观认为，"天人之际"就是"天与人的交界线"，而"究天人之际"就是"要穷究历史上的现象，何者是属于天的范围，何者是属于人的范围。天与人的交界线是在什么地方"。① 其说为最得，但仍不够深刻。如果说天代表人间历史嬗变的规律，那么史公最关切是这个天与人的交界线，也就是说在这一规律与人事际会的交界线上何以实现的。徐复观注意到了史公之

_____

① 徐复观：《论〈史记〉》，《两汉思想史》第3卷，上海：华东师范大学出版社，2001年，第383页。

所谓天"为人类理性照射所不及的幽暗面"。① 实际上，经历李陵之祸的打击后，在史公看来，所谓天，不过是在与人际会的界线处呈现，因此天的幽暗不过是人的幽暗的呈现。在史公看来他的任务就是考察这一幽暗以揭示古今之变的真相，这也是其所说"考之行事，稽其成败兴坏之理"，即在关键的事件中考察其成败兴坏的理路，这就是司马迁编纂历史的任务，这也即其所谓的"成一家之言"。

所以在史公的笔下，决定历史变化事件背后的幽暗总是被不厌其烦、深入细微地呈现，而对于那些被这一幽暗力量吞噬的失败者或者不幸者又总是饱含着令人唏嘘的悲壮和无尽的哀叹。这几乎在任何纪传世家中都可以看到。如"田氏代齐"，在史公的笔下清晰地呈现了田氏如何通过各种阴谋从兴起到代齐的过程，其中至为重要的一步，竟是"田常乃选齐国中女子长七尺以上为后宫，后宫以百数，而使宾客舍人出入后宫者不禁。及田常卒，有七十余男。田常卒，子襄子盘代立……使其兄弟宗人尽为齐都邑大夫，与三晋通使，且以有齐国"，从而完成了专齐政到有齐、代齐的过程。所谓天命转移背后，人类的幽暗被显露无遗。因此，在史公看来，决定历史之变的力量绝不是儒家或圣人所说的天命德义，而是 种不可告人的幽暗。而刘氏之所以能取得天下，也绝非什么正义和道德的力量。这从史公笔下刘氏蛮暴、狡诈和残酷无情最终而王中，可见这种幽暗力量的主宰所谓的天命。最典型就是史公对鸿门宴不厌其烦，甚至带有文学化笔墨的描写。在史公看来这是决定楚汉成败最为关键的一个转捩点，项羽的失败就在于太讲道德仁义，而刘邦的胜利就因其狡诈和幽暗。

出于历史现实幽暗的深刻认识，史公对儒家宣扬的那一套天命德义决定论并不信任。反映在《仲尼弟子列传》中，就是对"子贡一出，存鲁，乱齐，破吴，强晋而霸越。子贡一使，使势相破，十年之中，五国各有变"整个事件的详尽描述，几乎占去了其内容的一半。其对子贡的狡智和阴谋揭示可谓淋漓尽致，而这一阴谋的始作俑者竟是圣人孔子。由此亦可见史公对儒家所谓天命德义转移论根本不信赖。尽管他有时也从仁义的立场评鉴人物和历史，但与其说他是站在儒家的立场，毋宁说是出于一个史家禀笔直书的良知，是对现实丑恶与幽暗的愤懑；与其说尊孔子为世家，毋宁说是对孔子家世与汉世地位的如实

---

① 徐复观：《论〈史记〉》，《两汉思想史》第3卷，上海：华东师范大学出版社，2001年，第198页。

描述，以及在孔子身上书写和宣泄着自己的遭遇。而在首传《伯夷列传》中，史公更将这一幽暗直接撕开，直抒自己的不信任：

> 或曰："天道无亲，常与善人。"若伯夷、叔齐，可谓善人者非邪？积仁絜行如此而饿死！且七十子之徒，仲尼独荐颜渊为好学。然回也屡空，糟糠不厌，而卒蚤夭。天之报施善人，其何如哉？盗蹠日杀不辜，……竟以寿终。是遵何德哉？此其尤大彰明较著者也。若至近世，操行不轨，专犯忌讳，而终身逸乐，富厚累世不绝。或择地而蹈之，时然后出言，行不由径，非公正不发愤，而遇祸灾者，不可胜数也。余甚惑焉，傥所谓天道，是邪非邪？

对待儒家经典亦然，班固批评其"论大道则先黄老而后六经"，这在《太史公自叙》中，史公父子的态度非常明显："夫儒者以六艺为法。六艺经传以千万数，累世不能通其学，当年不能究其礼，故曰'博而寡要，劳而少功'。若夫列君臣父子之礼，序夫妇长幼之别，虽百家弗能易也。"事实上，非常刻薄，言卜之意，儒家所学的没有多少有用的，特别儒家的六艺经书有用的没有多少。换言之，这些经典对其"究天人之际，通古今之变"没有什么作用。由此我们便不难理解，为什么大量的关于儒学经典事件在其笔下失载了。

相比而言，史公对道家则充满溢美之辞："道家使人精神专一，动合无形，赡足万物。其为术也，因阴阳之大顺，采儒墨之善，撮名法之要，与时迁移，应物变化，立俗施事，无所不宜，指约而易操，事少而功多。""道家无为，又曰无不为，其实易行，其辞难知。其术以虚无为本，以因循为用。无成执，无常形，故能究万物之情。"可见司马氏父子的心目中，道家是集众家之长，无所不为，且简明易行的。不仅如此，在对道家极尽赞誉后，更特别把儒家拿来与之作一番对比："儒者则不然。以为人主天下之仪表也，主倡而臣和，主先而臣随。如此则主劳而臣逸。至于大道之要，去健羡，绌聪明，释此而任术。夫神大用则竭，形大劳则敝。形神骚动，欲与天地长久，非所闻也。"把整个儒家批评的不仅没有多少是处，更贻害多多，对儒道两家的态度昭然若揭。而在《封禅书》中，史公用大量的笔墨描述了武帝迷信鬼神荒诞不经之事，却要"采儒术以文之"。事实上，在史公看来武帝所谓的向儒不过为其酷政、荒淫

"缘饰以儒术"而已。言下之意，儒学之兴不过是为汉家暴政提供一块遮羞布而已。总之，批评是非常刻薄的。

因此，《史记》编纂的立场和出发点，非但不尊儒崇经，反而对儒学和经典是持深刻成见和批评的；其更多地秉笔直书人类历史古今之变的真相，撕裂统治者所谓天命德义的幌子，将人类历史的幽暗赤脱脱地显露出来。所以其主要以事件和人物为线索，而整个学术的变迁也是放入到这一脉络之中，所以对于典籍文献都是在事件与人物叙述中触及（《汉书》所述古文诸经，实质上在《史记》的事件与人物叙述中多已触及，只是康氏等戴着有色眼镜认为其是伪窜而已），而无专门篇章脉络梳理。

而《汉书》与之不同，它的编纂才是完全站在儒学的立场上，围绕着儒家所谓"据行事，仍人道，因兴以立功，就败以成罚，假日月以定历数，借朝聘以正礼乐"（《汉书·艺文志》），既注重历史事实，又注重学术文教的史学观念和传统展开的，特别对文献典籍的学术脉络做了专门的篇章梳理。因为在《汉书》看来，"六艺者，王教之典籍，先圣所以明天道，正人伦，致至治之成法也"（《汉书·儒林传》），"六艺之文，《乐》以和神，仁之表也；《诗》以正言，义之用也；《礼》以明体，明者著见，故无训也；《书》以广听，知之术也；《春秋》以断事，信之符也。五者，盖五常之道，相须而备，而《易》为之原。故曰'《易》不可见，则乾坤或几乎息矣'，言与天地为终始也"（《汉书·艺文志》）。六艺的地位，在儒家的王道政教中是无以复加的。

综上所述，对《史记》所谓的遗漏，并非不能容量，而《汉书》对其补足，亦并非伪撰，盖二史编纂的出发点和材料的取舍不同而已。

如前文所述，近代疑古运动秉承其续。不过，相比康氏，顾先生则将之纳入到一个更为科学的体系中，始以具备启蒙精神，提出了"层累地造成的中国古史"的著名论断。其具体内容为："第一，时代愈后，传说中的古史期愈长；第二，时代愈后，传说中的中心人物愈放大；第三，我们在这上，即不能知道某一件事的真确的状况，但可以知道某一件事在传说中的最早的状况。"[1]对此，顾先生称之为"不立一真，惟穷流变"，[2]胡适先生又从方法上加以概

---

① 顾颉刚：《与钱玄同先生论古史书》，顾颉刚编著：《古史辨》第1册，上海：上海古籍出版社，1982年，第60页。
② 顾颉刚：《答李玄伯先生》，顾颉刚编著：《古史辨》第1册，上海：上海古籍出版社，1982年，第273页。

括："（1）把每一件史事的种种传说，依先后出现的次序，排列起来。（2）研究这件史事在每一个时代有什么样子的传说。（3）研究这件史事的渐渐演进，由简单变为复杂，由陋野变为雅驯，由地方的（局部的）变为全国的，由神变为人，由神话变为史事，由寓言变为事实。（4）遇可能时，解释每一次演变的原因。"①从史学角度讲，这一论断的科学性自不待言。对此，胡适评价说："顾刚的'层累地造成的中国古史'一个中心学说已替中国史学界开了一个新纪元了。中国的古史是逐渐地，层累地堆砌起来的——'譬如积薪，后来居上'——这是决无可讳的事实。"②傅斯年："史学的中央题目，就是你这'累层地造成的中国古史'。"③蔡元培："层累地造成的中国古史"观是"最颠扑不破的方法"。④而余英时则称其为"中国史学现代化的第一个奠基人"⑤。我们说，顾先生获此殊荣是实至名归的。笔者甚至认为因对中国现代史学的开辟之功和现代史学理论规模性系统建构，称之为中国近代史上最伟大的史学家也是当之无愧的。

　　然而问题是，在顾颉刚这里"造成"更多地是指"伪造"，更具体地说，接续康有为认为是西汉末年刘歆所伪造的。如其所云："刘歆从小就受有很好的家学，稍长又博览秘府藏书，他也希望自己的学说立于学官，竟被他发明了一个新途径。秘府中的书当然有用古文写的，他就从这上得到暗示，觉得倘在今文经书之外别出许多古文经书，一定可使经学界中开出一个新面目。所以他在三家诗之外别出一种《毛诗》，在欧阳、夏侯《书》之外别出一种《古文尚书》，在大、小戴《礼》之外别出一种《逸礼》，在公羊、穀梁《春秋》之外别出一种《左氏春秋》，这四种新经和新传都是以'古文'为标帜的。"⑥其观点与康氏可谓一脉相承，且在科学的名义下甚至有过之而无不及。这在其后来的

---

① 胡适：《古史讨论的读后感》，顾颉刚编著：《古史辨》第1册，上海：上海古籍出版社，1982年，第193页。
② 胡适：《介绍几部新出的史学书》，顾颉刚编著：《古史辨》第2册，上海：上海古籍出版社，1982年，第338页。
③ 傅斯年：《谈两件〈努力周报〉上的两件事物》，顾颉刚编著：《古史辨》第2册，上海：上海古籍出版社，1982年，第297页。
④ 蔡元培：《致顾颉刚函》，高平叔编：《蔡元培史学论集》，长沙：湖南教育出版社，1987年，第223页。
⑤ 余英时：《顾颉刚、洪业与中国现代史学》，《中国史研究动态》1981年第8期。
⑥ 顾颉刚：《五德终始说下的政治和历史》，《清华学报》1930年第6卷第1期，第182页。

名篇《五德终始说下的政治与历史》中反映的最为突出。对这篇著作，如童书业先生所说："顾颉刚先生近年来做了一篇《五德终始说下的政治和历史》，这篇文章是当代史学界一篇最伟大的作品，他把从战国到新代因现实政治造成的各种伪古史系统，和伪古史说造成的现实政治，整盘清理了一下详细地说明它发明和经过的情形，其搜证的严密，诊断的精确，足以表见作头脑的清晰和目光的锐利。"① 由此可见这篇文章的影响。在这篇文章中，顾颉刚首先注意到了《史记》中先秦自邹衍以来的五德终始说与秦汉国运的关系。

　　在这个五德终始中，五德是相克关系，而五德起自黄帝土德，历史发展先后经历黄帝（土德）←夏（木德）←商（金德）←周（火德）←秦（水德）←汉。似乎在司马迁时代自天地剖判以来，人们只知道这一五德终始秩序。但这个秩序发展到了刘歆、王莽时代已变得异常复杂，并与《周易》的阴阳卦象说紧密结合。首先德运已由原来的相克转变为相生，德运的开始亦从黄帝那里上推至太昊，至汉已是第三次德运流转；而这一德运流转的系统中，汉也从原来克秦的土德变为了火德。对此，顾颉刚认为这主要是为王莽篡汉服务。首先王莽既为汉臣是假以禅让的方式顺取的，所以五德相克理论显然不相适应，自然取相生理论；之所以德运流传变得如是复杂，因为原来简单的相克系统，无法解释新莽的德运。王莽又自认为舜后，又希望自己继承居中"厚德载物"的土德，所以汉必须是火德；因为在汉末普遍流行着一说法，即汉为尧后有传国之运，那么尧既为汉的祖先，尧也必须是火德，而黄帝为土德是写在名字里的，无法改动，所以为了使这一体系完整，不得不造出更多的德运以适应这一系统。而为了适应这一系统，在推算的过程中秦又成了汉为火德的障碍，因秦统治时间较短，所以造出一个闰水来以配秦的德运，进而再造出共工、帝挚等古帝作为闰水，以与秦的德运呼应。由于这样一个复杂甚至有些强拗的系统完全合乎新莽政权的德运系统，由是顾先生得出结论，这一系统完全是为新莽政权服务的，其最后完成也当是在这一时期。我们说，顾先生的这一结论，是经得起推敲和科学检验的，文章的伟大之处也正在于此，透过纷繁浩博的文献记载，将这五德终始系统与汉代政治历史之间若隐若现的脉络和线索清晰地呈现了出来。

---

① 童书业：《五行说起源的讨论》，顾颉刚编著：《古史辨》第5册，上海：上海古籍出版社，1982年，第660—661页。

既然整个德运系统为新莽时期所造，而与此相契合承载这些古史系统的文献自然与新莽政权脱不了干系。而在这方面晚清以来今文学派已有现成的成果，特别是康有为的《新学伪经考》将这些经典斥成刘歆助莽篡汉而伪造，影响甚巨。因此对这一学派观点和成果的吸收自然成为整个疑古学派最为便利的事。如前文所述，顾先生更是对康有为钦慕不已，甚至认为其所做的工作正是康氏所指示的道路上的继续，是完成其未竟的事业。对此，钱穆的批评可谓一针见血："顾先生在此上，对晚清今文学家那种辨伪疑古的态度和精神，自不免要引为知己同调。所以古史辨和今文学，虽则尽不妨分为两事，而在一般的见解，常认为其为一流，而顾先生也时时不免根据今文学派的态度和议论来为自己的古史观张目。这一点，似乎在古史辨发展的途程上，要横添许多无谓的不必的迂回和歧迷。"[①] 钱穆的批评可谓切中肯綮。事实上，这些古史传说多零散的散布记载于不同的文献中，就这些文献个体而言，并不能构成这一古史系统。这一严密古史系统的出现乃是后人勾辑构建的结果，与这些文献本身并无直接关系。换言之，这一古史系统出现于新莽时期，并不意味着这些文献也出现于同一时期，不但如此，事实上只有当这些文献在之前业已出现且为人们普遍接受的情况下，这一古史系统的勾辑与构建才有被人们接受的可能性。因此，顾先生的论证反而表明了这些文献成书要比新莽时期早得多。然而对于钱穆的批评，顾颉刚先生并没有接受，仍旧服膺于康氏之学（据说晚年有所反思，[②] 但并未形成影响），坚持刘歆伪造说。[③] 又由于其古史理论的科学性和巨大影响，其对古史文献论证的逻辑断裂也被忽视和遮蔽，并相互推波助澜将整个近代疑古运动推向高潮，而儒学经典权威与合法性也在其冲击下扫地无余。

（二）信古学派的拒斥

如何拯救坍塌的儒学或者说溃陷的传统文化，一直是对传统文化怀有深厚

① 钱穆：《评顾颉刚五德终始说下的政治和历史》，顾颉刚编著：《古史辨》第5册，上海：上海古籍出版社，1982年，第620—621页。
② 徐中舒：《经今古文问题综论》，《川大史学·徐中舒卷》，成都：四川大学出版社，2006年，第578—579页。
③ 参见顾颉刚：《跋钱穆评〈五德终始说下的政治和历史〉》，顾颉刚编著：《古史辨》第5册，上海古籍出版社，1982年，第631—635页。

情感的知识分子努力思考的问题。20 世纪 30 年代，冯友兰先生将中国史学分为三个趋势，即"信古""疑古""释古"。[①] 信古一派（其实更准确地说是尊古一派）则对疑古派持拒斥的态度。这派学者一般都具有深厚的古典文化素养，对之亦有深厚的感情。针对疑古学派对经典文献的否定，则持拒斥的态度。如柳诒徵所指出的，"治历史者各有其主观，吾国之群经诸史，皆以道德观念为主。杜预论《春秋》经传五例，结之曰：'王道之正，人伦之纪备矣。'实则《易》《书》《诗》《礼》亦无非以正伦纪明礼义，后世史书高下得失虽不齐，其根本亦不外是。今人疑经疑古，推翻尧、舜、禹、汤、周、孔，而转喜表彰王莽，即由根本观念不同，故于古史争辩最烈也"[②]。对于顾颉刚先生提出"层累造成的中国古史"的《与钱玄同先生论古史书》一文，尊古一派学者从不同方面给予了批评和驳斥。针对顾颉刚据《说文》，"禹，虫也，从内象形"，进而推断禹的传说可能起源九鼎所图之怪物，初并非人王，这一说法，柳诒徵撰写了《论以〈说文〉证史必先知说文之谊例》一文给予了尖锐的批评：

> 本书固数举禹，如"鼎""吕"之说，皆以禹为人，非为虫也。《说文》："鼎，三足两耳，和五味之宝器也。昔禹收九牧之金，铸鼎荆山之下。……"又"吕，脊骨也。象形，昔太岳为禹心吕之臣，故封吕侯。"假使许君知禹非人，不当仍沿旧说。胡许君既知禹为虫，复引禹之事实，初不自病矛盾；而千数百年读《说文》者从未致疑及此，独某君始具明眼，发前人之所未发乎？以《说文》证经考史，必先明说之谊例。不明《说文》之谊例，刺取一语，辄肆论断，虽曰勇于疑古，实属疏于读书。何则？《说文》者，解字之书，非为后世作人名字典也，故于字之形谊可解者不引古人作证。如"尧"，如"舜"，如"汤"，如"弃"，如"昌"，如"发"，如"旦"，皆不释为某帝某王。[③]

---

① 冯友兰：《中国近年研究史学之新趋势》，单纯选编：《三松堂小品》，北京：北京出版社，1998 年，第 178 页。
② 柳诒徵：《史学概论》，柳曾符、柳定生选编：《柳诒徵史学论文集》，上海：上海古籍出版社，1991 年，第 100—101 页。
③ 柳诒徵：《论以〈说文〉证史必先知〈说文〉之谊例》，顾颉刚编著：《古史辨》第 1 册，上海：上海古籍出版社，1981 年，第 218 页。

从这段批评可见柳先生对《说文》的精熟，可谓撷取一点不遗余力。针对顾氏据《閟宫》"是生后稷……奄有下土，缵禹之绪"论证西周时人的观念中"那时并没有黄帝尧舜，那时最古的人王只有禹"，[①] 胡堇人认为"至不说黄帝尧舜单说禹，自因禹的水功和稷的土功有连带的关系，所以单单说他，决不能就因此断为这时人的心目中最古的人王只有禹"。[②] 而刘掞藜则针对文中"下土"是相对"上天"而言，由此做出"禹是上帝派下来的神，不是人"的推想，大量列举《诗经》中"下土"用例，均指人王言，而非指天神。尤有进者，刘掞藜并以子之矛攻其之盾的方法，揪住顾氏论证中认为"因为《生民》作者以后稷为始事种植的人，用不到继续前人之业，所以无须把禹的事情牵进去"，同理《閟宫》也用不着黄帝尧舜，也不必将他们牵连进诗中，何以能得出《閟宫》以前无黄帝等观念呢？[③] 尽管顾颉刚对此都作了回应和辩解，但无论如何这些批评确显出其论证不够周延。

而相比数子攻其一点不及其余，张荫麟方法论上的批评则更为全面和根本，几乎动摇了顾氏的根基。事实上，刘掞藜的批评已经涉及了顾氏方法的问题。如上文所述，整个疑古学派的方法是"不立一真，唯穷流变"，而穷其流变的基础则是根据既有文献记载的先后，而判断历史传说的先后。张荫麟将这一方法称之为"默证法"：

凡欲证明某时代无某某历史观念，贵能指出其时代中有与此历史观念相反之证据。若因某书或今存某时代之书无某史事之称述，遂断定某时代无此观念，此种方法谓之默证（Argument from silence）。默证之应用及其适用之限度，西方史家早有定论。……是以默证之应用，限于少数界限极清楚之情形：一、未称述某事之载籍，其作者立意将此类之事实为有统系之记述，而于所有此类事皆习知之（例如塔克多 Tacitus 有意列举日尔曼各民族 Notitia dignitatum，遍述国中所

---

① 顾颉刚：《与钱玄同先生论古史书》，顾颉刚编著：《古史辨》第1册，上海：上海古籍出版社，1981年，第62页。
② 胡堇人：《读顾颉刚先生论古史书以后》，顾颉刚编著：《古史辨》第1册，上海：上海古籍出版社，1981年，第94页。
③ 刘掞藜：《读顾颉刚君〈与钱玄同先生论古史书〉的疑问》，顾颉刚编著：《古史辨》第1册，上海：上海古籍出版社，1981年，第83—85页。

有行省，各有一民族、一行省为二者所未举，则足以证明当时无之）。
二、某事迹足以影响作者之想象甚力，而必当入于作者之观念中（例如倘法兰克 Frankish 民族有定期集会，则 Gregory 之作《法兰克族诸王传》不致不道及之）。

此乃极浅显之理而为成见所蔽者，每明足以察秋毫之末而不见舆薪。谓予不信，请观顾氏之论据："《诗经》中有若干禹，但尧舜不曾一见。《尚书》中（除了《尧典》《皋陶谟》）有若干禹，但尧舜也不曾一见。故尧舜禹的传说，禹先起，尧舜后起，是无疑义的。"（见《读书杂志》第十四期）此种推论，完全违反默证适用之限度。试问：《诗》《书》（除《尧典》《皋陶谟》）是否当时历史观念之总记录，是否当时记载唐虞事迹之有统系的历史？又试问其中有无涉及尧舜事迹之需要？此稍有常识之人不难决也。呜呼，假设不幸而唐以前之载籍荡然无存，吾侪依顾氏之方法，从《唐诗三百首》《大唐创业起居注》《唐文汇选》等书中推求唐以前之史实，则文、景、光武之事迹，其非后人"层累地造成"者几希矣！①

张荫麟的这段批评也被后来反对疑古学派的学者反复征引。对张荫麟"默证适用限度"的问题近年一度引发争论。②事实上，纵然不使用默证，也不能否认黄帝尧舜禹为传说而非历史这样一个事实；据既有材料，纵然不能断然否定禹之前黄帝尧舜的存在，但更不能断然肯定他们的存在。事实上，默证运用更涉及历史研究的灵魂——科学的坚实起点问题，即历史研究是从坚实文献起点出发，以怀疑批判的精神向未知领域推进，还是让历史研究建立在既有观念和泥潭之上，一味相信解释未知传说的世界。总之，疑古不但没有错，而且赋予了历史研究怀疑理性这一现代科学史学之魂。

---

① 张荫麟：《评近人对于中国古史之讨论》，顾颉刚编著：《古史辨》第2册，上海：上海古籍出版社，1982年，第271—273页。
② 相关争论见彭国良：《一个流行了八十余年的伪命题——对张荫麟"默证"说的重新审视》，《文史哲》2007年第1期；宁镇江：《"层累"说之"默证"问题再讨论》，《学术月刊》2010年第7期；乔治忠：《张荫麟诘难顾颉刚"默证"问题之研判》，《史学月刊》2013年第8期。

（三）释古学派的努力

相比信古一派的拒斥和批评，释古一派则相对温和，更多是从新出土材料出发对古史的努力重建。如冯友兰指出的，"'释古'一派，不如信古一派之尽信古书，亦非如疑古一派之全然推翻古代传说"，"须知历史旧说，固未可尽信，而其'事出有因'，亦不可一概抹煞"。[①] 此尤以王国维的"二重证据法"最为著名：

> 研究中国古史，为最纠纷之问题。上古之事，传说与史实混而不分。史实之中，固不免有所缘饰，与传说无异。而传说之中，亦往往有史实为之素地。二者不易区别，此世界各国之所同也。……吾辈生于今日，幸于纸上之材料外，更得地下之新材料。由此种材料，我辈固得据以补正纸上之材料，亦得证明古书之某部分全为实录，即百家不雅驯之言，亦不无表示一面之事实。此"二重证据法"，惟在今日始得为之。虽古书之未得证明者，不能加以否定；而其已得证明者，不能不加以肯定，可断言也。[②]

"二重证据法"提出后，被很多古史研究者奉为圭臬，甚至被称为"具有划时代的意义"，[③] 其对古史研究的影响，可以说一点不亚于顾氏之"层累造成的中国古史"说。随着大量简帛材料的出土在今天更有成为学术主流之势——在这一理论下，"走出疑古时代"已然成为当今最具影响的学术主导话语。然而，这一方法从其开始便存在严重局限性。一是考古材料的局限性，因为考古材料本身鸡零狗碎，迄今为止能用来作"二重证据"的直接性材料仍非常有限，如赵敦华所指出的，王国维先生所提出的二重证据法，只"是一个理想的方法，在大多数情况下，实物材料与文字材料是不对称或不对应的，并且需要

---

① 冯友兰：《中国近年研究史学之新趋势》，单纯选编：《三松堂小品》，北京：北京出版社，1998年，第178、180页。
② 王国维：《古史新证第一二章》，顾颉刚编著：《古史辨》第1册，上海：上海古籍出版社，1982年，第265页。
③ 梁涛、白立超：《"二重证据法"与古书的反思》，《清华大学学报》（哲学社会科学版）2013年第3期。

一定的解释才能发现两者的对应关系"。① 而为了确定科学有效性，要么将之限制在一个很窄的范围内，从而失去其重构历史的意义，要么就脱离科学根据，陷入"一种由已知推未知、不完全归纳的思维陷阱"。② 二是考古材料的解释多重性，这就使得其所谓证据存在先天不确定性，并不能形成真正证明。三是证据材料解释的趋同性，由于已先在地预设了与纸上文献互证的前提，这势必造成对地下材料方向性趋同的解读，这不但造成对地下材料的误读，也可能造成对纸上材料的歧误。四是更严重者，则是在这种学术思潮的诱使下，大量矛盾性或关键性材料可能被有意无意忽视或遮蔽，而一些能够趋同的材料不断被附会，甚至真伪难分地泛滥。在这方面西方已有惨痛的教训。传统圣经考古学的坍塌，新考古学派的崛起已为我们提供了殷鉴。

传统圣经考古学是指发端于 19 世纪，旨在回应西方疑古运动，试图在圣经地理世界寻找证据以说明圣经记载为信史的考古学。用其巨擘奥伯莱（William F.Albright，1891 年—1971 年）的话说："圣经考古学是一个比巴勒斯坦考古学范围更广的用词，虽然巴勒斯坦本身当然是其中心点，覆盖了圣经里所提的所有地方，因而与人类文化摇篮所涉及的范围一样大。那地区从地中海以西伸展到印度，并且从俄罗斯南部伸展至埃塞俄比亚和印度洋。在这辽阔的地域当中，每个部分的发掘都会直接或间接地说明了圣经的部分实况。"③ 换言之，即"圣经考古学家主要是关注怎样重新看清圣经的事迹，以致我们能够得到圣经信史的亮光"。④

由于大量的考古发现，加之奥伯莱等人的努力，20 世纪 20 年代至 60 年代，在奥伯莱的领导下这一学派的观点几乎统治了西方圣经学界。几十年间，圣经学界一度非常乐观，除了德国以诺斯（Martin North，1902 年—1968 年）为代表的传统历史批评学派（traditional history criticism）外，在欧美学术界统治长达一百年之久的疑古运动理论几乎被抛弃，一种新的共识渐渐在圣经学界达成，学者相信考古已照亮了圣经的历史，圣经的记载具有历史性。奥伯莱说：

---

① 赵敦华：《考古哲学在西方的发展以及在中国的任务》，《求是学刊》2003年第9期。
② 李锐：《"二重证据法"的界定及规则探析》，《历史研究》2012年第4期。
③ William F. Albright, *New Horizons in Biblical Research*, Lodon: Oxford University Press, 1966, p. 1.
④ Walter. G. Williams, *Archaeology in Biblical Research*, New York: Abingdon Press, 1965, p. 18.

直到最近以前，圣经史家之思潮，对《创世记》中族长古史，多认为是分国以后以色列文士的创作，或者是他们占领该地许多世纪以后，一些富有想象力之吟诵诗人，在围绕着营火时所讲之故事。学者中许多大名鼎鼎的人物，均以《创世记》十章至五十章每一项目均为后期之作，或最少是把王朝时代的事物投射到远古中去，他们以为那些后代之作者对于远古其实是不知道什么的。自从一九二五年以来，考古学的发现已使上述情形改观。除了少数极顽固的老学究以外，圣经史家无不以那些具体支持族长遗传之历史性之史料迅速堆积而兴奋。①

同样的兴奋在怀特（G.Ernest Wright，1909年—1974年）关于亚伯拉罕叙事的言论中也表现出来："我们或许永远不能证实亚伯来罕真的存在过，他做这或做那，或说这说那，但我们能证明他的生活和时代，如圣经关于他的故事所反映的，完全与第二个千年相匹配，并且与任何较晚的时代不相容。这是一个极重要的结论，是考古学在过去的四十年对圣经研究最重要的贡献之一。"② 持相类似的看法还有奥伯莱的学生布赖特（John Bright，1908年—1995年），尽管相比奥伯莱更为谨慎，但仍难掩其兴奋乐观之情："我们所提的已经足使我们清楚知道，族长们的故事实与主前第二千代初期中的情况相符合。"③

但一段时期乐观之后，圣经学界越来越趋于谨慎，因为认真检视考古的发现，能给圣经提供直接证据的并不多。对此，布赖特也不得不承认："要把以色列起源的历史，真是当为写历史般地写出来，是不可能的。因为从考古学和圣经本身而来的证据，都很有限。即使我们根据表面价值去接受圣经的记载，要把以色列起源的历史重建出来，也是一件不可能的事。我们所不晓得的事，委实是太多了。……除了圣经告诉我们的以外，我们对于亚伯拉罕、以撒和雅

---

① ［美］奥伯莱：《圣经的时代——从亚伯拉罕至以斯拉》，胡联辉译，香港：道声出版社，1971年，第4页。
② G.Ernest Wright, *Biblical Archaeology*, Philadelphia: Westminster Press, 1959, p. 40.
③ ［美］布赖特：《以色列史》，萧维元译，香港：基督教文艺出版社，1972年，第53、66页。

各的生平毫无所知。"①

到了奥伯莱晚年，对传统圣经考古学派的质疑和批评更是不断。针对奥伯莱将族长时期定在公元前第二千年期，所依据的考古证据，塞特斯（John Van Seters）在《历史和传统中的亚伯拉罕》（Abraham in History and Tradition）一书中，给予了系统的批驳。此前，圣经学者一般认为族长们的活动，反映了以色列定居前的游牧时代生活方式。塞特斯将圣经中所描述的族长们的生活方式与考古发现的第二千年文献和第一千年文献的记载做了比较。结果发现，圣经中记述的族长生活方式与第二千年的游牧民族的生活方式主要特征都有所不符，更多地反映了第一千年定居以后的生活方式。这主要表现在：1）在第二千年人们普遍生活在临时搭建物（Shelter）中，文献中很少提到帐篷（Tent），帐篷作为游牧民族的主要居处要到第一千年中叶。作为游牧民族的最重要特征之一，就是整个家族都随着季节的转换不断地迁徙。这些在族长时期都很少反映。2）骆驼虽然第三千年在阿拉伯世界有少量的饲养，但没有证据表明在第二千年这些民族与新月沃地带有过接触，或者说骆驼被这一地区普遍饲养。只是到了第一千年第七、八世纪，骆驼才被普遍地饲养用来作为交通运输的工具。至于牛显然是定居民族所特有的。而驴、牛、绵羊、山羊，甚至骆驼在巴勒斯坦一起都被饲养，则肯定是王国以后的事。3）社会组织结构方面，在第二千年与圣经所描述的也很少有类似之处。如族长故事中的术语 "gōy"，并没有马里文献中的术语 gāyum/gāwum 家族联合体的意思，而是与后来的较晚民族和政治国家相关。相对照游牧民族更注重血缘纽带，先祖时代所反映的却是单一的拥有多层奴隶结构的膨胀的大家庭。这种以奴隶为经济基础的不是第二千年的游牧民族生活方式，而是定居的城邦经济基础。这种复杂的多层级大家庭结构反映的乃是定居社会经济复杂的系统。②

关于亚伯拉罕迁徙路线从迦勒底的吾珥到哈兰，包括奥伯莱、布赖特也承认"迦勒底的吾珥"是一时代的错置，因为直到公元前十一世纪，迦勒底人在这里建立之前，这一地区都不被称为"迦勒底的吾珥"。③塞特斯更进一步

---

① ［美］布赖特：《以色列史》，萧维元译，香港：基督教文艺出版社，1972年，第57—58页。

② John Van Seters, *Abraham in History and Tradition*, Yale University Press, 1975, pp. 13-20.

③ ［美］布赖特：《以色列史》，萧维元译，香港：基督教文艺出版社，1972年，第74页。

考证，直到新巴比伦那波尼杜（Nabonidus，前556年—前539年）在位时期，公元前六世纪中叶，迦勒底的吾珥与北部哈兰才联系起来。因为在这一时期，吾珥和哈兰都是新巴比伦的大都市，都是宗教中心，吾珥又是迦勒人精英聚集的政治中心，而哈兰则是通西亚、巴勒斯坦和北阿拉伯绿地的交通枢纽，将这两个城市相提并论是很正常的事。相反并没有文献证明在第二千年有从吾珥向哈兰的迁徙活动，因为那时哈兰还是一个名不见经传的小城，仅在马里文献中偶尔提到。[1]

一系列的证据动摇了奥伯莱所统构的圣经历史世界的基础。奥伯莱去世之后，学者更对以近东考古来证实圣经记载，这一方法的科学性提出了质疑，特别是一些考古学者为证明圣经的记载，甚至将考古的发现加以曲解更引起了考古学界的不满，曾被人寄予很大希望的"圣经考古"在西方一度声名狼藉。[2]不仅如此，越来越多的材料发现，"二重证据法"已难以解释和满足近东世界的考古发现，并严重滞碍了考古学本身的发展。考古学已到了必须抛弃两重证据法的时候了。正是在这种背景下，以斌福德（Lewis Binford）、威廉·迪华（Willian Dever）、屈臣（Patty Jo Watson）等为代表的新考古学派兴起，主张将圣经与考古完全分离，即圣经是圣经，考古是考古，考古不以圣经记载为前提、预设和目的，考古学应有自己的独立地位和自己的理论体系。[3]由是在20世纪70年代末80年代初，随着新考古学派的崛起，奥伯莱以"二重证据法"所统构的圣经历史世界轰然倒塌，传统考古学也随之走到了尽头。[4]

西方的经验业已表明，试图以二重证据法的方式来确认和重建经典的历史世界并非是一条科学通途。尽管它的方法可能是科学的，但实质上它却是以科学方法挑战现代科学怀疑理性这一本质精神，所以它与信古派一样先天就存在着极大的局限，注定了很难取得大的成功，而末流更极速地向着前现代信古时代滑退，不能不令人担忧重蹈西方"传统圣经考古学"声名狼藉的覆辙。历史的前鉴已雄辩地告诉我们，怀疑理性依旧是现代科学史学的灵魂，这一灵魂一

---

[1] John Van Seters, *Abraham in History and Tradition*, Yale University Press, 1975, pp. 23-25.

[2] J. M. Holt, *The Patriarchs of Isreal*, Nashville: Vanderbilt University Press, 1964, p. 25.

[3] 高伟乐：《圣经、历史与考古学：过去可有未来？》，《山道期刊》总第8期，2001年12月。

[4] 关于西方考古学这一转换参见：Thomas W. Davis, *Shifting Sands: The Rise and Fall of Biblical Archaeology*, Oxford University Press, 2004。

旦失落，史学无疑将再次退陷前现代的沼泽。中国经学不可能也无法在挑战这一现代史学的灵魂中实现突破和重生，也不可能以此为中心重建现代儒学和现代文化。否则必然是向前现代史学与文化退陷，这不能不引起有良知的学者的警惕。

总之，近代以降疑古运动的本质乃是以科学怀疑理性为宗旨的现代性运动；它的重要意义乃在于使怀疑理性的科学精神在最为保守的传统学术领域得以贯彻，从而根本上巩固和推动了现代文明的成果和进程。而挑战这一运动最本质精神——怀疑理性，事实上是挑战这一现代性运动，注定不会成功。因此，我们的任务是接续这一科学精神，破除其主观成见，科学地面对这些经典成书和价值问题。这就需要我们既不怀着崇古尊经的心理，将之推向文献无根的渺茫无稽，也不带着固有的偏见，将之扣上助逆篡夺的恶名，而是客观地立足既有的确定文献，给予成书问题一个科学合理的解释。事实上，我们一旦立足于确定文献，将这些经典客观地置于其出现的秦汉之际——封建、郡县剧变，秦火燔书之后，历史记忆经历断裂、成长与重构，这样一个特殊时代，很多问题也许就迎刃而解了。

二、历史记忆断裂、成长与文献重建

如前文所述，自孔子以降，儒学俨然已成为一个与周边世界相对区隔的宗教性团体。而与其他宗教团体不同的是，儒学从其开始就是人文的，强调集体记忆的历史性，所以承载这些历史记忆的文献一旦书写完成，就成为强大表征，将儒学界化在这些文献所书写的历史记忆里。如果这些文献的历史清晰完整的话，除了通过对这些文献重新解释外，就很难有其他规模性的突破了。换言之，也就是说，如果这些文献岿然不动的话，就很难有新的系统性的历史记忆产生。对于集体记忆的变迁，哈布瓦赫说：

> 古代的表征在古代社会里是以集体的形式出现的，它们凭借所有得自古代社会的力量而强加给我们。这些古代表征越古老，它们也就越强大；采纳它们的人数越繁多，群体越广泛，这些表征就会变得越强劲有力。而为了应对这些集体力量，就需要更加强大的集体力

量。……仅仅有一种可能的解释。如果今天的观念有能力对抗回忆，而且能够战胜回忆乃至改变它们，那则是因为这些观念符合集体的经验，这种经验如果不是同样古老，至少也是更加强大。①

学者的研究已表明，随着历史的变迁，集体经验的变化，集体记忆就会随之发生相应的变化。②但这些更多的是就具有意象性的集体记忆而言，一般来说更多的是适用于一些模糊的古代神话和传说，或者人类历史的童年，还没有真正的严格史学时代。③而对于史学相对成熟的时代，由文字固化的历史记忆来说，不是现在形塑过去，而更多的是过去形塑现在。在这种情况下，对儒学这样的宗教倾向性团体而言，只要这些承载历史记忆的文字存在，这种更强大的力量可能会引起儒学对历史记忆一定限度的重新解释和调整，就如同其他宗教的缓慢变迁一样，但要实现对古代历史记忆大的改变，必然遭到抵制，产生冲突，新的历史记忆重构更是困难重重。

不过，这种改变并非不可能。因为虽然就集体记忆的表征所形成的集体力量而言，确如哈氏所言非常强大；但是就历史记忆而言，在集体中分布并不均衡，存在着一个被文字或传统固化的核心和向周边逐次意象化、退变、弥散的过程，所以一旦承载历史记忆的文本或核心传统灭失，就会造成这种固化的历史记忆断裂。在这种情况下，历史记忆的改变就可能不需要太多的外在强力。就如西方经典新历史批评学家文奈特（Frederick V. Winnett）所指出的："因为宗教的保守主义观念，除非在长期的中断或强大的压力下，并得到官方的支持，这些文本才能可能会被改动。"④比之哈布瓦赫的一种更强大的集体力量来改变旧的集体记忆，历史记忆大的断裂后，在社会结构变迁中，

① ［法］哈布瓦赫：《论集体记忆》，毕然、郭金华译，上海：上海人民出版社，2002年，第305页。

② Barry Schwartz, Social Change and Collective Memory: The Democratization of George Washington, *American Sociological Review*, Vol. 56, No. 2 (Apr., 1991), pp. 221-236.

③ 关于神话与历史记忆，可参见上引 Noa Gedi and Yigal Elam, Collective Memory — What Is It?, *History and Memory*, Vol. 8, No.1 (Spring - Summer, 1996), pp. 30-50. Amos Funkenstein, Collective Memory and HistoricalConsciousness, *History and Memory*, Vol. 1, No. 1 (Spring - Summer, 1989), pp. 5-26 两文；赵世瑜《在传说·历史·历史记忆——从20世纪的新史学到后现代史学》（《中国社会科学》2003年第2期）亦有讨论。

④ Frederick V. Winnett, Re-Examining the Foundations, *Journal of Biblical Literature*, Vol. 84, No. 1 (Mar., 1965), pp. 1-19.

集体记忆和历史记忆的重构就容易和自然得多。在这样大的断裂中，核心传统和固化的文本历史已遭严重破坏或已不复存在，即使劫后余生，侥幸复存，但面对新的集体经验已然陌生，不仅威权不复，其真伪也很难自明。但这并不是说固化的历史记忆在断裂后立即消失，失去了文本的历史记忆仍然会在时空中继续绵延，不过，随着时间的推移会逐渐的模糊弥散，从而蜕变成意象性、弥散性的集体记忆。这些弥散性集体记忆，就是如同飞散的尘埃，有的消失，有的则与其他物质作用，生成新的晶体并不断成长，在新的物质环境中，与其他晶体相互凝结重构。历史在意象性记忆中绵延，并在新的社会历史和集体经验中积聚、成长与重构。这就造成了有的历史记忆层累地成长，有的历史记忆逐渐消失。

对于发生在中国古代历史记忆"层累地成长"这一现象，如前文所述，顾颉刚先生将之总结为"层累造成的中国古史"，这一结论对近代学术产生了巨大影响。从记忆史学而言，这一总结的科学性是毋庸置疑的。但这里有一个关键词需要更正或赋予不同意义的内涵。这就是将"造成"更正为"成长"，即"层累成长的中国古史"；或将之解释为自然的非主观的"造成"。一词之别其历史学意义截然不同，前者站在一种主观人为的立场，认为这种层累的现象是人为地造成的，在顾颉刚先生那里，"造"更多地是指"伪造"。更具体地说，则是西汉末年刘歆、王莽为篡夺汉室而伪造的。如我们所知这一观点主要承自清代今文经学派。然而如我们所见，就顾颉刚先生和整个疑古运动的相关论述而言，其"造成"的涵义已存在了"自然成长"之意，但由于其受晚清今文学的影响，这一意义一直未能作为明确的立场而被遮蔽。对此，钱穆的批评可谓一针见血：

> 至于顾先生的古史辨，所处时代早已和晚清的今文学家不同，他一面接受西洋新文化的刺戟，要回头来辨认本国旧文化的真相，而为一种寻根究源之追讨，一面又采取了近代西洋史学界上种种新起的科学的见解和方法，来整理本国的旧史料，自然和晚清的今文学未可一概而论。即如胡适之先生所指顾先生讨论古史里那个根本的见解和方法，是重在传说的经历和演进，而康有为一辈人所主张的今文学，却说是孔子托古改制，六经为儒家伪造，此后又经刘歆王莽一番伪造，

而成所谓新学伪经。伪造与传说，其间究是两样。传说是演进生长的，而伪造却可以一气呵成，一手创立。传说是社会上共同的有意无意——而无意为多——的一种演进生长，而伪造却专是一人或一派人的特意制造。传说是自然的，而伪造是人为的。传说是连续的，而伪造是改换的。传说渐变，而伪造突异。我们把顾先生的传说演进的见解，和康有为孔子改制新学伪经等说法两两比较，似觉康氏之说有粗糙武断，不合情理，不如传说演进的说法较近实际。而且胡适之先生还说：崔述的古史剥皮，仅剥到"经"为止，还不激底，而今文学家却在"经"的里面，牢牢守着今文古文的一重关界，较之崔述之不激底，只有增，没有减。顾先生的古史剥皮，比崔述还要深进一步，决不肯再受今文学那重关界的阻碍，自无待言。①

钱穆先生的一番述论可谓客观中允，识固卓卓，给予笔者重要的启发。② 可惜的是，这段评述一直未能引起学者注意，对古史的"层累地成长"这一现象也很少有学者明确提出。事实上，钱穆先生所论"传说是社会上共同的有意无意——而无意为多——的一种演进生长"，正是历史尚未成熟时代或者说历史记忆断裂之后，意象性集体记忆在社会历史和集体经验变迁中不断重构的结果。但需要修正的是，"一人或一派人的特意制造"也不一定是伪造，因为"伪造"更准确地说乃是一个或一派人为达到某种目的，在明知为假的情况下，主观故意地去制作，而"特意制造"则可能存在着在集体意识和集体记忆中对过去进行创造性的重构。因为历史记忆已然断裂，集体记忆又是模糊的意象性的，而构成记忆的本身又是意象性碎片，所以要重建完整的记忆必然存在着想象的空间，在重组的过程中出现创造性的记忆。而历史记忆断裂之后，现存的有限的历史记录也是残片式的，进行重组也必然存在大量的创造性的想象空间，而当这些想象空间以一种合理的线索，更重要的是从现在理解对过去的残片进行想象重组，在赋予其时代集体记忆的历史性同时，事实上是创造了一个

① 钱穆：《评顾颉刚〈五德终始说下的政治和历史〉》，顾颉刚编著：《古史辨》第5册，上海：上海古籍出版社，1982年，第620—621页。
② 笔者正是数年前阅读上面一段文字而受其启发，提出"层累成长的中国古史"酝酿撰写此文，并开始关注记忆史学的。

新的时代和集体自己的历史记忆。[①] 而这一历史记忆既有自然生长的部分，也有一个人（更多的是一个学术集团）在具备一定条件和资源的情况下的历史想象和创造。而在这一历史想象与创造中，现实的社会历史处境和视域大量投射其中，这一投射往往是集体无意识，或者说是无意识的集体记忆。正因如此，在历史尚未成熟或断裂之后，"古史的层累成长"现象，不仅在中国，在希伯来等其他世界古代文明也同样出现。[②] 笔者将这一现象称之为"历史记忆的断裂、成长与重构"，或"古史的层累成长"。

而承载其历史记忆的文献灭失，对于特别强调历史记忆的共同体而言，共同体的存在将受到威胁。这就会出现一特别现象，就是文本在集体意识和记忆中获得了中心地位，由以前文本固化历史记忆向历史记忆固化文本转变。"经"的观念于是形成。在新的集体经验中重组凝结而成的历史记忆便以"经"的文本形式出现。思想学术史也由以前的子学时代进入了经学时代。

这些经典形成之后，在古代世界漫长的时间并不存在问题，即使偶有微词，也不过是沧海一粟，兴不起任何波澜。直到近代，启蒙运动之后，这些经的真伪才真正成为问题，从而聚讼纷纭。无论西方还是中国都因之兴起了声势浩大的疑古运动。在这一运动中经典的真伪受到空前质疑，经典的权威扫地无余。特别是在中国，由于没有像西方基督教那样的团体的固守和缓冲，儒学团体的人文历史性，随着经典历史权威不再，儒学也随之轰然倒溃，难以复建，尽管有新儒学为之努力，但如余英时所说，儒学已然成为"游魂"，已很难进入现代中国社会这一鲜活的躯体。而近年来随着一些出土简帛的发现，一股强劲的走出疑古的思潮，试图通过出土的材料以确认或重建这些经中的历史，从而重建传统。然则考古材料的有限性且解释的多重性注定了这一方法的局囿。

事实上，我们需要一个范式转换。经典的问题不是所谓真还是伪的问题，而是一个历史记忆的断裂、成长与重构的问题。这就要求我们有一个方向性的

---

① 关于历史记忆、发现与创造，可参见：Bernard Lewis, *History: Remembered, Recovered and Invented*, Princeton University Press, 1975。

② 关于犹太经典，特别是《摩西五经》，传统一直认为是上古时代的摩西所作，但近代以来受到广泛质疑，特别是德国学者威尔豪森出版了其名著《以色列史导论》（*the History of Israel*, 1878；1883年再版时更名为 *Prolegomena to the History of Israel*）后，经过半个世纪的争论，目前《摩西五经》成书于流放后——这一历史记忆断裂后的历史记忆重构，已成为西方学界的共识，即使在保守派的学者那里也是不容否认的事实。

转变，从过去追问经典世界的历史是真还是伪，转向直面经历历史记忆的断裂之后，历史记忆是如何重构和创造的，这样一个客观的事实。

由是出发，我们具体地考察聚讼纷纭的今古文经的生成，一切历史的纷扰和误解也许就此消弭。就古文经而言，这些经典载籍所见，最早多出现在景、武之世的河间王国，与这一时期整个时代的集体记忆，以及河间儒学集团的形成，其特殊地位、视域和二十六年间对儒学文献的整理与儒学系统建构密切相关。

在前面的章节我们详细论述了其时儒学的规模，兴盛的情况，以及这一儒学集团的形成，此不赘言。这里要补充的，就是从历史文献断裂之后，儒学亟需文献重建这个视野下来看这个集团形成的内在根据，以及这个集团内部结构与外部社会历史环境对其学术思想的影响。史书反复强调了河间献王"聘求幽隐，修兴雅乐"，"修学好古，实事求是"，学举六艺，立《毛氏诗》《左氏春秋》为博士，搜集保存了《周官》《尚书》《礼》《礼记》《孟子》《老子》等文献。对汉人而言，河间的功绩就是"以好学修古，能有所存"，由是"民到于今称之"，[1] 被长期的纪念和称颂。可见在汉人看来，在河间所有出现的古文经典皆为河间所保存下来的先秦旧典。而河间本身在高举六艺，以搜求先秦旧典为己任，由是"山东诸儒多从其游""天下雄俊众儒皆归之"，从中可见其时儒学对先秦旧典的集体记忆。可以说，正是在这样一个集体记忆的推动下，河间承担了聘求幽隐，恢复保存先秦旧典的重任，也正是这样一个集体记忆的感召，使天下雄俊众儒归集河间。

而河间王国既为封建诸侯国又为皇室集团一员特殊地位，又构成了其思考帝国问题和儒学建构的独特视野。作为皇室集团的一员，不同于吴楚诸王，其念兹在兹的是帝国的长治久安，思考和面对帝国的深刻危机，进行大一统帝国制度设计和建构。而作为藩臣，深刻地意识到封建之于帝国长治久安的重要，使其不得不从王国的立场为封建辩护，而其特殊的经历也让其切实地感受到来自日益膨胀的皇权压力。尽管后来的学者多有辩解，但无法否认，献王之死与武帝从太子之争时由来已久的矛盾，以及武帝的猜忌密切相关。在这种危及生命的重压下更使其切身感受到了日益膨胀的皇权对整个帝国的威胁。而在这种

---

① ［汉］班固：《汉书》卷二十二《礼乐志》，北京：中华书局，1962年，第1072页。

危及生命的重压下，诸侯王与其宾客之间的身份等差，也于是消弭（"自奉养不逾宾客"），形成了一个能以比较平等的身份相待的学术生命共同体。在共同面对专制皇权的思考中，一些超越家父长局囿的大胆设想与儒学构建于是出现。加之，秦之暴政，对于整个儒学士人集团而言都是难以抹去的幽暗记忆，而作为平民力量的代表，其"天下为公，选贤与能"的政治诉求，已然深刻在其思想中。于是围绕专制帝国皇权，这种容括统一帝国的思考、诸侯方国的视域与平民士人的理想诉求，构成了河间儒学古文经学的基本特质。

因此，对于河间儒学集团而言，无论其多么"实事求是"地复原或重建先秦文本，也很难摆脱历史境遇和视野的影响，将其集体经验意识大量地投射到其整理的文献中。对河间整理经典文献之功，如前文引述，司马光在《河间献王赞》中不仅对河间献王给予了高度赞誉，更对河间儒者们这一次文献整理之功重要性给予了客观评判：在先秦典籍残灭，"通于汉者，万无一二"，"先王之道，焰焰其不息者无几"的情况下，河间献王率河间众儒"聚残补缺，校实取正，得《周官》《左氏春秋》《毛氏诗》而立之"。这里司马光用了"聚残补缺，校实取正"来形容河间儒者对文献的整理。这也给我们提出了一个重要的问题，对于这些几于残灭的文献是完全复原了先秦文献的原貌，还是在"聚残补缺，校实取正"的过程中，或有部分地按其对材料理解进行了重新组织整理呢？显然后者更为可能。这里司马光提到了《周官》等文献，显然，司马光承认这批文献是经过了河间儒者整理了的。

事实上，当我们进一步直面客观事实，直到考古昌明的今天，也没有可靠的材料证明这些文献在先秦业已存在。最科学的论证也不过止于悬置性假设，更勿论一些观念性先行了。所谓悬置性假设，即将这些文献成书或作者悬置于先秦某一时代，或某一人物，然后根据其时代特征，或相关只言片语，来论证与其内在关联和契合性，从而证其成书于某一时代或作于某一人物。我们说这种方法只能证其源流，不能断其成书。一些材料的列举最多只能说这些文献和其有一定渊源或受其影响，并不能断其时代。我们必须直面这样一个事实，就是载籍明文出现是在汉初，也是我们所可以立足的确定起点——这是检验我们是否是科学的文献考据的最基本的原则。本人认为没有确定起点就没有科学考据。这是我们必须坚持的尺度，也是以此检验文献考据是否科学的基本尺度。我们必须看到在以往传统文献考据中因缺乏这一尺度，尽管旁征博引，纷繁浩博但最终不能解决任何问题，作学术史回顾则可，但作为文献考据而言则是没有实质意义和突破的，大量的文献考据性著述都或多或少地存在着这样一个问题。我们必须清楚地面对这样一个事实，从确定的起点重新出发。

事实亦是如此。由于上文所述大的社会变迁，春秋以降传统的礼乐文明遭遇了前所未有的危机，而其相关文献也遭到严重破坏。但自孔子以下，儒学不绝如线，一方面坚守着"一日克己复礼，天下归仁"（《论语·颜渊》）、"治道非礼乐不成"的信念，一方面则绵延着宗周礼乐文明的历史记忆。历经战国纷扰，特别是秦火的洗礼，礼乐文献已几近灭失，各种礼乐内容已然成为意象性集体记忆，并在各种儒学群体经验中成长重构。而在这些意向性集体记忆的积聚成长中，一个新的集体记忆逐渐形成，这就是儒者普遍相信"礼崩乐坏"和秦火之前周公曾制作了一套系统的治国安邦的礼典文本。也正是在这样集体记忆或思潮下，河间儒学集团在秦火余烬之后，开始大规模地搜集残存的礼制文本，进行他们认为的"实事求是"考订、整合，最后造作出一部被后世绝大数儒者公认的周公典制。事实上整个过程就是在历史文献大的断裂后，一个文献重构和创生的过程。然而当我们用他们的思维去思考的时候，在他们看来，他们的作为乃是"专以圣人法度遗落为忧，聚残补缺，校实取正"[①]，"卒使尧、舜、禹、汤、文、武、周、孔相传之道，……既晦而复明，既坠而复续"[②]，有着天不丧斯文之功。所以尽管其基于其时代集体经验，为其集体经验的投射，但他们与他们同时代的人，以及后来的漫长的岁月中，绝大数跟随者都深信这些典籍出自他们理想的圣贤。因此，在他们看来，他们不过是将圣贤经典"书之竹帛"或者"复原"重见天日而已。所以这里既不存在任何人为了某种目的的伪造，也非全然可靠的信史，而是通过"聘求幽隐"根据现有残存资料，或口耳相传的记忆，从那个时代理解和集体经验出发，对过去进行重构、想象和创造了的历史记忆，凝聚了那个时代及以前人类精神价值的结晶。

更进一步，除了文献能确然指证的春秋经等少数经典成书于先秦外，包括春秋三传在内的绝大多数经典，史籍明文其"书之竹帛"或首次出现都在

---

① ［宋］司马光：《温国文正公文集》卷第七十三《河间献王赞》，《四部丛刊》景宋本，第3叶a。
② ［明］唐世隆：《修河间献王陵庙碑》，［清］杜甲等纂修：《河间府志》卷之二十《艺文下》，乾隆年间刻本，第33叶b。

汉初。我们看三传出现比较早的《公羊传》隐公二年，何休注："春秋有改周受命之制，孔子畏时远害，又知秦将燔诗、书，其说口授相传，至汉公羊氏及弟子胡毋生等，乃始记于竹帛。"这是史籍材料明文《公羊传》的著之竹帛情况。而《穀梁传》，尽管桓谭《新论》："《左氏传》遭战国寝藏，后百余年，鲁人穀梁赤作《春秋》，残略，多有遗文。又有齐人公羊高缘经文作传，弥失本事。"至唐杨士勋为《穀梁传》作疏则称："穀梁子，名俶，字元始，一名赤。受经于子夏，为经作传。"学界一般相信其著之竹帛仍在汉代。又徐彦《公羊传疏》又称："公羊高五世相授，至胡毋生，乃著竹帛，题其亲师，故曰《公羊传》。穀梁亦是著竹帛者题其亲师，故曰《穀梁传》。"这里与公羊相提并论，按徐彦的意思，这里所谓的穀梁子可能是如公羊子一样是一位汉代著之竹帛的经师，而以穀梁相标榜而已。实际上看《公》《穀》二传显然是一个教学文本，从文本的载录方式，一问一答，显然是《春秋经》在授受中经师对弟子的讲习，我们不知道这种讲习传统自于何时，存在着其口耳相传渊源有自的可能，但从文体上看显然不属于口传文体，而属授受讲习性文本。这种讲习如何绵延，我们不得而知，任何历史的推测可能都存在想象的危险。如果切断文本背后历史的想象，一个可能确定的事实是，无论《公羊》还是《穀梁》经师的手中都存在一个用于解释《春秋经》的历史杂编，至少经师存在着这方面的历史训练，也许这才是真正绵延的历史传习，但这种传习并不需要一个稳定单一的学脉，而是作为讲习本身作为儒学传统的绵延，只要没有固定的文本，这种绵延过程就是历史记忆不断重塑的过程。总之，二书在汉初至景、武之世，《穀梁》甚至更晚至昭、宣之际著之竹帛，当无问题，反映那个时代的历史记忆的构建。

最复杂的是《左传》。由于其所载春秋历史至为详尽，文辞典雅，学界一般相信是成书于先秦。但亦有学者认为其成书于汉初。[①] 对此，笔者以后将进行专文论述。但载籍明文其最初出现在汉代，这是事实。因此，其书之竹帛在汉初存在极大可能。而从《春秋》三传不同历史记忆与各自儒学相适切的系统看，也表明其属于汉初历史记忆的不同建构。其他除《诗》《书》《春秋经》等少数经典外，其书之竹帛也应多在这一时期。这是一个不容否认的事实。笔者

---

① 陈松青：《左传成书于西汉前期小考》，《中国文学研究》1991年第3期。

将这一现象称之为"汉初成书复典运动"。对此，学者一直都未能给予足够的重视。即使一些主张某些经典成书汉代的学者，也只是从其内证和外证着手来论证某经的成书，而很少直面这一现象科学地考察其成因。这里面就存在着一个历史记忆的断裂、成长与重构的问题；存在着一个历史大的断裂之后，历史记忆的重组，一个文献重构和创生的过程。对那个大的历史记忆断裂时代的人来说，在他们的记记与集体意识中，他们只是将他们认为的先秦存在的文献"书之竹帛"，对他们而言，尽管他们并没有意识到，他们所书写的，是已经弥散了的，经历消失、成长与重组的历史记忆，投射了他们那个时代的集体经验，但他们与他们同时代的人都认为他们只是将先师所传经典文献"复制""书之竹帛"而已。① 所以对于他们而言，既不存在着伪造文本，也不存在着书写现代意义上的信史，仅是书写他们所相信甚至经过"考辨"的历史记忆。对于今人而言指责其伪造或胡编乱造，或通过零星的考古材料来为其信史全面背书都不符合现代史学精神。

事实上，无论是近代具有科学主义怀疑精神的疑古运动，还是保守主义的信古崇古情结，抑或介于二者之间的释古思潮，它们都存在着一个本质上相同的前在预设，即都将经典的合法性放在其悠久的历史和圣人创作，通过否定或肯定其背后历史和圣人而否定或肯定其经典价值。而通过对人类历史记忆的断裂、成长与重构这一科学现象的探究，对经典的认识应存在着一个范式转换意义：即将经典的价值从经典之外的历史和圣人转向经典之内的集体经验和精神价值资源，经典之所以为经典，乃是因为它凝聚着人类智慧的结晶和价值的源泉，而不是经典之外的古老历史和圣人，从而由过去对经典之外渺茫无稽的古史穷追转向经典之内的价值探求，由对经典的圣人崇拜转向对时代集体经验和精神价值的认同。这就在现代和后现代语境中重新确定了经典的合法性，实现经典和儒学的现代重生。

而早在疑古思潮风起云涌之际，胡适先生就已指出："整治国故，必须以汉还汉，以魏晋还魏晋，以唐还唐，以宋还宋，以明还明，以清还清，以古文

---

① 对此，希伯来经典也比较类似，相传在经历耶路撒冷毁焚，流放归来后，以斯拉在野外重建圣典，也是用了"Copy"一词，即"复制"了被毁掉的《摩西五经》，事实上亦是一个历史记忆重构的过程。具体可参见：Terje Stordalen, The Canonization of Ancient Hebrew and Confucian Literature, *Journal for the Study of the Old Testament*, Vol. 32.1 (2007): pp. 3-22。

还古文家，以今文还今文家，……各还他一个本来面目，然后评判各代各家各人的义理的是非。不还他们的本来面目，则多诬古人。不评判他们的是非，则多误今人，但不先弄明白了他们的本来面目，我们决不配评判他们的是非。"①这段话可以说掷地有声，但不无遗憾的是，近代以来学者的精力过多地放在了经典的真伪之争上，而整体的对经典所出现的时代，以及经典与之时代历史世界关系从来都没有认真面对。疑古者则带着政治伦理的偏见将之打上"新学伪经"的恶名，而信古者又带着崇古卫道的心理，极力将之推向先秦渺茫无稽。这就使得所谓"以古文家还古文家""各还他一个本来面目"一直都未能够真正认真地对待。这就需要我们认真面对汉初王国儒学与帝国儒学在历史记忆断裂之后，从其集体经验出发所进行的不同历史记忆与儒学系统的建构。接下来几章，我们就从这一理路出发，将河间儒学、帝国儒学以及其时的民间儒学放入其各自不同的历史境遇中，考察其不同历史记忆与儒学系统建构，而就这些文献本身而言，尽管可能有这样那样先秦承传，但无不具有那个时代集体的历史记忆重构的烙印。

———————

① 胡适：《发刊宣言》，《国学季刊》1923年第1卷第1号，第8页。

第五章 《周官》与河间儒学的"天礼之学"

河间经典，班固首列《周官》，此应有史家"辨章学术"之笔法，意在说明这部经典在河间儒学中的中心地位。应该说这部大典集中反映了河间儒学对帝国政治制度和礼乐文化方面的思考与设计。为深入认识河间儒学与中央儒学的分野，本章在考辨《周官》成书河间可能的同时，并将之放入其时封建与郡县之争的大背景下来审视它所设计的国家模式和政治权力结构，从而对景、武之世儒学两大体系的形成与升降有一个更深的认识。

一、《周官》研究回顾

古人对《周官》的研究，主要集中在传疏、礼论和名物制度等方面。《周官》以完整的经典出现，载籍所见，最早出现于河间。据《汉书·艺文志》，有《周官传》四卷，作者姓名不详，当成书于刘向、歆父子编定《别录》《七略》以前，很可能为河间后学所作。刘向、歆父子校中秘众书，《周官》被著录在《六艺略》。王莽居摄四年，发得此书，并给予极高的重视。刘歆晚年深研《周官》，"乃知其周公致太平之迹，迹具在斯"，并将其更名为《周礼》。后汉研究《周官》者，杜子春、贾徽、郑兴等都是刘歆的传人。杜子春学最精，东汉永平初，年且九十，家南山，有《周礼注》。贾徽之子贾逵与郑兴之子郑众并能传父业，仍往南山受业于杜子春。郑兴父子与贾逵均著有《周礼解诂》，由于逵解洪雅博闻，与经记转相发明，遂行于当世。而郑氏父子之学不得而行，然郑玄称其"二郑者，同宗之大儒，明理于典籍，犕识皇祖大经《周官》之义，存古字，发疑正读亦信多善，徒寡且约，用不显传于世"。后马融得逵、众二家之长，著《周官传》十二卷。后汉《周官》研究集大成者为郑玄。玄转益多师，后事马融，融以《周官》传授玄，乃因马融之传，而网罗摭拾众家之说，裁以己意，著《周官礼注》十二卷。贾公彦称之："其所变易，灼然如晦之见明；其所弥缝，奄然如合符；复析斯可谓雅达广揽者也。"《周官》之学遂兴，是以"《周礼》起于成帝刘歆，而成于郑玄"。（本段中的引文均摘自唐贾公彦《序周礼废兴》）

后汉以降，研究《周官》者日多，据《隋书·经籍志》，魏晋六朝间，王肃《周官礼》十二卷以下，著录有十六家，时已亡三家，今皆亡。唐贾公彦撰《周礼注疏》四十二卷，集南北朝之大成，被朱熹誉为"五经中《周礼》疏最好"。（《朱子语类》卷八十六）四库馆臣云："公彦之《疏》，亦极博核，足以发明郑学"；"《周礼》一书，得郑注而训诂明，得贾疏而名物制度考究大备。后有作者，弗能越也"。（《四库全书总目》卷十九《周礼注疏》提要，《周礼注疏删翼》提要）在馆臣看来，贾公彦的注疏已达到了一个巅峰。

至宋，《周官》研究乃为　大变。王应麟说："自汉儒至于庆历间，谈经者守训故而不凿，《七经小传》出，而稍尚新奇矣，至《三经义》行，视汉儒之学若土梗。"（宋王应麟《困学纪闻》卷八）《七经小传》为刘敞所作。《三经义》则为神宗时诏置经义局撰《书》《诗》《周礼》三经义，皆本王安石之说。其中《新经周礼义》，即今之《周官新义》，为王安石亲自撰注。侯家驹指出："该书可为《周礼》研究之分水岭，于此书以前，说《周礼》者皆明典则；自此以后，说《周礼》者多阐义理。"[1]后王昭禹又著《周礼详解》，"宗王氏新说"，影响及于南宋。陈振孙说"近世为举子业者多用之"。（宋陈振孙《直斋书录解题》卷二）林之奇著《周礼讲义》，"祖荆公、昭禹所说"。（清朱彝尊《经义考》卷一二二，引王与之语）此外王与之、陈友仁等注《周官》，也多袭用王安石之说。但由于王安石变法本《周官》，遂使《周官》置于政争漩涡的中心，《周官》因而遭到前所未有的攻击。变法之前，尊崇《周官》是学者的主流。变法以后，由变法遭至非议，讨论、研

---

[1] 侯家驹：《周礼研究》，台北：联经出版事业公司，1987年，第42页。

究《周官》的人日渐增多，围绕《周官》的争论也日益激烈。加上宋人好议论，《周官》注疏之学，遂渐变为论辩之学。如四库馆臣云："王与之始脱略旧文，多集新说，叶时、郑伯谦始别立标题，借经以抒议。……于是考证之学渐变为论辩之学，而郑、贾几几乎从桃矣。"（《四库全书总目》卷二《周礼注疏删翼提要》）馆臣对《周官》之学发展源流把握是准确的，不过极力贬低宋学则是囿于门户之见。客观地说，宋代的论辩之学，在《周官》研究史上极为重要。它是继郑、贾注疏之学后又一个巅峰，通过论辩，一些重要的问题被提了出来，并从正反两方面得到较为深入地阐述。如真德秀所云："郑、贾诸儒析名物，辨制度，不为无功，而圣人微旨，终莫之睹。惟洛之程氏，关中之张氏，独得圣经精微之蕴。"（宋真德秀《西山文集》卷二十九）可以说，有宋论辩之学与汉唐注疏考据之学相得益彰，使我们对《周官》的认识更加全面深入。

明代基本上沿习宋代风气，论辩多于考据，并多采宋以后诸说，但亦多有发明。如王应电《周礼传》，四库馆臣称其"论说颇为醇正，虽略于考证，而义理多所发明"。对大宰一职的作用，他指出，"俾王及后、世子靡不由于式法，不必传贤而天下无不治，虽曰家天下而实常得贤也"（明王应电《周礼传》卷一上），深得《周官》在解决家天下与公天下之间矛盾的精意眇旨，发前人所未发。明人论《周官》著作虽丰，《明史·艺文志》著录有 37 种之多，但被四库馆臣收入四库的仅三种，分别是王应电的《周礼传》十卷（附《周礼图说》二卷，《周礼翼传》二卷），何尚迁《周礼全经释原》十四卷，王志长的《周礼注疏删翼》三十卷。这虽有馆臣门户之见，但不免也有其末流已日渐空疏的原因。

至清经学昌明，考据之学兴起，论辩之风渐息。有关《周官》的著作更是浩博，仅《清史稿·艺文志》就著录了近 50 种。虽然如此，清人真正精研《周官》者却不多，梁启超认为"惟一的《周礼》专家就是孙仲容（诒让）"。[①]晚清，"海疆多故，世变日亟"，孙诒让"惓怀时局，抚卷增喟。私念今之大患，在于政教未修，上下之情暌阂不能相通"，用了近三十年功夫潜心撰著《周礼正义》八十六卷，荟萃了他平生对经学的深刻领会，对文字的精确训

---

① 梁启超：《中国近三百年学术史》，上海：上海三联书店，2006年，第173页。

诂，对名物制度的详尽考辨。他在序中说："夫舍政教而议富强，是犹泛绝潢断港而蕲至于海也，然则处今日而论治，宜莫若求其道于此经"，故"辄略刺举其可剖今而振敝一二荦荦大者，用示橥楬，俾知为治之迹，古今不相袭，而政教则固百世以俟圣人而不惑者"。（清孙诒让《周礼正义·序》）由此可见他经世致用的学术理想，以及对《周官》政教体制之"闳意眇旨"所寄于富强国家的渴望。梁启超说："这部书可算清代经学家最后的一部书，也是最好的一部书。"[①]

近代以来，学者关于《周官》的研究沿今古文之争余绪，多集中在作者的问题上。影响较大的论著有：钱穆于1929年、1931年撰写的《刘向歆父子年谱》《周官著作时代考》，两篇文章都达十数万字，考证翔实，征引浩博，力驳廖康之说，主张《周官》成书于战国末期，后均收入《两汉经学今古文平议》中。与此同时，随着新材料的发现，学者开始将考古发现引入到《周官》的研究中。郭沫若的《周官质疑》就是试图从金文着手，来考证《周官》的成书年代。刘雨、张亚初沿此路径于1986年出版《西周金文官制研究》一书，更是这方面的力作。顾颉刚作为疑古学派的代表人物，其《"周公制礼"的传说和〈周官〉一书的出现》一文的代表性不言而喻。杨向奎于1954年发表的《〈周礼〉的内容分析及其著作年代》，一改前人具体的名物制度的考证，而是从宏观的经济、制度、学术思想发展的历史来论证《周官》的成书时代。这一方法被后来的徐复观、侯家驹、彭林所继承。1980年，中国台湾学者徐复观出版了《〈周官〉成立之时代及其思想性格》一书，用思想史和文献学相结合的方法来论证《周官》成书时代，虽然一些地方过于牵强，但一些创见对于《周官》研究却有很大的启发。侯家驹1987年出版的《周礼研究》继续沿着这一路径，对《周官》进行了较为系统的研究，但由于其持特定政治立场，所得的结论难免有失客观公允，对于《周官》成书时代，则基本采纳了徐复观的观点，认为《周礼》为王莽、刘歆伪造。彭林《周礼的主体思想与成书年代研究》与金春峰《周官之成书及其反映的文化与时代新考》成书都在20世纪90年代初，前者较系统地梳理前人的研究成果，论证了《周官》成书于汉初，后者则主要针对徐复观的"王莽刘歆"伪造说，并在钱穆的基础上"断定《周

[①] 梁启超：《中国近三百年学术史》，上海：上海三联书店，2006年，第173页。

官》是战国末期秦统一前后入秦的学者所作"。[1]

当然，在探讨《周官》作者及成书时代的过程中，也涉及了《周官》的思想内容的研究。但近代以来学者对《周官》内容本身专门进行的研究相对来说还是较为薄弱。除前文提到的侯家驹的《周礼研究》外，中国台湾学者周世辅、周文湘兄弟的《周礼的政治思想》（1981年），以及与《周礼研究》同年出版的李普国《〈周礼〉的经济制度与经济思想》（1987年）可以说弥补了这方面的空白。

二、论《周官》成书于河间的可能

（一）《周官》成书诸说考辨

《四库全书总目》之《周官》提要云："《周礼》一书上自河间献王，于诸经之中，其出最晚。其真伪亦纷如聚讼，不可缕举。"围绕《周官》作者和成书年代的争论由来已久，宋代已趋激烈。如黄震在《黄氏日抄》卷三十中所云："《周礼》六官之书，故后世疑信相半，如张载则最尊敬之，如胡五峰则最摈抑之。"宋儒胡宏指斥其为刘歆伪造。清儒方苞《望溪集》指《周官》之文为刘歆窜改，以媚王莽，并历指某节某句为歆所增，言之凿凿，如目睹其笔削，遂启清末刘歆伪造《周官》之说。廖平在《古学考》中虽认为《周官》有刘歆窜入之语，究非全部伪造。至康有为于《新学伪经考》中则指刘歆伪造《周官》等古文诸经，并窜乱《史记》等众书。民国年间疑古学派兴起，更起到了推波助澜的作用，影响以至于现代，《周官》作者及成书时代仍是现代学者争论的焦点。不过在纷如聚讼之中，考其源流，仍可将之梳理为以下几说。

1. 西周周公所作说。一直以来学者多认为这种说法最早为刘歆所主。据贾公彦《序周礼废兴》引马融《传》云："至孝成皇帝，达才通人刘向子歆校理秘书，始得列序，著于《录》《略》，然亡其《冬官》一篇，以《考工记》足之。时众儒并出共排，以为非是。唯歆独识，其年尚幼，务在广览博观，又多

---

[1] 金春峰：《周官之成书及其反映的文化与时代新考》，台北：东大图书股份有限公司，1993年，第13页。

锐精于《春秋》，末年乃知其周公致太平之迹，迹具在斯。"这是周公所作说源于刘歆说的最早记载。可是从这段文字中，我们并不能得出刘歆主张《周官》为周公所作的结论，它只能说明刘歆认为《周官》深得周公致太平的要领和真传，而非一定为周公所作。第一个把《周官》说成周公所作的当是郑玄。他在注《周官》"唯王建国"句时说："周公居摄，而作六典之职，谓之《周礼》。营邑于土中，七年致政成王，以此礼授之，使居洛邑治天下。"（《周礼注疏》卷一）这一说法被古代尊《周官》的儒者所继承，至宋儒王安石更加发扬了这一说法。其因《周官》而变法革新倍受争议，《周官》因之而受到了激烈的挑战。对此清儒毛奇龄的说法是非常准确的："若谓周公作，则虽始于郑氏而祖之，而表章之者王安石也。人将以安石目之矣。"（毛奇龄《西河集》卷二十《与李恕谷论周礼书》）

尊信《周官》的学者之所以认为此书为周公所作，最主要的是因为《周官》广大精密，非圣人不能作此大典。宋儒李觏说："觏窃观六典之文，其用心至悉，如天焉有象者在，如地焉有形者载，非古聪明睿智谁能及此？其曰：'周公致太平者'，信矣。鄙儒俗士各滞所见……"（宋李觏《盱江集》卷五《周礼致太平论五十一篇叙》）清儒孙诒让说："此经建立六典，洪纤毕贯，精意眇旨，弥纶天地，其为西周政典，焯然无疑。"（清孙诒让《周礼正义》卷一）李觏、孙诒让的观点代表了古代尊《周官》儒者的思想。这些学者多为硕学大儒，他们在惊叹《周官》内容的同时，更体认到历代儒者所梦寐以求的致太平，回归三代的理想尽在它的宏伟规模之中。如被黄震认为最尊敬《周官》的张载，对其各种制度分析后，认为"《周礼》是的当之书"，进而指出："上古无君臣尊卑劳逸之别，故制以礼，垂衣裳而天下治。必是前世未得如此，其文章礼乐简易朴略，至尧则焕乎其有文章。然传上世者止是伏羲神农，此仲尼道古也，犹据闻见而言，以上则不可得而知。……又安知上世无不如三代之文章者乎！然而如《周礼》则不过矣，可谓周尽。今言治世，且指尧舜而言，可得传者也。"[1]在张载看来，三代的理想政治，尽在《周官》的典制之中，而这个理想政治最核心的内容，就是"君逸臣劳"，"垂衣裳而天下治"。用今天的话说，就是实现由儒家精英执政，君王作为国

_____

[1] ［宋］张载：《张载集》，北京：中华书局，1978年，第248、212—213页。

家的元首，更多是作为国家精神的象征和履行程序上职责，并不参与实质政府运作。这一思想也是《周官》在解决家天下与天下为公这一矛盾上，最大胆最中心的思想和制度上的设计。正是因此，有政治理想抱负，深明皇权专制危害，孜孜以求永久太平之伟业的学者，多对其推崇备至，认为它是周公兴太平之迹，故后汉如马融、郑兴、郑众、郑玄等大儒，力排林硕等众议，不为莽污此典所动，仍孜孜不倦，致力于此典精义宏旨，终使此典确立为六艺大典，位列三礼，为后世所取法。至有宋如张载辈大儒，王安石、朱熹以至司马光等皆以此典为"先王之大典"。朱熹更是赞誉不绝于口：

> 《周礼》一书，周公所以立下许多条贯，皆是广大心中流出。某自十五六时闻人说这道理，知道如此好，但今日方识得。如前日见人说盐咸，今日食之方知是咸，说糖甜，今日食之方知是甜。（《朱子语类》卷三十三）
> 周公做一部《周礼》可谓纤悉毕备。（《朱子语类》卷六十六）
> 《周礼》一书好看，广大精密周家法度在里。（《朱子语类》卷八十六）
> 《周礼》一书也是做得来缜密，真个盛水不漏。（同上）
> 圣人漉得那天理，似泥样熟，只看那一部《周礼》无非是天理，纤悉不遗。（《朱子语类》卷一百一十九）

综上所述，历代大儒之所以尊信《周官》，最重要的不是因为它是周公所作，而是因为《周官》的典制本身广大精密，纤悉毕备，合乎他们所追求的致太平的理想。反过来说，他们之所以认定其为周公所为，除了在观念上深信非圣人不能为外，更重要的是借着公认的圣人周公来确立此典的权威，为尊信和推行此典寻找依据。职是之故，面对此书与先秦文献明显的矛盾，朱熹虽感到难为解答，但仍坚守《周官》为周公所作。对于《孟子·万章下》孟子答北宫锜问"周室班爵禄"与《周官》的明显矛盾，在《孟子集注》中，他一方面引程子的话进行回护："程子曰：孟子之时，去先王未远，载籍未经秦火，然而班爵禄之制，已不闻其详，今之礼书，皆掇拾于煨烬之余，而多出于汉儒一时之傅会，奈何欲尽信而句为之解乎？然则其事固不可一二追复矣"；一方面仍坚持说："然毕竟《周礼》底是。盖《周礼》是个全书，经圣人手作必不会差。"在诸多问题很难解答时，他又不得不承认其非周公亲为，但仍然只退守到《周官》为周公草定未得实行之书："某尝疑《周礼》一书，亦是起草，未曾得行。盖左氏所纪，当时官号职位甚详，而未尝及于府、史、胥、徒，则疑其方出于周公草定之本，而未经施行也。使其有之，人数极多，何不略见于他书？"（《朱子语类》卷五十八）因此，对于主张《周官》为周公所作的儒者而言，没有证据也无需证据，他们之所以坚守这一立场，是他们政治理想念兹在兹。至于后来儒者引征《左传》文公十八年季文子之语"先君周公制周礼曰"云云；昭公二年韩宣子语"周礼尽在鲁矣"，作为文献依据，来证明《周官》是周公所作，则是画蛇添足了。

这种说法在民国年间还有一定影响，主要是一些深受传统文化熏陶的学者。不过他们已不像古代学者那样坚持为周公所作。如章太炎，他肯定这是周代典籍，但不一定是周公所作：《周礼》创始于周公，后来颇有损益，到穆王时始成定籍。后因王室衰微，《周礼》的典制，不能实行，战国七雄去籍之后，便已不甚流传，"虽以孟子之贤，犹未之见。故其言封建与《周礼》全异。汉初儒者未见《周礼》，而孟子之说流传已久，故深信而不疑"。[1]蒙文通亦认为：以历史研究的方法……"虽未必即周公之书，然必为西周主要制度，而非东周以下之治"。[2]日本学者林泰辅对此书中的天神、地示、人鬼，以及伦理思想、政治制度等进行分析后，认为应作于西周末的厉王、宣王、幽王时代。[3]

2. 末世阴谋之书说。出于不同的政治主张，另一批儒者的观点截然不同，他们非但不认为《周官》为周公所作，而且认为《周官》为末世阴谋之书。据贾公彦《序周礼废兴》："然则《周礼》起于成帝刘歆，而成于郑玄。附离之者大半，故林孝存以为，武帝知《周官》末世渎乱不验之书，故作《十论》《七难》以排弃之。何休亦以为六国阴谋之书。"这种说法，可能源于武帝，但具指《周官》为战国阴谋之书，则始于何休。此说在古代影响也很大，从贾公彦

① 章太炎：《国学讲演录》，上海：华东师范大学出版社，1995年，第95—101页。
② 蒙文通：《从社会制度及政治制论〈周官〉成书年代》，《蒙文通文集》第3卷，成都：巴蜀书社，1995年，第430页。
③ 参见［日］林泰辅：《周公と其时代》，东京：大仓书店，1915年。

的文字中，亦隐约可见对其之认同。司马光《论风俗札子》："窃见近岁公卿大夫好为高奇之论，……新进后生未知臧否，口传耳剽，翕然成风，至有读《易》未识卦爻，已谓十翼非孔子之言，读《礼》未知篇数，已谓《周官》为战国之书。"（宋司马光《传家集》卷四十二）据此可见，当时疑《周官》为战国人所作已不乏其人。后王安石依《周官》变法，颁布《周官新义》，"借以文其政事，尽以为周公之书"，并纳入科举考试，各种议论才稍息。但随着改革带来的"祸民"之政，另一种议论又随之兴起，这就是刘歆伪造助莽篡汉说。至于这两件事是怎样联系在一起的，这可能与反对改革最力者司马光有很大关系。据邵博《邵氏闻见后录》卷三：

> 昔孟子欲言周礼，而患无其籍。今《周礼》最后出，多杂以六国之事，大要渎祀、敛财、冗官、扰民可施于文，不可措于事者也。先儒以为六国阴谋之书，则过矣。晁伯以更生为新室之书也。曰："诗书但称四岳，新室称五岳，《周礼》亦称五岳，类此不一。"余颇疑之。得司马文正公《日记》，上主青苗法曰："此《周礼》泉府之职，周公之法也。"光对曰："陛下容臣不识忌讳，臣乃敢昧死言之。昔刘歆用此法以佐王莽，使农商失业，涕泣于市道，卒亡天下，安足为圣朝法也？且王莽以钱货民，使为本业，计其所得之利，十取其一，比于今日，岁取四分之息，犹为轻也。"上曰："王莽取天下本不以正。"光对曰："王莽取之虽不以正，然受汉家完富之业，向使不变法征利，结怨于民，犹或未亡也。"是文正公意亦以《周礼》多新室之事也。

余英时据此认为"司马光也许是刘歆伪造说的始作俑者"。[①] 司马光可能是最早把王安石变法与刘歆助莽篡汉联系起来的人。不过从以上文字看，他仅就事论事，并未表明其怀疑《周官》为刘歆所为，非如邵博所说"文正公意亦以《周礼》多新室之事也"。据其前引庆历五年作的《河间献王赞》"《周礼》者，周公之大典"，可见司马光并不怀疑《周官》。又如《论风俗札子》所论，对于儒家经典，他本人是持谨慎态度的。但后来儒者却由此发

---

① 余英时：《钱穆与中国文化》，上海：上海远东出版社，1994年，第150页。

挥，刘歆伪造《周官》说随之噪起。据宋儒王柏说："若今之所谓六典之书，胡文定父子谓王莽令刘歆撰。虽诸儒起初不以为然，亦以其来历不明，与《周官》不合，且孔孟不曾语学者，此为可疑耳。"（宋王柏《鲁斋集题跋》卷十三）最早明确提出此说者可能是胡安国、胡宏父子。但据胡宏《皇王大纪·极论周礼》：

> 谨按：刘歆汉家贤宗室向之子，附会王莽，变乱旧章，残贼本宗，以趋荣利。《周礼》之书，本出于孝武之时，为其杂乱藏之秘府，不以列于学官。及成哀之世，歆得校理秘书，始列序为经，众儒共排其非，惟歆以为是。夫歆不知天下有三纲，以亲则背父，以尊则背君，与周公所为，正相反者也。其所列序之书，假托《周官》之名，剿入私说，希合贼莽之所为耳。王安石乃确信乱臣贼子伪妄之书，而废大圣永垂、死笔削之经，弃恭俭而崇汰侈，舍仁义而营货财，不数十年，金人内侵，首足易位，涂炭天下，未知终始，原祸乱之本，乃在于是。噫嘻悲夫，有天下者，尚鉴之哉！

胡宏虽否定《周官》全经，激烈排斥《周官》，但亦仅认为刘歆附会王莽，剿入私说，并非全为刘歆伪造。这里亦可见胡宏的思想受王安石变法刺激之深。由于胡氏父子的鼓噪，刘歆助莽篡汉与《周官》成书便成为学者质疑《周官》的焦点。至南宋初年，刘歆伪造说已以学术的面目出现。洪迈在《容斋续笔》卷十六"《周礼》非周公书"条曰：

> 《周礼》一书，世谓周公所作，而非也。昔贤以为战国阴谋之书，考其实，盖出于刘歆之手。《汉书·儒林传》尽载诸经专门师授，此独无传。至王莽时，歆为国师，始建立《周官经》以为《周礼》，且置博士。而河南杜子春受业于歆，还家以教门徒。好学之士郑兴及其子众往师之。此书遂行。歆之处心积虑，用以济莽之恶，莽据以毒痛四海，如五均、六筦、市官、赊贷，诸所兴为皆是也。故当其时，公孙禄既已斥歆颠倒六经，毁师法矣。历代以来，唯宇文周依六典以建官，至于治民发政，亦未尝循故辙。王安石欲变乱祖宗法度，乃尊崇

其言，至与《诗》《书》均匹，以作《三经新义》。其序略曰："其人足以任官，其官足以行法，莫盛乎成周之时，其法可施于后世，其文有见于载籍，莫具乎《周官》之书。自周之衰，以至于今，太平之遗迹，扫荡几尽，学者所见，无复全经。于是时也，乃欲训而发之，臣知其难也。以训而发之之难，则又以知夫立政造事追而复之之为难。"则安石所学所行实于此乎出，遂谓"一部之书，理财居其半"。又谓："泉府，凡国之财用取具焉。岁终，则会其出入而纳其余，则非特摧兼并，救贫阨，因以足国事之财用。夫然，故虽有不庭不虞，民不加赋，而国无乏事。"其后吕嘉问法之而置市易，由中及外，害遍生灵。呜呼！二王托《周官》之名以为政，其归于祸民一也。

洪迈借着学术性的考证，具指整本《周官》为刘歆所作，成为后世刘歆伪造说理论的雏形。但从这段文字中，可以清楚看到洪迈的说法仍受王安石变法不利的刺激而发。这里洪迈最主要的证据就是"《汉书·儒林传》尽载诸经专门师授，此独无传，至王莽时，歆为国师，始建立《周官经》以为《周礼》"，由此推定《周礼》一书"盖出于刘歆之手"。然据《史记》《汉书》，《周官》一书早在武帝时已多次出现，载于史籍。且经籍无传者并非仅《周官》一书，《汉书·礼乐志》："河间献王采礼乐古事，稍稍增辑，至五百余篇。今学者不能昭见。"又据《汉书·艺文志》，《礼古经》《明堂阴阳》《王史氏记》等与河间相关的六艺经典无专门师授者甚众。这其中有着深刻的政治与学术原因，这也是本文所要揭示和探讨的。

洪迈的说法被清末康有为等发挥，他在《汉书河间献王鲁共王传辨伪》云：余读《史记》河间献王、鲁共王《世家》怪其绝无献王得书，共王坏壁事，与《汉书》绝殊。窃骇此关"六艺"大典，若诚有之，史公何得不叙？及读《儒林传》，又无《毛诗》《周官》《左传》，乃始大疑。又得魏氏源《诗古微》，刘氏逢禄《左氏春秋考证》，反得证勘，乃大悟刘歆之作伪。……其第一事则伪造河间得书、共王坏壁也。[①]

针对《史记》《汉书》提到的《周官》材料，及《毛诗》等古文诸经的事

---

① ［清］康有为：《康有为全集》第1集，上海：上海古籍出版社，1987年，第698—702页。

实，更进一步指证刘歆故意窜乱《史记》《汉书》、伪造古文诸经。[①] 后承其绪者顾颉刚等疑古学派也多主此说。针对康氏之说，钱穆在《刘向歆父子年谱自序》一文进行了系统地批驳："然治经学者犹必信今文，疑古文，则以古文争立自刘歆，推行自王莽，莽、歆为人贱厌，谓歆伪诸经以媚莽助纂，人易取信，不复察也。南海康氏《新学伪经考》持其说最备，余详按之皆虚。要而述之，其不可通者二十有八端。"[②] 二十八端皆切中康氏要害，故自钱穆论出，康氏之说遂微，今学术界多是钱而非康。[③] 且如余英时所指出的："《新学伪经考》显然更是一部提倡'变法'的意识形态之作，并非出于学术上的真知灼见。"[④]

现代学者如徐复观《周官成立之时代及其思想性格》、侯家驹《周礼研究》也力主此说。徐复观乃是从"时代经验"出发，借以发表对现实某种政治的不满。侯家驹亦然，亦不能跳出政争的局限。总之，如余英时所指出的："作为学术史的研究而言，刘歆伪造说自始即不足以构成一个严格意义上的'假设'。"[⑤]

刘歆伪造说渐息之后，持战国末成书者再度兴起。相对以上诸说，其论证更具科学性，因此，在现代学者中影响亦最大。此说领军人物为钱穆，在《周官著作时代考》中，其从《周官》之祀典、刑法、田制及其他方面详证《周官》成书于战国末。其主要依据和结论可见下表：

---

① 康有为据《西京杂记·跋》："洪家世有刘子骏《汉书》一百卷。无首尾、题目，但以甲乙丙丁纪其卷数。先公传之。歆欲撰《汉书》，编录汉事，未得缔构而亡。故书无宗本，止杂记而已。失前后之次，无事类之辨。后好事者以意次第之，始甲终癸为十帙，帙十卷，合为百卷。洪家具有其书记，以此记考校班固所作，殆是全取刘氏，有小异同耳。并固所不取不过二万许言。今钞出为二卷，名曰《西京杂记》，以裨汉书之阙尔。"认为《汉书》实出歆手笔为歆窜乱。
② 详见钱穆：《两汉经学今古文平议》，北京：商务印书馆，2001年，第1—7页。
③ 余英时："钱先生一九二九年在《燕京学报》上发表了《刘向歆父子年谱》，根据《汉书》中的史实，系统地驳斥了康有为的《新学伪经考》。这是当时轰动了学术界的一篇大文字，使晚清以来有关经今古文的争论告一结束。"（余英时：《钱穆与中国文化》，上海：上海远东出版社，1994年，第134页）
④ 余英时：《钱穆与中国文化》，上海：上海远东出版社，1994年，第151页。
⑤ 余英时：《钱穆与中国文化》，上海：上海远东出版社，1994年，第152页。

论证	结论与依据
祀典	证《周官》书出战国晚世，当在道家思想转成阴阳学派之后；而或者尚在吕不韦宾客著书之前，故《周官》书中并未采及五帝四时分祀之说。及秦帝而齐人始奏邹子之徒所为《五德终始》之说，《周官》著似亦不及见，故受命帝等诸说，书中亦未有。此可以定周官成书之准确年代矣。（第369页）
刑法	证《周官》出战国晚世，似属晋人作品，远承李悝、吴起、商鞅，参以孟子，而与管子、老子相先后。（第405页）
田制	第一论公田之废弃，第二论爰田之推行，第三论封建之破坏，都是古代井田制度消失之最大现象。《周官》一书，论其大体，都已是跟着时代，采用了当时新兴的局面。后人只能说《周官》讲井田，甚至谓刘歆、王莽为要推行井田，而伪造《周官》作根据，是何不考之甚也！依据上论《周官》还只是像战国三晋人作品。远承李悝、吴起、商鞅，参以孟子，而为晚周时代的一部书。（第462页）
其他	《周官》之封建、军制、外族、丧葬、音乐等制度、概念皆非有周之制度。

考钱穆所论，其论目的一在力驳《周官》非刘歆伪造，一在客观指出《周官》亦非周公所作。他的结论对驳斥二说，都非常有力，通过其考证，基本可以确定《周官》既非刘歆伪造，亦非周公所作。但据上表，我们亦看到，在钱穆的论证中，明显缺失了重要的一环，就是只能证明《周官》成书时间的上限在战国末，而不能证明《周官》成书时间的下限，更不能证明《周官》成书的具体时间。关于《周官》成书时间的下限，钱穆最重要的证据是《周官》中无终始五德之说，实际上，终始五德之说在持守传统儒学者中，尤其是荀子一脉的儒家并不认同此说，这在河间儒学尤为明显。另外，钱穆也没有说明这样一部深及兼综儒、法、道、阴阳等各家学说，并谙熟国体、规模宏远、纤悉毕备的大典的制作条件、制作动机，而简单地将之归之于战国末学者之"空想冥构"，显然是很难有说服力的。后来金春峰继续钱穆的方法，通过详证《周官》中的名物制度的出现时间，试图来弥补钱穆这一论证上的空白，并提出了

《周官》为战国末入秦学者所作说。[①]但这一说法首先遇到的问题是，秦不用周制，入秦的学者既为秦立法，何以取《周官》之名。所以他在《周官之成书及其反映的文化与时代新考》一书中说："《周官》之'周'，学术界通常认为即周代之'周'，反映周代之典礼制度与职官设置，或托名如此，故亦直将周官改名为周礼。实际上，正如《周易》之周有'双意'之解一样，《周官》之'周'也，可取周普、周全、周合、周行之意（《韩非子·解老》：圣人观其玄虚，用其周行。《管子·白心》：知周于六合之内）。《周官》既非周代职官，故取周全、周普、周行之更符合其本意。周官，用现在的话说，即周详、完备之中央政府职官组织法。这部组织法涉及中央各部的全部官职，无一遗漏，确是完备、周详。"[②]显然此说过为牵强，《周官》之"周"，与《汉书·艺文志》中的《周史六弢》六篇、《周政》六篇、《周法》九篇、《河间周制》十八章中的"周"字同意，皆指"周时法度政教"。金春峰又从三统五行角度立说，认为《周官》尚黑统，用夏时，与秦尚黑统合。实际上正如钱穆所指出的，《周官》虽有五行观念的痕迹，但无"五德终始"的理论，更没有三统学说。[③]

---

① 如其《绪论》所云："本著的基本方法是将《周官》的全部资料：文物、制度、授田制、军制、分封、乡遂制、社会行政组织、商业、教育、神灵祭祀系统、法律、风俗、度量衡、币制等，放在特定的时代与文化背景中统一考察。如设定周官为X，其包含之各要素为X1、X2……等。将X放在A环境与时代之下，各子项皆一一说明，而放在B环境B时代之下，则X1……等各项无一能说，或仅能说明其一两项。显然X应属于A环境与A条件。我用此方法考察的结果，《周官》如放在战国末期之齐文化与齐环境下，仅有X1、X2等一两项能勉强、间接顺应，而其余则不通。放在王莽、刘歆之西汉时代背景下，则无一不扞格不通；惟有放在秦之环境与文化背景下，才能无一不通。所以我敢断定《周官》是战国末期秦统一前后入秦学者所作。"（金春峰：《周官之成书及其反映的文化与时代新考》，台北：东大图书股份有限公司，1993年，第13页）该书余英时为之作《序》，所以有一定的影响，但余《序》主要认同其对徐复观文的驳斥，至于余本人仍持钱穆战国末说的观点。

② 金春峰：《周官之成书及其反映的文化与时代新考》，台北：东大图书股份有限公司，1993年，第1—2页。

③ 如其据《夏官·弁师》"弁师掌王之五冕，皆玄冕、朱里、延纽"，"玄冕"即黑冕，遂认为与正黑统之"其色黑，朝服黑"相合，定《周官》尚黑统。（金春峰：《周官之成书及其反映的文化与时代新考》，台北：东大图书股份有限公司，1993年，第189页）而实际上《周官》之颜色更多地从礼制等级方面来定，与三统服色无关。如《春官·典瑞》："掌玉瑞、玉器之藏，辨其名物与其用事。设其服饰：王晋大圭，执镇圭，缫藉五采五就，以朝日。公执三圭，侯执信圭，伯执躬圭，缫皆三采三就。"又《司服》："掌王之吉、凶衣服，辨其名物与其用事。王之吉服，祀昊天上帝，则服大裘而冕；祀五帝，亦如之。享先王，则衮冕；享先公、飨、射，则鷩冕；祀四望山川，则毳冕；祭社稷五祀，则希冕；祭群小祀，则玄冕。"玄冕只在一般的典礼中使用，在重大的典礼中并不使用。此足见《周官》无三统服色之说。总之，观金氏全书，诸如此类，不一而足。

3．其他诸说。近代以降，一些学者试图通过地下出土的金文材料来证明《周官》的成书年代。较早进行这方面尝试的是郭沫若，他在《周官质疑》一文中指出："彝铭中言周代官制之卓著者，同于《周官》者虽亦稍稍有之，然其骨干则大相违背，如是铁证断难斥为向壁虚造。又所举诸器之年代，大率起于周初，而逮于春秋中叶，其说之详，具见《大系》，亦断非前代异制或传闻异词等说之所能规避。如是而犹，又可谓《周官》必为周公致太平之迹，直可谓之迂诞而已。"[①] 徐宗元从殷周至战国的铜器铭文中，择取五十多官与《周官》职官进行比较，认为"《周礼》六官系统金文无证"。[②] 朱谦之从文字学和官制的角度考证说："此书中所用古体文字，不见其他古籍，而独与甲骨文、金文相同，又其所载官制与《诗经》大雅、小雅相合，可见非在西周文化发达的时代不能作"，"成书最晚不在东周惠王后"。[③] 刘起釪认为："《周礼》一书所载官制材料，都不出春秋之世周、鲁、卫、郑四国官制范围，没有受战国官制的影响。"[④] 金景芳认为："作者可能是东周初期一得见王室档案者。"[⑤] 相较以上诸先生的论断，张亚初、刘雨的论证则更为详备。他们在《西周金文官制研究》一书中，搜罗了能够见到的所有西周金文文献，将其记载的官制与《周官》官制一一比较，最后得出结论"《周礼》中有四分之一以上的职官在西周金文中可找到根据"，这其中有一部分虽官名相同，但其职掌并不相同，这说明"《周礼》的作者在编书时一定是借鉴或参照了西周中晚期的职官系统，并吸取了有用的东西"。[⑥] 如其所说，我们仍然不能断定《周官》的成书时代，亦如彭林所指出的："参照或吸收西周典制来著书，战国人可以做，秦汉人也可以做，我们无法从他们的研究中引出最后的结论。"[⑦]

综上所述，在《周官》作者和成书时代的争论中，学者一直存在着这样一个误区：回护《周官》者，极力证明其为周公所为，陷入了没有证据甚于基

---

① 何晴编校：《中国现代学术经典·郭沫若卷》，石家庄：河北教育出版社，1996年，第463页。
② 徐宗元：《金文中所见官名考》，《福建师范学院学报》（社会科学版）1957年第2期。
③ 朱谦之：《〈周礼〉的主要思想》，《光明日报》1961年11月12日。
④ 刘起釪：《〈洪范〉成书时代考》，《中国社会科学》1980年第3期。
⑤ 金景芳：《中国奴隶社会史》，上海：上海人民出版社，1983年，第132页。
⑥ 张亚初、刘雨：《西周金文官制研究》，北京：中华书局，1986年，第140、141页。
⑦ 彭林：《〈周礼〉主体思想与成书年代研究》，北京：中国社会科学出版社，1991年，第17页。

本事实相矛盾的困境；攻击《周官》者，又多惑于末世阴谋论或刘歆伪造《周官》以助莽篡汉说的缠累，陷入一些无谓的争论；近代以来一些学者虽试图用考古材料为《周官》寻找一个时间定位，但仍受制于上述成见不能有所突破。

20世纪90年代初，彭林《周礼的主体思想与成书年代研究》在梳理前人研究成果的基础上，论证了《周官》成书于汉初，下限在文、景之世。[①]可以说，这是《周官》作者研究的重要突破，如赵光贤所说"这个说法比之战国说更为妥当"。[②]但由于仅是孤立地对《周官》专书的研究，没有对汉初至景、武之世的学术脉络进行深入梳理，特别是忽略了《周官》全经载籍第一次出现——景、武之世的河间王国，这造成了在《周官》成书于汉初的论证上缺失重要的一环。本文则在彭林的基础上，为学界提供一种新的思路，将《周官》放入景、武之世河间儒学的系统中进行考察，以论证其成书于河间的可能。

（二）《周官》成书于河间考论

比之于前辈学者《周官》成书先秦说、刘歆伪造说及其他诸说，笔者认为，如果将目光下移至景、武之世的河间，目前学界争论的很多问题都将迎刃而解。

首先，河间无论在主客观上都具备其他集团或个人不具备的编撰整理《周官》条件。很久以来学者都在争论这样一个问题，《周官》是个人创作还是集体创作。朱熹云："《周礼》一书也是做得来缜密，真个盛水不漏。"孙诒让也说："此经建立六典，洪纤毕贯，精意眇旨，弥纶天地。"（清孙诒让《周礼正义》卷一）《周官》作为一部煌煌大典，所涉及国家政制、名物众多方面，做得又这样"纤悉毕备""洪纤必贯"，从其规模和严密程度上看，很多学者认为必非个人力量和私家著述所能完成。既非个人力量所能完成，必为集体智慧的结晶。但集体完成就难免会有编撰和杂集的痕迹，而《周官》却

---

① 彭林：《〈周礼〉主体思想与成书年代研究》，北京：中国社会科学出版社，1991年，第255页。
② 赵光贤：《序》，彭林：《〈周礼〉主体思想与成书年代研究》，北京：中国社会科学出版社，1991年，第1页。

盛水不漏，又不像多人结集之作。在这样一种矛盾中，有学者认为《周官》成书是经过不同时期，不同作者之手。这种说法显然在于调和，但问题是《周官》既经不同时代作者之手，其在先秦必有一定影响，其承传必见踪迹，但先秦文献中却找不到其任何踪迹。二是既经不同时代，其文字风格也必有不同时代的烙印，而《周官》却看不出这一点。因此，更为可能的是其成书于一时一地，是经过具有官方性质的精心策划，周密安排，汇聚了大量的周代名物制度后，由精通周代典制的专家领衔，集多人智慧学识，经过长时间努力，认真考定编撰而成的。

然考春秋战国以降，我国学术有几次大的集结，具备这样编写《周官》的条件，只有河间最为可能。如齐稷下学宫形成于战国齐宣王时期，时"齐宣王喜文学游说之士，自如邹衍、淳于髡、田骈、接子、慎到之徒七十六人，皆赐列第，为上大夫，不治而论议。是以齐稷下学士特盛，且数十百人"。(《史记·田齐世家》)但《周官》不可能为稷下所作，理由至少有三：其一，孟子为同时人，然据《孟子·万章下》"北宫锜问曰：'周室班爵禄也，如之何？'孟子曰：'其详不可得闻也。诸侯恶其害己也，而皆去其籍。然而轲也尝闻其略也'"，可见其时诸侯恶周代礼制之甚，去籍尚嫌晚，更不可能组织人力物力来编撰像《周官》这样的一代典制；其二，邹衍等人学术思想和风格上看，与《周官》严谨森严的制度之学不类，故亦绝非这些人所能为；其三，荀卿曾为稷下祭酒，时稷下已近衰息，犹不闻其书。因此，据此三点，此书不为稷下或同时诸侯所为明矣。而后之吕不韦与其门客则锐意于《吕氏春秋》，亦不可能为此制作。

相比之下，河间则不同。主观上，河间献王锐意于修复周代礼制，并且成绩卓著。《汉书·礼乐志》说他"以为治道非礼乐不成"，因此，锐志于周代礼乐，不仅搜集整理典籍文献，还对残灭已久的周代礼乐系统进行了大规模的修复和制作。河间锐志于周代礼乐，被《汉书》多处明文强调。献王本传说他"修礼乐，被服儒术，造次必于儒者"。《艺文志》曰："与毛生等共采《周官》及诸子言乐事者，以作《乐记》，献八佾之舞。"《礼乐志》："河间献王聘求幽隐，修兴雅乐以助化。"《汉书·艺文志》还有"《河间周制》十八章，似河间献王述"的记载。此处最为昭明，这很可能是河间儒者兴修的具体周代名物制度的总编，共十八章，其规模相当可观。《后汉书·张纯传》载有"河间古辟雍记"传世，又《汉书·食货志》颜师古注："邓展曰:《乐语》《乐元语》，河间献王所传，道五均事"，这些文献并未见于《汉书·艺文志》，很可能都是《河间周制》中具体篇章。在元光五年，献王来朝献雅乐及八佾之舞。经过二十六年努力，周代礼乐系统基本被修复制作完成。班固称其"诗乐施于后嗣，犹得有所祖述"，他对周代礼乐文化的保存和传播起到了重要的作用。从这些事实可见，河间献王及河间儒学矢志于兴修周代礼乐，并且所取得的成就是此前任何学术集团或个人都不曾有过的。

客观上，无论是在人才、物质还是学术资源都具备此前学术集团或私人所不具备的著述《周官》的条件。一人才荟萃。史书均言山东诸儒多从其游，杜业更言"天下俊雄众儒皆归之"。前文我们详考时云集河间的硕学大儒，而这些儒者与其时淮南"所招致率多浮辩"不同，他们都是"修学好古，实事求是"之士，不仅有矢志修兴礼乐之理想，亦有修兴礼乐之能力。他们与献王可谓志同道合，风云际会。二物质优越。《西京杂记》卷四云："河间王德，筑日华宫，置客馆二十余区，以待学士，自奉养不逾宾客。"由此可见，河间儒者各项待遇优厚，得以专心从事修兴礼乐的工作。三学术资源丰富。由于河间聘求幽隐，一时间得书多与汉朝等，可谓天下遗文残编尽聚河间；仅礼乐事就达五百余篇。这些汇聚的大量的佚文残编为学者修兴周代礼乐制度创造了得天独厚的条件，也使编撰像《周官》这样标榜有周一代礼乐制度的大典成为可能。杨椿在《周礼考》中说：

> 是书非周公作也。疑其先出于文种、李悝、吴起、申不害之徒，务在富国强兵，以攻伐、聚敛为贤；而其人类皆坚强猛鸷，有果毅不群之材，故能谋之而必行，行之而必成，而其书亦遂得传于世。遭秦之火，散亡遗佚，间有存者。后人网罗摭拾，汇为此书，……其残篇断简，亦或意为增损，故复重缺裂，自相矛盾，且以周、秦后事附入者在在有之。①

顾颉刚读了这段文字后说：

① 杨椿：《孟邻堂文钞》，转引自顾颉刚：《"周公制礼"的传说和〈周官〉一书的出现》，《文史》第6辑，北京：中华书局，1979年，第40页。

> 读了这几句话，真像获得了打开千年铁门的一把钥匙：知道这原是一部战国时的法家著作，在散亡之余，为汉代儒家所获得，加以补苴增损，勉强凑足了五官；然而由于儒、法两家思想的不同，竟成了一个“四不像”的动物标本！这就是我写这篇文字的结论。①

至于《周官》是否为拼凑，有自相矛盾之处，学识如二程、朱熹，严谨如孙诒让辈尚且不觉，恐怕杨椿与顾颉刚这里属个人理解。不过，这两段话至少道出这样一个事实，《周官》的编撰的过程中，网罗摭拾，参考了前代大量的残篇断简，进行了创造性的重构。而汇聚大量的佚文残编正是河间当时的重要工作，因此，河间编写《周官》正具备得天独厚的条件。

将之放在河间儒学中来考察也更具合理性，一些争论不休的问题亦涣然冰释。《周官》既然是在河间以标举理想中的周代礼乐制度为名而修兴，那么它势必要实事求是地，以能考见的相关有周典制为根据，进行重新组织。从文献来源上讲，有周典制漫灭残缺，网罗摭拾，所据资料实驳杂不一。这就造成今天从已出土文物、先秦文献来考证其名物制度，则显得驳杂不一，既有部分出自周代的名物制度，又有许多制度文物明显与周制不合，有的尽管官物名称与周代相同，但内容却有很大的不同。但从《周官》制度与思想体系言，因其出自一时一地之学者精心构织，故“广大周密”“盛水不漏”“洪纤必贯”。又由于其以标举周代礼制，实欲为汉家立定法制规摹，为适应大汉构建封建国家、体国经野的需要，因而各种制度就有了大汉的广阔疆域、视野和气魄。对于《周官》中封建规模，持战国末成书说的钱穆批评其夸示、冥构，与事实不符。其云：“(《周官》) 既讲封建，又把古代封疆规模，竭意铺张。”② 对于《周官·遂人》田制“凡治野，夫间有遂，遂上有径，十夫有沟，沟上有畛，百夫有洫，洫上有涂，千夫有浍，浍上有道，万夫有川，川上有路，以达于畿”，钱穆云：“这是何等宽大整齐、平正通达的景象？试问照此景象，又那里装上

① 顾颉刚：《“周公制礼”的传说和〈周官〉一书的出现》，《文史》第6辑，北京：中华书局，1979年，第40页。

② 钱穆：《周官著作时代考》，《两汉经学今古文平议》，北京：商务印书馆，2001年，第452页。

许多地域沟池封疆之界？"[①]他站在战国末历史情形上发问，但如果将其下移至大汉辽阔疆域的国土上，无论其封建还是田制或其他制度就不显得铺张、矛盾和"与事实抵牾"了。

其次，《周官》可能成书于河间，一个重要的事实是载籍所见第一次出现在河间。作为科学考据而言，在没有实物资料发掘以前，将其成书时间上移的任何成说都是假设，没有文献和实物的实证依据。而将之下移，持刘歆伪造说，往往指控《汉书》献王所传诸经，史迁不言，对此，钱穆在《秦汉史》一书中给予了有力地回答：

> 《戴东原集》有《河间献王传经考》，谓《毛诗》《左氏春秋》《周官》皆传自献王。其后今文学家疑之。康有为《新学伪经考》以《史记·河间献王世家》不及献王得书事，证《汉书》云云为伪。然同时史迁于《淮南王传》，亦不言其著书献书事。《汉书》亦为增补。特今《淮南王书》尚传，故无从见疑耳。否则亦可以《史记》未之及，遂谓《汉书》云云尽出虚造耶？（史公时儒术始兴，其言阔略。《鲁共王传》不言坏壁，《楚元王传》不言受《诗》浮邱伯，皆是。）淮南献所著书，而武帝爱秘之。夫爱矣，云何而秘。宜乎河间书之尽藏秘府，伏而不发矣。盖其时淮南河间，皆以王国讲文学，流誉驾中朝，遂为武帝所忌。二王均不得其死，其书入汉廷，亦遂抑而未行也。[②]

钱穆在这里不仅有力地驳斥了康氏之说，而且指出献王与淮南在那个特殊的时代的具体处境，揭示出史迁之所以不言的，深层的政治学术斗争的原因。笔者更进一步认为，康氏之学只注意到刘歆时代汉新交替之际的学术变迁，并未注意到献王时代我国学术史之大变迁和转型。康有为试图借毁刘歆来毁"古文"诸经，以期破除维新改革所面临的文化权威，而没有注意到汉初献王辈以"古文"诸经对帝国体制和政教进行重建的种种努力。至于徐复观、侯家驹等亦主张《周官》为刘歆王莽伪撰者，认为此《周官》乃为《古

---

① 钱穆：《周官著作时代考》，《两汉经学今古文平议》，北京：商务印书馆，2001年，第456页。
② 钱穆：《秦汉史》，北京：生活·读书·新知三联书店，2005年，第83页。

文尚书》中的《周官》篇。显然这是强拗为之削足适履的做法。《周官》载籍所见第一次出现在河间，当时也并不存在伪撰的问题。因为对河间儒者来说，《周官》的"周"，就如同《河间周制》《周代政法》中"周"指周代的含义一样，而非指周公的"周"，其与周公产生联系完全是后人附会的结果。对于河间儒者而言，只是尽可能据现有载籍材料来兴修其理想中的周制，以供汉家治国寻找理想范式。当然，《周官》之典载籍第一次在河间出现必意味其河间所造，亦是不科学的。但进一步研究就会发现，《周官》作为一部标榜周制的大典第一次在河间出现，并非是孤立事件。河间聚集了大量的文献资料，前文已述仅礼乐古事，就"至五百余篇"。河间如此之巨的典籍文献与《汉书·艺文志》著录文献的源流关系，《汉书》未有明文，现代学者也很少思考这个问题。《隋书·经籍志》曾尝试解决这一问题。在《隋书·经籍志》看来，《司马穰苴兵法》《明堂阴阳记》等在河间言礼乐事五百篇之列。而据《艺文志》儒家类记载："《周史六弢》六篇。惠、襄之间，或曰显王时，或曰孔子问焉。《周政》六篇。周时法度政教。《周法》九篇。法天地，立百官。《河间周制》十八章，似河间献王述。"在刘向、歆父子以前，汉代大规模地以周制为中心进行文献整理的只有景、武之世的河间，而刘向歆父子将这些典籍与《河间周制》放在一起，其源流当同属于河间整理出来的典籍。如果把这些文献放在一起来考察，我们更有理由认为，在当时典籍残灭的时代，这些上古典籍在河间却批量的、集中的、有系统的出现，这其中虽少不了聘求幽隐、校残补缺的工作，但也少不了根据现实政治的需要，总结前代经验，发明绍述，试图系统化构建政治蓝图的工作。因此，更为可信地是《周官》的成书，虽然有河间儒者根据既有文献进行整理校勘，但更多的是围绕政教理想进行的制度重构。虽然其仍标榜为周制，但实质上在周制这个旧皮袋中已装入了许多"新酒"。

且在汉初文景间，如《王制》这部要比《周官》简单得多的制度之文，尚需文帝组织七十博士才能完成，况《周官》这部煌煌大典，恐怕除河间外没有哪一个私人或集体能够完成。再者如果此典在文帝前已成书，文帝绍古而定《王制》时，此全书必从民间达于中央，而不至于至景帝时全书才始现于河间。[①] 从文帝绍古定《王制》，同时期董仲舒《春秋繁露》亦有《官制》之文，这一方面说明当此之时为汉家制定制度是一时儒者之思潮，《周官》正是在这一思潮下应运而生；一方面也说明《周官》并非横空出世，它已有了汉初来以学者思考制作的基础，加之河间聚集大量的礼制之书和许多礼学专家，更为它摭拾博采、整合制度提供了得天独厚的条件，在这些基础和条件下，它集战国秦汉以来儒者对官制思考之大成，得以详考周代名物制度，编集造作而成。

我们细研《汉书》，将《周官》放在河间文献一起考察，就会发现《周官》的权威在汉代被逐步确立有其过程。在整理兴作整个周制礼乐文化体系中，河间儒者尽可能地建构了一个与之相适应的文献体系。在这一文献体系中，《周官》是其一个重要的组成部分，主要言河间儒学理想中周制的职官体系。尽管耗费河间儒者大量的心血，作为其制度与文献体系的一个部分，《周官》还没有上升到经典的地位，故没有以其立博士。《周官》缺《冬官司空》，也可能其时仍未完成。据马融《周礼传》，刘歆以《考工记》补足之，而据陆德明《经典释文序录》和《隋书·经籍志》相传为河间献王补足之。二者相较，马融为东汉人，当更为可信。笔者认为，更为可能的是，《周官》是河间未完成之典，在河间遭到中央镇压，河间献王死时，《冬官司空》尚未完成。而《考工记》亦为河间文献，与《河间周制》性质相类，为具体的名物制度类文献，或者此文正是河间为造作《冬官》所进行的考定名物制度的前期准备，亦未可知，附与《周官》之后，在河间遭到中央镇压后同被收于中秘，刘歆最后以之作为《冬官》补足《周官》全典。据马融《周礼传》："至孝成皇帝，达才通人刘向子歆校理秘书，始得列序，著于《录》《略》，然亡其《冬官》一篇，以《考工记》足之。时众儒并出共排，以为非是。唯歆独识，其年尚幼，务在广览博观，又多锐精于《春秋》，末年乃知其周公致太平之迹，迹具在斯。"刘向歆父子校书时，始序列于《六艺略》中。然其时诸儒都不认同，时刘歆虽欣赏但由于年龄尚幼，精力不在此上，故亦未给予《周官》很多重视。因《周官》中有很多言礼的内容，起初仅作六艺礼类一种，在《汉书·艺文志》中，序于七十

① 《汉书·艺文志》："六国之君，魏文侯最为好古，孝文时得其乐人窦公，献其书，乃《周官·大宗伯》之《大司乐》章也。"时窦公所献很可能仅名为《大司乐》，至河间编定《周官》采用之，班固在此补序此书，遂称之为《周官·大宗伯》之《大司乐》章。

子《礼》《记》之后，地位尚在七十子著作之下。据《汉书·刘歆传》，在刘歆《让太常博士书》中仍尚未提到《周官》，表明时《周官》虽已"著于《录》《略》"，仍未引起刘歆的足够重视。直到晚年，刘歆始认识到这部经典的重要，"乃知其周公致太平之迹，迹具在斯"。又《汉书·王莽传》：

> 皇天降瑞，出丹石之符。是以太皇太后则天明命，诏安汉公居摄践阼，将以成圣汉之业，与唐虞三代比隆也。摄皇帝遂开秘府，会群儒制礼作乐，卒定庶官，茂成天功，圣心周悉，卓尔独见，发得《周礼》，以明殷鉴。

可能这时刘歆、王莽才认识到其重要，被尊为经，始称《周官经》。但当时《六艺略》已成书上表，故仍置在七十子著作之下。在王莽时期更名为《周礼》，一直延续至今。因此，从文献考据而言，《周官》成书于河间不存在任何问题。相反，如将之提前或推后，都无法回答先秦文献无其踪迹和《史记》《汉书》中相关记载这些问题。

最后，从其内证而言，《周官》最终成书于河间也最为合理。这主要表现在以下几个方面：一是礼祀方位帝。《周官》祀五帝，而史书明言祀五帝是高祖入关以后的事。因此，这是一个重要的实证。对此，彭林在《周礼的主体思想与成书年代研究》中给予了充分的论证。但主张入秦学者所作的金春峰给予了驳斥，他提出了几个理由：1）观念、理论、学说、思想与客观实际存在是两回事，不能混同。有五帝与五帝祀的观念、学说、思想，不一定在现实生活中必有五帝的祭祀。反转来，现实生活中有五帝祠及五帝祭祀，也不一定必有某种五帝祀的理论与之相应。《周官》是设官分职的理想、空想之书，属于理论、观念、学术形态；它的许多官职及职事都是空想的，不必实有其事；更不必实际生活中先有此官职与职事，《周官》才能加以概括与记述。《周官》关于五帝之祭祀及其职官职事，纯属理论，以秦无五帝祠、五帝祀以证明《周官》必在秦和汉高以后，难于成立。2）据刘邦之言而否定秦有四帝之祠，否定其属于五行系统，这也很难成立。刘的话反而证明，秦不仅已有白、黄、炎、青四帝祠，并且这四帝祠正是据五行系统建立的，所以刘邦一见情状，就知道缺了黑帝之祠，故为之立以完足五帝之数。3）刘邦的话还证明了，五帝与上帝，在秦及汉初人的观念中仍然是合一的，将两者区分，以上帝为昊天大帝，五帝为上帝之佐，是汉武以后之说。4）举汉武帝时始设司隶等职官为反证，说明《周官》系冥构，否则以彭林的说法则成于孝武以后（按：刘歆伪造说者以举此证）。① 笔者认为，1）将《周官》完全归之于冥构而没有现实依据的说法是有问题的，如按金先生之说，《周官》也不必在其所主张入秦时成书，即在任何时候成书都没有问题。2）考秦之郊祀方位帝的由来和用意比较复杂，但与五行学说并无必然关系。据《史记·封禅书》："秦襄公攻戎救周，始列为诸侯。秦襄公既侯，居西垂，自以为主少暤之神，作西畤，祠白帝"，"后秦文公梦黄蛇自天而下，属地，其口止于鄜衍，作畤，郊祭白帝，曰鄜畤"。又："自未作鄜畤也，而雍礴旁故有吴阳武畤，雍礴东有好畤，皆废无祠。或曰：'自古以雍礴州积高，神明之隩，故立畤郊上帝，诸神祠皆聚云。盖黄帝时尝用事，虽晚周亦郊焉。'"通过这些记载，秦人初雍祀上帝，可能与有周时宗教遗传有关。当时秦人初郊上帝，为不明显僭越礼制，遂造出了一方位帝，为其地方最高神祇，以别于周人之昊天上帝，表明其在君临西戎的地方雄主地位。这也可能是方位帝观念的最早起源。自秦德公时，欲有事于东方，要"子孙饮马于河"，并由其子宣公付诸实施，遂于渭南作密畤（前671年），仿效其祖祭青帝。此后便掀起了向东的连年征伐，最终实现了饮马黄河的梦想。其后至秦灵公又作吴阳上畤，祭黄帝，作下畤，祠炎帝（前371年）此时已进入战国，周室益微，此时秦已有兼并天下的雄心，到献公时在周太史儋的鼓动下更坚定了其称霸野心。由以上观之，雍之四畤方位帝是秦人所造作出来的集团神，可能源于周人之郊祀遗传，是秦人造作的特有的国家神祇，既寓含着秦人以其神祇君临天下，也反映了当时大一统宗教观尚未完成，仍停留在天下共主的宗教意识。因此从秦之郊祀方位帝来源与过程看，说明至少在秦时，五行学说与礼祀方位帝还没有结合起来，秦之四畤与五行说就没有多大关系。高祖增立黑帝祠，更可能是延着秦人造作神明的方法，造作了一个新的神明，而非时人已将五方位帝与五行观念结合起来。高祖此举表明其得承秦之天命，有秦之天下。汉家得有天下后，很长一段时间虽雍祀五方位帝，但规格只是"有司进祠，上不亲往。悉召故秦祀官，复置太祝、太宰，如其故仪礼"。这说明雍祀五方位

---

① 金春峰：《周官之成书及其反映的文化与时代新考》，台北：东大图书股份有限公司，1993年，第148—149页。

帝，仍然未与事关汉家德运的五行终始观念联系起来。直到文帝十四年，始下诏"诏有司增雍五畤路车各一乘，驾被具"。并于是年鲁人公孙臣上书讨论汉家德运，明年黄龙见于成纪，在有司的建议下，"始幸雍郊见五畤，祠衣皆上赤"，郊祀制度与五行德运之始有结合的迹象。但文帝在新垣平的鼓动下，"于是作渭阳五帝庙，同宇，帝一殿，面五门，各如其帝色。祠所用及仪亦如雍五畤"。分散的方位帝趋向集为整体，为更高更单一的神祇出现奠定了基础。与此同时，制礼、改历、更服色等造作汉家新典制的活动异常活跃，建立新的郊祀系统亦成为当时儒者重要的思考。后虽遭遇新垣平案顿挫，搁置。但随着儒学在民间复兴，讨论并未停止。到了景、武之世，大一统郡县制政体在帝国境内正在稳步确立，在天道信仰方面，承传秦时的方位帝集团神，对于不断强化集中的皇权已不合时宜，亟需建立一个与之相适应的礼祀系统。这一礼祀系统关系到帝国信仰和统治意识形态，因此，采用何种礼祀牵涉各方利益。与此同时，在不断加强的中央集权过程中，王国越来越感受到来自中央的压力，所以从王国的利益出发，也提出了与中央不同的礼祀方案。河间《周官》礼祀系统正是代表王国利益的一种有力的方案（按：下一节将详论）。3）如果刘邦话表明秦和汉初一般人的观念五帝即上帝也许是没有多大问题的，但对儒家学者来说就有问题了。因为《诗》《书》中并没有五方帝之说，有的只是昊天上帝，这与五方位帝显然不同，所以儒家在造作新礼祀系统时必须要思考如何将二者进行整合。《周官》礼祀系统正反映了这一时期儒家的努力。《周官》此处正是统合了宗周最高神祇与秦汉发展而来的方位帝。4）时《周官》已成书，并为武帝亲见，设司隶校尉等职官可能正是受《周官》影响。综上所述，从《周官》礼祀方位帝与昊天上帝上看，其成书景、武之世河间最为可能。

　　二是受阴阳五行思想影响。《周官》成书受阴阳五行学说影响，吸收了其思想。对此彭林举出"《周礼》五行说十证"以证明之。[①]阴阳五行学说有机结合起来，学界一般认为在汉初才出现。由此彭林得出结论，认为《周官》成书于汉初至于文、景之世，对此赵光贤说，"这个说法比之战国说更为妥

---

① 彭林：《〈周礼〉主体思想与成书年代研究》，北京：中国社会科学出版社，1991年，第44—63页。

当"。^①笔者在此基础进一步认为，此书最终成书于河间应更为砥实。虽然在
《周官》能够看出阴阳五行学说的有机结合，但它与当时中央儒学推阴阳、大
讲天人灾异遣告之学、鼓吹终始五德有很大不同。它的阴阳五行，更多地被视
是自然的观念，镶嵌在《周官》的制度体系中。全书的中心是制度体系，它是
万民的纲纪。因此，尽管《周官》吸纳了阴阳五行思想，相比制度它不过是装
点，且更多的是将其视为一种自然的观念。这一点彭林的认识是较准确的。他
说："《周礼》中的阴阳五行思想并不是贯穿全书的主线，实际上，它只不过是
国家政权的一种装潢，犹如宗庙彝器上的饕餮纹，目的是要装点出神圣的气象
来。"^②像终始五德之说等说在《周官》中找不到踪迹。而这些思想正与河间的
"天礼之学"相合。

三是语言文字。《周官·大司徒》曰："以五礼防万民之伪而教之中，以
六乐防万民之情而教之和。"钱穆云："此与《天官·大宗伯》：'以天产作阴
德，以中礼防之，以地产作阳德，以和乐防之'云云，竟是《中庸》《乐记》
一路文字，是又岂春秋以前之所能有乎？"^③又云："清商乃亡国之乐，靡靡
之音，所谓'濮上之声'者是，所以《周官》三大祭皆不用商，正为其是濮
上遗声也。……《周官》六乐，变致羽物，乃至于六变致象物，……而礼乐
可以通天地，感鬼神，其论畅发于《小戴记》（笔者案：《乐记》是也）。不仅
孔孟论礼乐，并无此等意想，即《荀子》书言礼，亦尚不如此立说也。……
又《乐记》载孔子与宾牟贾论乐，及于《大武》之舞，……，是征其时《大
武》之舞也有商，而一辈讲音乐者乃力事排斥。正因商声淫靡，乃濮上之新
声，故不认为是武王之古乐也。可知《周官》三大祭无商，固不以'金克木'
之说释之。^④《乐记》则本是汉河间献王与诸生共采《周官》及诸子而成，自

① 赵光贤：《序》，彭林：《〈周礼〉主体思想与成书年代研究》，北京：中国社会科学
　出版社，1991年，第1页。
② 彭林：《〈周礼〉主体思想与成书年代研究》，北京：中国社会科学出版社，1991年，
　第230页。
③ 钱穆：《周官著作时代考》，《两汉经学今古文平议》，北京：商务印书馆，2001年，
　第368页。
④ 《周官》三大祭无商，后儒多认为周因木德王，商金声，避金克木之嫌（见《唐会要》
　卷三十二，赵慎言《论郊庙用乐表》）。然《周官》不信五德终始之说，其不用商，乃
　如钱穆所云，因商为靡靡之音是也。

应与《周官》书有同样之理论也。"① 从钱穆的这些论述中，如前文所述，关于《周官》成书于战国末说只能证其为时间上限，而不能证其为时间下限。且据钱穆的论证很多方面反能支持本文的观点，如上述文字可清楚看到《周官》与《乐记》之间，无论在语言上，还是在思想上都有内在一致性。这已恐怕不仅是谁采谁的问题了，而是同一批人，在既定的思想指导下，整合前人成果进行编撰制作。

总之，以上种种事实表明，《周官》成书与河间儒学有密切关系，极可能是河间儒学在战国秦汉以来各家在官制探索上的集大成之作，凝聚了河间儒者的智慧和心血。当然，这并不排除在此之前可能有初步的蓝本，为儒者所献（其人或亦为河间儒学的重要一员），但最终成书，建立成规模宏远、纤悉毕备的一代大典，则恐怕非河间莫属了。不过，需要指出的是，本文这一观点的提出，旨在给学界关于《周官》成书一个新视角和思路，以期对《周官》作者研究能有所突破。为稳妥起见，本文对于《周官》与河间儒学关系的研究并不建立在《周官》为河间所编撰造作的基础上，而是仍将《周官》视为河间最重要的一部大典，集中体现了河间儒学的政治建构。

三、《周官》制度与权力架构

如前文所述，《周官》作为职官制度的大典，历代对此褒贬不一，赞成者认为它体大精思、阂意眇旨；反对者则认为它是战国阴谋之书，抑或刘歆伪造助莽篡汉之书。实质上，这些褒贬的背后，是政治立场和政治视野的不同。这种不同正延续了当时帝国中央与河间王国不同的立场视阈而形成的学术分野。为深刻揭示这一分野，让我们首先来考察它的六卿官制与皇权的关系。

（一）六卿官制

《周官》依天地四时，将中央政权划分为六个部门，分授六官管理，即天官冢宰、地官司徒、春官宗伯、夏官司马、秋官司寇和冬官司空，它们的长官

---

① 钱穆：《周官著作时代考》，《两汉经学今古文平议》，北京：商务印书馆，2001年，第488—489页。

分别是大宰、大司徒、大宗伯、大司马、大司寇和大司空，并列为六卿，共同执掌中央朝政。

1. 天官冢宰。《周官》天官冢宰第一说："惟王建国，辨方正位，体国经野，设官分职，以为民极。乃立天官冢宰，使帅其属而掌邦治，以佐王均邦国。"冢宰，郑玄注："六官皆总属于冢宰，故《论语》曰：'君薨，百官总己以听于冢宰'。言冢宰于百官无所不主。《尔雅》曰'冢，大也'。冢宰，大宰也。"贾公彦疏："此言冢宰者，据掌立六职者，据当职则称大宰也。"（唐贾公彦《周礼注疏》卷一）故孙诒让认为："冢宰，本职作大宰，一官二名，故引《尔雅》释之。"[①] 笔者认为，各家注疏都是受《论语》的影响，而把冢宰理解为大宰。其实不然，这里天官冢宰连称，与后面的地官司徒、春官宗伯、夏官司马、秋官司寇、冬官司空连称一样，都是指官属机构的总体称谓，即上文的"分官"。下面的"治官之属"才是具体的"设职"："大宰，卿一人，小宰，中大夫二人，宰夫下大夫四人，上士八人，中士十有六人，旅下士三十有二人，府六人、史十有二人、胥十有二人、徒百有二十人。"这也是冢宰官属具体职官位阶和员数。

大宰是冢宰官属的最高行政长官，由于受到《论语》和后世的宰相制度的影响，儒者多认为大宰居百官之上，"总六官之职"，从而把大宰之职凌驾于百官之上。实际上，在《周官》所设的职官体系中，从官职位阶讲，它与大司徒、大宗伯、大司马、大司寇、大司空同阶，并列为六卿，又都居朝为政，因此其地位和职权并不像后世宰相一样凌驾于百官之上。据《周官》大宰之职，它的具体职能是：

> 1）掌建邦之六典，以佐王治邦国，一曰治典，以经邦国，以治官府，以纪万民。二曰教典，以安邦国，以教官府，以扰万民。三曰礼典，以和邦国，以统百官，以谐万民。四曰政典，以平邦国，以正百官，以均万民。五曰刑典，以诘邦国，以刑百官，以纠万民。六曰事典，以富邦国，以任百官，以生万民。
>
> 2）以八法治官府：一曰官属，以举邦治。二曰官职，以辨邦治。

---

① ［清］孙诒让：《周礼正义》卷一，北京：中华书局，1987年，第16页。

三曰官联，以会官治。四曰官常，以听官治。五曰官成，以经邦治。六曰官法，以正邦治。七曰官刑，以纠邦治。八曰官计，以弊邦治。

3）以八则治都鄙：一曰祭祀，以驭其神。二曰法则，以驭其官。三曰废置，以驭其吏。四曰禄位，以驭其士。五曰赋贡，以驭其用。六曰礼俗，以驭其民。七曰刑赏，以驭其威。八曰田役，以驭其众。

4）以八柄诏王驭群臣：一曰爵，以驭其贵。二曰禄，以驭其富。三曰予，以驭其幸。四曰置，以驭其行。五曰生，以驭其福。六曰夺，以驭其贫。七曰废，以驭其罪。八曰诛，以驭其过。

5）以八统诏王驭万民：一曰亲亲，二曰敬故，三曰进贤，四曰使能，五曰保庸，六曰尊贵，七曰达吏，八曰礼宾。

6）以九职任万民：一曰三农，生九谷。二曰园圃，毓草木。三曰虞衡，作山泽之材。四曰薮牧，养蕃鸟兽。五曰百工，饬化八材。六曰商贾，阜通货贿。七曰嫔妇，化治丝枲。八曰臣妾，聚敛疏材。九曰闲民，无常职，转移执事。

7）以九赋敛财贿：一曰邦中之赋，二曰四郊之赋，三曰邦甸之赋，四曰家削之赋，五曰邦县之赋，六曰邦都之赋，七口关市之赋，八曰山泽之赋，九曰币余之赋。

8）以九式均节财用：一曰祭祀之式，二曰宾客之式，三曰丧荒之式，四曰羞服之式，五曰工事之式，六曰币帛之式，七曰刍秣之式，八曰匪颁之式，九曰好用之式。以九贡致邦国之用：一曰祀贡，二曰嫔贡，三曰器贡，四曰币贡，五曰材贡，六曰货贡，七曰服贡，八曰斿贡，九曰物贡。

9）以九两系邦国之民：一曰牧，以地得民。二曰长，以贵得民。三曰师，以贤得民。四曰儒，以道得民。五曰宗，以族得民。六曰主，以利得民。七曰吏，以治得民。八曰友，以任得民。九曰薮，以富得民。

上述大宰九个方面的职掌就是其官属职能"帅其属掌邦治，以佐王均邦国"的九个方面的具体化。也就是根据治理国家九个方面的需要，[①]制定具体的典则、法规、程式等，要求具体的职能部门以法按章实施其职能。大宰的主要职责就是监督各职能部门是否按照典则、法规、程式执行其公务。因此，这九个方面，一言以蔽之，就是以法治官。对于大宰掌六典，宋儒胡宏曾提出异议，他说：

> 谨按：孔子定《书》《周官》，六卿，"冢宰掌邦治，统百官，均四海"者也。今以刘歆所成《周礼》考之，太宰，"掌建邦之六典"。夫太宰统五官之典，以为治者也，岂于五官之外更有治典哉！则掌建六典，歆之妄也。（胡宏《皇王大纪》卷十九）

显然，胡宏没有读懂这段文字，并以伪古文《尚书·周官》的成见来否定《周官》大宰掌六典之职。这里所谓的"六典""八法""八则"，郑玄注："典，常也，经也，法也。……邦国官府谓之礼法，常所守以为法式也"；"则亦法也。典、法、则，所用异，异其名也"。它们都是治理国家具体的典章、法规和程式等。这里大宰掌六典，除治典外，教典、礼典等五典则分别由地官司徒、春官宗伯等五官兼掌，并且是这五典的职能部门。大宰通过掌这五典而对这五个职能部门进行监督。而大宰所专掌的治典，其纲要也就是从"六典"到"九两"的内容，"六典至九两，即后文治象之法，亦即治官官法之总会也"。[②]它包括国家官制结构和各官属编制员额："乃施典于邦国，而建其牧，立其监，设其参，傅其伍，陈其殷，置其辅。乃施则于都鄙，而建其长，立其两，设其伍，陈其殷。乃施法于官府，而建其正，立其贰，设其考，陈其殷，置其辅。"（《周官·太宰职》）而"八法""八则"是各级官属运作的"法式"，也是大宰监督和衡量百官的最重要的依据，是保证政府依法有序运作的基石，其中心内容就是监督和治理百官。"凡治，以典待邦国之治，以则待都鄙之治，以法待官府之治，以官成待万民之治，以礼待宾客之治。"对此，宋儒叶时的评价可谓切中肯綮：

---

① 按：这九个方面主要是受阴阳学说的影响，以取成数，在实际运用可能并不止这九个方面。关于这一点，参见钱穆《周礼著作时代考》、侯家驹《周礼研究》相关章节的论述。
② ［清］孙诒让：《周礼正义》卷二，北京：中华书局，1987年，第58—59页。

其有官属，则治有所统而不乱。有官职，则官有所守而不侵。有官联，则关节脉络有贯通而无扞格。有官常，则纲领条目有秩序而无舛讹。有官成，则以之经理而有所依据。有官法，则以之听治而有所操执。有官刑，则人知警戒而无慢心。有官计，则人知勉励而无怠志。（宋叶时《礼经会元》卷一上）

职是之故，孙诒让云："八法为治百官之通法。全经六篇，文成数万，总其大要，盖不出此八科。"① 在这九项职能中，大宰最重要的职能权力是第四项"以八柄诏王驭群臣"。这权力赋予了大宰对百官有生杀予夺的权利，从而凸显了天官冢宰在六官体系中的重要位置。这也可能是导致后世儒者认为大宰凌驾于百官之上的原因。实际上，大宰的这项权力，决非指大宰对百官有领导和任免百官的权力，主要强调的还是大宰评审和监督权，对百官的生杀予夺主要根据是对其法定的考绩数据。它行使这项权力，更多的是程序上的事情，除一些小事外，重要官员的任免与生杀予夺，必须经过大会、小会的政考成绩，通过官联的方式评定，大宰只是执行六官联议的决议而已。"凡邦之小治，则冢宰听之。待四方之宾客之小治。岁终，则令百官府各正其治，受其会，听其致事，而诏王废置。三岁，则大计群吏之治而诛赏之。"（《周官·太宰职》）对于触犯刑律的，还要交由秋官司寇去依律定罪审判。即便如此，大宰还必须向王汇报，得到王的许可批准，并且以王的名义执行。对于有争议的还需三公和百官的复议，这些都制衡了大宰的这项权力。

"八统"以下则是大宰具体对百官考绩的门类，具体则由五官中具体的职能部门去运作，大宰只是起到督促和考绩的作用。而大宰的考绩办法和程序必须向万民公开，并让其学习，以便接受其监督，也使其更好保护自己的权利。"正月之吉，始和，布治于邦国都鄙，乃县治象之法于象魏，使万民观治象，挟日而敛之。"此外，大宰也参与国家的重大祭祀礼仪，也主要是起到监督的作用："祀五帝，则掌百官之誓戒，与其具修。"而在实际运作中，大宰的职权又部分由小宰、宰夫分担，并受他们监督。

---

① ［清］孙诒让：《周礼正义》卷二，北京：中华书局，1987年，第63页。

综上所述，我们可得出结论：大宰并非"总五官"而凌驾其上，为六官之首。如《大戴礼记·盛德》所说："是故官属不理，分职不明，法政不一，百事失纪，曰乱也，乱则伤冢宰。"它的主要职能是规范政府建制结构、监督和考绩众官，并不参与政府实际职能部门的运作。天官冢宰除以法监督政府的职能外，还负责王宫事务，如宫内政令施行、财物管理、护卫警戒、膳食、服装与医药供应、宫女管教，以及总务、财务、会计、文书等等，承担内务总管的职能。

2. 地官司徒。《周官》地官司徒第二曰："乃立地官司徒，使帅其属而掌邦教，以佐王安扰邦国。"据《周官·大司徒职》，大司徒职能相当广泛，从国家疆域政区规划、诸侯国区域勘定，以及各种关系国计民生的政府措施，如国家教育、财经政策、赋税征收、货殖生产、户籍管理、内政与地方行政、兵役法令、地方治安、军事编制、男女婚姻、市场交易等政经大权都在大司徒的职掌中，几乎涵盖了整个国家的行政文教内容。正是因此，地方各级政府，如乡、州、党等的行政长官都在地官司徒的领属中，所以地官司徒不仅有教权，也有治权。在《周官》中真正近似于后世宰相的是地官的行政长官大司徒。《汉书·王古传》口"二公典调和阴阳"，在司徒职掌中的"土圭之法"中就有主调和阴阳的职责："日至之景，尺有五寸，谓之地中，天地之所合也，四时之所交也，风雨之所会也，阴阳之所和也。"此外，大司徒也参与国家祭礼大典，主要供奉祭品所需。并在国家发生丧荒、外交、军旅、演习等重大变故事件中，与其他官属配合，下达行政命令，采取相应的应急措施。"大宾客，令野修道、委积。大丧，帅六乡之众庶，属其六引，而治其政令。大军旅、大田役，以旗致万民，而治其徒庶之政令。若国有大故，则致万民于王门，令无节者不行于天下。大荒、大札，则令邦国移民、通财、舍禁、弛力、薄征、缓刑。岁终，则令教官正治而致事。正岁，令于教官曰：'各贡尔职，修乃事，以听王命。其有不正，则国有常刑。'"（《周官·大司徒职》）

3. 春官宗伯。据《周官·春官宗伯》："乃立春官宗伯，使帅其属而掌邦礼，以佐王和邦国。"相对于其他五官，春官宗伯的职掌比较单一，主要职能是制定和执行国家生活中各方面的礼典、各种礼器，各种宗教活动，以保证国家生活有序和谐地运作。职能主要包括各种宗教祭祀礼仪；各种重大活动典礼，比如兴师动众、军事演习、大规模工程开工等典礼；国家的封秩朝聘的等级秩序，以及饮食飨燕、婚冠宾射、脤膰贺庆等喜庆活动的事宜。此外，宗伯还有一个重要职掌就是掌宗教祭祀和各种重大活动中礼乐，并负责国家的礼乐教化。春官宗伯专掌礼典，可见礼在《周官》的设计中的突出地位。在《周官》看来，礼对稳定国家、等齐诸侯、合化天地、谐和人民起到了重要的作用。因此，大宗伯在百官中有崇高的地位，他不仅主持各种重大的祭祀、典礼活动，在王与后不与祭的情况下，还代王行事。《周官·大宗伯》："若王不与祭祀，则摄位。凡大祭祀，王后不与，则摄而荐豆笾彻。大宾客，则摄而载果。朝觐、会同，则为上相。大丧亦如之。王哭诸侯亦如之。王命诸侯，则傧。国有大故，则旅上帝及四望。王大封，则先告后土，乃颁祀于邦国、都家、乡邑。"（《周官·大宗伯职》）

4. 夏官司马。据《周官·夏官司马》："乃立夏官司马，使帅其属而掌邦政，以佐王平邦国。"郑玄注："政，正也，政所以正不正者也。"因此，其主要职能是维护国家秩序，天下的公平、公正，主掌兵政作为执法部门的后盾，最主要的具体职能是维护诸侯国的秩序。关于大司马的职掌，主张《周官》为王莽、刘歆所作的徐复观认为，大司马权力超过其他五官，王莽"草创《周官》"时，他的野心可能仅止于仿霍光的以大司马专政，所以在《周官》中把其十的地位架空，把大司马的职权加实加大"。[1] 他指出：

> 夏官大司马主军事，"以九伐之法正邦国"，这可以说是他的正常职务。在夏官中对于军事的组织、动员、训练，及人员、马政、兵器等的储备，特为详密，这都可说是正常的。但在"掌建邦国之九法以佐王平邦国"中，除"制军诘禁以纠邦国"一项外，其余"制畿封田以正邦国，设仪辨位以等邦国，进贤兴功以作邦国，建牧立监以维邦国"，"乃以九畿之籍施邦国之政职，……"，"凡令赋，以地与民制之，……"，再通过一年四次田狩的上下军民的总动员，还要三年一大比，把国家的政，都从天官、地官中抽出来，而使天官、地官都成为虚有其表。"量人掌建国之法以分国为九州，营国城郭，营后宫，量市、朝、道、巷、门、渠，造都邑亦如之"，再加上"职方氏

掌天下之图以掌天下之地，辨其邦国都鄙、四夷、八蛮、七闽、九貉、五戎、六狄之人民，与其财用，九谷、六畜之数要，周知其利害，……"，"土方氏掌土圭之法，以致日景，以土地、相宅而建邦国都鄙，……"等等，这便把全国的统治权控制权都收在大司马的手上，而把地官大司徒"掌建邦之土地之图与其人民之数，以佐王安扰邦国"等相关职权，剥夺得干干净净了。"司士掌群臣之版以治其政令，岁登下其损益之数，辨其年岁与其贵贱，周知邦国都家县鄙之数，卿大夫士庶子之数，以诏王治。以德诏爵，以功诏禄，以能诏士，以久奠食，惟赐无常。正朝仪之位辨其贵贱之等，……掌国中之士治，……"，大司马下面两个下大夫司士，便把朝廷县鄙的大小官位及其爵赏都拿到手中去了。上士的司勋"掌六乡赏地之法以等其功，……凡有功者，铭书于王之大常，祭于大烝，司勋诏之。大功，司勋藏其贰。……"，把六乡的赏赐权也从地官大司徒手中拿走了。"诸子掌国子之倅，掌其戒令与其教治，辨其等，正其位，……"，连大司徒所掌教育中与政治权力有直接关系的也分割到自己手上了。①

对于以上观点，侯家驹表示认同，并认为司马官属中射人职掌"国之三公、孤、卿、大夫之位，……"云云，是把三公六卿都操纵在大司马的手里。我们姑且不论在汉代职官体系中的大司马与《周官》职官体系中的大司马有没有可比性，这里仅就徐复观、侯家驹所引证的材料和《周官》大司马的职掌来考察，辨析是否大司马的权力超越和架空其他五官。在讨论这个问题以前，我们必须要首先弄清楚《周官》中大宰所掌八法中"官联，以会官治"的重要机制。对此，郑玄注："官联，谓国有大事，一官不能独共，则六官共举之。"②小宰职能更具体化了官联的内容："以官府之六联合邦治：一曰祭祀之联事，二曰宾客之联事，三曰丧荒之联事，四曰军旅之联事，五曰田役之联事，六曰敛弛之联事，凡小事皆有联。"（《周官·小宰职》）孙诒让指出：

> 大事即小宰六联之属，其事众多，则六官之属相佐助共举之。依

① 徐复观：《徐复观论经学史二种》，上海：上海书店出版社，2005年，第229—230页。
② ［清］孙诒让：《周礼正义》卷二，北京：中华书局，1987年，第62页。

《小宰》云"凡小事皆有联",则不必大事而后有联。……其小事则不必合六官,或异官,或同官,凡各属共为一事,亦得为联。《仪礼》燕、食、射、聘诸篇,众官各执其事,亦即官联之法,故《燕礼》《大射仪》注谓庶子与膳宰、乐正联事,即其义也。①

根据这些记载,所谓的官联,有些类似于今天国家重大事宜需要国家领导集体研究决定,一般事宜涉及多个职能部门的,为提高工作效率,又各负其责,这些部门在一起联合办公。这既加快解决事情进度,又使之具备与之相关的法律要求,并防止了专权、腐败和违法事件的发生。因此,如宫长为所指出的:"官联作为'以八法治官府'的核心,也集中地体现了《周礼》一书的精髓所在。"②

夏官司马是国家的统治机器,主要负责国家的军政事务。与司徒、司寇系统负责日常社会治安不同的是,司马主要任务是维护整个国家的稳定和统治秩序、制定国家的安全战略、维护诸侯国与中央、诸侯国间的正常秩序,和作为其他职能部门强有力的后盾。因此,司马的职掌和其他部门多有重叠,这些重叠仍主要集中在与军事相关的部分。例如:大司马职掌"制畿封国,以正邦国;设仪辨位,以等邦国;进贤兴功,以作邦国;建牧立监,以维邦国"。这里的"制畿封国,以正邦国",这与大司徒有重叠,但大司马所掌的"制畿封国",即下文的"乃以九畿之籍施邦国之政职。方千里曰国畿,其外方五百里曰侯畿,……其外方五百里曰镇畿,又其外方五百里曰蕃畿"。这主要是指国家的国土安全战略规划。在这个大框架内,具体侯国的大小则由大司徒依法去完成,大司马则作为大司徒依法执行落实的强力后盾。而"建牧立监,以维邦国",与大司徒所掌的地方行政系统不同,它们是地方的军政长官,主要职掌地方军事,负责对王国监控,维护王国秩序。至于职方氏、土方氏、量人所掌,主要是军事地理和情报、建都鄙之山川要害、从卫戍的角度布局官府民宅,这需与司徒系统具体负责的职官"官联"解决。至于"凡令赋"的"赋",乃指军赋。郑玄《注》为"给军用者也",贾公彦《疏》:"此文承上邦国之下而云令赋,是还据邦国诸侯而说也。"孙诒让《正义》:

① 〔清〕孙诒让:《周礼正义》卷二,北京:中华书局,1987年,第64页。
② 官长为:《〈周礼〉官联初论》,《求是学刊》2000年第1期,第103页。

"'赋，给军用者也'者，所谓军赋也，别于《大宰》九赋等为给经用之赋。"①据上下文，这里更多地是指兵役。而司士所掌更多地则是指贵族卿大夫所属的军籍，而司勋所掌乃指军功，均为司马常职。因此，以上材料并不能说明大司马的权力超越其他部门，相反，在与这些部门的联合办公中，它的职权要受到其他部门制约。

由于军政之权对于国家来说关系重大，一人或一个部门专擅必然造成对国家和统治集团的威胁。因此，在《周官》的设计中，充分地考虑到了这一点。以上所提到的材料中，司马不仅需与其他部门官联，在大司马的常职中几乎所有的重要职掌都必须通过官联才能实现。以每年都要举行的大规模军事演习为例，作为大司马最重要的常职之一，演习人员的发动和征召不是大司马，而是大司徒所掌："大军旅、大田役，以旗致万民，而治其徒庶之政令。"（《周官·大司徒职》）宣布演习的开始典礼却是大宗伯："以军礼同邦国，大师之礼，用众也；大均之礼，恤众也；大田之礼，简众也；大役之礼，任众也；大封之礼，合众也。"（《周官·大宗伯职》）由此可见，《周官》中对待大司马职权的限制是很严格的，决非如徐复观、侯家驹所言架空百官，握有真正的实权。

5. 秋官司寇。据《周官·司寇》："乃立秋官司寇，使帅其属而掌邦禁，以佐王刑邦国。"司寇职责主要是负责国家刑法典，以法维护国家日常秩序和治安，是具体的执法部门。据《周官》大司寇职掌，概括起来有这样几方面：1）以法维系中央对诸侯的统治、规范诸侯内外及与中央的秩序。"大司寇之职，掌建邦之三典，以佐王刑邦国，诘四方。一曰，刑新国用轻典；二曰，刑平国用中典；三曰，刑乱国用重典。"2）以法审理其他职能部门的案件。"以五刑纠万民：一曰野刑，上功纠力；二曰军刑，上命纠守；三曰乡刑，上德纠孝；四曰官刑，上能纠职；五曰国刑，上愿纠暴。"从这些职能来看，无论是冢宰、司徒、宗伯还是司马，对其职掌对象最终罪行的认定和裁决，必须由司寇部门以法经审判后做出。3）以法维系地方刑事、民事、治安和诉讼复议。"以圆土聚教罢民，凡害人者，寘之圆土而施职事焉，以明刑耻之，其能改者，反于中国，不齿三年。……以肺石达穷民，凡远近茕独、老幼之欲有复于上，

---

① ［清］孙诒让：《周礼正义》卷五十五，北京：中华书局，1987年，第2298页。

而其长弗达者，立于肺石三日，士听其辞，以告于上，而罪其长。"4）大司
寇还有国家缔结盟约之时监司和保存盟书的职守。"凡邦之大盟约，莅其盟书，
而登之于天府，大史、内史、司会、及六官，皆受其贰而藏之。"5）与其他官
属官联参与国家祭祀等重大事宜。和其他职官一样，司寇所掌的刑法典，也要
每年正月在城门旁公示十日左右，供万民学习。

　　6. 冬官司空。这一篇缺。前文已指出，《周官》可能为河间未完成之典，
在河间遭到中央镇压河间献王死时，《冬官司空》尚未完成。而《考工记》亦
为河间文献，与《河间周制》性质相类，或为其中一篇，为具体的名物制度类
文献，或被收于中秘，或传于民间，而由刘歆以之补足《周官》之《冬官司
空》。据《大戴礼记·千乘》："司空司冬，以制度制地事。准揆山林，规表衍
沃，畜水行衰濯浸，以节四时之事。治地远近，以任民力，以节民食。太古食
壮之食，攻老之事。"《郑目录》曰："象冬所立官也。是官名司空者，冬闭藏
万物，天子立司空，使掌邦事，亦所以富立家，使民无空者也。司空之篇亡，
汉兴，购求千金，不得。此（《考工记》）前世识其事者，记录以备大数，《古
周礼》六篇毕矣。"所以《周官》此篇应当为冬官司空。对于冬官司空所掌，
《古文苑》载扬雄《司空箴》云："司空主土。"《白虎通义·封公侯》："司空主
土，不言土言空者，空尚主之，何况于实，以微见著。"马融云："司空掌营城
郭，主司空土以居民。"（《续汉书·百官志》刘昭补注引）颜师古云："空，穴
也。古人穴居。主土，为穴以居人也。"（《汉书·百官功卿表》颜师古注）据
以上诸家注记，司空主要职掌在土木工程方面。但据《周官》大宰职云："六
曰事典，以富邦国，以任百官，以生万民。"所以《大戴记》所载司空之职更
接近《周官》司空所掌，《郑目录》所云更为全面。司空所掌事典要在"富邦
国、生万民"，可见司空职掌权限相当广泛。它不仅包括《考工记》中的百工
和以上说家的房屋建筑、水利工程等，还包括工商、矿产、农渔牧禽等方面具
体的管理和技术等事宜。总之，这是一个对国家的国计民生、繁荣富强起着关
键作用的部门。非常可惜的是，关于这一部门职能的文献缺失，或者尚未来得
及造作，后儒以《考工记》足之，如馆臣所言："虽不足以当冬官，然百工为
九经之一，共工为九官之一，先王原以制器为大事，存之尚稍见古制。"（《四
库全书总目》卷十九《周礼注疏提要》）

　　综上所述，正如《周官》反复强调的"设官分职，以为民极"，《周官》

将国家生活的六个方面，分司于六卿所掌，使各有专司，权职分明，相互制衡，防止专擅。与当时汉代中央实行的三公九卿制相比较，《周官》六卿的地位与其时中央三公的地位相当，是将三公的权力，特别是宰相的权力分散给了具体的职能部门，既防止了权力专擅，又提高一些具体职能部门的地位，如将监察权、科评权与具体的行政职能部门分离，专司于大宰，将其提升到了前所未有的地位；比之中央"礼官肄业"，《周官》的礼官地位得到了特别加强，在国家宗教、政治中处于崇高的地位，礼也成为国家社会生活的重要方面；而关于百姓民生日用、社会经济也有专属的最高权力部门。显然，《周官》的这些设计比之中央的三公九卿官制的运作，从理论上说更加合理，权力职能划分更加明确，结构也更加稳定，国家政治生活也更加充实丰富。提升监察权、礼官地位、充实民生职能部门正是河间"治道非礼乐不成""实事求是"思想的体现。

（二）六卿官制与王权架构

《周官》最大胆的设计是在六卿官制与王的权力架构上，这也是造成《周官》千年聚讼的一个深层原因。支持者因之而称《周官》先王之大典，周公致太平之迹；反对者则因之称为"渎乱不经"，战国阴谋之书，歆、莽伪造篡汉之书。其太平之迹何在？其阴谋又何在？关键怎样看待王在整个中央权力架构中的作用和地位，是拥有绝对地位和权力，还是虽有崇高地位，但更多的是作精神文化的象征，实质权力被牢牢地限制，甚至被虚化。作为河间儒学的首部大典，《周官》在设计六卿与王权的架构中选择了后者。正是因此，这部大典出来后被汉武帝骂之为末世"渎乱不验之书"，河间亦几遭灭顶之灾，在后世屡被置于政争的漩涡中心。

1. 王至尊。在《周官》六卿官制的设计中，王具有崇高的地位，对这一认识学术界无异议。《周官》开篇便指出："惟王建国，辨方正位，体国经野，设官分职，以为民极。"后面每个职官系统开篇都有此句，反复强调，以表明王是国家的建构者，王在整个国家拥有绝对至高的核心地位。六卿职官的权力也都是王所赋予，帮助王治理邦国，《周官》接下来又在每卿职官系统的前面都说，"乃立×官，使帅其属而掌邦×，以佐王×邦国"。此外，各职官在行使重要权力的时候都必须以王的名义行使。比如大宰职中，"以八柄诏王驭群臣""以八统诏王驭万民"，"岁终，则令百官府各正其治，受其会，听其致事，而诏王废置。三岁，则大计群吏之治而诛赏之"。像这样生杀予夺、废置诛赏的权力必须得到王的许可，以王的名义行使。宋儒叶时说："今观太宰之职，首曰'佐王均邦国'，又曰'佐王治邦国'，则是太宰以佐王为职也。臣民之驭，必曰'诏王'；废置之听，必曰'诏王'。是太宰诏王而不敢自专也。大事戒官曰'赞王命'，王眂治朝曰'赞王治'，是太宰赞王而不敢自用也。"（宋叶时《礼经会元》卷一《相权》）王安石更说："八柄、八统曰诏王驭群臣万民，则是独王之事也，大宰以其义诏之而已。"（王安石《周官新义》卷一）其他各官也不例外，如《天官·司会》诏王废置，《地官·廪人》诏王杀邦用，《春官·天府》诏王察群吏之治等等。《周官》中，像这样"诏王"出现有 17 次之多。又如"王命"一词在《周官》中亦频繁出现："作大事，戒于百官，赞王命"（大宰职）、"各修乃职，考乃法，待乃事，以听王命。其有不共，则国有大刑。"（小宰职）、"凡岁时有天患民病，则以节巡国中及郊野，而以王命施惠。"（司救职）、"既祭，帅群有司而反命，以王命劳之，诛其不敬者"（祭仆职）。在《周官》中"王命"出现有 13 次之多。为了突出王的至高的地位，《周官》设置了庞大的服务于王的职官系统，在天官冢宰领属中，宫正以下全都是服务于王的官属。对于王而言，这些官属可以说事无巨细，面面俱到。《周官》尊君为显示"王至尊"，不仅用庞大的阵容来服务于王，塑造王的威势，其日常享用消费也异常铺张奢华，以"炫耀性消费"显示其高不可攀的地位。《周官》膳夫职："凡王之馈，食用六谷，膳用六牲，饮用六清，羞用百有二十品，珍用八物，酱用百有二十瓮。王日一举，鼎十有二物，皆有俎，以乐侑食。……王燕食，则奉膳，赞祭。凡王祭祀、宾客食，则彻王之胙俎。凡王之稍事，设荐脯醢。王燕饮酒，则为献主。……岁终则会，唯王及后、世子之膳不会。"大府职："凡式贡之余财，以共玩好之用。"玉府职："玉府掌王之金玉、玩好、兵器。凡良货贿之藏，共王之服玉、佩玉、珠玉。"对这些记载，反对《周官》者给予了尖锐的批评。宋儒胡宏曰："四方职贡，各有定制，王者为天下主财，奉礼义以养天下，无非王者之财也，不可以有公私之异。今大府乃有式贡之余财，以共玩好之用，不几有如李唐之君受裴延龄之欺罔者乎！玉府，乃有王之金玉良货贿之藏，不几有如汉桓、灵置私库者乎！内府，乃有四方金玉齿革良货贿之献，而共王之好赐，不几有如李唐之君，受四方羡余之轻侮者乎！"（宋胡宏《皇王大纪》卷十九）魏了翁曰："此一节（按：膳夫职）言王人备物之享，第诗书皆无及此礼者，《周礼》可疑，此亦其一。王荆公专本此意，以人主当享备物极至。童贯、王黼专创应奉司，以启人主侈心，祸至不可胜言。学术误国原于康成，先儒未有及此义者。"（明王志长《周礼注疏删翼》卷三）

胡宏等人之所以发出这样的批评，是囿于当时政治现实。在《周官》中王者至尊，其消费虽有些奢华，但这些消费也属于制度文物的一部分，如宋易祓指出："礼之盛者也。"（宋易祓《周官总义》卷三）况且，在突出王者至尊的同时，对王最大消费也给予礼制上的限制。宋儒陈君举指出："王者君临四海，九夷、八蛮毕献方物，以供服食器用。所谓食用六谷至酱用百二十瓮者，立其常制，无使此心之或过也。不如是，则墨子菲薄之说行，天子身衣弋绨，而富民墙屋被文绣矣。反是，则肆其嗜欲酒池肉林，以困苦天下。此皆礼分不明故也。"（宋王与之《周礼订义》卷六）陈氏此言正深得《周官》精义。

王者至尊，在制度礼仪方面处处显示出来，规定非常严格，诸侯六卿不能有丝毫僭越。这从《周官》大小行人、司仪的执掌就可以看出来。它们的职掌完全属于朝聘礼仪方面，不职属于宗伯却职属于司寇，可见此等礼法禁森严，僭越或违礼将受到刑律制裁。朱熹说："大行人等官属之司寇，难晓。盖《仪礼·觐礼》：诸侯行礼既毕，出，'乃右肉袒于庙门之东'。王曰：'伯父无事，归宁乃邦。'然后再拜稽首，出自屏。此所谓'怀诸侯则天下畏之'是也，所以属之司寇。"[1]而反对《周官》者却以此诟病《周官》，宋俞庭椿曰："司仪之于司寇何所附丽？大行人、小行人皆所以掌宾客之礼，与行夫、掌客、掌讶、掌交皆非于刑罚盗贼之事有相关焉者，而今皆为司寇之属，是则有不必辨而可知其非者决矣。由汉以来惑于传授未有尝置疑于其间者，是可叹也，于是概见其凡。"（宋俞庭椿《周礼复古编·宗伯》）这是对《周官》礼法精神没有领会。

2. 限制王权。王权问题，是研究《周官》争议最大的问题。徐复观认为："《周官》中的王是虚位，早有人指出过。"[2]周世辅、周文湘兄弟亦认为：

---

① ［宋］黎靖德编：《朱子语类》卷八十六，北京：中华书局，1986年，第2204页。
② 徐复观：《徐复观论经学史二种》，上海：上海书店出版社，2005年，第229页。

"为什么说《周礼》官制是甚合民主精神？因为周王不负实际政治责任，将治典、教典、礼典、政典、刑典与事典的行政大权，交付六官掌理，其行政建制极似民主政治的内阁制度。"①但侯家驹则认为，"《周礼》只是披着儒家外衣，实为法家作品，其所规划的制度实为极权政治。"②彭林列举了王的六项权力：任免权、立法权、治朝权、终裁权、主祭权和统军权，认为《周礼》"主张实行君主制政体，主张给王以全国最高的权力和位势"，但同时又认为《周礼》"以国为本位，而不是以君为本位的"。③笔者认为，作为制度之书，《周官》虽然没有提到王的权力，但作为国家政治的全部设计和规划，王与六卿的权力职责实际已清楚划分。在这一制度秩序中"分官设职，以为民极"，六卿职责的范围基本上包括了国家政治权力运作的各个层面。就《周官》中王的六项权力而言，实行上多是礼仪程序方面。如治朝权基本上是指对诸侯朝会的礼仪。王能够独立行使的也主要是行使一些恩宥赏赐的权力，而这些权力并非是最高终裁权，乃是法外施恩旨在显明王室仁德。至于立法权，《周官》中"诏王""王命"之类的记载有很多（"诏王"出现17次，"王命"出现13次），对此，叶时说"臣民之驭，必曰'诏王'；废置之听，必曰诏王。是太宰诏王而不敢自专也"（宋叶时《礼经会元》卷一《相权》），王安石也云"八柄、八统曰诏王驭群臣万民，则是独王之事也，大宰以其义诏之而已"（《周官新义》卷一《天官》）。但事实上，就如同"唯王建国"一样，这里仅是法理意义，并非王言即法。如果说这里"不敢自专""独王之事"是法理上突出王至高无上的地位是可以的，但如果以此认为王处于权力运作的核心，是专制的极权统治，则是对《周官》制度设计的误解。这些诏告、王命固然是王参与了权力运作，但要看到这些权力前后运作的主体都是各职能部门的职官，而王只是其中的一个环节。以大宰"以八柄诏王驭群臣"为例，这即是彭林所说的王的任免权，也是王最重要的一项权力。但行使这一权力的前后主体都是大宰，而大宰在行使这项权力的依据不是王的诏命，而是一年或

---

① 周世辅、周文湘：《周礼的政治思想》，台北：东大图书有限公司，1981年，第174页。
② 侯家驹：《周礼研究》，台北：联经出版事业公司，1987年，第1页。
③ 彭林：《〈周礼〉主体思想与成书年代研究》，北京：中国社会科学出版社，1991年，第174—184页。

三年计会考绩的结果。① 在这一制度秩序中，大宰根据考绩制度，将计会考绩的结果报给王，王只能按章进行批复，最后大宰再以王的诏命下达。制度并不允许王单独下达诏书干预六卿的具体职掌。可见在《周官》的制度设计中，王的诏命和权力被牢牢地限制在"分官设职"的制度秩序中的，并不拥有专制的权力。

《周官》把王的权力纳入到了文官制度秩序中，国家的各项职能都由具体部门以法运作，甚至包括除王后以外的所有后宫系统都放在外朝文官的治理中，从而杜绝了宦孽政治的出现。如对于九嫔、世妇、女御等后宫系统皆统于冢宰职属，王安石感叹说："王所以治内可谓至公而尽正矣。"（王安石《周官新义》卷一）然而胡宏却对此给予了猛烈的批评：

> 今宫正乃"比宫中之官府次舍之众寡"，又曰"去其奇邪之民"，则是嫔妃、宫吏、众庶杂处，帘陛不严，而内外乱矣。……冢宰当以天下自任，故王者内嬖嫔妇敌于后，外宠庶孽齐于嫡，宴游无度，衣服无章，赐予无节，法度之废，将自此始，虽在内廷为冢宰者，真当任其责也。若九嫔之妇法，世妇之宫具，女御之功事，女史之内政，典妇之女功，后夫人之职也，王安石以为皆统于冢宰，则王所以治内，可谓至公而尽正矣。夫顺理而无阿私之谓公，由理而无邪曲之谓正，修身以齐家，此王者治国平天下之定理，所自尽心者。苟身不能齐家，而以付之冢宰，为王也悖理莫甚焉，又可谓之公正乎？噫！安石真奸人哉！（胡宏《皇王大纪》卷十九）

显然，胡宏是站在王权凌驾于国家法度之上的立场，对《周官》和王安石进行批评，不免有些偏激。《周官》把王之后宫系统以法纳入到国家法制的管理秩序中，如朱熹所指出的："此正人君治国平天下之本，岂可以后世之弊而并废圣人之良法美意哉！"（《朱子语类》卷八十六）至于胡宏所担心的乱，《周官》明言国有常刑，则是执法部门的事了。而如胡宏所言，待到"王者内

---

① 《周官·太宰职》"凡邦之小治，则冢宰听之。待四方之宾客之小治。岁终，则令百官府各正其治，受其会，听其致事，而诏王废置。三岁，则大计群吏之治而诛赏之"，官员的任免皆决定于计会之考绩。

嬖嫔妇敌于后，外宠庶孽齐于嫡，宴游无度，衣服无章，赐予无节，法度之废"之时，冢宰才"真当任其责"，在王权大于法的情况下，试问冢宰又能做什么呢？《周官》限制王权，把王的职能纳入整个制度秩序中，行使一些程序和礼仪上的职责，这样就保证王朝不因王之贤与不肖而出现动荡和更迭，如明儒王应电所指出的："俾王及后、世子靡不由于式法，不必传贤而天下无不治，虽曰家天下而实常得贤也。"（明王应电《周礼传》卷一上）

在处处限制王权的同时，《周官》又处处突出王至高无上的地位。我们说，《周官》的设计是有深层次的考虑的。王更多的是作为国家道德精神和礼制文教的象征，在道德精神和礼制文教中有着崇高的地位。这一设计正是要解决宗法制崩溃之后，平民社会兴起"家天下"与"天下为公"的矛盾、不断增长的平民对国家政治权力重新分配的要求与国家政治体制长期稳定之间的矛盾，体现了儒家"垂拱而天下治"的理想政治精神。可以说通过这一设计，《周官》试图要构建一个道德精神、礼制文化秩序与行政法律秩序的二元社会结构，这种结构的确已有了君主立宪的原始宪政精神。用儒家的话说就是"周公致太平之迹，迹具在斯"，"君逸而臣劳"，"垂衣裳而天下治"。这也是千百年来众多儒者，为之倾倒的深层原因。

3. 布宪治国。《周官》的各种法律相当健全，且六卿职官都有一个专门的法典，作为该部门以法行政的依据。如大宰治典中的"八法"，就是一套比较完整的政府组织法，而"官法"就相当于今天的公务员法，作为以法管理官员的依据和官员的行为准则。据《周官》所载，各部门所掌名目繁多的法律，国家和社会活动的方方面面，差不多都有一部相关的法律来规范。如《周官》大宰职云："凡治，以典待邦国之治，以则待都鄙之治，以法待官府之治，以官成待万民之治，以礼待宾客之治。"乡大夫职："正岁，令群吏考法于司徒以退，各悬之于其所治国。"以法行政离不开公开透明和知法、明法。《周官》在这方面，尤其强调。六官除宗伯所掌礼典只"颁祀于邦国、都家、乡邑"，不下庶人外，其他五官所掌之典，都要向全民公布。

《天官》大宰职："正月之吉，始和布治于邦国都鄙，乃悬治象之法于象魏，使万民观治象，挟日而敛之。乃施典于邦国，……"地官、夏官、秋官皆有此言，地官云"布教，悬教象"，夏官云"布政，悬政象"，秋官云"布刑，悬刑象"。孙诒让曰："必悬之象魏者，古凡典法刑禁之大者，皆表悬之门间，即布宪之义也。"① 除此之外，各级官吏不但自身有习法明法的责任，还要组织民众学习法律。彭林据《周官》，统计六乡官员组织较大规模学习法律次数，一年有 25 次之多，加上难以统计的闾胥属民读的次数，"全年读法至少在四十次以上，平均一月不少于三次"。② 对此钱穆也不能不由衷地感叹："把国家一切政治、教育、刑律等，全都包括在'法'的一概念之下。而且一切'法'又都得公开宣布。此乃何等进步的现象？"③

《周官》"法治"思想吸收了先秦法家思想，并站在儒家的立场上进行了整合。《周官》强调学法明法，与孔子强调的"不教而杀谓之虐"（《论语·尧曰》）的思想是一致的。但由于《周官》刑罚种类众多，有两千五百余种；④ 肉刑有两千种，分为墨、劓、宫、刖四类；死刑有五百种，包括斩、杀、焚、辜、车辕等酷刑。一些研究《周官》的学者遂认为它是一部残酷的奴隶制法典。这种评价恐怕是不公平的，《周官》之五刑，如彭林所言："《周礼》不仅不是奴隶制法典，相反，倒是一部色彩较温和的儒家化的法典。"⑤ 它主张礼法并用，在执行法律的过程中，始终贯彻儒家刑罚的宗旨，使国民知礼义廉耻，且以教育救人和维护国家利益为至上，如孟子所说的："教之不改而后诛之。"（《孟子·尽心上》）如《大司寇职》所云："以五刑纠万民：一曰野刑，上功纠力；二曰军刑，上命纠守；三曰乡刑，上德纠孝；四曰官刑，上能纠职；五曰国刑，上愿纠暴。以圆土聚教罢民，凡害人者，寘之圆土而施职事焉，以明刑耻之，其能改者，反于中国，不齿三年，其不能改而出圆土者杀。"在实际运用中，也贯彻儒家慎刑罚的思想，死刑是被严格限制的，凡死刑都必须把案宗上报中央朝廷，由司寇官属会审核议后才能执行。这在各级地方审判官乡士、遂士、县士、方士的职掌中说得很清楚："异其死刑之罪而要之，旬而职听于

---

① ［清］孙诒让：《周礼正义》卷四，北京：中华书局，1987年，第117页。同卷又言"凡书著文字，通谓之象"（第119页）。悬治象，也就是大宰所掌之典皆书著籍。象魏，《广雅·释宫》"象魏，阙也"，即城门上之楼观也。
② 彭林：《〈周礼〉主体思想与成书年代研究》，北京：中国社会科学出版社，1991年，第70页。
③ 钱穆：《周官著作时代考》，《两汉经学今古文平议》，北京：商务印书馆，2001年，第375页。
④ 《周官·司刑》："司刑掌五刑之法，以丽万民之罪。墨罪五百，劓罪五百，宫罪五百，刖罪五百，杀罪五百。若司寇断狱弊讼，则以五刑之法诏刑罚，而以辨罪之轻重。"
⑤ 彭林：《〈周礼〉主体思想与成书年代研究》，北京：中国社会科学出版社，1991年，第92页。

朝（按：此是乡士，遂士、县士、方士分别是二旬、三旬和三月），司寇听之，断其狱，弊其讼于朝，群士司刑皆在，各丽其法，以议狱讼，狱讼成，士师受中。协日刑杀，肆之三日。"正是《周官》的刑罚处处贯彻儒家的礼法思想，就连攻击《周官》最激烈的胡宏在分析了《周官》五刑后也由衷地承认："此司寇之书，宅心忠恕，虽条贯阙失，而恤刑之意深，殆周公之遗法也欤！"（胡宏《皇王大纪》卷十九）

4. 隆礼重教。与法家强调法的绝对性不同的是，《周官》在强调布宪治国，以法行政的同时，更强调隆礼重教，推行礼乐教化。汉儒刘向在论及礼乐教化与治国及刑法的关系时，有这样一段精辟的论述："宜兴辟雍，设庠序，陈礼乐，隆雅颂之声，盛揖攘之容，以风化天下。如此而不治者，未之有也。或曰，不能具礼。礼以养人为本，如有过差，是过而养人也。刑罚之过，或至死伤。"（《汉书·礼乐志》）一个国家的繁荣稳定，仅有法制的维系是不行的，必须有精神内在的向心力、社会秩序自身的魅力和合理性、道德伦理的健康与和谐。这就需要一套比较系统的具有神圣魅力品质的礼制来规范现有的秩序。同时现有秩序又必须能保证各阶层间流动是畅通的，拥有一条被社会各阶层所公认的通途。这就是礼乐和教育事业。礼乐制度规范现有秩序，形成社会内在的魅力，教育则把秩序有机地联结起来，使其变得和谐畅通。这也就是刘向所强调的"兴辟雍，设庠序，陈礼乐，隆雅颂之声"，辟雍、庠序即学校教育，礼乐、雅声则是礼乐制度，"如此而不治者，未之有也"。隆礼重教正是《周官》的重要内容。在春官宗伯系统的职掌中，从君王到各阶层官员都有一套严格的礼制规定，制度文物之盛，显示了一个巍巍华夏礼乐大国的气象。地官司徒系统一个重要的职责就是负责国家各个层面的学校教育，按《周官》的设计，一个庞大的学校教育网络遍布全国。对此，孙诒让在《周礼正义·序》中感叹说：

其为教，则国有大学、小学。自王世子公卿大夫士之子，暨夫邦国所贡，乡遂所进贤能之士咸造焉。旁及宿卫士庶子、六军之士，亦皆肄作肄学，以德行道艺相切劘。乡遂则有乡学六，州学三十，党学百有五十，遂之属别如乡。盖郊甸之内，距王城不过二百里，其为学辜较已三百七十有奇，而郊里及甸公邑之学，尚不与此数。推之邦县畺之公邑采邑，远极于畿外邦国，其学盖十百倍蓰于是。无虑大数九州之内，意当有学数万。信乎教典之详，殆莫能尚矣。其政教之备如是，故以四海之大，无不受职之民，无不造学之士，不学而无职者则有罢民之刑，贤秀挟其才能，愚贱贡其忱悃，咸得以自通于上，以致纯大平之治，岂偶然哉！①

由此可见，《周官》对教育的重视。总之，在《周官》的设计中，隆礼与重教并举，使整个社会秩序既充满神圣的魅力和凝聚力，又处于高度和谐通畅之中，从而保证了社会长治久安。

（三）中央与地方权力架构

在中央与地方权力架构上，《周官》主张封建，这也是河间高举《周官》，与当时强化大一统郡县制的中央产生激烈冲突的又一重要原因。不过，《周官》的封建制与传统封建制有着很大不同，它反思了传统封建制的积弊，吸收许多郡县制的优点，更多地是寓郡县于封建之中。本文将之称为“大一统封建”。

1. 制畿封国。在具体的分封爵制上，实行公、侯、伯、子、男五等爵位制。据《周官》大司徒职：

乃建王国焉，制其畿方千里而封树之。凡建邦国，以土圭土其地而制其域。诸公之地，封疆方五百里，其食者半；诸侯之地封疆方四百里，其食者三之一；诸伯之地，封疆方三百里，其食者参之一；诸子之地，封疆方二百里，其食者四之一；诸男之地，封疆方百里，其食者四之一。

王畿“方千里”，公的封地是“方五百里”，侯“方四百里”，伯“方三百

① ［清］孙诒让：《周礼正义·序》，北京：中华书局，1987年，第2页。

里",子"方两百里",男"方百里"。^①对于这样的封建制度,《周官》非常自信,也极有气魄。在《周官》的作者看来,实行这样的封建不仅能使中国拓展万里疆域,还使夷狄慕服中国,成为中国的藩屏保障。它从国家安全战略的角度提出了一个比较严密的极具气魄的战略规划,把万里方圆的疆土划分为九个层次,称之为"九畿"。《周官》大司马职曰:

> 乃以九畿之籍施邦国之政职。方千里曰国畿,其外方五百里曰侯畿,又其外方五百里曰甸畿,又其外方五百里曰男畿,又其外方五百里曰采畿,又其外方五百里曰卫畿,又其外方五百里曰蛮畿,又其外方五百里曰夷畿,又其外方五百里曰镇畿,又其外方五百里曰蕃畿。

《周官》九畿,以王畿为中心,呈正方形层层向外辐射扩展,形成了对王畿的层层环抱拱卫之势,从战略上使王畿处于绝对安全之中。对于九畿各自主要承担的责任,贾公彦疏云:"云侯者,侯也,为天子伺候非常也。云甸者,为天子治田以出赋贡。云男者,任也,任王者之职事。云采者,采取美物以共天子。云卫者,为天子卫守。云蛮者,縻也,以近夷狄縻系之以政教。自此已上六服是中国之九州,自此已外是夷狄之诸侯。"(《周礼注疏》卷二十九)由贾公彦疏可见九畿的分工很明确,侯畿和卫畿主要负责安全和军事任务,而其他畿则主要从事经济和物质的生产。因此,在《周官》的规划中,我们虽不知道这五等侯国在九畿内具体如何分布,但显然侯畿和卫畿对于国家安全非常重要,前者拱卫王畿,监候天下,后者则承担着守护整个国家的国土安全和修文德来远人的重任。但《周官》的设计遭到了反对者很大的诟病,他们认为它过于整齐划一和理想化。苏辙批评它说:"古之圣人因事立法,以便人者有矣,未有立法以强人者也。立法以强人,此迂儒之所以乱天下也。"(宋苏辙《栾城后集》卷七)笔者认为,《周官》这样整齐划一,是作为国家战略的蓝图设计,规划了一个总体的原则要求,并不意味着实行的时候,在不违背这个总原则下,不可以损益变通,以便人事。

更深一层地分析,《周官》这个缜密的国土安全战略蓝图其用心是深刻的。

---

① 《周礼》中未有明文,但历代注疏家,根据其他经典,多认为在这些封国里还有一些附庸小国,这些小国的面积都在方七十里以下。

《周官》主张封建制，这是它之所以自称为周制，最初被命名为《周官》的根本原因之所在。它所追求的正是周王朝在这个制度的保障下的千年基业，它所寻求的也正是这个制度合理性的内在原因，并尽可能完善这个制度。九畿制在安全上，起到了层层拱卫王畿、监护侯国的作用；在观念上，它正是把一个"封建一统"的思想，因这一制度得到强化和沉淀。王畿是天下的中心，在天地之间具有神圣的地位，天地不变这个中心也不变。因此，天下侯国拱卫这个中心，服事这个的中心，也就是对天地法则的敬畏。所以九畿又称九服，《周官》职方氏职曰：

> 乃辨九服之邦国，方千里曰王畿，其外方五百曰侯服，又其外方五百里曰甸服，又其外方五百里曰男服，又其外方五百里曰采服，又其外方五百里曰卫服，又其外方五百里曰蛮服。又其外方五百里曰夷服，又其外方五百里曰镇服，又其外方五百里曰藩服。服，郑玄注："服事天子也"。(《周礼注疏》卷三十三)

这种规划强化了大一统国家的向心力，在地域观念上树立了朝服于中央的意识，深化了礼制与天地合一的观念。

2. 统一制度法律。怎样解决封建与大一统的矛盾，是《周官》封建制在大一统时势下思考的中心课题。古代学者多按周代分封制来理解《周官》的分封和权力架构，认为侯国实行地方分治。但如钱穆所指出的，《周官》所记的封建"决非古制"，[①] 而是在旧的皮袋里装入了新酒，其内在实质已发生了很大的变化。《周官》建构的不是"分治"的封建制国家，而是"大一统"的封建国家。除上文所论及的从整个国土规划上强调中央王国的核心地位外，《周官》强调一统性处处体现。而大一统最重要的标志是制度和文化上的一统性。可以说，在保持周代封建制的同时，推行制度和文化上的统一，实现儒家精英集团治国，是《周官》在解决封建与大一统矛盾上最重要的创制。

据《周官》六卿的设立分别是佐王"均邦国""安抚邦国""和邦国""平

---

① 钱穆：《两汉经学今古文平议》，北京：商务印书馆，2001年，第462页。

邦国""刑邦国"和"富邦国","邦国"连言,贾公彦疏:"据诸侯也",[①]是"举外可以包内",指整个国家而言。也就是说,大宰六典,即六卿所职"治、教、礼、政、刑、事"各典,乃是通行全国的典章、法律。六卿重要职责就是以这些典章、法律来监管诸侯国的治理。而诸侯国内必须按照这些典章、法律来治理国家。有的学者可能认为《周官》对诸侯国言之较略,故认为诸侯国主要是诸侯自治。实际上,《周官》对王畿的法律制度,按其体例是举内以包外,在诸侯国内依然推行。如前面所说的习法活动,大司徒的十二教不但在王畿内进行,在诸侯国内也要进行。

政治制度的统一离不开经济制度的统一,而赋税、土地制度等经济制度的统一也是大一统国家的重要标志。《周官》的这些制度都是由中央政府统一颁布,在全国范围内实行的。更重要的是,据《周官》,诸侯除按礼制向中央上贡外,还要依法向中央纳税。大司徒职:

> 凡建邦国,以土圭土其地而制其域。诸公之地,封疆方五百里,其食者半;诸侯之地封疆方四百里,其食者三之一;诸伯之地,封疆方三百里,其食者参之一;诸子之地,封疆方二百里,其食者四之一;诸男之地,封疆方百里,其食者四之一。

由此,我们看到诸侯虽有其国,但整个侯国的财政收入,最多只能拥有一半,其他的必须要上缴中央。

与此相适应,必然要求度量衡数器上的统一。《周官》大行人职:"王之所以抚邦国诸侯者,岁遍存,三岁遍眺,五岁遍省,七岁属象胥,谕言语,协辞命;九岁属瞽史,谕书名,听声音;十有一岁,达瑞节,同度量,成牢礼,同数器,修法则;十有二岁王巡守殷国。"这里的"同度量",显然是指统一度量衡,而"数器"当包括历法、正朔、礼器等方面。由上下文可见,这里言语、辞命、书名、声音更可能是指语言、文字和文化等的统一。

3. 政在卿大夫士。前文已经论及《周官》是限制王权,王是国家的元首和象征,主要行使礼仪和制度秩序上的权力,而政在卿大夫。同样,在诸侯国

---

① 贾公彦疏:"《周礼》以邦国连言者,据诸侯也。单言邦单言国者,多据王国也。……今言邦国,则举外可以包内也。"(《周礼注疏》卷一)

内也是政在卿大夫。诸侯行使的亦多是礼仪和秩序上的权力。侯国职官设立的规模和编制，则依据中央政府特别是在大宰治典中做出的具体规定。重要官属不但由中央任命，中央还派员进行监督。《周官》大宰职："乃施典于邦国，而建其牧，立其监，设其参，傅其伍，陈其殷，置其辅。"郑玄以古之封建来理解监牧等职，曰：

> 以侯伯有功德者，加命作州长，谓之牧，所谓八命作牧者。监，谓公、侯、伯、子、男各监一国，《书》曰："王启监，厥乱为民。"参，谓卿三人，伍，谓大夫五人。郑司农云："殷，治律辅，为民之平也。"玄谓：殷，众也。谓众士也。……辅，府史庶人在官者也。（《周礼注疏》卷二）

显然，郑玄的解释不符合《周官》所要装的新酒的实质。这里的牧并非是侯伯有功德者加命，监也不是侯伯等各监一国，而是中央所委派的官吏，主要负责对诸侯国的监视和督导，因属军事安全，所以归属大司马掌管，故大司马职有"律牧立监，以维邦国"。而下面参、伍、殷、辅等侯国官属，亦由中央任命或根据中央颁布的法律自除，但其员额必须依治典所规定的编制。

4. 制军诘禁。在推行礼乐教化，用礼乐文化抟系国家内在统一的同时，《周官》对各诸侯国保持一定的军事上的震慑，即"夏官要之以威"，以维护中央和诸侯国、诸侯国间与诸侯国的秩序，防止诸侯国的叛离、僭越和混乱。《周官》大司马职：

> 大司马之职，掌建邦国之九法，以佐王平邦国。制畿封国，以正邦国；设仪辨位，以等邦国；进贤兴功，以作邦国；建牧立监，以维邦国；制军诘禁，以纠邦国；施贡分职，以任邦国；简稽乡民，以用邦国；均守平则，以安邦国；比小事大，以和邦国。以九伐之法正邦国，冯弱犯寡则眚之，贼贤害民则伐之，暴内陵外则坛之。野荒民散则削之，负固不服则侵之，贼杀其亲则正之，放弑其君则残之，犯令陵政则杜之。外内乱，鸟兽行，则灭之。

　　《周官》所言大司马所掌军政也与周代军制有所不同。《周官》实行耕战结合、寓军于民的政策，把人民以军事编制组织起来进行耕战教习，战时为兵，平时为民，每年举行四次大规模的军事演习，以强化军事战备。为了有足够强大的军事力量震慑诸侯，维持其向心力与彼此间的秩序，防止出现地方军事割据，《周官》似实行全国统一征调的军事制度。大司马职："凡令赋，以地舆民制之：上地，食者三之二，其民可用者家三人；中地，食者半，其民可用者二家五人；下地，食者三之一，其民可用者家二人。"贾公彦疏："此文承上邦国之下而云令赋，是还据邦国诸侯而说也。"前文已指出，此处的"赋"是指军赋，"其民可用者"当指兵役及其所需的盔甲兵器装备等。据此，大司马征调兵役的范围应不限于中央王国，而包括所有的诸侯国，也就是说，全国的军事力量在中央的统一掌控之中，诸侯国虽有负责军事的官属，但需服从大司马的统一指挥权。当然，如前文所指出的，大司马的军事权力是受到大司徒等其他五卿制约的。

（四）《周官》的土地税赋制度

　　土地分配制度是所有国家上层建筑的基础，决定着其政治构建的基本形式。如钱穆所云："《周官》既是一部讲周家制度之书，封建自然是第一件大事，断断不能废忘不讲。"[①] 前文已述《周官》虽讲封建，但与周王朝的封建却有很大不同，它所要构建的是"封建大一统"的国家。因此，在土地分配制度上也实行国家统一管理的模式。《诗经·北山》曰"溥天之下，莫非王土。率土之滨，莫非王臣"，如果说在诗中这还是一种法理概念，那么在《周官》中则名符其实地落实到了土地分配和管理制度中。

　　《周官》中的井田制。《诗经·崧高》曰："王命申伯，式是南邦。因是谢人，以作尔庸。王命召伯，彻申伯土田。王命傅御，迁其私人。"据此可见，周代如封建一个诸侯，先是为之筑城，再为之划地，然后为之移民，这是当时封建的应有顺序。与周代由封建而造传说中的井田顺序不同，《周官》实行由井田而造封建的制度。《地官》小司徒之职曰："乃经土地而井牧其田野，九夫

---

① 钱穆：《两汉经学今古文平议》，北京：商务印书馆，2001年，第452页。

为井，四井为邑，四邑为丘，四丘为甸，四甸为县，四县为都，以任地事而令贡赋。"《周官》的井田主要为解决一个大一统的国家体国经野、平均土地、防止兼并的问题，主要从治理国家永久太平的层面考虑，因而各家、邑、甸、县、都的土地面积被严格限定，从最基层防止和抑制豪强兼并、封建诸侯的纷争及规模扩张。联系汉初以来实行的名田制所造成的土地管理的混乱和严重的土地兼并的现象，应该说《周官》在这一时期出现，是顺应了时代的要求，甚至可以说是河间儒者针对当时时弊，为当时严重的土地兼并现象提供制度上解决的可能。

与此相适应，《周官》的井田在土地管理和税制上，也与古制有很大不同。《诗经·小雅·大田》曰："雨我公田，遂及我私。"又《孟子·滕文公上》："惟助为有公田。由此观之，虽周亦助也。"根据这些记载，周代税制施行的是公田"助法"。而《周官》无公田私田之分，诸侯国和卿大夫采邑土地和税收由国家统一授受和管理。《周官》既因由井田而造封建，井田的规划和建设由地官司徒和冬官司空系统来完成，对田地授受也主要是由地官大司徒来完成。《土官》大司徒职曰："以天下土地之图，……而辨其邦国、都鄙之数，制其畿疆而沟封之，设其社稷之壝，而树之田主，各以其野之所宜木"；"以土均之法辨五物九等，制天下之地征，以作民职，以令地贡，以敛财赋，以均齐天下之政"。与先秦文献中诸侯封地，并由诸侯国自派官吏管理不同，由于《周官》实行的是一套体系严密的文官制度，诸侯与王一样都不亲与政事，而是由卿大夫执政，卿大夫则由中央委任，国中官员则是其卿大夫委任，因此整个诸侯国的土地实际上都在中央的管辖之下。与周代诸侯国拥有本国的财政大权更大的不同是，《周官》实行国家统一税制，由国家官员统一管理。《地官·载师》曰：

> 凡任地，国宅无征，园廛二十而一，近郊十一，远郊二十而三，甸稍县都皆无过十二，唯其漆林之征，二十而五。凡宅不毛者，有里布。凡田不耕者，出屋粟。凡民无职事者，出夫家之征，以时征其赋。

而诸侯国只从这些税收中抽取一定的比例，供国之日用而矣。《土官》大司徒职曰：

> 凡建邦国，以土圭土其地，而制其域。诸公之地，封疆方五百里，其食者半。诸侯之地，封疆方四百里，其食者三之一。诸伯之地，封疆方三百里，其食者参之一。诸子之地，封疆方二百里，其食者四之一。诸男之地，封疆方百里，其食者四之一。

对此，郑玄注云："谓其食者半、三之一、四之一者，土均邦国地贡，轻重之等其率之也。公之地以一易，侯伯之地以再易，子男之地以三易，必足其国礼俗、丧纪、祭祀之用，乃贡其余。若今度支经用，余为司农谷矣。大国贡重正之也，小国贡轻字之也。"由此可见土地和财政制度上诸侯国与中央的统一性。同样，卿大夫、士的采邑和封地则由中央直接派员管理，亦是抽取一定的税收比例作为其食禄。

同时，深入研究《周官》的土地赋税制度，就会发现，国家直接与农民发生着土地、赋税的关系，诸侯和采邑地主与农民并无直接联系。这主要表现在，农民的田地直接依国家法律规定授与。《周官》有两种农民土地分配制度。一种在《大司徒》中，"凡造都鄙，制其地域而封沟之，以其室数制之，不易之地家百亩，一易之地家二百亩，再易之地家三百亩"；一种见于《遂人》，"辨其野之土，上地、中地、下地，以颁田里。上地，夫一廛，田百亩，莱五十亩，余夫亦如之；中地，夫一廛，田百亩，莱百亩，余夫亦如之；下地，夫一廛，田百亩，莱二百亩，余夫亦如之"。无论哪种授田方法，都是由国家政府官属以法授予，与地主并无直接关系。在赋税方面，除上文《载师》的税制外，《司稼》中还有记载，"巡野观稼，以年之上下出敛法。掌均万民之食，而赒其急而平其兴"。这是根据年产好坏做出适当的调整，以储备必要的防灾救急之粮。

军赋和徭役。在军赋和徭役方面，农民也直接接受政府的遣召，与封建主也没有多大关系。农民以土地结成了紧密社团关系，而这个关系成为国家社会结构的基础和国家政府、军事运作的基础。《大司徒》曰："令五家为比，使之相保；五比为闾，使之相爱；四闾为族，使之相葬；五族为党，使之相救；五党为州，使之相赒；五州为乡，使之相宾。颁职事十有二于邦国、都鄙。"比有比长，闾有闾胥，族有族长，党有党正，州有州长，乡有乡长，而作为各级行政系统。这同时也构成了一个严密的军政体系，《小司徒》曰："五人为伍，五伍为两，四两为卒，五卒为旅，五旅为师，五师为军。以起军旅，以作田役，以比追胥，以令贡赋乃均土地，以稽其人民，而周知其数。上地，家七人，可任也者家三人；中地，家六人，可任也者二家五人；下地，家五人，可任也者家二人。凡起徒役，毋过家一人，以其余为羡，唯田与追胥竭作。"《大司马》曰："凡令赋，以地舆民制之：上地，食者三之二，其民可用者家三人；中地，食者半，其民可用者二家五人；下地，食者三之一，其民可用者家二人。中春，教振旅，司马以旗致民，……"在劳役方面，《均人》曰："凡均力政，以岁上下。丰年，则公旬用三日焉；中年，则公旬用二日焉；无年，则公旬用一日焉。凶札，则无力政，无财赋，不收地守地职，不均地政。三年大比，则大均。"这些都由政府与农民发生直接的关系，使整个国家牢牢地建基于最底层之上，而不受封建采邑的影响。从《周官》这一制度设计来看，可见其认真地反思了周代封建的弊端，认识到了封建制中诸侯、卿大夫权力膨胀的根源，并吸收了战国秦汉以来的思考和实践的成果，可以说是对传统封建制一个极大的"扬弃"。

不过，这种"扬弃"虽然已寓郡县于封建之中，甚至有些"法同郡县"，但毕竟主张封建政体下的政治制度建构，与郡县制有很大不同，保持着封建侯国分封的基本单位和传子及孙的基本属性。君主与诸侯在礼制文化和道德精神上，都在各自疆域内有着崇高的地位，如中央王权一样，诸侯也参与其侯国权力程序的运作，虽然是程序上，但对于侯国内公卿大臣也有一定的监督职责，在防止大臣玩忽职守上发挥着重要作用。并且在《周官》的制度秩序中，诸侯对中央及君主除有制度上的义务、法律道德上的约束和情感精神上的效忠外，中央对其侯位及其承传并无置喙的空间，诸侯仍然有很大的独立自主的余地，特别是在礼制文化、德道恩宥方面仍然有很大的作为。

四、《周官》与河间儒学"天礼之学"

通过以上对《周官》这部大典从政治体制到职官权力结构及所涉及的各方面的研究，我们说这部大典虽然标举其为周代典制，但其本身对周代封建制度弊端进行了深刻反思，吸收了大量郡县体制的优点。如果用一个最恰当的词来概括其政体建构，这就是"大一统封建"。虽然《周官》主张封建，但它所主张的封建与周代及汉初的封建有很大不同。虽然辽阔的疆土按五等封爵被分封成众多的诸侯国，但所有诸侯国的制度文物都必须遵中央所规定的统一的范式，其重要官僚的编制、任免皆归中央，人民、土地和经济赋税都由中央统一调度和分配，做到了寓郡县于封建之中。在权力分配结构上，也吸收了先秦以来儒法两家礼制法治上探索的结晶，设计了六卿共治的文官体制，使六个权力部门相对独立分治又相互制约、相互监督，并且权力被牢牢地限制在透明制度与监督体系之中。这可以说是《周官》的创举，是我国先贤在制度探索上伟大的智慧结晶。在这个文官体制中，君权被牢牢地限制在制度体系中，虽参与权力程序的运作，但更多行使的是程序上的权力。在行政法律秩序之外，君主更多作为礼乐文化的象征和德道精神的领袖而存在。《周官》的这一设计，结合其"寓郡县于封建"的大一统政体，笔者认为，至少在理论层面上，成功解决了大一统郡县体制下家天下与天下为公之间无法解决的矛盾。

　　《周官》的作者认识到限制君权和约束整个权力系统的根本在于强有力的制度，也就是礼制，所以必须要赋予礼制崇高的地位。因此，在形而上学方面，《周官》建构了一个"天礼合一"的理论体系。在这个体系中，礼制被赋予神圣地位。这方面徐复观的认识是深刻的。他说："冢宰不是司天，冢宰即是天而称为'天官'；司马不是司夏，司马即是夏而称为'夏官'。天、地、春、夏、秋、冬六官的名称，是《周官》出现以前，在所有文献中找不到痕迹的。……《周官》的以天地四时为官名，这表示了以官制体现天道的进一步的大发展。"[①]《周官》不仅官名法天，官数亦法天。《周官·小宰职》曰："以官府之六属举邦治：一曰天官，其属六十，掌邦治，大事则从其长，小事则专达。二曰地官，其属六十，……六曰冬官，其属六十，掌邦事，大事则从其长，小事则专达。"这里《周官》官属举大数，总计为三百六十官，与周天三百六十度基本一致。《郑目录》云：(《周官》)"象天所立之官"。贾公彦疏："郑云象天者，周天有三百六十余度，天官亦总摄三百六十官，故云象天也。"(《周礼注疏·原目》贾公彦疏)按照宇宙秩序建构的职官秩序，这里法天不仅

---

① 徐复观：《徐复观论经学史二种》，上海：上海书店出版社，2005年，第203页。

被赋予从天而来的神圣依据，且因着这一秩序也是天地宇宙所必须遵守的秩序，是规范天地宇宙的秩序，因此，它也是在具体的实践中要求王、百官和人民都必须遵守的秩序，任何人都不能僭越。因此，《周官》所建构的职官秩序所表达的，不仅是"唯天为大，唯尧则之"的"法天地，立百官"的思想，更有着"经天纬地""天礼合一"的思想。

如果再以此来审视整个河间儒学，我们就会发现，实质上，无论河间的《毛诗》学，《春秋》左氏学，还是《乐记》等其他文献，都不同程度地突出了"礼制"的中心地位，其背后的指导思想都是"天礼合一"思想。我们把河间儒学这一学术思想体系称之为"天礼之学"，这与稍后的中央儒学所建构起来的"天人之学"存在着明显分野。典型的如《诗经·大雅·生民》，"履帝武敏歆"，三家皆以为姜嫄履上帝之拇印，感孕而生后稷，但毛诗则认为："从于帝而见于天，将事齐敏也。"（《毛诗注疏》卷二十四）三家诗意在赋予君权的从天而来的神圣性，强调"天"与"人"通的"天人合一"思想。而毛诗则强调的是禋敬恭祀上天之礼，强调礼的神圣性，"礼乐可以通天地，感鬼神"，"天"与"礼"通的"天礼合一"的思想。再如前引河间献王与董仲舒的一段对话，这段文字不仅告诉了我们董仲舒与河间儒学的关系，更为我们揭示了景、武之世儒学变迁的轨迹。这段对话发生在河间，可视为儒学在河间分化的节点，揭示了河间"天礼之学"与董仲舒"天人之学"的内在分野。董仲舒在这里突出了君父的绝对地位。但河间献王最后的反应却是强调言行举止合乎礼的规范。关于"天经""地义"之说，《左传》昭公二十五年说："夫礼，天之经也，地之义也，民之行也。"同年又说："礼，上下之纪、天地之经纬也，民之所以生也。"昭公二十八年又云："经纬天地曰文。"这一思想在《毛诗》中也被强调，《毛传》释文王之"文"云"经纬天地"也。[1] 正与《左传》礼之经纬天地思想相合。类似的思想在昭公二十六年也被表达："礼之可以为国也久矣，与天地并。"而这种"天礼合一"，经天纬地的思想在《乐记》中更是随处可见："乐者，天地之和也；礼者，天地之序也"，"礼者天地之别也"，"礼乐明备，天地官矣"，"礼乐偩天地之情，达神明之德，降兴上下之神，……是故大人举礼乐，则天地将为昭焉"。因此，在河间儒学中，"礼"有绝对崇高的地

---

① 《毛诗正义》卷十六《皇矣》，［清］阮元校刻：《十三经注疏》，北京：中华书局，1980年，第520页。

位，即使天地都要接受它的规范。这种思想在具体的实践中，凸显了以礼制来限制君权思想的宇宙论依据。这也是河间献王强调的"治道非礼乐不成"的本质所在。又如《汉书·礼乐志》："河间献王采礼乐古事，稍稍增辑，至五百余篇。今学者不能昭见，但推士礼以及天子，说义又颇谬异，故君臣长幼交接之道浸以不章。"对这些礼，《汉书·艺文志》说：《礼古经》者，……及《明堂阴阳》《王史氏记》所见，多天子、诸侯、卿、大夫之制，虽不能备，犹瘉仓等推《士礼》而致于天子之说。"河间所谓的"天子之礼"，正是将天子的权力牢牢地限制在礼的规范中。这些礼当然不被天子所喜欢，所以被抑禁于中秘之中，一直未能实行。而最能反映河间儒学限制君权思想、并主张实行封建政体的《周官》，遭到来自武帝的严厉打击更是自不待言。何休言武帝骂之为末世"渎乱不验之书，故作《十论》《七难》以排弃之"（贾公彦《序周礼废兴》），其说虽史无明文，但其言武帝朝对这部大典深恶之情合乎政治情理。这可能也是马融所说的"五家之儒不得见"的深层原因。

后世儒者经常拿刘歆以《周官》助王莽篡汉而新亡及后世屡行《周官》失败说事，攻讪其为渎乱不经之书。近代学者也以此认为其所构建的制度是乌托邦，不能真正实行。笔者认为可能《周官》的确存在着制度上理想化的问题，在实践上存在一定难度。但有一点必须指出，《周官》是封建制与郡县制激烈争论时代的产物，当时国家政治制度正处在试验时期，与之相适应的不同理论都在进行大规模地重新建构，选择某种制度，必须要选择与之相适应的一套完整的政教理论作为统治意识形态，否则这种体制不可能得到巩固。在景、武之世，历史选择了郡县制，与此同时，与此相适应的"天人之学"的儒学理论也重新建构完成，并很快成为统治意识形态。经汉武帝的阉割，在这一理论观念下，皇帝作为文化、精神和权力的三位一体的绝对中心地位被确立，并借着汉世几百年来的宣传教化，深入人心，成为天经地义，并因君王天性对权力的嗜好而被不断加强。而《周官》的核心虽是寓含郡县性质，但毕竟政体形式主张封建，并通过制度将"君权"牢牢地限制在整个文官体制之中。在这个权力架构中，君王作为文化与精神的象征，在权力层面上仅参与政府权力程序的运作。而整个文官体制则又在相互独立又相互监督牵制的制度体系中运行，并在运行中接受全民的监督。制度是整个《周官》之"治道"能够畅通无阻的根本保证。因此，与此相适应，这就需要在意识形态中强化制度的绝对地位，礼制被赋予神圣地位。因此，当"三位一体"的皇权观念已深入人心和长期实践后，与之格格不入的"天礼之学"无论在思想意识领域还是实践领域已没有置喙的空间，只能成为附庸。后世推行《周官》，势必造成权力运作与已有的意识形态和固有制度结构的强烈冲突，以君权为中心的权力结构重新组构已不可能，必然带来一系列的矛盾与混乱。这是《周官》失去了在历史选择与理论重构时期这一历史机遇后，再没有其实行空间的根本原因。

第六章　董仲舒与中央帝国儒学的
"天人之学"

晚清廖平曾对今古文经学的分野进行总结，认为古文经学以《周官》为主，今文经学以《王制》为主，[①] 不免囿于对举之累。对此，周予同加以修正，认为今文经学以《春秋公羊传》为主，[②] 可以说目光如炬。虽然《王制》为文帝时中央博士们所作，反映了当时帝国儒学强干弱枝的特征，但那个时候中央帝国儒学并未真正形成，一直到汉武帝董仲舒时期才具规模，其儒学系统才得以确立。《汉书·董仲舒传》曰："仲舒遭汉承秦灭学之后，《六经》离析，下帷发愤，潜心大业，令后学者有所统一，为群儒首。"又《汉书·五行志上》："汉兴，承秦灭学之后，景、武之世，董仲舒治《公羊春秋》，始推阴阳，为儒者宗。"中央儒学系统的学者虽然大师辈出，但仍以董仲舒为宗师。因此，要对中央儒学的发展和其理论体系有深刻理解，就要对董仲舒的思想进行深入研究。

一、董仲舒生卒年考

关于董仲舒的生年，史无明文，学者只是根据相关记载推测。由于对材

---

① 廖平：《今古学考·今、古学统宗表》，刘梦溪主编：《中国现代学术经典·廖平　蒙文通卷》，石家庄：河北教育出版社，1996年，第19页。
② 周予同：《今古文学同异表》，朱维铮编：《周予同经学史论著选集》，上海：上海人民出版社，1996年，第9页。

料的理解不同，目前学界尚存着争议。参较众说，笔者认为，仲舒生于高惠之间最为切当。《汉书·匈奴赞》："仲舒亲见四世之事。"周桂钿认为，仲舒所见乃惠帝、文帝、景帝、武帝四世。而董仲舒曾说孔子"见三世"，即见昭公、定公、哀公，而实际出生在襄公时，入昭公时已十二岁，周桂钿认为"可能是由于十岁左右的幼儿时期不懂事，虽然已经出生，却不算见世面"①。据此，周桂钿认为仲舒当生在高帝世。王永祥则认为班固说法与仲舒说法是否一致没有证明，故将仲舒定在惠帝世②。笔者认为，"亲见几世"是汉代春秋经学家术语，班固的说法与仲舒说法存在一致性是没有问题的。不过，问题是"四世"，究竟是指哪四世。刘向《说苑·善谋》载武帝时韩安国言："（高帝）遣刘敬结为和亲，至今为五世利。"《史记·儒林列传》："汉兴至于五世之间，唯董仲舒名为明于《春秋》其传公羊氏也。"周桂钿认为，这里的五世即高帝、惠帝、文帝、景帝和武帝，所以班固所说四世乃惠帝至武帝四朝。实际上周先生忽视了班固纪年与司马迁不同，司马迁不承认惠帝为一世，而是将惠帝并入到《吕后本纪》中，韩安国与司马迁同时，将吕惠视为一世当是同时代共同观点。至班固则不同，他特别作《惠帝纪》，与《吕后纪》分开，视惠帝与吕后各为一世。因此，这里班固所说的"四世"当指吕后至武帝的"四世"。惠帝在位七年，仲舒生于高惠之间，至吕后时已能明事，与《春秋》家所说"亲见四世"合。又《汉书·叙传》云："抑抑仲舒，再相诸侯，身修国治，致士县车，下帷覃思，论道属书，说言访对，为世纯儒。"关于"致仕悬车"，《白虎通》云"臣年七十，悬车致仕者，臣以执事趋走为职，七十阳道极……"云云，并引《曲礼》"大夫七十而致仕"，《王制》"七十致政"。可见"致士悬车"，在班固时代，已不是礼俗，而是作国家制度，写进了朝廷纲领性的文件《白虎通》中。班固在这里特别用"致士悬车"来说仲舒，当是仲舒辞相之年应在七十岁左右，周桂钿先生将其扩大至七十九恐为不妥。学界公认仲舒辞相致仕之年在元狩元年至二年间（前122年—前121年），如果以悬车致仕之年为七十至七十三之间，则仲舒生年则在公元前195年—前193年，其正在高惠之间。

《汉书·食货志》："仲舒死后，功费愈甚，天下虚耗，人复相食。武帝

---

① 周桂钿：《董仲舒考补》，《史学史研究》2002年第4期。
② 王永祥：《董仲舒评传》，南京：南京大学出版社，1995年，第56—57页。

末年，悔征伐之事，乃封丞相为富民侯。"据此可知仲舒卒于武帝时代。关于仲舒确切卒年，周桂钿、王永祥等都认为约在元封四年至太初元年之间。其理由则是《汉书·匈奴传赞》中所载，董仲舒曾议匈奴事："义动君子，利动贪人。如匈奴者，非可以仁义说也，独可说以厚利，结之于天耳。故与之厚利以没其意，与盟于天以坚其约，质其爱子以累其心，匈奴虽欲展转，奈失重利何，奈欺上天何，奈杀爱子何！夫赋敛行赂不足以当三军之费，城郭之固无以异于贞士之约，而使边城守境之民父兄缓带，稚子咽哺，胡马不窥于长城，而羽檄不行于中国，不亦便于天下乎！"对此，班固这样评价："察仲舒之论，考诸行事，乃知其未合于当时，而有阙于后世也。"周、王二先生皆以"当时"是指元封四年之时，《武帝纪》元封四年："秋，以匈奴弱，可遂臣服，乃遣使说之。"事又见《匈奴传》："是岁，翕侯信死，汉用事者以匈奴已弱，可臣从也"，遂遣使杨信说之。显见以此断定仲舒卒在元封四年以后，是非常单薄的。汉议质子和亲的直接原因是翕侯信死，匈奴弱，是用事公卿之主张，并非是采纳了仲舒的建议。董仲舒这段言论亦不一定是其晚年言论，类似的言论贾谊早发之，其后每言举兵匈奴总有大臣议和亲便。这段言论更可能的是发生在元光二年，武帝下诏问公卿曰："朕饰子女以配单于，金币文绣赂之甚厚，单于待命加嫚，侵盗亡已。边境被害，朕甚闵之。今欲举兵攻之，何如？"公卿大臣分别此事发表意见，而董仲舒亦在此时发表了意见，因班固觉得不合时宜，故未放入本传，而是在《匈奴传》略加批评。因此，笔者认为《匈奴传》中所载的材料不足以说明仲舒卒于元封四年以后。

《汉书·夏侯始昌传》："自董仲舒、韩婴死后，武帝得始昌，甚重之。始昌明于阴阳，先言柏梁台灾日，至期日果灾。"按《汉书·武帝纪》，柏梁台火灾发生在武帝太初元年十一月。由这段记载，始昌预言柏梁台灾日当在太初元年之前，而仲舒之死，武帝得始昌，进而又重之，之间恐有一个不短的时程。又元鼎元年六月，山西汾阴掘出一个大鼎，汉武帝把它迎到甘泉宫，认为是天降祥瑞，准备东巡举行封禅大典，《史记·封禅书》说："自得宝鼎，上与公卿、诸生议封禅。……数年，至且行。……上为封祠器视群儒，群儒或曰'不与古同'，徐偃又曰'太常诸生行礼不如鲁善'，周霸属图封事，于是上黜偃、霸，而尽罢诸儒弗用。"又《汉书·兒宽传》，元鼎六年，御史大夫出缺，朝廷征召董仲舒的弟子梁相褚大，"大自以为得御史大夫。至洛阳，闻兒宽为之，褚大笑。及至，与宽议封禅于上前，大不能及，退而服曰：'上诚知人。'"第二年，元封元年，汉武帝便正式举行了封禅。由这些记载知，在与汉武帝议封禅事的诸儒中，有徐偃、周霸，还有董仲舒的弟子褚大等，但却未提及董仲舒与议此事。据《春秋繁露·郊事对》俱载张汤承制问仲舒郊祀事，而比之更重大的封禅大典，仲舒却不与，只能说明此时董仲舒可能已经去世①。又据《汉书·食货志》：

> 是后，外事四夷，内兴功利，役费并兴，而民去本。董仲舒说上曰："《春秋》它谷不书，至于麦禾不成则书之，以此见圣人于五谷最重麦与禾也。今关中俗不好种麦，是岁失《春秋》之所重，而损生民之具也。愿陛下幸诏大司农，使关中民益种宿麦，令毋后时。"又言："……宜少近古，限民名田，以澹不足，塞并兼之路。盐铁皆归于民。……"仲舒死后，功费愈甚，天下虚耗，人复相食。武帝末年，悔征伐之事，乃封丞相为富民侯。

这段记载为我们提供几个重要的线索：一是关于宿麦事，《汉书·武帝纪》：元狩三年，"遣谒者劝有水灾郡种宿麦"。表明董仲舒这一年还在世。二是限民田以澹不足，塞兼并之路。学者认为武帝元狩四年出现了大的灾荒，"七十万口，衣食皆仰给于县官"。董仲舒这一建议可能就是当年或次年应对时提出的。三是关于盐铁皆归于民事，盐铁专卖是在元狩三年中朝定下来，正式推行是元狩四年事。胡寄窗认为："元鼎二年孔仅由大农丞升为大司农时，桑弘羊出任大农丞又开办均输。他只提到'盐铁皆归于民'，不提均输，说明他的主张可能是在均输开办以前针对盐铁专卖而发。"②也就是说此议当在元狩之末或元鼎之初。此后《汉书》再也不见仲舒言论。综上所述，仲舒可能在元狩末元鼎初时去世，即公元前117年至前116年。由此我们可大致考定董仲舒享年在76—79岁之间。

---

① 石冬煤：《董仲舒生平考辨》，《保定师范专科学校学报》2003年第1期。
② 胡寄窗：《中国经济思想史》中册，上海：上海人民出版社，1963年，第40页。

二、董仲舒"天人三策"时间考

（一）"天人三策"时间之争

董仲舒上"天人三策"是汉代学术思想史上的一件大事，是汉帝国儒学发展的转捩点。因史无具文，又似相互抵牾，自宋以来就纷纭聚讼，至今仍莫衷一是。从时间上，争论主要集中在建元元年、元光元年与元朔五年之间；20世纪90年代中至本世纪初主要表现为"三策"的真伪之争。

建元元年与元光元年之争。这一争论持续时间最长，因为争论双方都有有力的史书依据和一批著名学者的支持，所以迄今为止仍然是影响最大的两派观点。早在唐代杜佑就在《通典》卷十三《选举上》中将董仲舒对策系于元光元年，[①]但很长一段时间里并未作为一个问题引起学者注意。直到司马光编《资治通鉴》时，这个问题才被提了出来。在《通鉴考异》中，司马光说：

> 《汉书·武纪》："元光元年五月，诏举贤良，董仲舒、公孙弘出焉。"《仲舒传》曰："仲舒对册，推明孔氏，抑黜百家。立学校之官，州郡举茂才、孝廉，皆自仲舒发之。"今举孝廉在元光元年十一月，若对策在下五月，则不得云自仲舒发之，盖《武纪》误也。然仲舒对策，不知果在何时；元光元年以前，唯今年举贤良见于《纪》。三年，闽越、东瓯相攻，庄助已为中大夫，故皆著之于此。[②]

基于上述理由，司马光在《资治通鉴》卷十七中做了如下载述："建元元年冬，十月，诏举贤良方正直言极谏之士，上亲策问以古今治道，对者百余人。广川董仲舒对曰……"[③]司马光的理由也成为后来建元元年说者的主要依据。

但司马光所论遭到了南宋学者洪迈的反对。洪迈认为，"按策问中云：'朕

---

① ［唐］杜佑：《通典》卷十三《选举一》，王文锦等点校，北京：中华书局，1988年，第311页。

② ［宋］司马光：《资治通鉴》卷十七《汉纪九》，北京：中华书局，1956年，第556页。

③ ［宋］司马光：《资治通鉴》卷十七《汉纪九》，北京：中华书局，1956年，第549页。

亲耕籍田，劝孝弟，崇有德，使者冠盖相望，问勤劳，恤孤独，尽思极神.'
对策曰：'阴阳错缪，氛气充塞，群生寡遂，黎民未济'，必非即位之始年也。"
在洪迈看来，董仲舒对策发生在元光元年更为可信。(《容斋续笔》卷六《汉举
贤良》)洪迈之后，另一位南宋学者王益之进一步指出，董仲舒对策中有"今
临政而愿治七十余岁矣"，但汉兴至建元元年才"六十七年"，至元光元年乃
"七十三年"，即七十余年；又夜郎之通在建元六年，故次年对策及此，与史实
相合。针对司马光的论据，王益之认为，"或未变太初历前之月日，史氏偶失
未改，遂用已改之例倒之，亦未可知。盖汉初以夏十月为正月，十一月为二
月……举孝廉之十一月，意者当时之八月也，对策之五月，意者当时之二月
也。史氏既失于追改，遂用前例，以十一月列于前耳。"① 显然王益之的意度是
有问题的。因为无论《史记》还是《汉书》，在太初未改历以前纪年皆以十月
为岁首，而不以十月为正月。而新出土的《张家山汉墓竹简》尤可证实汉初乃
如是纪年。据竹简《历谱》每一年亦都以十月为岁首，以一月为正月纪年。②
所以不存在误载、颠倒的问题。

　　针对王益之的质疑，晚清学者苏舆认为对策中"七十余岁"为衍字，"其
文当云：'古人有言，临渊羡鱼，不如退而结网；临政愿治，不如退而更化。'
皆古语也。浅人妄加数字，则不成文理"。③ 苏舆这种删改史书文字以成己说
的做法，也为后来学者所效法。民国年间，施之勉再度对建元元年说提出质
疑，主张元光元年说。④ 但稍前，钱穆已发表了《两汉博士家法考》一文，引
述沈钦韩、苏舆等人的观点，力主建元元年说；⑤ 之后，史念海又发表了《董
仲舒天人三策不作于元光元年辨》一文，为建元元年说辩护，并提出："仲舒
所陈天人三策，备载《汉书》仲舒本传，每策之前皆录武帝制诏原文，与《武
纪》元光元年五月诏书不同，明见其非同时之事，不可混为一谈。"⑥ 指出了元
光元年论者一个重要不足。1949 年以后，建元元年说一度取得了压倒性的优

① 王益之：《西汉年纪》卷十一，郑州：中州古籍出版社，1993年，第204页。
② 张家山二四七号汉墓竹简整理小组编著：《张家山汉墓竹简〔二四七号墓〕（释文修订
　　本）》，北京：文物出版社，2006年，第3页。
③ ［清］苏舆：《春秋繁露义证》，北京：中华书局，1992年，第492页。
④ 施之勉：《董仲舒对策年岁考》，《东方杂志》第40卷第13号，1944年7月。
⑤ 钱穆：《两汉博士家法考》，《国立中央大学文史哲季刊》第2卷第1期，1944年4月。
⑥ 史念海：《董仲舒天人三策不作于武帝元光元年辨》，《民国日报》（天津）1947年9
　　月1日，第6版《史与地》。

势，许多学者如范文澜、侯外庐、翦伯赞等在其著述中都支持或采用了建元元年说。[1] 可以说，建元元年说在 1980 年以前为大陆学界主流观点。

1980 年施丁发表《董仲舒天人三策作于元光元年辨》一文，详尽梳理了自司马光以来的各家观点和论据，在洪迈、王益之等学者的基础上，紧紧围绕"今临政而愿治七十余岁矣"这个建元元年说难以解决的问题，列举证据证明司马迁和班固对于汉兴以来"六十余岁"与"七十余岁"分得很清，没有任何混淆，所以不能随意地更改史书文字以就己说。不仅如此，对于建元元年说者最重要的依据，《汉书·董仲舒传》"自武帝初立，魏其、武安侯为相而隆儒矣。及仲舒对册，推明孔氏……皆自仲舒发之"，施丁认为，这恰恰证明了董仲舒对策是武安侯田蚡为相之后，而田蚡为相是建元六年六月；《汉书·礼乐志》"至武帝即位，进用英隽，议立明堂，制礼服，以兴太平。会窦太后好黄老言，不说儒术，其事又废。后董仲舒对策"云云，更进一步证明董仲舒对策不在建元元年。施丁认为，既然《汉书·武纪》所说元光元年五月之事，在时间问题上根本不矛盾了，怎么还能据此而断定天人三策作于建元元年呢？就是确定在建元五年也是错误的，只有元光元年说才与其不矛盾"。[2] 由于施文从内到外动摇了建元元年说的基础，所以施文的发表，基本上扭转了学界的主流观点。

元光元年和元朔五年之争。元光元年说者，有力地指出了董仲舒对策并非发生在建元元年，但并没有解决"立学校之官，州郡举茂才、孝廉，皆自仲舒发之"，以及对策中"夜郎、康居，殊方万里，说德归谊"（《汉书·董仲传》）的问题，尤其是康居"说德归谊"的问题。正是对这一问题的穷追不舍，苏诚鉴于 1984 年提出董仲舒对策时间为元朔五年说，[3] 引发了学界激烈的争论。针对苏诚鉴的主要观点和论据，岳庆平给予了回应：（一）针对苏文认为董仲舒对策"岁贡各二人"即元朔元年公孙弘等上报为"博士官置弟子员"，岳庆平认为二者不可相提并论。第一，据《汉书·地理志》，武帝时郡国共 102 个，

① 参见范文澜主编：《中国通史简编》第2编，北京：人民出版社，1958年，第111页；侯外庐等：《中国思想通史》第2卷，北京：人民出版社，1957年，第96页；翦伯赞主编：《中国史纲要》第1册，北京：人民出版社，1979年，第197页。
② 施丁：《董仲舒天人三策作于元光元年辨——兼谈董仲舒不是"罢黜百家，独尊儒术"的创始人》，《社会科学辑刊》1980年第3期。
③ 参见苏诚鉴：《董仲舒对策在元朔五年议》，《中国史研究》1984年第3期。

"岁贡各二人"，即达 204 人，如再加列侯所贡，人数更多，这显然与弟子员五十人不符；第二，董仲舒建议"岁贡各二人"乃欲使"天下之士可得而官使也"，以达到"量材而授官，录德而定位"，而公孙弘上报"为博士官置弟子员五十人"乃欲招收太学生，使"学者益广"，从而做到"崇乡党之化，以厉贤材焉"。（二）针对苏文认为"今临政而愿治七十余岁矣"，这里"'七'字是衍文，是班固为了把董仲舒对策安置在元光元年而妄自增添的"，岳庆平指出并无可靠证据"七"字是衍文，上下文意也并无苏文所说的问题。这里"临政而愿治"是主语承前省，本应为"今汉临政而愿治七十余岁矣"，这种主语承前省在古代文献中非常常见。（三）关于苏文认为"夜郎、康居，说德归谊"是在元朔三年张骞西域归来以后，岳庆平认为元朔三年张骞自西域归来前，康居并未"归谊"。康居"归谊"，已是元鼎年间事。《汉书·张骞传》载张骞第二次出使西域还，"拜为大行。岁余，骞卒。后岁余，其所遣副使通大夏之属者皆颇与其人俱来，于是西北国始通于汉矣"。据《汉书·百官公卿表》，元鼎二年（前 115 年）前张骞为大行令。由此推算，康居"归谊"应值元鼎四年或五年。可见，元朔五年说仍难释康居"归谊"之疑。此外，岳庆平还举出元朔五年说不能成立的其他一些证据，如《汉书·董仲舒传》于董仲舒对策后载"主父偃候仲舒，私见，嫉之，窃其书而奏焉"，然据《史记·平津侯主父列传》，主父偃卒于元朔三年，复证元朔五年说难以成立。①

尽管此后王葆玹又撰文极力为元朔五年说辩护，②但由于该说与史书记载抵牾甚多，要解决这些抵牾不得不对史书原文做削足适履式的改动，也正如周桂钿所指出的"元朔五年说所能解释的问题少，而产生的问题多"，③很难说服更多的学者以从其说。特别是在青年学者刘国民找到了元光元年前后司马相如发布的告巴蜀《檄》文中已有"康居西域，重译请朝，稽首来享"之语后，④元朔五年说已没有讨论的意义了。

在上述的争论中，元光元年取得了越来越多的学者支持，但亦如持"元光

---

① 参见岳庆平：《董仲舒对策年代辨》，《北京大学学报》1986 年第 3 期。
② 王葆玹：《天人三策与西汉中叶的官方学术——再论"罢黜百家，独尊儒术"的时间问题》，《哲学研究》1990 年第 6 期。
③ 周桂钿：《秦汉思想史》，石家庄：河北人民出版社，2000 年，第 128 页。
④ 刘国民：《董仲舒对策之年辨兼考公孙弘对策之年》，《古籍整理研究学刊》2004 年第 3 期。

元年说"最力者之一，周桂钿所承认的，"多方考察，几经权衡，我们就选择了与许多基本事实相协调，只与少数记载不一致的元光元年五月说"。① 也就是说这元光元年说只是一个权衡的解释，而非科学的结论。事实上，最困难的问题，并非是"亲耕籍田"等史籍无载的问题，仍然是司马光当初所提出的问题，"今举孝廉在元光元年十一月，若对策在下五月，则不得云自仲舒发之"的问题。为解决这一问题，主张元光元年说者，一直都走否定班固的论证思路，不认为举孝廉等是由董仲舒发之，而是卫绾、窦婴、赵绾、王臧、田蚡等人力成之。这种思想被元朔五年论者发挥，所谓"推明孔氏，抑黜百家"则是元朔五年以后，甚至是汉成帝时代以后的事了。② 争论到这一地步，一个严肃的问题就不能不认真思考和对待了。这就是历史上董仲舒到底有没有上过"天人三策"？如果没有的话，《汉书》中"天人三策"的作者又是谁？

也正是在这种逻辑导引下，孙景坛于1993年提出了汉武帝"罢黜百家，独尊儒术"系"子虚乌有"，"是个学术谎言，是个历史笑话，是儒学发展过程中最美丽、最诱人、最神奇的充满玫瑰色彩的肥皂泡"。③ 而这个谎言的始作俑者，他认为正是司马光建元元年说的处理。在这逻辑思路下，两年后，孙景坛又在其《董仲舒非儒家论》一文中，提出了"天人三策"并非都是董仲舒的作品，"无疑是班固作的伪"，并简略地给出了所依据的理由：一是"天人三策"不载于《史记》。司马迁既是汉武帝时期人，又与董仲舒同朝为官，若董仲舒真有如此之"天人三策"，他怎会不载？二是"董仲舒究竟在武帝初的哪一年参加的考试，从古至今没人能搞清楚"，尽管从古至今有多种说法，"然而不论哪种说法都不能自圆其说"。三是"天人三策"时序颠倒。在汉武帝给董仲舒的策文中，第一策应是给董仲舒个人的策问，第二策却是面向诸贤良的公共策问，这里似乎出现了明显的前后倒置。④ 五年后，孙景坛又以"董仲舒的'天人三策'是班固的伪作"为题发表文章，更明确地提出董仲舒"天人三策"是班固的伪作。文章认为，古今学术界都用"天人三策"来研究董仲舒，这是

---

① 周桂钿：《董学探微》，北京：北京师范大学出版社，1989年，第19页。
② 王葆玹：《天人三策与西汉中叶的官方学术——再论"罢黜百家，独尊儒术"的时间问题》，《哲学研究》1990年第6期。
③ 孙景坛：《汉武帝"罢黜百家，独尊儒术"子虚乌有——中国近现代儒学反思的一个基点性错误》，《南京社会科学》1993年第6期。
④ 孙景坛：《董仲舒的〈天人三策〉是班固的伪作》，《南京社会科学》2000年第10期。

个重大的学术误区，"天人三策"是班固的伪作，不仅司马迁未提及，整个西汉人均未提及。"天人三策"独出于班固，班固伪造的目的是想把董仲舒装扮成汉代的"儒者宗"；武帝尊儒与他"罢黜百家，独尊儒术"的建议无关。①

孙景坛的言论出来后，引起了很大的反响，《新华文摘》《报刊文摘》《求是·内部文稿》《红旗文稿》给予转摘，另外也有媒体给予报道，②也引起了广泛的讨论，在讨论中又都不同程度地涉及了上述的交织"三策"的时间问题。③针对孙景坛指证《史记》未载"天人三策"的问题，管怀伦指出，《史记》作为中国第一部通史著作，荜路蓝缕，功不可没；但我们对它也不应搞新版"凡是"，特别是在论证这样重大历史课题时，尤其不应忽视其下列不足：其一，其载秦汉之事虽详，但"采经摭传，分散百家之事，甚多疏略，或有抵牾"。其二，"论大道则先黄老而后六经，序游侠则退处士而进奸雄，述货殖则崇势利而羞贫贱"。其三，内容多有缺失。刘知几已指出，《史记》在司马迁生前"十篇未成，有录而已"。④

事实上，对《史记》和《汉书》的差异，以及《史记》的缺文，赵翼在《廿二史札记》中言之已详，⑤已不是新问题。但其后这一差异被康有为等进一步放大，以致影响了近代学术史上整个疑古运动。而支持这一运动中最重要的证据，就是康氏所指证的《汉书》所载的古文经典《史记》多未予以记载，从而否定这些经典的可靠性，进而将之打上新学伪书的恶名。可以说孙景坛所走的也正是疑古学派这一路数，由史公之缺文进而指斥其为伪书。

然则对于史公何以缺文的问题，尽管钱穆等学者也给予回护，⑥陈苏镇更从档案文献的角度予以辩说，⑦如前文所述，事实上，更深层地说，对于这些失载存在着史、汉历史编纂学分野的大问题。《史记》编纂的立场和出发点，

① 孙景坛：《董仲舒的〈天人三策〉是班固的伪作》，《南京社会科学》2000年第10期。
② 孙景坛：《"汉武帝'罢黜百家独尊儒术'子虚乌有"新探》，《南京社会科学》2009年第4期。
③ 刘伟杰：《汉武帝独尊儒术问题的研究现状与反思》，《南京社会科学》2007年第2期。
④ 管怀伦：《汉武帝"罢黜百家，独尊儒术"确有其事——与孙景坛同志商榷》，《南京社会科学》1994年第6期。
⑤ 王树民：《廿二史札记校证》，北京：中华书局，1984年，第25—33页。
⑥ 钱穆：《秦汉史》，北京：生活·读书·新知三联书店，2005年，第83页。
⑦ 陈苏镇：《董仲舒对策年代考》，北京师范大学史学研究所编：《历史科学与理论建设》，北京：北京师范大学出版社，1999年，第175—178页。

非但不尊儒崇经，而且对儒学和经典是持深刻成见和批评的；其更多地秉笔直
书人类历史古今之变的真相，撕裂统治者所谓天命德义的幌子，将人类历史的
幽暗赤脱脱地显露出来。而《汉书》与之不同的是，其完全站在儒学的立场
上，围绕着儒家所谓"据行事，仍人道，因兴以立功，就败以成罚，假日月以
定历数，借朝聘以正礼乐"，既注重历史事实，又注重学术文教的史学传统展
开，特别是对文献典籍的学术脉络并有专门的篇章梳理。因此，对《史记》所
谓的遗漏，并非不能容量，而《汉书》对其补足，亦并非即伪撰，盖二史编纂
的出发点和材料的取舍不同而已。同理，我们不能以《史记》未载《三策》而
认为《汉书》伪造，实质上《史记》未载诏令很多都被《汉书》补足之，[①] 这
些都与其历史编纂学的立场和对材料的取舍有着密切关系。

（二）"天人三策"上于建元年间论

　　然综观以往研究，一个明显的缺憾是诏策贤良文学制度作为董仲舒对策的
制度背景，鲜有学者论及。由此着手，细绎史书，笔者认为，"天人三策"实
上于建元年间，以此考之，众多疑问亦涣然冰释。

　　《汉书·武帝纪》："建元元年冬十月，诏丞相、御史、列侯、中二千石、
二千石、诸侯相举贤良方正直言极谏之士。"对此，司马光说："然仲舒对策，
不知果在何时；元光元年以前，唯今年举贤良见于《纪》。三年，闽越、东瓯
相攻，庄助已为中大夫，故皆著之于此。"[②] 后世建元元年说者亦多据此认为董
仲舒是在这一年上的对策。实际上，这是对诏举贤良文学制度缺乏深究。

　　汉代诏策贤良文学有一个产生演进的过程。高祖十一年《求贤诏》："贤士
大夫……其有意称明德者，必身劝，为之驾，遣诣相国府，署行、义、年。"
（《汉书·高帝纪》）主要是通过行状考察贤士大夫的德行。至文帝二年诏："令
至，其悉思朕之过失，及知见之所不及，匃以启告朕。及举贤良方正能直言极
谏者，以匡朕之不逮。"（《汉书·文帝纪》）这里一个重要的变化就是鼓励贤
良上书言政。通过贤良上书言政既可知政治得失，亦可观贤良才能高下，所

① 参见徐复观：《〈史〉〈汉〉比较研究之一例》，《两汉思想史》第3卷，上海：华东
　师范大学出版社，2001年，第298页。
② ［宋］司马光：《资治通鉴》卷十七《汉纪九》，北京：中华书局，1956年，第556页。

以如曾维垣所说，"这种设题指事的方式，就是以后的'对策''射策'的起源，也可说为后代科举制度的滥觞"，[①] 诏策贤良正是由这种上书言政的形式演化而来。文帝十五年始诏策贤良，但如张尚谦指出的，"'册诏'实际上应称之为'求贤良上书言事诏'"，[②] 此正反映了诏策贤良与上书言政间的演变轨迹。《后汉书·顺帝纪》注引《前书音义》："若录政化得失，显而问之，谓之对策也。"[③] 在考察贤良、问政化得失方面，策问与上书言政是一致的。所以上书言政也一直为贤良仕进的重要之途，如武帝初征举贤良，"上书言得失，自衒鬻者以千数"（《汉书·东方朔传》），宣帝即位"思进贤良，多上书言便宜"（《汉书·萧望之传》）。而诏举的贤良，特别是布衣出身，往往也不待诏问径自上书言政，以求为主上所知仕进通达，如杜钦与谷永二人就是先径自上书言政的。对此史书亦称之为"对策"。[④]

《汉纪》："上自即位，好士既举贤良，赴阙上书自衒者甚众，其上第者见尊宠，下者赐帛罢。若严助、朱买臣、吾丘寿王、……等皆以材能并在左右。"[⑤] 布衣出身的严助很可能就是自行上书言政的，这便可以解释为什么严助较早由对策为中大夫的问题。

与学界一直认为贤良必须参加对策的观点大异其趣，事实上，参加对策者也仅是那些有对策能力的文学之士，即贤良文学。元代马端临已注意到贤良不经过对策授以官职的现象，其云："弘初以贤良征为博士，后罢归，再以贤良征，方对策，然则贤良之未对策者，亦可以为博士欤？"[⑥] 对于一般贤良是试官，即通过试事称职与否决定其升降、去留。公孙弘就是初以贤良征为博士，出使匈奴不合上意称病免归的。

自来讨论董仲舒对策时间问题的学者亦多将"诏举贤良"与"诏策贤良"相混同。其实诏举贤良与诏策贤良是贤良选举中两个前后递进的过程。诏举贤良作为最初的过程，由中央朝廷颁布诏书规定由郡国等举荐；诏策贤良是

① 曾维垣编著：《两汉选士制度》，台北：商务印书馆，1972年，第18页。
② 张尚谦：《〈汉书〉记汉文帝举贤良事辨误》，《云南民族大学学报》2009年第3期。
③ 《后汉书》卷六《顺帝纪》注引，北京：中华书局，1965年，第260页。
④ 参见［汉］班固：《汉书》卷六十《杜钦传》，北京：中华书局，1962年，第2671页；《汉书》卷八十五《谷永传》，第3443页。
⑤ ［汉］荀悦：《汉纪》卷十一《孝武皇帝纪二》，北京：中华书局，2002年，第181页。
⑥ ［元］马端临：《文献通考》卷三十三《选举考六》，北京：中华书局，1986年影印本，第310页上栏。

贤良到达京师后，再制诏进行策问。建元元年诏仅表明武帝在这一年诏举贤良，并不表明武帝一定在这一年诏策贤良。就诏举贤良到诏策贤良整个过程而言，也决非短时间内完成的事。以《居延汉简》元康五年诏书为例，据大庭脩的研究，仅由丞相府下颁"至张掖郡太守府再向下级官署发令共需四十日"。[1] 层层下发更需时日。诏举贤良的诏书传递更为复杂，特别是地方郡国向其属地县、亭转发需要一个较长的过程。且直到元光五年，贤良赴京才享受"县次续食，令与计偕"（《汉书·武帝纪》）的待遇，这也就意味着此前贤良很可能是由个人出资自行赴京的。这些都会延搁时日。据《汉书·武帝纪》，元光元年冬十一月，初令郡国举孝廉各一人，五月，诏贤良云云。从下诏到制诏策问前后经历七个月时间。《汉书·昭帝纪》始元五年六月诏举贤良文学，六年二月"诏有司问郡国所举贤良文学民所疾苦。议罢盐铁榷酤"。前后耗时九个月时间。而后来成帝建始三年冬十二月"日食地震同日俱发，诏举方正直言极谏之士"，也一直到四年夏才"皆令诸方正对策"，（《汉书·谷永传》）亦用了半年左右的时间。又因为建元元年是文帝中断以来的首次，并无成制或经验可循，所以耗时会更长。其间又有"丞相绾奏：'所举贤良，或治申、商、韩非、苏秦、张仪之言，乱国政，请皆罢。'奏可"（《汉书·武帝纪》）等较大周折，前后很可能需要一年左右的时间。所以等到这些贤良会集京师时已近建元元年底或建元二年初了。而此时中央朝的政治形势已风云突变了。

　　事实上，从汉初开始贤良选举就与其时的政治意识形态的斗争密切相关。对于汉初局势，李开元指出，汉初皇权实质上是一种"相对性有限皇权"，在中央武力功臣把持了公卿要职，在地方则以军吏卒为主体形成了一"拥有强大的政治势力和经济基础，具有高等社会身份的新的社会集团"。[2] 为制衡军功集团，皇室不得不依靠宗室诸王的力量，这就形成了汉初皇室、功臣集团和宗室诸王相夹持而为治的局面。在这种局势下，黄老之学一直居于统治地位，正适应了军功集团和宗室诸王的需要。因所谓的无为而治，实质上就是放任军功

---

① ［日］大庭脩：《秦汉法制史研究》，林剑鸣、王子今、黄小芬等译，上海：上海人民出版社，1991年，第196页。

② 李开元：《汉帝国的建立与刘邦集团——军功受益阶层研究》，北京：生活·读书·新知三联书店，2000年，第143、54页。

集团和诸侯王势力在中央和地方的滋长。这显然对皇室是不利的。皇权欲摆脱这种受制的局面有所作为，就必须在意识形态上有所调整，在功臣和宗室之外寻找新的倚重力量。而无尺土之功，主张文治、有所作为的士人贤良集团便成为皇室招徕的对象。汉初几次贤良选举正是围绕着这一政治意识形态斗争的背景展开。在这一斗争中贤良集团起到了重要的作用，军功集团和宗室诸王的势力受到抑制和削弱，皇室权力实现了逐步扩张，而帝国的意识形态也在斗争中从黄老向儒术缓慢转变。

至武帝即位，其时政治社会形势的变化已使这种转变势在必行了。经过汉兴六十多年的孕育，儒学在民间已有很大的发展，新兴士人集团作为一股强劲的政治上升力量其势已不可挡。如前所述，其时帝国北方河间王国高举儒术、兴修礼乐，天下雄俊众儒云集，更在声势、舆论及安全上构成了对中央的压力。而在河间的倡导下，"治道非礼乐不成"更成为当时强劲的思潮，在此思潮推动下在建元初以"议立明堂"为中心甚至形成了一个隆儒制礼的运动。而新兴的外戚王氏集团跃跃欲试以取代显贵已久的窦氏集团，因其出身卑微，顺应这一潮流，在隆兴儒术的名义下不仅可为家族博取声誉，更可扩大自己的反窦势力。王氏集团与窦氏集团斗争的背后实质上是皇权与新旧军功集团的斗争，在意识形态领域则是以儒生为主体的贤良集团与黄老权贵之间的斗争。司马迁对当时的形势可谓洞若观火，《史记·魏其武安侯列传》："孝景崩，即日太子立，称制，所镇抚多有田蚡宾客计策"，"武安侯新欲用事为相，卑下宾客，进名士家居者贵之，欲以倾魏其诸将相"。作为窦氏集团的精英，窦婴对此当然也深有认识，也努力顺应这一潮流。

卫绾罢相正式拉开了斗争的序幕。对于卫绾奏罢"治申、商、韩非、苏秦、张仪之言"，清儒周寿昌说："武帝承文景尚黄老之后，独能尊儒向学，得董仲舒诸人，皆绾言导之也，相业无有大于此者。"（《汉书注校补》卷三十四《万石卫直周张第十六》）卫绾曾作过高举儒术的河间献王刘德的太傅，周寿昌此论自有道理。然卫绾此奏并不涉及黄老和其他诸子，所以并非仅以崇儒抑道所能解释。《淮南子·泰族训》："今商鞅之启塞，申子之三符，韩非之孤愤，张仪、苏秦之纵衡，皆掇取之权，一切之术也。"[1] 可见当时这几家被相提

---

① 何宁：《淮南子集释》卷二十《泰族训》，北京：中华书局，1998年，第1424页。

并论，主要因其以权谋纵横著称。联系当时的背景，这些法术纵横之士多游食于外戚权贵之间，为之腹心谋议，在窦、王两大集团之间，更是纵横捭阖，中分朝野，扰乱国政。卫绾此奏不仅堵住了这些人的进路，也抑制了外戚权贵集团借以扩展家族势力的机会，体现了其敦厚廉忠的一贯品质。这势必引起外戚权贵及其宾客的不满。加之，卫绾与窦、王两大集团间本来就存在着芥蒂，[①]其丞相之位又是两大集团觊觎的对象，所以首当其冲成为这场斗争的牺牲品。此奏不久，便于是年六月罢相。

接着是一系列人事的调整和洗牌。与卫绾同时罢去的还有黄老中人御史大夫直不疑（似先由齐相牛抵接任旋即又罢），由儒者赵绾出任。外戚窦婴和田蚡分别出任丞相和太尉，儒者王臧为郎中令。而据《汉书·百官功卿表》，太仆、大行令、中尉、内史等九卿重要官职都有变动，几乎是换了一朝的人马。这些大动作势必引起朝野震动，遇到来自黄老势力的强烈反弹。而兴师动众安车蒲轮"迎鲁申公，欲设明堂，令列侯就国，除关，以礼为服制，以兴太平。举谪诸窦宗室毋节行者，除其属籍"等一系列举措更使矛盾进一步激化，"故毁日至窦太后"。（《史记·魏其武安侯列传》）在窦太后和黄老旧朝势力的反弹下，不久京师发生了重大的事变。郎中令王臧、御史大大赵绾相继自杀，丞相窦婴、太尉田蚡遭免职，郎中令、太常、大理（廷尉）、大行令、内史等公卿要职纷纷易人。《史记·淮南衡山列传》："建元二年，淮南王入朝。素善武安侯，武安侯时为太尉，乃逆王霸上，与王语曰：'方今上无太子，大王亲高皇帝孙，行仁义，天下莫不闻。即宫车一日晏驾，非大王当谁立者！'"其从淮南王"入朝"（案：此与"来朝"不同，"来朝"多指按制朝觐，"入朝"则多为应诏入朝，往往有特别事件发生）的时间点和田蚡的举动看，局势已危险到，武帝的废立和生命安危的程度上了。

至于窦氏何以没有决心废帝，我想应主要有这样几点：一是毕竟窦氏已经年迈，武帝为其亲孙，不到万不得已是不会废帝的；二是质而少文的黄老窦氏集团，与文多浮辩的淮南道家并非同路，刘安也决非其所意中的对象；三是当与武帝与王夫人自身的迅速转向，以及石奋等公谨廉直的景帝旧臣的努力有

---

① 卫绾虽作过武帝太傅，但与前太子集团关系也非同一般，其相位也是景帝逆窦太后意而立。参见［汉］班固：《汉书》卷四十六《卫绾传》，北京：中华书局，1962年，第2201页；《汉书》卷五十二《窦婴传》，第2377页。

关，其后石氏家族被委以重任，从中可见在这次变局中的砥柱作用。局势的危殆，使得各种兴儒的活动都不得不搁置下来。诏策贤良也因此受到延搁。对此，《汉书·礼乐志》载："至武帝即位，进用英隽，议立明堂，制礼服，以兴太平。会窦太后好黄老言，不说儒术，其事又废。后董仲舒对策言：'王者欲有所为'"云云。董仲舒的对策正是发生在这场政治风暴之后，而"天人三策"则先后上于建元年间。

经历建元二年的重大打击后，武帝可能在二年底三年初才将注意力重新放到这些贤良文学身上，从中培养自己的势力。严助在建元三年的出现，也似印证了这一判断。而《史记·袁盎晁错列传》言"建元中，上招贤良，公卿言邓公"，也反映了其时贤良开始重新活跃。但危机四伏的武帝亟需要智术之士帮助摆脱当前危机，这也是为什么善于谋略的严助和多奇计的邓公较早脱颖而出的原因。严助等没有辜负武帝的期望。建元三年七月闽越围东瓯，在与严助等的谋议下，武帝力排众议做出兵援东瓯的决策。在武帝尚不能征发郡国兵的情况下，严助只身持节赴会稽，"会稽守欲距法，不为发。助乃斩一司马，谕意指，遂发兵浮海救东瓯。未至，闽越引兵罢"。（《汉书·严助传》）是年"东瓯王广武侯望率其众四万余人来降，处庐江郡"（《史记·汉兴以来将相名臣年表》），取得了军事、外交和政治上的重大胜利。如前所述，这一事件非常重要。决策的成功不仅一举扭转了武帝内政上的被动，也深刻影响了汉帝国外交和对外战略。可以说，汉帝国整个对外战略的转变就是从这次战争的胜利开始的。建元中，汉武帝和他的谋臣们制定了征北安南，断匈奴左右臂的战略。遂有建元年间一系列向南动作和张骞出使西域，彭吴贾灭朝鲜，都是为这一战略服务。从这个角度再来看董仲舒对策中"夜郎、康居，说德归谊"的问题，就有更深的意义了。

夜郎、康居作为西南与西北地区的战略要国，分别受制于南越和匈奴。它们和周边诸国，与汉则构成了对南越和匈奴的钳夹之势，反之则是南越和匈奴战略腹地和后援。因此它们分别是汉廷向南、向北战略中极渴望通使联络的盟友。建元六年唐蒙上书通夜郎，只不过是这一既定战略付诸实施而已，此前夜郎诸国应早已进入武帝及其身边谋臣的战略视野中了。建元三年兵援东瓯"威震暴王，义存危国"（《汉书·严助传》）之举应对南方诸国产生了重大的影响，震慑了南越等强国，征服了诸小国、弱国。夜郎或因道路阻隔，没有遣使来朝，但周边的属国应有来使。这在《汉书·司马相如传》相如告巴蜀《檄》文中就有所反映："南夷之君，西僰之长，常效贡职，不敢惰怠，延颈举踵，喁喁然，皆乡风慕义，欲为臣妾，道里辽远，山川阻深，不能自致。"

西域方面，匈奴对月氏的做法，其他西域诸国也必感自危，希望能结强援，摆脱匈奴的役使。建元三年"义存危国"之举，是否触动西域诸国不得而知，但张骞出使西域，应对其产生了不小的影响。大月氏在张骞被拘匈奴后不久便遭乌孙驱逐至西亚。日本学者桑原骘藏认为，很可能"匈奴因拘获张骞，发觉汉之意图，为除去大月氏与汉结为同盟之危险，故使嗾乌孙而远逐大月氏至西方者也"。[①] 而康居"与月氏大同俗，控弦者八九万人"，作为西域强国，一直首尾两端"南羁事月氏，东羁事匈奴"。(《史记·大宛列传》)月氏被逐，康居处境孤危。张骞出使搅动西域政局，必为康居等国所闻知。所以在这一时期康居秘密遣使求结汉援是非常可能的。且康居作为一个游牧部族，"迫切需要各种农产品"，以补充"游牧这种自然经济先天的不足"，[②] 与周边及远方大国间一直存在着"贾市为好"的贡赐贸易关系，即使后来与汉朝不断交恶的时候，这种关系"终羁縻而未绝"。[③] 所以王先谦说"康居或于其时一至中国，史官失载"[④] 是非常可能的，这与当时历史背景、康居的部族特性都非常相合。事实上，对于康居的来朝，不仅董仲舒的对策提及，在司马相如告巴蜀《檄》文中也有记载："康居西域，重译纳贡，稽首来享。"所以如余太山指出的："相如、仲舒所指应为同一事，康居曾于建元年间致使汉庭，当无疑义。"[⑤] 当夜郎周边属国和康居遣使来朝时，汉廷之联西南夷以制两越，通西域"以断匈奴右臂，隔绝南羌"(《汉书·西域传》)的战略意图就初步成形了。

董仲舒将"夜郎、康居"并举，说明他极可能深知这一战略。且就"归谊"而言，汉初"诸从蛮夷来归谊及以亡名数自占者，内史县令主"，(《汉书·淮南厉王传》)诸蛮夷归谊已由内史县令专属，应是时常发生的事，而史

① ［日］桑原骘藏：《张骞西征考》，杨鍊译，上海：商务印书馆，1934年，第24页。
② 余太山：《大宛与康居综考》，《西北民族研究》1991年第1期。
③ 参见郝树声：《简论敦煌悬泉汉简〈康居王使者册〉及西汉与康居的关系》，《敦煌研究》2009年第1期。
④ ［清］王先谦：《汉书补注》卷五十六，北京：书目文献出版社，1995年，影印本，第1141页下栏。
⑤ 余太山：《大宛与康居综考》，《西北民族研究》1991年第1期。

书并未给予特别记载。所以，中国香港学者冯树勋认为："'归谊'者可以是降胡，但也可以是外国的自愿移民者，夜郎、康居国尽可以并未真正与汉廷建立属国的关系，但不表示一定没有少数该国人民移居汉地，尤其是边郡诸侯国的。这些少数移民，未必是值得史书特予记载，但在董氏对策之时，则是以引用时事作佐证，为了加强说服力而谈及的。"①

对外战略离不开强有力的内政的支持。这对一个缺乏治国经验，又新受挫折的少年皇帝来说才是真正的考验。加之，建元二年到建元三年间灾变频仍，二年"春二月丙戌朔，日有蚀之。夏四月戊申，有如日夜出"。三年春，"河水溢于平原，大饥，人相食"，"九月丙子晦，日有蚀之"。（《汉书·武帝纪》）这些灾变乃意味着"人主不德，布政不均，则天示之灾以戒不治"（《汉书·文帝纪》），无疑使这位少年皇帝更加戒慎恐惧，"夙夜不皇康宁"（《汉书·董仲舒传》）。以往学者在讨论三策时，很少论及天人之论缘何而起的问题。笔者认为，如果将董仲舒的第一策放在建元三年九月日食之后，问题就豁然开朗了。建元二年武帝尚处在风雨飘摇之中，对于是年二月的日食，其反应却是"置茂陵邑"，为自己修墓，根本无暇"闻大道之要，至论之极"。建元三年九月日食乃发生在东瓯战事胜利之后，局势已扭转，武帝正欲在内政方面有所作为。而连续两次日食"适见于天，灾孰大焉"，在汉代皇帝看来，是人主"下不能治育群生，上以累三光之明，其不德大矣"，（《汉书·文帝纪》）也亟需在内政上做出调整。这也与文帝二年两次日食之后颁举贤求言诏故事相一致。而在当时董仲舒精通阴阳灾异之学，"讲闻高谊之日久"是朝野共知的，所以武帝在这次日食之后向董仲舒发出策问非常合乎情理。这便是为什么第一策策问重点是"灾异之变，何缘而起？"而董仲舒对策开门见山便是"臣谨案《春秋》之中，视前世已行之事，以观天人相与之际，甚可畏也。国家将有失道之败，而天乃先出灾害以谴告之，不知自省，又出怪异以警惧之，尚不知变，而伤败乃至"云云，围绕天人感应，阴阳灾异学说展开。因灾变而求言，更成为汉家传统，后来的"汉诸帝凡日蚀、地震、山崩、川竭，天地大变，皆诏天下郡国举贤良

---

① 冯树勋：《董仲舒生卒年与对策考》，《书目季刊》（台北）第42卷第3期，2008年12月，第88页。

方正极言直谏之士，率以为常"。① 第一策开始从"改制作乐"谈起，这正与
建元初隆儒制礼运动余波未平相关。不过此时武帝已提出"务法上古者，又将
无补与"的质疑，与建元初锐意复古"议立明堂，制礼服"时的态度已迥异。
当董仲舒完成第一次对策时，应已是建元三年底、四年初了。所以《汉书·礼
乐志》记载是准确的："至武帝即位，进用英隽，议立明堂，制礼服，以兴太
平。会窦太后好黄老言，不说儒术，其事又废。后董仲舒对策言：'王者欲有
所为'"云云。董仲舒对策正是在这次政治风暴之后，局势稳定扭转之时。这
样，也正契合了仲舒所对第一策中："今临政而愿治七十余岁矣，不如退而更
化。"汉兴至建元三年底、四年初正七十余岁。学者为之争论不休的问题遂涣
然冰释。而武帝之所以复策董仲舒，除了意犹未明言犹未尽外，很可能还与建
元四年夏"有风赤如血"或六月"旱"的灾异有关，而策问中"今阴阳错缪，
氛气充塞，群生寡遂，黎民未济"，也与此前发生各类灾异——日食、如日夜
出，风赤如血，水旱灾害、人相食等一一相合。②

　　因为董仲舒每策后，史书皆曰天子"复策之"，所以学者往往将董仲舒上
"天人三策"预设为较短时间内完成。这当然是可能的，但不免有些过于静态
地读史。颜世安师曾指出："柯林伍德曾要求研究思想史的人把古人想过的问
题再切身地重想一遍。这个要求看似简单，其实最难，也是思想史研究能够
做'通'的最重要一环。"③ 笔者不妨补充一句，就是做古史研究的人也要把古
人经历过的再切身地经历一遍。当我们设身处地去经历的时候，并不能确定，
制策、对策公文往来能在较短的时间内完成，或者是一个连续的过程。因为董
仲舒的每一策并非像后世的科举考试，需要当场交出答卷，而是用对策的形式
参与国家重大方针的研议，需要时间逐字逐句斟酌研思。《汉书·董仲舒传》：
"先是辽东高庙、长陵高园殿灾，仲舒居家推说其意，草稿未上，主父偃候仲
舒，私见，嫉之，窃其书而奏焉。"辽东高庙和长陵高园殿灾在建元六年二月
和四月，主父偃窃书最早也在元光元年入关之后，时间已过一年左右，奏策尚

① ［唐］杜佑：《通典》卷十三《选举一》，王文锦等点校，北京：中华书局，1988年，
　第314页。
② 上引武帝策问和"天人三策"的内容均见［汉］班固：《汉书》卷五十六《董仲舒
　传》，北京：中华书局，1962年，第2495—2523页。
③ 颜世安：《从史学角度看春秋时期人文思想中的"超越性"》，《河北学刊》2005年第
　1期。

在草稿中。而汉代公文上呈和下发还需要经过尚书等部门处理、传递。卜宪群指出："勤劳正直的尚书可以使公文很快上呈下发，而懒惰或心怀叵测的尚书也可使公文积压不报，久不得复。"[①]董仲舒的对策虽不至于拖得太久，但正常的程序总是要走的，加上朝廷众多事务延搁和其时武帝耽于游猎，一些现实可行的建议到了武帝那里，也需进一步研议实施，这些都会延搁时日。也是在董仲舒第二策"立太学"的建议下，武帝于建元五年春立五经学官，为帝国大一统的文教事业立定了根基。由是亦可见董仲舒完成第二策的大致时间，应在建元四年底五年初左右。

总之，从第一策到第三策持续了较长一段时间是很有可能的，经过了建元四年、五年，最后一策甚至到建元六年。或许正是这种持续和间隔，出现了陈长琦所说的"董仲舒三道对策，其中有明显捏合之痕迹"。[②]而据《汉书·董仲舒传》："自武帝初立，魏其、武安侯为相而隆儒矣。及仲舒对册，推明孔氏，抑黜百家。立学校之官，州郡举茂材孝廉，皆自仲舒发之。"时间上，魏其、武安侯为相，分别是建元元年和六年，从仲舒被举荐到上完天人三策，再到武帝采纳其建议，推明孔氏，立五经博士，定州郡察举制度，正好历魏其、武安侯为相期间。这里《汉书》用字极为讲究，"及仲舒对册"与前文"后董仲舒对策"，"后"与"及"一字之差，意义却截然不同，前者明确指出董仲舒对策是建元初的政治风暴之后，而后者则表明是一个持续其间的过程。

清儒齐召南几乎曾触及事实的真相，"按仲舒对策之年，先儒疑而未定，《汉书·武纪》载于元光元年与公孙弘并列，既失之太后。《通鉴》据《史记》武帝即位为江都相之文，载于建元元年，与严助并列，亦失之太前。若以仲舒此文推之，则在建元五年也。计汉元年至建元三年为七十岁，而五年始置五经博士，即传所谓推明孔氏，抑黜百家，立学校之官也。至元光元年初令郡国举孝廉各一人，即传所谓州郡举茂才孝廉也。若在建元元年，岂得云七十余岁乎？"[③]可惜他没有动态地考察建元五年前后之对策与建元元年举贤良之关系。

最后，我们再来看"天人三策"时间之争中的另一个纷扰，即《汉书·武

---

① 卜宪群：《秦汉公文文书与官僚行政管理》，《历史研究》1997年第4期。
② 陈长琦：《董仲舒生卒考》，《战国秦汉六朝史研究》，广州：广东人民出版社，1997年，第139页。
③ 齐召南：《前汉书卷五十六考证》，《前汉书》卷五十六，《四库备要》本，上海：中华书局据武英殿本校刊，1936年，第837页上栏。

帝纪》元光元年五月诏后云"于是董仲舒、公孙弘等出焉"的问题。因这段文字又与《史记》《汉书》公孙弘本传载其征召在元光五年相矛盾,遂形成了董仲舒、公孙弘对策时间问题上,相互纠缠的"元光元年"之争。然当我们细绎史书,并结合诏策贤良文学制度的演进考察,纷扰也就豁然开朗了。

《汉书·武帝纪》:"元光元年冬十一月,初令郡国举孝廉各一人。"紧接着"五月,诏贤良曰"云云。这里就出现一个问题,所诏贤良是哪些人呢?自司马光开始,就将此处诏策贤良误解为诏举贤良,后世学者多相沿以误,从而产生了在论证董仲舒对策问题上的基础性错误。汉代每次诏策贤良之前,都会有举贤良之诏。在这次诏策贤良之前,并无特别举贤良之诏,只有冬十一月的举孝廉之诏。也就是说,这次诏贤良,事实上是对这些郡国选举来的孝廉所发出的诏策。对此,劳榦已认识到,他说:

> 元光元年这一年,无疑的,是中国学术史和政治史上是最可纪念的一年。这一年十一月:"初令郡国举孝廉各一人"。五月,诏贤良曰……。《汉书·武帝纪》说:"于是董仲舒公孙弘出焉",一解,其中颇有错误。因为董仲舒系建元元年对策,此次"初令郡国举孝廉各一人"系董仲舒的建议,并非董仲舒由此次选举出来。[1]

显然在劳榦看来,这次所诏贤良的对象就是十一月郡国所举之孝廉。但遗憾的是,自来学者多将其视为独立的一次诏举贤良事件,很少有人注意到这次诏策的对象就是此前察举的孝廉。这对重新认识汉代察举制度非常重要。一是说明了察举孝廉中也有试策一途,其诏书仍称对策者为贤良。这就纠正了自元马端临以来"西汉举贤良文学则令其对策,而孝廉则无对策之事"(《文献通考》卷三十四《选举考七》)沉年积久的错误。二是反映了察举孝廉与举贤良间存在着制度的演进关系。据《礼记·射义》:"古者天子之制,诸侯岁献贡士于天子,天子试之于射宫。"如阎步克所指出的:"汉人正是把孝廉之举,视为这种礼聘名士贤者的'进贤''贡士'之制的",[2] 孝廉即古之贡

---

[1] 劳榦:《汉代察举制度考》,《中央研究院历史语言研究所集刊》第17本1册,1948年,第83页。

[2] 阎步克:《察举制度变迁史稿》,沈阳:辽宁大学出版社,1997年,第12页。

士，是郡国选送中央的"贤良"。这在武帝元朔元年的诏议中也非常明了，其不仅称孝廉为古之贡士，也直接称之为"进贤"，即进举贤良之意。可见在武帝时期，孝廉是被当作贤良看待的，特别是孝廉选举之初更是如此，对孝廉进行诏策即表明了这一点。所以当察举孝廉成为岁制后，此前临时性的贤良选举自然就被替代，举贤良之一变而为察举孝廉。这就是为什么岁举孝廉通行后，终武帝一世，再没有以"举贤良"为名下诏。而其后所举或征召多是专门人才，如"征吏民有明当时之务习先圣之术者""详延天下方闻之士，咸荐诸朝。……举遗兴礼，以为天下先"。（《汉书·武帝纪》）但察举孝廉作为岁制，难免会渐渐流于程式，沦为相对庸常之选。于是岁举孝廉制度推行 26 年之后（元封五年），一变而出现茂才、优异之选，武帝以后再变又出现了"贤良方正"之举。孝廉策试也随之下移和简化，所以武帝以后，史书不复有孝廉参加对策的记载。然则如徐天麟所云"汉世诸科，虽以贤良方正为至重，而得人之盛，则莫如孝廉"（《东汉会要》卷二十六《选举上》），孝廉仍然是汉代贤才仕进最主要的途径。

公孙弘参加的所谓"贤良对策"，实际上乃是元光五年对"孝廉"的策问。而史书所谓的"有诏"，实际上乃是举孝廉成为岁制之后，每年年底或岁首皇帝通过御史大夫下达的例行诏书。这一点也可以从《居延汉简》元康五年诏书得到佐证。在这份诏书里，御史大夫丙吉提出了在夏至前一日"改火"，从庚戌至甲寅五日内"寝兵"的建议，最后得到皇帝批复成为诏令下发。如大庭脩所指出的，这一诏书发现及复原，"最主要的意义在于，从这个关于围绕夏至的仪式的通常的内容，可以看到不能见于史书的日常的行政命令的传达方法。最平常的事情不可能全部载入史书"。[1] 按《汉书》体例，每年例行政事除首次予以记载外，多略而不记。如夏至例行的仪式每年都需要下达诏书一样，每年的岁举孝廉以前，有司仍需奏请皇帝下达察举的诏书。这一点也在元朔元年武帝的诏书言其"夙兴夜寐"，"深诏执事，兴廉举孝"和有司奏议"不举孝，不奉诏，当以不敬论"（《汉书·武帝纪》）中有所透露。学者或认为公孙弘参加的是元光五年八月"吏民有明当世之务、习先圣之术者，县次续食，令与计偕"这次特召。当然也有这种可能。但据《后汉书·百官志五》，"岁尽遣吏上

---

① ［日］大庭脩：《秦汉法制史研究》，林剑鸣、王子今、黄小芬等译，上海：上海人民出版社，1991年，第211页。

计"，注引卢植《礼注》："计断九月，因秦以十月为正故。"（《后汉书·百官志五》）各郡国每年要在九月底完成各项统计数字并赴京师上计，到达京师时间最早也要到第二年的十月。

由于是岁制，所以每年的策问难免有雷同之处。这既可以回答，为什么公孙弘所对策问，既和元光元年策问似曾相识，但又有一些不尽相同的地方；又可以解释，为什么公孙弘所参加的策问，在《武帝纪》未予载录。也正因为公孙弘出仕，通向公卿之路与元光元年诏贤良有密切关系，所以班固在此诏之后说于是"公孙弘出焉"。这不仅符合史实，更有其史家笔法和用心，意在突出是年举孝廉、诏贤良的重要意义，正如前引劳榦所云："元光元年这一年，无疑的，是中国学术史和政治史上是最可纪念的一年。"而《史记·封禅书》"后六年，窦太后崩。其明年，征文学之士公孙弘等"，实际上与其本传也无矛盾。盖武帝大量地、制度性征召文学之士是从这一年开始的，而这些人中最出名就是公孙弘，所以司马迁的意思并非确指公孙弘在这一年被召，而是指以公孙弘为代表的文学之士从这一年开始被大量地征召。

《汉书》将董仲舒系之于此也是有深意的。董仲舒对策持续时间已接近元光元年，作为掌论议的中大夫，立五经、岁举孝廉等一系列重大举措，也都需要其参与谋议。元光元年诏贤良的成功则标志着这一系列的文教制度成功实施。董仲舒很可能在这次诏贤良之后，因建言谋议之功，从秩比千石的中大夫擢升出任为正秩二千石的江都王卿相。据《古文苑》载其《雨雹对》"元光元年七月，京师雨雹，鲍敞问董仲舒曰"云云，[①] 时董仲舒可能尚在京师，此后就出任了江都相。这正与《春秋繁露·止雨》载江都易王非二十一年即元光二年，仲舒在江都相任上合。[②] 更深一层地考察，元光元年举孝廉、诏贤良的成功更标志一个儒学时代的开始，董仲舒"为世儒宗"地位也于是确立。这里史书将之与公孙弘并举，史家要说明的不仅是二人个人的仕途和地位与是年有密切关系，作为一代儒宗和儒相更代表着从这一年开始一个属于儒学的时代真正来临。

---

① ［汉］董仲舒：《雨雹对》，袁长江、周士璋、李占稳等校注：《董仲舒集》，北京：学苑出版社，2003年，第384页。

② ［汉］董仲舒：《春秋繁露·止雨》，袁长江、周士璋、李占稳等校注：《董仲舒集》，北京：学苑出版社，2003年，第350—351页。

三、董仲舒与"天人之学"的构建

要深刻把握董仲舒和中央帝国儒学的思想系统，我们首先要回到春秋战国以降封建向郡县转型这个社会历史大变革中来考察。对于这一变革，学者已从社会经济基础和上层建筑两个方向分析了其必然性。前者是从下向上，随着生产力的进步，社会经济基础一步步从一个个孤立的水域经济共同体发展到小的局地的专制支配机构，而"在这种小专制体的相互离合集散之间，逐步产生了大的专制国家"，并在新农地的大规模开垦和治水机构扩大、国家对新农地直营占有的基础上形成了一个个"初县"，成为专制郡县制统一帝国形成的基础条件。① 后者是自上而下，由于上层社会政治的斗争、变迁所导致的社会政治结构的变化——从春秋共同体"国"逐渐转变到由家父长统治的专制国家，不再有世卿贵族，取而代之是豢养的家臣和私属，共同体之首长不再是公侯，而是统辖诸县的家父长制的君主，全面实行郡县制的专制统治。② 由于这两个方向的深刻变化，已使得专制郡县制国家的形成势不可挡。即如清儒赵翼所说的，"人情犹狃于故见，而天意已另换新局"。③

不过，在现实层面上，强大的历史惯性泥沙俱下，在碾碎旧势力的同时，也无情地吞没了大量无辜和正义的抗争，显露出其嗜血专残的一面。又因其本身乃是与家父长专制统治共生的产物，所以这一制度从其开始就存在着专制、残暴的一面。而秦统一过程的血腥和统治的残暴及迅速灭亡，更将这一制度的弱点淋漓尽致地展现出来。也正是因此，在基础民众和知识阶层中都存在着集体无意识的复古和"封建"情结，而这种情结所反映的正是对现行制度不安和怀疑，而发生在庙堂之上郡县、封建之争的背后，更是对这一制度合理性、正当性的考问，借着古典的制度来表达对理想德治的诉求。

吊诡的是，这种寄寓于古典制度的理想德治诉求，恰恰又是郡县制得以

---

① ［日］永村正雄：《中国古代专制主义的基础条件》，《日本学者研究中国史论著选译》第3卷，北京：中华书局，1993年，第699—707页。

② ［日］增渊龙夫：《春秋战国时代的社会与国家》，杜正胜编：《中国上古史论文选集》，台北：华世出版社，1959年。

③ ［清］赵翼：《廿二史札记》卷二《汉初布衣将相之局》，北京：中华书局，1963年，第32页。

迅速推行和确立的正当性、合理性观念和实践的基础。与封建世袭和专制相对立，伴生郡县制度成长一股强劲的社会思潮渐至形成，即代表士人、平民力量的理想诉求，要求天下为公，选贤与能。这在当时的文献中已清楚地反映，所谓"大道之行，天下为公，选贤与能"（《礼记·礼运》），"故立天子以为天下，非立天下以为天子也。立国君以为国，非立国以为君也"（《慎子·威德》），"天下非一人之天下也，天下之天下也"（《吕氏春秋·贵公》）。而天下郡县守令皆为异姓，从理论和现实层面上都包含了天下为公的理想，亦如钱穆所指出的"此实当时一种极纯洁伟大之理想，所谓'平天下'是也"。[①] 而这一理想，正与古典德治追随者们的诉求相表里，从而促进了郡县制得以迅速推行和确立。

因此，郡县制从诞生那一天起，就存在着其难以克服的矛盾和两面性，一方面其与专制体制连体共生，暴露出其专残的一面；一方面又寄寓着"天下为公"的理想，实践上使士人、平民都有参与政权的机会，展现出相比封建世袭的制度公性。一方面天下郡县皆为异姓，要求天下为公，选贤与能，而现实中皇权推行郡县制的目的又都是要使天下私于一人，"欲私其子孙以长存"，实行家父长专制统治。加之，郡县制下，"内亡骨肉本根之辅，外亡尺土藩翼之卫"，（《汉书·诸侯王表序》）皇权孤悬在上，为确保皇权稳固，势必想方设法掏空丞相、郡守县令之权力，以加强皇权的专制统治。无限膨胀的权力必致无限膨胀的欲望，"沉溺放恣之中，居势使然也"（《汉书·景十三传赞》）。

暴秦之痛，殷鉴不远，不仅成为一代士人的幽暗记忆，其迅速灭亡也使汉最高统者心有余悸，即使出于其自身考虑——"欲私其子孙以长存"，也不得不思考久安之策；在实践中更是小心翼翼地进行政治的"试验"[②]。汉吸取秦亡教训，推行郡县、封建并轨制，郡县、封建之争则演变为围绕"削藩"问题的激烈斗争，以致导致"七国之乱"的爆发。所以如钱穆先生指出的："封建、郡县两政体之争论乃当时最要一大事。"[③]

董仲舒一生除两出短暂为相外，长期担任中央朝博士和内朝（太）中大夫

---

① 钱穆：《国史大纲》上册，北京：商务印书馆，1996年，第121页。
② ［英］崔瑞德、［英］鲁惟一编：《剑桥中国秦汉史》，杨品泉、张书生、陈高华等译，北京：中国社会科学出版社，1992年，第27页。
③ 钱穆：《国史大纲》上册，北京：商务印书馆，1996年，第121页。

之职，深刻理解帝国危机和问题。面对这些问题和危机，"下帷发愤，潜心大业"，从帝国的根本问题入手，董仲舒进行了一系列的儒学建构和制度设计，不仅为郡县制帝国量身定做了一套意识形态的体系，化解帝国危机，更试图在思想和制度层面彻底克服郡县制固有矛盾——皇权的私性与制度的公性间的矛盾——进行了大胆的建构和设计。

（一）汉家受命的难题

学者在谈论汉初儒道之争时，都会论及景帝朝儒道两家发生的一次著名的论战。这一事件记载在《史记·儒林列传》中，代表儒家的辕固生与代表黄老道家的黄生就"汤武受命"的问题发生论战。论战由道家的黄生挑起：

> 清河王太傅辕固生者，齐人也。以治诗，孝景时为博士。与黄生争论景帝前。黄生曰："汤武非受命，乃弑也。"辕固生曰："不然。夫桀纣虐乱，天下之心皆归汤武，汤武与天下之心而诛桀纣，桀纣之民不为之使而归汤武，汤武不得已而立，非受命为何？"黄生曰："冠虽敝，必加于首；履虽新，必关于足。何者，上下之分也。今桀纣虽失道，然君上也；汤武虽圣，臣下也。夫主有失行，臣下不能正言匡过以尊天子，反因过而诛之，代立践南面，非弑而何也？"辕固生曰："必若所云，是高帝代秦即天子之位，非邪？"于是景帝曰："食肉不食马肝，不为不知味；言学者无言汤武受命，不为愚。"遂罢。是后学者莫敢明受命放杀者。

学界往往将之归为儒道两家一次互有攻防的学术论战，反映了汉初以来的儒道之争。我们说，这并非一次互有攻防的单纯论战，而是关涉帝国意识形态领域两大亟待解决的问题。一是汉家受命，即从天而来的合法性问题；二是忠君，即君臣秩序伦理的问题。这两大问题一是立国之根本，一是治国之根本。二者之间的矛盾凸显了帝国在意识形态领域的困扰。两个问题不能在理论上加以解决，帝国根基和秩序始终难以得到真正的巩固和建立。虽然景帝采取了搁置禁止的态度，但是问题始终存在，在思想意识领域威胁着帝国根基和秩序，并困扰帝国具体国策方针的确立。《史记·秦楚之际月表》云：

> 太史公读秦楚之际，曰：初作难，发于陈涉；虐戾灭秦，自项
> 氏；拨乱诛暴，平定海内，卒践帝祚，成于汉家。五年之间，号令三
> 嬗，自生民以来，未始有受命若斯之亟也。昔虞、夏之兴，积善累功
> 数十年，德洽百姓，摄行政事，考之于天，然后在位。汤、武之王，
> 乃由契、后稷修仁行义十余世，不期而会孟津八百诸侯，犹以为未
> 可，其后乃放弑。秦起襄公，章于文、缪，献、孝之后，稍以蚕食六
> 国，百有余载，至始皇乃能并冠带之伦。以德若彼，用力如此，盖一
> 统若斯之难也。
>
> 秦既称帝，患兵革不休，以有诸侯也，于是无尺土之封，堕坏名
> 城，销锋镝，鉏豪桀，维万世之安。然王迹之兴，起于闾巷，合从
> 讨伐，轶于三代，乡秦之禁，适足以资贤者为驱除难耳。故愤发其所
> 为天下雄，安在无土不王。此乃传之所谓大圣乎？岂非天哉，岂非天
> 哉！非大圣孰能当此受命而帝者乎？

从这段文字可见汉有天下，一直到司马迁时代，汉人仍然有信仰和认识的困惑。因为在历史形成的传统观念中，受命之君都需要积累世功德方可王天下，虞、夏、商、周、秦莫不如此。然秦汉之际"五年之间，号令三嬗"，而汉起于闾巷，以布衣提三尺剑卒践帝祚，彻底打破了这一历史事实和观念。汉何以得天下，这一理论问题困扰着司马迁等汉代学者。司马迁只得勉强归之于"传之所谓大圣"。

考这次论战所发生的时间，景帝中元三年立清河王，后拜辕固生为太傅，因此，这次争论应发生在辕固生为清河王太傅之前，为景帝朝博士时。更为可能是，在七国之乱，即景帝前元三年，皇权经历岌岌可危之后的一段时间内。时"忠君"的问题被迫切地提了出来。联系当时的背景，汉兴至景帝在位已有五十余年，汉家已从提三尺剑得天下的革命者，成功地转变为奄有天下的执掌政权的统治者，如何保有天下，建立和谐稳定秩序，已成为汉家政权面临的首要问题。经过五十余年的发展，统治阶层内部矛盾的激化和社会矛盾、问题的不断积累，更让汉家感到犹如寝于"积薪"之上的危险。七国之乱使这一问题

显得尤为迫切。与此同时，当年随高祖得天下的大小军功集团相继殒没，士人集团的再度兴起，也使得汉兴以来以高祖及武力功臣革命为中心的帝国合法性论述和宣传已不合时宜，需要对汉家帝国政权合法性的问题重新论述，为建立稳定和谐的帝国秩序服务。

论战正是发生在这样一种背景下，首先由黄生挑起，提出了其时汉家亟待解决的问题，即汉家帝国合法性理论应由过去强调"汤武革命"的受命理论转向"以尊天子"忠君理论，以建立稳定的君臣伦理秩序。但这种转变首先面临的挑战，就是如何解决汉家帝国政权的历史合法性的问题。如果说，前者是帝国稳定之本，后者则是立国之本，二者对帝国来说可谓缺一不可。但按照既有的论述，显然它们之间存在难以共存的矛盾。在论辩中，问题被辕固生尖锐地提了出来。在这种悖论性问题面前，景帝只好采取了搁置禁止的态度。但是这并非解决之道，因为问题始终存在，无法回避。且这种搁置的态度在意识形态领域造成了更大的困扰，使得使帝国政权合法性和统治秩序正当性论述都不能充分展开，威胁着帝国稳定。

在《春秋繁露》中保存了董仲舒《尧舜不擅移汤武不擅杀》一文，明显是就此事发表的言论。徐朔方认为，时董仲舒尚未入朝为博士，此文是董仲舒以书信的方式参与争论。[1] 由此亦可见当时这一事件影响之大，身在民间儒者都以不同的方式参与了这次争论。从这段文字可见董仲舒对这一问题的深入思考。

> 尧舜何缘而得擅移天下哉？《孝经》之语曰："事父孝，故事天明。"事天与父，同礼也。今父有以重予子，子不敢擅予他人，人心皆然。则王者亦天之子也，天以天下予尧舜，尧舜受命于天而王天下，犹子安敢擅以所重受天者予他人也。天有不以予尧舜渐夺之，故明为子道，则尧舜之不私传天下而擅移位也，无所疑也。[2]

---

[1] 徐朔方：《董仲舒的贤良对策和他的政治思想》，《史汉论稿》，南京：江苏古籍出版社，1984年，第148页。

[2] 对这段文字，苏舆认为"非董子文"（见［清］苏舆：《春秋繁露义证》，北京：中华书局，1992年，第221页）。笔者案，这是苏舆没有明白董仲舒这段文字与辕固生之语的很大差别，及董仲舒这段文字在其"天人之学"中的重要意义，故误。

显然，董仲舒从"天命转移"立论，要比辕固生单纯从人心向背立论高明得多。因为"人心向背论"，过分地从人间世俗尺度强调暴力革命的道义性和正当性，很容易给欺世盗名谋逆者从事暴力活动的依据。而王的合法性完全取决于民心，也使王失去了崇高的地位和尊严，不利于政治秩序的稳定。这里，董仲舒从"天命转移"论出发，首先确立"王"作为"天之子"的崇高地位和神圣尊严，进而指出人君作为天之子，其得天下乃是天予之，如"父有以重予子"，子既不敢擅自将天下予以他人，也无法抗拒天的给予或褫夺。因此，并非尧舜禅让，乃是天命转移，是天之所予夺；桀纣之灭亡，并非汤武弑杀，乃是天之所夺；汤武之代夏商，非汤武篡夺，而是天之所予。天一旦决定夺之，纵无汤武，桀纣仍难逃灭亡，如其所云："果不能臣天下，何谓汤武弑？"同样，天一旦所予，汤武则不敢不受。这样董仲舒将从孟荀而来的人心向背的人间世俗道义论，转换成了天命自我实现的神圣授予论，将汉家政权的合法性从人间革命夺取转向了从天而来的神圣授予。董仲舒接着说：

> 儒者以汤武为至贤大圣也，以为全道究义尽美者，故列之尧舜，之谓圣王，如法则之。……且天之生民，非为王也，而天立王以为民也。故其德足以安乐民者，天予之；其恶足以贼害民者，天夺之。

天命的赋予取决于人君是否像汤武一样至贤大圣，"全道究义尽美者"，是否有足够的德性，以安乐人民。也就说，汉家政权的取得不是因为"以布衣提三尺剑取天下"（《史记·高祖本纪》）的暴力革命，而因为汉家有"足以安乐民者"之德，和像汤武一样"全道究义尽美者"，为"至贤大圣"。至此，董仲舒不仅赋予了帝国政权从天而来的神圣合法性，又美化了刘氏"至贤大圣"的道德属性。这就使得帝国从武力革命获取政权的合法性论述，转移到由神圣德性而获取帝国合法性的论述。"受命"与"忠君"在神圣德性中找到了很好的结合点。尽管接下来董仲舒仍然讨论了汤武伐桀纣、汉伐秦的问题，但言说中心已不是征伐革命的问题，而是"有道"与"无道"的问题。更为重要的是，汉之"有道"更是绍继德如尧舜的圣王传统，即所谓"圣统"的过程。

> 故封太山之上，禅梁父之下，易姓而王德如尧舜者七十二人。王

者，天之所予也，其所伐皆天之所夺也。今唯以汤武之伐桀纣为不义，则七十二王亦有伐也。唯足下之说，将以七十二王为皆不义也。故夏无道而殷伐之，殷无道而周伐之，周无道而秦伐之，秦无道而汉伐之。有道伐无道，此天理也。所从来久矣。

与传统宗法圣统不同，这里的圣统绍继不再是高贵血统的宗法绍继，而是"易姓而王"的百王统绪。至此，董仲舒不仅解决了汉家"受命"与"忠君"的难题，还为平民起家，没有高贵血缘和"累世功德"的刘氏天下量身定做了一套百王"圣统"理论，使汉家既能奉天承运，又能绍继百王圣统治理天下，从历史传统中获取经验，接受历史传统与秩序的道德属性和规范。汉家布衣得天下，被牟宗三称为"旷古以来所未有"，"历史上之一变局"，[①] 与此相契合，后来董仲舒进一步提出了孔子作为布衣，受命改制当汉立法的"三统"理论，更将汉家德治赋予儒家历史传统、价值和精神的内容和规范。对此，刘小枫将之称为"旷古以来所未有，思想史上之一大变局"。[②]

总之，在这篇短文中，董仲舒不再像"秦代皇帝和汉初诸政家们满足于从物质的角度，如版图和武力，来为他们的行使的权力辩解"，[③] 而将帝国的统治合法性放在更为悠远绵长的道德和文化传统——"天道圣统"中加以解释，奠定帝国政权神圣德性的根基，以便向德治成功转型。

也可能正是在这一事关汉家根本的争论中，董仲舒脱颖而出，被景帝擢为博士，声名大振，从者云集，"下帷讲诵，弟子传以久次相授业，或莫见其面"（《汉书·董仲舒传》）。当然这不仅仅是董仲舒个人的胜利，也代表了整个儒家在汉帝国的意识形态理论的选择中获得了重大的胜利，也为儒学最后在汉家的独尊奠定了重要的基础。

---

① 牟宗三：《政道与治道》，吴兴文主编：《牟宗三文集》，长春：吉林出版集团有限责任公司，2010年，第4页。
② 刘小枫：《儒家革命精神源流考》，《个体信仰与文化理论》，成都：四川人民出版社，1997年，第516页。
③ ［英］崔瑞德、［英］鲁惟一编：《剑桥中国秦汉史》，杨品泉、张书生、陈高华等译，北京：中国社会科学出版社，1992年，第121页。

（二）由圣而公："天人之学"儒学建构

进入武帝朝，经过文、景帝时期一系列的打击，此时诸侯势力已不构成中央的威胁。但失去了诸侯为磐石宗的中央皇权很快感受到了另一个更大的威胁。在郡县制下，天下郡县、公卿朝臣皆为异姓，皇权孤悬于上，一朝有事，更有一发不可收拾的崩解之势。秦之败亡，殷鉴不远。《汉书·徐乐传》："臣闻天下之患，在于土崩，不在瓦解，古今一也。何谓土崩？秦之末世是也。……何谓瓦解？吴、楚、齐、赵之兵是也。"诸侯之兵，并非真正可怕的，可怕的是，天下风从，局势像土崩一样不可收拾。徐乐的这番话，正说中了时局的要害，也说到了汉武帝不安之处。所以"书奏，上召见曰：'公皆安在？何相见之晚也！'"可见汉家对新政体潜在威胁的不安和寻求解决之道的迫切。在传统封建体制下，维系统治秩序有三个方面，一是宗族血缘，二是国家机器，三是宗法礼制信仰，三位一体共同维护了封建体制的稳固和秩序。但在郡县体制下，随着宗族血缘关系的不复存在，依宗法礼制建立起来的秩序亦随之解体，君王不再有宗族侯国为磐石宗，皇权孤悬在上，单靠国家机器很难应付大的社会危机，也难以维系统治秩序的稳固。这就需要在意识形态领域里建立一个信仰体系来维护皇权的绝对权威，巩固这一统治秩序。

前文已述董仲舒在皇权的神圣德性中化解了"受命"与"忠君"的矛盾，实现了帝国政权合法性德治主义论述。这也构成了董仲舒为帝国整个意识形态体系建构的起点。董仲舒接下来的任务，一是要继续强化皇权的神圣性，不仅是从皇权来源上，更从皇权的存续上，确保皇权信仰、忠君等观念深入人心，维护帝国秩序的稳定；二是在强化皇权神圣性的同时，实现皇权的德性和公性，以保证这个秩序合理、正当和活力。对此，董仲舒通过天人关系论述，实现了对皇权由圣而公的理论建构。对于董仲舒的天道观，学界一直存在着争论。王永祥进行了综述，并提出了自己观点：

综合历来在董仲舒宇宙观上的争论，主要有以下三种观点，一种神本论，一种是元气本论，还有一种以纯时间概念元为本。我认为这些观点虽然各有自己的道理和根据，但是都不怎么充分，很难完全服人，实际上既不能把董仲舒的宇宙论看成是如西方中世纪信奉上帝那样的宗教神学观，即神本论的宇宙论，也不应将它看作是以元气为本的朴素唯物主义的宇宙论，而是纯粹中国式的神秘化的自然之天为本的宇宙，更确切说就是：将自然之天封建人伦化和神圣化的自然神论。①

笔者认为，实质上，学者在研究董仲舒时都有意无意存在着一个自设的前见。这种前见可追溯到五十年代关于董仲舒研究的唯物、唯心之争，②或者更早。受时代局限的影响，学者在争论时，总是希望以唯物或唯心将董仲舒的思想一以贯之。实际上，在董仲舒时代，除了极少数民族如犹太民族有了完整的"神创论"，并提出神是"自有永有"的创造者外，③包括两河流域、尼罗河流域和爱琴海域文明的神话和观念中，世界和诸神都有一个创生的过程，在这个过程中都有着朴素唯物论的思想，纵使一神化比较成熟的犹太民族，其前宇宙也是"空虚混沌，渊面黑暗"（《旧约·创世纪》1章1节），仍留存着浓厚的朴素唯物论的痕迹。在中国即便最为学者称道的具有唯物论思想的道家《老子》一方面说"有物混成，先天地生。寂兮寥兮，独立而不改，周行而不殆，可以为天下母。吾不知其名，强字之曰道，强为之名曰大一"（第二十五章），显示唯物论创世论，但另一方面又说"道冲而用之或不盈，渊兮似万物之宗……湛兮似或存。吾不知谁之子，象帝之先"（第四章），"天将救之，以慈卫之"（第六十七章）；"天之所恶，孰知其故"（第七十三章），都显示了并不否认情志化的"天"或"上帝"存在。所以郭沫若说：《老子》对"天或鬼神仍是肯定的"，"这正是春秋时代的矛盾思想的孑遗，老子自己把那矛盾没有清算得干净。他的思想的特色是建立了一个新宇宙的根元，而依然保守着向来

---

① 王永祥：《董仲舒评传》，南京：南京大学出版社，1995年，第89页。

② 关于这场争论，时周辅成、李民、张岂之、李锦全、陈正夫、张立文、冯友兰一批学者卷入了其中，争论的焦点，就是董仲舒思想的唯心、唯物的问题，由此而涉及对董仲舒的历史评价。参见李宗桂：《董仲舒哲学思想研究三十年》，《哲学动态》1986年第8期。

③ 这一称谓在《出埃及记》3章14节中神呼唤摩西时出现，希伯来原文是"Yahweh"意即"I AM"，合和本《圣经》将其译为"自有永有"。

的因袭。"①实际上，在古人的观念中，宇宙创生的物质性，并不影响其情志化有神论的存在。

　　弄清楚了在人类早期文明中，朴素的唯物主义宇宙创生论与唯心主义有神论作为人类文明的普遍共存的现象后，我们再来看董仲舒的宇宙观就比较清楚了。《春秋繁露·重政》："惟圣人能属万物于一，而系之元也，终不及本所从来而承之，不能遂其功，是以《春秋》变一谓之元，元犹原也，其义以随天地终始也，……故元者，为万物之本，而人之元在焉。安在乎？乃在乎天地之前。"无论学者对这里的"元"如何解释，都无可否认一点，在董仲舒头脑中存在前宇宙的意识。这一前宇宙存在状况是种"一"或"元"的混沌状态。实际上，已有学者所指出，董仲舒这里深受了道家的"道"的影响，这里"元"，"在某种意义上它更趋同于道家那具有神秘色彩、含混未分的道"。②至于这是一个什么样性质的存在，则不在董仲舒追问的范围了。因此，就宇宙创生论而言，如李民先生所认为的，在董氏哲学体系中，包含有素朴的唯物主义和自发的辩证法因素，③无疑是正确的；而徐复观所主张的"元气"论，④亦并非没有根据；金春峰先生读出董仲舒思想中充满着神学和非神论的矛盾，⑤更接近事实。而崔涛认为："董仲舒提出了'元'的始源性地位，但是在他的哲学中，'元'这一概念始终没有获得其应有的哲学话语的中心位置；占据着这个中心位置的是董氏哲学的核心范畴——'天'。"⑥无疑最具睿识。

　　宇宙如何生成并非董仲舒关切中心，董仲舒所关切的是宇宙创生后充满生命神性的"天"对人类的意义。不过对"天"的理解上，学者仍受前见的困扰，试图用"一以贯之"的思维来解说董仲舒的"天"的观念。然在董仲舒的天道观中，天是非常复杂混沌的概念，很难用某个范畴将其系统化厘清。无论是神本论，还是王永祥的自然神论，都只是看到了董仲舒天的概念内涵的一面，并试图用今天的概念将其全部包括在内，所以往往顾此失彼。解读

---

①　郭沫若：《先秦天道观之进展》，《郭沫若全集历史编》第1卷，北京：人民出版社，1982年，第353页。
②　梁宗华：《董仲舒新儒学体系与道家黄老学》，《齐鲁学刊》1999年第6期。
③　李民：《试论董仲舒的自然观》，《新建设》，1962年12月号。
④　徐复观：《两汉思想史》，上海：华东师范大学出版社，2001年，第219页。
⑤　金春峰：《论董仲舒思想的特点及其历史作用》，《中国社会科学》1980年第5期。
⑥　崔涛：《董仲舒政治哲学发微》，浙江大学博士论文，崔富章教授指导，2004年4月，第68页。

董仲舒的天道观，必须注意到，其学说是在为大一统郡县制构建政治秩序。因此，郡县政体的天下为公与私于一人的内在张力，也必然在其天道观上有所反映，就如冯友兰所指出的："有自相矛盾之处。"① 在封建宗法制下，殷周时期宗法贵族的"上帝""昊天上帝"或与之等同的"天"的信仰秩序，显然已不能适应郡县体制下公天下的复杂的平民社会的信仰需求，需要建立一个全社会都能认同的信仰，并能容括全民的意志。这就使董仲舒的天的内涵包举宇宙，是宇宙万物的浑一，其中的确如王永祥所说有自然神论的意味。在董仲舒看来，"天、地、阴、阳、木、火、土、金、水、人"（《春秋繁露·官制象天》以下皆直录篇名）这十个方面构成了天的十端，整个天地宇宙万物都由这十端演化生成。"天者，万物之祖也"（《顺命》）；"天覆育万物，既而生之，有养而成之。事功无已，终而复始"（《王道通三》）；"天地者，万物之本也，先祖之所出也。广大无极，其德昭明"（《观德》）；这些生成之物与天之十端一起构成了天的全部内容。这些内容也就是整个宇宙，而天正是这个宇宙的浑一。学者们称此为董仲舒的自然之天。但这一"自然之天"并非自然，它无所不包，广大无极，显明天的意志无所不在。天意一方面通过万物作为天的表象而表现出来："万物以广博众多，历年久者为象。其在天而象天者，莫大日月，继天地之光明，莫不照也。"（《奉本》）一方面则直接通过万物之变异将其人格化的情志传达出来："其大略之类，天地之物有不常之变者，谓之异，小者谓之灾。灾常先至，而异乃随之。灾者，天之谴也；异者，天之威也。"（《必仁且智》）而另一方面万物本身亦有情志，作为天之一部分，如春夏秋冬、阴阳五行皆体现喜怒哀乐、爱利孝敬等情志。在《人副天数》中董仲舒更进一步将人与天相比附，构建了一个天人同构的宇宙图式："唯人独能为仁义，物疢疾莫能偶天地，唯人独能偶天地。人有三百六十节，偶天之数也。形体骨肉，偶地之厚也。"在天人同构的图式中，既突出了"天地之精所以生物者，莫贵于人"的地位，也让天的意志无处不加于人身，人就像"水常渐鱼也，所以异于水者，可见与不可见耳"（《天地阴阳》）。总之，这里天是宇宙的浑一，天无所不在，天的意志也无处不在地彰显，既反映大一统郡县体制下全民的意志和其包举宇内的气魄，又通过天意的无处不在达到对

---

① 冯友兰：《中国哲学史》，上海：商务印书馆，1934年，第503页。

社会各个部分的有效统摄。

但另一方面，大一统郡县制又要求全民忠于皇权，并以此为根基建立社会政治秩序。这就要求必须赋予皇权的神圣性，使臣民绝对效忠。这就使董仲舒不得不回到传统的宗法社会的天道观中寻求解决之道。这就使得董仲舒的天与人格神上帝相混同。《郊义》："天者，百神之君也，王者之所最尊也。……每更纪者以郊，郊祭首之，先贤之义，尊天之道也。"又《郊祭》："天者，百神之大君也。事天不备，虽百神犹无益也。……《诗》曰：'唯此文王，小心翼翼，昭事上帝，允怀多福。'多福者，非谓人事也，事功也，谓天之所福也。"又《郊祀》："'后稷不克，上帝不临；耗斁下土，宁丁我躬。'宣王自以为不能乎后稷，不中乎上帝，故有此灾。有此灾，愈恐惧而谨事天，天若不予是家，是家者安得立为天子？立为天子者，天予是家。"又《天道无二》："《诗》云：'上帝临汝，无二尔心。'知天道者之言也。"从这些文字看，董仲舒的天乃是指至高的上帝。这就是学界所称的具有"神本论"性质的天道观。神本论性质的天道观和自然神论性质的天道观是董仲舒天道观中的两个方面，这两个方面存在的内在矛盾，正是郡县制下天下私于一人与天下为公的矛盾。私天下则要求天下都必须效忠皇帝这个中心，公天下需要天包容和反映全社会的意志。而作为"百神之大君"的天，正是为建立私天下的秩序服务。在这个宇宙秩序中，天帝高高在上，君临宇宙，是宇宙万物的主宰，只有对他表达敬畏才能得到他的福禄，否则就会遭至祸殃。而人间的君王是上天之子，是天命所授予者和代行天命者。在这个秩序中，赋予君王在人间社会秩序中的至高无上的地位，所有的臣民都必须对其效忠。与此相契合，只有君王才能与天直接发生关系，普通人则不能与天发生关系。所以所谓的天人关系，实质上就变成了天与君王的关系，"天人之学"实质就是建立上天与君王之间关系的学说。可以说这是董仲舒"天人之学"的本质。这在《为人者天》反映的尤为清楚，其云："惟天子受命于天，天下受命于天子。一国则受命于君。君命顺，则民有顺命，君命逆，则民有逆命。故曰：'一人有庆，兆民赖之。'此之谓也。"由此可见只有天子才可以与天发生联系，兆民只仰赖天子才得天福佑。这种思想在其《春秋繁露》中处处可见，"《春秋》之法，以人随君，以君随天。曰：缘民臣之心不可一日无君"（《玉杯》）；"人之得天得众者，莫如受命之天子，下至公侯伯子男，海内之心悬于天子"

（《奉本》）；"古之造文者，三画而连其中谓之王。三画者天地与人也，而连其中者，通其道也。取天地与人之中以为贯而参通之，非王者孰能当是？故王者唯天之施，施其时而成之，法其命而循之诸人"（《王道通三》）。通过这些文字，我们清楚地看到董仲舒所谓天人关系，实质上就是天与天子、君王之间的关系。普通人只有通过君王才能和天发生关系。在《深察名号》中，董仲舒更从名实的角度论证了普通百姓没有能力与天发生关系。他说：

> 受命之君，天意之所予也，故号为天子者，宜视天如父，事天以孝道也。号为诸侯者，宜谨视所候，奉之天子也。……民之号，取之瞑也，使性而已善，则何故以瞑为号？……今万民之性，有其质而未能觉，譬如瞑者，待觉教之然后善。……民受未能善之性于天，而退受成性之教于王，王承天意以成民之性为任者也。

在董仲舒的概念里，民天性就是瞑而未醒，只有接受了君王的教化才能善。君王受命于天的任务就是教化他的子民。这就是说，普通的民众天生就不具备和天发生关系的能力，只有君王才是"大意之所予也"，能够真正了解天的心意，与天心意相通。

尽管在董仲舒的天道观中存在着上述两方面内在矛盾，但在"天"，这一既作为上帝居所，彰显、弥漫上帝神性，又一定程度与上帝同质同体的信仰对象中，消融了二者的矛盾和边界，在"天"的浑一中实现了二者的整合。这种浑一从某种意义上也可称之为"元"。因此，这里如同西方基督教上帝的独一性与"超乎众人之上，贯乎众人之中，也住在众人之内"（《新约·以弗所书》4章6节）的普在性在神学中纠葛不清，在基督徒信仰世界里却不存在任何问题一样，董仲舒的天的神圣独一性和普在性、弥散性同样也不影响在古代中国世界里的信仰。我们或可将董仲舒之天道观称之为"浑元一体"论。在这"浑元一体"论中，董仲舒成功地为大一统郡县制帝国构建起统治意识形态的大厦；确立君王在人们思想信仰中的绝对地位，在信仰意识中建立起了一道无形屏障来捍卫皇权的中心地位，同时通过天的意志的无所不在，实现了对全社会的统摄。

在董仲舒这一"天人之学"建构中，人君被赋予了绝对的地位，成为全民信仰和新政治伦理秩序的中心，但这个中心并不是人君私人意志和权力膨胀的场所，而是天道在人间的实现，是天之公性与德性在人间集中彰显的所在。既然人君作为天之子，所有的合法性和正当性来源于天，那么"视天为父，事天以孝道"（《深察名号》）就成人君的应有之义。而"天者群物之祖也。故遍覆包函而无所殊，建日月风雨以和之，经阴阳寒暑以成之"（《汉书·董仲舒传》），天道"任德不任刑"，"仁之美者在天，天，仁也"；"天常以爱利为意，以养长为事，春夏秋冬皆其用也"，（《王道通三》）因此，这就要求"人主者法天之行"，"法天而立道，亦溥爱而亡私，布德施仁以厚之，设谊立礼以导之"；"王者唯天之施，施其时而成之，法其命而循之诸人，法其数而以起事，治其道而以出法，治其志而归之于仁"。这样人君就成为天之公性与德性在地上的代表，也就理所当然成为人民心中理想的圣贤，而郡县制"天下为公，选贤与能"理想由此也得以实现。这样，在理论层面上，可以说董仲舒已经消解了郡县制天下为公与皇权的私性之间的矛盾，实现了其"由圣而公"的理论建构。

不过，现实中，皇权不可能始终处与天道合一的理性状态，对此，董仲舒则通过学界所熟知的"屈君而伸天"的途径，对皇权加以警示和约束。"屈民而伸君，屈君而伸天，《春秋》之大义也"，以天伸君，也以天屈君，将君权信仰内化在天的公性中。如果君王身端行正，推行仁政，敬天保民，则"元气和顺，风雨时，景星见，黄龙下"，福瑞并见。五帝三王就是王道仁政的典范，所以天为之应，祥瑞并至，天下洽和。否则就会相反，人君不行仁政，"则上变天，贼气并见"，以灾异谴告。"灾者天之谴也，异者天之威也。谴之而不知，乃畏之以威。……国家之失乃始萌芽，而天出灾害以谴告之，谴告之而不知，变乃见怪异以惊骇之，惊骇之尚不知，畏恐其殃咎乃至，以此见天意之仁而不欲陷人也。"（《必仁且智》）如果灾异谴告仍然不能使君王悔过醒悟，那天命就将离开，改朝换代的时代可能就要来到。这也是董仲舒所不愿意看到的。这里需要指出的是，学界往往认为，吸收了邹衍的五德终始说后，董仲舒这一天道观包藏了未来汉家德运被其他德运所代替，或者如刘小枫所说乃是对传统儒家革命论"道义性释义以宗教性的推衍"。[①] 当然这些看法都没有错，只是

① 刘小枫：《儒家革命精神源流考》，《个体信仰与文化理论》，成都：四川人民出版社，1997年，第506页。

没有看到这一理论的要义不是在于五德运转的必然性，而是在于强调天命转移中心在人君，强化人君的绝对地位，在于警示人君的危机意识，敬天保民，推行德政，永保天命。而且这一理论本身又为统治者遇到危机时提供了必要的缓冲。一是强调天意仁爱人君，愿意随时扶持而强勉之。"天心之仁爱人君而欲止其乱也。自非大亡道之世者，天尽欲扶持而全安之，事在强勉而已矣。强勉学问，则闻见博而知益明；强勉行道，则德日起而大有功：此皆可使还至而有效者也。"（《汉书·董仲舒传》）二是既然天心之仁爱人君，即使人君有所过犯，只要能及时悔过自新，天意依旧扶持之。所以每当大的社会危机出现，并有灾异出现的时候，汉代皇帝往往下罪己诏，即反映了这一理论的确能给帝王以警示和约束，缓解社会危机，巩固帝国的统治。

（三）官制象天：君权离合的公共性规范

尽管董仲舒"屈君以伸天"在天道理论层面对皇权制约会有一定作用，但并不能有决定性的作用，甚至"相当微弱"，当君权处于非理智情况时，无论是董仲舒的"天"，还是后山的理，都会被置之一边。亦如余英时所指出的："当皇帝不是基于理性的考虑而决心要采取某些非常的行动时，天下没有任何力量可以阻止得住他。……从历史上看，有很多非理性的因素足以激动皇帝：上自夸大狂、猜忌狂，下至求长生、好奇珍，都可以把全国人民卷入苦难之中。"[1] 余英时认为，相对而言，从官僚制度上加以限制则"比较真实"。[2] 对此，显然董仲舒亦深刻认识到，因为在其思想和设计中，如何限制皇权、保障皇权的公性运作构成了其思想的重要部分。《春秋繁露·离合根》：

> 天高其位而下其施，藏其形而见其光；高其位，所以为尊也，下其施，所以为仁也，藏其形，所以为神，见其光，所以为明；故位尊而施仁，藏神而见光者，天之行也。故为人主者，法天之行，是故内

---

[1] 余英时：《君尊臣卑下的君权与相权》，《中国思想传统的现代诠释》，南京：江苏人民出版社，1995年，第118页。

[2] 余英时：《君尊臣卑下的君权与相权》，《中国思想传统的现代诠释》，南京：江苏人民出版社，1995年，第106页。

深藏，所以为神，外博观，所以为明也，任群贤，所以为受成，乃不自劳于事，所以为尊也，泛爱群生，不以喜怒赏罚，所以为仁也。故为人主者，以无为为道，以不私为宝，立无为之位，而乘备具之官，足不自动，而相者导进，口不自言，而摈者赞辞，心不自虑，而群臣效当，故莫见其为之，而功成矣，此人主所以法天之行也。

在这段文字中，董仲舒试图将君位与君权相剥离，赋予君位神圣性的同时，将人君拥有的公权力剥离出来。强调君位的神圣性，"所以为尊也"，也就是君位高高在上，让众民仰尊臣服，这是郡县体制下天下皆为异姓，皇权孤悬于上，统治秩序稳定的必然要求。这在《立元神》中说得非常清楚："君人者，国之本也，夫为国，其化莫大于崇本，崇本则君化若神，不崇本则君无以兼人，无以兼人，虽峻刑重诛，而民不从，是所谓驱国而弃之者也，患庸甚焉！"简单地说，君主如果没有崇高的地位，就会和普通人一样，没有了凝聚力，对国家来说是极其危险的。因此，"君尊严而国安"（《立元神》），这可以说是董仲舒尊君的终极原因。但君尊并不意味着其要拥有绝对的权力。在董仲舒的设计中，确有今天企业两权分离的意味，即所有权与管理权分离，皇室拥有国家所有权，政府握有国家的治理权，两相分离，国家交由专业知识分子的政府来管理。[①] 在《天人三策》中更形象地用乘车负担来比喻这种分工的必要，并指出二者不分的危害："乘车者，君子之位也。负担者，小人之事也。此言居君子之位而为庶人之行者，其患祸必至也。"在这种分离中，因为君主不直接参与政府公权力的运作。所以在具体国家事务上，君主则表现为"无为"而治的状态，即"为人主者以无为为道，以不私为宝，立无为之位"。君主的"无为"被董仲舒反复强调，在《春秋繁露》中共出现 8 次之多。董仲舒正是试图通过制度的设计，将传统上儒家所强调的"垂拱而治"的理想政治模式付诸实践。

皇权不参与具体的政府事务，并不是说，皇权与整个官僚系统完全分离，更不意味着皇权被剥夺。在董仲舒的设计中，一方面通过"法天地立百官"，以天的公性模拟出一套相互监督、相互制约与合作的官僚系统，以保证其权

---

① 王怡：《屈君伸天与皇权专制》，《江苏行政学院学报》2001年第4期。

力的公性运作；① 一方面则通过有效的考绩制度实现皇权与官僚系统间的结合，以实现二者的公性运作。这一制度中，一是要求皇权牢牢地控制爵秩的赏罚权，根据考绩结果决定赏罚权；二是皇权要直接参与考绩制度，参与对公卿大臣的考绩。董仲舒认为，君主牢牢握住这一权力是君权不会旁落的保证，"为人君者，固守其德，以附其民，固执其权，以正其臣"；而握有此权力即握住国柄，即可"居无为之位，行不言之教，寂而无声，静而无形，执一无端，为国源泉"，群臣则"分职而治，各敬而事，争进其功，显广其名"，且君权即内化于政府职权之中了，"人君得载其中，此自然致力之术也，圣人由之，故功出于臣，名归于君也"。(《保位权》)

显然，皇权参与考绩制度和握有爵秩的赏罚权并不意味着皇权可以恣意的赏罚，或借这一制度实现权力的膨胀。后者是以前者为根据的，而前者作为一个具有坚实的客观性标准的制度，且被固化下来作为共同接受和遵守的规范，因此很难容许有太多的私人意志和权力的僭越。在这一制度设计中，要求循名责实，以具体客观政绩的优劣为标准。《考功名》：

> 考绩绌陟，计事除废，有益者谓之公，无益者谓之烦，揽名责实，不得虚言，有功者赏，有罪者罚，功盛者赏显，罪多者罚重，不能致功，虽有贤名，不予之赏，官职不废，虽有愚名，不加之罚，赏罚用于实，不用于名，贤愚在于质，不在于文，故是非不能混，喜怒不能倾，奸轨不能弄，万物各得其冥，则百官劝职，争进其功。

由此可见，客观、公正是整个考绩制度的最基本特征。而具体的内容则由一系列的技术性办法、等级和可量度的标准组成，董仲舒也给予较为详细的列述。② 总之，皇权通过这一制度实现了与官僚制度的很好结合，但在这一结合中，皇权被清晰地限制在公性客观的制度系统中，并没有多少僭越的空间。

---

① 这些思想和设计集中反映在《春秋繁露》的《官制象天》《五行相生》《五行相胜》等篇章中。

② 具体办法是，从地方到中央，大者缓，小者急，贵者舒，而贱者促。郡国月试一次，州部时试一次，四试而一考，天子岁试一次，四年一考，前后考察三次而决定黜陟，而称为计。具体标准，共分为上、中、下三等，每等又分三级，共九级。一级为最高，受大赏；九级为末，受大罚；以第五级为中，五级以上有奖，五级以下有惩。依据奖惩对官员进行任、免、升、降。(《考功名》)

在通过官制的设计实现皇权的公性运作的同时，董仲舒还主张通过"礼乐教化"来规约皇权，以促进其公性实现。在《汉书·董仲舒传》所载的《天人三策》中是更反复强调和坚持推行礼乐教化的重要。在其第一策开门见山就是："道者，所繇适于治之路也，仁义礼乐皆其具也。故圣王已没，而子孙长久安宁数百岁，此皆礼乐教化之功也。"接下来董仲舒更是大谈礼乐教化与国家兴亡盛衰的关系。而其最后一策更强调："道之大原出于天，天不变，道亦不变，是以禹继舜，舜继尧，三圣相受而守一道，亡救弊之政也。"而这里的道，正是三代虽有损益却相因不变的"礼"。可以说，"礼乐教化"是"天人三策"的核心思想和最终归旨。在董仲舒看来，国家在解决了意识形态领域的问题后，要长治久安必须推行礼乐教化，这是百王不变之道，也是大汉绍继百王圣统不二之路。而对于从宗周社会延续而来，至春秋时期已成为时贵族观念的礼，业师颜世安先生有一段精彩的论述：

> 春秋时代贵族大谈礼，当然是有维系贵族社会秩序和身份地位的意思，但礼成为精神支柱，意义决不止于此。贵族实际上是在礼仪中发现了某种更深的原则，在神的信仰不能维系人心以后，这个原则便成为给人类生活提供意义的源泉。这原则是什么呢？简单说就是古典教育，只有经过古典文化教育的人才是真正的人，才能制约自己的性情欲望，担当大任；才能简朴谦抑，对优美的东西有鉴赏力。礼仪的最深刻的说服力，来自它代表合宜的教育途径。对礼仪的信赖是对特定文化指向的教育路径的信赖，这特定文化指向便是古典的德性气质。[1]

从这个层面上，我们再来看董仲舒所谓"'临渊羡鱼，不如退而结网。'今临政而愿治七十余岁矣，不如退而更化；更化则可善治，善治则灾害日去，福禄日来"（《汉书·董仲舒传》），正是希望通过推行"礼乐教化"的方式，使帝国更化为文治国家，借助这一"古典文化教育"的途径，使最高统治者和大小官僚都受到纪律的训练和规范，都受到礼乐文明中所承载的德性的涵化，涵养

---

[1] 颜世安：《外部规范与内心自觉之间——析〈论语〉中礼与仁的关系》，《江苏社会科学》2007年1期。

成具有古典德性气质的人。而这种古典德性乃是人的理想和政治的支柱，是普遍人类的价值，是人之所以为人的尺度。可以说，这不仅是保障皇权和整个官僚系统公性运作的根本，也是整个统治集团得以合法性持存，社会和谐不断提升的根本。而时儒家看来，无礼乐教化最终会使人心失去节度，于是"人之好恶无节，则是物至而人化物也。人化物也者，灭天理而穷人欲者也。于是有悖逆诈伪之心，有淫泆作乱之事。是故强者胁弱，众者暴寡，知者诈愚，勇者苦怯，疾病不养，老幼孤独不得其所，此大乱之道也"（《礼记·乐记》）。而承秦之敝，汉兴七十余年间，社会道德伦理溃败，"法出而奸生，令下而诈起，如以汤止沸，抱薪救火，愈甚亡益也"（《汉书·董仲舒》），正印证了儒家的论断。整个社会从上到下处在深层的危机中，对此，董仲舒已深刻地认识到，所以"礼乐教化"成为《天人三策》反复强调的核心思想，也是董仲舒所有学说根基和归宿。不理解这一点我们很难真正把握董仲舒思想要领所在。亦如《汉书·董仲舒传》所云："董仲舒，……进退容止，非礼不行，学士皆师尊之。"可见董仲舒对礼的恪守与笃信。

如世安师所指出的："一种人文教育的观念取代敬畏神灵的观念成为人们心灵上的支柱，从此形成一个绵延到儒学中的信仰，必有古典文化的教育，才有健全的人和良好的政治。"[①] 在这种礼观念代表的精神信仰下，所形成的"治道非礼乐不成"思想和信仰可以由来已久，但从中造作出一套与之相适应的成建制规模的国家礼乐制度和文献系统，可以说直到董仲舒时代才完成。而这一工作多是由其时帝国北方的河间王国所形成的儒学中心完成的。尽管我们不知道董仲舒对这一工作参与有多深，但如前文所述，其在未入朝以前长期从河间王游是可以肯定的。从某种意义上可以说，河间礼学构成了董仲舒学术生命的一条隐线和不可或缺的内容。从其上述思想中都可以明显地看到对河间礼学改造的痕迹，受其影响之深是可以肯定的。而在当时河间礼学中造作、整理的君王之礼则是其重要的内容，这除了要求人君承传文教、涵养德性之外，还在强大礼乐制度中规范人君的权力领域。《汉书·艺文志》："《礼古经》者，……及《明堂阴阳》《王史氏记》所见，多天子、诸侯、卿大夫之制，虽不能备，犹愈仓等推《士礼》而至于天子之说。"对于这些以天子为中心的礼，实质上是对

---

① 颜世安：《外部规范与内心自觉之间——析〈论语〉中礼与仁的关系》，《江苏社会科学》2007年1期。

皇帝行为和权力的规范。对此，当时和后世儒者多遮遮掩掩，是时淮南学者则直截了当，云"法籍礼义者，所以禁君使无擅断也"①，可谓一语道出了天机。

对此，汉武帝和后来的继承者们当然明白，所以不可能接受董仲舒等儒者的建议。汉儒所整理造作的礼乐制度文献，多不得流传，所传仅规范士大夫的《士礼》而已。南宋刘宰已精确地指出了这一点，仲舒之志"不过谆谆乎礼义教化之事，其他本末度数，事制曲防，皆略而不及。……其去帝意远矣。此帝所以绝意仲舒不复再策，且出之为诸侯相也"。②但在董仲舒看来，汉家帝业要真正巩固，就必须推行礼乐制度，在民受教化，在君受涵养、规范、制约，也只有如此才能"传之亡穷"，"永惟万世之统"。但对于嗜欲扩张的皇权来说这是不可能被接受的。所以在整个汉代尽管有大儒不断呼吁，但真正意义的礼乐制度始终未得建立、施行，亦如班固在《汉书·礼乐志》发出的感叹："今大汉继周，久旷大仪，未有立礼成乐，此贾谊、仲舒、王吉、刘向之徒所为发愤而增叹也。"不仅有汉一代如此，其后世历代王朝无不如是，而这一时期汉儒所造作的君王礼制更是扫地无遗，其他礼仪也徒有空文。《新唐书·礼乐志一》云："三代而下，治出于二，而礼乐为虚名。及三代已亡，遭秦变古，后之有天下者，自天子百官名号位序、国家制度、宫车服器一切用秦。至于三代礼乐，具其名物而藏于有司，时出而用之郊庙、朝廷，曰：'此为礼也，所以教民。'此所谓治出于二，而礼乐为虚名。"所以陈寅恪说："旧籍于礼仪特重，记述甚繁，由今日观之，其制度大抵为纸上之空文。"③

于是便产生了这样一种现象，帝国统治者乐见和采纳了董仲舒所建构的儒学系统对皇权的神化，在意识信仰层面对其道德与公性的论述与宣扬，但实践层面上，专制皇权的扩张本性并不真正情愿接受来自天的或制度的公性约束和规范，特别是处于非理性的状态下，更是恣意践踏。换言之，就是帝国统治者只是从为其所用的角度出发，对董仲舒所建构的儒学系统进行了阉割，将其灵魂抽空而用其文饰。对这一做法，司马迁将之称为"采儒术以文之"（《史记·封禅书》），所以公孙弘"习文法吏事，而又缘饰以儒术，上大说之"（《史记·平津侯列传》），甚得武帝欢心，"起徒步，数年至宰相封侯"。对此，汉

---

① 何宁：《淮南子集释》，北京：中华书局，1998年，第661页。
② ［宋］刘宰：《漫塘文集》卷十八，民国嘉业堂丛书本。
③ 陈寅恪：《隋唐制度渊源论稿》，北京：生活·读书·新知三联书店，2001年，第6页。

宣帝更为直白："汉家自有制度，本以霸、王道杂之，奈何纯任德教、用周政乎？"（《汉书·元帝纪》）实际上，汉帝国如是，历代王朝所谓尊儒术莫不是用其文夺其质，对此，宋儒叶适就指出，"摇手举足，辄有法禁。而又文之以儒术，辅之以正论"[①]，可见帝国统治者所热衷的更多的是使用儒学来强化其道义论述，而不是真正地使其受到天道与制度公性的规约。

尽管这种缘饰儒术的做法，在一定程度上影响了儒学的发展，使儒学出现一定程度的扭曲和异化，但与帝国矛盾与张力中，像董仲舒一样廉直的儒者并未妥协，他们以持守、弘扬儒学的核心价值为己任，继续"潜心大业"，遂形成了中国在轴心文明后期的精神的闪亮突破。沃格林比雅斯贝斯高明之处，在于注意到了帝国创生与人类精神的开放有着平行的关系，"作为一个整体超越了因果关系的富有意义的（历史）型构（configuration of history）中，涌动的现实历史动力导致了帝国秩序与精神运动间关联"[②]。不过，他只说对了一半，因为帝国秩序与精神运动既存在着"亲和性"（affinity）的关联，也存在着紧张的矛盾和精神运动的独立性，这种独立性在双方起初的蜜月结束后往往导致彼此向反的方向发展，帝国鼎盛时期往往是精神活动的低谷，而衰落与分裂往往意味着精神运动的活跃，新的突破的孕育，并在新帝国的创生与型构中喷发，从而形成了中国历史上所特有波谷式的思想史的发展。

四、董仲舒与河间儒学的关系

前文已详细考述了河间儒学中心的形成、兴盛和消散。河间儒学兴起在景帝前元二年，这一年刘德被册封为河间王，在河间开始高举六艺，倡明儒学。这一儒学中心跨景、武两朝，几伴景帝朝始终，对当时儒者来说是一件大事，对儒学在这一时期的发展来说也是一件大事。不对此进行了解，我们对景、武之世儒学的发展仅限于时断时续的线珠式的了解，更多的则是空白，除对武帝朝一些横空出世的儒者思想有所了解外，对儒学整体的发展

---

① ［宋］叶适：《水心别集》卷十二《法度总论二》，刘公纯、王孝鱼、李哲夫点校：《叶适集》，北京：中华书局，1961年，第789页。

② Eric Voegelin, World-Empire and the Unity of Mankind, *The Collected Works of Eric Voegelin*, Volume 11, *Published Essays, 1953-1965*, edited by Ellis Sandoz, University of Missouri press, 2000, p. 136.

脉络仍缺乏源流的把握。回顾建元元年的这次征选贤良文学的活动，仔细分析，其重要的发动者和推动者都与河间有千丝万缕的联系。重要的发起者是当时任丞相的景帝朝老臣卫绾，他主张"所举贤良，或治申、商、韩非、苏秦、张仪之言，乱国政，请皆罢"。而卫绾就是河间献王少年时代的太傅，与河间献王有师生情谊。八个月后，就在这个活动可能仍在继续时，武帝突然罢免了卫绾，更用了外戚窦婴与田蚡分别担任丞相和太尉，以巩固自己的地位。其时田蚡资历很浅，只能根据朝廷的风向附庸风雅，事决于窦婴。而窦婴又是献王同母的哥哥前太子刘荣的太傅，曾坚决反对废太子，与栗卿之属也有很深的感情。他们主张进用儒者，而此时河间儒学已存在 16 年，16 年间山东诸儒几尽游于河间，所以这次征选儒者，实际上是河间儒学向中央较大的一次输入。尽管这些人在中央的历练中，不同程度地作了一些调整，但多少都带有河间儒学的印记。

前文我们也详细考述了董仲舒与献王"五行对"应发生在当时儒者云集的河间。据此，我们找到了董仲舒和河间儒学的关系及在入朝以前学术活动的足迹。这就给我们研究董仲舒前期学术和思想的形成提供了重要的线索。曾为河间学者中一员的董仲舒不可能不受到这一时期学术的影响。从某种意义上可以说，河间礼学构成了董仲舒学术生命的一条隐线和不可或缺的内容。前文已指出，"礼兴于河间"，汉代礼学是在河间整理文献、修兴礼乐的基础上发展起来的，儒学在河间时最主要的是礼学方面的构建。这包括两个方面，一是礼容之学，即儒家的礼仪规范等；二是制度之学，就是以《周礼》为核心的礼制建构。这两个方面在董仲舒的学术中都有明显的印记。《汉书·董仲舒传》云："进退容止，非礼不行，学士皆师尊之。"虽然"进退容止，非礼不行"几乎是所有儒者共同的修养，但真正恪守做到的，史书所言有汉诸儒，亦仅董仲舒与河间献王二人，由此可见二人对礼学用力之深。盖儒学在河间时，在河间大倡礼学的风气下，无论治今文还是古文的学者都强调以礼修身、以礼治国。这在景帝时期的文献《韩诗外传》中也有所反映。于是我们也不难理解，建元元年这次征选贤良的同时，是大兴"议立明堂，制礼服"，以此来兴太平伟业，盖兴起于河间的儒学风气所致。

在所上《天人三策》中，我们看到董仲舒在强调天人关系的同时，亦反复强调和坚持推行礼乐教化，明显反映出亦有着河间"治道非礼乐不成"的思想。在其第一策开门见山就是："道者，所繇适于治之路也，仁义礼乐皆其具也。故圣王已没，而子孙长久安宁数百岁，此皆礼乐教化之功也。"接下来董仲舒更是大谈礼乐教化与国家兴亡盛衰的关系。这些都和河间儒学如出一辙。而其最后一策云：

> 孔子曰："殷因于夏礼，所损益可知也；周因于殷礼，所损益可知也；其或继周者，虽百世可知也。"此言百王之用，以此三者矣。……道之大原出于天，天不变，道亦不变，是以禹继舜，舜继尧，三圣相受而守一道，亡救弊之政也，故不言其所损益也。

国家要长治久安必须推行礼乐教化，这是百王不变之道，言下之意，就是大汉绍继百王圣统不二之路。礼乐教化，不仅是施之于下，对人民的教化，也是施之于上，一方面通过礼乐文化陶冶人君高尚的情志，一方面则在礼乐制度中规范人君的权力。这里董仲舒知道通过"屈君以伸天"的方式来约束皇权的膨胀是不可能的，需要在实践的层面，以礼乐来引导和规范约束皇权。武帝对此当然不太喜欢，再追问董仲舒"善言大者必有征于人，善言古者必有验于今"，"夫三王之教所祖不同，而皆有失，或谓久而不易者道也，意岂异哉？"言下之意，就是古代礼乐、三王之道都已不适应今天，需要革除，建立起大汉所谓的"新王道"，并希望这一思想得到董仲舒的支持，并提出具体的建议。"为人廉直"的董仲舒对此虽有回应，提出了改制、任贤、选能、兴学、统一国家意识形态等一系列规模宏远而又具体的治国方案，但他仍不愿放弃自己"礼乐"治国的主张。这和武帝产生了分歧。对此南宋刘宰有一段比较精辟的分析：

> 武帝策仲舒至于再三何也？帝喜纷更主也。仲舒首篇乃以更化为说，武帝得其辞，而不得其意，疑舒之所谓更化则己之所欲变法易令也。故异其对而复策之。制册所言，谆乎古帝王沿革之异，意欲仲舒极其所言，大其所更张，故篇末欲明其指略，切磋究之，以称其意。洎仲舒复对，不过谆谆乎礼义教化之事，其他本末度数，事制曲防，皆略而不及。帝始知意向殊异。而中篇犹有所谓改正朔，易服色等

语，故复策之。而制册所言尤深切致意于三王同异等语，且谓仲舒之
对，为条贯靡竟，统纪未终，篇末戒其悉之究之，熟之复之，意欲仲
舒条陈世务，使纪纲文章，铿鎗炳辉一改当时之旧，而舒之所志，乃
在损文用忠等语，则其去帝意远矣。此帝所以绝意仲舒不复再策，且
出之为诸侯相也。（宋刘宰《漫塘文集》卷十八）

　　刘宰对武帝与仲舒之间就礼乐的分析是非常到位的。在董仲舒看来，汉家
帝业要真正巩固，就必须实施礼乐制度，在民得以受教，在君权力得以规范、
制约，情志得以陶冶，也只有如此才能"传之亡穷"，"永惟万世之统"。但对
于嗜欲扩张的皇权来说这是不可能被接受的。但就此认为，汉武帝从此"绝意
仲舒"则是有失允当的。实际上，"对毕，出任江都相"正表明董仲舒对策有
功于汉家。董仲舒入武帝朝时，为景帝朝博士秩四百石，选为举首后，可能担
任太中大夫或中大夫秩比一千石，而诸侯相秩为两千石。汉制，出任中央公卿
的官吏必须有担任地方长吏的经历，董仲舒由内朝郎官中大夫出任诸侯相，正
是符合汉制。前文已指出，武帝以内朝御外朝，内朝秩虽低，但对国家发挥的
作用往往比外朝更大。所以董仲舒由江都相旋即复为中大夫，正说明武帝在思
想论理方面对董仲舒的重视。虽然董仲舒没有位列公卿，但其所构建的"天人
之学"被确立为帝国的统治意识形态，为儒者所宗，成为一代宗师，不可谓
"不遇"了。后期董仲舒及后学"天人之学"进一步融合了阴阳五行学说，体
系更加宏大绵密精深，而礼则淡化退居到了"进退容止"的个人世界，反映了
中央帝国儒学的妥协。董仲舒及其后学思想的调整转变的过程，正反映了其时
代儒学从河间"天礼之学"向中央"天人之学"转变的过程，也反映了这一时
期两大儒学体系形成与分化的过程。

第七章　文化意识形态之争中的
《乐记》与乐府

随着社会经济的发展，文景时期黄老无为之术已不能处理日益加深的社会危机，帝国必须向文治社会转型。但对具体的实施方案，却存在很大的争论。前期主要是儒道两家的争论，以淮南为代表的道家希望加紧道家文献的整理与制作，补充道家文教文献的不足，以巩固道家在帝国意识形态的统治。如其在《淮南子·要略》中所指出的：

> 若刘氏之书，观天地之象，通古今之事，权事而立制，度形而施宜，原道之心，合三王之风，以储与扈冶。玄眇之中，精摇靡览，弃其畛挈，斟其淑静，以统天下，理万物，应变化，通殊类，非循一迹之路，守一隅之指，拘系牵连之物，而不与世推移也。故置之寻常而不塞，布之天下而不窕。

这部巨著不仅补充道家文献之不足，还希望"通古今之事"，统"天下万物之理"，备"帝王之道"，整合文化传统，一统百家之言，"为汉室的大一统政权提出包罗万象的政治宝典"，"充实汉家鸿业的内容"。[①] 儒家的方案也是

---

① 徐复观：《两汉思想史》第1卷，上海：华东师范大学出版社，2001年，第109页。

从整理文献入手，反对道家的黄老、刑名之术，主张推行礼乐教化，实现帝国文治。而所谓的礼乐乃是特指从周代流传下来的雅乐和礼制。在这方面儒家的立场是一致的。贾谊指出："夫移风易俗，使天下回心而乡道，类非俗吏之所能为也"，"宜定制度，兴礼乐，然后诸侯轨道，百姓素朴，狱讼衰息"。（《汉书·礼乐志》）董仲舒所上的"天人三策"也极力主张推行礼乐教化。而河间对此则更为坚决和旗帜鲜明。它一方面大规模地对传统礼乐文献进行搜集整理，对礼乐制度名物进行考订制作；一方面则在理论上系统地阐发推行礼乐教化的重要性。经过二十六年努力，传统的雅乐和礼制系统基本得到了修复，文献和名物制度之盛也达到前所未有的程度。但这些标榜周代的礼乐，对于中央朝来说，采用与否关系到帝国政制承周还是承秦，采用封建还是郡县，也关系到整个帝国的信仰。因此，中央朝对河间所为不但没有多大的热情，而且还处处抑制，甚至打击镇压。为解决帝国在礼乐文教上的空位，建构帝国新一代礼乐文化，武帝和身边的文学侍从们开始了造作乐府、辞赋的活动，推动了我国民间诗乐和汉代辞赋的发展。河间与中央在矛盾与冲突中共同推动了我国礼乐文化的丰富、繁荣与发展。

一、《乐记》作者考辨

（一）《乐记》作者之争

《汉书·艺文志》云：

> 武帝时，河间献王好儒，与毛生等共采《周官》及诸子言乐事者，以作《乐记》，献八佾之舞，与制氏不相远。其内史丞王定传之，以授常山王禹。禹，成帝时为谒者，数言其义，献二十四卷记。刘向校书，得《乐记》二十三篇，与禹不同，其道浸以益微。

据此，河间献王与毛生等"作《乐记》"，学界不存在争论。争论焦点是对"刘向校书，得《乐记》二十三篇，与禹不同"一句不同的解读。主张现存《礼记·乐记》为河间所作者认为这里"与禹不同"，实底本传本的不同，内容上仅是篇章略有不同。反对的学者则据此认为河间所作《乐记》，实《王禹记》，与现存《礼记·乐记》无关，现存《礼记·乐记》为公孙尼子所作。两者各执一端，互不相让。

主张现存《礼记·乐记》为公孙尼子所作的学者主要依据是南朝梁沈约《奏答》，出自《隋书·音乐志》：

> 窃以秦代灭学，《乐经》残亡。至于汉武帝时，河间献王与毛生等，共采《周官》及诸子言乐事者，以作《乐记》。其内史丞王定，传授常山王禹。刘向校书，得《乐记》二十三篇，与禹不同。向《别录》有《乐歌诗》四篇、《赵氏雅琴》七篇、《师氏雅琴》八篇、《龙氏雅琴》百六篇，唯此而已。《晋中经簿》无复乐书，《别录》所载，已复亡逸。
>
> 案：汉初典章灭绝，诸儒捃拾沟渠墙壁之间，得片简遗文，与礼事相关者，即编次以为礼，皆非圣人之言。《月令》取《吕氏春秋》，《中庸》《表记》《坊记》《缁衣》皆取《子思子》，《乐记》取《公孙尼子》，《檀弓》残杂，又非方幅典诰之书也。礼既是betreffende经邦之切，故前儒不得不补缀以备事用。

沈约首次把《乐记》与公孙尼子联系了起来。其后张守节《史记正义》更明确地指出："其《乐记》者，公孙尼子次撰也。"（《史记·乐书》张守节《正义》）后世部分学者遂据此认为刘向所校本乃公孙尼子所传，与献王所作《乐记》不同。但据沈约《奏答》并不能直接得出《乐记》为公孙尼子所作的结论。诚如刘心明所说："这段引文中关于《乐记》的论述部分，笔者认为含有这样两层比较明显的意思：（一）沈约并不否认河间献王等人'采《周官》及诸子言乐事者以作《乐记》'的事实；（二）沈约认为河间献王等人在编辑《乐记》时曾取材于《公孙尼子》一书。然而，前人在引用沈约的这篇奏章时，都有意无意地忽略了第一层意思，只就第二层意思立论。用这种断章取义的方法讨论问题，当然难以得出正确的结论。退一步说，即使仅就第二层意思立论，也不能以'《乐记》取《公孙尼子》'一语为前提，必然地推导出《乐记》作于公孙尼子的结论。"① 这从同样亦是沈约所作，且成书在《奏答》之后的《宋书·乐志》可得佐证：

> 武帝时，河间献王与毛生等共采《周官》及诸子言乐事者以著《乐记》，献八佾之舞，与制氏不相殊。其内史中丞王定传之，以授常山王禹。禹，成帝时为谒者，数言其义，献《记》二十四卷。刘向校书，得二十三篇，然竟不用也。②

从这段记载看，沈约不但不否定《乐记》为献王所作，且认为刘向所校与王禹所传之本只是传本的不同罢了。据此，他在《奏答》所云"《乐记》取《公孙尼子》"之语，只是根据《汉书·艺文志》《汉书·礼乐志》记载，因为看到关于公孙尼子的一些佚文③与《乐记》内容相近，而对"河间献王与毛生等共采《周官》及诸子言乐事者，以著《乐记》"进行的解读。且《答奏》的目的是突出梁帝兴废继绝的功绩和梁代所造雅乐优于汉代，所言不免夸饰。但到其作史时不得不实事求是，据实录之，所以《乐志》所言更为可信。

古代学者谈论《乐记》时多引《艺文志》文，含糊其辞，留有余地。清儒李光坡的说法算是比较明确的一个：

> 郑云："名曰《乐记》者，以其记乐之义。盖十一篇合为一篇，谓有《乐本》，有《乐论》，……"此刘向校书得《乐记》二十三篇著于《别录》者。武帝时河间献王好博古，与诸生共采《周官》及诸子云乐事者，以作《乐记》，其内史丞王度（引者注：王度，《汉

① 刘心明：《〈礼记·乐记〉作于公孙尼之说辨误》，《山东大学学报》（人文社科版）2002年第1期。
② ［梁］沈约：《宋书》卷十九《志第九·乐一》，北京：中华书局，1974年，第534页。
③ 《隋书·经籍志》有《公孙尼子》一卷，徐复观认为："写定《隋书·经籍志》时，《公孙尼子》二十八篇已亡；但儒家中仍录有《公孙尼子》一卷。若此《公孙尼子》之内容与《乐记》相同，则《隋志》应将其录入经部之乐类。《隋志》不将其录入经部之乐类，而将其录入儒家类中，可知写定《隋志》之人，固知其非言乐之书。"（徐复观：《中国艺术精神》，沈阳：春风文艺出版社，1987年，第9页）笔者认为同理可证《汉志》载《公孙尼子》二十八篇，也非言乐之书。

书·艺文志》作"王定"）传之，以授常山王禹。禹，成帝时为谒者，献二十四篇《乐记》，与向《录》不同。（清李光坡《礼记述注》卷十六）

这里李光坡明确将刘向《别录》所载《乐记》与河间所作《乐记》作了区分，认为是不同的两篇文献。近代，郭沫若《公孙尼子及其音乐理论》一文引沈约与张守节之说，明确认为《乐记》主要为公孙尼子作。他还认为张守节采用的可能是皇侃《义疏》的说法。但据考察，皇侃《义疏》并无此说，也只是郭沫若的推测而已。这里张守节之说很可能也是在沈约《答奏》基础上的发挥。不过郭沫若这篇文章仍留有余地。一方面他相信张守节的说法，《乐记》是公孙尼子次撰；另一方面他又承认《艺文志》中的《乐记》二十三篇与《王禹记》二十四篇的"不同"，只是传本篇数和部分文字的出入而已。[①] 大抵他承认《乐记》为献王编纂，而非《汉书》所说的"作"，且编纂的主要部分是取自公孙尼子。郭沫若以后，支持并发展其说的学者有杜国庠、杨荫柳、杨公冀、董健、冯吉轩、周来祥、金钟、吕骥等。这些学者比郭沫若更进一步，多认为现存《乐记》与献王无关，而是公孙尼子所作。其中吕骥持公孙尼子说最为坚决和彻底，他在《关于公孙尼子和〈乐记〉作者考》一文中说：

> 最重要的，我以为他们（持刘德作《乐记》观点学者）似乎有意不提，或者不愿读者知道《汉书·艺文志》还有另外的一段记录。就在这段话之前，明明有这样几句话，现全录："乐记二十三篇，王禹记二十四篇，……"
>
> 这样的记载难道不清楚么？《乐记》二十三篇，排在前面，为了与前面的《乐记》相区别，将另一种与乐有关的书《王禹记》二十四篇列于其后，最后说："凡乐六家，一百六十五篇。"最清楚不过，《乐记》是一家，《王禹记》是一家。我以为史学家班固这样写是经过思考的，不是任意写的。如果不看这个记载，我们是不容易搞清楚谁是谁非，看过这个记载，我们就可以了解到《乐记》既不是河间献王

---

① 郭沫若：《中国古代社会研究》，石家庄：河北教育出版社，2000年，第467—484页。

刘德领一班儒生所编撰的，也不是王定所传的；而王禹所记的二十四篇，大概也就是河间献王刘德所编撰的，不过并不是刘德的著作，也不是他写定的，所以《汉书·艺文志》写作《王禹记》二十四篇。班固并不是没有看到河间献王的著作，在儒家著作目录中，除了记明《公孙尼子》二十八篇之外，后面还记下了《河间献王对上下三雍宫》三篇。如果关于乐的二十四篇文论确是刘德所记、所编撰，班固决不会把这笔帐记在王禹名下。……公孙尼子的《乐记》和王禹记乐事的书性质根本不同。《乐记》不可能是刘德所写。[1]

显然，吕骥最大问题，如叶明春所指出的，他先入为主，一开始便认定《乐记》是公孙尼子所作，毫无根据地把《艺文志》"儒家类"的《公孙尼子》二十八篇，与乐类的《乐记》联想系在一起，并认定《公孙尼子》二十八篇包括了"《乐记》二十三篇"。[2] 对于吕骥等人的观点，力主今本《乐记》为献王所作的蔡仲德从《汉书·艺文志》的体例入手给予了有力的批驳。他指出：1）按《汉书·艺文志》"《乐记》二十三篇，《王禹记》二十四篇"的著录方式，将之与《艺文志》著录《论语》《孝经》方式相比较，《艺文志》中《论语》类所著录的有《论语古》二十一篇、《齐》二十篇、《鲁》二十篇，孝经类所著录的有《孝经古孔氏》一篇、《孝经》一篇，二者都是一书的不同传本；又《论语》类只称《论语古》二十一篇为"论语"，而对《齐论语》则只称"齐"，对《鲁论语》则只称"鲁"，其体例正可作为"与禹不同"不是作者之别而是传本之异的旁证。笔者按：以诗更能说明问题，《艺文志》：《诗经》二十八卷，鲁、齐、韩三家。《毛诗》二十九卷。显然这里的《诗经》与《毛诗》只是经本传本之异，而非指作者之别。而《乐记》二十篇，《王禹记》二十篇，体例正与此完全相同，所以亦只是传本之异，而非作者之别。2）《艺文志》著录《论语》类书后说"凡《论语》十二家，二百二十九篇"，即将《论语古》二十一篇、《齐》二十三篇、《鲁》二十篇各算成一家，这又足以说明尽管"《乐记》是一家，《王禹记》是另一家"，"与禹不同"也仍然是

① 吕骥：《中国传统音乐研究》，北京：中央音乐学院出版社，2004年，第207—208页。
② 叶明春：《〈乐记〉作者及成书年代论争述评（下）》，《星海音乐学院学报》2000年第1期。

传本的不同，而不是作者的不同。3）《汉书·艺文志》并无公孙尼子作《乐记》或《乐记》取自《公孙尼子》的记载。《艺文志》对所有著作，凡作者、传者已知者，均在所录书名上下或在每类著录后的短文中予以注明，无一例外。这里只提刘德作《乐记》，未提别的作者，据此，《乐记》作者便只能是河间献王，而不可能是公孙尼子。①

实际上，从汉代文献源流看，《汉书·艺文志》叙录说得其实已很清楚："武帝时，河间献王好儒，与毛生等共采《周官》及诸子言乐事者，以作《乐记》，献八佾之舞，与制氏不相远。"这里实际上是交代了献王时《乐记》一个底本的流向，作为"记乐之义"，讲解乐理乐义的《乐记》和八佾之舞等雅乐一并献于了中央，在中央遭到冷遇"希阔不讲"，长年空泯或最终亦流入中秘。接着叙录又说"其内史丞王定传之，以授常山王禹。禹，成帝时为谒者，数言其义，献二十四卷记"，说明了另一个底本通过师道授受在民间流传，由内史丞王定传至成帝时常山王禹。到了刘向校书时，"得《乐记》二十三篇"，刘向所校乃中秘及中央所藏之书，正是献王当年所献之底本。这里"与禹不同"，乃说明王禹所传之《乐记》与中秘所藏底本已有差异，说明禹之所传，历经百有余年，已有窜乱的部分，故有"其道浸以益微"。这里"与禹不同"，也正说明了刘向所校与王禹所传同源于上文所说武帝时献王们所作之《乐记》，所以有此比较。此处，刘向歆父子是以当年献王所献为《乐记》正本，以王禹所传为别本，故在著录时为"《乐记》二十三篇，《王禹记》二十四篇"。在其下叙录中交代《乐记》为武帝时献王们所作，并无歧义。只是后人对文献源流认识不足，遂才产生这样的纷扰。《经义考》卷一百六十七，元儒柳贯曰：

> 《小戴礼·乐记》第十九，郑玄《目录》云："汉武帝时，河间献王与诸生等共采《周官》及诸子言乐事者，以作《乐记》。"又云："《乐记》者，以其记乐之义，于《别录》属《乐记》，盖十一篇，篇虽合而略有分焉。"②

① 以上参见蔡仲德：《中国音乐美学史论》（北京：人民音乐出版社，1988年）、《〈乐记〉〈声无哀乐论〉注译与研究》（杭州：中国美术学院出版社，1997年）、《中国音乐美学史》（北京：人民音乐出版社，1995年）等书。
② ［清］朱彝尊著，林庆彰等编审：《点校补正经义考》第五册，台北："中央研究院"文哲研究所，1997年，第480页。

比之于李光坡，柳贯对郑玄《目录》解读是正确的。郑玄《目录》乃是原《礼记》目录之书，在郑玄看来，《礼记·乐记》正是河间所作《乐记》的一部分。

又臧庸《拜经日记》卷九曰："《史记·乐书》所载《乐记》共十三篇。'夫乐不可妄兴也'，为《奏乐》篇结句。'夫上古明王举乐者'，为《乐义》篇起句（案：余嘉锡认为其下文文字是《乐器》内容）。中有'太史公曰'四字，系后人妄加，当删正。其先后之序，必原本如是，非后人所能升降也。"余嘉锡更在此基础上认为："以《乐书》与《小戴记》校其篇次，诚有颠倒，然恐是《乐记》别本如此，与刘向校定本及小戴所见本原自不同，未必补史者以意为升降。"①据此，时河间所作《乐记》，恐有多个不同的流传底本。

附表 1 :《别录》《礼记》《乐书》载《乐记》篇次异同表

	乐本	乐论	乐施	乐言	乐礼	乐情	乐化	乐象	宾牟贾	师乙	魏文侯
别录	1	2	3	4	5	6	7	8	9	10	11
礼记	1	2	4	5	3	7	10	6	9	11	8
乐书	1	2	4	6	3	5	8	7	10	11	9

坚持《乐记》是公孙尼子所作的学者，主要依据还有：1）相传陶渊明所作《圣贤群辅录·八儒》中说："公孙氏传《易》为道，为洁净精微之儒。"2）清黄以周《礼书通故》说，《旧唐书》有关于"刘瓛云：'《缁衣》、《乐记》皆公孙尼子作'"的记载。3）上文已引述《汉书·食货志》载"《乐语》有'五均'"之文，颜师古注引邓展之语："《乐语》，《乐元语》，河间献王所传，道五均事。"清王谟《汉魏遗书钞》认为《乐元语》就是河间献王所作《乐记》，与现存《乐记》不同。

上述 1）显然，陶渊明"公孙氏传《易》"说，并不能导出公孙尼子作《乐记》说；2）实际上，《旧唐书》并无记载，乃是黄以周由唐陆德明《经典释文·礼记音义》在《缁衣》下说"刘瓛云，公孙尼子所作也"窜入《乐

① 余嘉锡：《太史公书亡篇考·乐书第七》，《余嘉锡论学杂著》，北京：中华书局，1963年，第39页。

记》，讹误而来，实学者之不审。3)《汉书·食货志》载"《乐语》有'五均'"之文。清王谟《汉魏遗书钞》认为《乐元语》就是河间献王所作《乐记》，与现存《乐记》不同。实际上，这也是王氏之想当然。此处颜师古注引："邓展曰：'《乐语》，《乐元语》，河间献王所传，道五均事。'臣瓒曰：'其文云："天子取诸侯之土以立五均，则市无二价，四民常均。强者不得困弱，富者不得要贫，则公家有余，恩及小民矣。"'"从这些内容看，实际上《乐语》是言度量衡制度之书。因为古人律历合一，以律生历，皆以黄钟律标准为数，专言律者为生黄钟法和度量衡，专言历者为历书，合二为一为律历。因为二者皆以黄钟律为标准，所以律历被属之乐官。《汉书·律历志》："汉兴，北平侯张苍首律历事，孝武帝时乐官考正。"又因其"本起于黄钟之数"，故《乐语》又以《乐元语》为名，实是言度量制度之书，与《河间周制》相类，亦河间修兴礼乐之文献。这与刘歆《钟律书》相类，从名称看似言音乐，内容实为言度量衡制度之文献。

证明《乐记》成书于汉代，为刘德所作，还有如下的旁证：1)魏曹植《辨道论》载桓谭《新论·琴道》云：《乐记》云："文帝得魏文侯乐人窦公，年百八十，两目盲。……"这一记载正可与《汉书·艺文志》文字中有关窦公、《周官》及其与《乐记》关系的记载相参证，也可与刘向《别录》著录之《乐记》佚篇篇目《窦公》相参证。2)东汉应劭《风俗通义·声音》："笛，谨按《乐记》，武帝时丘仲之所作也"。据《别录》，《乐记》佚篇篇目有《乐器》，《风俗通义》此条所采用者应该就是《乐器》篇的资料。桓谭、应劭与刘向父子及班固生活于同时或稍后，均有可能得见《乐记》全书，其记载当属可信。这些材料说明《乐记》成书年代当在汉代，而不是战国初。又据《礼乐志》，汉代雅乐有两个系统，一是乐家制氏。《礼乐志》曰："汉兴，乐家有制氏，以雅乐声律世世在大乐官，但能纪其铿锵鼓舞，而不能言其义。"可见这一系统只懂其声律，"纪其铿锵鼓舞"，至于乐理篇章内容一概不懂。二是河间乐。其主要成就在诗乐和乐理上。"诗乐施于后嗣，犹得有所祖述"，赖河间之功。其乐"为音中正雅"，内容则"君臣男女有功德者，靡不褒扬。功德既信美矣，褒扬之声盈乎天地之间，是以光名著于当世，遗誉垂于无穷也"。相对于乐家制氏不能明其义，河间对乐理非常擅长，制作《乐记》以阐明乐理大义。据此，汉代雅乐文献的制作只有河间儒者有此能力，中央制氏并无此能力。献王以下其学益微，除河间余脉以外，有汉诸儒已是"但闻铿锵，不晓其意，而欲以风谕众庶，其道无由"，更不要说进行这方面的文献著作了。据《汉书·艺文志》雅乐另著有："《雅歌诗》四篇。《雅琴赵氏》七篇。名定，勃海人，宣帝时丞相魏相所奏。《雅琴师氏》八篇。名中，东海人，传言师旷后。《雅琴龙氏》九十九篇。名德，梁人。（师古曰：'刘向《别录》云亦魏相所奏也。与赵定俱召见待诏，后拜为侍郎。'）"这里《雅歌诗》以下，皆是宣帝时或以前成书的文献。又据刘向《别录》，《乐记》有《乐器》一章，雅琴是当时雅乐乐器的一种，赵定居住的勃海郡也与河间紧邻。这几家很可能都是河间儒学余脉，为当时参与河间雅乐制作的学者后人或后学。总之，在汉代，《乐记》除河间外并无他处成书的可能，文献所载也只有河间作《乐记》，并无其他《乐记》著作。

　　综上所述，主现存《乐记》为公孙尼子所作的学者，并无可靠的材料依据。相反，文献材料多可证《乐记》为河间编纂采集而作。诚如蔡仲德所说："迄今为止持公孙尼子作《乐记》说和坚持《乐记》成书于荀子之前说的论者所提出的全部依据都是不能成立的，《乐记》作者只能是西汉武帝时的河间献王刘德及其手下以毛生为代表的一批儒生，而不可能是荀子之前的公孙尼子或旁的什么人。刘向校本与王禹传本的不同是篇数、篇次、文字上有所不同，而不是作者的不同。"[1]

（二）采《周官》诸子以作《乐记》

　　据《汉书·艺文志》："河间献王好儒，与毛生等共采《周官》及诸子言乐事者，以作《乐记》。"如考得《乐记》文献来源系杂采诸书，亦可证公孙尼子之说乃子虚乌有。另一方面通过考察其在杂采的过程中对其所采文献的整合，亦可深明《艺文志》所言"以作《乐记》"的意涵。这方面工作学者虽有勾辑，但因为对河间儒学缺乏了解，所以在分析论证其文献整合变化上多不能深切著明。

　　1.《乐记》与《周官》。现存《乐记》十一篇，与《周官》并无多少相同

---

① 蔡仲德：《论中国音乐美学史及其他》，上海：上海音乐出版社，2003年，第138页。

的文字。有学者据此以否定《乐记》为河间所作。实际上，在《艺文志》的叙录中先是"六国之君，魏文侯最为好古，孝文时得其乐人窦公，献其书，乃《周官·大宗伯》之《大司乐》章也"，接着说"武帝时，河间献王好儒，与毛生等共采《周官》及诸子言乐事者，以作《乐记》"云云，这里将《乐记》与《周官》的源流已说得很清楚，即《乐记》的成书与《周官·大司乐》有直接的关系。据刘向《别录》载《乐记》二十三篇的篇名，其中有《窦公》一篇，又桓谭《新论·琴道》云：《乐记》云"文帝得魏文侯乐人窦公，年百八十，两目盲。……"，此当是《窦公》一篇的内容，也印证《艺文志》叙录所言二者源流关系。这篇内容除叙述窦公献乐外，当是《周官·大司乐》内容的采录。不仅如此，《乐记》与《周官》的一致还表现在语言文字风格和思想的一致性。对此钱穆可谓独具慧眼卓识，已清楚地指出了这一点，在上一章"《周官》成书于河间考论中"一节中我们已引证，此不赘述。从钱穆的这些论述，可清楚看到《周官》与《乐记》之间，无论在语言上，还是在思想上都有内在一致性。因此，《艺文志》叙录对《乐记》文献来源，首列《周官》可谓深识卓见。

2.《乐记》与《荀子》。《乐记》文献采用最多的是《荀子·乐论》，但在采用的过程中，并不直接抄录，而是在关键的地方都做了一些相应改动，使之更符合上下文意和文气，论述也更加精细和严密。有些地方的改动，也使乐理依据发生了重要变化，使之在《荀子·乐论》基础上有所发展。如将《乐言》篇与《乐论》进行比较，《乐言》改《乐论》"先王导之以礼乐"为"先王著其教焉"，与上文"教者，民之寒暑也；教不时则伤世"相呼应，也与整篇文章反复言"教"相一致。而"导"为"倡导"之意，重在君王的主观行为，不是国家制度和政策，而"教"则是国家意志和行为，是制度、政策，需要教育职官负责实施。一字之差，使整个文章的立足点就发生了很大的变化。前者立足点在建言，属于子学，是向统治者论说乐的重要性；而后者的立足点是补王官《乐经》之缺，属王官之学，目的在解说国家典制礼乐之意义。又如《乐论》"夫民有好恶之情，而无喜怒之应则乱"，《乐记》改为"夫民有血气心知之性，而无哀乐喜怒之常，应感起物而动，然后心术形焉"。说乐更加精细、明澈，且改"好恶之情"，为"血气心知之性"，抽换了《荀子》立论的情性论基础。荀子强调性恶，情是作为性的表征，如不加以规范必然致乱，故需要"修其行，正其乐"，规范其喜好，尤其是外部的规范，所以"先王恶其乱也，故制礼义以分之，以养人之欲，给人之求。使欲必不穷于物，物必不屈于欲。两者相持而长，是礼之所起也"（《荀子·礼论篇》）。尽管荀子在《礼论篇》中认为："性者，本始材朴也"，似与河间"人生而静"很近，但实际上是有差别的。在荀子看来："人生而有欲，欲而不得，则不能无求。求而无度量分界，则不能不争；争则乱，乱则穷。"也就是说，这种"本始材朴"之性中，并无"知"能，而是"生而有欲"，所以这种欲望自然发展的结果必是无度量分界，发生争乱。因此，这里的"本始材朴"与"性恶"说有着内在一致性，需要礼的规范和改造，这也就是荀子所谓的化性起伪。"伪者，文理隆盛也。无性则伪之，无所加，无伪则性不能自美，性伪合，然后成圣人之名一天下之功于是就也。"（《荀子·礼论篇》）而《乐记》所强调情性论是"人生而静，天之性也。感于物而动，性之欲也"。人天生本性是静，静有知能。受外物所感后出现各种波动，谓之情。此处的性和情不是表现与被表现的关系，而是人性所处的不同状态。人性受到不同外物的影响，就会有不同情的反应，但这些并不是人的本性，只是人性所处的一种状态，受良知的节制。要使人性在喜怒哀乐中都有所节制，引导人处于良好的情感状态中，就要有本之情性的礼乐来影响感染它。这不是一种外部的规范，而是内在的人性的激发和引导，要"反情以和其志"。因此，与《乐论》的人性论基础有着很大不同。又如《乐记》改《乐论》"先王恶其乱，故制雅、颂之声以道之"为"先王耻其乱……"。"恶"与"耻"一字之差，内在逻辑和理论依据却有很大差别。《乐记》调人性的静与知，所谓"知耻谓乎勇"，"耻"作为人的情志反应，主要从"知"上产生，强调先王、圣人之"知"，与"人生而静"相对应。而"恶"仍是一种情感反应，是先王、圣人"度量分界"，"性伪"相合之情的反应。其他《乐记》对《乐论》的改动还有许多，有的地方改动的篇幅也很大，此不赘述。总之，通过上文分析，这些改动与《乐记》与《乐论》的立足点和出发点有关，《乐记》通过这些改动，抽换了荀子一些思想，与全文思想高度一致，基本完成了一次新的创作。所以班固说河间"以作"《乐记》是可信的。《乐记》对《荀子·礼论篇》也有很多吸收和整合。对其他篇章亦然。

　　3.《乐记》与《吕氏春秋》。《吕氏春秋》作为一荟萃各家的巨著，对典籍泯灭的汉初来说，是一个难得的文献宝库，也成为河间辑佚、整理文献的重要资源。而《吕氏春秋》中大量的对乐的论述，也成了《乐记》创作采获材料的重要资源。如《吕氏春秋·侈乐》："生也者，其身固静，或而后知，或使之也。遂而不返，制乎嗜欲，制乎嗜欲（无穷），则必失其天矣。且夫嗜欲无穷，则必有贪鄙悖乱之心、淫佚奸诈之事矣。故强者劫弱，众者暴寡，勇者凌怯，壮者慢幼，从此生矣。"这段话被《乐记》继承和发展为："人生而静，天之性也；感于物而动，性之欲也。物至知知，然后好恶形焉。好恶无节于内，知诱于外，不能反躬，天理灭矣。"云云。"人生而静，天之性也"和"天理"的概念在《乐记》被明确地提出，对后世思想史，特别是宋明理学产生了重要影响。王应麟在《困学纪闻》中指出："天理二字，始见于《乐记》，如《孟子》'性善''养气'，前圣所未发也。"（宋王应麟《困学纪闻》卷五）陈澧在《东塾读书记》里也说："《乐记》所以为精要者，黄东发云：'人生而静，天之性也。……天理灭矣。'夫宋儒理学，上接孔孟者也。而其渊源出于《乐记》，然则此数语乃孔门之微言，真精要也。"（清陈澧《东塾读书记》卷九）《吕氏春秋·音初》曰："凡音者，产乎人心者也。感于心则荡乎音，音成于外而化乎内，是故闻其声而知其风，察其风而知其志，观其志而知其德。"将之与《乐记》"凡音之起，由人心生也。人心之动，物使之然也。感于物而动，故形于声。声相应，故生变；变成方，谓之音；比音而乐之，及干戚羽旄，谓之乐""唯君子为能知乐。是故审声以知音，审音以知乐，审乐以知政，而治道备矣"相比较，《吕氏春秋·音初》这段文字是《乐记》音乐产生论的直接思想文献来源。《乐记》正是在此基础上进行了发挥，系统地进行其音乐理论的阐述。

而《吕氏春秋·适音》"故治世之音安以乐，其政平也；乱世之音怨以怒，其政乖也；亡国之音悲以哀，其政险也。凡音乐通乎政，而移风平俗者也"对河间影响也至深，分别被河间文献《乐记》和《毛诗大序》采用，又稍加改动，使语句精炼，更加优美和畅。将"平"改为"和"，也使其与整篇《乐记》所强调的"大乐与天地同和"相一致。

4.《乐记》与《易传》。《乐记·乐礼》篇一段文字与《易·系辞传》大致相同，说明《乐记》的作者也从《易传》中截取了材料。两文比较见下表：

附表2：《乐记·乐礼》与《易·系辞传》对照表

《乐记·乐礼》	《易·系辞传》
天尊地卑，**君臣定矣**。卑高已陈，贵贱位矣。动静有常，**小大殊矣**。方以类聚，物以群分，则**性命不同矣**。 　　在天成象，在地成形；如此，则礼者天地之别也。地气上齐，天气下降，阴阳相摩，天地相荡，鼓之以雷霆，**奋之以风雨**，**动之以四时**，暖之以日月，而百化兴焉。如此则乐者天地之和也。化不时则不生，男女无辨则乱升； 　　………… 　　**乐著**大始，**而礼居**成物。	天尊地卑，**乾坤定矣**。卑高以陈，贵贱位矣。动静有常，**刚柔断矣**。方以类聚，物以群分，**吉凶生矣**。 　　在天成象，在地成形，变化见矣。是故刚柔相摩，八卦相荡。鼓之以雷霆，**润之以风雨**；日月运行，一寒一暑。**乾道成男，坤道成女**。 　　**乾知**大始，**坤作**成物。

　　从这段文字中，可明显看到两者因袭的关系。"乐"与"乾"相对应，"礼"与"坤"相对应，《乐记》由此得到了启发，不仅文字因袭了《易传》，并以《易传》为根据，从宇宙论的角度论述了礼乐的关系，以及礼乐与宇宙天道的关系。《乐记·乐礼》曰："乐者敦和，率神而从天，礼者别宜，居鬼而从地。故圣人作乐以应天，制礼以配地。礼乐明备，天地官矣"，"著不息者天也，著不动者地也。一动一静者天地之间也。故圣人曰礼云乐云"。正是在《易传》启发下，《乐记》展开的宇宙论"天礼合一"的论述。从思想的层面上，《易》对《乐记》思想上的影响是深刻的。像"大乐必易，大礼必简"，显受《易传》"乾以易知，坤以简能。易则易知，简则易从。易知则有亲，易从则有功。……易简而天下之理得矣。天下之理得而成位乎其中矣"、"夫乾，确然示人易矣；夫坤，隤然示人简矣"这些思想的影响，在礼乐理论上进行阐发。而"大乐与天地同和"也当受《易·乾·文言》"保合太和"的影响，"大礼与天地同节"则可能是受《易·节卦》"天节地以四时成"的影响。[①] 这些论述可见《乐记》"天礼合一"的思想，是河间"天礼之学"的重要组成部分。

　　5.《乐记》与其他经典。《乐记》受到《管子》影响也很深。其"感物而动，心术形焉"，正如孙尧年所说："其'心术'一词，本自稷下，则更为显

---

① 以上参见孙尧年：《乐记作者问题考辨》，《乐记论辨》，北京：人民音乐出版社，1983年，第166—167页。

然。"①《管子·心术》篇曰"天之道虚，地之道静"，"天主平，地主正，人主安静"，"毋以物乱官"，"毋以官乱心"，"民之生也，必以平正，所以失之者，必以喜怒哀乐。节怒莫若乐，节乐莫若礼，守礼莫若敬。外敬而内静者，必反其性"。孙尧年亦认为，这些思想"显为《乐本》的'人生而静'及'天理'说的来源。"②不仅如此，《乐记》并非仅承一家，更多地综合了先秦诸家的思想，是一篇集大成之作。它综合了《论语》《荀子》《孟子》等儒家学说和《吕氏春秋》《管子》，以及《老子》道家学说的思想，发展出自己新的思想。在《汉书·河间献王传》中，班固特别将道家文献《老子》列在河间文献之中，是深有用意的，说明道家思想与河间儒学有很大渊源。《乐记》"人生而静"一段议论，亦见于道家《文子·道原》篇，文字稍异，谓系老子之说。虽然今本《文子》一书系出后人伪托，前人早已辨明，但它说明了《乐记》与道家思想有很深渊源。对此，吴毓清说："在道家看来，'虚''静''无欲'乃人之天性。道家进行修养，目的就是要使这种天性在人身上得到复返。如果把这个理论贯彻到底，礼乐就是多余的。老子反礼乐，原因之一就在于此。但这些话，到了《乐记》里，却走了相反的路子。《乐记》非但没有用它来证明礼乐的多余，相反倒用它来替礼乐的必要性进行论证。"③所见可谓卓识。河间儒家在试图整合儒、道两家思想上是用了一番心血的。

由于沈约《奏答》的缘故，传统上都认为《乐记》至少采用了《公孙尼子》较多的内容，但这一无根之谈证据有限。现存的证据仅有唐代徐坚《初学记》"公孙尼子论曰'乐者，审一定和，比物以饰节'"，和唐马总《意林》所辑《公孙文子》（案：学界所引皆谓公孙尼子，四库本为公孙文子）"夫乐者，先王之所以饰喜也；军旅鈇钺者，先王之所以饰怒也"两条记载。且不说《意林》公孙文子是否为公孙尼子，二人也难说没有和张守节犯同样的错误，认为《乐记》为公孙尼子撰，直称《乐记》内容为"公孙尼子曰"。所以此二文出自《公孙尼子》的可能性很受怀疑。即或据此说明《乐记》的确采纳了《公孙尼

① 孙尧年：《乐记作者问题考辨》，《乐记论辨》，北京：人民音乐出版社，1983年，第160页。
② 孙尧年：《乐记作者问题考辨》，《乐记论辨》，北京：人民音乐出版社，1983年，第161页。
③ 吴毓清：《〈乐记〉的成书年代及其作者》，《音乐学丛刊》第1辑，北京：文化艺术出版社，1981年。

子》的内容，但《乐记》的基本思想却与公孙尼子的思想有很大的出入。王充《论衡·本性》篇曰："周人世硕，以为人性有善有恶，举人之善性，养而致之则善长；性恶，养而致之则恶长。如此，则性各有阴阳，善恶在所养焉。故世子作《养书》一篇。宓子贱、漆雕开、公孙尼子之徒，亦论情性，与世子相出入，皆言性有善有恶。"王充与班固同时应是见到《公孙尼子》二十八卷之书的，而从这段文字可见《公孙尼子》与《乐记》论人性是有很大不同的。《乐记》强调的是人性的"静"，本身就跳出以"善恶"来谈人性的范畴，是河间礼乐之学和实事求是之学的依据，与人性善恶说有着根本的不同。因此，即使《乐记》对《公孙尼子》有所采获，也必像改动其他经典一样，在一些重要的地方可能都作了改动。

此外，据清儒臧庸《拜经日记》、汪烜《乐经律吕通释》对《乐记》后十二篇的考证，《乐记》还可能采用《左传》《国语》等文献中的内容（按：当然如前所述，这些更可能的是同一批被河间整理的文献）。综上所述，仅从现存文献来考察，《汉书·艺文志》说"河间献王好儒，与毛生等共采《周官》及诸子言乐事者，以作《乐记》"，是可信的。《乐记》作为河间儒学的集体创作，其借助河间搜集整理文献的特殊优势，汇集春秋战国秦汉以降的六艺、百家文献和思想，以取舍、剪裁，整合出治道思想，从中既看到其对先秦儒学的继承，也看到在许多方面的整合和发展，是我们研究河间儒学宝贵的一手资料。

二、超越善恶：人生而静，天之性也
——《乐记》被遮蔽的人性论突破

董仲舒云："故明于情性乃可与论为政，不然，虽劳无功。"（《春秋繁露·正贯篇》）自孟子以下至汉儒，诸子百家在建构其学说体系时，人性论无不是其立论的基点，也是各家学说争论的焦点。亦如徐复观所云："人性论不仅是作为一种思想，而居于中国哲学思想史中的主干地位，并且也是中华民族精神形成的原理、动力。要通过历史文化以了解中华民族之所以为中华民族，这是一个起点，也是一个终点。"① 所以人性论一旦出现突破也就意味着整个哲学思想从起点到终点的系统性突破。"人生而静，天之性也"，《乐记》这一人性论的提出，正代表着这一突破。在我国思想史上具有极其重要的地位，是继先秦诸子人性论后的一大发展，对后世思想的发展产生了深刻影响，如上文所引宋儒黄震、清人陈澧所言，是宋世理学之渊源。但因着宋明理学的影响之大之深，反而这一突破的真实内容和意义被其长期遮蔽。让我们首先来看其人性论的完整论述："人生而静，天之性也；感于物而动，性之欲也。物至知知，然后好恶形焉。好恶无节于内，知诱于外，不能反躬，天理灭矣。夫物之感人无穷，而人之好恶无节，则是物至而人化物也。人化物也者，灭天理而穷人欲者也。"在这短短的几句话中提出了一系列的概念。要深入理解河间这一人性论的内涵，首先必须厘清这些概念。

（一）动静：超越善恶的客观人性论突破

与先秦诸人性论争论的焦聚在"善恶"道德伦理范畴不同，《乐记》则跳出了伦理的标准来看人性，把人性置于一种清静澄明的客观状态中来讨论。"人生而静，天之性也；感于物而动，性之欲也"，"静"作为人的天赋本性，首次被《乐记》明确地提了出来。这里静只是一种清静澄明的客观状态，并非伦理的范畴。它与学界纠缠不休的公孙尼子"有善有恶"论不同，因为无论是善还是恶本质上都没有跳出伦理判断的范畴。如果强行以善恶来评判《乐记》人性论的话，则亦可勉强称之为"性善"说。因为"人生而静，天之性也"既是人的天赋本性，这一状态的属性必然为"善"。如宋儒余允文所云："《乐记》曰：'人生而静，天之性也。'人之性禀于天，曷尝有不善哉！"（《尊孟辨》卷上）不过此"善"非彼"善"，这里只是对"静"这一状态价值属性的判断，与性善说伦理内涵有着根本的不同。

"静"既是人的本性，这样一个问题便随之出现，人在现实世界上不可能不受物的影响，即不可能不处于受物感的"动"中。对此，宋儒亦提了出来。张载说："谓天性静，则何常静，谓之动则何常动，天性难专以静，言无物，

---

① 徐复观：《中国人性论史·先秦篇·序》，上海：上海三联书店，2001年，第2页。

非天性静也。"（元陈澔《礼记集说》卷九十二）陆九渊曰："此《乐记》之言亦根于老氏，且如专言静是天性，则动独不是天性？"又曰："人生而静，天之性也，感于物而动，性之欲也。若是则动亦是，静亦是，岂有天理物欲之分？若不是，则静亦不是，岂有动静之间哉？"（《陆九渊集》卷三十五）朱熹加以调和，将人分为出生前、出生后来言性。他说："'人生而静以上'即是人物未生时。人物未生时只可谓之理，说性不得，此所谓'在天曰命'也。'才说性时便已不是性'者，言才谓之性，便是人生以后，此理已堕在形气之中，不全是性之本体矣。"（《朱子语类》卷九十五）此可见《乐记》以动静说人性给宋儒性命之学带来的困扰；也可见《乐记》与宋明理学人性论极大差异。不仅如此，与孟子以降忽视或否定人的情欲，强调天理物欲之分不同，《乐记》则强调性情皆是人的生命形态，且将"欲"作为人性之"感于物而动"的状态，提升至人性的高度，给予了前所未有的肯定。对此，邵雍说："感物而动，性始有欲，欲非情欲，逸欲之欲，性而无欲，则槁木死灰耳。率性之谓道，从何出哉？孔子曰：'我欲仁。'孟子曰：'可欲之谓善。'《书》曰：'惟天生民有欲。'果情欲逸欲之谓乎？"（卫湜《礼记集说》卷九十二）邵雍此论可以说代表后世儒学的基本看法。但这一解读并不符合《乐记》原义。这里"欲"既是人性之"动"，自然也包括了情欲之欲。也如上述宋儒所意识到的，"动"才是人的生命绝对形态，"静"只是一种人的相对形态。换言之，虽然"静"是人性的本然，但处于绝对状态的"动"，即人之思想意识情感活动则是其最重要的关切。这与宋儒将天理物欲加以界分，否定情欲有着根本不同。

且在《乐记》看来，孟子所谓的"恻隐之心，人皆有之"，将"恻隐之心"作为人固有之本然之善性，不过是人性受到恻隐之物影响时，一种意识、情感活动，并不能构成人的本性。如《乐记》起篇所云："人心之动，物使之然也。……其本在人心之感于物也。是故其哀心感者，其声噍以杀。其乐心感者，其声啴以缓。其喜心感者，其声发以散。其怒心感者，其声粗以厉。其敬心感者，其声直以廉。其爱心感者，其声和以柔。六者，非性也，感于物而后动。"这里的"哀""乐""喜""怒""敬""爱"，都是"人心感物而动"，即人心受外物影响所引起的不同的意识、情感活动。这种"恻隐之心"与其说为人心所固有，不如说是人性受到"恻隐之物"所感而生发的一种意识、情感活动，与人的其他情感活动一样，都是人心官能客观的意识情感活动中的一种，尽管这种情感可以称作道德情感。《孟子》将这一道德情感规定为人之善性后，后世儒者更将其发挥至极至。我们说，对人性作这样一种伦理之善的规定，在理论上当然更容易一劳永逸地将人与禽兽区分开来，并展开人之为人的道德论说。但问题是，这一偶然的意识、情感活动如何成为切实确定的充盈人生的生命实践，一直是孟子以降儒者论说不清充满神秘色彩的大问题。在《孟子》中，因这一论述无法在理论上周圆，最后只能借助比较抽象的养气说来填充，但如何养气，气具体又是什么，都是孟子论说的空白或隐藏在语辞力量之后的实践性或现实性断裂。这一问题同样也被推崇孟学的宋明以及现代儒学所继承。而通过所谓种种内省或内原式途径，以试图达到将这一恻隐之善充盈扩展为全部的生命实践，事实上这种内省究或与生命实践间关系如何，在强大语辞力量所递构的充盈宇宙，万物皆备于我心的阔大境象背后，仍然是客观现实性的断裂。所以本质上只是语辞力量所重构的虚玄幻象。尽管这一幻象显示了巨大力量，召唤了无数的儒者前赴后继，但终因与现实客观性存在着巨大的悬裂而坠落破灭。如黄宗羲所批评的："盈天地者皆心也，变化不测，不能不万殊。心无本体，无工夫而言本体，只是想象卜度而已，非真本体也。"（《明儒学案·自序》）尽管黄宗羲"工夫所致即是本体"与《乐记》亦相去甚远（因为从心性论出发所谓工夫即本体，工夫实际上是心性的展开，心性既然万殊，工夫又何以确定？），但其指出自孟子而下开出的内省式道德成长途径的神秘虚玄无疑是正确的。

事实上，在东西方人性论中一直都存在着一种冲动就是将人这种道德情感视作人性，并以之作为人之为人的道德根据。对此，康德就已经指出："如果道德法则底据系得自人性的特殊构造或人性所处的偶然情境，则使道德法则应一律适用于所有有理性者的那种普遍性——即因此而被加诸道德法则之无条件的实践必然性——便丧失了"。[①] 且在康德看来，道德情感一旦"逾越实践理性为人类所设定的界线——凭此界线，纯粹实践理性禁止我们将合乎义务的行为的主观决定根据（亦即其道德动机）置于法则本身以外的任何地方"，即为

---

① ［德］康德：《道德底形上学之基础》，李明辉译，台北：联经出版事业公司，1990年，第69页。

"道德狂热"。①这种狂热的表现就是"把自己的天职、同时也把自己的期望绷紧到某种无法达到的规定，亦即绷紧到所希望的对意志的神圣性的完全获得，而迷失在狂热、与自我认识完全相矛盾的神智学的梦呓之中。"②对于试图将这一道德情感拓展为充盈人生命乃至宇宙的道德人性论，康德批评无疑是深刻的，值得警惕的。

　　与孟子内省式的道德成长途径不同，《荀子》则代表了儒学外铄的道德成长之途。与孟子不同，《荀子》主张人性本恶，"化性起伪"。③然而既然人性是恶的，人何以能够"化性起伪"向善成善，也是《荀子》论述难以周圆和苍白的地方。而在《乐记》看来，《荀子》所列举的人性恶的种种表现，也只是人性受到外物所感后的一些意识、情感活动，或是人性被物化后的种种表现。《乐记》"人生而静，天人之性也"的提出，则是从人性论的起点上对《荀子》加以修正。不仅如此，虽然《乐记》承继了《荀子》强调礼乐的陶冶对人道德成长作用，但却不同于其外铄之途，其强调一方面从外部的客观世界着手，消除或规约诱使人走向恶的因素；另一方面又强调人的清静澄明之性与人的情感对人的道德成长的共同作用——在生活世界的外物所感中，寻求一个确定可靠的能够引导人性，使之能够回归本然状态的返躬之道，情深而文明，从而使人能在澄明中向善成长。而人类的理性与道德情感通过礼乐的结合统一，也从某种意义上克服了西方世界争论不休的道德法则的空洞形式与道德情感偶然性的问题（下文将详）。

　　论者或认为《乐记》的思想似乎与孟子时代的告子人性说有相近的地方。告子曰："性犹湍水也，决诸东方则东流，决诸西方则西流。人性之无分于善不善也，犹水之无分于东西也。"（《孟子·告子》）虽然性如湍水说，也跳出人性善恶之争，但把人性置之于完全被动的状态中，其成长完全受到了外物环境

---

① ［德］康德：《实践理性批判》，邓晓芒译，北京：人民出版社，2003年，第117页，此处引文参考了英译本和李明辉译文。

② ［德］康德：《实践理性批判》，邓晓芒译，北京：人民出版社，2003年，第168页。

③ 近年来世安师对《荀子》用力颇深，认为《荀子》的《性恶篇》并非荀子所作，为荀子后学或后人杂入，而性恶论与荀子的整体思想并不相符，整体而言荀子肯定情欲，并构成荀子学说的起点，也为荀子礼学的根据。（分别参见颜世安：《荀子人性观非"性恶"说辨》，《历史研究》2013年第6期；《肯定情欲：荀子人性观在儒家思想史上的意义》，《南京大学学报》2015年第1期）《乐记》更进一步，从人性论的层面肯定情欲，反映了其对荀子主体脉络的继承和发展，而与性恶论的殊途。

的支配，丧失了自我的主动性。而《乐记》的"静"既非静水，更非"湍水"，而是一种"虚一而静"的澄明状态。这状态用今天的哲学术语，就是"去蔽"与"澄明"。（或者说，是其时认识论向着现代哲学方向的一个非常接近的突破，而这一突破却被后来长期的带有神秘色彩的心性本体论所遮蔽，而未能沿着这一方向实现中国古代哲学的真正突破。）① 而这种"去蔽"与"澄明"就为《乐记》所论述的另一个重要概念"心知"提供了前提和保障。正是有"心知"的存在，在人性的本然状态中，才使人在外物的影响中不至处于告子的完全被动中，使得人能够实现自我形塑，朝向光明的前景。

（二）心知：澄明地认识万物之理

在先秦道家，无论是《老子》还是《庄子》都强调"虚""静""无欲"，并认为只有这样人才能洞见事物的本质。道家之虚静而知的思想也被《荀子》吸收，成为其思想的一部分。《荀子》在人性之外还引入了"心知"的概念。如《荀子·解蔽篇》：

> 圣人知心术之患，见蔽塞之祸，故无欲、无恶、无始、无终、无近、无远、无博、无浅、无古、无今，兼陈万物而中县衡焉。是故众异不得相蔽以乱其伦也。何谓衡？曰：道。故心不可以不知道；心不知道，则不可道，而可非道。……人何以知道？曰：心。心何以知？曰：虚壹而静。心未尝不臧也，然而有所谓虚；心未尝不两也，然而有所谓壹；心未尝不动也，然而有所谓静。人生而有知，知而有志，志也者，臧也；然而有所谓虚，不以所已臧害所将受谓之虚。心生而有知，知而有异，异也者，同时兼知之；同时兼知之，两也，然而有所谓一，不以夫一害此一谓之壹。……将事道者之壹则尽，尽将思道者静则察。知道察，知道行，体道者也。虚壹而静，谓之大清明。万物莫形而不见，莫见而不论，莫论而失位。坐于室而见四海，处于今

---

① 关于"去蔽""澄明"，参见俞吾金《意识形态论》关于马克思历史唯物主义的"元批判与去蔽"一节。（俞吾金：《意识形态论》，上海：上海人民出版社，1993年，第160—169页）

而论久远。疏观万物而知其情，参稽治乱而通其度，经纬天地而材官万物，制割大理而宇宙里矣。

《荀子》将"虚一而静"与"心知"的关系放大到了极致。但无论《老子》《庄子》等道家，还是《荀子》所代表的战国晚期的儒学，"虚静"还只是人认识事物的一种手段、方法和途径，与人性没有关联。庄学所代表的道家和《荀子》所代表的儒家都认为人性为恶，《庄子》更是对这种恶无可奈何，以绝望的玩世不恭的态度面对世界。[①]《荀子》在论述了人性恶的同时，引入了"心知"的概念，这一概念的引入，克服了《庄子》的绝望与黑暗，使人性的未来看到了光明与希望。但这一概念与人性之间具体的关系，在《荀子》那里似乎是割裂的，与性恶论更是格格不入的，存在着理论的盲点和论述的空白。《乐记》则成功注意到了荀学"虚一而静"和"心知"，这一对给人类带来无限光明和希望的概念，并且对孟学理论也有着广阔的继承和发展的空间。于是凝结着先秦儒道两家智慧结晶的"人生而静，天之性也"，便被响亮地提了出来。此处"静"由以前诸家认识世界的方法和途径上升到了人的本性。这一本性不但其天然功能就是"知"，有知的冲动——"物至而知知"，"知诱于外"，而且这一本性还为"知"祛除遮蔽，提供知的"澄明"的前提和保障。这里的"知"被称为"心知"。

《乐记》中大量使用了"心"这一概念。由于受宋明理学心性之学的影响，特别是新儒学的学者喜欢以心体、性体或本体之"心"来指称和解读。事实上，这在起点上就是对《乐记》先入为主的误读，并不符合《乐记》的本意。《乐记》的"心"只是人的具体官能，"耳目鼻口、心知百体皆由顺正以行其义"，如"耳目鼻口"等五官感物一样，都是引起人感知世界的具体气质性官能。因此，当心受物感便可称心情，当"物至知知"，即外界的事物一到来，人心所含的知觉对它有所认识，便是"心知"。

《乐记》的"心知"承继《荀子》的概念。心在《荀子》那里乃是人"天官"之一，与耳目鼻口形体以各自的方式共同感知世界，即："凡同类同情者，其天官之意物也同。故比方之疑似而通，是所以共其约名以相期也。形体、色

[①] 颜世安：《庄子评传》，南京：南京大学出版社，1999年，第51页。

理以目异；声音清浊、调竽、奇声以耳异……说、故、喜、怒、哀、乐、爱、恶、欲以心异。"所不同的是，"心有征知。征知，则缘耳而知声可也，缘目而知形可也。征知必将待天官之当簿其类，然后可也。五官簿之而不知，心征知而无说，则人莫不然谓之不知。此所缘而以同异也"（《荀子·正名篇》）。亦即心有根据耳目鼻口形体的感知做出综合判断的官能。我们或可称之为康德所说的"统觉"，当其处清静状态时则可以说是康德纯粹理性（与康德纯粹理性相比，《乐记》的人性之清静澄明显然更加本源性，为理性提供了基础性支撑和可能）。

"心"为人气质性的天官，它的官能就是人的知性。这构成了《乐记》哲学认识论的起点。这一起点不是神秘模糊的，而是客观确定的。这一确定的认识论起点决定了《乐记》对世界的认识也是客观的，它强调在人性之本然的清静澄明的状态下认识客观世界，进而认识"天理"。

"天理"是《乐记》中一重要概念，也是对后世产生深远影响的概念，但这一概念在《乐记》中确切含义却被长期误读，从而造成了中国古典哲学的一系列问题。对于"天理"，孔颖达的解释是"理，性也，是天之所生本性"（《礼记注疏》卷三十七），即天之所生人或物的本性。后世基本沿续了这一解读，将"理"与"性"相混同。然在《乐记》中"理"字共9处，"天理"出现2次，其余尽作"理""秩序"解，并无作"性"解用例。见下文：

> 故德辉动于内，而民莫不承听；理发诸外，而民莫不承顺。
> 乐者，通伦理者也。
> 使亲疏贵贱、长幼男女之理，皆形见于乐，故曰："乐观其深矣。"
> 而万物之理，各以其类相动也。是故君子反情以和其志，比类以成其行。
> 奋至德之光，动四气之和，以著万物之理。
> 礼也者，理之不可易者也。
> 四时和焉，星辰理焉，万物育焉。

从这些"理"字用例来看，将"天理"之理释为"性"，是不符合《乐记》"理"字用法的。上文中，我们特别注意到"德辉动于内，……理发诸外，……"这句话，据其意，"理"并非内在于人，而是人外部世界的客观存在的秩序、规律。且考《乐记》"天理"两次出现的完整论述：

> 人生而静，天之性也；感于物而动，性之欲也。物至知知，然后好恶形焉。好恶无节于内，知诱于外，不能反躬，天理灭矣。夫物之感人无穷，而人之好恶无节，则是物至而人化物也。人化物也者，灭天理而穷人欲者也。于是有悖逆诈伪之心，有淫泆作乱之事。是故强者胁弱，众者暴寡，知者诈愚，勇者苦怯，疾病不养，老幼孤独不得其所，此大乱之道也。

这里"天理灭"有两个原因，一是好恶无节，也就是意识、情感活动无节；二是知诱于外，也就是心知被外物引诱。意识、情感活动无节，则使天生清静之性失去本然状态，而其心的本然功能，知受到外物驱诱，也失去了清澈、澄明之知。人不能复归（即不能反躬）本然之性，清明之知丧失，于是人只能随物逐流，人化为物了。人既化物，清静之性不能复归，人就受物蒙蔽，不再有认知世界的能力，人也就缺乏了真知，也就只能随物驱使逐流了。这就是《乐记》称之的"灭天理而穷人欲者也"。所以这里"天理灭"，更多地是指在人本然之性中认知的外部客观世界能力的灭失而导致的上天所赋予人类和人类社会的生存发展之理，包括人类社会伦理、秩序、制度的灭失和违逆。所以"灭天理而穷人欲"的结果一方面是人心失去了节制，一方面是整个社会的混乱，于是出现"有悖逆诈伪之心，有淫泆作乱之事。……老幼孤独不得其所"等"大乱之道"。

由此可见，与其客观人性论相一致，《乐记》"天理"并非指人之本性，而是"心知"所要认识的客观对象的天赋秩序和规律，它并不抽象地内在于人心，更不合同于人性。它在万物的关系中呈现，在人本然之性清静澄明中被照见、认知。这与后世儒学将"天理"抽象于人心，合同于人性有着根本不同。这非常重要，因为天理既是在人本然的清静状态中心知的对象，这就克服了孟子的"尽心知性而知天""万物皆备于我"玄虚，从而就为人通过心知向着天理之善的成长开辟了一条客观的路径；同时也克服了荀子所谓"化性起伪"从起点上就陷入论说逻辑的困境，以及终极目标"起伪"问题上带来的困扰。① 这也廓清了中国儒学一直以来的"天人合一"玄想积弊，开辟了一条"清静澄明"的客观认识论的成长路径，形成了中国哲学这一方向上的重要突破。

（三）"礼乐皆得，谓之有德"

问题又随之出现。人"清静澄明"地认知世界何以保证向着天理之善成长呢？这也是西方哲学史上争论不休的问题。我们知道，在康德那里，在清静澄明中的纯粹理性"单就自身而言就是实践的，它提供（给人）一条我们称之为德性法则的普遍法则"，② 而这一普遍法则，康德认为，就是理性出于义务的意志自律原则。但问题是，即使我们承认这种意志的普遍性（事实上如麦金太尔指出的，康德的这一论断与其出身于严谨的基督教家庭背景有关），何以保证这种自律成为确定可靠的生命实践。也就是说，康德只是指明理性具有道德可能，而不能论证理性能够确定地实现道德。且康德所谓的意志的自律只是剥落了所有情感和经验的道德形式规则，很难想象道德脱离了情感之后，无论形式还是内容还会是人间的道德。诚如黑格尔所批评的："凸显意志之纯粹无条件的自我规定为义务的根源，再者，由于康德哲学，意志的知识才藉由无限自律的思想而获得其坚实的基础与出发点，这两件事诚然重要，但若坚持纯然道德的观点，而这种观点并不过渡到'伦理'的概念，这会将这项收获贬抑为一种空洞的形式主义，并且将道德之学贬抑为一种'为义务而义务'的空话。"③ 更何况亦如威廉姆斯所指出的，"邪恶或放纵之人的生活同样是由理性构成的一种生活，也是人类所特有的一种生活。到目前为止，仍旧无法说清楚，'由理

---

① 性既为恶，其何以向化，是荀子在谈论这个问题的起点上的困境，其如何而化，又是荀子难以言说的神秘，而以"伪"作人性的目标又存在着"名不正言不顺"上的困扰。
② ［德］康德：《实践理性批判》，邓晓芒译，北京：人民出版社，2003年，第41页。
③ ［德］黑格尔：《法哲学原理》，范扬、张企泰译，北京：商务印书馆，1961年，第137页。译文主要据李明辉：《四端与七情——关于道德情感的比较哲学探讨》，台北：台湾大学出版中心，2012年，第55页，参考商务本稍加修改。

性构成'的生活理念就一定会导致节制和德性生活"。① 总之，对于道德何以确定实现的问题，在康德费尽周折的理性论证的逻辑力量与语辞背后仍然存在现实性的断裂。这也可以说是西方启蒙运动之后一直存在的困境。对此，麦金太尔业已指出："恰如休谟由于自己的论证已全然否定了在理性上确立道德的可能，从而力图在激情基础上确立道德一样，康德因为他的论证排除了在激情的基础上确立道德的可能，而力图在理性基础上确立道德；……而其他各方对每种主张的有效批评的总和使得每种主张都失败了。因此，为道德提供合理证明的运动决定性地失败了。"②

尽管如此，康德还是为我们指出了在清静澄明中纯粹理性具有意志的自律，尽管这种自律的能力并不如康德言说的那么确定可靠，但至少使人突破幽暗朝向天理之善的光明成为一种可能。事实上，与康德同归而殊途，在笔者看来，源自孟子的儒学从人的道德情感出发，强调德性内生于人性或合同于人性，也不过为人的道德生命寻一个内在支撑点，而这个支撑点也只能说明人能够有向善的可能，而不能说明人确定能够实现善行，而将其拓展为充盈人生命或宇宙的道德实现，如前文所述，不过是语辞所递构的虚玄幻象。而对于人理性和道德情感的局限，《乐记》已清楚的认知。在集成与反思孟荀及先秦诸子以来的人性论的基础上，《乐记》另辟蹊径，开出了中国哲学人性论另一方向——提出"人生而静，天之性也"这一客观人性论断，既克服孟子、荀子以来儒学困境，又承继传统儒学礼乐文明之大宗，为其奠定了坚实的理论基础。这一人性论的提出，不仅为礼乐教化通向天理之善提供了人性论上的依据，也使得礼乐教化成为人自我完善客观必经之途。也就是说，其不仅解决了人何以朝向天理之善，也解决了人何以能够实现天理之善，将善变成人确定的生命实践。不仅如此，通过礼乐教化也使得道德不仅合乎理性也富有人情，更具有优美典雅的品格。

既然人性的本然是"静"，一方面这种"静"使人有"知"的能力，能清澈澄明地认识世界和天理，通过人的知性或理性人有着天理的正确方向发展

---

① Bernard Williams, Replies; *World, Mind, and Ethics: Essays on the Ethical Philosophy of Bernard Willams*, edited by Ross Harrison J. E. J. Altham, Cambridge University Press, 1995, p. 198.

② ［美］麦金太尔：《德性之后》，龚群等译，北京：中国社会科学出版社，1995年，第65页。

的可能；另一方面这种"静"又时时处在外物的影响中，出现各种意识、情感的活动，从而诱导人的认知离异或违逆天理。如果人的意识、情感过于随物逐流，就会丧失对客观世界的认知，这样就会导致"人化物""灭天理""穷人欲"的结果，人的生命和社会就会堕入极度混乱和黑暗的深渊。为确保人不被物化，能够回到人的本然之性，首先需要这样一种能够起到内在调节、引导和陶治人的情感和认知活动。在《乐记》看来，这一"外物"，就是礼乐，也只有礼乐能到这样的作用。礼乐何以能起到这一作用呢？《乐记》认为，这是由于礼乐的客观生成过程和内容属性决定的。对此《乐记》开篇便对乐的本源进行论述："凡音之起，由人心生也。人心之动，物使之然也。感于物而动，故形于声。声相应，故生变。变成方，谓之音。比音而乐之，及干戚羽旄，谓之乐。"这段话指出乐生成的过程，以及声、音、乐的不同。元儒陈澔的解释尤为明了：

> 凡乐音之初起，皆由人心之感于物而生。人心虚灵不昧，感而遂通，情动于中，故形于言而为声。声之辞意相应，自然清浊高下之变，变成歌诗之方法，则谓之音矣。成方，犹言成曲调也。比合其音而播之乐器，及舞之干戚羽旄，则谓之乐焉。（《礼记集说》卷七）

"声"即是人感物而发出的声音，是人对外部世界的反映，是情感的外化形式，即反映人情感变化的声音或言语。"音"则是"声成文"，即是人们按照一定的规则，变自然之声为有节奏有韵律之声，是各声谐和、变化的产物。它包括清唱、吟诗或赋词，甚至包括创作吟诵有韵律的文章。由于音由声构成，直接发自人的内心世界，是外部世界在人内心的反映，所以从音中能反映出社会的现状。"凡音者，生人心者也。情动于中，故形于声。声成文，谓之音。是故治世之音安以乐，其政和。乱世之音怨以怒，其政乖。亡国之音哀以思，其民困。"而"乐"则是在音的基础上，"播之乐器"，杂以歌舞，辅以干戚羽旄，合歌唱、伴奏、舞蹈为一体的盛大歌舞演艺，在加工成乐的过程中，从形式到内容上都产生了重要变化。这种变化首先表现在反映人心世界和社会世道的音，转变成了一个反过来影响人的内心世界臻于天然和谐的乐。这种和谐对人内心情感产生的深刻影响，能"合生气之和，道五常之行，使之阳而散，阴而不密，刚气不怒，柔气不慑，四畅于中，而发作于外，皆安其位而不相夺也"；所以说"乐者，天地之命，中和之纪，人情之所不能免也"。也就是说，自身之"中和"的乐，深深地影响了人的情感世界使之达"中和"的境界。这里"中和"概念显然与《中庸》相一致。《中庸》曰："喜怒哀乐之未发，谓之中；发而皆中节，谓之和；中也者，天下之大本也；和也者，天下之达道也。致中和，天地位焉，万物育焉。"这段话被后来儒学心性学奉为圭臬，所谓心体性体亦由此产生，解释亦越来越虚玄。实际上，从《乐记》看，也并没有后来说家说得那么虚玄，对人而言，"中"不过是指人内在的情志，"中和"就是指人内在情志的和谐，使人能够返躬回到人本然清静之性认知"天理"，对物则是指万物和谐就是天理畅行之达道。总之，从发生过程上，礼乐是源于内心情感世界，并充盈承载着人类深厚的情感，所以它能够深深地影响和调节人的情感世界，从而使人能够达至中和，能够反躬回到人的清静本然之性。

接下来的问题是，礼乐又何以通过本然之性转化为人内在的德性，或者说朝向天理之善成长？也就是《乐记》所声称的，"礼乐皆得，谓之有德。德者，得也"何以可能和实现？这也是《乐记》中最为艰深的问题，也是《乐记》从客观人性论出发，能否将这一客观性贯彻到底，实现其理论的周圆与突破的关键。

在具体展开这个问题前，有一个概念必须要解释清楚，否则礼乐与道德的具体关系很难论述清楚。这一概念就是"心术"。虽然它在《乐记》中仅出现2次，但非常重要：

> 夫民有血气心知之性，而无哀乐喜怒之常，应感起物而动，然后心术形焉。是故志微噍杀之音作，而民思忧。啴谐慢易、繁文简节之音作，而民康乐。粗厉猛起、奋末广贲之音作，而民刚毅。廉直、劲正、庄诚之音作，而民肃敬。宽裕肉好、顺成和动之音作，而民慈爱。流辟邪散、狄成涤滥之音作，而民淫乱。

> 奸声乱色，不留聪明；淫乐慝礼，不接心术。惰慢邪辟之气不设于身体，使耳目鼻口、心知百体皆由顺正以行其义。

此处"心术"的内涵与《管子》中"心术"有很大不同。《管子·心术上》："心术者，无为而制窍者也，故曰君。"房玄龄注："心无嗜欲之为，故能制于九窍。"《管子》的"心术"是指心制约九窍的术数方法，引申下去便是人主御臣之术。《乐记》的"心术"是指心之所由之道。如孔颖达疏所云："心术形焉者，术，谓所由道路也；形，见也，以其感物所动，故然后心之所由道路而形见焉。心术见者，即下文：'是故志微噍杀之音作……'"（《礼记注疏》卷三十七）如前文所述，心作为人的天官，其官能一是心情，二是心知。因此，所谓"心所由之道路"，就是将二者纳入或导入一客观的途径道路，使二者在这一途径上达致和谐与认知顺行天理，亦即"耳目鼻口、心知百体皆由顺正以行其义"。而礼乐所起的就是将心引入这一途径的作用，或者说，礼乐就是这一途径。这是因为：

首先，"礼乐不可斯须去身"，是人的治心治躬的根本，是情与理的统一。对此《乐记》说：

> 君子曰：礼乐不可斯须去身。致乐以治心，则易直子谅之心油然生矣。易直子谅之心生则乐，乐则安，安则久，久则天，天则神。天则不言而信，神则不怒而威，致乐以治心者也。致礼以治躬则庄敬，庄敬则严威。心中斯须不和不乐，而鄙诈之心入之矣。

对于何以"致乐以治心，则易直子谅之心油然生矣"，徐复观用西方心理学的理论加以分析，指出："情欲不是罪恶，且为现实人生所必有"，"道德之心"，即和易、正直、子爱、诚信之心，"亦须由情欲的支持而始发生力量；……情欲一面因顺着乐的中和而外发，这在消极方面，便解消了情欲与道德良心的冲突性。同时，由心所发的乐，在其所自发的根源之地，已把道德与情欲，融和在一起；情欲因此得到了安顿，道德也因此得到了支持；此时情欲与道德，圆融不分，于是道德便以情绪的形态而流出"。[1] 诚然徐复观很好地解释了乐对情欲与道德的调和作用，不过，仍需指出的是，所谓的"道德之心"，并非源自于人心的自然生发，乃是来自涵融了伦理道德的乐与人心情感、认知世界的交融而生发。因为乐通于伦理。"乐者，通伦理者也。……知

---

[1] 徐复观：《中国艺术精神》，上海：华东师范大学出版社，2001年，第17页。

音而不知乐者，众庶是也。唯君子为能知乐。是故审声以知音，审音以知乐，审乐以知政，而治道备矣。……知乐则几于礼矣。"而从声形成乐的过程就融入伦理政治的内涵。"声音之道，与政通矣。宫为君，商为臣，角为民，徵为事，羽为物。五者不乱，则无怗懘之音矣。"而乐正是"比音而乐之"而成，且"律小大之称，比终始之序，以象事行。使亲疏、贵贱、长幼、男女之理，皆形见于乐"，在整个乐生成的过程都融入了丰富的道德伦理的内涵。

乐不仅通伦理，融情欲与道德于一体，更是"奋至德之光，动四气之和，以著万物之理"，是情与理和谐统一。而与乐则相互表里的礼亦然。"故乐也者，动于内者也；礼也者，动于外者也。""致礼以治躬则庄敬，庄敬则严威。……外貌斯须不庄不敬，而易慢之心入之矣。""礼乐之说，管乎人情"，在共同承载、涵融和影响人情感世界的同时，也将其充盈和融贯的社会政治和丰富的伦理内涵作用于人的情感与认知世界，从而促成了人的道德的成长内在和外在的根据。"是故先鼓以警戒，三步以见方，……独乐其志，不厌其道；备举其道，不私其欲。是故情见而义立，乐终而德尊。"同时礼的秩序亦是万物应有之理，所以礼乐对人共同作用的结果，就是"德辉动于内"而"理发诸外"，由是"致礼乐之道，举而错之，天下无难矣"。（以上均引自《礼记·乐记》）用现代的话，礼乐是纯粹理性与道德情感的统一及具体实现。因此遵循礼乐不仅是纯粹理性的道德法则——出于义务的意志自律和道德情感内在要求和动力，也是意志自律和道德情感转化为确定的道德践行的保证，从而消弥了传统德性论现实性的断裂与鸿沟。

其次，礼乐承载着传统历史文化的规模。道德离开了优美、典雅的品格，也将是人类修养与文明的缺憾，而不能称之为美德，而礼乐所承载的优秀传统历史文化的规模正好补足这一缺憾。亦如颜世安师所云："儒学的精神固然是道德精神，但这种道德精神却是对多少个世纪累积陶铸而成的文化规模的共同领悟。这种共同领悟确立了人之为'人'的宏大尺度，这个伟大的尺度才是鼓舞人追求德行的精神源泉。"[①]在《乐记》看来，"礼乐皆得谓之有德"，不仅表现在上述道德伦理与实践问题，更是因为礼乐所承载和充盈着人类传统历史文化规模。"钟鼓管磬，羽龠干戚，乐之器也。屈伸俯仰，缀兆舒疾，乐之文也。

① 颜世安：《关于儒学中"历史文化优先"意识的一些思考》，《南京大学学报》（哲学·人文科学·社会科学）2002年第3期。

簠簋俎豆，制度文章，礼之器也。升降上下，周还裼袭，礼之文也。故知礼乐之情者能作，识礼乐之文者能述。作者之谓圣，述者之谓明；明圣者，述作之谓也。""是故先王本之情性，稽之度数，制之礼义。……然后立之学等，广其节奏，省其文采，以绳德厚。"可以说对"文"的承载，即是对厚德的积累和陶铸，而所谓"德者，性之端也，乐者，德之华也""情深而文明，气盛而化神，和顺积中而英华发外"，正是这一文德的华彩与洋溢。

最后，礼乐不仅是人间秩序和谐的依据，也是天地秩序和谐的依据。过去学者在没有仔细辨别分析的情况下，大多认为《乐记》所强调的是"天人合一"论，其实不然，《乐记》所强调的是"天礼合一"，礼乐的神圣性，礼乐不仅通天地鬼神，而且对天地鬼神构成制约，包括天地鬼神之内都必须接受礼乐的规范与合和。"大乐与天地同和，大礼与天地同节""乐者，天地之和也；礼者，天地之序也"，一方面说明礼乐与天地融为一体，与天地合而为一；一方面也说明天地必须有礼乐方得和序，才能有"天高地下，万物散殊"的和谐自然的秩序。既然天地都需要礼乐的和序，"礼乐皆得"当然是人道德的最高境界。这就成功地从孟子内省游移不定的善端开始通过玄想的虚幻而实现的超越，而转变为从内得真实确定的礼乐出发，通过礼乐与生命实践的统一而实现向天道宇宙的超越。

总之，从礼乐与人本然之性的关系出发，通过对礼乐自身属性、内容和作用的展开，《乐记》将其客观性贯彻到底，为人的道德成长和社会和谐指明一客观的通途，既克服了孟子以降内省或内原式的道德成长路径的虚玄，而转向内得真实确定的礼乐陶冶建立起德性成长的客观之途；也从起点上摆脱了《荀子》人性之恶带来的理论逻辑困境，使人在礼乐的陶冶和对天理信赖与追求中德性成长成为可能，从而实现了中国哲学这一方向上长期被遮蔽的重要突破。

不仅如此，《乐记》强调人类在清静的本然之性中澄明地认知世界的天赋职责，德性并不先验地存在于人的心性，而是在礼乐陶冶与天理的追求中养成，不仅为人类不断向认知世界"格物致知"的"道问学"方向自由拓展，也为在人性清静澄明中知识与德性的成长相得益彰，分任殊途，提供了强有力的人性论支持。这就跳出了宋明及至现代新儒学心性论中"尊德性"与"道问学"的纠缠，将知识从后世一直被德性的捆绑与束缚中解放自由出来。

（四）大乐与天地同和，大礼与天地同节

给予了礼乐制度人性论依据的同时，更从天道观上赋予礼乐制度的神圣权威问题，在这方面，河间儒学从两个方面进行了理论的论述。一是从传统方面，前文已指出，这主要通过礼乐与圣王、盛德之间关系的论述来完成。河间认为礼乐制度乃是圣王之统绪，圣王之所以圣，乃是其制礼作乐，推行礼乐制度。无论圣王的圣，还是圣王治世的德，都来自于礼乐制度，没有礼乐制度，也就无所谓圣王，无所谓德。二是从天礼关系方面进行论述，以下是《乐记》关于"天礼合一"的论述：

> 大乐与天地同和，大礼与天地同节。和故百物不失，节故祀天祭地，明则有礼乐，幽则有鬼神。如此，则四海之内，合敬同爱矣。
>
> 乐者，天地之和也；礼者，天地之序也。和故百物皆化；序故群物皆别。乐由天作，礼以地制。
>
> 天高地下，万物散殊，而礼制行矣。流而不息，合同而化，而乐兴焉。春作夏长，仁也；秋敛冬藏，义也。仁近于乐，义近于礼。乐者敦和，率神而从天，礼者别宜，居鬼而从地。故圣人作乐以应天，制礼以配地。礼乐明备，天地官矣。
>
> 地气上齐，天气下降，阴阳相摩，天地相荡，鼓之以雷霆，奋之以风雨，动之以四时，暖之以日月，而百化兴焉。如此则乐者，天地之和也。
>
> 礼乐偩天地之情，达神明之德，降兴上下之神，而凝是精粗之体，领父子君臣之节。是故大人举礼乐，则天地将为昭焉。天地欣合，阴阳相得，煦妪覆育万物，然后草木茂，区萌达，羽翼奋，角觡生，蛰虫昭苏，羽者妪伏，毛者孕鬻，胎生者不殰，而卵生者不殈，则乐之道归焉耳。

关于这方面的论述，《乐记》可谓俯首可得，不胜枚举。但学者没有仔细辨别分析，大多认为《乐记》也强调"天人合一"，其实不然。《乐记》所强调的是前文论及的"天礼合一"。既然天地鬼神都要接受礼乐制度的和谐规范，

那么称为天之子的人间君王则更应接受礼乐的规范。

在《乐记》中，河间儒学系统地进行了"天礼合一"的论述，以作为其礼乐制度在形而上学层面的根据，并以此构建起一套较完整的思想体系，集中反映了河间儒学的"天礼之学"思想。从中可见与当时武帝朝中央儒学"天人之学"泾渭分明的分野。两大思想交锋与融合，构筑了有汉一代生命洋溢的学术洪流，对我国学术思想史产生了极为深刻和深远的影响。

三、乐府与中央新礼乐文化构建

河间之后，仍有一部分儒者强调力行礼乐教化，但一直未能被中央采纳。究其原因，史书或委过于当时的武力功臣，或借故于当时的客观情势，以致"不暇留意""其议复寝"。其实深层的原因在于这些措施与汉家制度不合。一种国家的政治制度必然要求有配套文教制度。王夫之云："封建也，学校也，乡举里选也，三者相扶以行，孤行则踬矣。"[1] 封建制与其文教制度相辅相成，孤行则踬。"汉承秦制"，继承的是秦大一统的郡县政体，因此，必定要有新的文化制度与之相适应。而传统礼乐文明却与封建政体连体同生，如推行势必与现行制度产生一系列的矛盾，引起封建的复古思潮，这对尚不巩固的郡县制帝国来说，无疑是巨大的威胁。[2] 不仅如此，通过对《周官》《乐记》的分析，在礼乐之争的背后，是诸侯与皇权的斗争，是诸侯要求规范皇权与皇权要求独大对诸侯不断侵夺的斗争。由于以上原因，汉廷对儒家鼓吹的礼乐教化不但没有多大兴趣，还采取了严厉的抑制措施，以致来朝献雅乐的献王在武帝的逼迫下，回国后不得不被迫自杀。如前文所述，终汉一世，汉儒复兴礼乐的梦想都未得实现。

但现实中，一方面帝国面临着不断加深的社会道德文化危机；另一方面武帝既然罢黜百家，独尊儒术，决定以儒家尊崇的五经作为统治意识形态的根据，就必须面临着儒家所坚持的主张——"王者功成作乐，治定制礼"（《礼

---

① ［清］王夫之：《读通鉴论》，北京：中华书局，1975年，第50页。

② 后来历史也证明了这一点，如钱穆所说："昭、宣、元、成以后，则儒家稽古益密，乃始以儒术矫抑往者文学浮夸之病，而汉代之复古运动更进一步。推至于极，遂成王莽之改制。"（钱穆：《秦汉史》，北京：生活·读书·新知三联书店，2005年，第207页）

记·乐记》)。这就迫使武帝必须考虑为汉家量身定做新一代"礼乐"，并希望得到以董仲舒为代表的儒者的支持。《汉书·董仲舒传》曰：

> 制曰："朕获承至尊休德，传之亡穷，而施之罔极，任大而守重，是以夙夜不皇康宁，永惟万事之统，犹惧有阙。故广延四方之豪俊，郡国诸侯公选贤良修洁博习之士，欲闻大道之要，至论之极。……盖闻五帝三王之道，改制作乐而天下洽和，百王同之。当虞氏之乐莫盛于《韶》，于周莫盛于《勺》。圣王已没，钟鼓管弦之声未衰，而大道微缺，陵夷至乎桀、纣之行，王道大坏矣。夫五百年之间，守文之君，当涂之士，欲则先王之法以戴翼其世者甚众，然犹不能反，日以仆灭，至后王而后止，岂其所持操或悖缪而失其统与？固天降命不可复反，必推之于大衰而后息与？……子大夫明先圣之业，习俗化之变，终始之序，讲闻高谊之日久矣，其明以谕朕。……朕将亲览焉。"

从这段制文中，武帝虽认为"改制作乐，而天下洽和，百王同之"，但他要强调的是先王之法不能复反和"天降命不可复反"，要求变革古制，建立适应帝国需要的新制。这一点下面的制文说得更明白："道世务而未济，稽诸上古之不同，考之于今而难行，毋乃牵于文系而不得骋与？将所繇异术，所闻殊方与？"武帝希望"习俗化之变，终始之序"的董仲舒能够支持这种变革，并提出具体方案。但董仲舒却坚持其固有主张，强调帝国应实行传统的礼乐教化。面对儒者在传统礼乐方面的坚持，雄才大略的武帝从帝国政治的需要出发，不得不自行决定另辟新径来建构汉家新礼乐系统。他的决定得到了身边文学侍从之臣如司马相如、终军等人的大力支持。司马相如云："且夫贤君之践位也，岂特委琐握龊，拘文牵俗，循诵习传，当世取说云尔哉！必将崇论宏议，创业垂统，为万世规。故驰骛乎兼容并包，而勤思乎参天贰地。"(《汉书·司马相如传下》) 这些话可谓句句都说到了武帝的心里。于是在这些文学之臣的鼓动下，汉武帝开始了为大汉制作新礼乐的伟业。这个重任便落在了具有内朝性质的与礼乐相关的乐府机构的肩上。

（一）"乃立乐府"考辨

乐府立于何时，学界争论已久。要之，一是文献自身抵牾，二是考古实物的发现动摇了一些成说的基础。《汉书·礼乐志》云：

> 至武帝定郊祀之礼，祠泰一于甘泉，就乾位也。祭后土于汾阴，泽中方丘也。乃立乐府，采诗夜诵，有赵、代、秦、楚之讴。

又《汉书·艺文志》：

> 自孝武立乐府而采歌谣，于是有代赵之讴，秦楚之风，皆感于哀乐，缘事而发，亦可以观风俗，知薄厚云。

又班固《两都赋序》：

> 大汉初定，日不暇给，至于武宣之世，乃崇礼官考文章，内设金马、石渠之署，外兴乐府协律之事。

据以上记载，武帝始立乐府之说似成定论。故刘勰《文心雕龙·乐府》中云："暨武帝崇礼，始立乐府。"颜师古注"乃立乐府"亦曰："始置之也。乐府之名盖起于此，哀帝时罢之。"（《汉书·礼乐志》颜师古注）然则《汉书·礼乐志》又云：

> 高祖乐楚声，故《房中乐》楚声也。孝惠二年，使乐府令夏侯宽备其箫管，更名曰《安世乐》。

《史记·乐书》中亦云：

> 高祖过沛诗《三侯之章》，令小儿歌之。高祖崩，令沛得以四时歌舞宗庙。孝惠、孝文、孝景无所增更，于乐府习常肄旧而已。

又贾谊《新书·匈奴篇》曰：

> 令妇人傅白墨黑，绣衣而侍其堂者二三十人，或薄或掩，为其胡戏以相饭。上使乐府幸假之。俾乐吹箫、鼓鼗、倒挈、面者更进，舞者、踊者时作；少间击鼓，舞其偶人……使降者时或得此而乐之耳。

据这些记载，对乐府始于武帝一说，早在宋代王应麟已开始怀疑："《礼乐志》孝惠二年有乐府令夏侯宽，似非始于武帝。"（《汉书艺文志考证》卷八）不过，对《汉书》这一矛盾，编辑《乐府诗集》的郭茂倩进行了调和，"乐府之名，起于汉魏，自孝惠帝时，夏侯宽为乐府令，始以名官。至武帝乃立乐府"。（《乐府诗集》卷十九）此说被一些近代学者所接受。罗根泽在《乐府文学史》中说："然则武帝之前，有乐府令，而无乐府官署之设；孝惠以沛宫为原庙，文景不过肄业而已。"[1] 显然他的说法是郭说的翻版。[2] 由于西汉乐官分为太乐和乐府二署，分属于太常和少府，有一些学者据此认为《礼乐志》言"乐府令夏侯宽"，是"以后制追述前事"，或则此处"乐府令疑作太乐令"。（王先谦《汉书补注》引）王运熙则进一步指出，《史记·乐书》的'乐府'，《汉书·礼乐志》的'乐府令'，都是泛称，实际即指'太乐'和'太乐令'"，还举出后世文献中类似的泛称证明其说。[3]

总体上看，在20世纪70年代以前，学者多相信武帝始建乐府，但随着1976年秦乐府编钟的发现，现代学者多对武帝始立乐府说产生了质疑。袁仲一在《秦代金文陶文杂考三则》中说：

---

[1] 罗根泽：《乐府文学史》，北京：东方出版社，1996年，第2页。

[2] 不过罗根泽在后来发表的《何谓乐府及乐府的起源》中，改变了自己的观点，认为"'乐府'原是官名。它的设置大概在秦代"，"但大事扩充，值得我们特别论述，要等待汉武帝"，"颜师古在《礼乐志》'乃立乐府'句下，注云：'乐名之名，盖始于此。'这自然是错的。但乐府之有千古不朽的价值，确始武帝。武帝以前，不过例行故事的将《三侯之章》及《安世乐》叫'礼官肄业而已'。武帝时从五方面大事增展：（一）搜求民间的歌谣，（二）使文人作诗颂，（三）使音乐家弦歌诗颂及歌谣，（四）外国乐的输入，（五）乐工的增多"。（原载《安徽大学月刊》1934年第2卷第1期，现收入《罗根泽古典文学论文集》，上海：上海古籍出版社，1985年，第99—135页）

[3] 王运熙：《汉武帝始立乐府说》，《乐府诗论丛》，北京：中华书局，1962年，第8—10页。

1976年春节，我留守秦俑考古工地，借机对秦始皇陵进行了一次普查。在普查过程中，于2月6日下午发现错金编钟一件，钮上刻"乐府"二字，故名"乐府钟"。"乐府钟"出土于秦始皇封土西北110米处的一地面建筑遗址内。……特别值得注意的是在钟钮的一侧刻小篆体"乐府"二字。①

这一考古发现印证了《汉书·百官功卿表》载乐府属秦官，汉承秦制，早在秦时就有了乐府。2000年四五月间，中国社会科学院考古研究所汉长安城考古队在西安市郊区一处秦遗址中，出土了秦代封泥325枚，与乐府有联系的秦代封泥2枚："乐府丞印""左乐丞印"。②

又有广南越王墓出土八件铜钲，每件都有"文帝九年乐府工造"的铭文。考古工作者指出：钲"和同出的编钟、编磬，器形与战国末至西汉初的同类器相同，由此推测南越乐府的肆习乐章当系仿自汉廷"。③又陈直《汉封泥考略》中收录西汉齐地封泥出土百官封泥凡四十八枚，其中有"齐乐府印"一枚。陈直认为"当为菑川王及懿王时物无疑"。④综上所述，现有文献和考古实物的发现，基本证实了乐府的创立并非始于武帝。既然乐府的创立并非始于武帝，为何班固一而再地说武帝兴立乐府呢？如果没错，我们对此又做何解释呢？杨生枝认为，这里所说的"乃立乐府"，"绝非后人注释的'始立'之义，而是包含着重建、扩充的意思"。⑤虽然学界基本持杨生枝相同或相近的看法，但把"乃立乐府"的"立"解释为重建、扩充的意思显然有些牵强。

张永鑫在《汉乐府研究》中提出一个新的解释，他说："细绎《礼乐志》对乐府论述的整节意义与上下文具体的语言环境，所谓'武帝乃立乐府'，应

---

① 袁仲一：《秦代金文陶文杂考三则》，《考古与文物》1982年第4期。
② 中国社会科学院考古研究所汉长安工作队：《西安相家巷遗址秦封泥的发掘》，《考古学报》2001年第4期。
③ 黄展岳：《南越王墓出土文字资料汇考》，《西汉南越王墓》，北京：文物出版社，1991年，第311—312页。
④ 陈直：《文史考古论丛》，天津：天津出版社，1988年，第344—345页。
⑤ 杨生枝：《乐府诗史》，西宁：青海人民出版社，1985年，第5页。

该包含着武帝始定郊祀之礼与立于乐府这样两层意思"，"《汉书·礼乐志》把'乃立乐府'的结语置于武帝'始定郊祀之礼'的论述之后，可以说是较明确地说明武帝'立乐府'，不过是为使'定郊祀之礼'得到落实而采取的必然步骤。由此推断，《礼乐志》所谓的'至武帝定郊祀之礼……乃立乐府'，并非指武帝始立乐府，而是指武帝始定由奉常掌理的郊祀之礼，同时又把它立之于乐府"。① 张永鑫此处首次将"立"解释为"立之于乐府"，显然要比"扩充"之意合理得多。这里张永鑫看到了这里的"立"与定郊祀之礼的联系，其解释可以说已经触及到了问题的真相。但由于其在解释乐府职能上的含混不清，在文献处理上又削足适履，所以遂被学者认为"虽然可以勉强读通《汉书·礼乐志》这段话，但是却读不通《汉书·艺文志》中'自汉武立乐府而采歌谣'这句话"。②

　　细读《礼乐志》《艺文志》《两都赋序》，班固每提到乐府，总与采诗、协律相联，这就提醒我们，"乃立乐府"与采诗协律密切相关。当我们将这句话的断句放在"采诗夜诵"处，即"乃立乐府采诗夜诵，有赵、代、秦、楚之讴"时，问题就豁然开朗了。此处《汉书》的意思不是武帝"始立"乐府这个官署，而是把"采诗夜诵"的职能"立之于"乐府机构中，由乐府具体完成，亦即"始立"乐府"采诗夜诵"这个新的职能。实际上，此层意义班固在"外兴乐府协律之事"已说得比较清楚，这里"兴"很明显不是兴建乐府，而是指兴作"乐府协律之事"，即乐府采诗夜诵之事。这正与"乃立乐府采诗夜咏"意义相同，相互印证。事实上，秦仲一先生已说出了这层意思，"汉武帝'乃立乐府，采诗夜诵……'的真实含意，不应理解为汉武帝草创了乐府这一机构，而应该理解为他建立了利用乐府采诗的制度"。③ 因没有针对文句清晰的释读，一直也未能引起学者注意。本来这一层意思并不难读出，但由于学者深受刘勰、颜师古"始立乐府"之说，形成对班固"乃立乐府"的定向解读，又因断句上在"乐府"处断句，更为朗口，从而产生了误读。对此宋代郑樵可谓独具慧眼："乐府在汉初虽有其官，然采诗入乐自汉武始，武帝定郊祀，乃立

① 张永鑫：《汉乐府研究》，南京：江苏古籍出版社，1992年，第52—53、54页。
② 赵敏俐：《重论汉武帝"立乐府"的文学艺术史意义》，《社会科学战线》2001年第5期，第112页。
③ 袁仲一：《秦代金文陶文杂考三则》，《考古与文物》1982年第4期。

乐府采诗夜诵，则有赵代秦楚之讴。"（《通志》卷四十九《正声序论》）只是学者囿于成见，没有给予太多的注意，千年而下仍聚讼不已。

造成学者误读另一个重要原因是学者对武帝前后乐府职能变化认识不清的缘故。武帝以前，汉承秦制，据《汉书·百官功卿表》："少府，秦官，掌山海池泽之税，以给共养，有六丞。属官有尚书、符节、太医、太官、汤官、导官、乐府、……"应劭曰："名曰禁钱，以给私养，自别为藏。少者，小也，故称少府。"师古曰："大司农供军国之用，少府以养天子也。"乐府，秦官，领属于"少府"，属于皇帝生活御用的私人性质机构。又据《尔雅》郭璞注："府，犹库藏也。"邢昺疏："府，聚也，财物之所藏也。"（《尔雅注疏》卷六）顾名思义，"乐府"的职能应主要是制造储备乐器、保存实习曲目，以供皇帝私人随时御用。这一职能与文献记载相合，亦被考古发现证实。但此处乐府的"采诗夜诵"已大不相同，它不是为皇帝私人御用，而是供国家郊祀、宗庙祀仪、宾客燕享等国家礼乐文教使用，即赋予了乐府参与国家"制礼成乐"的职能。乐府则由先前帝王私人御用机构一跃成为在国家郊祀、宗庙大典以及宾客燕享等政治活动中举足轻重的机构，成为了帝国的文教中心，职能发生了重大变化。如兴无师所指出的，乐府歌诗的造作与大汉的"制礼作乐有关，其目的在于'兴废继绝'，宣扬文武周公之道，树立大汉帝国的道德文化信仰"。[1] 而在此之前，国家礼乐祀典则由领属于太常的太乐机构负责，乐府不与。

总之，此处"乃立乐府"的"立"非指始创乐府，而是指把"采诗夜诵"的职能"立之于"乐府机构中，由乐府具体完成，亦即"始立"乐府"采诗夜诵"这个新的职能，参与大汉新一代礼乐文化造作的伟业。这一职能的赋予，标志着乐府职能发生了重大变化，由过去制造储存乐器、保存实习乐曲的皇帝私人机构，转变为国家制礼成乐的文教机构。这一重大职能的变化，诚然也导致其机构规模的扩大和膨胀。

至于为何将这一伟业交给乐府，而不是交给时另一音乐机构太乐来完成，这仍然要从武帝以内御外的格局中来认识。汉武帝用内朝性质的乐府来承担这一伟业，一方面出于便利的考虑，因为外朝儒者拘于传统，对武帝的

---

[1] 徐兴无：《西汉武、宣两朝的国家祀典与乐府的造作》，《文学遗产》2004年第5期。

新礼乐不以为然，极力反对，使之很难开展，放之内朝则更能按自己的意志进行；一方面更深层的考虑就是试图在文化上也以内朝御外朝，以期在思想文化上强化皇权统治。武帝"乃立乐府采歌夜诵"，绝非如一些学者所说是贪图享乐，而是从整个帝国政治文教深层考虑。一方面他试图通过此举解决汉家文教问题，弥补古代礼乐寝废所带来的文化精神真空；一方面雄才大略的武帝的确有创立一代文化规模的雄心，构建与郡县制帝国相适应的文化体系，以巩固新生的帝国郡县政体。宋郑樵云："继三代之作者乐府也。乐府之作，宛同风雅，但其声散佚无所纪系，所以不得嗣续风雅而为流通也。"（宋郑樵《通志》卷四十九）元吴莱亦云："至汉而始欲修之。燕、代、荆、楚稍协律吕，街衢、巷陌交相唱和。当世学者司马相如之徒，徒以西蜀雕虫篆刻之辞，而欲立汉家一代之乐府。"（元吴莱《渊颖集》卷十二）这些儒者虽对武帝的乐府新礼乐不以为然，但却深明武帝的用意乃是继三代之后，创建大汉之新礼乐文化。

（二）乐府与新礼乐文化的构建

这一新文化既要体现大汉"驰骛乎兼容并包，而勤思乎参天贰地"的文化气魄，又要反映新的郡县制帝国政权的文化特质和需求。于是春秋以降，一直遭到儒家乃至法家的抵制，但在民间迅速发展的俗乐进入汉武帝及文学侍从的视野，并着手通过乐府，进而将其改造成适合帝国需要的的新礼乐文化。这一新礼乐文化正好反映了大汉两个方面的文化要求。从其内容、曲调上讲，乐府采诗协律不仅有赵、代、秦、楚之讴，还包括西域、匈奴等广大少数民族地区歌诗和音乐。这种博采各地的歌诗既显示了大汉文化无所不包的统一气象，也部分满足或达到了传统儒家"采诗观俗"的政治诉求。[1]为在稽古与创新间寻

---

[1] 《宋书·乐志》云："秦、汉阙采诗之官"。白居易亦云："洎周衰秦兴，采诗官废"；"周灭秦兴至隋氏，十代采诗官不置"（白居易《与元九书》）。有学者据此认为，乐府与"采诗""观采风谣"没有任何关系，甚至有学者认为，所谓的民歌也是文人造作。笔者认为这是错误和片面的，首先，汉无采诗之官，只是后世沈约根据乐府署员职掌的臆测，以此来否定《汉书》之"乐府采诗夜诵"说，存在文献上的问题。其次，纵使汉无专门采诗之官，这并不代表汉廷不采诗或汉廷不能通过其他途径采诗。且汉武帝通过乐府构建大汉新乐，其目的之一，就是达到兼包传统诗乐中"采诗观俗"的政治目的。这种观点是对汉武建构乐府文化的目的缺乏认知。

求平衡，武帝和他的文学侍从们更刻意模拟一些古雅艰深的辞语。《史记·乐书》更说："至今上即位，作十九章，令侍中李延年次序其声，拜为协律都尉。通一经之士不能独知其辞，皆集会五经家，相与共讲习读之，乃能通知其意，多尔雅之文。"与帝国新文化建设一致，有"古诗之流"，又有"体国经野，义尚光大"①的赋受到了格外重视，从附庸而蔚为大国，成为一代文学。②而乐府这些歌辞经过这些精通赋体文学家改造，再协以新声音律，便成为汉家特有的新诗乐。

乐府承担了这一新礼乐的重任后，也不负所望，广采造作，一时间蔚为大观。仅从现存《汉书·礼乐志》记载十九章《郊祀歌》来看，就广采了赵代之讴、秦楚之风、齐地歌诗等。又《汉书·艺文志》著录歌诗篇目更有："《高祖歌诗》二篇，《泰一杂甘泉寿宫歌诗》十四篇，《宗庙歌诗》五篇，《汉兴以来兵所诛灭歌诗》十四篇，《出行巡狩及游歌诗》十篇，《临江王及愁思节士歌诗》四篇，《李夫人及幸贵人歌诗》三篇，《诏赐中山靖王子哙及孺子妾冰未央材人歌诗》四篇，《吴楚汝南歌诗》十五篇，《燕代讴雁门云中陇西歌诗》九篇，《邯郸河间歌诗》四篇，《齐郑歌诗》四篇，《淮南歌诗》四篇，《左冯翊秦歌诗》三篇，《京兆尹秦歌诗》五篇，《河东蒲反歌诗》一篇，《黄门倡车忠等歌诗》十五篇，《杂各有主名歌诗》十篇，《杂歌诗》九篇，《洛阳歌诗》四篇，《河南周歌诗》七篇，《河南周歌声曲折》七篇，《周谣歌诗》七十五篇，《周谣歌诗声曲折》七十五篇，《诸神歌诗》三篇，《送迎灵颂歌诗》三篇，《周歌诗》二篇，《南郡歌诗》五篇。右歌诗二十八家，三百一十四篇。"可见当时乐府采集诗乐之广、诗乐造作之丰富，在推动汉代歌诗艺术发展方面，做出了卓越贡献。

这些乐府歌诗被应用国家礼祀、君臣燕享朝觐、行军争战等国家各种典礼场合。按东汉明帝和蔡邕的分法，乐府歌诗大致可以分为四类：一是大予乐，郊庙神灵所用；二是黄门鼓吹乐，天子享群臣所用；三是雅颂乐，大射辟雍

---

① 周振甫：《文心雕龙今译》，北京：中华书局，1986年，第77页。
② 许结："汉赋文学伴随汉代地域文化向统一文化转变过程的定型完成，赋家一方面参与共建大文化创制出与帝国同呼吸、共命运的宏丽篇章，一方面因'献赋'的入仕途径使辞赋与利禄结合。"这既反映了汉廷对赋的重视，也反映了赋在当时适应了大一统文化的需要。（许结：《中国赋学历史与批评》，南京：江苏教育出版社，2001年，第36页）

所用；四是短箫铙歌，军中所用。[1] 这些歌诗大多都已佚失，现存《汉乐府歌辞》，学者多认为是东汉末的歌诗。[2] 虽然如此，从现存的这些歌诗来看，与班固所指出的"皆感于哀乐，缘事而发，亦可以观风俗，知薄厚云"，可以说是一脉相承，从中基本上可窥见这一时期乐府歌诗所反映的时代风貌和这些诗歌背后所蕴藏的政治思想。[3] 如《上之回》：

> 上之回所中，益夏将至。行将北，以承甘泉宫。寒暑德。游石关，望诸国。月支臣，匈奴服。令从百官疾驱驰，千秋万岁乐无极。

歌颂大汉的威严，百夷来服的盛况。又《战城南》："战城南，死郭北，野死不葬乌可食。为我谓乌：'且为客豪，野死谅不葬，腐肉安能去子逃？'水深激激，蒲苇冥冥。枭骑战斗死，驽马徘徊鸣。筑室，何以南何北，禾黍不获君何食？愿为忠臣安可得？思子良臣，良臣诚可思，朝行出攻，暮不夜归。"勾勒了战争悲壮的惨景，也塑造了边疆战士誓死报国的无畏情怀。又如著名的《东门行》："出东门，不顾归。来入门，怅欲悲。盎中无斗米储，还视架上无悬衣。拔剑东门去，舍中母牵衣啼。他家但愿富贵，贱妾与君共餔糜。上用仓浪天故，下当用此黄口儿。今非，咄！行！吾去为迟，白发时下难久居。"《病妇行》："妇病连年累岁，传呼丈人前一言。当言未及得言，不知泪下一何翩翩。'属累君两三孤子，莫我儿饥且寒，有过慎莫笪笞，行当折摇，思复念

① 罗根泽：《乐府文学史》，北京：东方出版社，1996年，第9页。

② 汉代乐府歌诗除一些内证或唐吴兢《乐府解题》等文献有明确的年代外，一些主张作之于汉末的学者实际上也只是根据五言诗、七言诗的发展来推论，也并无多少很有力的证据。如王运熙在《汉代的俗乐和民歌》一文中说："现存汉乐府中的民歌绝大部分产生于东汉，这可从这些歌辞的思想内容、表现形式以及诗中提到的名物来证明。"然其最重要的证据就是道"辞兼东都"的内证和从五言、七言诗形成东汉上为证（作家出版社编辑部编：《乐府诗研究论文集》，北京：作家出版社，1957年，第22—25页）。笔者认为尽管所论有些道理，但仍有进一步讨论的空间，如范文澜在《文心雕龙讲疏》中就谓一些五言诗为武帝乐府所录。

③ 俞平伯在《说汉乐府诗"羽林郎"》一文中所说："汉魏以来所传的乐府歌词，是多多少少能够申诉人民大众的疾苦的，所谓'饥者歌其食，劳者歌其事'（《公羊传》何休注），'男女有不得其所者，因相与歌咏各言其伤'（《汉书·食货志》）可为证明。……现今所传的乐府诗多东汉的作品，两汉采诗的情形大概是差不多的。"（作家出版社编辑部编：《乐府诗研究论文集》，北京：作家出版社，1957年，第84页）可谓至论，所以即使这些作品是东汉人所作，也是承传了前汉乐府创作风格和思想内容，从中基本可以窥见汉武帝时代乐府的基本风貌。

之'。乱曰：抱时无衣，襦复无里。闭门塞牖舍，孤儿到市，道逢亲交，泣坐
不能起。从乞求与孤买饵，对交啼泣泪不可止。'我欲不伤悲不能已'。探怀
中钱持授，交入门，见孤儿啼索其母抱，徘徊空舍中，行复尔耳，弃置勿复
道！"类似的还有《孤儿行》等歌诗。对于这些歌诗，我们在探讨其思想性的
时候，往往强调其人民性，因此而视其为汉乐府民歌中的瑰宝，认为其"深刻
反映了封建社会中下层人民生活的痛苦"[1]和人民在痛苦绝望中"铤而走险"，
却忽视了收集并在重大礼祀、燕享等典礼的重要场合弦而歌之的是汉世最高统
治者，更没有思考汉世统治者把这些歌诗摆诸庙堂等重要场合的政治意义。虽
然这些歌诗可能作之于后汉，但它至少承传着武帝以来乐府歌诗内容的传统，
因此亦反映武帝乐府诗歌的基本面貌和政治思想意图。当这些下层人民触目心
惊的歌诗在统治者聚集的场合弦歌奏唱的时候，无疑是在为人民代言，极大警
谏在位者，要深刻体察人民的痛苦和人民的意愿。因此，从这些歌诗被奏之庙
堂可以看到，武帝设立乐府，不仅是为汉家解决新礼乐文化的问题，更是要为
汉统治者立一个活的警钟，反映了汉朝统者深刻的忧患意识及其统治的睿智，
和敢于纳谏的博大胸怀。

但由于这些歌诗太讨民间性，其协律造作又太缺少"乐理"，特别是乐与伦
理、乐与礼制方面的知识、内涵，在实践中，虽然新礼乐对巩固帝国政权和政
体起到了重要的作用，但在移风易俗、伦理教化方面确实出了问题，尤其是乐
府新声更助长汉世的骄奢淫逸之风。对此，《汉书·礼乐志》说："是时，郑声尤
甚。黄门名倡丙强、景武之属富显于世，贵戚五侯定陵、富平外戚之家淫侈过
度，至与人主争女乐。"淫侈之风寖盛，不能不说与汉武所立新乐有很大关系。
因此，终西汉一世，乐府新声都遭到了西汉儒者批评和反对。与河间儒学有渊源
的民间儒者们更是旗帜鲜明地反对和公开批评它们是郑卫之声、桑间濮上之音，
是亡国之音。公卿大臣如董仲舒、王吉、刘向等也极力主张废乐府新声，推行
传统礼乐。至哀帝时，在丞相孔光、大司空何武等儒者的鼓动下，为定陶王时
就疾之，又性不好音的哀帝决定下诏罢乐府，理由就是其助长奢侈之风：

惟世俗奢泰文巧，而郑、卫之声兴。夫奢泰则下不孙而国贫，文

[1] 朱东润：《中国历代文学作品选》上编第1册，上海：上海古籍出版社，2002年，第370页。

巧则趋末背本者众，郑、卫之声兴则淫辟之化流，而欲黎庶敦朴家给，犹浊其源而求其清流，岂不难哉！孔子不云乎？"放郑声，郑声淫。"其罢乐府官。郊祭乐及古兵法武乐，在经非郑、卫之乐者，条奏，别属他官。（《汉书·礼乐志》）

由于百姓渐渍日久，罢黜乐府之后形成文化精神真空，没有得到新的替代文化的充实，淫侈之风并没有因此而收敛。正如班固所指出的："百姓渐渍日久，又不制雅乐有以相变，豪富吏民湛沔自若，陵夷坏于王莽。"（《汉书·礼乐志》）

乐府虽罢，但它对汉代和后世文化的影响是深远的，不仅创造那个时代一代文化的辉煌，《乐府》歌诗也如璀璨的明珠闪耀在人类历史文化的长河中，成为宝贵的人类文化遗产的一部分。

（三）帝国新礼祀体系之争

由于礼祀系统关系到整个帝国信仰的构建，是礼乐文化的核心部分，因此，武帝和身边的文学侍从们在采集造作乐府歌诗的同时，着手进行了新礼祀体系的构建。

为更深入研究武帝的新礼祀体系，让我们首先回顾周秦以来礼祀体系的演变。《汉书·郊祀志》曰：

> 洪范八政，三曰祀。祀者，所以昭孝事祖，通神明也。旁及四夷，莫不修之；下至禽兽，豺獭有祭。是以圣王为之典礼。……故有神民之官，各司其序，不相乱也。民神异业，敬而不黩，故神降之嘉生，民以物序，灾祸不至，所求不匮。

自上古社会以来，因对天、鬼神的敬畏与信仰，从氏族到个人都对祭祀特别重视，希望通过这些祭祀，使"神降之嘉生，民以物序，灾祸不至，所求不匮"。这些祭祀典礼在发展中逐渐形成了外祀和内祀两个系统，前者是对氏族神明的祭祀，以在氏族聚落外祭祀上天为最大典礼，后者指祖先亡灵的祭祀，以氏族祭祀祖先为最大典礼。至周可能将这两个系统结合起来，即郊祀中配上祖先祭祀，宗祀中亦同祭上帝。并建立了比较严密礼祀体系，且这个体系与国家结构有机地结合起来，在信仰上构成了国家稳定的基础：

> 周公相成王，王道大洽，制礼作乐，天子曰明堂辟雍，诸侯曰泮宫。郊祀后稷以配天，宗祀文王于明堂以配上帝。四海之内各以其职来助祭。天子祭天下名山大川，怀柔百神，咸秩无文。五岳视三公，四渎视诸侯。而诸侯祭其疆内名山大川，大夫祭门、户、井、灶、中溜五祀。士庶人祖考而已。各有典礼，而淫祀有禁。（《汉书·郊祀志》）

通过建立一套严密的宗教礼祀体系，以巩固其封建宗法的政治结构体系。这一礼祀体系以士、庶人祭祖考人鬼为基础，其地位层级越高，其祭祀神明地位也越高，而每一个等级之间不得有任何僭越，但每一个层级有一个共同点，就是都祭祀其祖先、考妣。而祭天、上帝的郊祀和敬祖的宗祀之礼，是最大最高的典礼。其意义在于确立王朝政权是因"祖有功宗有德"或与天帝有特殊的关系，而被天命所赋予，并得到天命的助佑，同时代天行命。所以被历代统治者所重视，且只有最高统治者天子才能行此大礼，公卿、诸侯都不得僭越。这一礼祀体系不仅筑起一座有形的严密等级体系，更在思想信仰中筑起了一座无形的严密等级体系。它不仅赋予了现实社会政治结构从天而来的神圣性与合理性，也赋予了天子在这个神圣结构秩序的顶端和核心地位。这个秩序又以亲缘关系而加强，对巩固一个广大分封王朝统治和向心力无疑非常重要。但这个礼祀体系必须要解答这样一个问题，即为何这个体系的顶点和中心是周王而不是其他人。因此，在建构该体系时，周人便建立了一套完整的解说体系，这就是礼祀和燕享时用的《诗》：

> 昔殷、周之《雅》《颂》，乃上本有娀、姜嫄，契、稷始生，玄王、公刘、古公、大伯、王季、姜女、大任、太姒之德，乃及成汤、文、武受命，武丁、成、康、宣王中兴，下及辅佐阿衡、周、召、太公、申伯、召虎、仲山甫之属，君臣男女有功德者，靡不褒扬。功德

　　既信美矣，褒扬之声盈乎天地之间，是以光名著于当世，遗誉垂于无穷也。(《汉书·礼乐志》)

　　在周人看来，之所以姬姓能有天下，乃是因为其祖先有累世之德而得天命，甚至于与上帝有某种血缘关系。[1] 所以周人一方面通过郊祀上天，配享其有大功之祖先，宗祀其德任天下之先王、祖考，来显示其祖有功宗有德，配得天命而有天下；一方面则在祭祀和燕享等场合奏乐歌诗，颂其祖先圣德，使其祖先功德昭信于天下，以示这个礼祀秩序的合理性。因此，这个礼祀体系是集宗教、政治、伦理三位一体的结构体系。它一旦被成功建立，就有很强的稳定性，并且在运作中促生道德、仁义。因此后来的儒家多迷信这个体系，认为只要建立起这个体系治国就易如反掌。故《中庸》云："郊社之礼，所以事上帝也；宗庙之礼，所以祀乎其先也。明乎郊社之礼、禘尝之义，治国其如示诸掌乎！"

　　但春秋以降，周室衰微，新崛起的异姓诸侯，如齐、楚、秦、宋、越等，或小宗庶姓，如晋等诸侯霸主必然要求突破这一礼祀体系，僭越最高的典礼——郊社、宗庙之礼。随着新兴的士大大精英阶层的崛起，旧的宗法式社会结构、封建政体逐渐解体，新的社会结构和体制兴起，呼唤着与之适应的新的礼祀系统。新兴统治者和士族阶层都试图在这个新的礼祀系统中寻找其应有的定位和解说。但这些新诸侯强国统治者、士族阶层多缺乏来自祖先的累世之德，也没有来自祖先的高贵血统，原先的天道观、礼祀系统和解说显然不能适应时代的要求。至战国中后期，一种新的天道观和礼祀体系便逐渐形成。在纷乱并争中相继崛起的新诸侯王国为确立其一方霸主地位，使其处这于这个新礼祀体系的顶点和中心，相继僭越了原来周天子才能举行的郊祀祭天的大礼，逐渐形成了方位帝的敬拜与郊祀。

　　与此相适应，新的天道观不再以累世功德、宗法血缘来决定天命的转移，而是"强调宇宙秩序在现实政治中的体现，是对春秋战国时期道家和阴阳家所

────────────────

[1] 在《诗经》的《商颂·玄鸟》和《大雅·生民》分别有"天命玄鸟，降而生商"和"履帝武敏歆"的传说，除《毛诗》外，诗三家都将其解释为商及周祖先由上帝感孕而生的神话，这赋予了商周统治者与上帝有血缘关系。虽然诗三家的解释更多地是为编织汉家立国神话服务，但从诗经上下文看，其说似更合《诗经》原意，商周的统治者编造这一神话，乃是要说明其祖先与上帝或古代圣王有着血缘关系，因而最终受命得有天下。

提出的天道观和五行学说的神化"① 这种新天道观赋予了新兴统治者、士族阶层在新的社会结构中的合理性。因此易被没有祖先功德和高贵血缘的统治阶级所接受，适应了战国后期兴起的郡县制政体的需要。至秦并天下，这种新的礼祀体系基本形成。对此《汉书·郊祀志》有详细记载："自齐威、宣时，驺子之徒著论终始五德之运，及秦帝而齐人奏之，故始皇采用之。……及秦并天下，令祠官所常奉天地名山大川鬼神可得而序也"云云，较为详细地记载了秦在郡县体制初步确立后对礼祀体系的探索与重建。相比宗法封建制的礼祀体系，从外在结构上看，两者有一定的承传性，仍然维持着对天神、山川、人鬼的敬拜。这说明新的社会从宏观结构上仍沿袭着一定的等级；但在内容和活动上，这一礼祀体系从最高的主宰到"最小鬼神"和与祭者都发生了根本变化。代表宇宙自然秩序的方位帝的祭祀代替了与强调人间帝王有宗法血缘关系的皇天上帝的祭拜，整个天神体系也越发复杂，相互之间也不再是血缘联结，他们或是地域神明，或是由有功人民的人鬼升任，且在天廷中构建了一个严密的官制体系。这一体系从某种意义上折射了郡县体制下的官制体系，使这一官制获得了从天而来的合理性。在人鬼方面，也不再仅以"祖考"为庶人的礼祀对象，而是将"杜主""专星"这些全民尊敬和祈福的对象作为其礼祀的基础。更重要的是，秦改变了周人由其大宗主祭的宗法礼祀。除边远郡县由"民各自奉祠"（这可能亦由政府指导民间领袖领祠，其礼仪亦按中央仪范进行）外，其余皆"令祠官所常奉天地名山大川鬼神可得而序也"，借以突出政府的重要性。这也与秦人以吏为师的政策相一致。秦尚严刑酷法，这种礼祀体系既被秦王朝建立，就可能以雷霆万钧之势在全国推行，势必对其体系之外其他礼祀文化形成横扫之势。这也就是秦始皇刻石中所鼓吹的"大治濯俗，天下承风，蒙被休经"。而顾炎武却将此齐一风俗之举，误认为是儒家美风俗，并大加赞美其行三王之道。《日知录·风俗篇》云："然则秦之任刑虽过而其坊民正俗之意，固未始异于三王也。汉兴以来承用秦法以至今日者多矣。世之儒者言及于秦，即以为亡国之法，亦未之深考乎？"（《日知录》卷十三）而20世纪70年代出土的《睡虎地秦墓竹简》，可看到秦人对其礼祀系统之外的民间文化的镇

① 徐兴无：《西汉武、宣两朝的国家祀典与乐府的造作》，《文学遗产》2004年第5期。

压，而非儒家的美风俗之举。①

汉初在整体继承秦的礼祀体系的基础上，也做了相应的调整。据《史记·封禅书》记载：刘邦"东击项籍而还入关，问：'故秦时上帝祠何帝也？'对曰：'四帝，有白、青、黄、赤帝之祠。'高祖曰：'吾闻天帝有五，而有四，何也？'莫知其说。于是高祖曰：'吾知之矣，乃待我而具五也。'乃立黑帝祠，命曰北畤。"汉文帝时，开始在雍郊祀五帝。与秦以严刑峻法把整个礼祀体系纳入郡县官制体系不同，汉初采取比较柔和的主要由民间自主参与的"公社"的方式进行。《汉书·郊祀志》曰（高祖）"悉召故秦祀官，复置太祝、太宰，如其故仪礼。因令县为公社。下诏曰：'吾甚重祠而敬祭。今上帝之祭及山川诸神当祠者，各以其时礼祠之如故。'""公社"，李奇曰："犹官社。"（《汉书·郊祀志》颜师古注）这里的"公社"与秦时官社相比，从名称上就与秦的官社有很大区别，公社承传了公共集体与祭的特点，但它强调官方代表全民的意愿进行礼祠，并不排斥民间的参与。据《史记·栾布列传》："燕齐之间皆为栾布立社，号曰栾公社。"这是典型的民间参与的例子。又《史记·封禅书》："高祖十年春，有司请令县常以春月及腊祠社稷以羊豕，民里社各自财以祠。制曰：'可。'"汉公社下，又允许里社的存在，主要是广大民众自发的公共祭祀活动，主祭者也是民间巫觋等宗教领袖。又王应麟《汉制考》云："大夫不得特立社，与民族居百家以上则共立一社，今时里社是也。"（《汉制考》卷三）大夫失去了特权，也加入全民敬拜的行列。这种礼祀体系从根本上与郡县政体是一致的，它强调的是祭祀活动不再是以宗族为主体，祭祀对象也没有宗法血统，而是全民的敬仰的对象和神化了的自然宇宙秩序。里社等基础性的祭祀活动，即表明原来的宗法制的礼祀体系根基已不复存在。

到了景、武之世，大一统郡县制政体在帝国境内基本或正在稳步确立，

---

① 其《语书》云："廿年四月丙戌朔丁亥（按：秦始皇二十年），南郡守腾谓县、道啬夫：古者，民各有乡俗，其所利及好恶不同，或不便于民，害于邦。是以圣王作为法度，以矫端民心，去其邪避（僻），除其恶俗。法律未足，民多诈巧，故后有间令下者。凡法律令者，以教道（导）民，去其淫避（僻），除其恶俗，而使之之于为善殹（也）。今法律令已具矣，而吏民莫用，乡俗淫失（泆）之民不止，是即法（废）主之明法殹（也），而长邪避（僻）淫失（泆）之民，甚害于邦，不便于民。故腾为是而修法律令、田令及为间私方而下之，令吏明布，令吏民皆明智（知）之，毋巨（距）于罪。……"（睡虎地秦墓竹简整理小组编：《睡虎地秦墓竹简》，北京：文物出版社，1978年，第15页）可见其时，秦以法律荡灭民间宗教的情形。

而天道信仰方面，承传秦时的方位帝集团神的礼祀代表的汉家为天下共主，已不合时宜，亟需建立一个与之更加适应的礼祀体系。这一礼祀系统关系到帝国信仰和统治意识形态，因此，采用何种礼祀牵涉各方利益。各方学术力量从自己的学术立场和政治利益出发，分别给出了不同的礼祀方案。河间儒学作为当时重要的学术集团，《周官》礼祀设计基本可以代表河间礼祀系统的构建："王大旅上帝，则张毡案……祀五帝，则张大次、小次"；"大宗伯之职，掌建邦之天神、人鬼、地示之礼，以佐王建保邦国。以吉礼事邦国之鬼神示，以禋祀祀昊天上帝"；（《周官·大宗伯》）"小宗伯之职，掌建国之神位，右社稷，左宗庙。兆五帝于四郊"；（《周官·小宗伯》）"司服掌王之吉、凶衣服……王之吉服，祀昊天上帝，则服大裘而冕；祀五帝，亦如之"。（《周官·宗伯·司服》）从这些记载中，可见《周官》已将儒家《诗》《书》中的昊天上帝放在了五方位帝之上。但昊天上帝与五帝的关系，《周官》并未论及。更多的情况下，五帝之礼与昊天上帝之礼在等级上的差别亦不是很大。实质上从《周官》天、地、春、夏、秋、冬六官之设计中，就可推见，这里昊天上帝仅相当于六官中的"天"位，与五帝在宇宙秩序中各当一位。这在《春官·大宗伯》中反映非常明显："以玉作六器，以礼天地四方：以苍璧礼天，以黄琮礼地，以青圭礼东方，以赤璋礼南方，以白琥礼西方，以玄璜礼北方。"天地四方各当一位。钱穆对此说得非常精辟："《诗》《书》惟称'天''帝'，不见有'天地'对偶相称之说。后人'天地'并列，则天之尊严已失，即次便是自然哲学、惟物主义的论调。"①《周官》这一礼祀体系的设计，虽然仍体现了昊天上帝高高在上的地位，但与五帝各司其职，相互间并不统及、并不干预。且与中央五帝渐至集中为集团神不同，《周官》强调其为方位神属性，"兆五帝于四郊"，意在表明对四方诸侯权威的承认。在《周官》看来，昊天上帝与五帝，是一个恒常的天地四方宇宙秩序，意即天不变，礼亦不变，只有遵行这一不变之礼，才能永承天命，因为宇宙天命都要遵守这一秩序。可见《周官》这一礼祀体系的设计正与其天地宇宙、神祇人鬼皆要接受礼的规范思想相合。后世儒者不明此中深意，而用终始五德学说来解释《周官》的礼祀系统，这是对《周官》的曲解。如钱穆所说："《周官》书亦并

---

① 钱穆：《周官著作时代考》，《两汉经学今古文平议》，北京：商务印书馆，2001年，第351页。

未采及五德转移及受命帝的说法，此一层尤为显著。"①

这一礼祀体系对要求强化皇权的中央朝来说，当然不能接受。而此时"亳人谬忌奏祠泰一方，曰：'天神贵者泰一，泰一佐曰五帝'"，正切合了武帝要加强皇权的需要。于是汉武帝"令太祝立祠长安东南郊，常奉祠如忌方"。《汉书·礼乐志》曰："至武帝定郊祀之礼，祠泰一于甘泉，就乾位也；祭后土于汾阴，泽中方丘也。"此处东南郊即甘泉宫。在"五帝佐泰一"的最高礼祀中，泰一为君临五帝的最高神君。这一祀典的采用其用意相当深远。它使国家统一在天道信仰中找到了它神圣的根据，人间帝王的唯一的天子地位也得到巩固，皇权也被格外强化。正如兴无师指出的："武帝定甘泉泰一之祀的用意是相当深远的。这一国家祀典的确立表明汉帝对秦帝国和文景时代动乱的诸侯王政权乃至周边少数民族政治权威的否定，是对中央政权的再次强调，是武帝朝在政治、军事和文化上诸方面达到全盛局面的体现。"②此外，这一祀典的意义还在于标志着战国秦汉以来道家和阴阳家所提出的新天道观和五行学与国家宗教祀典合一，成为帝国的信仰。在这一信仰中，不再强调人间帝王与皇天上帝之间宗法血缘关系或是靠累世功德建立关系，而是强调宇宙秩序（五行流转）在现实政治中的体现，为大汉布衣取天下找到神圣的天命信仰依据。

在建构这种新礼祀体系时，主张继承周礼文化传统的儒者显然已失去了作用。早在始皇时期就"绌儒生"，尽管汉吸取秦亡的教训，有所更易，武帝制定礼典时不得不"颇采儒术以文之"，但仍在整个典礼的制作中"尽罢儒者而弗用"，与身边的文学侍从之臣、方士一道，亲自制定，使整个典礼仪范更符合新礼祀系统的要求，更能代表汉家一统天下的权威。为配合礼祀系统的建构，乐府在这一时期承担了国家祀典诗乐的造作。这些诗乐既象征着大汉帝国新文化构建包容、统摄宇内文化的心胸和气魄，也传达着对帝国新礼祀及政治结构的论述。在汉武造作的《郊祀歌》中，已看不到《周颂》《商颂》中所具有的那种对王族祖先的歌颂，而是对自然、天神的赞美。对此，班固《汉书·礼乐志》本着儒家的标准批评其"未有祖宗之事"；沈约《宋书·乐志》亦认为："汉武帝虽颇造新歌，然不以光扬祖考，崇述正德为先，但多咏祭祀

①　钱穆：《周官著作时代考》，《两汉经学今古文平议》，北京：商务印书馆，2001年，第336页。
②　徐兴无：《西汉武、宣两朝的国家祀典与乐府的造作》，《文学遗产》2004年第5期。

见事及其祥瑞而已。商周雅颂之体阙焉。"但正如兴无师所指出的，这"正说明了这样的祭祀对宗法文化的抛弃。因为新的郡县制帝国不再建立在氏族政治的基础之上，而是一个全民的国家"。[①]

经过一系列新礼乐文化的造作，武帝基本实现了其"创业垂统，为万世规"的宏愿，为我国乐府文学的发展也做出了不可磨灭的贡献。班固在《汉书》中给予极高评价："汉承百王之弊，高祖拨乱反正，文、景务在养民，至于稽古礼文之事，犹多阙焉。孝武初立，卓然罢黜百家，表章六经。遂畴咨海内，举其俊茂，与之立功。兴太学，修郊祀，改正朔，定历数，协音律，作诗乐，建封禅，礼百神，绍周后，号令文章，焕焉可述。后嗣得遵洪业，而有三代之风。如武帝之雄材大略，不改文、景之恭俭以济斯民，虽《诗》《书》所称何有加焉！"（《汉书·武帝纪》）荀悦《汉纪》更赞"孝武皇帝规恢万世之业，安固后嗣之基"（荀悦《汉纪》卷二十三）。应该说这些评论并不为过。

总之，在景、武之世，无论是河间儒学还是中央武帝朝，都围绕其政治理念和现实需要，进行了大规模礼乐文化的造作，它们在矛盾与冲突中共同缔造了大汉文化的辉煌，也创造了我国文化史上一个辉煌时代，为我国传统礼乐文化和乐府民间文学及辞赋的发展与传播作出了不朽的贡献。

[①] 徐兴无：《西汉武、宣两朝的国家祀典与乐府的造作》，《文学遗产》2004年第5期。

第八章　儒学分野下的《毛诗》与三家诗

《毛诗故训传》是我们研究景、武之世的河间儒学较为可靠的文献。然学者多没有将其放入景、武之世这个学术重构的时代，特别是河间儒学这个具体的学术集团思想的构建中来研究它，而是孤立地聚讼其义理长短，序之作者等问题，因而就缺少了着力点，以至于不能具体深入、着其要领。三家诗学研究略有改观，但由于文献不足，清儒的辑佚工作又存在着诸多问题，故研究也存在一定的误区。本文则是将两者联系起来，放入封建、郡县转型及河间儒学与中央帝国儒学思想构建的大背景下来研究，以揭示两大儒学系统的思想构建。

一、卫宏所作《毛诗序注》考

关于《毛诗序》文本形成和作者问题，相关综述已比较多，笔者无意于再次复述。[①] 这里要强调的是，在"纷如聚讼"之中，涉及现代文献科学考证一基本原则问题，即起点确定性问题，也就是说，我们立足的起点应当是一确定可信的文献，而不是一个悬置性假设或观念的先行。所谓悬置性假设，即将

---

① 文章如王顺贵：《20世纪〈毛诗序〉研究的回顾与展望》，《东疆学刊》2003年第3期等；著述如胡朴安：《诗经学》（上海：商务印书馆，1930年），张西堂：《诗经六论》（上海：商务印书馆，1957年）等，以及当代学者的"《诗经》学史"及相关专著都有此方面的综述，此不一一列举。

《诗序》作者悬置于先秦某一时代，或某一人物，然后根据其时代特征，或人物引诗论诗，来论其与《诗序》的内在关联和契合性，从而证其成书于某一时代或作于某一人物。无可否认，这一论证方法有一定合理性。但局限与问题亦非常明显。

一是易受传统崇古尊经等观念的干扰，偏离现代文献科学的路向。以"子夏作序"诸说为例，在强烈传统回归倾向的今天，此说大有成为主流之势。然考其源流，其说最早见于《汉书·艺文志》："有毛公之学，自谓子夏所传。"可见在《汉书》班固时代，对《毛诗》传自子夏就产生了怀疑。但这种怀疑精神随着古文经学的兴盛，渐渐隐退。据梁沈重云："案郑《诗谱》意，《大序》子夏作，《小序》子夏、毛公合作。"（《毛诗注疏》卷一《关雎》孔颖达疏引）吴陆玑云"孔子删诗授卜商。商为之序"，其下更详《毛诗序》承传谱系。（《毛诗草木鸟兽虫鱼疏》卷下）至孔颖达则云《诗》"凡有三百一十一篇，皆子夏为之作序"（《毛诗注疏·诗谱序》）。然据郑玄笺《南陔》等诗："孔子论《诗》，雅颂各得其所，时俱在耳。篇第当在于此，遭战国及秦之世而亡之，其义则与众篇之义合编，故存。至毛公为《诂训传》，乃分众篇之义，各置其篇端。"（《毛诗注疏》卷九《南陔》郑玄笺）更意指《诗序》在孔子论《诗》时已成。此说如目亲见，遂启后世孔子作序或国史、诗人作序诸说。[1] 以现代科学考证检视，皆是在崇古尊经观念下以言传言，以信传信，无一有坚实的史料根据。而现代学者试图重新认证子夏作序说，甚至更古远的说法，只会与科学路向渐行渐远。

二是只能证其源流，不能断其作者时代。以孟子作序说为例。此说主要一是据《史记·孟子荀卿列传》："退而与万章之徒序《诗》《书》，述仲尼之意，作《孟子》七篇。"然对此，清儒梁玉绳曰：（《孟子》）"七篇中言《书》凡二十九，援《诗》凡三十五，故称叙《诗》《书》。"[2] 理应更符合史公原意。二是罗列孟子论诗与《毛诗序》一些相合者，以证其是孟子或其后孟子学派所

---

① 参见［宋］程颢、程颐：《二程遗书》卷十三《伊川先生语四》、卷二十四《伊川先生语十》，上海：上海古籍出版社，2000年，第280、369页；［清］朱彝尊：《经义考》卷九十九《卜子诗序》（《四部备要》本），北京：中华书局，1989年影印，第535、536页。

② ［日］泷川资言证：《史记会注考证》卷七十四《孟子荀卿列传》注引，北京：文学古籍刊行社，1955年，第4页。

为。①诚然，孟子"知人论世""以意逆志"的方法，如顾颉刚先生所指出的"下开汉人……的先声"，②对《诗序》的产生起到了决定性的作用。然在整个说诗系统上，孟子论诗反映其以民为本的治道，与《毛诗序》突出以礼为本，反映其"治道非礼乐不成"的政教思想相去甚远。故从支离的言论看，孟子论诗确有与《诗序》相近之处，但从整个说诗系统看既存在承继关系又有很大的差异。因此，这些言论的相近或相合只能说明后者受到前者的影响，渊源有自，而不能断其作者时代。以其他诸子来考证《毛诗序》成书亦然。

三是缺少一个确定的起点，忽视文献确定指向的历史世界。现代文献学要求我们必须从确定的起点出发，从可靠的文献资料出发。无论向上追溯还是向下延伸，都必须有一个坚实的起点。而这种悬置则直接跳过文献所确然指向的历史世界，陷入了一个碎片式的，经过多重解释重构的，存在着极大模糊性、浮游不定的世界，致使我们始终立于一个模糊地带，甚至是在一片泥潭和沼泽之上。这也是《毛诗序》及一些重要历史文献考证陷入泥潭之争的重要原因之一。

正因为文献考据这一科学原则，所以《诗序》成书于毛公和成书于卫宏说才成为最具科学价值的争论。据《后汉书·儒林传》："卫宏，字敬仲，东海人也。少与河南郑兴俱好古学。初，九江谢曼卿善《毛诗》，乃为其训。宏从曼卿受学，因作《毛诗序》，善得风雅之旨，于今传于世。"《后汉书·卫宏传》所记，遂成后世力主卫宏所作说最为坚实的基点。对此，朱熹云："《诗序》之作，说者不同，或以为孔子，或以为子夏，或以为国史，皆无明文可考。唯《后汉书·儒林传》以为卫宏作《毛诗序》，今传于世，则序乃宏作明矣。"（《诗序辨说》卷上《总论》）在此基础上朱熹并认为："《诗序》，东汉《儒林传》分明说道是卫宏作，后来经意不明，都是被他坏了。"③崔适态度则更为坚定："其称子夏、毛公作者，特后人猜度言之，非果有所据也。记曰：'无征不信，不信民弗从。'今卫宏作《诗序》，现有《后汉书》明文可据。"（《读风偶识》卷一《通论诗序》）二氏所论，掷地有声。且范晔所记并非孤证。吴陆玑《毛诗

① 见王大韶：《〈诗序〉的作者——孟子》（一卷），1932年石印本。
② 顾颉刚：《诗经在春秋战国间的地位》，顾颉刚编著：《古史辨》第3册，上海：上海古籍出版社，1981年，第366页。
③ ［宋］黎靖德编：《朱子语类》第6册，北京：中华书局，1986年，第2074页。

草木鸟兽虫鱼疏》亦云："时九江谢曼卿亦善《毛诗》，乃为其训。东海卫宏，从曼卿受学，因作《毛诗序》，得风雅之旨。"（《毛诗草木鸟兽虫鱼疏》卷下《毛诗》）此又进一步说明了范书记载的可靠性，不能以简单的否定来解决。

但问题是自郑玄以下陆、范同时代人的说法又无不指向了这一说法的反面。对此晚清学者曾朴综列七验力证《毛诗序》非卫宏所作：一、郑玄去宏未远，倘宏作序岂容不见，不著卫宏一字，而言序乃孔子、子夏所为，此一验也。二、贾逵、郑兴之学皆与宏同出于曼卿之学，而服虔之说时亦相接，其称引同时人说皆标出其名，独引《诗序》皆不及宏作者，此二验也。三、蔡邕"作《独断》"，"如引先儒旧说，则标出之"，然"《独断》载《周颂》三十一章，自《清庙》至《般》，尽录《诗序》"，而"不及卫宏一字，是邕亦不知《诗序》有宏作之说也，此三验也"。四、王肃平生喜难郑学，而于《毛诗》为尤甚，苟得一证可以难郑者，无不搜罗详尽，而今伪《家语》"子夏习于诗而通于义"，王氏注曰"子夏所叙诗，今之《毛诗序》是也"云云，说亦同郑。是肃亦不知《诗序》有宏之说。此四验也。观此四验，是汉魏人皆无宏作《诗序》之说。其五，考晋宋以来说诗者，如郭璞、徐邈、崔灵恩、刘瓛等都不以为宏作《诗序》。是晋宋以来亦不知《诗序》有宏作之说也。六、司马相如《难蜀父老》、王子渊《四子讲德论》均有引《诗序》之文，相如、王褒皆前汉人，可见序在卫宏前。七、考宏《旧仪》有据《诗序》以为说，倘序是宏自作，宏又自用之而自据之，虽甚愚人亦知其不足取信于人，谓宏大儒而出此乎？此序非宏所作之七验也。[①]

曾朴"七验"可谓酣畅淋漓，雄辩地论证了今本《诗序》非卫宏所作这样一个事实。问题似乎又回到了原点，既然《诗序》非卫宏所作，我们又如何面对范蔚宗《后汉书·儒林传》的"今传于世"这一确定性记载呢？这个问题如不能合理地解释，无论我们创制何种新说，都无法面对这一史料文献记载上的抵牾，在《诗序》考证问题上形成真正突破。

在无法解决冲突或走出困境的时候，调和或许是一条捷径。这一捷径即被《隋书·经籍志》选择，其云："先儒相承，谓《毛诗序》子夏所创，毛公及卫敬仲又加润益。"这一做法也被现代学者继承和发挥："《毛诗序》的作者

---

① 曾朴：《补后汉书艺文志并考》，《二十五史补编》第2册，上海：开明书店，1936年，第2470—2471页。

问题，现在我们可以作出以下结论：《毛诗序》不出于一时一人之手，其中保留了一些先秦的古说，秦汉之际的旧说以及多位汉代学者的续作。……在没有发现新材料之前，现时只能作这样概括的说明。"①此说沿着《隋书·经籍志》的路径又向前迈进了一大步。然对于《隋书·经籍志》的润益调和之说，清儒范家相说：

> 予考《诗序》如果创自子夏、毛公，敬仲何敢从而润益其遗文。微特此也，《毛序》行于新莽之世，去敬仲已百数十年，立之学官，流传天下久矣。敬仲以一人之私见，起而更益之，其谁肯信？且汉时最重师传，敬仲乃苌七传之弟子，岂敢擅更古序乎？（《诗渖》卷二《卫宏》）

陈允吉更云："《隋志》所云敬仲润益之词，与范书所载卫宏作序明显不合，征引前代史料，更无确实根据。谅此辈于原无争论之两说中，滥作调人，随情分合，强以己意附会，遂将两说串联一处。"②陈先生所云未免太过刻薄，但调和不能科学地解决问题是勿庸置疑的。而据吴陆玑《毛诗草木鸟兽虫鱼疏》"孔子删《诗》，授卜商，商为之《序》，以授鲁人曾申。……东海卫宏从曼卿受学，因作《毛诗序》，得风雅之旨"云云，陈允吉认为："观其所具列，既云子夏作《序》，又云卫宏作《毛诗序》，一段文字之中，两说俱存，其为不同之两篇，昭昭然黑白分焉。"③由是提出了卫宏"另作新序"说，"卫宏所作之《毛诗序》，当为另外一篇，已在南北朝后期亡佚，与见存郑玄所笺之《毛诗序》无关"。④相比以往诸说，卫宏"另作新序"说显然更为合理，也解决了关键文献抵牾所带来的纷扰。但此说比范家相的问题更为严重的是，时《毛诗序》既已流布天下，卫宏再作《诗序》，更于理不通。

事实上卫宏另造新序说早在乾嘉时期学者严可均就已提出。其在对丁氏问中说：

---

① 夏传才：《诗经学四大公案的现代进展》，《河北学刊》1998年第1期。
② 陈允吉：《〈诗序〉作者考辨》，《中华文史论丛》1980年第1辑，第160页。
③ 陈允吉：《〈诗序〉作者考辨》，《中华文史论丛》1980年第1辑，第183页。
④ 陈允吉：《〈诗序〉作者考辨》，《中华文史论丛》1980年第1辑，第185—186页。

宏作《毛诗序》，别为之序耳，非即《大序》《小序》。犹之孟喜《序卦》（朱新仲引一行《易纂》、孟喜《叙卦》云："阴阳养万物，必讼而成之。君臣养万民，亦讼而成之。"）、郑氏《序易》（见《世说·文学篇》注），非即《十翼》之《序卦》，马融《书》序（见《书·泰誓》正义）非即百篇序也。……说《诗》者误会范意，始指《大序》《小序》为卫宏作，必非其实然。（《铁桥漫稿》卷四《对丁氏问》）

严氏此说为晚清学者黄以周[①]、曾朴所服膺，在当代亦有较大影响。[②] 受严氏启发，曾朴在《补后汉书艺文志考》中将卫宏另作新序称为"传道之序"，并认为"从来论宏《诗序》者，以此为最得。彼或谓卫宏润饰，或谓宏续，或谓宏作者，皆误读范书，未能细考之也"。[③] 显然，曾朴的"传道之序"无疑包含着对《诗序》旨义的解释，这就为这一方向上的突破迈进了一大步。

考范蔚宗之前，论卫宏作《诗序》者，现存文献只有吴陆玑的《毛诗草木鸟兽虫鱼疏》。然则，当我们将这段文字《毛诗草木鸟兽虫鱼疏》与《后汉书·儒林传》相对照：

附表1：《毛诗草木鸟兽虫鱼疏》与《后汉书·儒林传》对照表

陆玑《毛诗草木鸟兽虫鱼疏》	范晔《后汉书·儒林传》
时九江谢曼卿亦善《毛诗》，乃为其训。东海卫宏从曼卿受学，因作《毛诗序》，得风雅之旨。	初九江谢曼卿善《毛诗》，乃为其训。宏从曼卿受学，因作《毛诗序》，善得风雅之旨，于今传于世。

就会发现，两段文字无论语词和句式结构都非常接近，二文显然有因袭的

---

① 见［清］黄以周：《群经说》卷二《论诗序》，清光绪二十年南菁讲舍刻傲季杂著本，第1叶b—第2叶a。
② 除陈允吉外，中国台湾学者程元敏《诗序新考》（台北：五南图书出版股份有限公司，2005年）也承其说。
③ 曾朴：《补后汉书艺文志并考》，《二十五史补编》第2册，上海：开明书店，1936年，第2471页。

关系。又据丁晏考证，陆玑之书，"今所传二卷，即玑之原书，后人疑为掇拾之本，非也。《尔雅》邢疏引陆玑《义疏》；《齐民要术》《太平御览》并称《义疏》，兹以陆《疏》之文证之诸书所引，仍以此《疏》为详。《疏》引刘歆、张奂诸说，皆古义仅存者，故知其为原本也。"① 陆《疏》成书当在范晔之前。从文字上看，范晔当是直采了陆氏之语。再进一步观察上表文字，范文"序"后，多了一个重要词"善"；短短一段文字连续用了两个修饰词"善"，这似不合范氏"简而且周，疏而不漏"的特点。千百年来一直未被学界注意，直到清儒胡元玉才将这一问题提了出来，其在《璧沼集》中云：

> 考《宏传》云："宏从谢曼卿受业，因作《毛诗序》，善得风雅之旨，于今传于世。"按《释文叙录》云："宋徵士雁门周续之，豫章雷次宗，齐沛国刘瓛，并为《诗序义》。"《隋志》云："《毛诗序义》二卷，雷次宗撰。梁有《毛诗序义》七卷，孙畅之撰。《毛诗集解序义》，顾欢等撰。"敬仲所作，即是此类。善字乃义字传写之讹，当上属为句，"序义"谓序述其义，非为《毛诗》作序也。特其书早佚，故传写之讹，世莫之正。不然三家既皆有序，毛岂得独无，毛既有序，则敬仲无容复作；若是润益，则范书又不应直云"因作《毛诗序》"；且"善得风雅之旨"于文亦为不词；此以知善字必义字之讹也。②

在胡元玉的基础上黄节进而又云："余考《说文》善字下云：'此与義美同意。'又《大雅·文王》'宣昭義问'，毛传曰'義，善也'。《礼记·缁衣》'章義瘅恶'，释文云'義，《尚书》作善'。足证此二字古来互训互用，故传写易讹，因补胡氏之说，……"③ 诚如是，即如伦明所云："千古疑团一朝冰释，诚

---

① ［清］丁晏：《叙》，［吴］陆玑撰、［清］丁晏校正：《毛诗草木鸟兽虫鱼疏校正》，扬州：广陵古籍刻印社木板刷印本，第1页。
② 转自黄节辑：《〈诗序〉非卫宏所作说》，《清华中国文学会月刊》1931年第1卷第2期，第17页。
③ 黄节辑：《〈诗序〉非卫宏所作说》，《清华中国文学会月刊》1931年第1卷第2期，第17页。

快事也。"①

然则将这一千年之讼，全系一字之讹上，问题的解决未免过于偶然。且考义疏体之兴起，最早也是刘宋时期，两汉乃章句之学盛行的时代，义疏体著述并未之见。所以这里断言卫宏所作为《毛诗序义》还为时尚早，更何况陆氏亦明言卫宏所作为《毛诗序》。或许正是因此，该文问世一来，一直未被研究《诗经》学者真正重视，寥寥几篇提到者都一带而过。然则它的科学意义并非是发现了一字之讹，而是更进一步提醒我们卫宏所作《毛诗序》与义疏有着密切关联，为问题的解决迈出了坚实的一步。

沿着这一方向考索，我们便会发现在唐代就已有人将卫宏所作《毛诗序》与其义疏联系起来，但因其论述过于简略，一直未能引起学界重视。成伯玙在其《毛诗指说》中云："后人见序下有注，又云：东海卫宏所作，事虽两存，未为允当，当是郑玄于毛公传下即得称笺，于毛公序末略而为注耳。"(《毛诗指说·解说第二》)按成伯玙的意思是范晔等所说的卫宏作《毛诗序》，就是今郑笺本《毛诗序注》。这有两种可能：一是可能并不存在所谓的卫宏所作《毛诗序注》，而是因郑玄释《毛诗传》称笺，而释《毛诗序》称注引起的魏晋以下学者误将序注的作者认为是卫宏，范蔚宗相延以误；二是可能卫宏所作就是今郑笺本《毛诗序注》，而被范晔以后的学者误将之归给了郑玄。因为今郑笺本《毛诗序注》并未一字涉及郑玄；且《诗序》用注，《毛诗》用笺，这一矛盾学者从未能认真注意和讨论，所以今本《毛诗序注》究竟是郑玄还是卫宏所作，确实是《毛诗》学术史上一个未被认真对待的大问题。不过，这不是我们要讨论的问题。我们所要追问的是，成伯玙为什么认为卫宏所作《毛诗序》乃是《毛诗序注》？卫宏所作《毛诗序》与《毛诗序注》之间究竟有什么样的关联？这可能是问题解决的关键。

带着这一问题，进一步考察文献，《隋书·经籍志》(以下简称《隋志》)著录的文献书目，让我们有种豁然开朗的感觉。如《隋志》所云："远览马史、班书，近观王、阮志、录，把其风流体制，削其浮杂鄙俚……以备《经籍志》。"《隋志》除了采纳魏晋以来四部目录分类体例外，著述体例则主要承王俭的《七志》、梁阮孝绪的《七录》著录体例。且书目以《七录》为最详。

---

① 王云五主编：《续修四库全书总目提要》之《经部提要》，北京：中华书局，1993年，第432页。

与《汉书·艺文志》(以下简称《汉志》)相比较,清晰可见汉魏以降书目著录体例的变化。与《汉志》明显不同,汉魏以下但凡直接对经传注解类著述,大题都仅书其经传之名,而不标以"经注"或姓氏之名加以区分,而是以小字标出。如《周易》类,《汉志》著录:"《孟氏京房》十一篇","《章句》施、孟、梁丘氏各二篇";而《隋志》著录则为"《周易》十卷,汉魏郡太守京房章句","《周易》八卷,汉曲台长孟喜章句,残缺";《诗经》类,《汉志》著录"《毛诗故训传》三十卷",《隋志》则为"《毛诗》二十卷,汉河间太傅毛苌传"。西汉以下的经书传注更是如此,但凡经书的注,都直书经书本名,而不书某某经注。直到义疏体的出现,这一体例才发生变化,著录的书名才标以某经"义""疏"或"义疏",如:"《周易义》一卷,宋陈令范歆撰""《尚书义》三卷,巢猗撰""《尚书义疏》十卷,梁国子助教费觊撰""《尚书疏》二十卷,顾彪撰""《毛诗序义》二卷,宋通直郎雷次宗撰"等。尤其值得注意的是,在书类和诗类中有:《尚书》十五卷,晋祠部郎谢沈撰;《毛诗谱》三卷,吴太常卿徐整撰。显然谢沈不可能撰《尚书》十五卷,而是和前面注家一样是注《尚书》十五卷;而据《经典释文叙录》:《尚书》,谢沈注十五卷;《旧唐书·经籍志》:《尚书》十三卷,谢沈注;《新唐书》亦然。而徐整所撰《毛诗谱》三卷,据《经典释文·叙录》"郑玄《诗谱》二卷,徐整畅",其亦与刘炫所注《毛诗谱》为同类。详考《隋志》诸如此类尚有许多,充分反映了这一著录体例的变化:

1. 礼类。按《隋志》有《丧服经传》一卷,马融注;《丧服经传》一卷郑玄注;《丧服经传》一卷,王肃注;《丧服传》一卷,梁通直郎裴子野撰。姚振宗《隋书经籍志考证》:"《晋书·礼志》曰:《丧服》本文省略,必待注解事义,乃彰其传说差详,世称子夏所作。本志篇叙曰:其《丧服》一篇,子夏先传之,诸儒多为注解,今又别行。《仪礼》疏曰:其传内更云传者,是子夏引他旧传以证己义"云云。[1] 又《梁书·裴子野传》:"子野少时,集注《丧服》、续《裴氏家传》各二卷。"是知裴子野所撰《丧服传》实为《丧服传注》。《隋志》又有:《丧服谱》一卷郑玄注;《丧服谱》一卷晋开府仪同三司蔡谟撰;《丧服谱》一卷贺循撰,这里蔡、贺二人所撰,亦似与郑注一样为《丧服谱注》。

---

[1] [清]姚振宗:《隋书经籍志考证》卷四《丧服传》(《二十五史补编》),上海:开明书店,1936年,第58页。

2. 春秋类。《春秋左氏传》十二卷，魏司徒王朗撰；《春秋公羊传》十二卷，严彭祖撰；梁有《春秋穀梁传》十五卷，汉谏议大夫尹更始撰；《春秋穀梁传》十六卷，程阐撰；《春秋穀梁传》十四卷，孔衍撰，《春秋穀梁传》十二卷，徐邈撰；《春秋公羊、穀梁传》十二卷，晋博士刘兆撰。以上所谓撰者，毫无疑问皆为之注。

3. 诸子类。《孟子》七卷，刘熙注，梁有《孟子》九卷，綦毋邃撰，亡；梁有《扬子法言》六卷，侯苞注，亡，《扬子法言》十三卷宋衷撰；《扬子太玄经》十卷陆绩、宋衷撰。又：《老子道德经》二卷卢景裕撰；《老子》四卷梁旷撰。又：梁有《孙子兵法》二卷，孟氏解诂，《孙子兵法》二卷，吴处士沈友撰。以上所谓撰者，皆为之注亦无疑义。

又《三国志·李譔传》："李譔字钦仲，梓潼涪人也。……著古文《易》《尚书》《毛诗》《三礼》《左氏传》《太玄指归》，皆依准贾、马，异于郑玄。"又《晋书·范隆传》："隆好学修谨，奉广如父。博通经籍，无所不览，著《春秋三传》，撰《三礼吉凶宗纪》，甚有条义。"又《晋书·谢沈传》："沈先著《后汉书》百卷及《毛诗》《汉书外传》，所著述及诗赋文论皆行于世。"以上史书所谓著诸经传者，显然亦均为诸经传作注。

这一著录形式甚至在《旧唐书·经籍志》仍然存在：《周官礼》十三卷郑玄注，又十卷伊说撰；《春秋经》十一卷士燮撰；《春秋公羊》十二卷王彦期撰；《论语》十卷何晏集解，又十卷郑玄注，又十卷宋明帝撰，卫瓘注；《庄子》十卷杨上善撰等。可见对经传诸子，撰注不分的现象一直延续到五代时期。

总之，对于经注，甚至经传、诸子的注，汉魏以下很长一段时期内，学者都可直称所撰著某经传、诸子，可以不具标某经传、诸子之注。由是我们再来看范晔《后汉书》"初九江谢曼卿善《毛诗》，乃为其训。宏从曼卿受学，因作《毛诗序》，善得风雅之旨，于今传于世"这段话，就真相大白了。事实上这里卫宏所作的并非《毛诗序》，而是《毛诗序注》。因为在时人看来序为经，所作不可能是经，当然是注，所以并不存在歧义，且上承"乃为其训"之下，更是意指所作乃是为《毛诗序》训注。由是我们再看上文所引吴陆玑之语，既云"子夏为之《序》"又云"卫宏作《毛诗序》"，在一段文字中两说俱存，扞格难通之处也就顿然消弭了。前者是《毛诗序》，后者为《毛诗序注》，这也正与魏晋南北朝人突出子夏传经地位相契合，强调序为子夏所作，具有经的地位，而宏所作的只是《毛诗序注》而已。

　　与《毛诗序》最类似者，当属《隋志》所录崔灵恩所撰《春秋序》。据《隋志》有："刘寔等《集解春秋序》一卷，《春秋序论》二卷干宝撰，《春秋序》一卷贺道养注，《春秋序》一卷崔灵恩撰，《春秋序》一卷田元休注，《春秋左传杜预序集解》一卷刘炫注。"对此，孔颖达《春秋左氏传正义》:《春秋左氏传序》疏引"陆曰：此元凯所作。既以释经，故依例音之。本或题为《春秋左传序》者"。又《正义》曰："此序题目，文多不同，或云《春秋序》，或云《左氏传序》，或云《春秋经传集解序》，或云《春秋左氏传序》。案晋宋古本及今定本并云《春秋左氏传序》，今依用之。……晋大尉刘寔与杜同时人也，宋大学博士贺道养去杜亦近，俱为此序作注。"可见《隋志》所著录各家《春秋序》均为杜预所作《春秋左氏传序》，崔灵恩所撰显与前后几家同为《春秋序注》。卫宏所作《毛诗序》与崔氏所撰《春秋序》相类同，当无疑问，亦应为《毛诗序注》。又据《隋志》"梁有《毛诗序》一卷，梁隐居先生陶弘景注"，可见其时注者书名多以《毛诗序》为题行于世。[1]卫宏亦然，只因称"作"而被淆乱。

　　称卫宏所作《毛诗序》者，除上述原因外，还有一重要原因就是占无编辑一说，经传之编辑则归之撰著。如《隋志》著录:《大戴礼记》十三卷，汉信都王太傅戴德撰，《礼记》二十卷汉九江太守戴圣撰；在《旧唐书·经籍志》中甚至将《古文尚书》十三卷直书为孔安国撰，《韩诗》二十卷，卜商序，韩婴撰；《毛诗》十卷为毛苌撰。诚然，这里孔安国撰《古文尚书》、韩婴撰《韩诗》、毛苌撰《毛诗》因其传注可归属上述"以注为撰"体例。但如《大戴礼记》《礼记》则是以编为著。此尤可注意者《隋志》:《夏小正》一卷，戴德撰。对此，《四库全书总目》提要云："《夏小正》本《大戴礼记》之一篇，《隋书·经籍志》始于《大戴礼记》外别出《夏小正》一卷，注云戴德撰。……然考吴陆玑《诗草木鸟兽虫鱼疏》曰：《大戴礼·夏小正传》云：'繁，由胡。由胡，旁勃也。'则三国时已有传名。疑《大戴礼记》旧本但有《夏小正》之

---

[1]　《隋志》著录有：（梁有）"《毛诗序注》一卷，宋交州刺史阮珍之撰。"在《隋志》所录经传诸子中，"注"以此形式出现在书题中者仅此一例，其时注《毛诗序》者，应以直题《毛诗序》者为主。而此处称撰，可见其时以《毛诗序》为大题的注者亦被视为撰著。

文，而无其传，戴德为之作传别行，遂自为一卷，故《隋志》分著于录。……又《隋志》根据《七录》最为精核，不容不知《夏小正》为三代之书，漫题德撰，疑《夏小正》下当有传字，或戴德撰字当作戴德传字，今本讹脱一字，亦未可定。"（《四库全书总目》卷二十一）其实既非《隋志》漫题，也非今本讹脱，而是馆臣不审觉其著录体例的变化，以致同样的问题发生在馆臣笔下竟不自知，就在这段文字之前，其著录《夏小正戴氏传》四卷下亦竟题"宋傅崧卿撰"，可见这种视编为著，以注为撰，直以经传为题的著录方式汉魏以下一直不自觉地存在。与戴德撰《夏小正》相一致，《毛诗序》本在《毛诗传》中被各"置其篇端"，亦无传训，至卫宏始将之别辑而出，并为之传注，故无论视编为著，还是以注为撰，卫宏都对《毛诗序》有著作权。于是遂有陆玑、范晔及其同时代人均称卫宏所作《毛诗序》。后世学者不明于此，遂起千年说经者"第一争诟之端"。

事实上，前引严氏师徒对话几已接近答案。严可均甚至在已认识到"《卫氏传》，梁《七录》、《隋志》及《释文叙录》无之。《荣苢》一条，殆从他书采获"情况下，仍未能跳出范书卫宏作《毛诗序》的影响，而认为"范在刘宋时犹及见《卫氏传》与其釱"，没有认真分析《卫氏传》与《毛诗序》的关系，就断言卫宏"另为之序"，甚为遗憾。考《后汉书·卫宏传》，范蔚宗对卫宏著述交代得非常清楚，卫宏并没有作《毛诗传》。如唐代成伯玙所说："传者注之别名也。传承师说谓之为传，出自己意即为注。"（《毛诗指说·解说第二》）传与注只是别名而称，这里所谓的《卫氏传》正是对《毛诗》"荣苢序"的注解，此应是卫宏所作的《毛诗序注》遗文。而上述严可均所提魏晋时期人们所称引的孟喜《序卦》、郑氏《序易》、马融《书序》等，亦均非另作一序，正如遗文所见，皆是对原序的传注训释而已。此皆是汉魏以降图书著录体例的变化所致。至此，我们或才可以说"千古疑团一朝冰释，诚快事也"。

解决了争诟激烈的卫宏所作《毛诗序》的问题后，文献确然指向的只有一个，那就是西汉景、武之世的河间。无论向上追溯还是向下延伸，都必须从这一坚实的起点出发。这并不是否认《毛诗序》的先秦承传。如班固所言，"遭秦而全者，以其讽诵，不独在竹帛故也"（《汉书·艺文志》），通过诗歌韵文的讽诵，各民族得以保存古老的传说、文本和记忆，为东西方学者共识。伴随着这些诗歌的流传或许会有简括诗旨之语。成伯玙已注意到前序的简约，宋人更在其基础上提出古序说，以别于后序或续序。这些前序是否是古序，下文将论及。接踵而至的则是与本文相关的另一个问题，即卫宏所作《毛诗序注》是不是后序？这个需要做些交代。虽然不能排除后序偶有后人杂入之语，但就目前的研究来说，这种可能性很小：首先，从序传关系看，其整体性不容分割，所谓序传矛盾之说多是解释性的，并不构成为实质性论证。[①]这里也要特别提一下王承略的序传关系研究，通过其梳理，至少有 70% 以上的诗篇，传是依序而作。[②]这个结论如果成立，至少可以排除后序为序注的可能。其次，如曾朴所列自郑玄以下征引多涉后序，蔡邕《独断》征引尽录《诗序》之文，是知后序非为序注，亦与卫宏无关。最后，将后序与卫宏《序注》联系起来，还是受《后汉书》影响，除此之外并无文献支持二者的关联。

事实上，如前文所述，将之放入汉初历史记忆的断裂、成长与重构，放入汉初的"成书复典"运动中，再来看《毛诗序》的成书就更清楚了。据刘歆《让太常博士书》，经七十子乖乱，战国抑弃，有秦之劫难，"道术由是遂灭"，至孝文时，"《诗》始萌芽"，孝武建元年间"颇有《诗》《礼》《春秋》先师"，且"一人不能独尽其经，或为《雅》，或为《颂》，相合而成"。[③]又据《汉书·艺文志》："孔子纂取周诗，上采殷，下取鲁，凡三百五篇，遭秦而全者，以其讽诵，不独在竹帛故也。"两处合参，因其"讽诵"《诗经》内容才得相合而全，而不能"讽诵"《诗序》及解说系统的断裂自不待言。又据《汉书·艺文志》"又有毛公之学，自谓子夏所传"，事实上，也是其时"成书复典运动"的一部分。无论其观念和行动中多么"实事求是"的复原或书写传自"子夏"的文本，都很难摆脱历史境遇和视野的影响，将其集体经验意识大量地投射到其文献的整理与重构中。在残存文献的断裂处，从现实处境的理解出发，历史以合理想象弥合其间，整体的重构或创造了一个河间儒学集团自己的历史记忆。

仅以《周南》《召南》诸序为例来看这一历史记忆的重构。现有文献遗存可见有关《周南》《召南》诸诗的言论，但这些言论都是碎片式的或断裂的并

① 参见踪凡：《〈毛诗序〉作于毛亨考》，《宁夏大学学报》2000年第3期。
② 参见王承略：《从传序的关系论诗序的写作年代》，《第四届诗经国际学术研讨会论文集》，北京：学苑出版社，2000年，第302—311页。
③ ［汉］班固：《汉书》卷三十六《刘歆传》，北京：中华书局，1962年，第1968—1969页。

不构成一个完整的历史叙事系统。这种文献碎片式的遗存也可从当时的三家诗得证。① 据《汉书·艺文志》说："汉兴，鲁申公为《诗》训故，而齐辕固、燕韩生皆为之传。或取《春秋》，采杂说，咸非其本义，与不得已，鲁最为近之。三家皆列于学官。"三家诗采历史杂说，既没有独立的完整的历史叙事系统的建构，也不关心诗的本义，而是发挥《春秋》经义以达到义理说教或现实政治的目的。董仲舒在《春秋繁露·精华》篇中说得也非常清楚："《诗》无达诂，《易》无达占，《春秋》无达辞，从变从义，而一以奉人。"这里"一以奉人"即所有诗说都围绕帝王这个中心，为皇权的统治服务。在这样一个"《诗》无达诂""《春秋》无达辞"均无固定语义系统的说诗中，自然没有稳定系统的《诗序》历史叙事空间，故无论是文献遗存和文献辑佚都很难找到三家诗的历史叙事系统，多是些历史叙事碎片（见附表2）。②

但《毛诗序》却清晰地呈现了一个严整的历史叙事系统，当然这一严整的历史叙事系统也有一个先师遗传的过程，有历史记忆的绵延，但显然存在着一个被历史逻辑理性的合理想象缝合的过程。自唐成伯玙以来就有许多学者将《诗序》中简短的前序称为古序，认为是子夏遗传，在今天学者中仍有很大影响。但这一说法仅是人们观念中事物从简单到复杂的合理推测或逻辑想象，并没有任何文献根据。一旦将这些前叙排列在一起，情形就完全不同，它所呈现的则是一个严整的宏大历史叙事。如《周南》诸诗前序："关雎，后妃之德也"→"后妃之本也"→"后妃之志也"→"后妃之所致也"→"后妃之化也"→"德广所及也"→"道化行也"→"《关雎》之应也"。层层展开，首尾呼应，构建了一个严整的逻辑历史叙事，人为的逻辑理性和历史想象缝合、填充和重组痕迹明显。相对应的《召南》诸序亦然："鹊巢，夫人之德也"→"夫之不失职也"→"大夫妻能以礼自防也"……→"《鹊巢》之应也"。与《周南》句法整齐对应，人为痕迹明显。二者整体上又书写了一个从

---

① 上博简《孔子论诗》也可见这种碎片式的论诗方式，如"《关雎》以色喻于礼……情爱也。《关雎》之改，则其思睽矣。《樛木》之时，则以其禄也"等。但鉴于存在的争议，谨慎起见，不作引证（其他非出土简帛亦然）。

② 三家诗没有完整的历史叙事系统，并不意味着其没有系统，它通过"诗无达诂，一以奉人"的原则建立一个稳定的义理系统。这从今本《韩诗外传》可见，其说诗多是引诗以证春秋杂事，但君臣伦理秩序尽在事中，这一义理内涵则涉及了中央帝国儒学方方面面自成一个体系（可参见成祖明：《三家诗与帝国儒学的构建》，《清华大学学报》2014年第6期）。

王室到诸侯、大夫的更为宏大完整历史的叙事系统。

　　据此可知，前序不但不为古序，应更晚于后叙中的历史残篇。如《关雎》文献最早遗传《论语·八佾》"哀而不伤，乐而不淫"，后序中"不淫其色，哀窈窕，思贤才，而无伤善之心焉，是《关雎》之义也"显然是这一遗传的演绎，起先并无具体的历史叙事。而一经加上前序"关雎，后妃之德也"，再通过后面诸序的演绎，一个有周王道布化"自北而南"文教之始兴的完整历史叙事和记忆重构于是完成。事实上，学者们引证先秦诸子引诗论证与《毛诗序》契合，以证诗序作于其人都存在这一问题，这些诗说多是一些碎片式的耦合，除表明《毛诗序》与其有渊源外，并不能说明其成书问题。借着这些碎片的演绎为一个合理的叙事系统，《毛诗序》的成书事实上经过了一个历史记忆重构与创造的过程，通过重构一个完整的稳定的历史叙事构建了一个河间王国儒学的体系，反映了河间王国儒学的特质。

附2：《毛诗·周南》诸序与三家诗说对照表 [①]

周南	毛诗序	三家诗说
关雎	后妃之德也。关雎麟趾之化，王者之风，故系之周公。《周南》、《召南》正始之道，王化之基。《关雎》乐得淑女以配君子，忧在进贤不淫其色，哀窈窕，思贤才，而无伤善之心焉，是《关雎》之义也。	三家皆认为刺康王晏起。鲁诗说：周道缺，诗人本之衽席。《关雎》作。（《史记·十二诸侯年表》）韩诗叙曰：刺时也。说曰：以关雎喻人君御见后妃有度。
葛覃	后妃之本也。后妃在父母家则志在于女功之事，躬俭节用服澣濯之衣，尊敬师傅则可以归安父母，化天下以妇道也。	鲁说：恐其失时。"《葛覃》恐其失时，《摽有梅》求其庶士，唯休和之盛代，男妇得平年龄。"（蔡邕：《协和婚赋》）
卷耳	后妃之志也。又当辅佐君子求贤审官知臣下之勤劳内有进贤之志而无险诐私谒之心朝夕思念至于忧勤也。	鲁说：思古君子官贤人遍置之列位。"置彼周行"，左襄十五年传，杜注。
螽斯	后妃子孙众多也。言若螽斯不妒忌，则子孙众多也。	王先谦以为三家无异义。按王氏所引皆仅有子孙众多且贤义，无后妃说。

---

① 三家诗说参见［清］王先谦：《诗三家义集疏》，吴格点校，北京：中华书局，1987年，第1—61页。

（续表）

周南	毛诗序	三家诗说
桃夭	妃之所致也。不妒忌则男女以正，婚姻以时国无鳏民也。	《易林·否之随》："春桃生花，季女宜家。受福多年，男为邦君"。齐诗似非民间嫁娶之诗。
兔罝	后妃之化也。关雎之化行，则莫不好德贤人众多也。	韩诗说：殷纣之贤人退处山林，网禽兽而食之。
芣苢	后妃之美也。和平则妇人乐有子矣。	鲁说：宋女适蔡，夫有恶疾，母将改嫁之，女作此诗言专贞而一也。韩意同，未详其人。
汉广	德广所及也。文王之道被于南国，美化行乎江汉之域。无思犯礼，求而不可得也。	韩诗叙：说人也。三家义同。
汝坟	道化行也。文王之化行乎汝坟之国，妇人能闵其君子，犹勉之以正也。	鲁说：周南大学之妻作，丈夫受命平治水土，勉之勤于王事也。韩叙：辞家也。
麟之趾	关雎之应也。关雎之化行则天下无犯非礼，虽衰世之公子皆信厚如麟趾之时也。	韩说：麟趾，美公族之盛也。

二、《毛诗》与河间儒学的构建

回顾对《毛诗》思想的研究，随着学术思想的变迁，郑玄而下古代的笺传义疏多融合了其时代的儒学理解，其关注重点又多集中在其义理之长短，因此，很难达毛公所代表的河间儒学在景、武之世那个特定时代学术构建的本意。至宋则学风又为之一变。四库馆臣说：

自唐以来说诗者，莫敢议毛郑，虽老师宿儒亦谨守《小序》。至宋而新义日增，旧说俱废，推原所始实发于修。

郑樵恃其才辩，无故而发难端，南渡诸儒，始以掊击毛郑为能事，元延佑科举条制，诗虽兼用古注疏，其时门户已成，讲学者迄不遵用，沿及明代，胡广等窃刘瑾之书作《诗经大全》著为令典，于是专宗朱传汉学遂亡。（《四库全书总目》卷十五）

在馆臣看来自欧阳修《诗本义》出，诗经研究则从义疏毛郑转向了对《诗》本义的探求，新义日增。①南渡诸儒说《诗》，更是将《毛诗序传》作为攻讪靶的，渐至废弃。实际上，欧阳修在提倡诗本义时，就指出研究《诗经》应有这样几层意义的把握："惟是诗人之意也，太师之职也，圣人之志也，经师之业也。今之学《诗》也，不出于此四者而罕有得焉者。"（《诗本义》卷十四《本末论》）应该说宋以下学者多把注意力放在了"诗人之意"和所谓的"圣人之志"上面，攻毛者多是借以申"圣人之志"指责其背离圣人之旨，现代学者则主要通过对"诗人之意"的穷追而攻讦其对诗意的曲解和说教。相比之下，争论中"经师之业"即《毛诗》序传的思想本身却没有得到足够的重视。虽然申毛者也注重对《毛诗》序传的笺释义疏，但更多地是重申其合乎"圣人之志"来为《毛诗》辩护，一些灵光乍现的真知灼见和义理系统则散失于繁博的疏证中幽隐而不明。现代也尽管有《毛诗序》成书于毛公时代的种种论证，②但迄今为止，仍然很少有学者将《毛诗序》放入毛公时代——帝国中央皇权与地方诸侯的冲突与诉求，这一历史世界中加以考察。这就使得不仅《毛诗序》成书问题一直缺乏一个确定的起点，其思想建构也一直模糊不清。而当我们将之放入这一历史世界考察时，其与河间王国儒学独特的"天礼之学"相契合的思想世界便向我们豁然洞开。据《毛诗大序》：

> 风之始也，所以风天下而正夫妇也，故用之乡人焉，用之邦国焉。风，风也，教也。风以动之，教以化之。诗者，志之所之也，在心为志，发言为诗。情动于中而形于言，言之不足，故嗟叹之，嗟叹之不足，故永歌之。永歌之不足，不知手之舞之，足之蹈之也。情发于声，声成文，谓之音。治世之音，安以乐，其政和；乱世之

① 周中孚更认为其风早从唐孔颖达作《毛诗正义》时已见，他说："自唐定《毛诗正义》以后，与毛、郑立异同者，自此书始。虽不轻议二家之短，而颇指其不然，以申其以意逆志之旨。其后王介甫、刘原父、苏子由、程伊川、朱文公诸家，各著其说，更相发明，而毛、郑之学益微。从此《小序》可删，而经文亦可删矣，篇次亦可定矣，其实皆滥觞于是书也。"（［清］周中孚：《郑堂读书记》卷八，吴兴刘氏嘉业堂丛书本，台北：世界书局，1965年影印版，第5—6页）
② 见袁长江：《论〈毛诗序〉》，《大同高等专科学校学报》（综合版）1995年第2期；踪凡：《〈毛诗序〉作于毛亨考》，《宁夏大学学报》（人文社会科学版）2000年第3期。

音怨以怒，其政乖；亡国之音哀以思，其民困。故正得失，动天地，感鬼神莫近乎诗。先王以是经夫妇，成孝敬，厚人伦，美教化，移风俗。故诗有六义焉，一曰风、二曰赋、三曰比、四曰兴、五曰雅、六曰颂。上以风化下，下以风刺上，主文而谲谏，言之者无罪，闻之者足以戒，故曰风。至于王道衰，礼义废，政教失，国异政，家殊俗，而变风变雅作矣。国史明乎得失之迹，伤人伦之变，哀刑政之苛，吟咏性情，以风其上，达于事变而怀其旧俗者也。故变风发乎情，止乎礼义，发乎情民之性也；止乎礼义，先王之泽也。是以一国之事系一人之本，谓之风。言天下之事，形四方之风，谓之雅。雅者，正也。言王政之所由废兴也。政有小大，故有小雅焉，有大雅焉。颂者，美盛德之形容，以其成功告于神明者也。是谓四始，诗之至也。然则关雎、麟趾之化，王者之风，故系之周公。南，言化自北而南也。鹊巢、驺虞之德，诸侯之风也，先王之所以教，故系之召公。《周南》《召南》正始之道，王化之基。

这段文字被称为《大序》。孔颖达疏云："诸序皆一篇之义，但《诗》理深广，此为篇端，故以《诗》之大纲并举于此。"它系统地阐发了《毛诗》的诗学政教理论，是我们研究整本《毛诗故训传》政教思想的钥匙。下面我们就以此为纲来研究《毛诗》的思想体系。

（一）诗言志与"情动于中"

前文已指出，孟子以下，其思想学说体系往往建立在人性论的基石之上，所以程伊川在评价荀子时说："荀子极偏驳，只是一句性恶，大本已失。"（朱熹《孟子集注·序说》）而他对孟子的评价却极高，原因是他言性善，"孟子有大功于世，以其言性善也"，"孟子性善，养气论，皆前圣所未发"，"孔子没，独孟轲氏之传得其宗，故观圣人之道必自孟子始"（朱熹《孟子集注·序说》）。董仲舒也说："故明于情性乃可与论为政，不然，虽劳无功。"细读《大序》，亦可见其整个诗教理论与人性论密不可分，并以此作为政教思想的基石。

1. "诗言志"。"诗者，志之所之也，在心为志，发言为诗。""志"，许慎《说文解字》："意也，从心之声。"所以孔颖达对这句话疏云："诗者，人志意之所之适也；虽有所适，犹未于发口，蕴藏于心，谓之为志；发见于言，乃名为诗。"但二人的解释仍显模糊，意犹未达。还是朱熹的解释"志是心之所之一直去底"（《朱子语类》卷五《性理二》）更清晰明白，最合其意，是一种持之以恒的意向，或心之向往的目标。如《论语》孔子云："吾十有五而志于学"（《学而》），"苟志于仁矣，无恶也"（《里仁》），"士志于道，而耻恶衣恶食者，未足与议也"（《公冶长》）等。这里的"志"都当训为"志向"的意思。而当这种"志向"足够坚定，则可以完全主导人的身心，也就是孟子所谓的："夫志，气之帅也；气，体之充也。夫志至焉，气次焉。故曰：'持其志，无暴其气。'"（《孟子·公孙丑上》）这里的"气"不仅是"所以充满形体为喜怒也"（宋孙奭《孟子注疏》卷三上，汉赵岐注）之情感，还包括思想，如朱熹所言："气一也，主于心者则为志气，主于形体者即为血气。"（《朱文公文集》卷六十一《答李晦书》）志既是"心之所之一直去底"一种志向，这种志向就不同一般的感情，而是经过深思确立的内心志意方向，蕴涵着人的一种高尚的追求，所以张载说："志公而意私。"对此朱熹说："横渠云：'志公而意私'，看这自说得好。志使清，意便浊，志便刚，意便柔，志便有立作意思，意便有潜窃意思。公自仔细看自见得，意多是说私意，志便说：'匹夫不可夺志'。"（《朱子语类》卷九十八）因此，这里的"诗者，志之所之"，实际上与孔子所说的"思无邪"极为接近。诗所表达的就是这样一种高尚无邪的、统领人身心的"思"，又是人"心之所之一直去底"志向。因此，当其"发言为诗"后，自然具备教化的功能。

2. "情动于中"。"情动于中而形于言，言之不足，故嗟叹之，嗟叹之不足，故永歌之，永歌之不足，不知手之舞之，足之蹈之也。"在这段文字之下，孔颖达疏："上云：'发言为诗'，辨诗、志之异，而直言者非诗，故更序诗必长歌之意。"实际上，孔颖达只说了一半，这里虽有更序"直言者非诗"之意，但更重要的是承上启下，申说下文为何"故正得失，动天地，感鬼神莫近乎诗"。这也是其诗歌政教思想理论基础之所在。

这里《诗序》引入了一个关键性的概念："情动于中"。这一概念的语词同样也在有毛公参与编辑创作的《乐记》中出现。"情动于中"，意即在情未

"动"之前，"中"则处在"动"的对立状态"静"。因此，《乐记》："人生而静，天之性也；感于物而动，性之欲也"，这一人性论正是《大序》背后人性论的支撑。之所以会出现"情动"，是因为人性"感于物而动"。人的本性是静，情是感物而动，但实际上处在"物"的环绕下的"人性"很难处于这样"静"的状态，而更容易也更多地处于"动"的状态。这一方面说明人的性情很容易受外界影响而出现喜怒哀乐等情感变化："是故其哀心感者，其声噍以杀。其乐心感者，其声啴以缓。其喜心感者，其声发以散。其怒心感者，其声粗以厉。其敬心感者，其声直以廉。其爱心感者，其声和以柔。六者，非性也，感于物而后动。是故先王慎所以感之者。"（《礼记·乐记》）诗歌是由情性而发，所以能感人至深。但另一方面也存在着很大的危险。"感于物而动"是"性之欲也"，其结果往往是："物至知知，然后好恶形焉。好恶无节于内，知诱于外，不能反躬，天理灭矣。"（《礼记·乐记》）也就是说，"情动于中而形于言"的"言"并不一定是"诗"，亦或为"淫诗"，非但不具备教化功能，且伤风败俗。正是这个的原因，所以下文"情发于声，声成文谓之音"中的"音"，虽由情发出而成文，但却有治世之音和亡国之音的区别："治世之音安以乐，其政和；乱世之音怨以怒，其政乖；亡国之音哀以思，其民困。"这里乱世之音和亡国之音即是《乐记》所说的郑卫之音和桑间濮上之音："郑卫之音，乱世之音也，比于慢矣。桑间濮上之音，亡国之音也，其政散，其民流，诬上行私而不可止也。"（《礼记·乐记》）因此，这里的"情动于中形于言"，并非如孔颖达疏所云与"在心为志，发言为诗"仅"重其文也"而已，而是道出了诗的两个特质，一是从志而出，二是发自情性的情感，两者缺一不可。也就是说，只有以志"帅"情的长歌才是"诗"。而诗情所至，"永歌之不足，不知手之舞之，足之蹈之"，再合以"比音而乐之""通伦理者也"的乐，诗、舞、乐相结合，便达到了"正得失，动天地，感鬼神"的效果，如《乐记》所言："诗言其志也，歌咏其声也，舞动其容也。三者本于心，然后乐气从之。情深而文明，气盛而化神。"所以，"先王以是经夫妇，成孝敬，厚人伦，美教化，移风俗"也。至此，《大序》完成了诗与政教之间关系的诗理论述。

（二）是谓四始，《诗》之至也

诗与政教的具体关系，《大序》称之为"四始"："是以一国之事系一人之本，谓之风。言天下之事，形四方之风，谓之雅。雅者，正也。言王政之所由废兴也。政有小大，故有小雅焉，有大雅焉。颂者，美盛德之形容，以其成功告于神明者也。是谓四始，诗之至也。"对于"四始"，郑《笺》云："始者，王道兴衰之所由。"孔颖达正义："'四始'者，郑答张逸云：'《风》也，《小雅》也，《大雅》也，《颂》也，此四者，人君行之则为兴，废之则为衰。'……然则此四者是人君兴废之始，故谓之四始也。"《毛诗》的"四始"即指风、小雅、大雅和颂。"四始"不仅各自书写了一个完整的历史叙事，整体上又书写了一个整严的从地域方国到中央王朝，由兴到衰的宏大的历史叙事系统。孔氏更进一步指出，"'诗之至'者，诗理至极，尽于此也。序说诗理既尽，故言此以终之"。(《毛诗注疏》卷一《关雎》孔疏)《毛诗序》正是通过书写这一宏大的"四始"历史叙事系统来说明王道兴衰之所由。

"四始"是《毛诗》与三家诗共有的概念，但其内容却有很大的不同。《史记·太史公自序》："《关雎》之乱以为风始，《鹿鸣》为小雅始，《文王》为大雅始，《清庙》为颂始。"《诗纬·泛历枢》："《大明》在亥，水始也。《四牡》在寅，木始也。《嘉鱼》在巳，火始也。《鸿雁》在申，金始也。"三家诗的"四始"说我们将在后文讨论，这里首先探讨《毛诗》的"四始"说怎样构建书写一幅诗与政教关系的图式。

1. 风。"风之始也，所以风天下而正夫妇也，故用之乡人焉，用之邦国焉。风，风也，教也。风以动之，教以化之。"这里的"风"据各家注疏，读如字，取自然之风象，来比喻王之教化所致，"能鼓动万物，如风之偃草也"；又"风之所吹，无物不扇"以喻王"化之所被，无往不沾"，(《毛诗注疏》卷一《关雎》孔疏)因此取名。"风以动之"，须结合《大序》的性情观来理解，乃喻指"诗动情性"。这里的"风"不仅取"风之偃草""无物不扇"之象，也取风之生长化物之实。朱熹云："以象言则曰风，以事言则曰教。"(朱熹《诗序辨说》卷上)明确地说应是"以诗言则曰教"，教指诗教，即诗教所至，如风化物生长一样，不着痕迹，使情性合乎礼义，自然成长。

《乐记》云："化不时则不生，男女无辨则乱升，天地之情也。及夫礼乐之极乎天而蟠乎地，行乎阴阳而通乎鬼神，穷高极远而测深厚。"婚姻是人伦之始，是礼制教化的基础，通乎鬼神，穷高极远，对国家影响极深极远。男女有辨，是天地之情，是人间伦理秩序的根本，男女无辨必然造成天下大乱。因此，治道首要在正夫妇，如何正夫妇，那就是诗教。而"言一国之事系一人之本"的风诗，既吟咏的男女自然之情，又合乎男女有辨的礼义，即所谓"情深而文明，气盛而化神"，最具这方面的教化力量，所以风诗的正始之用是"风天下而正夫妇也，故用之乡人焉，用之邦国焉"。正婚姻人伦，美风俗教化是风诗的正始之用。

2. 雅。雅也属于风。"是以言天下之事，形四方之风，谓之雅。"风与雅的区别在于风言一国之事，而雅言天下之事，乃是天子之政。所以"雅者正也。言王政之所由废兴也"。而大雅与小雅的区别仅在于"政有小大，故有小雅焉，有大雅焉"。因此，如果说风诗关乎治道的基石——伦理秩序，风俗教化，《周南》《召南》是其正始之道，那么大、小雅则是关乎中央朝政和整个国家政治秩序的构建，其正雅亦是中央王朝政教的正始之道，是我们研究《毛诗》政教思想的关键环节。

3. 颂。理想政治的出现，就是颂声兴起之时。"颂者美盛德之形容，以其成功告于神明者也。"可见对于颂诗《序传》的研究将有助于我们对整个《毛诗》理想政教体系的掌握。

（三）正始之道，王化之基

《毛诗大序》："《周南》《召南》正始之道，王化之基。"孔颖达云："《周南》《召南》二十五篇之诗，皆是正其初始之大道，王业风化之基本也。"（《毛诗注疏》卷一《关雎》）《毛诗》将《周南》《召南》视为其王道政治的开始和基础。为弄清《毛诗》这一"正始之道，王化之基"的具体内容，我仔细阅读上《毛诗》《周南》诸序的文字，以及与之相对应《召南》诸序，就能总结出这样几个特点：1）《周南》《召南》都从后妃、夫人的美德说诗，而非王。2）后妃、夫人的共同美德都在尊礼，且风化所及，婚姻以时，无思犯礼。3）当风化至《周南》《召南》之国及其以外时，都归之于文王。4）最后都是天应之祥兽作结，且都言文王之化被之"天下"。

这里有一个很重要的问题，为何《毛诗》说《周南》《召南》诸诗从后妃和夫人的美德开始，而非从天子开始？反观三家诗则不同，司马迁云："周道阙，诗人本之衽席而《关雎》作。"杜钦云："佩玉晏鸣，《关雎》刺之。"扬雄云："周康之时，《关雎》作为伤始乱也。杨赐云：康王一朝晏作，《关雎》见几而作。"《后汉书·明帝纪》诏曰："昔应门失守，《关雎》刺世"皆以为刺康王，即说诗皆以王者为始。而对《毛诗》说诗以后妃和夫人始，朱熹站在尊王的立场上给予了严厉的批评：

> 后妃，文王之妃大姒也。天子之妃曰后。近世诸儒多辨文王未尝称王，则大姒亦未尝称后，序者盖追称之亦未害也。但其诗虽若专美大姒，而实以深见文王之德。序者徒见其词，而不察其意，遂壹以后妃为主而不复知有文王，是固已失之矣。至于化行中国，三分天下亦皆以为后妃之所致，则是礼乐征伐皆出于妇人之手，而文王者徒拥虚器，以为寄生之君也。其失甚矣。（朱熹《诗序辨说》卷上）

朱熹的批评可以说是古代非序攻毛者焦聚所在。这就向我们提出了一连串的问题：为什么《毛诗》要如此说诗？它背后的政治立场是什么？这个政治立场又是建立在怎样的政教思想体系中的？带着这些问题，我们再仔细研读《毛诗序传》，发现毛公并未言及后妃即是文王之妃大姒，诗即是文王之世，而是后世经师凿实敷衍。此说载籍明文始于郑玄，后世说诗遂越发凿实曲说，离毛公本意愈说愈远。我们还是要回到《大序》中方可冰释此疑。前文已述，在《毛诗》政教思想中，风诗的主要作用是"经夫妇，成孝敬，厚人伦，美教化，移风俗"，所以"风之始，风天下而正夫妇也，故用之乡人焉，用之邦国焉"。这些在《毛诗》看来是王道政治的基础，《周南》《召南》作为"正始之道，王化之基"则代表着这个基础的理想模式。因此，它不具指某一个时代，或某一个人，甚至某个地域，而是把有周创业以来的人伦风教概括浓缩成一种抽象的模式。这种模式虽然可能来源于有周创国之始的风教史实，但更多的是说诗者的政教理想。具体地说，这里的"后妃之德也"不是具指某一人物的德操，而是成就"正始之道，王化之基"的"后妃"所应具备的德操。由于这种德操，君与后夫妇关系得正，从而可正天下夫妇婚姻，带来深远的政教影响。正如

《毛传》所云："后妃说君子之德无不和谐，又不淫其色，慎固幽深，若关雎之有别焉，然后可以风化天下。夫妇有别则父子亲，父子亲则君臣敬，君臣敬则朝廷正，朝廷正则王化成。"（《毛诗注疏》卷一《关雎》孔疏）也就是说，在《周南》《召南》中，《毛诗序传》说诗的中心既不是后妃、夫人，更不是君王，而是婚姻、夫妇之礼。"后妃之德"和"夫人之德"的"德"的内容也是遵礼循法。而教化所及，《毛诗》给我们描述的亦不是其他内容，而是无思犯礼、遵礼婚姻以时。《礼记·乐记》云："礼乐皆得，谓之有德，德者，得也。"《毛诗》所谓的德，正与《乐记》德的内容就是礼的思想一致。也与《礼记·婚义》"教顺成俗，内外和顺，国家理治，此之谓盛德"的思想相一致。朱熹在猛烈抨击了《诗序》后又说：

> 南丰曾氏之言曰："先王之政必自内始。故其闺门之治，所以施之家人者，必为之师傅保姆之助，诗书图史之戒，珩璜琚瑀之节，威仪动作之度，其教之者有此具。然古之君子未尝不以身化也。故《家人》之义，归于反身，二《南》之业，本于文王，岂自外至哉！世皆知文王之所以兴，能得内助，而不知其所以然者，盖本于文王之躬化。故内则后妃有《关雎》之行，外则群臣有二《南》之美，与之相成。其推而及远，则商辛之昏俗，江汉之小国，《兔罝》之野人，莫不好善而不自知。此所谓身修故国家天下治者也。"窃谓此说庶几得之。（朱熹《诗序辨说》卷上）

虽然曾巩的解说"庶几得之"，但仍不达毛意。事实上，细读《毛诗》，它并未言及后妃为文王之妃大姒。言大姒者，明文所见始于郑玄，后世说诗者遂越发凿实曲说远离毛意。然如钱穆所指出的，"后儒论《关雎》，莫善于宋儒伊川程氏。其言曰：《关雎》，后妃之德，非指人言；周公作乐章以风化天下，自天子至庶人，正家之道当然。其或以为文王诗者，言惟文王、后妃足以当此。"[①]考诸程颐之说，其云：《诗》言后妃之德，非指人而言。或谓大姒，大失之矣。周公作乐章，欲以感化天下，其后继以文王诗者，言古之

---

① 钱穆：《中国学术思想史论丛》第1册《读〈诗经〉》，台北：东大图书有限公司，1976年，第109页。

人有行之者，文王是也。"（《二程遗书》卷二十四《伊川先生语十》）该说亦被清儒戴震所承："予绎此诗……所以明事之当重，无过于此者。《关雎》之言夫妇，《鹿鸣》之言君臣，歌之房中，歌之燕飨，俾闻其乐章，知君臣夫妇之正焉，礼乐之教远矣。非指一人一事为之者也。"[①]事实上，风诗在《毛诗》看来是王道政治的基础，《周南》《召南》作为"正始之道，王化之基"则代表着这个基础的理想模式。因此，它不具指某一个时代，或某一个人，甚至某个地域，而是指成就这一理想模式的"后妃之德"。而这一德的具体内容又是什么呢？在同属河间文献的《礼记·乐记》说得明了："礼乐皆得，谓之有德，德者，得也。"《毛诗》所谓的德，正与此思想一致。这里的后妃之德，即是遵循夫妇婚姻之礼，使夫妇有别，如《毛传》所云："后妃说君子之德无不和谐，又不淫其色，慎固幽深，若关雎之有别焉，然后可以风化天下。夫妇有别则父子亲，父子亲则君臣敬，君臣敬则朝廷正，朝廷正则王化成。"（《毛诗注疏》卷一《关雎》毛传）至此或可明了，在《周南》《召南》中，《毛诗序》说诗从后妃、夫人始，强调乃是婚姻、夫妇之礼。换言之，《毛诗序》中，礼是第一位的，所谓"正始之道，王化之基"是夫妇婚姻之礼，而不是具体君王个人的德性。这与三家说诗从君王开始相迥别，三家诗意在将国家人伦政教的基础建立在君王个人的德性之上。君王是说诗的中心，君德是第一位的。

在宇宙论上，河间儒学所强调的"天礼合一"思想，在《毛诗》也有明显体现。《周南》《召南》的最后都因推行礼乐教化得到天应，出现麟、驺虞等祥瑞，庶类蕃殖，王道以成。

（四）发乎情，止乎礼义

《大序》认为风雅有正变："至于王道衰，礼义废，政教失，国异政，家殊俗，而变风变雅作矣。国史明乎得失之迹，伤人伦之变，哀刑政之苛，吟咏性情，以风其上达于事变而怀其旧俗者也。故变风发乎情，止乎礼义。发乎情，民之性也，止乎礼义，先王之泽也。"在《毛诗》看来，"正风正

---

① ［清］戴震：《杲溪诗经补注》，《皇清经解》卷五百六十一，学海堂刻本，第2叶 a—b。

雅"是人伦政教的根本，"变风变雅"则作于衰世，是王道政教的遗泽。不过《大序》没有明确风雅正变的具体划分。至郑玄始以二南为正风，十三国为变风，小雅《鹿鸣》至《菁莪》为正，《六月》以下俱为变，大雅《文王》至《卷阿》为正，《民劳》以下俱为变。孔颖达云："诗人见善则美，见恶则刺之，而变风、变雅作矣。……变风变雅必王道衰乃作者，夫天下有道，则庶人不议；治平累世，则美刺不兴。何则？未识不善则不知善为善，未见不恶则不知恶为恶。"（《毛诗注疏》卷一《关雎》孔疏）申明郑义。不过，亦有部分学者认为当以美刺为标准来化分，美者为正，刺者为变。如清儒黄中松认为：

> 夫诗之作，所以美善刺恶也。一国之中一时之人，岂能尽善尽恶？此善而彼恶，美此而刺彼可也。彼善而此恶，美彼而刺此可也。一人之身或始善而后恶，或始恶而后善，则亦美其善而刺其恶可也。圣人善善恶恶之心，初无一成之见也。其诗之善而美者即可为正，恶而刺者即可为变，固不必拘定一国一时一人尔。列国间亦有美诗，《豳风·七月》陈王业何可谓之变乎？雅中《车攻》《斯干》《崧高》《烝民》诸篇何可谓之变乎？必欲以为变，或以文中子所谓豳风变而克正，惟周公能之之意推之，则由正而变为不正，可以谓之变，由不正而变为正亦可谓之变欤？《苏传》曰："王泽之薄也。非是人之所能复也。"亦拘于时世之说耳。（清黄中松《诗疑辨证》卷一）

又《汉书·礼乐志》云："昔殷周之雅颂，乃上本有娀、姜原，契、稷始生，……君臣男女有功德者，靡不褒扬。功德既信美矣，褒扬之声盈乎天地之间，是以光名著于当世，遗誉垂于无穷也。"《史记·太史公自序》亦云："夫天下称颂周公，言其能论歌文武之德，宣《周》《召》之风，达太王、王季之思虑，爰及公刘以尊后稷也。"钱穆据这两处文字，亦认为："美者诗之正，刺者诗之变，无可疑者。"但他又接着说："窃谓诗之正变，若就诗体言，则美者其正，而刺者其变；然就诗之年代先后言，则凡诗之在前者皆正，而继起在后者皆变。诗之先起，本为颂美先德，故美者诗之正也。及其后，时移世易，诗之所为作者变而刺多于颂，故曰诗之变。而虽其时颂美之诗，亦列变中也。故所谓诗之正变者，乃指诗之产生及其编制之年代先后言。凡西周成康以前之诗皆正，其时则有美无刺；厉宣以下继起之诗皆谓之变，其时则刺多于美云尔。"① 然则班固、司马迁两处文字只言美颂，并未言正变。

盖风雅正变之说，乃《毛诗》所特有，三家诗只言美刺而未闻正变之说。论者之所以对《毛诗》风雅正变说存在着较大的争议，主要是对此说所寓含的深刻的政教思想没能领会把握。孔颖达的解释虽然注意到了风雅正变的区别在于有无美刺，但其对美刺说的原因分析"夫天下有道，则庶人不议；治平累世，则美刺不兴"，则不达毛意。所谓美刺是指对具体的人物和事件发表看法，但《周南》《召南》却不是在述"一人一事"或具体的君王，而是强调夫妇婚姻的礼乐制度是"正始之道，王化之基"。《大序》云："变风发乎情，止乎礼义，发乎情，民之性也；止乎礼义，先王之泽也。"《毛诗》认为，变风是在王道衰落、礼义废弃之后，政教混乱之世，民情民风的反映。而"王道衰"的标志就是"礼义废"，"礼义废"则必然导致政教由统治者个人好恶和贤愚臧否来决定，而民间则亦随其所欲，遂至"国异政，家殊俗"，在这种情况下变风变雅作。在此衰世，政教的好坏一决定于国君，所以变风变雅中美刺集于君上。朱熹曾对此表达过强烈不满："其（诗序）为说，必使诗无一篇不为美刺时君国政而作……是使读者疑于当时之人，绝无善则称君，过则称己之意。而一不得志，则扼腕切齿，嘻笑冷语以慸其上者，所在而成群，是其轻躁险薄尤有害于温柔敦厚之教。"② 实际上，《毛诗》所要表达的是，在变风变雅中，无论是美还是刺，都不是其所希望看到的政教，都是衰世的政教；《毛诗》理想政教根本在于礼制，不在于国君个人意志行为。反之也成立，当礼义废弃，政教得失完全取决于国君之时，尽管时有贤君明主但仍是衰世，非正始之道。只有把握了这一点，才能得《毛诗》风雅正变说的深意。

《毛诗》理想的政教乃是以礼乐治化天下，所以无论刺诗还是美诗，《毛诗序》反复强调都是礼乐制度。如《定之方中》"美卫文公也。……齐桓公攘戎狄而封之，文公徙居楚丘，始建城市而营宫室，得其时制，百姓说之，国家殷

① 钱穆：《中国学术思想史论丛》第1册《读〈诗经〉》，台北：东大图书有限公司，1976年，第120页。
② ［宋］朱熹：《诗序辨说》卷上《邶风》，明崇祯毛氏汲古阁刻本，第10叶a。

富焉"，《淇澳》"美武公之德也。有文章，又能听其规谏，以礼自防，故能入相于周，美而作是诗也"，《车邻》"美秦仲也，秦仲始大，有车马礼乐侍御之好焉"，《相鼠》"刺无礼也。卫文公能正其群臣，而刺在位承先君之化，无礼仪也"，《氓》"刺时也。宣公之时，礼义消亡，淫风大行，男女无别，遂相奔诱"，《芄兰》"刺惠公也。骄而无礼，大夫刺之"，等等，一些序虽未明言礼，但基本尺度都着眼于礼义。《毛诗序》反复所强调的礼，更准确地说乃是"周礼"，正如《兼葭》序所云："未能用周礼，将无以固其国焉"。对于《毛诗序》而言，周礼是维系国家的基础，是巩固国家稳定太平的根本。而以周礼建立的天下乃是一个封建的天下，作为王国儒学的《毛诗序》以周初历史叙事垂范也是为封建合法性辩护。

而"周礼"的制作成功者，乃是周公，因此，《毛诗序》给予了周公极高的地位。《大序》说："《周南》，王者之风，故系之周公。"对为何将《周南》系之周公，从郑玄以下多未能深得毛意。《北史·业兴传》中有这样一段记载：

> 梁武问业兴·"《诗·周南》，王者之风，系之周公；《召南》，仁贤之风，系之召公。何名为系？"业兴对曰："郑注《仪礼》云：昔太王、王季居于岐阳，躬行《召南》之教以兴王业。及文王行今《周南》之教以受命，作邑于鄷。文王为诸侯之时，所化之国，今既登九五之尊，不可复守诸侯之地，故分封二公，名为系。"

显然，业兴是穿凿附会，与诗旨不符。程颐谓："《周南》天子之事，故系之周，周王室也。《召南》诸侯之事，故系之召，召诸侯长也。曰公者，后人误加之。"(《二程遗书》卷二十四)说"公"为后世所加，不免牵强，但言周、召分别代表王室与诸侯是有道理的。这里《毛诗》将二南系之周公、召公是有其深刻用意的。周公是周代礼制的缔造者，王者之风系之周公，为的是表明真正的王者之风是周公所代表的以周之礼制风化天下，而不是君王个人的道德仁义。也就是说，《毛诗》言诗的中心是"礼"不是"王"，王被深深地镶嵌于礼制之中，受到礼制的制约，服从于礼制，这就是《毛诗》的真正深意。这也是《毛诗》与三家诗最根本的区别，下文我们将对此进一步讨论。

《毛诗》认为，《豳风》的首篇《七月》"是陈王业也"，诗篇是叙述周之祖先艰难的创业历程，但紧接着《七月》之后，叙述的是周公在艰苦地制礼作乐、奠定王业的过程中所遭遇的种种磨难。这正是突出了周公在周之王业中的重要地位，而周之王业真正的基础就是周公所制定的礼乐制度。因此，无论据《大序》"至于王道衰，礼义废，政教失，国异政，家殊俗，而变风变雅作矣"，还是从《毛诗》风雅正变的政教思想来考察，《豳风》都不当是变风。对《豳风》处于什么位置，尚难定论，但同是河间文献的《周礼》似可透露出《豳风》在《毛诗》中的重要地位。《周礼·籥章职》云："籥章掌土鼓、豳籥。中春昼，击土鼓，龡豳诗，以逆暑。中秋夜迎寒，亦如之。凡国祈年于田祖，龡豳雅，击土鼓，以乐田畯。国祭蜡，则龡豳颂，击土鼓，以息老物。"这里将《豳风》分为：豳诗、豳雅、豳颂，我们虽不知其如何归分，但从中可看出《豳风》在河间经典中的重要地位，肯定不与变风同列。

总之，"变风发乎情，止乎礼义"，《毛诗》风雅正变的核心思想仍然突出的是有周的"礼义制度"。

（五）文王受命作周也

我们再来看雅。《大序》说："雅者正也。言王政之所由废兴也。"而大雅与小雅的区别仅在于"政有小大，故有小雅焉，有大雅焉。"因此，如果说风诗关乎治道的基石——伦理秩序，风俗教化，《周南》《召南》是其正始之道，那么大、小雅则是关乎中央朝政和整个国家政治秩序的构建，其正雅亦是中央王朝政教的正始之道，是我们研究《毛诗》政教思想的关键环节。

在研究它之前，我们必须了解一个背景，那就是战国秦汉之际圣人、圣王的观念和信仰深入与普及。这一时代是中国历史上战乱频仍，乱世求治的时代，又是思想迸发百家争鸣的时代。正如《史记·太史公自序》所言"夫阴阳、儒、墨、名、法、道德，此务为治世者也"，尽管诸家之间相互攻讦，但他们都有一个共同的目标，那就是他们都在为解决现实乱世，为一个大治社会寻求理论依据，提供实施方法。在这样一种背景下，像犹太民族期盼的

"弥赛亚"①来临一样，在诸子百家中的理论中，一个具有无上道德和政治权威的化身——圣人、圣王，不约而同地在他们论说中出现，成为他们论说的中心。这些圣人、圣王既是各学派在思想和德道意义上的最高代表，又是各个学派实现其社会政治学说的理想人物。圣人、圣王的观念经过诸子的"加工提炼，得到了深化和普及，渐渐成为一个动荡的时代中最强烈的政治期望"。为使圣人、圣王具有垂范后世的至高权威，在诸子的圣人观中呈现出两种共同的倾向：1）圣人和"天"、"道"等形而上学中的最高范畴联系在一起，并以此作为其经世的根据；2）都试图构建自己的圣人、圣王统绪——圣统。这两种倾向一方面树立了圣人按宇宙模式构建人间社会的道德和政治的权威，一方面也使得后世的君主如果要以圣王自居，树立起治世的权威，"必须承认这一圣统，宣布它是超越自己现实统治之上的传统和道德的力量，并以这一圣统的绍述者自居"。②正是此背景下，汉代经学家在构建自己的政教思想时，都以构建自己理想圣人、圣王经世之道为自己的学说的核心，以期成为帝国治世依据，并根据自己的学说编织各自的圣统，抬高自己学说的权威，使君王就范。因此，在汉代经学中，不同圣人、圣统观遂形成了不同的经学体系在形而上学层面上的分野。

《毛诗序》也不例外，为构建政教思想在传统儒家圣人、圣王观念的基础上也有较大发展。《大雅》说诗从文王开始，首篇《文王》，序云："文王受命作周也。"尊文王为圣人、圣王。《大明》传云："言贤圣之配也。"这里的贤是文王之妃大姒，圣即指文王。《思齐》序云："文王所以圣也"。《毛诗》尊文王为圣王，这与传统儒学圣王观念并无特别，但重点在于两个方面：一是《毛诗》强调文王为圣王，是怎样把文王与"天""道"等形而上学中的最高范畴联系在一起，并以此作为其经世根据的；二是《毛诗》又是怎样通过文王来构建自己的圣人、圣王统绪的。弄清了这两个方面，《毛诗》的政教思想就完全向我们敞开了。从《文王》至《卷阿》是《毛诗》的正大雅，为厘清《毛诗序》的说诗理路，让我们将其《诗序》列表如下：

---

① "弥赛亚"，希伯来文音译，意即君王，拯救者，是犹太经典中先知们所预言的将要代表上帝来拯救复兴犹太民族的圣王和救主。
② 参见徐兴无：《谶纬文献中的天道圣统》，《谶纬文献与汉代文化构建》，北京：中华书局，2003年，第149—157页。

附表 3：从《文王》至《卷阿》诸序表

诗篇	诗序	诗篇	诗序
文王	文王受命作周也。	文王有声	继伐也。武王能广文王之声，卒其伐功也。
大明	文王有明德，故天复命武王也。	生民	尊祖也。后稷生于姜嫄，文武之功起于后稷，故推以配天焉。
绵	文王之兴，本由大王也。	行苇	忠厚也。周家忠厚仁及草木……
棫朴	文王能官人也。	既醉	太平也。醉酒饱德，人有士君子之行焉。
旱麓	受祖也。周之先祖世修后稷、公刘之业……百福干禄焉。	凫鹥	守成也。太平之君子能持盈守成，神祇祖考安乐之也。
思齐	文王所以圣也。	假乐	嘉成王也。
皇矣	美周也。天监代殷，莫若周，周世世修德莫若文王。	公刘	召康公戒成王也。成王将莅政，戒以民事，美公刘之厚于民而献是诗也。
灵台	民始附也。文王受命而民乐其有灵德，以及鸟兽昆虫焉。	泂酌	召康公戒成王也。言皇天亲有德，飨有道也。
下武	继文也。武王有圣德，复受天命能昭先人之功焉。	卷阿	召康公戒成王也。言求贤用吉士也。

由上表可知：1）文王为圣王，《毛诗》正大雅围绕文王说诗，通过前序同样书写了一个较为完整的周初叙事。2）成王莅政，《毛诗》以召康公戒之，透露出对成王亲政的担忧。让我们先来分析《毛诗》圣王观念背后所构建的政教思想。《文王序》云："文王受命作周也。"这里的关键词是"受命"，文王为什么"受命"，又以什么样的方式"受命"？这两个问题关系到《毛诗》"圣王"与"天道"的关系。宋以前《毛诗》学者多陷入三家诗或帝国儒学的范畴之中。孔颖达云："谶纬注说皆言文王受《洛书》，而言天命者，以河洛所出，当天地之位，故托之天地，以示法耳。"郑玄《六艺论》："《河图》、《洛书》皆天神言语，所以教告王也。"然则这些都是三家诗帝国儒学的说法，

对此《毛诗》并未提及，孔颖达亦看到了这一点，所以他又说："文王受命，毛无明说。"(《毛诗注疏》卷十六《文王》孔疏)但孔氏仍信谶纬，以三家诗说来解释文王受命事："文王所受，实赤鸟衔书，非洛而出，谓之《洛书》者，以其河龙《图》发，洛龟《书》感，此为正也。故得《图》者，虽不从河，谓之《河图》;《书》者，虽非《洛书》，所以统名也。"(《毛诗注疏》卷十六《文王》孔疏)事实上，《毛诗》只字未提《河图》《洛书》、赤雀丹书之事。这不仅是《毛诗》不信谶的问题，也是二者学术分野所在。三家诗的《河图》、《洛书》受命说所突出的是"天神以教告王"，王从天神而来的直接权威，强调人君与天神相通的神秘威严。

《毛诗》受命说所强调的是礼，突出的是礼可通达于天的光明盛德。全诗七章，章八句。据《毛传》，首章言文王治民有功著见于天，维新除弊以受天命，具体则"天则恭敬承事以接之，人则恩礼抚养以接之"。第二章言文王"亹亹乎，勉力勤用、明德不倦，有善声誉为人所闻，日见称歌不复已止。布陈大利，以赐子孙，于是又载行周道，致有天下"。第三章言天降众多恭敬显达之士生于有周，成为桢干之臣。有此济济然威仪之士，文王以宁。第四章言文王有穆穆然天子威仪，敬畏天命，止于光明之德，天命由此而固，臣有商之子孙，尽管商之子孙其数甚多，皆服文王之盛德。第五章、六章以商之族类变为周臣，华裳黼冕助祭于周之宗庙，以戒成王当念汝祖文王，修德服众，为天下所归，以永配天命，亦当告庶国云：尔庶国亦当勤修德教，自求多福，宜于以殷为鉴，知道天之大命不可改易。第七章至第八章诗人以此劝诫后世周之君王群臣，以明殷鉴，牢记其祖先文王，躬守礼义，"上天之载，无声无臭"，天命的转移并无言语启示，唯有仪法文王，方能取信天下，永保周之基业。(《毛诗注疏》卷十六《文王》)宋儒不信谶，因此其解《诗》较接近毛意。朱熹云：

> 受命，受天命也。作周，造周室也。文王之德上当天心，下为天下所归往，三分天下而有其二，则已受命而作周矣。武王继之，遂有天下，亦率文王之功而已然。汉儒惑于谶纬，始有赤雀丹书之说，又谓文王因此遂称王而改元，殊不知所谓天之所以为天者，理而已矣。理之所在，众人之心而已矣。众人之心是非向背，若出于

一，而无一毫私意杂于其间，则是理之自然，而天之所以为天者不外是矣。今天下之心，既以文王为归矣，则天命将安往哉！《书》所谓'天视自我民视，天听自我民听'，所谓'天聪明自我民聪明，天明畏自我民明威'，皆谓此耳。岂必赤雀丹书而称王改元哉！（朱熹《诗序辨说》卷下）

在朱熹看来，文王受命是因"文王之德，上当天心，下为天下所归往"。从上文看，《毛诗》强调的也是文王之"盛德"，如《文王》传云："盛德不可为众也。"《大明》序云："文王有明德，故天复命武王也。"其传又云："文王之德，明明于下，故赫赫然著见于天。"不过，虽然朱熹、《毛诗》都强调文王受命在于其光明之盛德，但对德的内涵却有很大的不同。朱熹所说的文王之德，更多地是指君王个人的主观品行修养、对百姓的恩惠德义。而《毛诗》所说的德，不仅是对百姓的恩惠德义，更多地是指制作并遵守礼制，并以礼乐教化民众，这才是《毛诗》反复强调的光明之盛德。传文的内容亦清晰地反映这一点，文王之德不仅是个人的仁德更是一套宏大的制度文教系统。这在《大明》中说得比较清楚。"文王嘉止，大邦有子。大邦有子，伣天之妹。文定厥祥，亲迎于渭。造舟为梁，不显其光。"这段诗文讲文王行迎亲之礼，《传》云："言受命之宜王基，乃始于是也。天子造舟，诸侯维舟，大夫方舟，士特舟。造舟然后可以显其光辉。"（《毛诗注疏》卷十六）可见《毛诗》认为文王受命立王基之始在于造作礼制。《毛传》对文王之德的另一处更明确的注解在《绵》诗的传中："虞、芮之君相与争田，久而不平，乃相谓曰：'西伯，仁人也，盍往质焉？'乃相与朝周。入其境，则耕者让畔，行者让路。入其邑，男女异路，斑白不提挈。入其朝，士让为大夫，大夫让为卿。二国之君，感而相谓曰：'我等小人不可履君子之庭。'乃相让，以其所争田为间田而退。天下闻之而归者四十余国。"（《毛诗注疏》卷十六）此处可清楚地看到文王以礼治国，以礼教化天下，周因此而强大，奠定周家王业之基。

《思齐》序云："文王所以圣也"。《毛诗序》认为这首诗道出了文王成为圣王的原因，所以该诗对于理解《毛诗》"圣王"的内涵非常重要。《毛诗》将全诗分为五章，前二章章六句，后三章章四句。据《毛传》，首章先歌咏其母大任，常思庄敬，"又常思爱大姜之配大王之礼，故能为京室之妇"；次言文王之妻大姒慕大任之德，亦遵从后妃之礼制。二章言文王以礼协和神人，"能上顺于先祖宗庙群公，故神无有是怨恚文王者，神无有痛伤文王者。明文王能敬事明神，蒙其佑助之"；又言文王能施礼法于其妻，至于宗族兄弟。三章言文王行辟雍、宗庙、观射之礼，以安养百姓培育贤才。四章至五章，言文王因行以上之礼使"大疾害人者，不绝之而自绝也"，而文王"性与天合"，其一举一动都合于礼法，化行天下，使"成人有德，小子有造"，皆成为髦俊之士，而文王好之无厌。(《毛诗注疏》卷十六) 由此可见，在《毛诗》看来，文王之所以为圣，是因为他遵从礼制，以礼治身，以礼治家，以礼治天下。《大雅》言王朝政教的核心在于礼制，而《毛诗》所言的圣王，正是礼制的化身。荀子曰："辨莫大于分，分莫大于礼，礼莫大于圣王。"(《荀子·非相》)"圣王。圣也者，尽伦者也；王也者，尽制者也；两尽者，足以为天下极矣。故学者以圣王为师，案以圣王之制为法，法其法以求其统类，以务象效其人。"(《荀子·解蔽》) 可以说《毛诗》正继承发展了这一思想。在《毛诗》看来，道德从属于礼制，被纳入到礼制之中，在礼制中见道德，《毛诗》称其为"光明之盛德"。

至于圣统观念，《毛诗序》与《荀子》所云"故学者以圣王为师，案以圣王之制为法，法其法以求其统类，以务象效其人"的圣统观念也极为接近。《下武》序："继文也。武王有圣德，复受天命能昭先人之功焉。"这里武王之圣，正是继承文王之礼制经纬天下，所以得复受天命，成就圣王之业。因此，《毛诗》虽有后世古文经学所强调的，帝王要有积累自祖先而来的世代功德，即"宗法圣统"[①]这一倾向，但更多强调的是王道和王制，唯"法其法以求其统类"才是真正继承圣王的统绪，才能以圣王自居。因此，后之王者必须学法圣王之道，兴修礼乐制度。这一思想也是河间儒学最重要的思想："河间献王曰：'汤称学圣王之道，譬如日焉。静居独思，譬如火焉。夫舍学圣王之道，若舍日之光，独思若火之明也。'"(汉刘向《说苑·建本》) 圣王之道的中心是礼乐制度，而不是圣王本人。圣王之所以称作圣王是因为其遵守可以经纬天地的礼仪制度。这意味着其权力牢牢地受

---

① 徐兴无：《谶纬文献与汉代文化构建》，北京：中华书局，2003年，第162—166页。

到礼仪制度的限制，这是河间儒学强调礼乐制度的深意之所在。因此，河间的礼乐文献重在君王之礼，而不是士礼。这与后来中央仅采部分士礼立学官有根本不同。而君王之礼的中心是限制君王的权力。前文已述，班固在《汉书·礼乐志》和《汉书·艺文志》中都说河间礼"多天子、诸侯、卿、大夫之制，虽不能备，犹愈仓等推《士礼》而致于天子之说"。而《隋书·经籍志》云"无敢传之者"，可谓道出了其实质。这些文献所记载的君王之礼，学者无敢传之，不是其威仪庄严，而是其限制约束了君王的权力，为君王所痛恶。也正因如此，河间文献大多被秘闭于中秘之中，实禁之也。

我们从上表的第 2 点中可以看到，《毛诗》在对成王守礼大加赞赏的同时，对于成王亲政之后仍然表达了忧虑和不信任。在《豳风》诸序所书写的历史叙事中，更叙述了周公在艰苦制礼作乐、奠定王业的过程中所遭遇的种种磨难，以说明周之王业创始于文王，立基于周公所制定的礼乐制度。而《豳风》序言成王与周公矛盾更表达对王权僭越礼制的深切忧虑。这种忧虑在《毛诗序》通篇中都有反映。这里在嘉美成王之后，连续三篇诗序都说是召康公戒惧成王，紧接着是变雅言厉王之暴，更表达了对王权的不信任，政教出于其深刻戒惧的幽暗意识。

要克服这种幽暗意识，在河间儒学看来也许只有在《周官》中才得到了解决。尽管有关于这部大典成书的各种说法，但有一点不可否认的事实就是载籍所见首现于河间，如前所述，也是其时"成书复典运动"的一部分，是河间儒学根据历史遗存和绵延历史记忆的重构。《周官》大胆的礼制中心主义尊礼虚君、以礼制君的设计，也正是经历秦的极权暴政，诸侯王国受到皇权膨胀挤压，平民公天下意识崛起大背景下的思想反映或投射。如朱熹所见"文王徒拥虚器"，《毛诗序》说诗以后妃、夫人始，也是其尊礼虚君的部分反映。在河间看来或许唯如是才能真正一劳永逸地解决国家随着君王个人的贤愚而兴衰的问题，如王应电所云："俾王及后、世子靡不由于式法，不必传贤而天下无不治，虽曰家天下而实常得贤也。"（王应电《周礼传》卷一上）

河间这种礼制中心主义思想，在天道观上体现出来。在前文所举《文王》中已有所体现，文王之所以在天帝左右，上得天心，最重要的是遵守礼制的光明之盛德。这在《大雅·生民》与《商颂·玄鸟》的解说中进一步体现出来。《生民》"履帝武敏歆"，三家诗强调感生说，认为这里帝为上帝，是姜嫄履上帝之拇印后感孕而生后稷。但《毛诗》则持礼祀上天说，认为"从于帝而见于天，将事齐敏也"，这里的帝不是上帝而是"高辛氏之帝也"。（《毛诗正义》卷十六）《玄鸟》："天命玄鸟，降而生商"亦然，三家诗强调感生说，而《毛诗》仍持礼祀上天说。感生说强调人间君王从天而来的神圣血统，强调"天"与"人"通的"天人合一"思想。而《毛诗》强调的则是恭敬禋祀上天之礼，强调礼的神圣性，"天"与"礼"通的"天礼合一"思想。我们将《毛诗》这一儒学系统称之为"天礼之学"。这与帝国儒学提倡的"天人之学"强调君王从天而来的神圣德性迥然不同。不仅如此，"礼"是第一位、根本性的，更有超越天地的神圣绝对地位，即使天地都要接受它的规范。这在同为河间文献《左传》中反映较为充分。《左传》昭公二十五年："夫礼，天之经也，地之义也，民之行也。""礼，上下之纪、天地之经纬也，民之所以生也。"又昭公二十八年："经纬天地曰文。"《毛诗》释文王之文"经纬天地曰文"（《毛诗注疏》卷十六《皇矣》），即文王之所以为文王，以经纬天地礼来治国，与上述思想一脉相承。当我们将河间文献勾辑在一起时，这一"天礼之学"的体系便被凸显出来。这一思想在具体的实践中，凸显了以礼制来限制君权思想的宇宙论依据。

限于篇幅，关于《颂》诗序我们不再赘述。总之，通过"四始"历史叙事的书写，《毛诗序》构建了以有周封建礼乐制度为中心的"天礼之学"儒学系统；而"天礼"与"天人"之别，也是包括《毛诗序》在内的整个河间古文经学与中央今文经学的深刻分野；是那个时代河间王国儒学与中央帝国儒学，两大儒学系统在封建、郡县之变中，从各自不同集体经验出发的历史记忆的重构。

三、三家诗说与中央帝国儒学

所谓的三家诗是指武帝置《五经》博士中，立于学官的鲁诗、齐诗和韩诗。①《汉书·艺文志》云："汉兴，鲁申公为《诗》训故，而齐辕固、燕韩生皆为之传。或取《春秋》，采杂说，咸非其本义，与不得已，鲁最为近之。三家皆列于学官。又有毛公之学，自谓子夏所传，而河间献王好之，未得立。"鲁诗的开创者为鲁国申公，齐诗为齐国辕固，韩诗为燕国韩婴。虽然三家诗之间亦有很大的差别，但其主旨所归是相同或相近的。《汉书·儒林传》云："韩婴，燕人也。孝文时为博士，景帝时至常山太傅。婴推诗人之意，而作内、外《传》数万言，其语颇与齐、鲁间殊，然其归一也。"他们之所以被立于学官，最主要的是因为他们的诗学思想适应了中央朝政治的需要，并为中央朝政教提供了理论依据。

（一）三家诗辑佚的文献问题

在我们对三家诗政治思想进行分析之前，首先必须对其源流和文献问题给予一定的说明交代，以免在讨论时不知不觉陷入文献误区。四库馆臣云："汉代传诗者四家，《隋书·经籍志》称，齐诗亡于魏，鲁诗亡于西晋，惟韩诗存。宋修《太平御览》多引韩诗，《崇文总目》亦著录。刘安世、晁说之尚时时述其遗说，而南渡儒者不复论及。知亡于政和建炎间也。"②三家诗虽在汉代兴盛一时，但汉以后日渐式微，先后亡佚。今天我们研究三家诗主要依据的是后人辑佚的文献。最早做这方面工作的是宋儒王应麟，为"扶微学，广异义"，他辑有《诗考》一卷，今存。馆臣称其"搜辑颇为勤挚"，但"创始难工，多所挂漏"。至清辑佚之风兴盛，对三家诗辑佚的学者也日渐增多。不过早期都不是专门之作，只是作为部分篇章出现。如严虞惇《诗经质

---

① 后汉翟酺曰："文帝始置一经博士。考之汉史，文帝时申公、韩婴皆以《诗》为博士。五经列于学官者，惟诗而已。景帝以辕固为博士而余经未立。武帝建元五年春初置五经博士，《儒林传》赞曰：'武帝立五经博士，《书》惟有欧阳，《礼》后，《易》杨，《春秋》公羊而已。'立五经而独举其四，盖《诗》已立于文帝时，今并诗为五也。"又阎若璩说："《孟子题辞》孝文皇帝欲广游学之路，《论语》《孝经》《孟子》《尔雅》皆置博士，后罢传记博士，独立五经而已。朱熹谓此事，在《汉书》无考，余谓刘歆《移太常博士书》云：孝文皇帝《尚书》初出屋壁，《诗》始萌芽，天下众书，往往颇出，皆诸子传说，犹广立于学官，为置博士，非岐说之所本乎？第史文不备耳。"

② ［清］纪昀等编：《四库全书总目》卷十六《三家诗拾遗提要》，北京：中华书局，1965年，第135页。

疑》中有《三家遗说》一篇，惠栋《九经古义》、余萧客《古经解钩沉》于三家均有采掇。至范家相《三家诗拾遗》出，始有三家诗辑佚专门之书。之后有丁晏的《三家诗补注》，冯登府的《三家诗异义疏证》，阮元的《三家诗补遗》，陈寿祺的《三家诗遗说考》，王先谦的《诗三家义集疏》。数家之中，王先谦《诗三家义集疏》最为晚出，在陈氏等基础上搜罗最为浩博，被称为三家诗辑佚的集大成之作。

但一些问题也随之出现。三家诗辑佚工作的依据前提是相信汉人严尊师法、家法，通过考察其著述者或说诗者的师法源流，来判定其学之归属。依此展开辑佚的工作。陈乔枞云："窃考汉时经师以齐、鲁为两大宗。文、景之际，言《诗》者，鲁有申培公，齐有辕固生。……汉儒治经，最重家法，学官所立，经生递传，专门命氏，咸自名家。……《诗》分为四，……文字或异，训义固殊，要皆各守师法，持之弗失。"[①] 事实上汉代经学之授受中重师法、家法，并非如清儒所言之严守而一成不变。对此，钱穆在《两汉博士家法考》中亦有确论。[②]《后汉书·章帝纪》："汉承暴秦，褒显儒术，建立《五经》，为置博士。其后学者精进，虽曰承师，亦别名家。"盖汉儒言经并非死守一说，其说经乃是随着整个学术和国家政治需要而变化，随着帝国的需要在不断统构和调整。后学根据时势的需要，左右采获，更所发明，遂自别名家。故欲明三家诗文献问题，必先明汉代学术发展源流，源流不清，遂致经义不明，文献淆乱。

汉代学术从大势上讲有三次转变：第一次从汉兴到景、武之际，是从以黄老为主的子学向儒家的经学转变，儒学以河间王国儒学为中心。第二次是从河间王国古文经学向帝国中央今文经学转变，儒学以帝国中央儒学为中心，前者以礼学为中心，笔者称之为"天礼之学"，后者以"天人之学"为中心。第三次是宣、元以后帝国儒学的调整，出现了帝国中央儒学与河间王国儒学融合的趋势，更准确地讲是帝国儒学逐步对河间儒学进行统合。明了这一学术流转的大势，方可在文献上有较为准确的把握，厘清一些具体文献上的矛盾和歧义。

---

① ［清］陈乔枞：《齐诗遗说考自序》，《清经解续编》卷千百三十八之前，南菁书院刻本。
② 见钱穆：《两汉经学今古文平议》，北京：商务印书馆，2001年，第216、241页。

景、武之际，儒学兴盛于河间，二十六年间，学者云集，整理文献，制作礼乐，发明绍述，相互切磋争论，遂使儒学为即将来临的属于它的时代有一个很好的文献和思想上的整理。这也使得儒学在兴起之初，诸家有着很大的共性。如《关雎》之诗，《韩诗外传》云：

> 子夏问曰："《关雎》何以为《国风》始也？"孔子曰："《关雎》至矣乎！夫《关雎》之人，仰则天，俯则地，幽幽冥冥，德之所藏。纷纷沸沸，道之所行。虽神龙化，斐斐文章。大哉！《关雎》之道也。万物之所系，群生之所悬命也。河洛出《书》《图》，麟凤翔乎郊。不由《关雎》之至，则《关雎》之事将奚由至矣哉？夫六经之策，皆归论汲汲，盖取之乎《关雎》。《关雎》之事大矣哉！冯冯翊翊，自东自西，自南自北，无思不服。子其勉强之，思服之。天地之间，生民之属，王道之原，不外此矣。"子夏喟然叹曰："大哉《关雎》！乃天地之基也。"①

司马迁欲整齐百家之言，所以编写《史记》时亦吸收了这一思想。《史记·外戚世家》云："故《诗》始于《关雎》。夫妇之际，人道之大伦也。"同时也存在着一定的差异，在景、武之际，根据时势的需要，董仲舒首推阴阳为儒者宗，为适应大一统需要董仲舒建构起了"天人之学"的理论，与河间所强调的"天礼之学"出现了大的分野。随着时势的发展，这种分野越来越大，最终形成了泾渭分明的两大儒学体系。元、成以后，因时势需要，河间的礼学再度兴起，平帝时更置立学官，经王莽、刘歆世的鼓噪，天下风气为之一变。学术上虽仍有分野，但出现了融合趋势。所以世修鲁学的刘向在《说苑》中反复征引河间献王之语，而刘歆用今文经学释经的方法来发明

---

① ［汉］韩婴：《韩诗外传》卷第五，明嘉靖十八年历下薛氏芙蓉泉书屋刊本，第1叶 a—b。

古文经义。①《汉书·匡衡传》，学《齐诗》的匡衡在上《疏》中云："臣又闻之师曰：'妃匹之际，生民之始，万福之原。'婚姻之礼正，然后品物遂而天命全。孔子论《诗》以《关雎》为始，言太上者民之父母，后夫人之行不侔乎天地，则无以奉神灵之统而理万物之宜。……此纲纪之首，王教之端也。自上世已来，三代兴废，未有不由此者也。"可见此时《齐诗》匡衡一系在《关雎》的解释上，已与《毛诗》非常接近，反映了随着时势的转变，儒学的调整与统合。后汉郑众、贾逵、马融辈虽为古学，但多兼通五家今文之说，今古文之学进一步融合。因此，我们处理三家诗文献时，一是要注意三家诗早期、中期与晚期文献之间的区别，注意各个时期所呈现的不同面貌；二是师传源流上要辩证灵活地看待汉儒所守师法，不能机械地认为其思想一成不变，而忽视后世学者的发明，要根据时势学术的流转来看待三家诗学者的说诗；三是要注意到元、成以后今古文儒学已出现融合，要谨慎处理这一时间儒者说诗相同或相近的问题，不能以之作为三家诗与《毛诗》相同或相近的依据。我们以此来审视清儒的辑佚文献，就会发现清儒在辑佚文献上存

---

① 《汉书·刘歆传》："初《左氏传》多古字古言，学者传训故而已，及歆治《左氏》，引传文以解经，转相发明，由是章句义理备焉。"此段文字后来成为清儒和疑古学派指控刘歆伪窜《左氏传》的罪证。清儒刘逢禄据此认为："歆引《左氏》解经，转相发明，由是章句义理始具，则今本《左氏》书法及比年依经饰《左》、缘《左》、增《左》，非歆所附益之明证乎？如《别录》经师传授详明如此，歆亦不待典校秘书而后见也。"（［清］刘逢禄：《左氏春秋考证》，《续修四库全书》第125册，上海：上海古籍出版社，2000年，第252页）崔适亦云："传自解经，何待歆引，歆引以解，则非传文。原其大旨，谓解经之文，歆所作尔。是即左丘明不传《春秋》之明证矣。"（崔适：《春秋复始》卷一，《续修四库全书》第131册，第382页）实际上，"引传文以解经"正是今文章句之学的释经方法，也就是在诠释某一处《经》、《传》文字时，引其他处或多处《经》、《传》文字进行互证，并在与这些文字的模拟中，扩展或发明此处文字的义理，即所谓"转相发明"。这也是今文家章句之学释经最重要的方法，刘歆采用此方法释《左传》后，"由是章句义理备焉"。所以此决非指刘歆伪造传文。这在西方释经学史上也是一种古老但一直很受推崇的释经方法，西方称之"以经解经法"，就是将一处经文与多处类似或相关经文相比照，从而使这处经文的经义在他处经文的经义与语境中得到扩展、发明。所以刘师培云"引传文以解经，转相发明，谓引传例以通他条之经耳，故章句义理，由是而备。非旧传不系年月，歆依经文相别也"这个说法是基本符合历史事实的。（刘师培：《春秋左传读叙录》，《刘申叔遗书》上册，南京：江苏古籍出版社，1997年，第272页）

在着严重问题。至陈乔枞尚能"惟取与毛氏异者，余皆弃而不录"①，但至王先谦则在汉儒必守师法，机械不变的前提下，广搜备采，甚至魏晋以下文献亦多误收，其与《毛诗》同者尽数罗致在三家诗名下。据其书所言"三家诗无异义"或三家之说与《毛序》大体相合者，达180首左右，占全诗3/5，加上三家之说与《毛诗》首序之间相合者，达全诗2/3。于是遂有学者据此认为："这些诗说的存在为齐、鲁、韩、毛四家之诗具有同源关系提供了最有力的证明。"②实文献不审所误。

由于一手文献的缺佚难征，后世辑佚又存在很多问题，这给我们研究三家诗增添了困难。但拨去清儒贪多博杂的部分，在征引时尽量采用景、武、昭、宣时期的文献，并坚持"惟取与毛氏异者，余皆弃而不录"的原则，我们还是能得出较为可信的三家诗政治思想系统的。而这些思想，作为帝国儒学思想体系的一部分，与《毛诗》存在很大的分野，这种分野与河间儒学的分野是一致的。

（二）周室衰而《关雎》作

《关雎》作为风诗乃至整本《诗经》的首篇，其断代与诗旨关系到整本《诗经》的断代和诗旨，是各家说诗体系的基础。因此，对《关雎》的断代与诗旨不同的解说将意味着其整个说诗体系的不同。下面我们来看汉代一些习三家诗学者的说法：

1.《史记·十二诸侯年表》："周道缺，诗人本之衽席，《关雎》作。"

2.《史记·儒林列传》："周室衰而《关雎》作。"

3.《淮南子·泛论训》："王道缺而诗作，周室衰，礼义坏而《春秋》作。《诗》《春秋》，学之美者也，皆衰世之造也。"

4.《汉书·杜钦传》："是以佩玉晏鸣，《关雎》叹之。"

5. 刘向《列女传》："周之康王、夫人晏出朝，《关雎》豫见，思得淑女，以配君子。"

6. 扬雄《法言》："周康之时，颂声作乎下，《关雎》作出上，习治也。故

① ［清］陈乔枞：《鲁诗遗说考自序》，《清经解续编》卷千百十八之前，南菁书院刻本。
② 马银琴：《从四家诗说之异同看〈诗序〉的时代》，《文史》2000年第2辑。

习治则伤始乱也。"

7. 王充《论衡》："周衰而诗作，盖康王时也。康王德缺于房，大臣刺晏，故《诗》作。"

8. 袁宏《后汉纪》："杨赐上书曰：'昔周康王承文王之盛，一朝晏起，夫人不鸣璜，宫门不击柝，《关雎》之人，见几而作。'"

9.《后汉书·皇后纪论》："康王晚朝，《关雎》作讽。"

10. 应劭《风俗通义》："昔周康王一旦晏起，诗人以为深刺。"

据以上诸说：1）《关雎》为刺诗，为刺时而作。然司马迁并未具指何王，但刘向之后，说诗皆指因康王之晏起而作。盖司马迁时三家诗可能已指其为刺康王之诗，司马迁出于史家的谨严考虑，未有具指。2）《诗》三百五篇皆衰世之作。《关雎》既为刺诗，作于衰世，诗三百五篇自然亦尽作于衰世，亦尽为美刺讽谏之诗。《汉书·儒林传》："王式字翁思，东平新桃人也。事免中徐公及许生。式为昌邑王师。昭帝崩，昌邑王嗣立，以行淫乱废，昌邑群臣皆下狱诛，唯中尉王吉、郎中令龚遂以数谏减死论。式系狱当死，治事使者责问曰：'师何以无谏书？'式对曰：'臣以《诗》三百五篇朝夕授王，至于忠臣孝子之篇，未尝不为王反复诵之也；至于危亡失道之君，未尝不流涕为王深陈之也。臣以三百五篇谏，是以亡谏书。'使者以闻，亦得减死论，归家不教授。"王式习《鲁诗》，其弟子张生、唐生和褚少孙分别名家。《汉书·儒林传》："由是《鲁诗》有张、唐、褚氏之学。"这里"以三百五篇谏"，表明诗三百五篇多是用来讽谏君王，其中有忠臣孝子之篇，亦有危亡失道之君。可见王式对《诗》三百五篇的看法与以上诸儒的看法基本一致。

《诗》三百五篇既是尽为讽谏之诗，则其说诗的中心必在于美刺，其归必在于君身。对于《诗》为美刺时君国政而作，朱熹从理学家尊君的角度提出了严厉的批评："使读者疑于当时之人，绝无善则称君过则称己之意，而一不得志，则扼腕切齿，嘻笑冷语以怼其上者，所在而成群，是其轻躁险薄，尤有害于温柔敦厚之教，故予不可以不辨。"（朱熹《诗序辨说》卷上）于是一个问题便随之出现，为什么汉室允许这种的诗说，并将之立于学官呢？实质上朱熹只看到了问题的一半，汉朝之所以容忍和提倡这种诗学理论是有它的深意的。美恶必归之于君身，表面上看君王受到了严厉的批评，实质上却表明君王是所有政教的中心，君王的美恶决定国家政教的兴衰。虽然说诗者以褒贬的形式从道义上对君王的行为进行约束，但实质上是在强化君王在整个国家政治文化秩序中绝对中心的地位，使之拥有绝对的权力。这与《毛诗》说诗中心在于重礼制虚君王有着根本区别。因此，它适应了中央朝政治的需要，从而为中央朝所接纳、提倡，成为官方诗学。由此来观三家诗与《毛诗》的歧义，其不同的政教思想体系便豁然洞开。

且汉经亡秦之后，强大的秦帝国一夜之间土崩瓦解，一直是汉朝统治者驱之不散的阴影。汉兴以来，从高祖到武帝都在思考如何能避免秦的灭亡，故诏策屡问秦何以亡，汉何以兴。如《史记·贾山传》云：

> 贾山，孝文时言治乱之道，借秦为谕，名曰《至言》。其辞曰："臣闻为人臣者，尽忠竭愚，以直谏主，不避死亡之诛者，臣山是也。臣不敢以久远谕，愿借秦以为谕，唯陛下少加意焉。……雷霆之所击，无不摧折者；万钧之所压，无不糜灭者。今人主之威，非特雷霆也；势重，非特万钧也。开道而求谏，和颜色而受之，用其言而显其身，士犹恐惧而不敢自尽，又乃况于纵欲恣行暴虐，恶闻其过乎！震之以威，压之以重，则虽有尧舜之智，孟贲之勇，岂有不摧折者哉？如此，则人主不得闻其过失矣；弗闻，则社稷危矣。古者圣王之制，史在前书过失，工诵箴谏，瞽诵诗谏，公卿比谏，士传言谏（过），庶人谤于道，商旅议于市，然后君得闻其过失也。闻其过失而改之，见义而从之，所以永有天下也。……秦皇帝居灭绝之中而不自知者何也？天下莫敢告也。其所以莫敢告者何也？亡养老之义，亡辅弼之臣，亡进谏之士，纵恣行诛，退诽谤之人，杀直谏之士，是以道谀偷合苟容，比其德则贤于尧舜，课其功则贤于汤武，天下已溃而莫之告也。"

对于汉室来说，既能吸取秦亡的教训，避免秦之无道灭亡，又能确保其拥有绝对权力，最好的方式就皇帝有清醒的头脑，勤于政治，接受来自大臣的直言激谏。因此，从高祖以下，汉朝便形成了容忍大臣直言切谏的传统，屡诏选直言切谏之士，为贤良的必备品格，也出现了像叔孙通、汲黯这样的直言激谏的名臣。也正是在这样一种背景下，明于时势的儒者们说诗都将重点转向了君王的道德、勤政，"是以佩玉晏鸣，《关雎》叹之"也。

（三）取《春秋》杂说，咸非其本义

三家诗的说诗中心既然强调国家治乱系于君身，美恶咸由之君，君王是国家政治权力的中心，那么君王就必须拥有治国的能力、智慧、道德等一整套的君道或君术。《汉书·艺文志》说："汉兴，鲁申公为《诗》训故，而齐辕固、燕韩生皆为之传。或取《春秋》，采杂说，咸非其本义，与不得已，鲁最为近之。三家皆列于学官。"尽管三家内部仍有着一定的差别，"然其归一也"。且这段话还透露出两个重要信息：一是三家说诗取《春秋》，采杂说；二是三家说诗并不追求诗之本义。这两个方面也是汉人说诗的典型特征，前者是为说诗提供了义理根据，后者则是根据前者义理而做出的实时发挥，以求达到义理说教的目的。

经过董仲舒等人的努力，《春秋》学已成功地为帝国建立了以皇权为中心的政治、道德、伦理秩序，并成为帝国儒学的共识。《汉书·司马迁传》："《春秋》上明三王之道，下辨人事之经纪，别嫌疑，明是非，定犹与，善善恶恶，贤贤贱不肖，存亡国，继绝世，补弊起废，王道之大者也。"而杂说者，则是《春秋》以外诸子传记有关治道者。用其时的司马迁父子的话说："夫阴阳、儒、墨、名、法、道德，此务为治者也。"（《史记·太史公自序》）因此，"取《春秋》，采杂说"，正是三家通过说诗进一步强化帝国政治伦理秩序，让最高统治者明于王道治术。而《诗》在汉代，对于帝国儒学来说，与其说其自身承担着政治伦理的意义，不如说是言说政治伦理的工具，起着达意、正言、明旨的作用。这似是帝国儒学的一种共识：

1. 陆贾《新语·慎微》："诗，在心为志，出口为辞，矫以雅僻，砥砺纯才，雕琢文邪，抑定狐疑，道塞理顺，分别然否，而情得以利，而性得以治。"

2.《新书·道德说》："诗者，志德之理，而明其旨，今人缘之以自成也。"

3.《春秋繁露·玉杯》："《诗》《书》序其志，《礼》《乐》纯其美，《易》《春秋》明其知，六学皆大，而各有所长。"

4.《史记·滑稽列传》："《六艺》于治一也：《礼》以节人，《乐》以发和，《书》以道事，《诗》以达意，《易》以神化，《春秋》以道义。"

5.《汉书·艺文志》:"《六艺》之文:《乐》以和神,仁之表也;《诗》以正言,义之用也;《礼》以明体,明者着见,故无训也;《书》以广听,知之术也;《春秋》以断事,信之符也。五者,盖五常之道,相须而备。"

由以上可知,《诗》以达意、正言、明旨,而《春秋》以道义、断事,两者结合,就是《诗》在推阐《春秋》大义的过程中可以起到"抑定狐疑,道塞理顺,分别然否""明其旨意"的作用。而《春秋》的大义则是帝国政治伦理秩序和意识形态的基石,说诗必须围绕着这个中心,给帝国秩序提供理论依据和为最高统治提供治术明鉴。因此,诗之本身的意义并不重要,重要的是能清楚地言说《春秋》大义,使帝国的政治伦理秩序、意识形态能深入人心。这也就是董仲舒在《春秋繁露·精华》篇中所谓的"《诗》无达诂,《易》无达占,《春秋》无达辞,从变从义,而一以奉人"。[①]盖诗义完全是根据现实政治的需要,围绕帝国政治秩序和意识形态,依据"一以奉人"的原则做出解释。因此,春秋战国以降所沿续的"赋诗断章,义各有取"的说诗方法便成为终汉一代说诗的主流,这也就是班固所说三家诗说诗"咸非其本意"的原由。现存比较完整的三家诗文献《韩诗外传》[②]就明显地反映这一点。

---

① "人",卢文弨作"天",实际上,在董仲舒"天人之学"体系中,天即是人,人即是君王,所以在这里人与天并没有实质的区别。

② 作为三家诗唯一传世之作,今本《外传》存在着文献上的很大争议。由于《汉书·艺文志》所载其为六卷,至《隋书·经籍志》十卷,多数学者认为即为今本《外传》。由于卷数的变化自宋以来就引起学者质疑。晁公武《郡斋读书志》谓即六卷析为《隋书·经籍志》的十卷。臧琳《经义杂记》云:"今书非韩氏原稿,容有后人分并,且以他书厕入者,是也。"杨树达在《汉书窥管》中则认为"内传四卷实在今本《外传》之中,今本《外传》第五章实为原本《外传》首卷之首章,因后人为之合并,而犹留此痕迹。"今本《外传》部分篇章有"传曰"二字,洪湛侯在《诗经学史》中亦疑为《内传》窜入。日本学者西村富美子在其《〈韩诗外传〉的一个考察——以说话为主体的诗传具有的意义》一文(初载《中国文学报》第19册,1963年10月)中通过对现存《外传》版本的考察,认为卷七以下是"拾遗"的形式,为后人补编,隋以后十卷的《外传》与现行的诸本只是卷数相同,而内容不同。汪祚民的《〈韩诗外传〉编排体例考》[载《陕西师范大学学报》(哲学社会科学版)2003年第3期]则列表对比《外传》的卷次章次与《诗经》的篇目次序,通过考察其引《诗》篇目章次的排列规律,认为"原来六卷《外传》尚保存在今本《外传》之中,其大致卷次是今本的卷一、卷二、卷七或卷四、卷十、卷六、卷三,其余四卷是后人仿照六卷本《外传》编排体例增补的"[参见马鸿雁:《〈韩诗外传〉研究综述》,《古籍整理研究学刊》2004年第4期。另金德建有《韩诗内外传的流传及其渊源》一文,载《新中华》(复刊)1948年4月第6卷第7期,亦可供参考]。但无论今本《外传》是否参后人杂说,但其沿续了韩诗说诗的方法,也基本反映了其说诗的义理内容,因此,并不影响本文的研究。

由于《韩诗外传》多采《春秋》杂事证以诗句，明王世贞讥其"大抵引诗以证事，而非引事以明诗。故多浮泛不切，牵合可笑之语。盖驰骋胜，而说诗之旨微矣"。①四库馆臣认为其"与经义不相比附"。这些认为实际上是囿于后世经学思想，对汉儒说诗达意、正言、明旨的作用没有深刻认识。今观《外传》其说诗虽引诗以证事，但礼义伦理秩序尽在事中，以诗证之，诗与事合，诗与理合，既是说理，也是说诗，使二者浑然一体。既赋予诗在历史事件中广阔的应用场景，也开拓了诗理内涵的深远空间。对此，王先谦的认识是准确的，他说："今观《外传》之文，记夫子之绪论与《春秋》杂说，或引《诗》以证事，或引事以明《诗》，使为法者章显，为戒者著明，虽非专于解经之作，要其触类引伸，断章取义，皆有合于圣门商赐言《诗》之意。况微言大义，往往而有。上推天人性理，明皆有仁义礼知顺善之心；下究万物情状，……知王道之兴衰，固天命性道之蕴而古今得失之林邪！"②

去除后人比附博杂的部分，我们对《韩诗外传》所构建的汉代政治伦理秩序和王道治术基本上可以概括出以下几个方面：

1. 黜百家，一统类。《外传》卷四，第二十二章：

夫当世之愚，饰邪说，文奸言，以乱天下，欺惑众愚，使混然不知是非治乱之所存者，则是范雎、魏牟、田文、庄周、慎到、田骈、墨翟、宋钘、邓析、惠施之徒是也。此十子者，……说皆不足合大道，美风俗，治纲纪。然其持之各有故，言之皆有理，足以欺惑众愚，交乱朴鄙，则是十子之罪也。若夫总方略，一统类，齐言行，群天下之英杰，告之以大道，教之以至顺，隩窔之间，衽席之上，简然圣王之文具，沛然平世之俗起，工说者不能入也，十子者不能亲也。无置锥之地，而王公不能与争名，则是圣人之未得志者也，仲尼是也。一天下，财万物，长养人民，兼利天下，通达之属莫不从服，工说者立息，十子者迁化，则圣人之得势者，舜禹是也。仁人将何务哉？上法舜禹之制，下则仲尼之义，以务息十子之说。如是者，仁人

① [明] 王世贞：《弇州山人四部稿》卷之一百十二《读韩诗外传》，台北：伟文图书出版社有限公司，1976年，第5274页。
② [清] 王先谦：《诗三家义集疏》之《序例》，北京：中华书局，1987年，第11页。

之事毕矣，天下之害除矣，圣人之迹著矣。诗曰："雨雪麃麃，曣晛
聿消。"①

这是《外传》作为三家早期文献的典型特征，此时百家尚兴，儒术未尊，
国家政治伦理尚未有统一的标准，要建构汉帝国的政治伦理秩序，首先必须有
统一的标准和意识形态的根据。这与《春秋》公羊学是一致的。

2. 明君道，重德礼。对君王的统治之道是《外传》反复强调的重点。大
体概括下来，包括这样几个方面：1）君为心，臣为体。体不可一日无心。
《外传》卷十第二十章，载有晏子与齐景公的一段对话，时景公出游十七日
不归，晏子找到齐景公说："今君出田十有七日而不反，不亦过乎？"景公
曰："不然。为宾客莫应待邪？则行人子牛在。为宗庙而不血食邪？则祝人
太宰在。为狱不中邪？则大理子几在。为国家有余不足邪？则巫贤在。寡人
有四子，犹有四肢也，而得代焉，不可患焉！"晏子曰："然，人心有四肢而
得代焉则善矣，令四肢无心，十有七日不死乎？"于是景公听了晏子的建议
"与骖乘而归"。正是因为君王处于国家权力的中心，所以君权一日不可以旁
落。②《外传》卷七第十章云："昔者司城子罕相宋，谓宋君曰：'夫国家之安
危，百姓之治乱，在君之行赏罚。夫爵赏赐与，人之所好也，君自行之。杀
戮刑罚，民之所恶也，臣请当之。'君曰：'善。寡人当其美，子受其恶，寡
人自知不为诸侯笑矣。'国人知杀戮之刑专在子罕也，大臣亲之，百姓畏之。
居不期年，子罕遂劫宋君而夺其政。故老子曰：'鱼不可脱于渊，国之利器不
可以示人。'《诗》曰：'胡为我作，不即我谋？'"正因为君权不可旁落，因
此君王必须依赖自己的独立判断，不能完全依靠臣下，"望人者不至，恃人
者不久。君欲治，从身始。人何可恃乎？"③2）驭贤使能。《外传》反复强调
重贤，但在充分发挥贤才作用的同时，必须像驭马一样，恩威并施，既让其
充分施展其才能，又能驾驭自如。《外传》卷二第十章："夫霜雪雨露，杀生
万物者也，天无事焉，犹之贵天也。执法厌文，治官治民者，有司也，君无
事焉，犹之尊君也。夫辟土殖谷者后稷也，决江疏河者禹也，听狱执中者皋

<hr />

① 许维遹：《韩诗外传集释》卷四，北京：中华书局，1980年，第150—151页。
② 许维遹：《韩诗外传集释》卷十，北京：中华书局，1980年，第358—359页。
③ 许维遹：《韩诗外传集释》卷七，北京：中华书局，1980年，第251—252页。

陶也。然而有圣名者尧也。故有道以御之，身虽无能也，必使能者为己用也。无道以御之，彼虽多能，犹将无益于存亡矣。《诗》曰：'执辔如组，两骖如舞。'贵能御也。"3）贵德爱民。《外传》卷五第二十九章云："德也者，包天地之大，配日月之明，立乎四时之周，临乎阴阳之交。寒暑不能动也，四时不能化也。敛乎太阴而不湿，散乎太阳而不枯。鲜洁清明而备，严威毅疾而神。至精而妙乎天地之间者，德也。微圣人其孰能与于此矣！《诗》曰：'德輶如毛，民鲜克举之。'"① 德的具体内涵就表现在爱民恤民勤政上。《外传》卷四第十八章："齐桓公问于管仲曰：'王者何贵？'曰：'贵天。'桓公仰而视天。管仲曰：'所谓天，非苍莽之天也。王者以百姓为天。百姓与之则安，辅之则强，非之则危，背之则亡。'"② 又《外传》卷五第三十一章："道者何也？曰：君之所道也。君者何也？曰：群也，能群天下万物而除其害者，谓之君。王者何也？曰：往也。天下往之谓之王。曰：善生养人者，故人尊之。善辩治人者，故人安之。善显设人者，故人亲之。善粉饰人者，故人乐之。四统者具，而天下往之。四统无一，而天下去之。往之谓之王，去之谓之亡。故曰道存则国存，道亡则国亡。夫省工商，众农人，谨盗贼，除奸邪，是所以牛养之也。……故道得则泽流群生，而福归王公，泽流群生，则下安而和；福归王公，则上尊而荣。百姓皆怀安和之心，而乐戴其上，夫是之谓下治而上通。下治而上通，颂声之所以兴也。《诗》曰：'降福简简，威仪昄昄。既醉既饱，福禄来反。'"③《外传》反复强调爱民勤政，在《外传》看来，所谓君德就是爱民勤政，是君之为君的根本。4）重礼义。《外传》也十分强调礼义的作用，在这方面与《毛诗》有相通之处。《外传》卷一第五章："传曰：在天者莫明乎日月，在地者莫明于水火，在人者莫明乎礼义。故日月不高则所照不远，水火不积则光炎不博，礼义不加乎国家则功名不白。故人之命在天，国家之命在礼，君人者降礼尊贤而王，重法爱民而霸，好利多诈而危，权谋倾覆而亡。"④ 此一方面证明了我们的判断，《外传》作为汉代儒学的早期文献，与河间儒学有很大的共性，可能与儒学在河间时期风气影响有很大关系。其

---

① 许维遹：《韩诗外传集释》卷五，北京：中华书局，1980年，第196页。
② 许维遹：《韩诗外传集释》卷四，北京：中华书局，1980年，第148—149页。
③ 许维遹：《韩诗外传集释》卷五，北京：中华书局，1980年，第197—199页。
④ 许维遹：《韩诗外传集释》卷一，北京：中华书局，1980年，第6页。

时三家诗可能都比较尚礼义，如传《鲁诗》的申公就对礼非常精通，以至于武帝以安车蒲席轮将其请至京城造作明堂等礼制，又申公受诗浮丘伯，浮丘伯乃荀子弟子，所以鲁诗重礼在情理之中。在看到这一时期四家诗共性的同时，另一方面我们也当看到，三家诗学身处中央朝，其说诗的视域与处于王国的视域有很大不同，其关注的重点也有很大不同，因此，它们言礼的内容及君王与礼制的关系也有所不同。通过这些不同，可寻见三家诗礼学与河间礼学渐行渐远的发展轨迹。在《外传》中礼尽管很重要，但从属于政治伦理秩序，是加强和规范这个秩序。"传曰：不仁之至忽其亲，不忠之至背其君，不信之至欺其友，此三者，圣人之所杀而不赦也，《诗》曰：'人而无礼，不死何为。'"[1] 可见仁、忠、信等君臣间的伦理秩序被《外传》视为礼。在礼与君王的关系中，尽管礼有规范君王之意，但君王明显超越礼制，礼在君王那里，是用来建立统治伦理秩序及德及天下的工具。《外传》卷四第十一章："君人者以礼分施，均遍而不偏。臣以礼事君，忠顺而不解。父宽惠而有礼，子敬爱而致恭。兄慈爱而见友，弟敬诎而不慢。夫照临而有别，妻柔顺而听从。……昔者先王审礼以惠天下，故德及天地，动无不当，夫君子恭而不难，敬而不巩，贫穷而不约，富贵而不骄，应变而不穷，审之礼也。……仁义兼覆天下而不穷，明通天地，理万变而不疑。血气平和，志意广大，行义塞天地，仁知之极也。夫是之谓先王审之礼也。若是，则老者安之，少者怀之，朋友信之，如夫子之归慈母也。曰：仁刑义立，教诚爱深，礼乐交通故也。"《韩诗》说诗的中心是君王，不是礼制，礼虽有限制君王之意，但更多地是用来彰君王之仁德。

3. 为人臣当忠孝节义。对于臣子、士人，《外传》强调忠孝节义，并为此视死如归。如《外传》卷二章二十五："子路曰：士不能勤苦，不能轻死亡，不能恬贫穷，而曰我能行义，吾不信也。昔者申包胥立于秦廷，七日七夜，哭不绝声，是以存楚。不能勤苦，焉能行此？比干且死，而谏愈忠。伯夷叔齐饿于首阳，而志益彰。不轻死亡，焉能行此？曾子褐衣缊绪，未尝完也。粝米之食，未尝饱也。义不合，则辞上卿。不恬贫穷，焉能行此？夫士欲立身行道，无顾难易，然后能行之。欲行义白名，无顾利害，然后

---

[1] 许维遹：《韩诗外传集释》卷一，北京：中华书局，1980年，第8页。

能行之。《诗》曰：'彼己之子，硕大且笃。'非笃修身行之君子，其孰能与之哉？"这也就是所谓的"勇士不忘丧其元，志士仁人不忘在沟壑"[①]是也。《外传》还塑造了李离、石奢、石他、荆蒯芮、弘演、申鸣等人臣志士视死如归的忠孝节义的形象。

此外，《外传》还强调了"畏鞭棰之严而不敢谏其父，非孝子也。惧斧钺之诛而不敢谏其君，非忠臣也"，[②] 这种直言切谏的谏臣和勇于纳谏的明君等思想。总之，《外传》"取《春秋》，采杂说"，为说诗开辟了一个广阔的诗理空间，构建了一个较为严密的政治伦理秩序和王道治术的思想体系。[③] 可以说，《外传》基本代表了三家诗在实际运用中的说诗理路：其说诗中心紧紧围绕着君王，为强化帝国政治伦理秩序、意识形态服务，向统治者提供王道治乱之术。

（四）天命玄鸟，降而生商

三家诗既念兹在兹为帝国构建政治伦理秩序，它们必然要思考这一伦理秩序的神圣依据，即建立它们的"天命"观，使之成为这一政治伦理秩序的神圣依据。司马迁在《史记·秦楚之际月表》表达了对汉一统天下给其带来的信仰和认识的困惑。在历史形成的传统观念中，受命之君都需要积累世功德方可王天下，虞、夏、商、周、秦莫不如此。而汉却是"以布衣提三尺剑取天下"，这就彻底打碎了这一历史事实和观念。汉何以得天下，这一理论问题困扰着司马迁等汉代学者，而不得其解。司马迁只得勉强归之于"传之所谓大圣"。我们不知司马迁"传之所谓大圣"这一说法从何而来，但既是

---

① 许维遹：《韩诗外传集释》卷二，北京：中华书局，1980年，第66—67页。
② 许维遹：《韩诗外传集释》卷十，北京：中华书局，1980年，第395页。
③ 取《春秋》采杂说，到刘向《说苑》中被进一步明确地提炼出政治伦理和治道思想体系：一是论君臣之道：君道（卷一） 臣术（卷二）；二是立国与立身之本：建本（卷三） 立节（卷四）；三是论君主臣民以德相感召：贵德（卷五） 复恩（卷六）；四是论王霸治术及尊贤成功之理：政理（卷七） 尊贤（卷八）；五是论进谏敬慎存身全国之道：正谏（卷九） 敬慎（卷十）；六是论知言善说及行人之辞：善说（卷十一） 奉使（卷十二）；七是论权变公正，慎兵备战之道：权谋（卷十三） 至公（卷十四） 指武（卷十五）；八是汇纂修身治国之言：谈丛（卷十六） 杂言（卷十七）；九是论辨物达性，文质相用之道：辨物（卷十八） 修文（卷十九） 反质（卷二十）。（参见徐兴无：《刘向评传》，南京：南京大学出版社，2005年，第411页）这些思想在《外传》中基本都已出现，刘向编撰《说苑》无论从体例上还是思想上都明显受到了《外传》的影响，这一点学者早已指出。

大圣，就意味着超越诸圣，有高于诸圣的盛德。但事实是，汉并不具备称为大圣的条件，且在司马迁的笔下，刘邦的德性更是与之相反。因此，借先秦所谓"大圣"论并不能为汉家找到神圣依据。于是与邹衍终始五德学说相结合的"天道圣统"观，便成为汉儒为汉家寻找统治合法性的最好理论武器。"天道圣统"是指从天道运行角度讲，主要受邹衍终始五德思想影响，与阴阳五行学说相结合，以天道运行流转来决定人间帝王受命而承载天道，承载圣王统绪。具体地说，就是将五行中的金、木、水、火、土相克相生的理论比附人间帝王朝代的更替。至少一直到汉中后期，汉一直都采用的是五行相克学说，即黄帝（土德）←禹（木德）←汤（金德）←文王（火德）←"代火者必将水"。汉初一直主张汉承周后，用水德，然文帝时贾谊及公孙臣又主张汉承秦后，应改为土德。到武帝太初元年这一意见被采纳，始改汉为土德。无论是采用水德还是土德，都是试图解释汉家布衣受天命的因由，为帝国的神圣合法性提供理论依据。这一学说的意义在于：1）人间帝王的受命不是因世代积功累德，而是因为前帝失德使天命发生转移，德运发生流转，其后起者承受此"神运"者，便可取而代之而王天下。2）五行相胜学说是斗争学说，其意义在于天运流转的过程是通过斗争方式实现的，这就意味着斗争是实现天道的过程，人间战争正是宇宙天道的彰显，通过战争最终取得胜利者便是天道最终运行的归属，即上天受命之圣王。① 这同时也有防范作用，为统治出现危机时暴力镇压提供天命理论依据。3）天道发生流转

① 汉中后期，在谶纬文献中所见的是另一套五行运转顺序，汉为火德，其运转顺序采用五行相生说。如帝尧唐氏为火德→帝舜有虞氏为土德→伯禹夏后氏为金德→商为水德→周为木德→汉为火德。顾颉刚认为这一系统出自刘歆的精心构造，目的在于为王莽篡汉造舆论，遂影响了谶纬。徐兴无师认为：这一转变"表明了社会文化的巨大转变和一种普遍政治信仰的形成"。"相胜说不利于在一个统一稳定的社会中建立国家权威下的秩序，同时带有强烈的反传统色彩。相胜说是斗争的理论而非统一的理论。其圣圣相传的过程是后圣对前圣的否定，而帝国神话则要求后圣绍述前圣，前圣禅让后圣，以此保证帝国的制度和文化得以长久沿续，标榜帝国的德治精神。"（见徐兴无：《谶纬文献中的天道圣统》，《谶纬文献与汉代文化构建》，北京：中华书局，2003年，第167、168页）客观地讲这一转变的确为王莽篡汉提供了理论依据，但这一学说的核心依然在于德，汉德不失即德运不转，天命不移，在这种情况下代汉者为窃、为篡，因此，此学说的形成与王莽代汉并无直接关系。如兴无师所言，此学说最重要的意义在于汉继周后，汉代文化即是继承周代文化之后的发扬光大，确定了汉继承周代文化传统的神圣依据，是汉后期整个文化向周文化转向的反映。汉初贾谊等主张汉承秦后为土德，可能就是出于汉代文化与周代文化继承性的关系考虑，以避免汉与周文化的全面紧张。

的前提是"德"，德运不失，天命不移，因此汉朝要永守天命，必须世代积功累德。由此可见这一学说在为汉家布衣得天下提供了形而上学的依据的同时，也在警醒汉帝国必须世代修德，方可守住天命，保住汉家基业。正因为如此，帝国儒学政治伦理的中心是君王的"德"，并以此为核心建构起一个系统的伦理秩序。三家诗作为帝国儒学的一部分，在以君德为中心构建其政治伦理秩序的同时，都将这一"天道圣统"观作为其形而上的论述。《史记·三代世表》载：

> 张夫子问褚曰："《诗》言契、后稷皆无父而生。今案诸传记咸言有父，父皆黄帝子也，得无与诗谬乎？"褚曰："不然。诗言契生于卵，后稷人迹者，欲见其有天命精诚之意耳。鬼神不能自成，须人而生，奈何无父而生乎！一言有父，一言无父，信以传信，疑以传疑，故两言之。尧知契、稷皆贤人，天之所生，故封之契七十里，后十余世至汤，王天下。尧知后稷子孙之后王也，故益封之百里，其后世且千岁，至文王而有天下。《诗传》曰：'汤之先为契，无父而生。契母与姊妹浴于玄丘水，有燕衔卵堕之，契母得，故含之，误吞之，即生契。'契生而贤，尧立为司徒，姓之曰子氏。子者兹；兹，益大也。诗人美而颂之曰：'殷社芒芒，天命玄鸟，降而生商'。商者质，殷号也。文王之先为后稷，后稷亦无父而生。后稷母为姜嫄，出见大人迹而履践之，知于身，则生后稷。姜嫄以为无父，贱而弃之道中，牛羊避不践也。抱之山中，山者养之。又捐之大泽，鸟覆席食之。姜嫄怪之，于是知其天子，乃取长之。尧知其贤才，立以为大农，姓之曰姬氏。姬者，本也。诗人美而颂之曰：'厥初生民'，深修益成，而道后稷之始也。孔子曰：'昔者尧命契为子氏，为有汤也。命后稷为姬氏，为有文王也。大王命季历，明天瑞也。太伯之吴，遂生源也。'天命难言，非圣人莫能见。舜、禹、契、后稷皆黄帝子孙也。黄帝策天命而治天下，德泽深后世，故其子孙皆复立为天子，是天之报有德也。人不知，以为汉从布衣匹夫起耳。夫布衣匹夫安能无故而起王天下乎？其有天命然。"

褚氏习《鲁诗》，所引《诗传》应为《鲁诗》说。① 而据《毛诗·大雅·生民》孔颖达疏：《诗》齐、鲁、韩，《春秋》公羊说，圣人皆无父，感天而生。《左氏》说，圣人皆有父。"又从王先谦《诗三家义集疏》所辑各家遗说亦可证，褚氏所引《诗传》确是诗三家的共识。而"圣人无父"说，正是帝国儒学在建构其"天人之学"的过程中对历史的诠释，是其"天道圣统"论的一个重要环节。这一神话的意义在于：1）成功消解了历史沉淀下来的"宗法圣统"的观念，使一姓之王天下，并不需要什么历史或其他理由，完全在于天命之赋予，所以经历千世而成就者，不是要显其累世功德，只是"欲见其有天命精诚之意耳"。因此，当这一神话被当作信史，就为汉家布衣取天下找到了历史依据。我们将这一神话与汉代受命神话相比较，就可见其用心之所在。《史记·高祖本纪》："高祖，沛丰邑中阳里人，姓刘氏，字季。父曰太公，母曰刘媪。其先刘媪尝息大泽之陂，梦与神遇。是时雷电晦冥，太公往视，则见蛟龙于其上。已而有身，遂产高祖。"汉家通过这个神话成功地与诸圣受命神话相联接，使汉家成功挤身于诸圣的神圣谱系。2）这一神话在赋予了人间帝王从天而来的神圣性的同时，也提供了历史合理性的基础，从而使"天人之学"立论根据牢固建立在信史，而不是神话基础之上。而在"天人之学"的关系中，天，即上天、上帝；人，即人间帝王、受命之君和继体守文之君。由此可见通过这一构建最终确立了君王在政治伦理秩序中核心与顶峰地位。

三家诗说朝着"天人之学"的方向一直在调整和发展，与阴阳五行学说结合也越来越紧密精细。最迟到宣、元时期，《齐诗》提出了"四始五际说"，标志三家诗说与帝国儒学"天人之学"整合的完成。关于"四始五际说"，最早见于《汉书·翼奉传》："臣闻之于师曰……《易》有阴阳，《诗》有五际，《春秋》有灾异，皆列终始，推得失，考天心，以言王道之安危。"翼奉，习《齐诗》事在元帝时期，所承师说当更早，表明至少在宣帝时期，这一理论已经形成。又《后汉书·郎𫖮传》："逆天统则灾眚降，违人望则化不行。灾眚降则下呼嗟，化不行则君道亏。四始之缺，五际之厄，其咎由此。""四始五际"在这

---

① 《史记·殷本纪》："殷契，母曰简狄，有娀氏之女，为帝喾次妃。三人行浴，见玄鸟堕其卵，简狄取吞之，因孕生契。"与褚少孙所引诗传微异，《索隐》以为褚氏所引为诗纬，王先谦亦以为既为鲁诗不应有所不同。案：此处明显是史公考信于六艺，对诗三家传说给予的修正，使其更符合信史，王氏等皆机械认为史公信守师法，故有此误。

里完整地提出。但齐诗"四始说"在西汉纬书中早已提出。《诗纬·泛历枢》："《大明》在亥，水始也。《四牡》在寅，木始也。《嘉鱼》在巳，火始也。《鸿雁》在申，金始也。"又云："卯酉之际为革政，午亥之际为革命，神在天门，出入候听。"这个理论比较复杂，由于文献不明，对其解释存在着很大的争议。但有一点是明确的，就是它将阴阳五行学说深入运用到诗学政教理论中，为建构汉代政治伦理和王道治术服务。对此陈乔枞的分析是非常精辟的：

> 枞案：四始是齐诗之说，因金木水火有四始之义，以诗文托之。《大明》诗废则智缺而水失其性矣。《四牡》诗废则仁缺，而木失其性矣。《嘉鱼》诗废则礼缺而火失其性矣。《鸿雁》诗废则义缺而金失其性矣。四始皆缺则金木水火沴土，而土亦失其性矣。金木水火非土不成仁义礼智，非信不立。诗陈四始，盖欲王者法五行而正百官，正百官而理万事，万事理而天下治矣。政教之所出莫不本乎五行乃通于治道也。[1]

五际也是如此。五际，应劭曰："君臣、父子、兄弟、夫妇、朋友也。"而孟康则认为："《诗内传》：'五际，卯、酉、午、戌、亥也。阴阳终始际会之岁，于此则有变改之政也。'"[2]其实两家解释并不矛盾，是这一理论应用的两个不同方面：一是政治伦理，一是王道治术。四始五际相结合，加之对汉以来性情论的发展和吸收，"四始五际"实已建构起了一个精细严密的"天人之学"的理论体系。

从上文褚少孙与张夫子的对话，我们也看到三家诗在其"天道圣统"中已努力吸收"宗法圣统"的思想。如果我们把褚氏"圣人无父说"和毛公、郑玄之说相比较，我们不但看到三家诗与《毛诗》的明显差别，也看到至郑玄时代四家诗已经成功整合：

---

① ［清］陈乔枞：《齐诗翼氏学疏证》一，《清经解续编》卷千百七十六，南菁书院刻本。
② 应、孟之语均见《汉书》卷七十五《翼奉传》颜师古注引，北京：中华书局，1962年，第3173页。

附表4：郑玄《玄鸟》《生民》四家诗说整合表

诗	《商颂·玄鸟》：天命玄鸟，降而生商。	《大雅·生民》：履帝武敏歆，攸介攸止。
毛公	鸟，鳦也。春分，玄鸟降汤之先祖。有娀氏女简狄，配高辛氏帝，帝率与之祈于郊禖而生契，故本其为天所命，以玄鸟至而生焉。	履，践也。帝，高辛氏之帝也。武，迹。敏，疾也。从于帝而见于天，将事齐敏也。歆，飨。介，大。攸止，福禄所止也。
诗三家	汤之先为契，无父而生。契母与姊妹浴于玄丘水，有燕衔卵堕之，契母得，故含之，误吞之，即生契。	文王之先为后稷，后稷亦无父而生。后稷母为姜嫄，出见大人迹而履践之，知于身，则生后稷。
郑玄	降，下也。天使鳦下而生商者，谓鳦遗卵，娀氏之女简狄吞之而生契。（案：孔颖达认为"唯此为异，余文略同。"郑意简狄从帝祈于郊禖，鳦降遗卵，娀氏之女简狄吞之而生契也。）	帝，上帝也。敏，拇也。介，左右也。夙之言肃也。祀郊禖之时，时则有大神之迹，姜嫄履之，足不能满。履其拇指之处，心体歆歆然。其左右所止住，如有人道感己者也。于是遂有身，而肃戒不复御。后则生子而养，长名之曰弃。

　　从上表我们可清楚地看到四家诗不断整合的轨迹。《毛诗》重礼，强调因礼而得天命，在礼中受天命。而郑玄则是将诗三家"圣人无父"说巧妙地嵌入到《毛诗》的礼学系统之中，从而实现了"天人之学"与"天礼之学"的统合。

　　诚然在郑学的儒学系统中，试图以继承河间儒学的《周礼》学为中心，吸纳帝国儒学的"天人之学"，表面上看既建立了一套有效地限制皇权的礼制，又使皇权的神圣性得以强化，这就克服了河间儒学因虚君而潜存的权臣觊觎与僭越危险，又克服了皇权的恣意膨胀，似乎很完美。但事实上郑学这种完美境界也只能是一种学术的理想。在现实的实践中，笔者认为，郑学带来的后果对中国文化来说是严重的。因为经郑玄的改造，实质上不是"天礼之学"统合了"天人之学"，而是"天人之学"统合了"天礼之学"。在天人关系的框架下，君王被无限神化，在拥有绝对地位的同时，必然要求绝对的权力。在这种情况下，任何强大的礼制都不可能对其再有约束作用，最终只不过沦为徒有空文的缘饰。

因此，经过郑玄的统合，河间礼学从此失去了最核心的价值。经过郑玄整合后，《毛诗》含融天人、天礼、人伦秩序等几乎所有方面，已然消解了原帝国儒学与河间儒学的分野，成为一个完整的帝国儒学系统，这就使得三家诗不复有帝国儒学存在的价值了。因此，郑玄出三家微，并相继而亡。

余论：帝国政治的转向与民间穀梁经学的兴起

——民间儒学与汉代中后期的社会政治

通过对景、武之世帝国学术、政治、意识形态和战略的考察，我们说汉帝国在汉武帝时期作为一个世界帝国的崛起不是偶然的。这与西京朝局之变，内朝谏议机构——侍从集团的崛起密切相关。以中大夫为首的侍从集团起到了重要作用。在"师行三十余年"间，汉武帝和他们谋臣们所制定内部规范与外部战略都是非常清晰的，实施步骤也是稳健循序渐进和卓有成效的，其意志也是非常坚定的。由是汉帝国一统海内、长久和平的宏图伟业在汉武帝时期得以基本实现。

但问题也随之出现。由于这一制度的私人性和主从性，它的崛起是对原有稳定的官僚制度的僭夺和破坏。在初始时期，由于武帝地位的不稳，内外事业创始维艰，不容出现较大的战略失误，在这种情况下，这种主从性有时则表现为跨越主仆共克时艰的师友关系，可以充分交流，所以有董仲舒"天人三策"奠定汉家文治基础，严助力挽时局建讨越安南之谋，开启汉一统海内的蓝图。只要这些侍从才智过人或有深谋远略，其才能智识都能得到充分发挥，突破官僚制度的层层限制迅速成为帝国意志，这一制度的优越性就凸显出来。武帝的功业从某种意义上说正这一制度的优越性的产物。但随着皇权的巩固，问题亦越发暴露出来。随着它的崛起则是丞相公卿权力的衰落，诸侯的力量的消解，原来皇室与武力功臣、宗室诸王夹持而治格局彻底被打破。皇权独大并不断膨胀。又由于这一制度是在内外朝的斗争中建立起来的，对武帝早年做出杰出贡献的侍从多在内外朝斗争中伏诛，其余则因年龄或身体原因相继去世。在一系列谋议决断中皇权所积累起来的权威，在这种主从性中已处于绝对主导地位，后起之秀则被"俳尤蓄之"。原来以内御外的格局遂演变为帝王个人意志驾驭朝野。与此同时，上有所好下必从之，身边没有了直言切谏之士，势必会聚集一些投其所好的青蝇小人，[1] 在他们的鼓动下更使帝王所好失去理性的控制。这即出现了如余英时所指出的："当皇帝不是基于理性的考虑而决心要采取某些非常的行动时，天下没有任何力量可以阻止得住他。……从历史上看，有很多非理性的因素足以激动皇帝：上自夸大狂、猜忌狂，下至求长生、好奇珍，都可以把全国人民卷入苦难之中。"[2] 正是这一制度逻辑下，在武帝晚年的极权暴政几乎毁灭了整个帝国。

一、巫蛊之祸与嗣君之争

关于巫蛊之祸，前辈学者包括田余庆先生、蒲慕州先生和劳榦先生都有过很好的研究，近年一些学者的研究也让我们丰富了对这一问题的认识。但过往学者在讨论武帝晚年的政治斗争及巫蛊之祸时，也很少将之与武帝的成长、嗣君之争和汉初政治格局联系起来，故而对这些重大事件的脉络一直言之未明。盖巫蛊之起，与当时巫祝鬼神信仰风行有关。而这又与汉武本人鬼神信仰与提倡密切相关。汉武鬼神信仰其来已久，此可追溯到其早年的嗣君之争。《史记·外戚世家》较详细地记载了武帝母亲的身世和出生经过：

> 王太后，槐里人，母曰臧儿。臧儿者，故燕王臧荼孙也。臧儿嫁为槐里王仲妻，生男曰信，与两女。而仲死，臧儿更嫁长陵田氏，生男蚡、胜。臧儿长女嫁为金王孙妇，生一女矣，而臧儿卜筮之，曰两

---

[1] 这从时侍从之臣东方朔死前的谏言中可见一斑："朔且死时，谏曰：'诗云"营营青蝇，止于蕃。恺悌君子，无信谗言。谗言罔极，交乱四国。"愿陛下远巧佞，退谗言。'"而这一诗篇在后来壶关三老的谏书也再次引用。其时武帝身边已被一些小人所围绕。

[2] 余英时：《"君尊臣卑"下的君权与相权》，《中国思想传统的现代诠释》，南京：江苏人民出版社，1995年，第118页。

女皆当贵。因欲奇两女，乃夺金氏。金氏怒，不肯予决，乃内之太子宫。太子幸爱之，生三女一男。男方在身时，王美人梦日入其怀。以告太子，太子曰："此贵征也。"未生而孝文帝崩，孝景帝即位，王夫人生男。

从这段记载中，可见对武帝身世两次关键的影响都存在着术士的影子。一次是其外祖母在相士点化下，[①] 果断地将已嫁女儿王氏夺回，纳入太子宫中，很快得到太子刘启的宠爱，成功跻身妃嫔之列。一次是其怀孕有"梦日入怀"的神话，与其说是事实，不如说是得到术士的点化，为改版了的汉家神话，表明刘彘乃天命所归，为即将来到嗣君之争和后位之争做充分的准备，并以此来掩盖权力斗争的阴暗。可以说两次关键性的决定，看似都是偶然和简单，但从王氏和武帝在整个夺嫡中的经历看，就不是那么偶然和简单了。可以说其一出生就受到浓厚术士文化的影响。

在武帝之前，嗣君之争一直是困扰汉帝国政治实践的一个大问题。这也是理论意识形态问题。按照宗法制原则"立嫡以长不以贤，立子以贵不以长"，这个原则意在确定一个稳定的继嗣制度，从而避免因嫡嗣不肖而引起内乱。这一制度在封建宗法制下自有其合理性，但在专制集权郡县制帝国其问题就比较大了。因为前者强调继嗣制度的稳定，在封建宗法制国度，尽管也存在国君的贤愚对国家兴衰产生影响，但官僚以世卿制为主，所以这一制度构成了整个国家社会稳定的基石，牵一发而动全身，不可轻易动摇；但到了专制郡县制帝国，社会结构已发生了巨大的变化，公卿郡县长吏皆以选贤与能为原则，不存在着世卿的问题，而政事最后都一决于君上，这种不讲贤愚只讲秩序的做法，显然已不能适应郡县制社会，在政治实践上问题重重。然而破坏这一制度对帝国继嗣制度的稳定又带来致命的威胁。所以从立国开始，就成为困扰汉帝国的

① 正史无载，但《汉武故事》与《汉武帝内传》，传说王氏家族的命运，一名叫姚翁的术士起到了决定性作用。王娡嫁于金王孙，姚翁说其"天下贵人也，当生天子"，臧氏立从金王孙处将女儿王娡夺回，纳于太子宫，遂得幸有娠。妊娠期间，姚翁又向景帝预言王氏所生将是"刘宗盛主也"。观武帝出生神话，系文帝母薄氏生文帝故事的另一版本，很可能王娡在术士的指点下，编造了刘彘降生的神话，为其争夺太子和后位捞取基础，以待后变。虽然二书此载不可据信，但观王娡成长始末，背后一直存在着术士的支持是毋庸置疑的。

一个大问题。刘邦一度想突破这一制度，遭到了大臣们的极力反对，在权衡利弊下最终放弃了废嫡立贤的想法。然而后来的事实证明了刘邦没有决断是错误的。因为惠帝的仁弱几乎给刘氏天下带来了灭顶之灾。自是之后，母强子弱遂成为汉家选立嗣君的一大禁忌。在汉初很长的一段时期内军功集团把持朝政，给皇权构成的直接压力，也迫使皇帝在选立新君的时候，必须考虑其是否能够掌控军功集团，是否有杀伐果断，能够有自高帝而来临事决断的汉帝性格，即所谓的"类我"特性。

景帝外儒内法是这一传统性格的典型，所以在被立为嗣君的过程中似乎没有异议。① 而到景帝朝，刘邦当年面临的问题再一次出现。景帝共有十三男，即位四年立长子刘荣为太子。从史书对其描述看，此人性格非常像惠帝仁弱。高帝的前车之鉴，不能不让景帝认真考虑嗣君废立的问题。这就让对汉家传统了然于胸的武帝之母王氏看到了机会，处心积虑地调教儿子表现景帝的"类我"性格，很得景帝赏识。出生"梦日神话"也日渐发酵。于是"景帝亦贤之，又有曩者所梦日符，计未有所定"。② 遂有废嗣想法。机会终于出现。由于太子之母栗姬两次重大失误，而葬送了自己的后位，使得太子的地位摇摇欲坠。一是长公主欲将女儿嫁于太子作太子妃，遭到栗姬的断然拒绝，王氏母子则抓住了这次机会，与长公主结成姻亲，在夺嫡的道路上得到了强有力的盟友。二是最关键的，景帝身体不好，欲将后事托之于栗姬，希望其善待宗子，此乃景帝事关未来政局的最重要安排，等于意属其后位，但缺乏城府的栗姬不但未意识到这一问题是多么重要，而且怒而不肯应，又出言不逊。对于汉家来说，最大的梦魇就是重蹈吕后专权，杀戮宗子旧辙，因此，栗姬的行为遂使景帝打消了立后的念头。而王氏却抓住机会，联合长公主给予栗姬致命一击，如

---

① 代王王后生四男，先代王未入立为帝而王后卒，及代王为帝后，王后所生四男更病死。文帝立数月，公卿请立太子，而窦姬男最长，立为太子。

② 《史记·外戚世家》。此外，这从《汉武帝内传》、《汉武帝故事》所载的两段传说中亦可见一斑：至三岁，景帝抱于膝上，抚念之，知其心藏洞彻。试问儿："乐为天子否？"对曰："由天不由儿，愿每日居宫垣，在陛下前戏弄。"亦不敢逸豫以失子道。景帝闻而愕然，加敬而训之。他日复抱之几前，试问儿："悦习何书，为朕言之。"乃诵伏羲以来群圣所录《阴阳诊候》及《龙图策》数万言，无一字遗落，至七岁圣彻过人，景帝令改名彻。（《汉武帝内传》）年四岁立为胶东王，少而聪明有智术。与宫人诸兄弟戏，善征其意而应之，大小皆得其欢心。及在上前恭敬应对，有若成人。太后下及侍卫咸异之。（《汉武帝故事》）

愿以偿地登上了后位，刘彻也因此顺理成章地立为太子。此后，为清除前太子势力，为武帝继位扫清障碍，又掀起了一场针对栗卿之属的屠杀，直至前太子荣、太尉周亚夫等都惨遭迫害致死，而后来大将军窦婴之死，实事上也与景帝朝的嗣君之争密切相关。可以说，景帝在整个嗣君之争中表现的决心和杀伐在汉家立国以来是绝无仅有的。后来汉武帝畴咨海内，独揽朝纲，杀伐果断似也证明了景帝选择的正确。这一切对于亲历和参与景帝朝夺嫡之争的受益者，汉武帝来说，对其性格的形成及对待嗣君之争的态度影响是深刻的。

对于大位取得不是很正的武帝刘彻来说，显然出生神话赋予的神圣光环是对其参与夺嫡过程中所有不能见诸阳光的阴暗的最好掩饰，也是折服朝野固其大位最有力的根据。这或许是"今天子初即位，尤敬鬼神之祀"（《史记·孝武本纪》）的深层原因。"鬼神"既肇其始，也成其终。因为其一生多张大鬼神之事，褚少孙补《史记·武帝本纪》，索性采《史记·封禅书》以为之。而《封禅书》则详述了汉武帝即位以后一切张皇神怪、荒诞不经之事。先有齐方士李少君、少翁文成将军，后有栾大五利将军、公孙卿等，尤以五利为荒诞。栾大，与少翁同师，本胶东王宫中所豢养的一名方士，很可能是胶东康王后的面首，其人"人为人长美，言多方略，而敢为大言，处之不疑"，康王后为自媚武帝，经乐成侯荐予武帝。武帝见之大悦，月余拜为五利将军，"得四金印：佩天士将军、地士将军、大通将军、天道将军印"，封为乐通侯，"赐列侯甲第，僮千人，乘舆斥车马帷帐器物以充其家。又以卫长公主妻之，赍金万斤，更名其邑曰当利公主。天子亲如五利之第。使者存问所给，连属于道。自大主将相以下，皆置酒其家，献遗之。于是天子又刻玉印曰'天道将军'，使使衣羽衣，夜立白茅上，五利将军亦衣羽衣，立白茅上受印，以示弗臣也。……大见数月，佩六印，贵振天下，而海上燕齐之间，莫不扼腕而自言有禁方，能神仙矣。"（《史记·孝武本纪》）其张皇神怪、荒诞不经由此可见一斑。

如此荒诞的一面与其在内政和对外战略上表现的雄才大略，似乎格格不入。当然这不能简单用个人经历和所好来解释，这里应有深层的帝国礼祀系统的考量。除去后来史家的丑化外，其实方士也代表着帝国一方学术势力和文教的方案。如《汉书·礼乐志》所云："今大汉继周，久旷大仪，未有立礼成乐，此贾谊、仲舒、王吉、刘向之徒所为发愤而增叹也。"随着帝国意识形态由黄老转向儒学，接踵而至的就是儒学所强调的周代礼乐文明的问题。其时"治道非礼乐不成"成为当时儒者的共识和思潮，也正是在这一思潮推动下，遂有建元初的制礼作乐运动。然则周代礼乐文明显然更适合封建宗法制社会下政治秩序，而经汉儒造作而成的周代礼乐，也多是代表地域诸侯或传统宗法教育下士人的观念，与专制的郡县制君主独断朝纲格格不入。《周官》一典，虽将《诗》《书》中的昊天上帝放在了五方位帝之上，但昊天上帝与五帝的关系，仅是地位上的差别，并未有相互统及的关系。更多地情况下，五帝之礼与昊天上帝之礼在等级上的差别亦不是很大。这一礼祀体系对要求强化皇权的中央朝来说，当然不能接受。而此时"亳人谬忌奏祠泰一方，曰：'天神贵者泰一，泰一佐曰五帝'"，正切合了武帝要加强皇权的需要，而被确立为最高祀典。对这一祀典的采用其意义，在乐府一节我们已详细论述，它使国家统一在天道信仰中找到了它神圣的根据，人间帝王的唯一的天子地位也得到巩固，皇权也被格外强化。整个过程中，除身边的文学侍从之臣外，方士谬忌、公孙卿都起到了重要作用。整个典仪中，通过方士的张皇神怪也使得整个礼祀系统更加神秘，不仅强化汉家一统天下的威仪，也成为统摄全民的信仰。

因此，这种个人所好一旦和帝国信仰、文教规模需要相结合，且"采儒术以文之"，赋予儒学的合法性解释，一切的荒诞都就变得正当，遂得以大行其道了。而此时桑弘羊等人的盐铁专卖、诸物均输的举措彻底解决了帝国财政的紧张匮乏问题，以巡狩、封禅之名的各种寻仙求道的糜费花销已无所顾忌，就更加肆无忌惮了。于是神仙鬼怪的信仰笼罩在帝国上空，而与之相杂的巫术神怪在民间更是大行其道。在这一背景下，方士巫祝既作为帝国文化信仰构建的一支重要力量，卷入各种政治势力斗争的漩涡中也就成为必然的了。

巫蛊之祸由是爆发。表面上看事情出于偶然。时丞相公孙贺之子公孙敬声"以皇后姊子，骄奢不奉法，征和中擅用北军钱千九百万，发觉，下狱"（《汉书·公孙贺传》）。正值武帝急诏捕京师大侠陵阳朱安世，公孙贺爱子心切，以捕获安世来赎子之罪。孰料朱安世反戈一击，在狱中上书，"告敬声与阳石公主私通，及使人巫祭祠诅上，且上甘泉当驰道埋偶人，祝诅有恶言。下有司案验贺，穷治所犯，遂父子死狱中，家族"。（《汉书·公孙贺传》）于是"巫蛊起"。卫皇后所生的诸邑公主、阳石公主皆坐巫蛊死，此外尚有卫青子长平侯卫伉等人。由于所涉人物都属卫氏集团（公孙贺本人为卫皇后姊婿，六出为将，贵为丞相，应是卫氏集团朝廷中最有权势的人物），所以人们有理由相信这是一场有预谋的针对卫氏集团的一次公开的政治斗争。也就是说，在此之前，各方势力其实早已暗流涌动，矛盾和斗争已积聚很久，朱安世案不过是将整个斗争公开引爆了而已。对巫蛊之祸的起因，田余庆先生有一个很好的揭示，他认为：

> 卫太子与汉武帝比较，有不同的思想品格，有不同的统治政策。在武帝和太子并存的长时间里，朝廷中自然存在着两类官僚。一类是追随武帝的开边、兴利、改制、用法之臣，他们是多数；一类是拥护"守文"的太子的所谓"宽厚长者"，他们是少数。武帝和太子既然各有一班为自己效力的臣僚，他们的关系就超越了宫廷生居中的父子关系和个人权势关系，而具有朝廷中两种相矛盾的政治势力的性质。这两种政治势力的矛盾，在形势变化的时候，有可能激化起来，表现为武帝与太子的不可两立的抗争。[①]

所见是深刻的。然则由于田先生对太子性格及其所附"皆宽厚长者"论断，所据主要是《资治通鉴》　段明文，而这段明文经辛德勇先生的考证，系取自《汉武帝故事》，并不可靠，《通鉴》录入以为信史系出于政治立场需要而进行的历史构建，因而受到质疑。[②]笔者非常认同辛先生对《通鉴》文字所做的考证和洞见。考《通鉴》于武帝与卫太子关系的文字，其观点言语过于直白，对太子性格判断也过于惠帝化印象。因为武帝征伐四夷是汉家整体战略的需要，而非出于太子仁弱的考虑；而从其后来杀江充、烧胡巫和发动兵变与乃父决一雌雄的表现看，卫太子亦大有乃父之风。说其仁尚可，说其懦弱则是观念化了。所以其文字更多地是后人的印象或出于政治观念需要的历史建构，虽有道理但绝非史实。然则就此否定太子集团与武帝集团之间矛盾和冲突则不免轻率和武断。除去《通鉴》文字，我们对太子性格及其周边集团成员所知甚少。阎步克先生曾作《汉武帝时"宽厚长者皆附太子"考》一文，试图据史、汉史料以补田文之不足，证太子集团为宽厚长者，所列人物有史可据者虽仅有

---

① 田余庆：《论轮台诏》，《历史研究》1984年第2期。
② 辛德勇：《汉武帝晚年政治取向与司马光的重构》，《清华大学学报》（哲学社会科学版）2014年第6期。

石德、张贺、瑕丘江公等，从中确可看到以谨厚著称的石氏家族、纯谨的张氏家族与太子关系密切。① 且从其对待属下的态度，以及后来壶关三老令狐茂冒死进谏，车千秋复讼其冤看，也都可反映太子宽厚的一面。而从时人对汉武帝的批评："陛下春秋高，法令亡常，大臣亡罪夷灭者数十家"（《汉书·苏武传》），"今上初即位，尤好鬼神之事"，"竭民财力，奢泰亡度，天下虚耗，百姓流离，物故者半"，（《汉书·夏侯胜传》）考察这些言论所出者又多与太子有着直接或间接的关系。考司马迁的政治立场与武帝可谓格格不入，其与李陵的关系至深，又与任安关系密切。而李陵所代表的李氏家族，其叔父"敢有女为太子中人，爱幸，敢男禹有宠于太子"，从中可见李氏家族与太子集团关系。而任安则是卫青的忠实门客。由此也可见司马迁与太子集团的关系。这些人渐集于太子周围，至少寄望于太子改弦更始。因此，仅从《汉书》而言，宽厚长者皆附太子这一判断是没有问题的。

但同时亦当看到太子集团的另一面。据《汉书·戾太子传》：戾太子据，"少壮，诏受《公羊春秋》，又从瑕丘江公受《穀梁》。及冠就宫，上为立博望苑，使通宾客，从其所好，故多以异端进者"。也就是说，太子集团恐亦仅非宽厚长者。后来参与兵变的无且、张光等人很可能就是这些所谓以异端进者的宾客。从中可看到太子集团的另一面。从后来整个事件的发展看，在这些太子宾客中竟无一人极力谏阻太子而与之共同起事，除整个集团和武帝集团之间的矛盾确已存在外，也与这些人的禀性有关。

事实上，除政治取向外，文教取向的不同也是太子集团覆灭的重要原因。太子文教取向虽不明朗，但肯定与方士巫祝有很大的距离。巫蛊事件中，完全处于被动局面即可窥见。太子与方士巫祝的距离，从其受到正统的儒家教育中得以反映。此中尤可注意者，其诏受《公羊春秋》，学者多未注意其与董仲舒的关系。《汉书·儒林传》："瑕丘江公受《穀梁春秋》及《诗》于鲁申公，传子至孙为博士。武帝时，江公与董仲舒并。仲舒通五经，能持论，善属文。江公呐于口，上使与仲舒议，不如仲舒。而丞相公孙弘本为《公羊》学，比辑其议，卒用董生。于是上因尊《公羊》家，诏太子受《公羊春秋》，由是《公羊》大兴。太子既通，复私问《穀梁》而善之。"从这段文字看，其时太子乃是从

---

① 阎步克：《汉武帝时"宽厚长者皆附太子"考》，《北京大学学报》（哲学社会科学版）1993年第3期。

董仲舒所受《公羊春秋》。考董仲舒生平约卒于元鼎末，时太子二十余岁，时间正与本传相合。而董仲舒则是方士巫祝信仰的坚决反对者。据《风俗通义》："武帝时迷于鬼神，尤信越巫。董仲舒数以为言，武帝欲验其道，令巫诅仲舒。仲舒朝服南面。诵咏经论，不能伤害，而巫忽死。"[①] 董仲舒又是儒家礼制的坚决主张者。而其后所从无论瑕丘江公还是少傅石德都与方士巫祝信仰保持很大距离。而对于武帝的奢泰无度，在其巡狩过程中的求仙问道，董仲舒等人都给予评批和力谏过。这里我们甚至可以说，太子集团与方术集团的矛盾实际上是正统的儒家与民间方术集团在意识形态和文教领域之争。而据《史记·封禅书》其时方士、巫师云集在武帝周边和京城达千计或万计，在民间其数目则更为庞大。而其时的公孙卿、王朔等人更是身为中大夫在帝左右的要职。一个不喜方术的太子集团一旦上位，也就意味着这样一个庞大集团的地位和切身利益急转直下，因此，拉下太子，推其代理人上位当然是这些人的首选目标。而这一集团从来都是政治斗争，尤其是制造神话参与夺嫡斗争的绝对高手。

　　总之，田先生所见太子集团与武帝集团之间存在着深刻持续的矛盾是不容否定的。而卫太子之败正是这一矛盾激化的结果。而巫蛊之祸也正是武帝集团各种集团势力围绕嗣君之争而展开的血腥斗争。在这一血腥斗争过程中，我们至少可以看到这样几股集团势力：一是以江充为代表的用法集团势力；二是以卫太子为中心的卫氏集团势力；三是李广利、刘屈氂为代表的李氏集团势力；四是围绕钩弋夫人身边的方士集团势力；还有一股就是武帝身边以霍光、张安世等为代表的新生代郎官侍从集团禁卫势力。既然由巫蛊引起，自始至终少不了巫祝势力的卷入。要理清整个巫蛊之祸错综复杂的关系，必须就要先弄清楚这几股势力。这里面还要对武帝的态度和意图给予足够的考虑。

　　我们首先来看用法集团与太子卫氏集团的矛盾。这两个集团间矛盾可以说潜在的不可避免的。班固的评价比较隐讳："故太子生长于兵，与之终始，何独一婴臣哉！"（《汉书·戾太子传》）盖卫氏因兵而兴，一家五人为侯，贵震天下。如其民谣曰："生男无喜，生女无怒，独不见卫子夫霸天下。"（《史记》卷四九《外戚世家》）此可见这样一个家族在民间的观感。家族显贵往往导致族人"骄奢不奉法"，公孙敬声所为正是这一家族的缩影。这势必造成与

───────────

① ［汉］应劭：《风俗通义》卷九，吴树平校释，北京：中华书局，1980年，第350页。

武帝用法之臣的冲突。据《汉书·杜周传》"周中废，后为执金吾，逐捕桑弘羊、卫皇后昆弟子刻深，上以为尽力无私，迁为御史大夫"，可见卫氏家族与用法之臣的矛盾非独江充。冲突既生，用法之臣为武帝身后存亡安危或前途计，废后易储自然是他们所期望。而武帝晚年，由于连年用兵，人民不堪重负，各地民变此起彼伏。武帝不得不依重用法之臣暴力镇压。用法之臣既为武帝所依重，对打击卫氏集团就无所顾及，不遗余力。由此即可明了朱安世能在狱中轻而易举地上书武帝告发卫氏。而案发后，"下有司案验贺，穷治所犯，遂父子死狱中，家族"，并牵连卫青子长平侯卫伉、卫皇后所生的"诸邑公主、阳石公主皆坐巫蛊死"，（《汉书·武帝纪》）从中可见用法之臣对贺氏的穷治。

用法之臣与卫氏集团的冲突当然为觊觎于太子之位的李氏集团所乐见。虽无证据表明公孙贺案与李氏集团有直接关系，但从公孙贺败后，作为李广利儿女亲家的刘屈氂即从涿郡太守直接继之为相，即可见李氏集团与力焉。而据后来的武帝给车千秋的报书"自左丞相与贰师阴谋逆乱，巫蛊之祸流及士大夫"，似乎透露后来查明了巫蛊之祸起始都与李氏集团策划有关。又据《汉书·金日磾传》："初，莽何罗与江充相善，及充败卫太子，何罗弟通用谍太子时力战得封。"而何罗兄弟又皆是李广利的部属，从中可见江充败卫太子，从始至终李氏集团的参与和勾连。

或有学者认为，卫氏之灭是武帝借巫蛊之名废嫡立庶所采取的有计划的整肃。这主要基于从公孙贺一案对卫氏集团的穷治而做出的推断。[1] 事实上，对公孙贺及卫氏势力的穷治并不代表武帝此时有废除太子的打算。这只能说明武帝可能借巫蛊毫不留情地打击卫氏外戚势力，从而削除可能出现的母强子弱，外戚干政屠戮宗子、动摇国本的悲剧再次重演，反而说明武帝无意于废储。只是后来的发展始料未及，太子被迫兵变，从而彻底激怒武帝，遂有废储的打算。太子兵败被杀，李氏集团起到了决定性的作用。是时，李广利为贰师将军统帅三军，朝堂刘屈氂为相，李氏集团的势力达到巅峰，在嗣君之争中取得胜利似乎是唾手可得，只是时间问题。从上文武帝的报书看，甚至二人有发动宫廷政变的图谋。

---

[1] 蒲慕州：《巫蛊之祸的政治意义》，《"中研院"历史语言研究所集刊论文类编（历史编·秦汉卷）》，北京：中华书局，2009年。

但螳螂捕蝉，黄雀在后，内者令郭穰以其人之道还治其人之身，亦以巫蛊之名揭发"丞相夫人以丞相数有谴，使巫祠社，祝诅主上，有恶言，及与贰师共祷祠，欲令昌邑王为帝。有司奏请按验，罪至大逆不道。有诏载屈氂厨车以徇，要斩东市，妻子枭首华阳街。贰师将军妻子亦收。贰师闻之，降匈奴，宗族遂灭"（《汉书·刘屈氂传》），李氏集团遂灭。这一关键一击来得似乎太过突然。然细案史书，另一股夺嫡势力早已坐山观虎欲得渔翁之利了。

这就是新宠钩弋夫人身边云集的夺嫡势力。对于这股势力学者关注一直不多，未给予重视。其实这股势力一开始就已为自己的新君做准备了，这就是东方的方士集团。如前文所述，方士参与嗣君之争由来已久，武帝能够顺利即位就与这股势力有密切关系。且这股云集京师的强大势力也是卫氏集团的重要敌人。从钩弋的传奇经历看其始终都离不开这股势力的身影。钩弋参与整个嗣君之争隐晦不明，但又处处透露一种神秘的力量，正是这股势力在背后策划，以图争立有利于他们自己的新君。而内者令郭穰的关键一击则与这股势力有着密切关系。一是卫氏败灭后，供武帝的选择中只有李氏所生昌邑王刘髆和钩弋所生刘弗陵，郭穰的告发受益者自然是刘弗陵；二是武帝几个夫人都相继去世，卫氏败后，后宫无主，钩弋夫人成了实际的主人，内者令如果没有坚强后盾很难想象做出这种孤注一掷冒险之举，而其实与李氏集团有利害冲突的只有钩弋势力；三是从后来事态的发展看，李氏悉灭后，与钩弋成长密切相关的望气者再次出现，而这次出现目标则直指卫氏最后一个余脉刘询，而主持这项追杀任务的就是这位内者令郭穰，可见其与钩弋势力密切关系。《汉书·景武昭宣元成功臣》："邘侯李寿，以新安令史得卫太子，侯，一百五十户。九月封，三年，坐为卫尉居守，擅出长安界，送海西侯至高桥，又使吏谋杀方士，不道，诛。"似乎李氏集团与方士集团的冲突已经明朗化。而内者令郭穰的关键一击也是在这一年，应与两派势力冲突激化有关。由是我们再联系黄门苏文在整个卫氏之败中的作用，而其时李夫人亦死，后宫有子的唯卫后与钩弋，很难想象在没有后宫内援的情况下，一个黄门竖宦敢与宫外李氏集团勾结不顾性命地整垮卫氏。而内援最大可能即是钩弋及其集团势力。考钩弋其人，"先是，其父坐法宫刑，为中黄门，死长安，葬雍门"，由是可见钩弋与这些黄门宦官的渊源。如果我们推断成立的话，可以毫不客气地说，如果说李氏集团发起了对卫氏集团的致命打击，而钩弋集团势力则是整个事件的总策划及导演，苏文则对整个事件推动起到了至关重要的作用。而后来武帝对苏文严厉处罚亦可见其对整个事件参与之深。如是，再来看后元二年这次长安监狱针对儿童的屠杀就绝不是望气者那么简单了。据《汉书·外戚传》："后卫太子败，而燕王旦、广陵王胥多过失，宠姬王夫人男齐怀王、李夫人男昌邑哀王皆蚤薨，钩弋子年五六岁，壮大多知，上常言'类我'，又感其生与众异，甚奇爱之，心欲立焉，以其年稚母少，恐女主颛恣乱国家，犹与久之。"卫氏与李氏集团败后，武帝并没有像景帝当年一样迅速地采取行动立母为后，然后顺理成章立子为储，一直久拖未决，而其时能够威胁其子的只有昌邑王刘髆和卫氏皇曾孙。此前不久刘髆突然死亡，而接着就是以望气之名，针对曾孙的一次行动，斩草除根绝其后患的意味非常明显。然则钩弋及身边方士十分清楚一旦让武帝发现这次行动的主要目标是其皇曾孙，无疑会败露所有行迹，不能不有所顾忌。因此在邴吉的冒死保护下曾孙得以幸免于难。而当武帝知道曾孙所在后，似乎对这一阴谋已有警觉，不但没有罪责邴吉，而且大赦天下，让曾孙获得自由，并让宗正属其名籍给予其皇曾孙的合法身份，在其内侍近臣张氏家族的保护下成长。而"钩弋婕好从幸甘泉，有过见谴，以忧死，因葬云阳"，可能行迹阴谋败露，而被处死，此后一直拖到其临终前，才被迫立刘弗陵为太子，并将太子托孤给原属卫氏集团的霍光，从而断绝了其周边势力寄望太子发展的可能。而在昭帝夺嫡中立下大功的郭穰却从此消失亦很可能在武帝整肃钩氏势力时被肃清。

这从玉门所出土的《汉武遗诏》"苍苍之天不可得久视，堂堂之地不可得久履，道此绝矣！告后世及其孙子，忽忽锡锡，恐见故里，毋负天地，更亡更在，□如□庐，下敦间里。人固当死，慎毋敢佞"[1] 内容看，武帝对生死的认识已与其晚年的态度迥别，并以此告诫子孙，表现出追悔。可见其时已与方士集团划清界线，而昭帝一朝再不见其踪迹，当是已遭到整肃。而自此之后汉帝求仙不死之迹息，很可能也与此诏有很大关系。如果说《轮台诏》是对其晚年征伐的追悔，则这份《遗诏》则是对其一生张皇神怪迷信方术的追悔，构成其意识形态的一个重大转向。由此即可见昭、宣以后儒学在帝国礼祀系统和意识形态中真正起主导作用的内在依据了。

---

[1] 嘉峪关市文物保管所：《玉门花海汉代烽燧遗址出土的简牍》，《汉简研究文集》，兰州：甘肃人民出版社，1984年，第16页。

综上所述，巫蛊之祸的诱因是武帝晚年迷信鬼神和帝国信仰建构氛围所致，而其实质围绕"夺嫡之争"，几个集团势力间借助巫蛊之名的相互残杀。在整个事件中，武帝的个人迷信一再地被利用，成为相互残杀的法理依据，换言之，武帝既是整个事件的实施者也是最大的受害者。从现有史料看，武帝尽管对卫氏集团不满，确实有打击和剪除左右未来政局的外戚势力的意图，但并无学者所认为的其时已有废嫡立庶的想法。卫太子"仁恕温谨"的形象部分是后来史书的建构，其人亦有怒目金刚的一面；但武帝集团与太子集团间存在着政治路线的分歧和深刻矛盾是明显的，尽管史书没有明言，但我们至少推见二者在对待用法之臣残酷杀戮，方士巫祝鬼神信仰上，都存在着明显分歧。矛盾既存，以举兵败虽为武帝始料未及，但又是各集团势力借此斗争的必然。随着斗争的深入，杀戮愈演愈烈，混乱局面却变得越来越清晰明朗，谜面也渐至解开，再年老昏昧的武帝这时也清楚了整个巫蛊之祸——实质上是围绕嗣君之争几个集团势力间的残酷杀戮；而这一步步惊心的杀戮背后一股神秘力量隐约其间，虽然武帝既已入局，已无选择，但最后还是给予了这股力量以致命的打击。

巫蛊之祸以及后期军事上一系列的挫败使得汉帝国对内外政治不得不发生重大转向。在这一社会、政治的深刻危机中一股来自民间的学术思潮悄然引起了学术格局的变化。

二、民间《榖梁》经学的崛起——天伦之学的构建

关于《榖梁》前面的学者多有研究，研究综述也比较多，笔者在这里不再赘述。近年来有两篇博士论可以说这方面的突出成果，一为复旦大学吴涛博士的《论西汉的〈榖梁〉学——兼论〈榖梁〉与〈公羊〉之间的升降关系》，[1] 一为南京大学武黎嵩博士的《春秋榖梁经传综合研究》，[2] 前文主要分析西汉中后期的政治形势变迁，解析了《榖梁传》与昭、宣之际政治的关

---

[1] 吴涛：《论西汉的〈榖梁〉学——兼论〈榖梁〉与〈公羊〉之间的升降关系》，复旦大学博士论文，朱维铮教授指导，2007年4月。

[2] 武黎嵩：《春秋榖梁经传综合研究》，南京大学博士论文，颜世安教授指导，2011年5月。

系，突出了朱维铮的"学随术变"的思想；后者则主要立足于《穀梁》经传本身的研究，深刻剖析《穀梁》经传的思想内容。二文互为表里，对本文有重要的启发和参考作用。但所有论者都很少将之放在民间儒学这一大视野下来考察其兴起和思想构成间关系，对汉中后期及后世政治社会变迁的影响。然由于课题结项在即，很难在这里充分展开，这里只作为一个引子简略论之，以待日后进一步完善。

本文的开篇已讨论了先秦儒学在民间演构对汉代儒学的影响。事实上景、武之世除前述河间王国儒学与中央帝国儒学外，仍然有一系儒学作为一条隐线至今不被学者所明，笔者将统称为"民间儒学"。《汉书·叔孙通传》：

> 于是通使征鲁诸生三十余人。鲁有两生不肯行，曰："公所事者且十主，皆面腴亲贵。今天下初定，死者未葬，伤者未起，又欲起礼乐。礼乐所由起，百年积德而后可兴也。吾不忍为公所为。公所为不合古，吾不行。公往矣，毋污我！"通笑曰："若真鄙儒，不知时变。"遂与所征三十人西，及上左右为学者与其弟子百余人为绵蕞野外。

这段记载中，向我们透露的是，在汉初一直有一部分儒家学者他们对与官方合作持谨慎的态度。从这些人"礼乐所由起，百年积德而后可兴也"的观念看，也未必参与了后来的河间儒学的制礼作乐活动。那么这些人衍流在民间，仍然从事儒学的教习活动。相比河间儒学、中央儒学泾渭分明的儒学分野，这些人在民间教习，既没有河间那么强烈的反专制皇权立场，也没有中央儒学那么神化皇权的强烈意识。他们超脱两大儒学之外，更多地与民间日用人伦相结合，人伦关系受到格外强调。与浸润于民间的《孝经》"夫孝，天之经也，地之义也，民之行也"思想一脉相承。人伦亲情关系在《穀梁传》也格外强调，在其开篇隐公元年便强调："兄弟，天伦也。为子受之父，为诸侯受之君，已废天伦，而忘君父。"这里对天伦之道的强调，家国同构，如果说《孝经》移孝于忠，《穀梁传》则是忠孝义同构。如前文所述，家庭的血缘关系和邻里的地缘关系构成了民间社会的基本关系。民间经师在教习经学时这两大关系也构成了其基本视角。对这两大关系的衍义和阐述，反过来又构成了其强大的生命力。

关于《穀梁传》的文本问题，我们历史记忆一章中已有所述，从宏观视野看，是历史记忆断裂后的文献重建的一部分。其名称、文字最早见于汉初陆贾《新语·道基篇》的征引，其曰："君子以义相褒，小人以利相欺，愚者以力相乱，贤者以义相治。《穀梁传》曰：'仁者以治亲，义者以利尊。'万世不乱，仁义之所治也。"此句文字不见于今本《穀梁传》，论者或以为是佚文。事实可能并非如此，笔者认为，这里"仁者以治亲，义者以利尊"可以说是对早期《穀梁》经学的主旨内容的精准概括。这里仁者以治亲，正是以"仁"来建立亲情血缘关系，将传统的"孝""悌"和亲情概括为"仁"，而将邻里地缘的关系概括为"义"，并将之引申扩大亲情以外包括君臣的所有社会关系，反映了这一时期作为民间儒学的《穀梁》经学的核心思想。我们今天所见的《穀梁》经学"亲亲尊尊"的思想，也正是在这一核心思想基础上演化建构起来的。

对于《穀梁传》的兴起，《汉书·儒林传》说：

> 瑕丘江公，受《穀梁春秋》及《诗》于鲁申公，传子至孙为博士。武帝时，江公与董仲舒并。仲舒通《五经》，能持论，善属文。江公呐于口，上使与仲舒议，不如仲舒。而丞相公孙弘本为《公羊》学，比辑其议，卒用董生。于是上因尊《公羊》家，诏太子受《公羊春秋》，由是《公羊》大兴。太子既通，复私问《穀梁》而善之。其后浸微，唯鲁荣广王孙、皓星公二人受焉。广尽能传其《诗》《春秋》，高材捷敏，与《公羊》大师眭孟等论，数困之，故好学者颇复受《穀梁》。沛蔡千秋少君、梁周庆幼君、丁姓子孙皆从广受。千秋又事皓星公，为学最笃。宣帝即位，闻卫太子好《穀梁春秋》，以问丞相韦贤、长信少府夏侯胜及侍中乐陵侯史高，皆鲁人也，言穀梁子本鲁学，公羊氏乃齐学也，宜兴《穀梁》。时千秋为郎，召见，与《公羊》家并说，上善《穀梁》说，擢千秋为谏大夫给事中，后有过，左迁平陵令。复求能为《穀梁》者，莫及千秋。上愍其学且绝，乃以千秋为郎中户将，选郎十人从受。汝南尹更始翁君本自事千秋，能说矣，会千秋病死，征江公孙为博士。刘向以故谏大夫通达待诏，受《穀梁》，欲令助之。江博士复死，乃征周庆、丁姓待诏保宫，使卒授十人。自元康中始讲，至甘露元

年，积十余岁，皆明习。乃召《五经》名儒太子太傅萧望之等大议殿中，平《公羊》《穀梁》同异，各以经处是非。时，《公羊》博士严彭祖、侍郎申輓、伊推、宋显，《穀梁》议郎尹更始、待诏刘向、周庆、丁姓并论。《公羊》家多不见从，愿请内侍郎许广，使者亦并内《穀梁》家中郎王亥，各五人，议三十余事。望之等十一人各以经谊对，多从《穀梁》。由是《穀梁》之学大盛。

由这段记述看，穀梁之学最早传自申公。我们或可以这样理解，申公在教授鲁诗的同时，的确可能传习《春秋经》，由陆贾的称引看，当时可能称之为《穀梁传》了，但是否著之竹帛则不得而知。而从申公的经历看，似一直与官方儒学保持一定距离，也未参与河间儒学的活动，与《穀梁》民间特征也较接近。《穀梁》民间教习的过程中，我们说，民间乡里的血缘和地缘关系构成了其观察问题和思考问题的基本视角，而与统治者和政治斗争保持一定的距离也使其更容易看清政治和社会问题，也更切深地感受到统治者与民间社会的矛盾。这些在《穀梁》经学中都有深刻地反映。首先，强调亲族关系的"天伦"。如上文所引《隐公元年》开篇便是"兄弟，天伦也。为子受之父，为诸侯受之君，已废天伦，而忘君父"，强调兄弟、君父关系为天伦关系。又经文公二年八月，"丁卯。大事于大庙。跻僖公"。《穀梁传》："大事者何？大是事也；著祫尝。祫祭者，毁庙之主，陈于大祖；未毁庙之主，皆升合祭于大祖。跻，升也，先亲而后祖也，逆祀也。逆祀，则是无昭穆也；无昭穆，则是无祖也；无祖则无天也。故曰：文无天。无天者，是无天而行也。君子不以亲亲害尊尊，此春秋之义也。"论者常以此"不以亲亲害尊尊"来论证人君至尊是《穀梁传》最高范畴，其实是不准确的。诚然《穀梁传》也强调人君至尊，但那更多是从义的角度论之。而与亲族伦理相比，则从属于亲族关系的"天伦"。如这里的尊，并非君尊，乃是指亲族伦理的"尊"而言。在《穀梁传》看来这种伦理秩序所代表的是一种天伦，破坏了这一秩序就是破坏了天伦。庄公十八年，春，"王三月，日有食之"。《穀梁传》："王者朝日。故虽为天子，必有尊也。贵为诸侯，必有长也。故天子朝日，诸侯朝朔。"又宣公十年，说得更清楚："为天下主者天也，继天者君也，君之所存者命也。"由此可见在《穀梁传》最高范畴是天，而亲族的关系，被称为"天伦"，保有亲亲尊尊的和谐关系则是保有

天伦，忍杀亲宗则是对这种关系极度破坏，《穀梁》称之"甚矣"。"人之于天
也，以道受命，于人也，以言受命。不若于道者，天绝之也；不若于言者，人
绝之也。"（《庄公元年》）破坏了这种关系则受到"天绝"。至此，从民间兴起
的穀梁学作为汉代儒学的第三系，其儒学系统就比较清楚了，它不同于河间、
中央帝国儒学，我们之称为"天伦之学"，以别于河间的"天礼之学"，中央的
"天人之学"。

因此，正是在这样一个理论下，与《左传》《公羊》强调大义灭亲和"君
亲无将，将而必诛"不同，《穀梁》强调"君无忍亲之义"，即天子或诸侯都不
能残忍杀害自己的世子和宗族。《春秋经》襄公三十年："五月，天王杀其弟佞
夫。"对此《穀梁传》说："传曰：诸侯且不首恶。况于天子乎。君无忍亲之
义。天子诸侯所亲者。唯长子母弟耳。天王杀其弟佞夫。甚之也。"对此周天
子给予了强烈谴责，视之为"首恶"。这在儒家经典中恐怕是少有的。又《隐
公元年》五月，"郑伯克段于鄢"，《穀梁传》"段，弟也，而弗谓弟。公子也，
而弗谓公子，贬之也。段失子弟之道矣。贱段而甚郑伯也。何甚乎郑伯？甚郑
伯之处心积虑，成于杀也。于鄢远也，犹曰取之其母之怀中而杀之云尔。甚之
也。然则为郑伯者宜奈何？缓追逸贼，亲亲之道也"。在批评段失弟之道的同
时，对郑庄公处心积虑杀害其弟给予了更强烈谴责，而其正确的做法则是"缓
追逸贼，亲亲之道也"。又文公十五年"十有二月，齐人来归子叔姬"。《穀梁
传》："其曰子叔姬，贵之也。其言来归，何也？父母之于子，虽有罪，犹欲其
免也。"从亲族伦理出发，虽有罪亦给予宽恕。诸如此类尚有许多，不一一征
引。由此可见，《穀梁传》在处理人君的亲情宗族方面，不忍杀是放在首要位
置的。这与《公羊传》庄公三十二年"君亲无将，将而诛焉。……季子杀母兄
何善尔？诛不得辟兄，君臣之义也。然则曷为不直诛而酖之。行诛乎兄。隐而
逃之。使托若以疾死然，亲亲之道也"所谓的君臣之义，亲亲之道判若云泥。
也与《左传》隐公四年，"石碏，纯臣也。恶州吁而厚与焉。大义灭亲，其是
之谓乎"褒扬"大义灭亲"行为判然有别。不但如此，在能提供保护，以避免
这种忍杀，而没有提供保护的，《穀梁传》也给予批评。经庄公九年，"九月，
齐人取子纠杀之"。传："外不言取，言取，病内也。取，易辞也。犹曰取其子
纠而杀之云尔。十室之邑，可以逃难。百室之邑，可以隐死。以千乘之鲁，而
不能存子纠，以公为病矣。"

《穀梁传》对当时鲁庄公不能存子纠的行为给予了批评。穀梁之初兴正是武帝晚年，卫太子在位时期，时巫蛊之祸横行，大狱连年，牵连者动辄以万计，亲如诸邑公主、阳石公主，皇后侄卫青子长平侯卫伉等人皆坐巫蛊死，大臣百姓更不计其数，朝廷为之一空。这对整个社会的影响可想而知。社会思潮期盼人君宗族内部能有和谐的关系，这不仅关系到人君本人和宗族，也关系到整个国家社会和人民切身的生命安全。作为沉抑在民间对时局远距离观察思考的，在这一思潮下本以"仁者以治亲，义者以利尊"为纲，重视亲族伦理的穀梁学发展出"天伦之学"，对人间宗族伦理的进一步强化，其势自然也。如前文所引，"太子既通，复私问《穀梁》而善之"，其得到深受亲情破碎之害的太子亲善也自在情理之中了。

其次，《穀梁》反对不义战争，爱惜人民生命。对此，武黎嵩在其博士论文《春秋穀梁传战争观念研究》一章已做了很好的梳理，[1] 这里则从亲族伦理的角度申论之。由亲宗族，不忍杀，《穀梁》将之拓展，要爱护人民的生命。对于发动战争，《穀梁》在"爱民"的原则下，对于能守土保民的战争，给予道义上的支持，并强调统治者必须充分地教人民习军戒之事，临时驱民作战则是弃民；在战争的过程中，国君和人大要与士卒休戚与共；而对那些不顾自己人民死活，附从或借师他国进行战争的行为给予了猛烈的批评：《春秋经》桓公十四年，"宋人以齐人、蔡人、卫人、陈人、伐郑"。《穀梁传》："以者不以者也。民者，君之本也。使人以其死，非正也。"又《僖公二十六年》夏，"齐人伐我北鄙。卫人伐齐，公子遂如楚乞师"。《穀梁传》："乞，重辞也。何重焉？重人之死也，非所乞也。师出不必反，战不必胜，故重之也。"又同年，"公以楚师伐齐，取谷"，《穀梁传》："以者，不以者也。民者，君之本也。使民以其死，非其正也。"战争给人民的生命带来严重威胁，如此明言重百姓之生死者，在三传中恐仅穀梁一家。《穀梁传》除了对卫国保民的战争给予全力支持，对于各种战争都基本持否定态度，即使对伐无道的战争，也非常警觉，以防止在正义的幌子下变成新的无道，如吴王伐楚，齐晋鞌之战，晋秦崤之战，对战争的双方都给予了严厉批评。并强调"伐不踰时，战不逐奔，诛不填服。苟人民，殴牛马曰侵"（《隐公四

---

[1] 武黎嵩：《〈春秋穀梁传〉战争观念研究》，《春秋穀梁经传综合研究》，南京大学博士论文，颜世安教授指导，2011年5月，第113—135页。

年》），"善为国者不师，善师者不陈，善陈者不战，善战者不死，善死者不亡"（《庄公八年》）。

联系武帝后期穷兵黩武，极权暴政，兵祸连年，人民大量的驱死在战场之上。如其时长信少府夏侯胜所说："武帝虽有攘四夷广土斥境之功，然多杀士众，竭民财力，奢泰亡度，天下虚耗，百姓流离，物故者半。蝗虫大起，赤地数千里，或人民相食，畜积至今未复。"（《汉书·夏侯胜传》）要求统治者还民休息和平、亲民如子已成为民间社会大的思潮和诉求。也正是在这样一种背景下，对战争持批评态度，要求统治者爱惜人民生命的《榖梁》经学兴起，而这一思潮又反过深刻地影响了《榖梁》经学的构建。除去可能是后来与中央儒学结合的对尊君思想的过分强调，[①] 其反战爱惜人民生命的立场，可以说正是那个时代民间社会的诉求。

第三，强调"民者，君之本"，主张薄赋敛，重农时。以民为本上，《春秋》三传基本相同，所不同的是，从亲族伦理出发，《榖梁》更强调人君子爱其民。如上文所引《榖梁》多此强调"民者，君之本也。使民以其死，非其正也"。人君要以民为本爱惜人民的生命。而王者则是"民之所归往也"。所以人君要忧民之所忧。经《僖公三年》，春，"王正月，不雨。"传："不雨者，勤雨也。夏，四月，不雨。一时言不雨者，闵雨也。闵雨者，有志乎民者也。"范宁《注》："经一时言不雨者，忧民之至。闵，忧也。"六月，"雨。雨云者，喜雨也。喜雨者，有志乎民者也。"经《文公十年》，"自正月不雨，至于秋七月"。《传》："历时而言不雨，文不闵雨也。不闵雨者，无志乎民也。"人君当忧民之所忧，喜民之所喜，否则受到讥评。不但如此，国家要在丰年积蓄充足的粮食以备饥年。经《庄公二十八年》："臧孙辰告籴于齐。"传："国无三年之畜，曰国非其国也。一年不升，告籴诸侯。告，请也。籴，籴也。不正。故举臧孙辰以为私行也。国无九年之畜曰不足。无六年之畜曰急。无三年之畜曰国非其国也。……古者税什一，丰年补败。不外求而上下皆足也。虽累凶年民弗病也。一年不艾而百姓饥。君子非之。"所以人君要爱惜民力，少兴作土木建筑，更多关注民生。经《庄公二十年》"春，新延

[①] 对于《榖梁》经学的过分尊君思想，可参见日本学者本田成之《春秋榖梁传考》一文（［日］内藤虎次郎等著：《先秦经籍考》上册，江侠庵编译，北京：国家图书馆出版社，2010年，第313—343页）。

厩"，《传》："延厩者，法厩也。其言新有故也。有故，则何为书也？古之君人者，必时视民之所勤。民勤于力，则功筑罕。民勤于财，则贡赋少。民勤于食，则百事废矣。冬筑微，春新延厩，以其用民力为已悉矣。"经三十一年，春，筑台于郎；夏，筑台于薛；秋，筑台于秦。《传》："不正，罢民三时，虞山林薮泽之利，且财尽则怨，力尽则怼，君子危之，故谨而志之也。"对鲁庄公不顾农时不爱惜民力给予了强烈批评。而对于不爱惜人民之君导致败亡的，《穀梁》亦给予尖锐批评。经《昭公二十九年》"冬，十月，郓溃"，《传》："溃之为言，上下不相得也。上下不相得则恶矣。亦讥公也，昭公出奔，民如释重负。"可见，君尊尽管被格外强调，但也是有限度的，它不能暴虐于民，不能忍亲残杀宗族。

另外，站在子爱人民的立场，《穀梁》主张"古者立国家，百官具，农工皆有职以事上。古者有四民，有士民，有商民，有农民，有工民"，反对作丘甲，"夫甲，非人人之所能为也。丘作甲，非正也"；反对重赋敛，对初税亩提出批评："古者什之，藉而不税。初税亩，非正也。……初税亩者，非公之去公田，而履亩十取一也。以公之与民为已悉矣。"主张实行井田："古者三百步为里，名曰井田。井田者，九百亩，公田居一。私田稼不善，则非吏。公田稼不善，则非民。……古者公田为居，井灶葱韭尽取焉。"

再联系武帝时期，《食货志下》："杨可告缗遍天下，中家以上大氐皆遇告。杜周治之，狱少反者。乃分遣御史廷尉正监分曹，往往即治郡国缗钱，得民财物以亿计，奴婢以千万数，田大县数百顷，小县百余顷，宅亦如之。于是商贾中家以上大氐破，民偷甘食好衣，不事畜臧之业，而县官以盐铁缗钱之故，用少饶矣。益广开置左右辅。"对民间商业和豪强的无情打击，官方盐铁、酒榷的专营，使民间百业凋敝。"仲舒死后，功费愈甚，天下虚耗，人复相食。"（《汉书·食货志上》）可以说，比之庙堂之上的官方儒学，深处民间的穀梁学对此更深有切肤感受。这从后来的盐铁会议也可清晰地看到来自民间的文学之士对其时与民争利政策的强烈批评，以及民间精英的不满情绪。

穀梁学既不同于中央的公羊学，也不同于河间的王国儒学，受到民间社会血缘结构和地缘结构的影响，以及当时政治、社会震荡和民间思潮的影响，从时弊出发，它力图建构一个人间宗亲伦理为基本尺度的儒学系统。换言之，民间社会的血缘亲族的伦理和邻里社会礼义构成了其建构国家社会的基本尺度。

所以不同于公羊与河间，它没有恢弘的制度建构，也不需要这样的制度建构，它所要求的就是统治者按人间伦常为公性尺度来展开其权力的规范和约束，不忍亲，子其民，轻赋敛，慎伐战，统治集团和谐共存，人民安居乐业。如是而已。并赋予这一尺度的神圣性，称之为"天伦"。而"天伦"一词也仅见于《穀梁》，《公》《左》都不曾一见。我们将之称为"天伦之学"即以人间伦常为本位的公共性儒学建构。与前述两大儒学系统相比，它作为一条隐线，构成了景、武之世儒学建构的第三系。而斗转时移，武帝晚年社会政治的剧烈震荡，社会思潮也从帝国创生之初的制度之学与意识形态建构中退去，向着更现实更迫切的生存需求和社会稳定转变。穀梁学也正是在这一思潮推动下兴起，其建构深受到这一思潮的影响。

三、穀梁学与汉中后期政治社会变迁

对于《穀梁传》何以最终在宣帝朝立博士官，成为帝国官方学术，前面章节亦简要述及。学者也从不同的角度加以阐述，但主要从与公羊学问题比较入手，如吴涛主要从"学随术变"的角度，认为公羊学的批判精神已不适应宣帝朝；[①]而束景南、余全介则认为公羊学视戾太子为罪人给宣帝合法性带来危机，在意识形态方面已不适应宣帝朝。[②]无可否认诸家所论均有一定见地，但仅着眼与公羊学的对比未免局囿于片面。事实上，如前文所述，从汉武帝开始，中央帝国儒学就是一个综融百家，不断扩张统合的过程，对穀梁学的接纳与统合并不代表着对公羊学的摒弃或抑制，而是代表中央帝国儒学一次成功扩张和统合。且诸家所论都未能从穀梁学作为民间儒学其学术思想系统这一视野出发，来论述其崛起的原因。

首先，穀梁学得以兴起，乃是社会整体思潮转向所致。对此，我们前已述，穀梁学思想正代表当时整个基础社会思潮和诉求。而宣帝起自民间，深知民间疾苦和诉求。《汉书·黄霸传》："宣帝即位，在民间时知百姓苦吏急也。……时上垂意于治，数下恩泽诏书，吏不奉宣。太守霸为选择良吏，分部

---

① 吴涛：《西汉政治变迁与〈春秋〉三传影响的消长》，《郑州大学学报》2012年第4期。
② 束景南、余全介：《西汉〈穀梁传〉增立博士的政治背景》，《浙江社会科学》2005年第1期。

宣布诏令，令民咸知上意。使邮亭乡官皆畜鸡豚，以赡鳏寡贫穷者。然后为条教，置父老师帅伍长，班行之于民间，劝以为善防奸之意，及务耕桑，节用殖财，种树畜养，去食谷马。米盐靡密，初若烦碎，然霸精力能推行之。"又《宣帝纪》地节四年夏五月，诏曰："父子之亲，夫妇之道，天性也。虽有患祸，犹蒙死而存之。诚爱结于心，仁厚之至也，岂能违之哉！自今子首匿父母，妻匿夫，孙匿大父母，皆勿坐。其父母匿子，夫匿妻，大父母匿孙，罪殊死，皆上请廷尉以闻。"这一系列的措施无不针对武帝以来弊政和民间的诉求而发，而这些措施与上述《穀梁传》若合符契。其时穀梁学未立，其政已行矣。可以说，立《穀梁传》正是顺应这一民间社会强大的思潮与诉求。虽然遭到上层公羊经师的反对，但在民间有强大的基础，符合了社会期待，有效扩大巩固了汉帝国的统治基础。

其次，是宣帝确立以内御外的格局强化皇权的需要。对此，我们在前文也已有论述。宣帝兴于民间，出身微贱，又志于一揽朝纲，效法武帝故事，为独断朝纲，必须要在学术思想上驾驭外朝，从而确立和强化其新的极权地位。《汉书·刘向传》"是时，宣帝循武帝故事，招选名儒俊材置左右"，《汉书·王褒传》"宣帝时修武帝故事，讲论六艺群书"。斗转时移，政治、社会和民间思潮已发生了巨大的变化，武帝晚年暴政所导致的社会和政局动荡余波未了，又添剿灭霍氏家族的政治剧震。为稳定人心，必须要有适应帝国需要符合人民期待，统合宇内的思想意识形态的调整和建构。而在这一建构中，亦必须像武帝那样牢牢地掌握着主动权，占据学术思想的制高点。正是从这一需要出发，来自民间的穀梁不仅适应了这一社会整体的需要，也为其内朝再一次占据学术思想的制高点制造了机会。而对兴立《穀梁》，《汉书》言是宣帝为缅怀祖父卫太子之意，承其所志。其尊《穀梁》不仅在法统上可确立从卫太子而来的统绪，从学统上强化其皇权的正统性，这个学者多有论及；同时授受《穀梁》的经师儒生，皆故卫太子所部亲信，尽管学脉残落，但皆与故卫太子有很深感情，宣帝借此可培养一批忠于自己的政治势力，好驾驭朝纲。当汉家皇帝处相对弱势的时候无不从内朝侍从培养自己的亲信势力开始，逐步独断朝纲。因此，为立《穀梁春秋》，"以千秋为郎中户将，选郎十人从受。汝南尹更始翁君本自事千秋，能说矣，会千秋病死，征江公孙为博士。刘向以故谏大夫通达待诏，受《穀梁》，欲令助之。江博士复死，乃征周庆、丁姓待诏保宫，使卒授十人。自元康中始讲，至甘露元年，积十余岁，皆明习"（《汉书·儒林传》）。

甘露三年，宣帝"诏诸儒讲五经同异"于石渠阁，"太子太傅萧望之等平奏其议，上亲称制临决焉。乃立梁丘《易》、大小夏侯《尚书》、穀梁《春秋》博士"。从其召开石渠阁大会，"诸儒讲《五经》同异，太子太傅萧望之等平奏其议"，亲自"称制临决"（《汉书·宣帝纪》）的做法上看，宣帝控制驾驭外朝博士学术的方法，比之武帝更是有过之而无不及。《后汉书·杨终传》曰："终又言宣帝博征群儒，论定五经于石渠阁，方今天下少事，学者得成其业，而章句之徒破坏大体，宜如石渠故事，永为后世则。"通过石渠阁会议，不但内朝郎官学术完全战胜了外朝《五经》博士，使内朝重新树立了学术上的权威，且宣帝平议五经，称制临决，[①]五经经义一决于宣帝，"永为后世则"，使博士学术完全处在皇帝的掌控中。蒙文通说："岂以称制临决之后，博士遂莫敢持异义耶！他若文字之殊，意义之别，朝廷未之决者，其异仍自若也。"[②]在内朝的主导下，博士所能做的恐后只能多是"文字之殊，意义之别"了。石渠阁会议后，"立梁丘《易》、大小夏侯《尚书》、穀梁《春秋》博士"，这些以内朝为主导的学术成为中央朝的新宠，一方面实现了中央意识形态进·步扩张和调整，一方面则强化了内朝对博士经学的主导。

三是缓和诸侯矛盾，扩充外戚势力的需要。宣帝起于民间，既要在中央面对强势的霍氏集团，又要面对较为疏远的刘氏地方诸侯势力。作为一个微族弱宗要取得强势地位，除任用心腹亲信外，必须要有自己的亲族势力作为基础。穀梁学对天伦亲亲之道的强调，不仅缓和了自汉初以来中央皇室与地方诸侯的紧张关系，也为来自民间身份微贱的外戚势力掌握要津取得了合法性和正当性，从而扩大和巩固了皇权的基础。也正是学术和意识形态的这次重大转向，宣帝以后，外戚势力主导了汉中后期的政治，并最终篡夺了汉室政权。

四是消解了制度、批判儒学与皇权的紧张关系。这是一个深层次的问题。穀梁学之立的重大影响，除了上述外戚势力从此主导了西汉政治外，对儒学和

---

① 宣帝的这一做法被后汉所效法，召开白虎观会议亦意在立为"国宪"。参见侯外庐等：《中国思想通史》第2册，北京：人民出版社，1957年，第223—225页。

② 蒙文通：《经学抉原·今学第四》，《中国现代学术经典·廖平　蒙文通卷》，石家庄：河北教育出版社，1996年，第474页。

社会也产生了深刻影响。如前文所述，穀梁学之兴是汉初制度儒学退潮后，从民间血缘和地缘伦理出发，对现实深刻关切，以人间伦常为基本价值尺度而建构出来的儒学系统。因此，它一旦自成系统就有强大的社会基础，形成非常稳定的结构，对于与皇权具有极大张力的河间制度儒学，强调微言大义批判精神的中央公羊学都具有极强的消解作用，从而使思想学术与皇权之间张力渐至缓和。表现在实践方面则是西汉中后期所谓敦行谨厚的纯儒群体兴起。而儒学也因此形成一个超稳定的结构，虽经历代兴衰，并不以穀梁学兴废为转移，相反这种潜存的结构在穀梁学消亡之后更加稳定，主导了后世儒学史的演变。而在社会实践方面，则推动了儒学豪族化，豪族士族化的深刻社会变革，① 下开魏晋六朝贵族社会之局。

---

① 关于儒学豪族化主要是在倡导亲族伦理的意识形态主导下，由于儒学通过主导西汉中后期的权力资源，迅速壮大了家族势力，成为拥有中央和地方强大资源的巨室豪族；这些豪族则因累世传经和实践儒学伦理成为一个个有教养的家族，构成了社会的中坚力量。这些有儒学教养的巨室家族后来则被冠以"士族"之名，以与地方缺乏教养的土豪相区别。而地方土豪为获取身份或社会国家的认同，取得更大的政治社会资源，也不断向学，实践儒学伦理，这就出现了西汉中后期普遍的豪族士族化运动，对后世社会产生了深刻的影响，下开魏晋六朝贵族社会之局面。关于汉代豪族研究，可参见：崔向东《汉代豪族研究》（2003年）、马彪《秦汉豪族社会研究》（2002年）、王彦辉《汉代豪民研究》（2001年）等；豪族士族化可参见刘增贵《汉代豪族研究——豪族的官僚化与士族化》（台湾大学历史研究所博士论文，1985年）。

参考文献

一、外文著作

Bernard Levis, *History: Remembered, Recovered and Invented*, Princeton University Press,1975. Bernard Williams, Replies, *World, Mind, and Ethics: Essays on the Ethical Philosophy of Bernard Williams*, edited by Ross Harrison J. E. J. Altham, Cambridge: Cambridge University Press,1995.

Halbwachs, *The Collective Memory*, translated by Francis J. Ditter, Jr. and Vida Yazdi Ditter, Harper & Row Publishers, 1980.

Shmuel N. Eisenstadt, ed.,*The Origins and Diversity of Axial Age Civilizations*, University of New York Press, 1986.

Thomas W. Davis, *Shifting Sands: The Rise and Fall of Biblical Archaeology*, Oxford University Press, 2004.

John Van Seters, *Abraham in History and Tradition*, Yale University Press, 1975.

William F. Albright, *New Horizons in Biblical Research*, Lodon: Oxford University Press, 1966.

Amos Funkenstein, Collective Memory and Historical Consciousness, *History and Memory*, Vol.1, No.1 (Spring - Summer, 1989).

Barry Schwartz, Social Change and Collective Memory: The Democratization of George Washington, *American Sociological Review*, Vol. 56, No. 2 (Apr., 1991).

David Berliner, Social Thought & Commentary: The Abuses of Memory: Reflections on the Memory Boom in Anthropology, *Anthropological Quarterly*, Vol. 78, No.1 (Winter, 2005).

Noa Gedi and Yigal Elam, Collective Memory — What Is It?, *History and Memory*, Vol. 8, No.1 (Spring - Summer, 1996).

Pierre Nora, Between Memory and History: Les Lieux de Mémoire, *Representations*, No. 26. Special Issue: Memory and Counter-Memory. (Spring, 1989).

Terje Stordalen, The Canonization of Ancient Hebrew and Confucian Literature, *Journal for the Study of the Old Testament*, Vol 32.1 (2007).

William Hirst and Gerald Echterhoff, Creating Shared Memories in Conversation: Toward a Psychology of Collective Memory, *Social Research*, Vol. 75, No.1, Collective Memory and Collective Identity (SPRING, 2008).

二、中文著作

A

[以] 艾森斯塔得著：《帝国的政治体系》，阎步克译，贵阳：贵州人民出版社，1992 年。

安作璋、熊铁基著：《秦汉官制史稿》，济南：齐鲁书社，1984 年。

B

白寿彝著：《中国通史》，上海：上海人民出版社，1994 年。

[汉] 班固撰，[唐] 颜师古注：《汉书》，北京：中华书局，1997 年。

C

蔡仲德著：《论中国音乐美学史及其他》，上海：上海音乐出版社，2003 年。

蔡仲德著：《〈乐记〉〈声无哀乐论〉注译与研究》，北京：人民音乐出版社，1976 年。

蔡仲德著：《中国音乐美学史》，北京：人民音乐出版社，1995 年。

蔡仲德著：《中国音乐美学史论及其它》，北京：人民音乐出版社，1988年。

［宋］晁公武撰，孙猛校正：《郡斋读书志校证》，上海：上海古籍出版社，1999年。

陈国庆编：《汉书艺文志注释汇编》，北京：中华书局，1983年。

［元］陈澔注：《礼记集说》，上海：上海古籍出版社，1987年。

陈立著：《白虎通疏证》，北京：中华书局，1994年。

陈梦家著：《尚书通论》，北京：中华书局，1985年。

陈奇猷校释：《吕氏春秋校释》，上海：学林出版社，1984年。

［清］陈桥枞著：《齐诗翼氏学疏证》，《清经解续编》本。

［清］陈寿祺撰，陈桥枞述：《三家诗遗说考》，《清经解续编》本。

［宋］陈振孙撰，徐小蛮、顾美华点校：《直斋书录解题》，上海：上海古籍出版社，1987年。

陈直著：《汉书新证》，天津：天津人民出版社，1979年。

陈直著：《史记新证》，天津：天津人民出版社，1979年。

陈仲安、王素著：《汉唐职官制度研究》，北京：中华书局，1993年。

［唐］成伯玙撰：《毛诗指说》，文渊阁四库全书本。

［明］程敏政撰：《篁墩程先生文集》，明正德二年何歆刻本。

［英］崔瑞德、［英］鲁惟一编：《剑桥中国秦汉史》，杨品泉、张书生、陈高华译，北京：中国社会科学出版社，1992年。

D

［日］大庭脩著：《秦汉法制史研究》，林剑鸣、王子今、黄小芬等译，上海：上海人民出版社，1991年。

［清］戴震著：《戴震全集》，北京：清华大学出版社，1994年。

［汉］董仲舒撰，袁长江、周士璋、李占稳等校注：《董仲舒集》，北京：学苑出版社，2003年。

［清］杜甲等纂修：《河间府志》，乾隆年间刻本。

F

［明］樊深著：《河间府志》，嘉靖年间刻本。

［清］范家相著：《诗渖》，文渊阁四库全书本。

范文澜著：《中国通史》，北京：人民出版社，1949 年。

［南朝宋］范晔著，［唐］李贤等注：《后汉书》，北京：中华书局，1997 年。

［清］方苞撰：《周官集注》，文渊阁四库全书本。

冯友兰著：《中国哲学史》，上海：商务印书馆，1934 年。

G

高一涵著：《中国内阁制度的沿革》，上海：商务印书馆，1933 年。

郜积意著：《刘歆与两汉今古文之争》，上海：复旦大学，2005 年博士学位论文。

顾颉刚著：《秦汉的方士与儒生》，上海：上海群联出版社，1955 年。

顾颉刚编著：《古史辨》全 7 册，上海：上海古籍出版社，1982 年。

顾颉刚著：《顾颉刚古史论文集》，北京：中华书局，1996 年。

顾实著：《汉书艺文志讲疏》，上海：上海古籍出版社，1987 年。

［清］顾炎武撰：《顾亭林诗文集》，北京：中华书局，1959 年。

［清］顾炎武撰，［清］黄汝成集释：《日知录集释》，长沙：岳麓书社，1994 年。

［清］顾祖禹撰：《读史方舆纪要》，上海：上海书店出版社，1998 年。

［宋］郭茂倩编：《乐府诗集》，北京：中华书局，1979 年。

郭沫若著：《中国古代社会研究》，石家庄：河北教育出版社，2004 年。

H

［汉］韩婴：《韩诗外传》，明嘉靖十八年历下薛氏芙蓉泉书屋刊本。

［汉］韩婴撰，许维遹校释：《韩诗外传集释》，中华书局，1980 年。

［清］何焯著：《义门读书记》，北京：中华书局，1987 年。

洪业编：《礼记引得》，上海：上海古籍出版社，1983 年。

洪业著：《洪业论学集》，北京：中华书局，1981 年。

侯家驹著：《周礼研究》，台北：联经出版事业公司，1987 年。

侯外庐著：《中国思想通史》，北京：人民出版社，1957 年。

［宋］胡宏撰：《皇王大纪》，文渊阁四库全书本。

胡寄窗著：《中国经济思想史》全3册，上海：上海人民出版社，1963年。

［宋］黄震撰：《黄氏日抄》，文渊阁四库全书本。

［清］黄中松撰：《诗疑辨证》，文渊阁四库全书本。

J

［清］纪昀等编：《四库全书总目》，北京：中华书局，1965年。

江侠庵编译：《先秦籍考》，收入《中外文化要籍影印丛书》，上海：上海文艺出版社，1990年。

［清］江永撰：《周礼疑义举要》，文渊阁四库全书本。

姜广辉主编：《中国经学思想史》，北京：中国社会科学出版社，2003年。

金春峰著：《汉代思想史》，北京：中国社会科学出版社，1987年。

金春峰著：《周官之成书及其反映的文化与时代新考》，台北：东大图书股份有限公司，1993年。

金景芳著：《中国奴隶社会史》，上海：上海人民出版社，1983年。

金景芳著：《古史论集》，济南：齐鲁书社，1981年。

K

康有为著：《康有为全集》，上海：上海古籍出版社，1987年。

L

梁廷灿编：《历代名人生卒年表》，上海：商务印书馆，1933年。

梁廷灿、陶容、于士雄编：《历代名人生卒年表　历代名人生卒年表补》，北京：北京图书馆出版社，2002年。

梁玉绳编：《〈史记〉〈汉书〉诸表订补十种》，北京：中华书局，1982年。

劳榦著：《秦汉史》，台北：中华文化出版事业委员会，1952年。

［宋］黎靖德编：《朱子语类》，北京：中华书局，1986年。

黎翔凤编：《管子校注》全3册，北京：中华书局，2004年。

［宋］李昉编：《太平御览》，北京：中华书局，1960年。

［宋］李觏撰：《盱江集》，文渊阁四库全书本。

李俊著：《中国宰相制度》，上海：商务印书馆，1947年。

李学勤著：《简帛佚籍与学术史》，南昌：江西教育出版社，2001 年。

李学勤主编：《毛诗正义》全 3 册，北京：北京大学出版社，1999 年。

李致忠著：《古书版本学概论》，北京：书目文献出版社，1990 年。

［清］梁启超著：《中国近三百年学术史》，上海：上海三联书店，2006 年。

林剑鸣著：《秦汉史》，上海：上海人民出版社，1985 年。

［明］凌稚隆著：《汉书评林》，乾隆年间刻本。

刘梦溪主编：《中国现代学术经典·顾颉刚卷》，石家庄：河北教育出版社，1996 年。

刘梦溪主编：《中国现代学术经典·郭沫若卷》，石家庄：河北教育出版社，1996 年。

刘梦溪主编：《中国现代学术经典·黄侃　刘师培卷》，石家庄：河北教育出版社，1996 年。

刘梦溪主编：《中国现代学术经典·廖平　蒙文通卷》，石家庄：河北教育出版社，1996 年。

刘盼遂著：《论衡集解》，北京：中华书局，1959 年。

刘起釪著：《尚书学史》，北京：中华书局，1989 年。

刘汝霖著：《汉魏学术编年》，北京：中华书局 1987 年。

［清］刘师培著：《刘申叔遗书》，南京：江苏古籍出版社，1997 年。

［汉］刘向撰：《说苑》，文渊阁四库全书本。

［汉］刘歆（一说［晋］葛洪）撰：《西京杂记》，上海：上海古籍出版社，1991 年。

张亚初、刘雨著：《西周金文官制研究》，北京：中华书局，1986 年。

［宋］刘宰撰：《漫塘集》，文渊阁四库全书本。

［唐］柳宗元著：《柳河东集》，北京：中华书局，1979 年。

［日］泷川资言（泷川龟太郎）著：《史记会注考证》，东京：东京史记会注考证校补刊行会，1956 年。

吕思勉著：《秦汉史》，上海：上海古籍出版社，1983 年。

卢央著：《京房评传》，南京：南京大学出版社，2006 年。

［吴］陆玑著：《毛诗草木鸟兽虫鱼疏》，文渊阁四库全书本。

［宋］陆九渊撰：《象山语录》，上海：上海古籍出版社，1992 年。

罗根泽著：《罗根泽古典文学论文集》，上海：上海古籍出版社，1985 年。

罗根泽著：《乐府文学史》，北京：东方出版社，1996 年。

M

［元］马端临撰：《文献通考》全 2 册，北京：中华书局，1986 年影印本。

马非白著：《秦集史》，北京：中华书局，1982 年。

［德］马克斯·韦伯著：《儒教与道教》，洪天富译，南京：江苏人民出版社，1995 年。

［清］马瑞辰撰，陈金生点校：《毛诗传笺通释》，北京：中华书局，1987 年。

［清］毛奇龄撰：《周礼问》二卷，清康熙间《西河合集》刻本。

《毛泽东选集》第 3 卷，北京：人民出版社，1991 年。

O

［宋］欧阳修撰：《诗本义》，文渊阁四库全书本。

P

彭林著：《〈周礼〉主体思想与成书年研究》，北京：中国社会科学出版社，1991 年。

［清］皮锡瑞著：《经学历史》，北京：中华书局，1959 年。

［清］皮锡瑞著：《经学通论》，北京：中华书局，1954 年。

Q

［清］钱保塘编：《历代名人生卒录》，北京：北京图书馆出版社，2002 年。

［清］钱大昕撰：《嘉定钱大昕全集》，南京：江苏古籍出版社，1997 年。

钱穆著：《国史大纲》，北京：商务印书馆，1996 年。

钱穆著：《秦汉史》，北京：生活·读书·新知三联书店，2005 年。

钱穆著：《两汉经学今古文平议》，北京：商务印书馆，2001 年。

钱穆著：《中国文化史导论》，北京：商务印书馆，1994 年。

钱穆著：《国学概论》，北京：商务印书馆，2002 年。

R

［清］阮元 :《十三经注疏》，北京 : 中华书局，1980 年。

S

上海博物馆编 :《上博馆藏战国楚竹简书研究》，上海 : 上海书店出版社，2002 年。

沈文倬著 :《宗周礼乐文明考论》，杭州 : 浙江大学出版社，1999 年。

［梁］沈约等编 :《宋书》，中华书局四部备要本。

睡虎地秦墓竹简整理小组编 :《睡虎地秦墓竹简》，北京 : 文物出版社，1978 年。

［汉］司马迁著 :《三家注史记》，北京 : 中华书局，1997 年缩印本。

［宋］司马光编著，［元］胡三省音注，"标点资治通鉴小组"校点 :《资治通鉴》，北京 : 中华书局，1956 年。

［宋］司马光撰 :《司马文公传家集》，万有文库本，上海 : 商务印书馆，1936 年。

［梁］沈约编撰 :《宋书》，北京 : 中华书局，2000 年。

［清］苏舆撰，钟哲点校 :《春秋繁露义证》，北京 : 中华书局，1992 年。

孙尧年著 :《乐记论辨》，北京 : 人民音乐出版社，1983 年。

［清］孙诒让撰，王文锦、陈玉霞点校 :《周礼正义》，北京 : 中华书局，1987 年。

W

［宋］王安石撰 :《周官新义》，文渊阁四库全书本。

［宋］王柏撰 :《鲁斋集题跋》，文渊阁四库全书本。

［东汉］王充撰，刘盼遂集解 :《论衡集解》，北京 : 中华书局，1959 年。

［宋］王得臣撰 :《路史》，文渊阁四库全书本。

［清］王夫之撰 :《读通鉴论》，北京 : 中华书局，1975 年。

［清］王国维著 :《观堂集林》，北京 : 中华书局，1959 年。

王利器著 :《汉书古今人物表疏证》，济南 : 齐鲁书社，1988 年。

王利器著 :《盐铁论校注》，北京 : 中华书局 1992 年。

［清］王鸣盛撰：《十七史商榷》，北京：商务印书馆，1959 年。

［清］王谟辑：《汉魏遗书钞》，清嘉庆三年刻本。

［明］王世贞撰：《弇州山人四部稿》，明万历五年王氏世经堂刻本。

［清］王先谦撰：《汉书补注》，北京：商务印书馆，1983 年。

［清］王先谦撰，吴格点校：《诗三家义集疏》，北京：中华书局，1987 年。

［清］王先谦撰：《荀子集注》，北京：中华书局，1988 年。

王兴国著：《贾谊评传》，南京：南京大学出版社，1996 年。

［明］王应电撰：《周礼传》，文渊阁四库全书本。

［宋］王应麟撰：《汉书艺文志考证》，文渊阁四库全书本。

［宋］王应麟撰：《困学纪闻》，北京：商务印书馆，1959 年。

［宋］王与之撰：《周礼订义》，文渊阁四库全书本。

王永祥著：《董仲舒评传》，南京：南京大学出版社，1995 年。

王运熙著：《乐府诗述论》，上海：上海古籍出版社，1996 年。

王运熙著：《乐府诗论丛》，北京：中华书局，1962 年。

王云度著：《刘安评传》，南京：南京大学出版社，1997 年。

王云五主编：《续修四库全书总目提要》经部，北京：中华书局，1993 年。

［明］王志长撰：《周礼注疏删翼》，文渊阁四库全书本。

［唐］魏征等编：《隋书》，北京：中华书局，1973 年。

［元］吴澄编：《仪礼逸经》，文渊阁四库全书本。

［清］吴承仕注，秦青点校：《经典释文序录疏证》，北京：中华书局，1984 年。

吴海林、李延沛编：《中国历史人物生卒年表》，哈尔滨：黑龙江人民出版社，1981 年。

［元］吴莱撰：《渊颖集》，文渊阁四库全书本。

［清］吴荣光编：《历代名人年谱》，上海：上海书店，1989 年。

X

向宗鲁著：《〈说苑〉校证》，北京：中华书局，1987 年。

谢巍著：《中国历代人物年谱考录》，北京：中华书局，1992 年。

徐复观著：《两汉思想史》，上海：华东师范大学出版社，2001 年。

徐复观著：《徐复观论经学史二种》，上海：上海书店出版社，2005 年。

徐复观著：《中国人性论史》，武汉：湖北人民出版社，2002 年。

徐复观著：《中国经学史的基础》，台北：台湾学生书局，1982 年。

徐复观著：《中国艺术精神》，上海：华东师范大学出版社，2001 年。

［宋］徐天麟编：《西汉会要》，上海：上海人民出版社，1978 年。

徐兴无著：《谶纬文献与汉代文化构建》，北京：中华书局，2003 年。

徐兴无著：《刘向评传》，南京：南京大学出版社，2005 年。

许结著：《赋学历史与批评》，南京：江苏教育出版社，2001 年。

［汉］许慎著，［清］段玉裁注：《说文解字注》，上海：上海古籍出版社，1988 年。

Y

严耕望著：《严耕望史学论文选集》，台北：联经出版事业公司，1991 年。

［清］阎若璩撰：《古文尚书疏证》，文渊阁四库全书本。

阎振益、钟夏注：《新书校注》，北京：中华书局，2000 年。

颜世安著：《庄子评传》，南京：南京大学出版社，1999 年。

杨鸿年著：《汉魏制度丛考》，武汉：武汉大学出版社，2005 年。

杨联陞著：《中国制度史研究》，南京：江苏人民出版社，1998 年。

［明］杨慎撰：《杨升庵先生文集》，明万历二十九年（1601 年）王藩臣、萧如松秣陵刻本。

杨生枝著：《乐府诗史》，西宁：青海人民出版社，1985 年。

杨树达著：《汉书窥管》，上海：上海古籍出版社，1984 年。

［宋］叶时撰：《礼经会元》，文渊阁四库全书本。

［宋］易祓撰：《周官总义》，文渊阁四库全书本。

［宋］俞庭椿撰：《周礼复古编》，文渊阁四库全书本。

余嘉锡著：《余嘉锡论学杂著》，北京：中华书局，1963 年。

余英时著：《钱穆与中国文化》，上海：上海远东出版社，1994 年。

余英时著：《士与中国文化》，上海：上海人民出版社，1987 年。

于迎春著：《秦汉士史》，北京：北京大学出版社，2000 年。

Z

张家山二四七号汉墓竹简整理小组编著：《张家山汉墓竹简〔二四七号墓〕（释文修订本）》，北京：文物出版社，2006年。

〔清〕赵翼撰：《廿二史札记》，北京：中华书局，1963年。

赵尔巽编：《清史稿》，北京：中华书局，1976年。

〔明〕张宁撰：《方洲先生集》二十六卷，明万历间钱世垫等刻本。

张心澂著：《伪书通考》，上海：上海书店出版社，1998年。

张一兵著：《明堂制度研究》，北京：中华书局，2005年。

张永鑫著：《汉乐府研究》，南京：江苏古籍出版社，1992年。

〔宋〕张载撰：《张载集》，北京：中华书局，1978年。

章权才著：《两汉经学史》，广州：广东人民出版社，1990年。

〔清〕曾国藩著：《曾国藩全集》，长沙：岳麓书社，1987—1991年。

曾资生著：《两汉文官制度》，上海：商务印书馆，1942年。

〔宋〕郑樵撰：《六经奥论》，文渊阁四库全书本。

〔宋〕郑樵撰：《通志》，北京：中华书局，1987年。

中国社会科学院哲学研究所中国哲学史研究室编：《中国哲学史资料选辑》，北京：中华书局，1984年。

周世辅、周文湘著：《周礼的政治思想》，台北：东大图书有限公司，1981年。

周勋初著：《周勋初文集》，南京：江苏古籍出版社，2000年。

周振鹤著：《西汉政区地理》，北京：北京人民出版社，1987年。

周振甫编：《文心雕龙今译》，北京：中华书局，1986年。

〔清〕周中孚撰：《郑堂读书记》，台北：世界书局据吴兴刘氏嘉业堂丛书本影印，1965年。

〔清〕朱彝尊著，林庆彰等编审：《点校补正经义考》，台北："中央研究院"文哲研究所，1997年。

作家出版社编辑部编：《乐府诗研究论文集》，北京：作家出版社，1957年。

三、单篇论文

蔡德予：《〈乐记〉美学思想五题》，《中国音乐学》1998 第 2 期。

陈开先：《汉初帝国文化建构及思想专制景观下的河间学术》，《孔子研究》1998 年第 2 期。

陈开先：《孔壁古文与中秘古文》，《中山大学学报》1997 年，第 5 期。

曹道衡：《试论〈毛诗序〉》，《文学遗产》1994 年 2 期。

陈允吉：《〈诗序〉作者考辨》，《中华文史论丛》1980 年第 1 辑。

宫长为：《周礼官联初论》，《求是学刊》2000 年第 1 期。

郭丹：《〈左传〉与两汉经学》，《福建大学学报》1997 年第 1 期。

顾颉刚：《"周公制礼"的传说和〈周官〉一书的出现》，《文史》第 6 辑，北京：中华书局，1979 年。

洪煜：《汉初儒学的历史命运》，《史学月刊》1998 年第 6 期。

黄优仕：《诗序作者考辨》，《国学月报汇刊》第 1 集，1928 年 1 月。

黄展岳：《南越王墓出土文字资料汇考》，《西汉南越王墓》，北京：文物出版社，1991 年。

李零：《简博古书的整理与研究》，《中国典籍与文化》2003 年第 4 期。

刘操南：《〈毛诗〉、〈周南〉、〈关雎〉主题思想的再认识》，《杭州大学学报》1995 年第 3 期。

刘起釪：《〈洪范〉成书时代考》，《中国社会科学》1980 年第 3 期。

刘心明：《〈礼记·乐记〉作于公孙尼之说辨误》，《山东大学学报》（人文社科版）2002 年第 1 期。

刘周堂：《汉初儒学演进史略》，《江西社会科学》1998 年第 2 期。

马鸿雁：《〈韩诗外传〉研究综述》，《古籍整理研究学刊》2004 年第 4 期。

马亮宽：《汉代士人与社会结构》，《社会科学》1994 年第 2 期。

马银琴：《从四家诗说之异同看〈诗序〉的时代》，《文史》2000 年第 2 辑。

聂振斌：《大乐与天地同和》，《江苏社会科学》2002 年第 5 期。

欧兰香：《试论〈乐记〉的成书与内容特色》，《徐州师范大学学报》1999 年第 4 期。

石冬煤：《董仲舒生平考辨》，《保定师范专科学校学报》2003 年第 1 期。

孙景坛：《汉武帝"罢黜百家，独尊儒术"子虚乌有》，《南京社会科学》1993 年第 6 期。

孙景坛：《〈周礼〉的作者、写作年代及历史意义新探》，《南京社会科学》1997 年 10 月总第 104 期。

孙星群：《〈乐记〉研究百年回顾》，《中国音乐》2000 年第 4 期。

檀作文：《20 世纪〈诗经〉研究史略》，《天中学刊》2000 年第 1 期。

汤其领：《汉初封国制探析》，《史学月刊》1998 年第 6 期。

汪春泓：《关于〈毛诗大序〉的重新解读》，《北京大学学报》1999 年第 6 期。

汪祚民：《〈韩诗外传〉编排体例考》，《陕西师范大学学报》（哲学社会科学版）2003 年第 3 期。

王长华、易卫华：《汉代河间儒学与〈毛诗〉》，《河北大学学报》2004 年第 2 期。

王承略：《论〈毛诗〉在两汉今古文斗争中的地位和命运》，《山东大学学报》2001 年第 2 期。

王承略：《论〈毛诗〉的经本及其学派归属》，《福建论坛》（人文社会科学版）2000 年第 3 期。

王煜：《〈左传〉对〈荀子〉音乐理论的影响》，《五邑大学学报》2002 年第 1 期。

王云度：《西汉前中期在中国学术史上的地位》，《徐州师范学院学报》1996 年第 2 期。

翁贺凯：《两汉〈礼记〉源流新考——从〈郭店简与《礼记》〉谈起》，《福建论坛》（文史哲版）1999 年第 5 期。

吴毓清：《〈乐记〉的成书年代及其作者》，《音乐学丛刊》第 1 辑，北京：文化艺术出版社，1981 年。

［日］西村富美子：《〈韩诗外传〉的一个考察——以说话为主体的诗传具有的意义》，《中国文学报》第十九册，1963 年 10 月。

夏传才：《诗经学四大公案的现代进展》，《河北学刊》1998 年第 1 期。

徐兴无：《西汉武、宣两朝的国家祀典与乐府的造作》，《文学遗产》2004

年第 5 期。

徐宗元：《金文所见官名考》，《福建师范学院学报》1957 年第 2 期。

杨天宇：《论〈礼记〉四十九篇的初本确为戴圣所编纂——兼驳洪业所谓"〈小戴记〉非戴圣之书"说》，《孔子研究》1996 年第 4 期。

叶明春：《〈乐记〉作者及成书年代论争述评》（上）、（下），《星海音乐学院报》1999 年第 4 期、2000 年第 1 期。

金德建：《韩诗内外传的流传及其渊源》，《新中华》（复刊）1948 年 4 月第 6 卷第 7 期。

于振波：《从张家山汉简看汉名田制与唐均田制之异同》，《湖南城市学院学报》2005 年第 1 期。

臧知非：《西汉授田制度与田税征收方式新论》，《江海学刊》2003 年第 3 期。

张西堂：《毛诗序略说》，《人文杂志》1957 年第 1 期。

张强：《论西汉前期的天人思想》，《河北师范大学学报》2001 年第 4 期。

赵敏俐：《重论汉武帝"立乐府"的文学艺术史意义》，《社会科学战线》2001 年第 5 期。

郑杰文：《河间儒学中心对汉武帝独尊儒术政策的影响》，《孔子研究》2003 年第 6 期。

中国社会科学院考古研究所汉长安工作队：《西安相家巷遗址秦封泥的发掘》，《考古学报》2001 年第 4 期。

周桂钿：《董仲舒考补》，《齐鲁学刊》2002 年第 5 期。

周桂钿：《董仲舒考补》，《史学史研究》2002 年第 4 期。

周桂钿：《汉武帝是否独尊儒术？——兼论思想方法诸问题》，《中国社会科学院研究生院学报》2003 年第 2 期。

周艳：《声音之道，与政通矣——从〈乐记〉看乐与政的关系》，《华东师范大学学报》1998 年专辑。

朱绍侯：《论汉代的名田（受田）制及其破坏》，《河南大学学报》2004 年第 1 期。

策　　划：赵　新

责任编辑：赵　新　融　枚

封面设计：北京光焱文化传播有限公司

图书在版编目（CIP）数据

记忆的经典：封建郡县转型中的河间儒学与汉中央帝国儒学 / 成祖明著 .—
北京：人民出版社，2019.12
ISBN 978 - 7 - 01 - 021408 - 5

Ⅰ . ①记…　Ⅱ . ①成…　Ⅲ . ①儒学—研究—中国—汉代　Ⅳ . ① B222.05

中国版本图书馆 CIP 数据核字（2019）第 252342 号

记忆的经典

JIYI DE JINGDIAN

封建郡县转型中的河间儒学与汉中央帝国儒学

成祖明　著

人 民 出 版 社 出版发行

（100706　北京市东城区隆福寺街 99 号）

北京汇林印务有限公司印刷　　新华书店经销

2019 年 12 月第 1 版　2019 年 12 月北京第 1 次印刷
开本：710 毫米 ×1000 毫米 1/16　印张：29
字数：459 千字

ISBN 978 - 7 - 01 - 021408 - 5　定价：98.00 元

邮购地址 100706　北京市东城区隆福寺街 99 号
人民东方图书销售中心　电话（010）65250042　65289539